吉林人民出版社

简体字本二十六史

南齐书

卷一——卷五九

［梁］萧子显 撰

陈苏镇等 标点

目　　录

南齐书卷一
本纪第一

高帝上

　　太祖高皇帝讳道成，字绍伯，姓萧氏，小讳斗将，汉相国萧何二十四世孙也。何子酂定侯延生侍中彪，彪生公府掾章，章生皓，皓生仰，仰生御史大夫望之，望之生光禄大夫育，育生御史中丞绍，绍生光禄勋闳，闳生济阴太守阐，阐生吴郡太守永，永生中山相苞，苞生博士周，周生蛇丘长矫，矫生州从事逵，逵生孝廉休，休生广陵府丞豹，豹生太中大夫裔，裔生淮阴令整，整生即丘令俊，俊生辅国参军乐子，宋升明二年九月赠太常，生皇考。萧何居沛，侍中彪免官，居东海兰陵县中都乡中都里。晋元康元年，分东海为兰陵郡。中朝乱，淮阴令整字公齐，过江居晋陵武进县之东城里。寓居江左者，皆侨置本土，加以南名，于是为南兰陵兰陵人也。

　　皇考讳承之，字嗣伯。少有大志，才力过人，宗人丹阳尹摹之、北兖州刺史源之并见知重。初为建威府参军，义熙中，蜀贼谯纵初平，皇考迁扬武将军、安固汶山二郡太守，善于绥抚。

　　元嘉初，徙为威烈将军、济南太守。七年，右将军到彦之北伐大败，虏乘胜破青部诸郡国，别帅安平公乙旃眷寇济南，皇考率数百人拒战，退之。虏众大集，皇考使偃兵开城门。众谏曰："贼众我寡，何轻敌之甚！"皇考曰："今日悬守穷城，事已危急，若复示弱，必为所屠，惟当见强待之耳。"虏疑有伏兵，遂引去。青州刺史萧思话欲委镇保险，皇考固谏不从，思话失据溃走。明年，征南大将军檀道济于寿张转战班师，滑台陷没，兖州刺史竺灵秀抵罪。宋文帝以皇考有全城之功，手书与都督长沙王义欣曰："讳理民直亦不在武干后，今拟为兖州，□□檀征南详之。"皇考与道济无素故，事遂寝。迁辅国、镇北中兵参军，员外郎。

十年，萧思话为梁州刺史，皇考为其横野府司马、汉中太守。氐帅杨难当寇汉川，梁州刺史甄法护弃城走，思话至襄阳不进，皇考轻军前行，攻氐伪魏兴太守薛健于黄金山，克之。黄金山，张鲁旧戍，南接汉川，北枕驿道，险固之极。健既溃散，皇考即据之。氐伪梁、秦二州刺史赵温先据州城，闻皇考至，退据小城，薛健退屯下桃城，立柴营，皇考引军与对垒，相去二里。健与伪冯翊太守蒲旱子悉力出战，皇考大破之，健等闭营自守不敢出，思话继至，贼乃稍退。皇考进至峨公山，为左卫将军、沙州刺史吕平大众所围积日，建武将军萧汪之、平西督护段虬等至，表里奋击，大破之。难当又遣息和领步骑万余人，夹汉水两岸，援赵温，攻逼皇考。相拒四十余日。贼皆衣犀甲，刀箭不能伤。皇考命军中断槊长数尺，以大斧捶其后，贼不能当，乃焚营退。皇考追至南城，众军自后而进，连战皆捷。梁州平，诏曰："讳禀命先驱，蒙险深入，全军屡克，奋其忠果，可龙骧将军。"随府转宁朔司马，太守如故。

入为太子屯骑校尉。文帝以平氐之劳，青州缺，将欲授用，彭城王义康秉政，皇考不附，乃转为江夏王司徒中兵参军、龙骧将军、南泰山太守，封晋兴县五等男，邑三百四十户。迁右军将军。元嘉二十四年，徂，年六十四。梁土民思之，于峨公山立庙祭祀。升明二年，赠散骑常侍、金紫光禄大夫。

太祖以元嘉四年丁卯岁生，姿表英异，龙颡钟声，鳞文遍体。儒士雷次宗立学于鸡笼山，太祖年十三，受业，治《礼》及《左氏春秋》。十七年，宋大将军彭城王义康被黜，镇豫章，皇考领兵防守，太祖舍业南行。十九年，竟陵蛮动，文帝遣太祖领偏军讨沔北蛮。二十一年，伐索房，至丘槛山，并破走。二十三年，雍州刺史萧思话镇襄阳，启太祖自随，戍沔北，讨樊、邓诸山蛮，破其聚落。初为左军中兵参军。二十七年，索虏围汝南戍主陈宪，台遣宁朔将军臧质、安蛮司马刘康祖救之，文帝使太祖宣旨，授节度。闻虏主拓跋焘向彭城，质等回军救援，至盱眙，太祖与质别军主胡宗之等五军，步骑数千人前驱，焘已潜过淮，卒相遇于莞山下，合战败绩，缘淮奔退，宗之等皆陷没。太祖还就质固守，为虏所攻围，甚危急。事宁，还京师。二十九年，领偏军征仇池。梁州西界旧有武兴戍，晋隆安中没属氐。武兴西北有兰皋戍，去仇池二百里。太祖击二垒，皆破之。遂从谷口入关，未至长安八十里，梁州刺史刘秀之遣司马马注助太祖攻谈堤城，拔之，虏伪河间公奔走。虏救兵至，太祖军力疲少，又闻文帝崩，乃烧城还南郑。袭爵晋兴县五等男。孝建初，除江夏王大司马参军，随府转太宰，迁员外郎，直阁中书舍人，西陵王抚军参军，建康令。新安王子鸾有盛宠，简选僚佐，为北军中郎中兵参军。陈太后忧，起为武烈将军，复为建康令，中兵如故。景和世，除后军将军。值明帝立，为右军将军。

时四方反叛，会稽太守寻阳王子房及东诸郡皆起兵，明帝加太祖辅国将军，率众东讨。至晋陵，与贼前锋将程捍、孙昙瓘等战，一日破贼十二垒。分军定诸县，晋陵太守袁摽弃城走，东境诸城相继奔散。

徐州刺史薛安都反彭城，从子索兒寇淮阴，山阳太守程天祚举城叛，徐州刺史申令孙又降，征太祖讨之。时太祖平东贼还，又将南讨，出次新亭，前军已发，而索兒自睢陵渡淮，马步万余人，击杀台军主孙耿，纵兵逼前军张永营，告急。明帝闻贼渡，遽追太祖往救之，屯破釜。索兒向钟离，永遣宁朔将军王宽据盱眙，遏其归路。索兒击破台军主高道庆，走之于石鳖，将西归。王宽与军主任农夫先据白鹄涧，张永遣太祖驰督宽，索兒东要击太祖，使不得前。太祖鼓行结阵，直入宽垒，索兒望见不敢发。经数日，索兒引军顿石梁，太祖追之至葛冢，候骑还云贼至，太祖乃顿军引管，分两马军夹营外以待之。俄顷，贼马步奄至，又推火车数道攻战。相持移日，乃出轻兵攻贼西，使马军合击其后，贼众大败，追奔获其器仗。进屯石梁涧北。索兒夜遣千人来斫营,营中惊,太祖卧不起,宣令左右案部不得动,须臾贼散。太祖议欲于石梁西南高地筑垒通南道,断贼走路,索兒果来争之,太祖率军击破之,贼马自相践藉死。索兒走向钟离,太祖追至黯黮而还。除骁骑将军,封西阳县侯,邑六百户。

迁巴陵王卫军司马,随镇会稽。江州刺史晋安王子勋遣临川内史张淹,自鄱阳峤道入三吴,台军主沈思仁与伪龙骧将军任皇、镇西参军刘越绪,各据险相守。明帝遣太祖领三千人讨之。时朝廷器甲皆充南讨,太祖军容寡阙,乃编棕皮为马具装,析竹为寄生,夜举火进军,贼望见恐惧,未战而走。还除桂阳王征北司马、南东海太守、行南徐州事。

初,明帝遣张永、沈攸之以众喻降薛安都,谓太祖曰:“吾今因此北讨,卿意以为何如?”太祖对曰:“安都才识不足,狡猾有余。若长辔缓御,则必遣子入朝。今以兵逼之,彼将惧而为计,恐非国之利也。”帝曰:“众军猛锐,何往不克。卿每杖策,幸勿多言。”安都见兵至,果引索房,永等败于彭城。淮南孤弱,以太祖为假冠军将军、持节、都督北讨前锋诸军事,镇淮阴。

泰始三年,沈攸之、吴喜北败于睢口,诸城戍大小悉奔归,房遂退至淮北,围角城,戍主贾法度力弱不敌。诸将劝太祖渡岸救之,太祖不许,遣军主高道庆将数百张弩浮舰淮中,遥射城外房,弩一发数百箭俱去,房骑相引避之,乃命进战,城围即解。迁督南兖徐二州诸军事、南兖州刺史,持节、假冠军、督北讨如故。五年,进督兖、青、冀三州。六年,除黄门侍郎,领越骑校尉,不拜。复授冠军将军,留本任。

明帝常嫌太祖非人臣相,而民间流言,云“萧讳当为天子”,明帝愈以为疑,遣冠军将军吴喜以三千人北使,令喜留军破釜,自持银壶酒封赐太祖。太祖戎衣出门迎,即酌饮之。喜还,帝意乃悦。七年,征还京师,部下劝勿就征,太祖曰:“诸卿暗于见事。主上自诛诸弟,为太子稚弱,作万岁后计,何关佗族。惟应速发,事缓必见疑。今骨肉相害,自非灵长之运,祸难将兴,方与卿等戮力耳。”拜散骑常侍、太子左卫率。时世祖以功当别封赣县，太祖以一门二封，固辞不受，诏许之。加邑二百户。

明帝崩，遗诏为右卫将军，领卫尉，加兵五百人，与尚书令袁粲、护军褚渊、领军刘勔共掌机事。又别领东北选事。寻解卫尉，加侍中，领石头戍军事。

明帝诛戮蕃戚，江州刺史桂阳王休范以人凡获全。及苍梧王立，更有窥窬之望，密与左右阉人于后堂习驰马，招聚亡命。元徽二年五月，举兵于寻阳，收略官民，数日便办，众二万人，骑五百匹，发湓口，悉乘商旅船舫。大雷戍主杜道欣、鹊头戍主刘愍期告变，朝廷惶骇。太祖与护军褚渊、征北张永、领军刘勔、仆射刘秉、游击将军戴明宝、骁骑将军阮佃夫、右军将军王道隆、中书舍人孙千龄、员外郎杨运长集中书省计议，莫有言者。太祖曰："昔上流谋逆，皆因淹缓，至于覆败。休范必远惩前失，轻兵急下，乘我无备。今应变之术，不宜念远，若偏师失律，则大沮众心。宜顿新亭、白下，坚守宫掖、东府、石头以待。贼千里孤军，后无委积，求战不得，自然瓦解。我请顿新亭以当其锋，征北可以见甲守白下，中堂旧是置兵地，领军宜屯宣阳门为诸军节度。诸贵安坐殿中，右军诸人不须竞出，我自前驱，破贼必矣。"因索笔下议，并注同。中书舍人孙千龄与休范有密契，独曰："宜依旧遣军据梁山、鲁显间，右卫若不出白下，则应进顿南州。"太祖正色曰："贼今已近，梁山岂可得至。新亭既是兵冲，所以欲死报国耳。常日乃可屈曲相从，今不得也。"座起，太祖顾谓刘勔曰："领军已同鄙议，不可改易。"乃单车白服出新亭。加太祖使持节、都督征讨诸军、平南将军，加鼓吹一部。

治新亭城垒未毕，贼前军已至，太祖方解衣高卧，以安众心。乃索白虎幡，登西垣，使宁朔将军高道庆、羽林监陈显达、员外郎王敬则浮舸与贼水战，自新林至赤岸，大破之，烧其船舰，死伤甚众。贼步上新林，太祖驰使报刘勔，急开大小桁，拨淮中船舫，悉渡北岸。

休范乘肩舆率众至垒南，上遣宁朔将军黄回、马军主周盘龙将步骑出垒对阵。休范分兵攻垒东，短兵接战，自巳至午，众皆失色。

太祖曰："贼虽多而乱,寻破也。"杨运长领三齐射手七百人,引强命中,故贼不得逼城。未时,张敬兒斩休范首。太祖遣队主陈灵宝送首还台,灵宝路中遇贼军,埋首道侧。台军不见休范首,愈疑惧。贼众亦不知休范已死,别率杜黑蠡急攻垒东,司空主簿萧惠朗数百人突入东门,叫噪至堂下,城上守门兵披退。太祖挺身上马,率数百人出战,贼皆推盾而前,相去数丈,分兵横射,太祖引满将发,左右将戴仲绪举盾捍之,箭应手饮羽,伤百余人,贼死战不能当,乃却。众军复得保城,与黑蠡拒战,自晡达明旦,矢石不息。其夜大雨,鼓叫不复相闻,将士积日不得寝食,军中马夜惊,城内乱走,太祖秉烛正坐,厉声呵止之,如此者数四。

贼帅丁文豪设伏,破台军于皂荚桥,直至朱雀桁。刘勔欲开桁,王道隆不从,勔及道隆并战没。初,勔高尚其意,托造园宅,名为"东山",颇忽世务。太祖谓之曰："将军以顾命之重,任兼内外,主上春秋未几,诸王并幼冲,上流声议,遐迩所闻,此是将军艰难之日,而将军深尚从容,废省羽翼,一朝事至,虽悔可追。"勔竟不纳。

贼进至杜姥宅,车骑典签茅恬开东府纳贼,冠军将军沈怀明于石头奔散,张永溃于白下,宫内传新亭亦陷,太后执苍梧王手泣曰："天下败矣!"太祖遣军主陈显达、任农夫、张敬兒、周盘龙等,从石头济淮,间道从承明门入卫宫阙。休范既死,典签许公与诈称休范在新亭,士庶惶惑,诣垒投名者千数,太祖随得辄烧之,乃列兵登城北,谓曰："刘休范父子先昨皆已即戮,尸在南冈下,身是萧平南,诸君善见观!君等名皆已焚除,勿有惧也。"台分遣众军击杜姥宅、宣阳门诸贼,皆破平之。太祖振旅凯入,百姓缘道聚观,曰："全国家者此公也。"

太祖与袁粲、褚渊、刘秉引咎解职,不许。迁散骑常侍、中领军、都督南兖徐兖青冀五州军事、镇军将军、南兖州刺史,持节如故。进爵为公,增邑二千户。太祖欲分其功,请益粲等户,更日入直决事,号为"四贵"。秦时有太后、穰侯、泾阳、高陵君,称为"四贵",至是乃复有焉。四年,加太祖尚书左仆射,本官如故。休范平后,苍梧王渐行凶暴，南徐州刺史建平王景素少有令誉，朝野归心。景素亦潜为自全之计，布款诚于太祖，太祖拒而不纳。七月，羽林监袁祗奔景素，便举兵，太祖出屯玄武湖，遣众军北讨，事平乃还。

太祖威名既重，苍梧王深相猜忌，几加大祸。陈太妃骂之曰："萧讳有功于国，今若害之，后谁复为汝著力者？"乃止。太祖密谋废立。五年七月戊子，帝微行出北湖，常单马先走，羽仪禁卫随后追之，于堤塘相蹈藉，左右张互儿马坠湖，帝怒，取马置光明亭前，自驰骑刺杀之，因共屠割。与左右作羌胡伎为乐，又于蛮冈赌跳。际夕乃还仁寿殿东阿毡屋中寝。语左右杨玉夫："伺织女度，报我。"时杀害无常，人怀危惧。玉夫与其党陈奉伯等二十五人同谋，于毡屋中取千牛刀杀苍梧王，称敕，使厢下奏伎，因将首出与王敬则，敬则送太祖。太祖夜从承明门乘常所骑赤马入，殿内惊怖，既知苍梧王死，咸称万岁。及太祖践阼，号此马为"龙骧将军"，世谓为"龙骧赤"。明日，太祖戎服出殿庭槐树下，召四贵集议。太祖谓刘秉曰："丹阳国家重戚，今日之事，属有所归。"秉让不当。太祖次让袁粲，粲又不受。太祖乃下议，备法驾诣东城，迎立顺帝。于是长刀遮粲、秉等，各失色而去。甲午，太祖移镇东府，与袁粲、褚渊、刘秉各甲仗五十人入殿。丙申，进位侍中、司空、录尚书事、骠骑大将军，持节、都督、刺史如故，封竟陵郡公，邑五千户，给油幢络车，班剑三十人。太祖固辞上台，即骠骑大将军、开府仪同三司。庚戌，进督南徐州刺史。封杨玉夫等二十五人爵邑各有差。十月戊辰，又进督豫、司二州。

初，荆州刺史沈攸之与太祖于景和世同直殿省，申以欢好，以长女义兴公主妻攸之第三子元和。攸之为郢州，值明帝晚运，阴有异图。自郢州迁为荆州，聚敛兵力，将吏逃亡，辄讨质邻伍。养马至二千余匹，皆分赋戍逻将士，使耕田而食，廪财悉充仓储。荆州作部岁送数千人仗，攸之割留，簿上供讨四山蛮。装治战舰数百千艘，沈之灵溪里，钱帛器械巨积，朝廷畏之。高道庆家在华容，假还过江陵。道庆素便马，攸之与宴饮，于听事前合马槊。道庆槊中破攸之马鞍，攸之怒，索刃槊。道庆驰马而出，还都，说攸之反状，请三千人袭之，朝议虑其事难济，太祖又保持不许。太祖既废立，遣攸之子司徒左长史元琰赍苍梧王诸虐害器物示之，攸之未得即起兵，乃上表称庆，并与太祖书推功。

攸之有素书十数行，常韬在裲裆角，云是明帝与己约誓。十二月，遂举兵。其妾崔氏、许氏谏攸之曰："官年已老，那不为百口计！"攸之指裲裆角示之，称太后令召己下都。宗师恐惧。乙卯，太祖入居朝堂，命诸将西讨，平西将军黄回为都督前驱。

前湘州刺史王蕴，太后兄子，少有胆力，以父揥名宦不达，欲以将途自奋。每抚刀曰："龙渊、太阿，汝知我者。"叔父景文诫之曰："阿答，汝灭我门户！"蕴曰："答与童乌贵贱觉异。"童乌，景文子绚小字，答，蕴小字也。蕴遭母丧罢任，还至巴陵，停舟一月，日与攸之密相交构。时攸之未便举兵，蕴乃下达郢州。世祖为郢州长史，蕴期世祖出吊，因作乱，据郢城，世祖知之，不出。蕴还至东府前，又期太祖出，太祖又不出吊，再计不行，外谋愈固。

司徒袁粲、尚书令刘秉见太祖威权稍盛，虑不自安，与蕴及黄回等相结举事，殿内宿卫主帅，无不协同。攸之反问初至，太祖往石头与粲谋议，粲称疾不相见，克壬申夜，起兵据石头。刘秉恇怯，晡时，从丹阳郡载妇女入石头，朝廷不知也。其夜，丹阳丞王逊告变，秉从弟领军韬及直阁将军卜伯兴等严兵为内应。太祖命王敬则于宫内诛之。遣诸将攻石头，王蕴将数百精手带甲赴粲，城门已闭，官军又至，乃散。众军攻石头，斩粲。刘秉走洛檐湖，蕴逃斗场，并禽斩之。

粲位任虽重，无经世之略，疏放好酒。步屧白杨郊野间，道遇一士大夫，便呼与酣饮。明日，此人谓被知顾，到门求通，粲曰："昨饮酒无偶，聊相要耳。"竟不与相见。尝作五言诗云："访迹虽中宇，循寄乃沧州。"盖其志也。

刘秉少以宗室清谨见知，孝武世，秉弟遐坐通嫡母殷氏养女，殷亡口中血出，众疑行毒害。孝武使秉从弟祇讽秉启证其事。秉曰：

"行路之人，尚不应尔，今日乃可一门同尽，无容奉救。"众以此称之。故为明帝所任。苍梧废，秉出集议，于路逢弟韫，韫开车迎问秉曰："今日之事，固当归兄邪？"秉曰："吾等已让领军矣。"韫槌胸曰："君肉中讵有血！"

粲典签莫嗣祖知粲谋，太祖召问嗣祖："袁谋反，何不启闻？"嗣祖曰："事主义无二心，虽死不敢泄也。"蕴嬖人张承伯藏匿蕴。太祖并赦而用之。黄回顿新亭，闻石头鼓噪，率兵来赴之，朱雀𣠩有戍军，受节度，不听夜过，会石头已平，因称救援。太祖知而不言，抚之愈厚，遣回西上，流涕告别。

太祖屯阅武堂，驰结军旅。闰月辛丑，诏假黄钺，率大众出屯新亭中兴堂，治严筑垒。教曰："河南称慈，谅由掩胔，广汉流仁，实存殡朽。近亥制兹营，崇沟浚堑，古墟襄隧，时有湮移，深松茂草，或致刊剃。凭轩动怀，巡隍增怆。宜并为收改葬，并设薄祀。"

二年正月，沈攸之攻郢城不克，众溃，自经死，传首京邑。丙子，太祖旋镇东府。二月癸未，进太祖太尉，增封三千户，都督南徐、南兖、徐、兖、青、冀、司、豫、荆、雍、湘、郢、梁、益、广、越十六州诸军事。太祖解骠骑，辞都督，不许，乃表送黄钺。三月己酉，增班剑为四十人，甲仗百人入殿。丙子，加羽葆、鼓吹，余并如故。辛卯，太祖诛镇北将军黄回。

大明、泰始以来，相承奢侈，百姓成俗。太祖辅政，罢御府，省二尚方诸饰玩。至是又上表，禁民间华伪杂物："不得以金银为箔，马乘具不得金银度，不得织成绣裙，道路不得著锦履，不得用红色为幡盖衣服，不得剪彩帛为杂花，不得以绫作杂服饰，不得作鹿行锦及局脚柽柏床、牙箱笼杂物、彩帛作屏鄣、锦缘荐席，不得私作器仗，不得以七宝饰乐器又诸杂漆物，不得以金银为花兽，不得辄铸金铜为像。皆须墨敕，凡十七条。其中宫及诸王服用，虽依旧例，亦请详衷。"

九月丙午，进位假黄钺、都督中外诸军事、太傅、领扬州牧，剑履上殿，入朝不趋，赞拜不名。置左右长史、司马、从事中郎、掾、属

各四人,使持节、太尉、骠骑大将军、录尚书、南徐州刺史如故。固
辞,诏遣敦劝,乃受黄钺,辞殊礼。甲寅,给三望车。

三年正月乙巳,太祖表蠲百姓逋负。丙辰,加前部羽葆、鼓吹。
丁巳,命太傅府依旧辟召。丁卯,给太祖甲仗五百人,出入殿省。甲
午,重申前命,剑履上殿,入朝不趋,赞拜不名。三月甲辰,诏进位相
国,总百揆,封十郡为齐公,备九锡之礼,加玺绂、远游冠,位在诸侯
王上,加相国绿綟绶,其骠骑大将军、扬州牧、南徐州刺史如故。太
祖三让,公卿敦劝固请,乃受。甲寅,策相国齐公曰:

> 天地变通,莫大乎炎凉,悬象著明,莫崇乎日月。严冬播
气,贞松之操自高,光景时昏,若华之映弥显。是故英睿当乱而
不移,忠贤临危而尽节。自景和昏虐,王纲弛紊,太宗受命,绍
开中兴,运属屯难,四郊多垒。萧将军震威华戎,实资义烈,康
国济民,于是乎在。朕以不造,凤罹闵凶。嗣君失德,书契未纪。
威侮五行,虔刘九县,神歇灵绎,海水群飞,彝器已尘,宗祏谁
主,缀旒之殆,未足为譬,岂直《小宛》兴刺,《黍离》作歌而已
哉。天赞皇宋,实启明宰,爰登寡昧,纂承大业,鸿绪再维,闳基
重造,高勋至德,振古绝伦。昔保衡翼殷,博陆匡汉,方斯蔑如
也。今将授公典礼,其敬听朕命:

> 乃者袁、刘构祸,实繁有徒,子房不臣,称兵协乱,跨蹈五
湖,凭陵吴、越,浮祲亏辰,沉氛晦景,桴鼓振于王畿,锋镝交乎
天邑。顾瞻宫掖,将成茂草,言念邦国,剪为仇雠。当此之时,
人无固志。公投袂殉难,超然奋发,执金板而先驰,登寅车而戒
路,军政端严,卒乘辑睦,麾钺一临,凶党冰泮。此则霸业之基,
勤王之始也。安都背叛,窃据徐方,敢率犬羊,陵虐淮浒,索兒
愚悖,同恶相济,天祚无象,背顺归逆。北鄙黔黎,奄坠涂炭,均
人废职,边师告警。公受命宗初,精贯朝日,拥节和门,气逾霄
汉,破釜之捷,斩馘蔽野,石渠之战,禽其渠帅,保境全民,江阳
即序。此又公之功也。张淹迷昧,弗顾本朝,受自南区,志图东
夏,潜军间入,窃觊不虞。于时江服未夷,皇涂荐阻。公忠诚慷

慨,在险弥亮,深识九变,妙察五色,以寡制众,所向风偃。朝廷
无东顾之忧,闽越有来苏之庆。此又公之功也。匈奴野心,侵
掠疆场,前师失律,王旅崩挠,洒血成川,伏尸千里。丑羯俯张,
势振彭、泗,乘胜长驱,窥觎京甸,冠带之轨将湮,被发之容行
及。公奉辞伐罪,戒旦晨征,兵车始交,氛祲时荡,吊死抚伤,弘
宣皇泽,俾我淮、肥,复沾盛化。此又公之功也。自兹厥后,獫
狁孔炽,封豕长蛇,重窥上国。而世故相仍,师出日老,战士无
临阵之心,戍卒有怀归之思。是时下邳精甲,望风振恐,角城高
垒,指日沦陷。公春言王事,发愤忘食,躬擐甲胄,视险若夷,短
兵才接,巨猾鸟散,分疆画界,开创青、兖。此又公之功也。泰
始之末,入参禁旅,任兼军国,事同顾命。桂阳负众,轻问九鼎,
裂冠毁冕,拔本塞源,入兵万乘之国,顿戟象魏之下,烈火焚于
王城,飞矢集乎君屋。机变倏忽,终古莫二,群后忧惶,元戎无
主。公按剑凝神,则奇谋贯世,秉旄指麾,则懦夫成勇。曾不崇
朝,新亭献捷,信宿之间,宣阳底定,云雾廓清,区宇康乂。此又
公之功也。皇室多难,衅起戚蕃,邢、晋、应、韩,翻为仇敌,建平
失图,兴兵内侮。公又指授六师,义形乎色,役未逾旬,朱方宁
晏。此又公之功也。苍梧肆虐,诸忧麋沸,淫刑以逞,谁则无罪,
火炎昆冈,玉石俱焚,黔首相悲,朝不谋夕,高祖之业已沦,大
明之轨谁嗣。公远稽殷、汉之义,近遵魏、晋之典,猥以眇身,入
奉宗祏,七庙清谧,九区反政。此又公之功也。袁粲无质,刘秉
携贰,韬述相扇,成此乱阶,丑图潜构,危机窃发,据有石头,志
犯应、路。公神谋内运,霜锋外举,妖氛载澄,国涂悦穆。此又
公之功也。沈攸之苞祸,岁月滋彰,蜂目豺声,阻兵安忍。袁彼
荆汉,独为匪民,乃眷西顾,缅同异域。而经纶维始,九伐未申,
长恶不悛,遂逞凶逆。驱合奸回,势过虓虎,朝野忧疑,三军沮
气。公秉钺出关,凝威江甸,正情与曔日同亮,明略与秋云竞
爽。至义所感,人百其心,蘩鼓一麾,夏首宁谧,云梯未举,鲁山
克定。积年逋诛,一朝显戮,沮浦安流,章台顺轨。此又公之功

也。公有济天下之勋，重之以明哲，道庇生民，志匡宇宙，戮力
肆心，劬劳王室，自东徂西，靡有宁晏，险阻艰难，备尝之矣。若
乃缔构宗稷之勤，造物资始之泽，云布雾散，光被六幽，弼予一
人，永清四海。是以秬草腾芳于郊园，景星垂晖于清汉，遐方款
关而慕义，荒服重译而来庭，注哉邈乎！无得而名焉。

朕闻畴庸表德，前王盛典，崇树侯伯，有国攸同。所以文命
成功，玄圭显锡，姬旦秉哲，曲阜启蕃，或改玉以弘风，或胙土
以宣化，礼绝常班，宠冠群辟，爰逮桓文，车服异数。惟公勋业
超于先烈，而褒赏阙于旧章，古今之道，何其爽欤？静言钦叹，
良有缺然。今进授相国，以青州之齐郡、徐州之梁郡、南徐州之
兰陵、鲁郡、琅邪、东海、晋陵、义兴、扬州之吴郡、会稽，凡十
郡，封公为齐公。锡兹玄土，苴以白茅，定尔邦家，用建冢社。斯
实尚父故蕃，世作盟主，纪纲侯甸，率由旧则。往者周、邵建国，
师保兼任，毛、毕执圭，入作卿士，内外之寄，同规在昔。命使持
节、兼太尉、侍中、中书监、司空、卫将军、零都县开国侯渊，授
相国印绶，齐公玺绂；持节、兼司空副、守尚书令僧虔，授齐公
茅土，金虎符第一至第五左，竹使符第一至第十左。相国位总
百辟，秩逾三铉，职以礼移，号随事革。其以相国总百辟，去录
尚书之称。送所假节，侍中貂蝉，中外都督、太傅、太尉印绶，竟
陵公印策。其骠骑大将军、扬州牧、南徐州刺史如故。

又加公九锡，其敬听后命：以公秉礼弘律，仪刑区宇，遐迩
一体，民无异业，是用锡公大辂、戎辂各一，玄牡二驷。公崇修
南亩，所宝惟谷，王府充实，百姓繁阜，是用锡公衮冕之服，赤
舄副焉。公居身以谦，导物以义，熔钧庶品，罔不和悦，是用锡
公轩县之乐，六佾之舞。公翼赞王猷，声教远洽，蛮夷竭欢，回
首内附，是用锡公朱户以居。公明鉴人伦，澄辨泾渭，官方与
能，英乂克举，是用锡公纳陛以登。公保佑皇朝，厉身化下，杜
渐防萌，含生贪式，是用锡公虎贲之士三百人。公御凶以刑，御
奸以德，君亲无将，将而必诛，是用锡公铁、钺各一。公风举四

维，龙骞八表，威灵所振，异城同文，是用锡公彤弓一，彤矢百，旅弓十，旅矢千。公明发载怀，肃恭禋祀，孝敬之重，义感灵祇，是用锡公秬鬯一卣，圭瓒副焉。齐国置丞相以下，一遵旧式。往钦哉！其祇服朕命，经纬乾坤，宏亮洪业，茂昭尔大德，阐扬我高祖之休命。

太祖三让，公卿敦劝固请，乃受之。丁巳，下令："赦国内殊死以下，今月十五日昧爽以前，一皆原赦，鳏寡孤独不能自存者，赐谷五斛，府州所领，亦同荡然。"

宋帝诏齐公十郡之外，随宜除用。以齐国初建，给钱五百万，布五千匹，绢五千匹。四月癸酉，诏进齐公爵为王，以豫州之南梁、陈郡、颍川、陈留、南兖州之盱眙、山阳、秦郡、广陵、海陵、南沛十郡增封。使持节、司空、卫将军褚渊，奉策授玺绂，金虎符第一至第五左，竹使符第一至第十左，锡兹玄土，苴白茅，改立王社。相国、扬州牧、骠骑大将军、南徐州刺史如故。丙戌，命齐王冕十有二旒，建天子旌旗，出警入跸，乘金根车，驾六马，备五时副车，置旄头云罕，乐舞八佾，设钟虡宫县。王世子为太子，王女、王孙爵命一如旧仪。

辛卯，宋帝禅位，下诏曰：

惟德动天，玉衡所以载序，穷神知化，亿兆所以归心，用能经纬乾坤，弥纶宇宙，阐扬鸿烈，大庇生民。晦往明来，积代同轨，前王踵武，世必由之。宋德浸微，昏毁相袭，景和骋悖于前，元徽肆虐于后，三光再霾，七庙将坠，璇极委驭，含识知泯，我文、武之祚，眇焉如缀。静惟此窠，夕惕疚心。

相国齐王，天诞睿圣，河岳炳灵，拯倾提危，澄氛静乱，匡济艰难，功均造物。宏谋霜照，秘算云回，旌旆所临，一麾必捷，英风所拂，无思不偃，表里清夷，遐迩宁谧。既而光启宪章，弘宣礼教，奸宄之类，睹隆威而隔情，慕善之俦，仰徽猷而增厉。道迈于重华，勋超乎文命，荡荡乎无得而称焉。是以辫发左衽之酋，款关请吏，木衣卉服之长，航海来庭，岂惟肃慎献楛，越尝荐翠而已哉。故四奥载宅，六府克和，川陆效珍，祯祥鳞集，卿烟玉露,旦夕扬藻,嘉穗芝英,晷刻呈茂。革运斯炳,代终弥亮,负扆握枢,允归明哲,固以狱讼去宋,讴歌适齐。

　　昔金政既沦,水德缔构,天之历数,皎焉攸征。朕虽寡昧,暗于大道,稽览隆替,为日已久。敢忘列代遗则,人神至愿乎?便逊位别宫,敬禅于齐,一依唐虞、魏晋故事。

是日,宋帝逊于东邸,备羽仪,乘画轮车,出东掖门,问今日何不奏鼓吹,左右莫有答者。

壬辰,策命齐王曰:

　　伊太古初陈,万物纷纶,开耀灵以鉴品物,立元后以驭蒸人。若夫容成、大庭之世,宓羲、五龙之辰,靡得而详焉。自轩黄以降,坟素所纪,略可言者,莫崇乎尧舜。披金绳而握天镜,开玉匣而总地维,德之休明,宸居灵极。期运有终,归禅与能。所以大唐逊位,谣然兴歌,有虞揖让,卿云发采。亮符命之攸臻,坦至公以成务,怀生载怿,灵祇效祉,遗风余烈,光被无垠。汉、魏因循,弗敢失坠,爰逮晋氏,亦遵前仪。惟我祖宗英睿,勋格幽显,从天人而齐七政,凝至德而抚四维。末叶不造,仍世多故,难灭星谋,山沦川竭。

　　惟王圣哲渊明,荣镜宇宙,体望日之威,资就云之泽,临下以简,御众以宽,仁育群生,义征不谠,国涂荐阻,弘五虑而乂宁,皇绪将湮,秉六术以匡济。及至权臣内侮,蕃屏陵上,兵革云翔,万邦震骇,裁之以武风,绥之以文化,遐迩清夷,表里肃穆。戢雕戈而事黼黻,委旌门而恭儒馆,声化远泊,荒服无尘,殊类同规,华戎一揆。是以五光来仪于轩庭,九穗含芳于郊牧。象纬昭澈,布新之符已显,图谶彪炳,受终之义既彰。灵祇乃眷,兆民引领。朕闻至道深微,惟人是弘,天命无常,惟德是与。所以仰鉴玄情,俯察群望,敬禅神器,授帝位于尔躬。四海困穷,天禄永终。於戏!王其允执厥中,仪刑前式,以副率土之欣望。命司裘而谒苍昊,奏《云门》而升圆丘,时膺大礼,永保洪业,岂不盛欤!

再命玺书曰：

　　皇帝敬问相国齐王：大道之行，与三代之英，朕虽暗昧，而有志焉。夫昏明相袭，暑景之恒度，春秋递运，时岁之常序。求诸天数，犹且隆替，矧伊在人，能无终谢。是故勋、华弘风于上叶，汉、魏垂式于后昆。

　　昔我高祖，钦明文思，振民育德，皇灵眷命，奄有四海。晚世多难，奸宄实繁，蠥鼓宵闻，元戎旦警，亿兆夷人，启处靡厝。加以嗣君荒怠，敷虐万方，神鼎将迁，宝策无主，实赖英圣，匡济艰危。惟王体天则地，舍弘光大，明并日月，惠均云雨。国步斯梗，则棱威外发，王猷不造，则渊谟内昭。重构闽、吴，再宁淮、济，静九江之洪波，卷海沂之氛祲，放斥凶昧，存我宗祀，旧物惟析，王光改照。逮至宠臣裂冠，则裁以庙略，荆汉反噬，则震以雷霆。麾旆所临，风行草靡，神算所指，龙举云属。诸夏廓清，戎翟思耺，兴文偃武，阐扬洪烈。明保冲昧，翱翔礼乐之扬，抚柔黔首，咸济仁寿之域。自霜露所坠，星辰所经，正朔不通，人迹罕至者，莫不逾山越海，北面称蕃，款关重译，修其职贡。是以祯祥发采，左史载其奇，玄象垂文，保章审其度，风书表肆类之运，龙图显班瑞之期。重以珠衡日角，神姿特挺，君人之义，在事必彰。《书》不云乎，"皇天无亲，惟德是辅"。民心无常，惟惠之怀。神祇之眷如彼，苍生之愿如此。笙管变声，钟石改调。朕所以拥璇持衡，倾伫明哲。

　　昔金德既沦，而传祚于我有宋，历数告终，实在兹日，亦以水德而传于齐。式遵前典，广询群议，王公卿士，咸曰惟宜。今遣使持节、兼太保、侍中、中书监、司空、卫将军零都县侯渊，兼太尉、守尚书令僧虔，奉皇帝玺绶，受终之礼，一依唐虞故事。王其允副幽明，时登元后，宠绥八表，以酬昊天之休命。

太祖三辞，宋帝王公以下固请。兼太史令、将作匠陈文建奏符命曰："六，亢位也。后汉自建武至建安二十五年，一百九十六年而禅魏；自黄初至咸熙二年，四十六年而禅晋；晋自太始至元熙二年，一百五十六年而禅宋；宋自永初元年至升明三年，凡六十年。咸以六终六受。六，亢位也，验往揆今，若斯昭著。敢以职任，备陈管穴。伏愿顺天时，膺符瑞。"二朝百辟又固请。尚书右仆射王俭奏："被宋诏逊位。臣等参议，宜克日舆驾受禅，撰立仪注。"太祖乃许焉。

史臣曰：案《太一九宫占》推汉高五年，太一在四宫，主人与客俱得吉，计先举事者胜，是岁高祖破楚。晋元兴二年，太一在七宫，太一为帝，天目为辅佐，迫胁太一，是年安帝为桓玄所逼出宫。大将在一宫，参相在三宫，格太一。经言格者，已立政事，上下格之，不利有为，安居之世，不利举动。元兴三年，太一在七宫，宋武破桓玄。元嘉元年，太一在六宫，不利有为，徐、傅废营阳王。七年，太一在八宫，关囚恶岁，大小将皆不得立，其年到彦之北伐，初胜后败，客主俱不利。十八年，太一在二宫，客主俱不利，是岁氐杨难当寇梁、益，来年，仇池破。十九年，大小将皆见关不立，凶，其年裴方明伐仇池，克百顷，明年，失之。泰始元年，太一在二宫，为大小将奄击之，其年，景和废。二年，太一在三宫，不利先起，主人胜，其年，晋安王子勋反。元徽二年，太一在六宫，先起败，是岁，桂阳王休范反，并伏诛。四年，太一在七宫，先起者客，西北走，其年，建平王景素败。升明元年，太一在七宫，不利为客，安居之世，举事为主人，应发为客，袁粲、沈攸之等反，伏诛。是岁，太一在杜门，临八宫，宋帝禅位，不利为客，安居之世，举事为主人，禅代之应也。

策文难灭星谋，疑。

南齐书卷二
本纪第二

高帝下

建元元年夏四月甲午,上即皇帝位于南郊,设坛柴燎告天曰:"皇帝臣讳敢用玄牡,昭告皇皇后帝。宋帝陟鉴乾序,钦若明命,以命于讳。夫肇自生民,树以司牧,所以阐极则天,开元创物,肆兹大道。天下惟公,命不于常。昔在虞、夏,受终上代,粤自汉、魏,揖让中叶,咸炳诸典谟,载在方册。水德既微,仍世多故,实赖讳匡拯之功,以弘济于厥艰。大造颠坠,再构区宇,宣礼明刑,缔仁缉义。昏纬凝象,川岳表灵,诞惟天人,罔弗和会。乃仰协归运,景属与能,用集大命于兹。辞德匪嗣,至于累仍,而群公卿士,庶尹御事,爰及黎献,至于百戎,佥曰:'皇天眷命,不可以固违,人神无托,不可以旷主。'畏天之威,敢不祗从鸿历。敬简元辰,虔奉皇符,升坛受禅,告类上帝,以永答民衷,式敷万国。惟明灵是飨!"

礼毕,大驾还宫,临太极前殿,诏曰:"五德更绍,帝迹所以代昌,三正迭隆,王度所以改耀。世有质文,时或因革,其资元膺历,经道振民,固以异术同揆,殊流共贯者矣。朕以寡昧,属值艰季,推肆勤之诚,藉乐治之数,贤能悉心,士民致力,用获拯溺焚暴,一匡天下。业未参古,功殆侔昔。宋氏以陵夷有征,历数攸及,思弘乐推,永鉴崇替,爰集天禄于朕躬。惟志菲薄,辞弗获昭,遂钦从天人,式蠡景命,祗月正于文祖,升禋坰于上帝。猥以寡德,光宅四海,纂革代之踪,托王公之上,若涉渊水,罔知所济。宝祚初启,洪庆惟新,思俾利泽,宣被亿兆。可大赦天下。改升明三年为建元元年。赐民爵二级,文武进位二等,鳏寡孤独不能自存者谷人五斛,逋租宿债勿复收。有犯乡论清议,赃污淫盗,一皆荡涤,洗除先注,与之更始。长徒敕系之囚,特皆原遣。亡官失爵,禁锢夺劳,一依旧典。"

封宋帝为汝阴王,筑宫丹阳县故治,行宋正朔,车旗服色,一如故事,上书不为表,答表不称诏。宋晋熙王燮为阴安公,江夏王跻为沙阳公,随王翔为舞阴公,新兴王嵩为定襄公,建安王禧为荔浦公,郡公主为县君,县公主为乡君。诏曰:"继世象贤,列代盛典,畴庸嗣美,前载令图。宋氏通侯,乃宜随运省替。但钦德怀义,尚表坟间,况功济区夏,道光民俗者哉。降差之典,宜遵往制。南康县公、华容县公可为侯,萍乡县侯可为伯,减户有差,以继刘穆之、王弘、何无忌后。"

以司空褚渊为司徒,吴郡太守柳世隆为南豫州刺史。诏曰:"宸运肇创,宝命惟新,宜弘庆宥,广敷蠲汰。劫贼余口没在台府者,悉原放。诸贡蚌流徒,普听还本。"以齐国左卫将军陈显达为中护军,中领军王敬则为南兖州刺史,左卫将军李安民为中领军。戊戌,以荆州刺史嶷为尚书令、骠骑大将军、开府仪同三司、扬州刺史,冠军将军映为荆州刺史,西中郎将晃为南徐州刺史,冠军将军垣崇祖为豫州刺史,骠骑司马崔文仲为徐州刺史。

断四方上庆礼。己亥,诏曰:"自庐井毁制,农桑易业,盐铁妨民,货鬻伤治,历代成俗,流蠹岁滋。援拯遗弊,革末反本,使公不专利,氓无失业。二宫诸王,悉不得营立屯邸,封略山湖。太官池籞,宫停税入,优量省置。"庚子,诏:"宋帝后蕃王诸陵,宜有守卫。"有司奏:"帝陵各置长一人,兵有差,王陵五人,妃嫔三人。"

五月丙午,进河南王吐谷浑拾寅号骠骑大将军。诏曰:"宸运革命,引爵改封,宋氏第秩,虽宜省替,其有预效屯夷,宣力齐业者,一仍本封,无所减降。"有司奏留襄阳郡公张敬儿等六十二人,除广兴郡公沈昙亮等百二十二人。改《元嘉历》为《建元历》,木德盛卯终未,以正月卯祖,十二月未腊。辛未,诏曰:"设募取将,悬赏购士,盖出权宜，非曰恒制。顷世艰险，浸以成俗，且长逋逸，开罪山湖。是为黥刑不辱，亡窜无咎。自今以后，可断众募。"壬子，诏封佐命文武功臣新除司徒褚渊等三十一人，进爵增户各有差。己卯，河南王吐谷浑拾寅奉表贡献。丙辰，诏遣大使分行四方，遣兼散骑常侍十二人巡行。以交、宁道远，不遣使。己未，汝阴王薨，追谥为宋顺帝，终礼依魏元、晋恭帝故事。辛酉，阴安公刘燮等伏诛。追封谥上兄道度为衡阳元王，道生为始安贞王。丙寅，追尊皇考曰宣皇帝，皇妣为孝皇后，妃为昭皇后。

六月辛未，诏："相国、骠骑、中军三府职，可依资劳度二宫，若职限已盈，所余可赐满。"壬申，以游击将军周山图为兖州刺史。乙亥，诏曰："宋末频年戎寇，兼灾疾凋损，或枯骸不收，毁椟莫掩，宜速宣下，埋藏营恤。若标题犹存，姓字可识，可即运载，致还本乡。"有司奏遣外监典事四人，周行离门外三十五里为限。其余班下州郡。无棺器标题者，属所以台钱供市。庚辰，七庙主备法驾即于太庙。诏："诸将及客，戮力艰难，尽勤直卫，其从还宫者，普赐位一阶。"辛巳，罢荆州刺史。甲申，立皇太子讳，断诸州郡礼庆，见刑入重者，降一等，并申前赦恩百日。立皇子嶷为豫章王，映为临川王，晃为长沙王，晔为武陵王，皓为安成王，锵为鄱阳王，铄为桂阳王，鉴为广陵王，皇孙长懋为南郡王。乙酉，葬宋顺帝于遂宁陵。

秋七月丁未，诏曰："交址比景，独隔书朔，斯乃前运方季，负海不朝，因迷遂往，归款莫由。曲赦交州部内李叔献一人即抚南土，文武详才选用。并遣大使宣扬朝恩。"以试守武平太守行交州府事李叔献为交州刺史。丙辰，以虏伪茄芦镇主阴平公杨广香为沙州刺史。丁巳，诏："南兰陵桑梓本乡，长蠲租布。武进王业所基，复十年。"

九月辛丑，诏："二吴、义兴三郡遭水，减今年田租"。乙巳，以新除尚书令、骠骑将军豫章王嶷为荆、湘二州刺史，平西将军临川王映为扬州刺史。丙午，司空褚渊领尚书令。戊申，车驾幸宣武堂宴会，诏诸王公以下赋诗。

冬十月丙子,立彭城刘胤为汝阴王,奉宋帝后。己卯,车驾殷祠太庙。辛巳,诏曰:"朕婴缀世务,三十余岁,险阻艰难,备尝之矣。末路屯夷,戎车岁驾,诚藉时来之运,实资士民之力。宋元徽二年以来,诸从军得官者,未悉蒙禄,可催速下访,随正即给。才堪余任者,访洗量序。若四州士庶,本乡沦陷,簿籍不存,寻校无所,可听州郡保押,从实除奏。荒远阙中正者,特许据军簿奏除。或戍捍边役,未由旋反,听于同军各立五保,所隶有司,时为言列。"汝阴太妃王氏薨,追赠为宋恭皇后。

十一月庚子,以太子左卫率萧景先为司州刺史。辛亥,立皇太子妃裴氏。甲申,封功臣骠骑长史江谧等十人,爵户各有差。

二年春正月戊戌朔,大赦天下。以司空、尚书令褚渊为司徒,中军将军张敬儿为车骑将军,中领军李安民为领军将军,中护军陈显达为护军将军。辛丑,车驾亲祠南郊。癸卯,诏索房寇淮、泗,遣众军北伐,内外纂严。

二月丁卯,房寇寿阳,豫州刺史垣崇祖破走之。置巴州。壬申,以三巴校尉明慧昭为巴州刺史。戊子,以宁蛮校尉萧赤斧为雍州刺史,南蛮长史崔惠景为梁、南秦二州刺史。辛卯,诏西境献捷,解严。癸巳,遣大使巡慰淮、肥、徐、豫边民尤贫遭难者,刺史、二千石量加赈恤。甲午,诏:"江西北民避难流徙者,制遣还本,蠲今年租税。单贫及孤老不能自存者,即听番籍,郡县押领。"

三月丁酉,以侍中西昌侯讳为郢州刺史。戊戌,以护军将军陈显达为南兖州刺史,吴郡太守张岱为中护军。己亥,车驾幸乐游宴会,王公以下赋诗。辛丑,以征房将军崔思祖为青、冀二州刺史。

夏四月丙寅,进高丽王、乐浪公高琏号骠骑大将军。

五月,立六门都墙。

六月癸未,诏:"昔岁水旱,曲赦丹阳、二吴、义兴四郡遭水尤剧之县,元年以前,三调未充,虚列已毕,官长局吏应共偿备外,详所除宥。"

秋七月甲寅，以辅国将军卢绍之为青、冀二州刺史。戊午，皇太子妃裴氏薨。

闰月辛巳，遣领军将军李安民行淮、泗。庚寅，索房攻朐山，青、冀二州刺史卢绍之等破走之。

冬十一月戊子，以氐杨后起为秦州刺史。

十二月戊戌，以司空褚渊为司徒。乙巳，车驾幸中堂听讼。壬子，以骠骑大将军豫章王嶷为司空，扬州刺史、前将军临川王映为荆州刺史。

三年春正月壬戌朔，诏王公卿士荐谠言。丙子，以平北将军陈显达为益州刺史，贞阳公柳世隆为南兖州刺史，皇子锋为江夏王。领军将军李安民等破房于淮阳。

夏四月，以宁朔将军沈景德为广州刺史。

六月壬子，大赦。逋租宿债，除减有差。

秋七月，以冠军将军徐荣祖为徐州刺史。

冬十月戊子，以河南王世子吐谷浑度易侯为西秦河二州刺史、河南王。

四年春正月壬戌，诏曰：“夫胶庠之典，彝伦攸先，所以招振才端，启发性绪，弘宇黎氓，纳之轨义，是故五礼之迹可传，六乐之容不泯。朕自膺历受图，志阐经训，且有司群僚，奏议咸集，盖以戎车时警，文教未宣，思乐泮宫，永言多慨。今关燧无虞，时和岁稔，远迩同风，华夷慕义。便可式遵前准，修建教学，精选儒官，广延国胄。”以江州刺史王延之为右光禄大夫。癸亥，诏曰：“比岁申威西北，义勇争先，殒气寇场，命尽王事。战亡蠲复，虽有恒典，主者遵用，每伤简薄。建元以来战亡，赏蠲租布二十年，杂役十年。其不得收尸，主军保押，亦同此例。”以后将军长沙王晃为护军将军，中军将军南郡王长懋为南徐州刺史，冠军将军安成王皓为江州刺史。

二月乙未，以冠军将军桓康为青、冀二州刺史。上不豫，庚辰，诏原京师囚系有差,元年以前逋责皆原除。

三月庚申,召司徒褚渊、左仆射王俭,诏曰:"吾本布衣素族,念不到此,因藉时来,遂隆大业。风道沾被,升平可期。遘疾弥留,至于大渐。公等奉太子如事吾,柔远能迩,缉和内外,当令太子敦穆亲戚,委任贤才,崇尚节俭,弘宣简惠,则天下之理尽矣。死生有命,夫复何言!"壬戌,上崩于临光殿,年五十六。

四月庚寅,上谥曰太祖高皇帝,奉梓宫于东府前渚升龙舟。丙午,窆武进泰安陵。

上少沉深有大量,宽严清俭,喜怒无色。博涉经史,善属文,工草隶书,弈棋第二品。虽经纶夷险,不废素业。从谏察谋,以威重得众。即位后,身不御精细之物,敕中书舍人桓景真曰:"主衣中似有玉介导,此制始自大明末,得泰始尤增其丽。留此置主衣,政是兴长疾源,可即时打碎。凡复有可异物,皆宜随例也。"后宫器物栏槛以铜为饰者,皆改用铁,内殿施黄纱帐,宫人著紫皮履,华盖除金花爪,用铁回钉。每曰:"使我治天下十年,当使黄金与土同价。"欲以身率天下,移变风俗。

上姓名骨体及期运历数,并远应图谶数十百条,历代所未有。臣下撰录,上抑而不宣,盛矣!

史臣曰:孙卿有言:"圣人之有天下,受之也,非取之也。"汉高神武骏圣,观秦氏东游,盖是雅多大言,非始自知天命。光武闻少公之论谶,亦特一时之笑语。魏武初起义兵,所期征西之墓。晋宣不内迫曹爽,岂有定霸浮桥,宋氏屈起匹夫,兵由义立。咸皆一世推雄,卒开鼎祚。宋氏正位八君,卜年五纪,四绝长嫡,三称中兴,内难边虞,兵革世动。太祖基命之初,武功潜用,泰始开运,大拯时艰,龙德在田,见猜云雨之迹。及苍梧暴虐,衅结朝野,百姓懔懔,命悬朝夕。权道既行,兼济天下。元功振主,利器难以假人,群才戮力,实怀尺寸之望。岂其天厌水行,固已人希木德。归功与能,事极乎此。虽至公于四海,而运实时来,无心于黄屋,而道随物变。应而不为,此皇齐所以集大命也。

赞曰:於皇太祖,有命自天。同度宇宙,合量山渊。宋德不绍,神器虚传。宁乱以武,黜暴资贤。庸发西疆,功兴北翰。偏师独克,孤旅霆断。援旆东夏,职司静乱。指斧徐方,时惟伐叛。抗威京辇,坐清江汉。文艺在躬,芳尘渊塞。用下以才,镇民以德。端己雄眸,君临尊默。苞括四海,大造家国。

南齐书卷三
本纪第三

武　帝

世祖武皇帝讳赜，字宣远，太祖长子也。小讳龙儿。生于建康青溪宅，其夜陈孝后、刘昭后同梦龙据屋上，故字上焉。

初为寻阳国侍郎，辟州西曹书佐，出为赣令。江州刺史晋安王子勋反，上不从命，南康相沈肃之絷上于郡狱。族人萧欣祖、门客桓康等破郡迎出上。肃之率将吏数百人追击，上与左右拒战，生获肃之，斩首百余级，遂率部曲百余人举义兵。始兴相殷孚将万兵赴子勋于寻阳，或劝上击之，上以众寡不敌，避屯揭阳山中，聚众至三千人。子勋遣其将戴凯之为南康相，及军主张宗之千余人助之。上引兵向郡，击凯之别军主程超数百人于南康口，又进击宗之，破斩之，遂围郡城。凯之以数千人固守，上亲率将士尽日攻之，城陷，凯之奔走，杀伪赣令陶冲之。上即据郡城，遣军主张应期、邓惠真三千人袭豫章。子勋遣军主谈秀之等七千人，与应期相拒于西昌，筑营垒，交战不能决。闻上将自下，秀之等退散。事平，征为尚书库部郎，征北中兵参军，西阳县子，带南东莞太守，越骑校尉，正员郎，刘韫抚军长史，襄阳太守。别封赣县子，邑三百户，固辞不受。转宁朔将军、广兴相。

桂阳王休范反，上遣军袭寻阳。至北峤，事平，除晋熙王安西谘议，不拜，复还郡。转司徒右长史、黄门郎。沈攸之在荆楚，宋朝密为之备。元徽四年，以上为晋熙王镇西长史、江夏内史、行郢州事。

从帝立,征晋熙王燮为抚军、扬州刺史,以上为左卫将军,辅燮俱下。沈攸之事起,未得朝廷处分,是以中流可以待敌,即据盆口城,为战守之备。太祖闻之,喜曰:"此真我子也!"上表求西讨,不许,乃遣偏军援郢。平西将军黄回等皆受上节度。加上冠军将军、持节。升明二年,事平,转散骑常侍、都督江州豫州之新蔡晋熙二郡军事、征虏将军、江州刺史,持节如故。封闻喜县侯,邑二千户。其年,征侍中、领军将军,给鼓吹一部,府置佐史,领石头戍军事。寻又加持节、督京畿诸军事。三年,转散骑常侍、尚书仆射、中军大将军、开府仪同三司,进爵为公,持节、都督、领军如故,给班剑二十人。

齐国建,为齐公世子,改加侍中、南豫州刺史,给油络车,羽葆、鼓吹,增班剑为四十人。以石头为世子宫,官置二率以下,坊省服章,一如东宫。进爵王太子。太祖即位,为皇太子。

建元四年三月壬戌,太祖崩,上即位,大赦。征镇州郡令长军屯营部,各行丧三日,不得擅离任,都邑城守防备幢队,一不得还。乙丑,称先帝遗诏,以司徒褚渊录尚书事,尚书左仆射王俭为尚书令,车骑将军张敬儿为开府仪同三司。诏曰:"丧礼虽有定制,先旨每存简约,内官可三日一还临,外官间一日还临。后有大丧皆如之。"丁卯,以右卫将军吕安国为司州刺史。庚午,以司空豫章王嶷为太尉。癸酉,诏曰:"城直之制,历代宜同,顷岁逋弛,遂以万计。虽在宪宜惩,而原心可亮。积年逋城,可悉原荡。自兹以后,申明旧科,有违纠裁。"庚辰,诏曰:"比岁未稔,贫穷不少,京师二岸,多有其弊。遣中书舍人优量赈恤。"

夏四月丙午,以辅国将军张倪为兖州刺史。辛卯,追尊穆妃为皇后。

五月乙丑,以丹阳尹闻喜公子良为南徐州刺史。甲戌,以新除左卫将军垣崇祖为豫州刺史。癸未,诏曰:"顷水雨频降,潮流荐满,二岸居民,多所淹溃。遣中书舍人与两县官长优量赈恤。"

六月甲申,立皇太子长懋。诏申壬戌赦恩百日。乙酉,以鄱阳王锵为雍州刺史,临汝公子卿为郢州刺史。甲午,以宁朔将军臧灵

智为越州刺史。丙申,立皇太子妃王氏。进封闻喜公子良为竟陵王,
临汝公子卿为庐陵王,应城公子敬为安陆王,江陵公子懋为晋安
王,枝江公子隆为随郡王,皇子子真为建安王,皇孙昭业为南郡王。
戊戌,诏曰:"水潦为患,星纬乘序。京都囚系,可克日讯决。诸远狱
委刺史以时察刺。建康、秣陵二县贫民加赈赐,必令周悉。吴兴、义
兴遭水县,蠲除租调。"癸卯,以司徒褚渊为司空、骠骑将军。

秋七月庚申,以卫尉萧谌为豫州刺史。壬戌,以冠军将军垣荣
祖为青、冀二州刺史。

八月癸卯,司徒褚渊薨。

九月丁巳,以国哀故,罢国子学。己巳,以前军将军姜伯起为秦
州刺史。辛未,以征南将军王僧虔为左光禄大夫、开府仪同三司,尚
书右仆射王奂为湘州刺史。

冬十二月己丑,诏曰:"缘淮戍将,久处边劳,三元行始,宜沾恩
庆。可遣中书舍人宣旨临会,后每岁皆如之。"庚子,以太子左卫率
戴僧静为徐州刺史。

永明元年春正月辛亥,车驾祠南郊,大赦,改元。壬子,诏:"内
外群僚,各举朕违,肆心规谏。"又诏王公卿士各举所知,随方登叙。
诏曰:"经邦之寄,实资莅民,守宰禄俸,盖有恒准。往以边虞告警,
故沿时损益,今区宇宁晏,庶绩咸熙,念勤简能,宜加优奖。郡县丞
尉,可还田秩。"太尉豫章王嶷领太子太傅,护军将军长沙王晃为南
徐州刺史,镇北将军竟陵王子良为南兖州刺史。庚申,以侍中萧景
先为中领军。壬戌,立皇弟锐为南平王,铿为宜都王,皇子子明为武
昌王,子罕为南海王。甲子,为筑青溪旧宫,诏褧仗瞻履。

二月辛巳,以征虏将军杨炅为沙州刺史。辛丑,以陇西公宕昌
王梁弥机为河、源二州刺史,东羌王像舒彭为西凉州刺史。

三月癸丑,诏曰:"宋德将季,风轨陵迟,列宰庶邦,弥失其序,
迁谢遄速,公私凋弊。泰运初基,草昧惟始,思述先范,永隆治根。莅
民之职,一以小满为限,其有声绩克举,厚加甄异,理务无庸,随时

代黜。”丙辰，诏曰：“朕自丁荼毒，奄便周忌，瞻言负荷，若坠渊壑。而远图尚蔽，政刑未理，星纬失序，阴阳愆度。思播先泽，兼酬天眷。可申辛亥赦恩五十日，以期讫为始。京师囚系，悉皆原宥。三署军徒，优量降遣。都邑鳏寡尤贫，详加赈恤。”戊寅，诏：“四方见囚，罪无轻重，及劫贼余口，长徒救系，悉原散。逋负督赃，建元四年三月以前，皆特除。”

夏四月壬午，诏曰：“魏矜袁绍，恩洽丘墓，晋亮两王，荣覃余裔，二代弘义，前载美谈。袁粲、刘秉与先朝同奖宋室，沈攸之于景和之世，特有乃心，虽末节不终，而始诚可录。岁月弥往，宜特优降。粲、秉前年改葬茔兆，未修材椁，可为经理，令粗足周礼。攸之及其诸子丧枢在西者，可符荆州送反旧墓，在所为营葬事。”

五月丁酉，车骑将军张敬兒伏诛。

六月丙寅，诏：“凡坐事应覆治者，在建元四年三月以前，皆原宥。”

秋七月戊戌，新除左光禄大夫王僧虔加特进。

九月己卯，以荆州刺史临川王映为骠骑将军，冠军将军庐陵王子卿为荆州刺史，吴郡太守安陆侯缅为郢州刺史。

二年春正月乙亥，以司州刺史吕安国为南兖州刺史，征北将军竟陵王子良为护军将军兼司徒，征北长史刘悛为司州刺史。丙子，以右光禄大夫王延之为特进。

三月乙亥，以吴兴太守张岱为南兖州刺史，前将军王奂为江州刺史，平北将军吕安国为湘州刺史。戊寅，以少府赵景翼为广州刺史。

夏四月甲辰，诏：“扬、南徐、南兖、徐、兖五州统内诸狱，并、豫、江三州府州见囚，江州寻阳、新蔡两郡系狱，并部送还台，须候克日断枉直。缘江远郡及诸州，委刺史详察讯。”己巳，以宁朔将军程法勤为宁州刺史。

六月癸卯，车驾幸中堂听讼。乙巳，以安陆王子敬为南兖州刺史。戊申，以黄门侍郎崔平仲为青、冀二州刺史。

秋七月癸未，诏曰："夫乐所自生，先哲垂诰，礼不忘本，积代同风。是以汉光迟回于南阳，魏文殷勤于谯国。青溪宫体天含晖，则地栖宝，光定灵源，允集符命。在昔期运初开，经纶方远，缮筑之劳，我则未暇。时流事往，永惟哽咽，朕以寡薄，嗣奉鸿基，思存缔构，式表王迹。考星创制，揆日兴功，子来告毕，规摹昭备。宜申衅落之礼，以畅感尉之怀，可克日小会。"甲申，立皇子子伦为巴陵王。

八月丙午，车驾幸旧宫小会，设金石乐，在位者赋诗。诏："申京师狱及三署见徒，量所降宥。领宫职司，详赐币帛。"戊申，车驾幸玄武湖讲武。甲子，诏曰："窆枯掩骼，义重前诰，恤老哀癃，实惟令典。朕永思民瘼，弗忘鉴瘝。声惕未敷，物多乖所。京师二县，或有久坟毁发，可随宜掩埋。遗骸未槾，并加敛瘗。疾病穷困不能自存者，详为条格，并加沾赉。"

冬十月丁巳，以桂阳王铄为南徐州刺史。

十一月丁亥，以始兴王铿为益州刺史。

三年春正月丙辰，以大司农刘楷为交州刺史，安西谘议参军崔庆绪为南梁、秦二州刺史。甲申，以晋安王子懋为南豫州刺史。辛卯，车驾祠南郊，大赦，都邑三百里内罪应入重者，降一等，余依赦制。劾系之身，降遣有差。赈恤二县贫民。又诏曰："《春秋国语》云：'生民之有学牧，犹树木之有枝叶。'果行育德，咸必由兹。在昔开运，光宅华夏，方弘典谟，克隆教思，命彼有司，崇建庠塾。甫就经始，仍离屯故，仰瞻徽猷，岁月弥远。今遐迩一体，车轨同文，宜高选学官，广延胄子。"又诏："守宰亲民之要，刺史案部所先，宜严课农桑，相土揆时，必穷地利。若耕蚕殊众，足厉浮堕者，所在即便列奏。其违方骄矜，佚事妨农，亦以名闻。将明赏罚，以劝勤怠。校核殿最，岁竟考课，以申黜陟。"

二月辛丑，车驾祠北郊。

夏四月戊戌，以新除右卫将军豫章王世子子响为豫州刺史，辅国将军桓敬为兖州刺史。

五月乙未,诏曰:"氓俗凋弊,于兹永久,虽年谷时登,而歉乏比室。凡单丁之身及茕独而秩养养孤者,并蠲今年田租。"是月,省总明观。

六月庚戌,进河南王度易侯为车骑将军。

秋七月辛丑,诏:"丹阳所领及余二百里内见囚,同集京师,自此以外,委州郡决断。"甲戌,左光禄大夫、开府仪同三司王僧虔薨。丁亥,以骠骑中兵参军董仲舒为宁州刺史。

八月乙未,车驾幸中堂听讼。丁巳,以行宕昌王梁弥颉为河、凉二州刺史。戊午,以尚书令王俭领太子少傅,太子詹事萧讳为领军将军。

冬十月壬戌,诏曰:"皇太子讳讲毕,当释奠,王公以下可悉往观礼。"

十一月乙丑,以冠军将军王文仲为青、冀二州刺史。

十二月丁酉,诏曰:"九谷之重,八材为末,是故洁粢丰盛,祝史无愧于辞,不籍千亩,周宣所以贻谏。昔期运初启,庶政草昧,三推之典,我则未暇。朕嗣奉鸿基,思隆先轨,载来躬亲,率由旧式。可以开春发岁,敬简元辰,鸣青鸾于东郊,冕朱纮而莅事,仰荐宗禋,俯勖黔皂。将使囷庾内充,遗秉外切,既富而教,兹焉攸在。"

是夏,琅邪郡旱,百姓芟除枯苗,至秋擢颖大熟。

四年春正月甲子,以南琅邪、彭城二郡太守随郡王子隆为江州刺史,征虏长史张瓌为雍州刺史,征虏将军薛渊为徐州刺史,护军将军兼司徒竟陵王子良进号车骑将军。富阳人唐宇之反,聚众桐庐,破富阳、钱塘等县,害东阳太守萧崇之。遣宿卫兵出讨,伏诛。丁酉,冠军将军、马军主陈天福坐讨唐宇之烧掠百姓,弃市。辛卯,车驾幸中堂策秀才。

闰月癸巳,立皇子子贞为邵陵王,皇孙昭文为临汝公。丁未,以武都王杨集始为北秦州刺史。辛亥,车驾藉田,诏曰:"夫耕藉所以表敬,亲载所以率民。朕景行前规,躬执良耜,千畛咸事,六仞可期,教义克宣,诚感兼畅。重以天符灵贶,岁月鳞萃,宝鼎开玉匣之祥,嘉禾发同穗之颖,甘露凝晖于坰牧,神爵骞翥于兰囿。斯乃宗稷之庆,岂寡薄所臻。思俾休和,覃兹黔皂,见刑罪殊死以下,悉原宥。诸逋负在三年以前尤穷弊者,一皆蠲除。孝悌力田,详授爵位,孤老贫穷,赐谷十石。凡欲附农而粮种阙乏者,并加给贷,务在优厚。”癸丑,以始兴内史刘敳为广州刺史。甲寅,以藉田礼毕,车驾幸阅武堂劳酒小会,诏赐王公以下在位者帛有差。戊午,车驾幸宣武堂讲武。诏曰:“今亲阅六师,少长有礼,领驭群帅,可量班赐。”

二月己未,立皇弟铄为晋熙王,铉为河东王。庚寅,以光禄大夫王玄载为兖州刺史。

三月辛亥,国子讲《孝经》,车驾幸学,赐国子祭酒、博士、助教绢各有差。

夏四月丁亥,以尚书左仆射柳世隆为湘州刺史。临沂县麦不登,刈为马刍,至夏更苗秀。

五月癸巳,诏:“扬、南徐二州今年户租,三分二取见布,一分取钱。来岁以后,远近诸州输钱处,并减布直,匹准四百,依旧折半,以为永制。”丙午,以吴兴太守西昌侯讳为中领军。

秋八月辛酉,以镇南长史萧惠休为广州刺史。

九月甲寅,以征虏将军王广之为徐州刺史。

冬十二月乙亥,以东中郎司马崔惠景为司州刺史。

五年春正月戊子,以太尉豫章王嶷为大司马,车骑将军竟陵王子良为司徒,骠骑将军临川王映、卫将军王俭、中军将军王敬则,并本号开府仪同三司,都官尚书沈文季为郢州刺史,左将军安陆王子敬为荆州刺史,征虏将军晋安王子懋为南兖州刺史,辅国将军建安王子真为南豫州刺史。辛卯,诏曰:“朕昧爽丕显,思康民瘼。虽年谷匹登,而饥馑代有。今履端肇运,阳和告始,宜协时休,覃兹黎庶。

诸孤老贫病,并赐粮饩,遣使亲赋,每存均普。"雍、司二州蛮虏屡动,丁酉,遣丹阳尹萧景先出平阳,护军将军陈显达出宛、叶。

二月戊子,车驾幸芳林园禊宴。丁未,以护军将军陈显达为雍州刺史。

夏四月,车驾殷祠太庙。诏:"系囚见徒四岁刑以下,悉原遣,五年减为三岁,京邑罪身应入重,降一等。"

六月辛酉,诏曰:"比霖雨过度,水潦涨溢,京师居民,多离其弊。遣中书舍人、二县官长随宜赈赐。"

秋七月戊申,诏:"丹阳属县建元四年以来至永明三年所逋田租,殊为不少。京甸之内,宜加优贷。其非中赀者,可悉原停。"

八月乙亥,诏:"今夏雨水,吴兴、义兴二郡,田农多伤,详蠲租调。"

九月己丑,诏曰:"九日出商飙馆,登高宴群臣。"辛卯,车驾幸商飙馆。馆,上所立,在孙陵岗,世呼为"九日台"者也。丙午,诏曰:"善为国者,使民无伤,而农益劝。是以十一而税,周道克隆,开建常平,汉载惟穆。岱畎丝枲,浮汶来贡,杞梓皮革,必缘楚往。自水德将谢,丧乱弥多,师旅岁兴,饥馑代有。贫室尽于课调,泉贝倾于绝域,军国器用,动资四表,不因厥产,咸用九赋,虽有交贸之名,而无润私之实,民咨涂炭,实此之由。昔在开运,星纪未周,余弊尚重。农桑不殷于曩日,粟帛轻贱于当年。工商罕兼金之储,匹夫多饥寒之患。良由圆法久废,上币稍寡。所谓民失其资,能无匮乎。凡下贫之家,可蠲三调二年。京师及四方出钱亿万,籴米谷丝绵之属,其和价以优黔首。远邦尝市杂物,非土俗所产者,皆悉停之。必是岁赋攸宜,都邑所乏,可见直和市,勿使逼刻。"

冬十月甲申,以中领军西昌侯讳为豫州刺史,侍中安陆侯缅为中领军。初起新林苑。

六年春正月壬午,以祠部尚书安成王皓为南徐州刺史。诏:"二百里内狱同集京师,克日听览。自此以外,委州郡讯察。三署徒隶,详所原释。"

三月己亥，以豫章王世子子响为巴东王。癸卯，以光禄大夫周盘龙为行兖州刺史。

五月甲午，以宕昌王梁弥承为河、凉二州刺史。

六月甲寅，以散骑常侍沈景德为徐州刺史。丙子，以始兴太守房法乘为交州刺史。

秋七月乙巳，都官尚书吕安国为领军将军。

八月乙卯，诏："吴兴、义兴水潦，被水之乡，赐痼疾笃癃口二斛，老落一斛，小口五斗。"

九月壬寅，车驾幸琅邪城讲武，习水步军。

冬十月庚申，立冬，初临太极殿读时令。辛酉，以祠部尚书武陵王晔为江州刺史。

闰月乙卯，诏曰："北兖、北徐、豫、司、青、冀八州，边接疆场，民多悬罄，原永明以前所逋租调。"辛卯，以尚书仆射王奂为领军将军。

十一月乙卯，以羽林监费延宗为越州刺史。庚申，以后将军晋安王子懋为湘州刺史，西阳王子明为南兖州刺史。

七年春正月丙午，以中军将军王敬则为豫州刺史，中军将军阴智伯为梁、南秦二州刺史。戊申，诏曰："雍州频岁戎役，兼水旱为弊，原四年以前逋租。"辛亥，车驾祠南郊，大赦，京邑贫民普加赈赐。又诏曰："春颁秋敛，万邦所以惟怀，柔远能迩，兆民所以允殖。郑浑宰邑，因姓立名，王浚剖符，户口殷盛。今产子不育，虽炳常禁，比闻所在，犹或有之。诚复礼以贫杀，抑亦情由俗淡。宜节以严威，敦以惠泽。主者寻旧制，详量附定，蠲恤之宜，务存优厚。"壬戌，骠骑将军、开府仪同三司临川王映薨。戊辰，诏曰："诸大夫年秩隆重，禄力殊薄，岂所谓下车惟旧，趋桥敬老。可增俸，详给见役。"

二月丙子，以左卫将军巴东王子响为中护军。己丑，诏曰："宣尼诞敷文德，峻极自天，发辉七代，陶钧万品，英风独举，素王谁匹。

功隐于当年,道深于日月,感麟厌世,缅邈千祀,川竭谷虚,丘夷渊塞,非但洙泗湮沦,至乃飨尝乏主。前王敬仰,崇修寝庙,岁月亟流,鞠为茂草。今学敩兴立,实禀洪规,抚事怀人,弥增钦属。可改筑宗祊,务在爽垲。量给祭秩,礼同诸侯,奉圣之爵,以时绍继。"壬寅,以丹阳尹王晏为江州刺史。癸卯,以巴陵王子伦为豫州刺史。

三月丁未,以太子右卫率王玄邈为兖州刺史。庚戌,以中护军巴东王子响为江州刺史,中书令随郡王子隆为中护军。甲寅,立皇子子岳为临贺王,子峻为广汉王,子琳为宣城王,子珉为义安王。

夏四月戊寅,诏曰:"婚礼下达,人伦攸始,《周官》设媒氏之职,《国风》兴及时之咏。四爵内陈,义不期侈,三鼎外列,事岂存奢。晚俗浮丽,历兹永久,每思惩革,而民未知禁。乃闻同牢之费,华泰尤甚。膳羞方丈,有过王侯。富者扇其骄风,贫者耻躬不逮。或以供帐未具,动致推迁,年不再来,盛时忽往。宜为节文,颁之士庶。并可拟则公朝,方椟供设,合卺之礼无亏,宁俭之义斯在。如故有违,绳之以法。"

五月乙巳,尚书令、卫将军、开府仪同三司王俭薨。甲子,以新除尚书左仆射柳世隆为尚书令。

六月丁亥,车驾幸琅邪。

秋八月庚子,以左卫将军建安王子真为中护军。

冬十月己丑,诏曰:"三季浇浮,旧章陵替,吉凶奢靡,动违矩则。或裂锦绣以竞车服之饰,涂金镂石以穷茔域之丽。至班白不婚,露棺累叶,苟相姱炫,罔顾大典。可明为条制,严勒所在,悉使画一。如复违犯,依事纠奏。"

十二月己亥,以中护军建安王子真为郢州刺史,江州刺史巴东王子响为荆州刺史,前安西司马垣荣祖为兖州刺史。

八年春正月庚子,征西大将军王敬则进号骠骑大将军,左将军沈文季为领军将军,丹阳尹鄱阳王锵为江州刺史。诏放遣隔城房俘,听还其本。壬辰,零陵王司马药师薨。

夏四月戊辰,诏公卿以下各举所知,随才授职。进得其人,受登贤之赏,荐非其才,获滥举之罚。

秋七月辛丑,以会稽太守安陆侯缅为雍州刺史。癸卯,诏曰:"阴阳舛和,纬象愆度,储胤婴患,淹历旬暑。思仰祇天戒,俯纾民瘼,可大赦天下。"癸亥,诏:"司、雍二州,比岁不稔,雍州八年以前、司州七年以前逋租,悉原。汝南一郡复限更申五年。"

八月丙寅,诏:"京邑霖雨既过,居民泛滥,遣中书舍人、二县官长赈恤。"乙酉,以行河南王世子休留成为秦、河二州刺史。壬辰,以左卫将军随郡王子隆为荆州刺史。巴东王子响有罪,遣丹阳尹萧讳率军讨之,子响伏诛。

冬十月丁丑,诏:"吴兴水淹过度,开所在仓赈赐。"癸巳,原建元以前逋租。

十一月乙卯,以建武将军伏登之为交州刺史。

十二月乙丑,以振威将军陈僧授为越州刺史。戊寅,诏:"尚书丞郎,职事繁剧,恤俸未优,可量增赐禄。"己卯,皇子子建为湘东王。癸巳,以监青冀二州军、行刺史事张冲为青、冀二州刺史。

九年春正月甲午,以侍中江夏王锋为南徐州刺史,冠军将军刘悛为益州刺史。辛丑,车驾祠南郊,诏京师见囚系,详量原遣。

三月乙卯,以南中郎司马刘楷为司州刺史。辛丑,以太子左卫率刘缋为广州刺史。

夏四月乙亥,有司奏:"旧格一年两过行陵,三月十五日,曹郎以下小行,九月十五日,司空以下大行。今长停小行,唯二州一大行。"诏曰"可。"

六月甲戌,以尚书左仆射王奂为雍州刺史。

秋九月戊辰,车驾幸琅邪城讲武,观者倾都,普颁酒肉。

十年春正月戊午,诏:"诸责负众逋,七年以前悉原除,高赀不在例。孤老六疾,人谷五斛。内外有务众官增禄俸。"以左民尚书南平王锐为湘州刺史,司徒竟陵王子良领尚书令,右卫将军王玄邈为北徐州刺史,中军将军庐陵王子卿进号车骑将军,北中郎将南海王子罕为兖州刺史,辅国将军临汝公昭文为南豫州刺史,冠军将军王文和为北兖州刺史。

二月壬寅,镇军将军陈显达领中领军。

夏四月辛丑,大司马豫章王嶷薨。

五月己巳,司徒竟陵王子良为扬州刺史。

秋八月丙申,以新城太守郭安明为宁州刺史。

冬十月乙丑,车驾幸玄武湖讲武。甲午,车驾殷祠太庙。

十一月戊午,诏曰:“顷者霖雨,樵粮稍贵,京邑居民,多离其弊。遣中书舍人、二县官长赈赐。”

十一年春正月癸丑,诏京师见系囚,详所原遣。以骠骑大将军王敬则为司空,江州刺史鄱阳王锵为领军将军,镇军大将军陈显达为江州刺史,右卫将军崔慧景为豫州刺史。丙子,皇太子长懋薨。

二月壬午,以车骑将军庐陵王子卿为骠骑将军、南豫州刺史,抚军将军安陆王子敬进号车骑将军。己丑,辅国将军曹虎为梁、南秦二州刺史。癸卯,以新除中书监晋安王子懋为雍州刺史。丙午,以冠军将军王文和为益州刺史。

三月乙亥,雍州刺史王奂伏诛。

夏四月壬午,诏东宫文武臣僚,可悉度为太孙官属。甲午,立皇太孙昭业、太孙妃何氏。诏赐天下为父后者爵一级,孝子、顺孙、义夫、节妇粟帛各有差。癸卯,以骁骑将军刘灵哲为兖州刺史。

五月戊辰,诏曰:“水旱成灾,谷稼伤弊,凡三调众逋,可同申至秋登。京师二县、朱方、姑熟,可权断酒。”庚午,以辅国将军萧惠休为徐州刺史。丙子,以左民尚书宜都王铿为南豫州刺史。

六月壬午,诏:“霖雨既过,遣中书舍人、二县官长赈赐京邑居民。”

秋七月丁巳,诏曰:“顷风水为灾,二岸居民,多离其患,加以贫病六疾，孤老稚弱，弥足矜念。遣中书舍人履行沾恤。"又诏曰："水旱为灾，实伤农稼。江、淮之间，仓廪既虚，遂草窃充斥，互相侵夺，依阻山湖，成此通逃。曲赦南兖、兖、豫、司、徐五州，南豫州之历阳、谯、临江、庐江四郡，三调众逋宿债，并同原除。其缘淮及青、冀新附侨民，复除已讫，更申五年。"

是月，上不豫，徙御延昌殿，乘舆始登阶，而殿屋鸣咤，上恶之。虏侵边，戊辰，遣江州刺史陈显达镇雍州樊城。上虑朝野忧惶，乃力疾召乐府奏正声伎。戊寅，大渐。诏曰："始终大期，贤圣不免。吾行年六十，亦复何恨。但皇业艰难，万机事重，不能无遗虑耳。太孙进德日茂，社稷有寄。子良善相毗辅，思弘治道。内外众事无大小，悉与讳参怀共下意。尚书中是职务根本，悉委王晏、徐孝嗣。军旅捍边之略，委王敬则、陈显达、王广之、王玄邈、沈文季、张瓌、薛渊等。百辟庶僚，各奉尔职，谨事太孙，勿有懈怠。知复何言。"又诏曰："我识灭之后，身上著夏衣画天衣，纯乌犀导，应诸器悉不得用宝物及织成等，唯装复夹衣各一本通。常所服身刀长短二口铁环者，随我入梓宫。祭敬之典，本在因心，东邻杀牛，不如西家禴祭。我灵上慎勿以牲为祭，唯设饼、茶饮、干饭、酒脯而已。天下贵贱，咸同此制。未山陵前，朔望设菜食。陵墓万世所宅，意尝恨休安陵未称，今可用东三处地最东边以葬我，名为景安陵。丧礼每存省约，不须烦民。百官停六时入临，朔望祖日可依旧。诸主六宫，并不须从山陵。内殿凤华、寿昌、耀灵三处，是吾所治制。夫贵有天下，富兼四海，宴处寝息，不容乃陋，谓此为奢俭之中，慎勿坏去。显阳殿玉像诸佛及供养，具如别牒，可尽心礼拜供养之，应有功德事，可专在中。自今公私皆不得出家为道，及起立塔寺，以宅为精舍，并严断之。唯年六十，必有道心，听朝贤选序，已有别诏。诸小小赐乞，及阃内处分，亦有别牒。内外禁卫劳旧主帅左右，悉付萧讳优量驱使之，勿负吾遗意也。"是日，上崩，年五十四。

上刚毅有断，为治总大体，以富国为先。颇不喜游宴、雕绮之事，言常恨之，未能顿遣。临崩又诏："凡诸游费，宜从休息。自今远近荐献,务存节俭,不得出界营求,相高奢丽。金粟缯纩,弊民已多,珠玉玩好,伤工尤重。严加禁绝,不得有违准绳。"

九月丙寅,葬景安陵。

史臣曰:世祖南面嗣业,功参宝命,虽为继体,事实艰难。御衮垂旒,深存政典,文武授任,不革旧章,明罚厚恩,皆由上出,义兼长远,莫不肃然。外表无尘,内朝多豫,机事平理,职贡有恒,府藏内充,民鲜劳役,宫室苑囿,未足以伤财,安乐延年,众庶所同幸。若夫割爱怀抱,同彼甸人,太祖群昭,位后诸穆。昔汉武留情晚悟,追恨戾园,魏文侯克中山,不以封弟,英贤心迹,臣所未详也。

赞曰:武帝丕显,徽号止戈。韶岭歇褐,彭沠澄波。威承景历,肃御金科。北怀戎款,南献夷歌。市朝晏逸,中外宁如。

南齐书卷四
本纪第四

郁林王

　　郁林王昭业字元尚,文惠太子长子也,小名法身。世祖即位,封南郡王,二千石。永明五年十一月戊子,冠于东宫崇政殿。其日小会,赐王公以下帛各有差,给昭业扶二人。七年,有司奏给班剑二十人,鼓吹一部,高选友、学。十一年,给皂轮三望车。诏高选国官。文惠太子薨,立昭业为皇太孙,居东宫。世祖崩,太孙即位。

　　八月壬午,诏称先帝遗诏,以护军将军武陵王晔为卫将军,征南大将军陈显达即本号,并开府仪同三司,尚书左仆射西昌侯鸾为尚书令,太孙詹事沈文季为护军将军。癸未,以司徒竟陵王子良为太傅。诏曰:“朕以寡薄,嗣膺宝政,对越灵命,钦若前图,思所以敬守成规,拱揖群后。哀荒在日,有惜大猷,宜育德振民,光昭睿范。凡逋三调及众责,在今年七月三十日前,悉同蠲除。其备偿封籍货鬻未售,亦皆还主。御府诸署池田邸冶,兴废沿事,本施一时,于今无用者,详所罢省。公宜权禁,一以还民,关市征赋,务从优减。”丙戌,诏曰:“近北掠余口,悉充军实。刑故无小,罔或攸赦,抚辜兴仁,事深睿范。宜从荡宥,许以自新,可一同放遣,还复民籍。已赏赐者,亦皆为赎。”辛丑,诏曰:“往岁蛮虏协谋,志扰边服,群帅授略,大歼凶丑。革城克捷,及舞阴固守,二处劳人,未有沾爵赏者,可分遣选部,往彼序用。”

　　九月癸丑,诏:“东西二省,府国长老所积,财单禄寡,良以矜怀。选部可甄才品能，推校年月，邦守邑丞，随宜量处，以贫为先。”辛酉，追尊文惠皇太子为世宗文皇帝。

冬十月壬寅，尊皇太孙太妃为皇太后，立皇后何氏。

十一月辛亥，立临汝公昭文为新安王，曲江公昭秀为临海王，皇弟昭粲为永嘉王。

隆昌元年春正月丁未，改元，大赦。加太傅竟陵王子良殊礼。骁骑将军晋熙王𬭯为郢州刺史，丹阳尹安陆王子敬为南兖州刺史，征北大将军晋安王子懋为江州刺史，临海王昭秀为荆州刺史，永嘉王昭粲为南徐州刺史，征南大将军陈显达进号车骑大将军。郢州刺史建安王子真为护军将军。诏百僚极陈得失，又诏王公以下各举所知。戊申，以护军将军沈文季为领军将军。己酉，以前将军曹虎为雍州刺史，右卫将军薛渊为司州刺史。庚戌，以宁朔将军萧懿为梁、南秦二州刺史，辅国长史申希祖为交州刺史。辛亥，车驾祠南郊，诏曰：“执耒暂忘，悬磬比室，秉机或惰，无褐终年。非怠非荒，虽由王道，不稂不莠，实赖民和。顷岁多稼无爽，遗秉如积，而三登之美未臻，万斯之基尚远。且风土异宜，百民舛务，刑章治绪，未必同源，妨本害政，事非一揆，冤旒属念，无忘夙兴。可严下州郡，务滋耕殖，相亩辟畴，广开地利，深树国本，克阜天民。又询访狱市，博听谣俗，伤风损化，各以条闻，主者详为条格。”戊午，车驾拜崇安陵。己巳，以新除黄门侍郎周奉叔为青州刺史。

二月辛卯，车驾祠明堂。

夏四月辛巳，卫将军、开府仪同三司武陵王晔薨。戊子，太傅竟陵王子良薨。戊戌，以前沙州刺史杨炅为沙州刺史。丁酉，以骠骑将军庐陵王子卿为卫将军，尚书右仆射鄱阳王锵为骠骑将军，并开府仪同三司。

闰月乙丑，以南东海太守萧颖胄为青、冀二州刺史。丁卯，镇军大将军讳即本号开府仪同三司。戊辰，以中军将军新安王昭文为扬州刺史。

六月丙寅,以黄门侍郎王思远为广州刺史。

秋七月庚戌,以中书郎萧遥欣为兖州刺史,东莞太守臧灵智为交州刺史。

癸巳,皇太后令曰:"镇军、车骑、左仆射、前将军、领军、左卫、卫尉、八座:自我皇历启基,受终于宋,睿圣继轨,三叶重光。太祖以神武创业,草昧区夏,武皇以英明提极,经纬天人。文帝以上哲之资,体元良之重,虽功未被物,而德已在民。三灵之眷方永,七百之基已固。嗣主特钟沴气,爰表弱龄,险戾著于绿车,愚固彰于崇正。狗马是好,酒色方湎。所务唯鄙事,所疾唯善人。世祖慈爱曲深,每加容掩,冀年志稍改,立守神器。自入纂鸿业,长恶滋甚。居丧无一日之哀,缞绖为欢宴之服。昏酣长夜,万机斯壅,发号施令,莫知所从。阉竖徐龙驹专总枢密,奉叔、珍之互执权柄,自以为任得其人,表里缉穆,迈萧、曹而愈信、布,倚太山而坐平原。于是恣情肆意,罔顾天显,二帝姬嫔,并充宠御,二宫遗服,皆纳玩府。内外混漫,男女无别,丹屏之北,为酤鬻之所,青蒲之上,开桑中之肆。又微服潜行,信次忘反,端委以朝虚位,交戟而守空宫积旬矣。宰辅忠贤,尽诚奉主,诛锄群小,冀能悛革,曾无克己,更深怨憾。公卿股肱,以异己宜戮,文武昭穆,以德誉见猜,放肆丑言,将行屠脍,社稷危殆,有过缀旒。昔太宗克光于汉世,简文代兴于晋氏,前事之不忘,后人之师也。镇军居正体道,家国是赖,伊、霍之举,实寄渊谟,便可详依旧典,以礼废黜。中军将军新安王,体自文皇,睿哲天秀,宜入嗣鸿业,永宁四海。外即以礼奉迎。未亡人属此多难,投笔增慨。"

昭业少美容止,好隶书,世祖敕皇孙手书不得妄出,以贵重之。进对音吐,甚有令誉。王侯五日一问讯,世祖常独呼昭业至幄座,别加抚问,呼为法身,钟爱甚重。文惠皇太子薨,昭业每临哭,辄号咷不自胜,俄尔还内,欢笑极乐。在世祖丧,哭泣竟,入后宫,尝列胡妓二部夹阁迎奏。为南郡王时,文惠太子禁其起居,节其用度,昭业谓豫章王妃庾氏曰:"阿婆,佛法言,有福德生帝王家。今日见作天王,便是大罪,左右主帅,动见拘执,不如作市边屠酤富儿百倍矣。"及即位,极意赏赐,动百数十万。每见钱,辄曰:"我昔时思汝一文不得,今得用汝未?"期年之间,世祖斋库储钱数亿垂尽。开主衣库与皇后宠姬观之,给阉人竖子各数人,随其所欲,恣意攫取,取诸宝器以相剖击破碎之,以为笑乐。居尝裸袒,著红縠裈杂采相服。好斗鸡,密买鸡至数千价。世祖御物甘草杖,宫人寸断用之。毁世祖招婉殿,乞阉人徐龙驹为斋。龙驹尤亲幸,为后阁舍人,日夜在六宫房内。昭业与文帝幸姬霍氏淫通,龙驹劝长留宫内,声云度霍氏为尼,以余人代之。尝以邪谄自进,每谓人曰:"古时亦有监作三公者。"皇后亦淫乱,斋阁通夜洞开,内外淆杂,无复分别。

中书舍人綦母珍之、朱隆之,直阁将军曹道刚、周奉叔,并为帝羽翼。高宗屡谏不纳,先启诛龙驹,次诛奉叔及珍之,帝并不能违。既而尼媪外入,颇传异语,乃疑高宗有异世。中书令何胤以皇后从叔见亲,使直殿省,尝随后呼胤为三父,与胤谋诛高宗,令胤受事,胤不敢当,依违杜谏,帝意复止。乃谋出高宗于西州,中敕用事,不复关谘。高宗虑变,定谋废帝。

二十二日壬辰,使萧谌、坦之等于省诛曹道刚、朱隆之等,率兵自尚书入云龙门,戎服加朱衣于上。比入门,三失履。王晏、徐孝嗣、萧坦之、陈显达、王广之、沈文季系进。帝在寿昌殿,闻外有变,使闭内殿诸房阁,令阉人登兴光楼望,还报云:"见一人戎服,从数百人,急装,在西钟楼下。"须臾,萧谌领兵先入宫,截寿昌阁,帝走向爱姬徐氏房,拔剑自刺不中,以帛缠颈,舆接出延德殿。谌初入殿,宿卫将士皆操弓盾欲拒战,谌谓之曰:"所取自有人,卿等不须动!"宿卫信之,及见帝出,各欲自奋,帝竟无一言。出西弄,杀之,时年二十二。舆尸出徐龙驹宅,殡葬以王礼。余党亦见诛。

史臣曰:郁林王风华外美,众所同惑,伏情隐诈,难以貌求。立嫡以长,未知瑕衅,世祖之心,不变周道。既而愆酗内作,兆自宫闱,虽为害未远,足倾社稷。《春秋》书梁伯之过,言其自取亡也。

赞曰:十愆有一,无国不失。郁林负荷,弃礼亡律。

"东西二省府国长老",一本"长"字作"屯",疑。

南齐书卷五

本纪第五

海陵王

　　海陵恭王昭文字季尚，文惠太子第二子也。永明四年，封临汝公，邑千五百户。初为辅国将军、济阳太守。十年，转持节、督南豫州诸军事、南豫州刺史，将军如故。十一年，进号冠军将军。文惠太子薨，还都。郁林王即位，为中军将军，领兵置佐。封新安王，邑二千户。隆昌元年，为使持节、都督扬南徐二州诸军事、扬州刺史，将军如故。其年，郁林王废，尚书令西昌侯讳议立昭文为帝。

　　延兴元年秋七月丁酉，即皇帝位。以尚书令、镇军大将军西昌侯讳为骠骑大将军、录尚书事、扬州刺史、宣城郡公。诏曰："太祖高皇帝英谋光大，受命作齐。世祖武皇帝宏猷冠世，继晖下武。世宗文皇帝清明懿铄，四海宅心。并德漏下泉，功昭上象，声教所覃，无思不洽。洪基式固，景祚方融，而天步多阻，运钟否剥。嗣君昏忍，暴戾滋多，弃侮天经，悖灭人纪，朝野重足，遐迩侧视，民怨神恫，宗桃如缀。赖忠谟肃举，霄汉廓清，俾三后之业，绝而更纽，七百之庆，危而复安。猥以冲人，入纂乾绪，载怀驭朽，若坠诸渊，思与黎元，共绥戬福。"大赦，改元。文武赐位二等。

　　八月甲辰，以新除卫尉萧谌为中领军，司空王敬则进位太尉，新除车骑大将军陈显达为司空，尚书左仆射王晏为尚书令，左卫将军王广之为豫州刺史，骠骑大将军鄱阳王锵为司徒。诏遣大使巡行风俗。丁未,诏曰:"新安国五品以上,悉与满叙,自此以下,皆听解遣。其欲仕者,适其所乐。"以骁骑将军河东王铉为南徐州刺史,西中郎将临海王昭秀为车骑将军,南徐州刺史永嘉王昭粲为荆州刺史。戊申,以辅国将军王诩为广州刺史,中书郎萧遥欣为兖州刺史。庚戌,以车骑板行参军李庆综为宁州刺史。辛亥,以安西将军王玄邈为中护军,新除后军司马萧诞为徐州刺史。壬子,以冠军司马臧灵智为交州刺史。乙卯,申明织成、金薄、彩花、锦绣履之禁。

九月癸酉,诏曰:"顷者以淮关徭戍,勤瘁于行役,故覃以荣阶,薄酬厥劳。勋状淹留,未集王府,非所以急舍爵之典,趣报功之旨。便可分遣使部,往彼铨用。"辛巳,以前九真太守宋慈明为交州刺史。癸未,诛新除司徒鄱阳王锵、中军大将军随郡王子隆。遣平西将军王广之诛南兖州刺史安陆王子敬。于是江州刺史晋安王子懋起兵,遣中护军王玄邈讨之。乙未,骠骑大将军讳假黄钺,内外纂严。又诛湘州刺史南平王锐、郢州刺史晋熙王铣、南豫州刺史宜都王铿。丁亥,以卫将军庐陵王子卿为司徒,抚军将军桂阳王铄为中军将军、开府仪同三司。

冬十月癸巳,诏曰:"周设媒官,趣及时之制,汉务轻徭,在休息之典,所以布德弘教,宽俗阜民。朕君制八纮,志敷九德,而习俗之风,为弊未改,静言多惕,无忘昏昃。督劝婚嫁,宜严更申明,必使禽币以时,摽梅息怨。正厨诸役,旧出州郡,征求民以应其数,公获二旬,私累数朔。又广陵年常递出千人以助淮戍,劳扰为烦,抑亦苞苴是育。今并可长停,别量所出。诸县使村长路都防城直县,为剧尤深,亦宜禁断。"丁酉,解严。进骠骑大将军、扬州刺史宣城公讳为太傅,领大将军、扬州牧,加殊礼,进爵为王。戊戌,诛新除中军将军桂阳王铄、抚军将军衡阳王钧、侍中秘书监江夏王锋、镇军将军建安王子真、左将军巴陵王子伦。癸卯,以宁朔将军萧遥欣为豫州刺史,新除黄门郎萧遥昌为郢州刺史,辅国将军萧诞为司州刺史。

宣城王辅政,帝起居皆谘而后行。思食蒸鱼菜,太官令答无录命,竟不与。辛亥,皇太后令曰:"司空、后将军、丹阳尹、右仆射、中领军、八座：夫明晦迭来，屯平代有，上灵所以眷命，亿兆所以归怀。自皇家淳耀，列圣继轨，诸侯官方，百神受职。而殷忧时启，多难荐臻，隆昌失德，特紊人鬼，非徒四海解体，乃亦九鼎将移。赖天纵英辅，大匡社稷，崩基重造，坠典再兴。嗣主幼冲，庶政多昧，且早婴尪疾，弗克负荷，所以宗正内侮，戚藩外叛，觇天视地，人各有心。虽三祖之德在民，而七庙之危行及。自非树以长君，镇以渊器，未允天人之望，宁息奸宄之谋。太傅宣城王胤体宣皇，钟慈太祖，识冠生民，功高造物，符表凤著，讴颂有在，宜入承宝命，式宁宗祐。帝可降封海陵王，吾当归老别馆。昔宣帝中兴汉室，简文重延晋祀，庶我鸿基，于兹永固。言念家国，感庆载怀。"

　　建武元年，诏海陵王依汉东海王强故事，给虎贲、旄头、画轮车，设钟虡宫县，供奉所须，每存隆厚。十一月，称王有疾，数遣御师占视，乃殒之。给温明秘器，衣一袭，敛以衮冕之服。大鸿胪监护丧事。葬给辒辌车，九旒大辂，黄屋左纛，前、后部羽葆、鼓吹，挽歌二部，依东海王故事。谥曰恭王。年十五。

　　史臣曰：郭璞称永昌之名，有二日之象，而隆昌之号亦同焉。案汉中平六年，献帝即位，便改元为光熹，张让、段珪诛后，改元为昭宁，董卓辅政，改元为永汉，一岁四号也。晋惠帝太安二年，长沙王乂事败，成都王颖改元为永安，颖自邺夺，河间王颙复改元为永兴，一岁三号也。隆昌、延兴、建武，亦三改年号。故知丧乱之轨迹，虽千载而必同矣。

　　赞曰：穆穆海陵，因亡代兴。不先不后，遭命是膺。

南齐书卷六
本纪第六

明　帝

　　高宗明皇帝讳鸾，字景栖，始安贞王道生子也。小讳玄度。少孤，太祖抚育，恩过诸子。宋泰豫元年，为安吉令，有严能之名。补武陵王左常侍，不拜。元徽二年，为永世令。升明二年，为邵陵王安南记室参军，未拜。仍迁宁朔将军、淮南宣城二郡太守。寻进号辅国将军。太祖践阼，迁侍中，封西昌侯，邑千户。建元二年，为持节、督郢州司州之义阳诸军事、冠军将军、郢州刺史。进号征虏将军。世祖即位，转度支尚书，领右军将军。永明元年，迁侍中，领骁骑将军。王子侯旧乘缠憻车，高宗独乘下帷，仪从如素士。公事混挠，贩食人担火误烧牛鼻，豫章王白世祖，世祖笑焉。转为散骑常侍、左卫将军，清道而行，上甚悦。二年，出为征虏将军、吴兴太守。四年，迁中领军，常侍并如故。五年，为持节、监豫州郢州之西阳司州之汝南二郡军事、右将军、豫州刺史。七年，为尚书右仆射。八年，加领卫尉。十年，转左仆射。十一年，领右卫将军。世祖遗诏为侍中、尚书令，寻加镇军将军，给班剑二十人。隆昌元年，即本号为大将军，给鼓吹一部，亲兵五百人。寻又加中书监、开府仪同三司。郁林王废，海陵王立，为使持节、都督扬南徐二州军事、骠骑大将军、录尚书事、扬州刺史，开府如故，增班剑为三十人，封宣城郡公，二千户，镇东府城，给兵五千人，钱二百万，布千匹。九江作难，假黄钺，事宁，表送之。寻加黄钺、都督中外诸军事、太傅，领大将军、扬州牧，增班剑为四十人，给幢络三望车，前、后部羽葆、鼓吹，剑履上殿，入朝不趋，赞拜不名，置左右长史、司马、从事中郎、掾、属各四人，封宣城王，邑五千户，持节、侍中、中书监、录尚书并如故。未拜，太后令废海陵王，以上入纂太祖为第三子，群臣三请，乃受命。

建武元年冬十月癸亥，即皇帝位。诏曰："皇齐受终建极，握镜临宸，神武重辉。钦明懿铄，七百攸长，盘石斯固，而王度中塞，天阶荐阻，嗣命多违，蕃衅孔棘，宏图景历，将坠诸渊。宣德皇后远鉴崇替，宪章旧典，畴咨台揆，允定灵策，用集宝命于予一人。猥以虚薄，缵戎大业，仰系鸿丕，顾临兆民，永怀先构，若履春冰，寅忧夕惕，罔识攸济，思与万国播此惟新。大赦天下，改元。宿卫身普转一阶，其余文武赐位二等。逋租宿责，换负官物，在建武元年以前，悉原除。劫贼余口在台府者，可悉原放。负衅流徙，并还本乡。"太尉王敬则为大司马，司空陈显达为太尉，尚书令王晏加骠骑大将军，中领军萧谌为领军将军，南徐州刺史皇子宝义为扬州刺史，中护军王玄邈为南兖州刺史，新除右将军张瓌为右光禄大夫，平北将军王广之为江州刺史。乙丑，诏断远近上礼。丁卯，诏："自今雕文篆刻，岁时光新，可悉停省。蕃牧守宰，或有荐献，事非任土，严加禁断。"追赠安陆昭侯缅为安陆王。己巳，以安陆侯子宝晊为湘州刺史。诏曰："顷守职之吏，多违旧典，存私害公，实兴民蠹。今商旅税石头后渚及夫卤借倩，一皆停息。所在凡厥公宜，可即符断。主曹详为其制，宪司明加听察。"

十一月癸酉，以西中郎长史始安王遥光为扬州刺史，晋寿太守王洪范为青、冀二州刺史，尚书令王晏领太子少傅。甲戌，大司马寻阳公王敬则等十三人进爵邑各有差。诏省新林苑，先是民地，悉以还主，原责本直。庚辰，立皇子宝义为晋安王，宝玄为江夏王，宝源为庐陵王，宝夤为建安王，讳为随郡王，宝攸为南平王。甲申，诏曰："邑宰禄薄俸微，不足代耕，虽任土恒贡，亦为劳费，自今悉断。"又诏："宣城国五品以上，悉与满叙。自此以下，皆听解遣。其欲仕适

所乐。"乙酉,追尊始安贞王为景皇,妃为懿后。丙戌,以辅国将军闻
喜公遥欣为荆州刺史,宁朔将军丰城公遥昌为豫州刺史。丁亥,诏
细作中署、材官、车府,凡诸工,可悉开番假,递令休息。戊子,立皇
太子宝卷,赐天下为父后者爵一级,孝子、从孙、义夫、节妇普加甄
赐明扬,表其衡闾,赉以束帛。己丑,诏:"东宫肇建,远近或有庆礼,
可悉断之。"壬辰,以新除征虏将军江夏王宝玄为郢州刺史。永明
中,御史中丞沈渊表:"百官年登七十,皆令致仕,并穷困私门。"庚
子,诏曰:"日者百司耆齿,许以自陈,东西二省,犹沾微俸,辞事私
庭,荣禄兼谢,兴言爱老,实有矜怀。自缙绅年及,可一遵永明七年
以前铨叙之科。"上辅政所诛诸王,是月复属籍,各封子为侯。

十二月壬子,诏曰:"上览易遗,下情难达,是以甘棠见美,肺石
流咏。自月一视黄辞,如有含枉不申,怀直未举者,莅民之司,并任
厥失。"

二年春正月辛未,诏:"京师系囚,殊死可降为五岁刑,三署见
徒五岁以下,悉原散。王公以下,各举所知。随王公卿士,内外群僚,
各举朕违,肆心极谏。"索虏寇司、豫、徐、梁四州。壬申,遣镇南将军
王广之督司州征讨,右卫将军萧坦之督徐州征讨,尚书右仆射沈文
季督豫州征讨。己卯,诏京师二县,有毁发坟垅,随宜修理。又诏曰:
"食惟民天,义高姬载,蚕实生本,教重轩经。前哲盛范,后王茂则,
布令审端,咸必由之。朕肃奉岩廊,思引风训,深务八政,永鉴在勤,
静言日昊,无忘寝兴。守宰亲民之主,牧伯调俗之司,宜严课农桑,
罔令游惰,揆景肆力,必穷地利,固修堤防,考校殿最。若耕蚕殊众,
具而名闻;游息害业,即便列奏。主者详为条格。"乙未,虏攻钟离,
徐州刺史萧惠休破之。丙申,加太尉陈显达使持节、都督西北征讨
诸军事。丁酉,内外纂严。

三月戊申,诏:"南徐州侨旧民丁,多充戎旅,蠲今年三课。"己
未,司州刺史萧诞与众军击虏,破之。诏:"雍、豫、司、南兖、徐五州
遇寇之家,悉停今年税调。其与虏交通,不问往罪。"丙寅,停青州麦

租。虏自寿春退走。甲申，解严。

夏四月己亥朔，三百里内狱讼同集京师，克日听览。此以外，委州郡讯察。三署徒隶，原遣有差。索虏围汉中，梁州刺史萧懿拒退之。己未，以新除黄门郎裴叔业为徐州刺史。

五月甲午，寝庙成，诏监作长帅，可赐位一等，役身遣假一年，非役者蠲租同假限。

六月壬戌，诛领军将军萧谌、西阳王子明、南海王子罕、邵陵王子贞。乙丑，以右卫将军萧坦之为领军将军。

秋七月辛未，以右将军晋安王宝义为南徐州刺史。壬申，以冠军将军梁王为司州刺史。辛卯，以氐杨馥之为北秦州刺史、仇池公。

八月丁未，以右卫将军庐陵王宝源为南兖州刺史。庚戌，以新除辅国将军申希祖为兖州刺史。

九月己丑，改封南平王宝攸为邵陵王，蜀郡王子文为西阳王，广汉王子峻为衡阳王，临海王昭秀为巴陵王，永嘉王昭粲为桂阳王。

冬十月丁卯，诏曰："轨世去奢，事殷哲后，训物以俭，理镜前王。朕属流弊之末，袭浇浮之季，虽恭己弘化，刻意隆平，而礼让未兴，侈华犹竞。永览玄风，兢言集愧，思所以还淳改俗，反古移民。可罢东田，毁兴光楼。"并诏水衡量省御乘。乙卯，纳皇太子妃褚氏，大赦。王公已下班赐各有差。断四方上礼。

十二月丁酉，诏曰："旧国都邑，望之怅然。况乃自经南面，负扆宸居，或功济当时，德覃一世，而茔垄横秽，封树不修，岂直嗟深牧竖，悲甚信陵而已哉。昔中京沦覆，鼎玉东迁，晋元缔构之始，简文遗咏在民，而松门夷替，埏路榛芜。虽年代殊往，抚事兴怀。晋帝诸陵，悉加修理，并增守卫。吴、晋陵二郡，失稔之乡，蠲三调有差。"

三年春正月丁酉，以阴平王杨炅子崇祖为沙州刺史，封阴平王。北中郎将建安王宝夤为江州刺史。己巳，诏申明守长六周之制。乙酉，诏："去岁索虏寇边，缘边诸州郡将士有临阵及疾病死亡者，并送还本土"。

三月壬午，诏车府乘舆有金银饰校者，皆剔除。

夏四月，虏寇司州，戍兵击破之。

五月己巳，以征虏将军萧懿为益州刺史，前军将军阴广宗为梁、南秦二州刺史，前新除宁州刺史李庆宗为宁州刺史。

秋九月辛酉，以冠军将军徐玄庆为兖州刺史。

冬十月，以辅国将军申希祖为司州刺史。

闰十二月戊寅，皇太子冠，赐王公以下帛各有差，为父后者赐爵一级。断远近上礼。又诏今岁不须光新，可以见钱为百官供给。

四年春正月庚午，大赦。诏曰："嘉肴停俎，定方旨于必甘，良玉在攻，表圭璋于既就，是以陶钧万品，务本为先，经纬九区，学教为大。往因时康，崇建庠序，屯虞荐有，权从省废，讴诵寂寥，倏移年稔，永言古昔，无忘旰昃。今华夏乂安，要荒慕向，缔修东序，实允适时。便可式依旧章，广延国胄，弘敷景业，光被后昆。"壬寅，诏民产子者，蠲其父母调役一年，又赐米十斛。新婚者蠲夫役一年。丙辰，尚书令王晏伏诛。

二月甲子，以左仆射徐孝嗣为尚书令，征虏将军萧季敞为广州刺史。

三月乙未，右仆射沈文季领护军将军。

秋八月，追尊景皇所生王氏为恭太后。索虏寇沔北。

冬十月，又寇司州。甲戌，遣太子中庶子梁王、右军司马张稷讨之。

十一月丙辰，以氐杨灵珍为北秦州刺史、仇池公、武都王。丁亥，诏所在结课屋宅田桑，可详减旧价。

十二月甲子，以冠军将军裴叔业为豫州刺史，冠军将军徐玄庆为徐州刺史，宁朔将军左兴盛为兖州刺史。丁丑，遣度支尚书崔慧景率众救雍州。

永泰元年春正月癸未朔，大赦，逋租宿债在四年之前，皆悉原除。中军大将军徐孝嗣即本号开府仪同三司。沔北诸郡为虏所侵，相继败没。乙巳，遣太尉陈显达持节救雍州。丁未，诛河东王铉、临贺王子岳、西阳王子文、衡阳王子峻、南康王子琳、永阳王子珉、湘东王子建、南郡王子夏、桂阳王昭粲、巴陵王昭秀。

二月癸丑，遣左卫将军萧惠休假节援寿阳。辛未，豫州刺史裴叔业击虏于淮北，破之。辛巳，平西将军萧遥欣领雍州刺史。

三月丙午，蠲雍州遇虏之县租布。戊申，诏曰："仲尼明圣在躬，允光上哲，弘厥雅道，大训生民，师范百王，轨仪千载，立人斯仰，忠孝攸出，玄功潜被，至德弥阐。虽及袚遏旷，而桃荐靡阙，时祭旧吕，秩比诸侯。顷岁以来，祀典陵替，俎豆寂寥，牲奠莫举，岂所以克昭盛烈，永隆风教者哉。可式循旧典，详复祭秩，使牢饩备礼，钦飨兼申。"

夏四月甲寅，改元，赦三署囚系原除各有差，文武赐位二等。丙戌，以镇军将军萧坦之为侍中、中领军。己未，立武陵昭王子子坦为衡阳王。丙寅，以西中郎长史刘暄为郢州刺史。丁卯，大司马、会稽太守王敬则举兵反。

五月壬午，遣辅国将军刘山阳率军东讨。乙酉，斩敬则，传首，曲赦浙东、吴、晋陵七郡。以后军长史萧颖胄为南兖州刺史。丁酉，以北中郎将司马元和为兖州刺史。

秋七月，以辅国将军王珍国为青、冀二州刺史。癸卯，以太子中庶子梁王为雍州刺史，太尉陈显达为江州刺史。

己酉，帝崩正福殿，年四十七。遗诏曰："徐令可重申八命，中书监本官悉如故，沈文季可左仆射，常侍、护军如故，江祏可右仆射，江祀可侍中，刘暄可卫尉。军政大事委陈太尉，内外众事无大小委徐孝嗣、遥光、坦之、江祏，其大事与沈文季、江祀、刘暄参怀。心膂之任，可委刘悛、萧惠休、崔惠景。"葬兴安陵。

帝明审有吏才，持法无所借，制御亲幸，自下肃清。驱使寒人不得用四幅伞，大存俭约。罢世祖所起新林苑，以地还百姓。废文帝所起太子东田,斥卖之。永明中舆辇舟乘,悉剔取金银还主衣库。太官进御食,有裹蒸,帝曰:“我食此不尽,可四片破之,余充晚食。”而世祖掖庭中宫殿服御,一无所改。

性猜忌多虑,故亟行诛戮。潜信道术,用计数,出行幸,先占利害,南出则唱云西行,东游则唱云北幸。简于出入,竟不南郊。上初有疾,无辍听览,秘而不传。及寝疾甚久,敕台省府署文簿求白鱼以为治,外始知之。身衣绛衣,服饰皆赤,以为厌胜。巫觋云:“后湖水头经过宫内,致帝有疾。”帝乃自至太官行水沟,左右启:“太官若无此水则不立。”帝决意塞之,欲南引淮流。会崩,事寝。

史臣曰:高宗以支庶纂历,据犹子而为论,一朝到此,诚非素心,遗寄所当,谅不获免。夫戕夷之事,怀抱多端,或出自雄忍,或生乎畏慑。令同财之亲,在我而先弃,进引之爱,量物其必违。疑怯既深,猜似外入,流涕行诛,非云义举,事苟求安,能无内愧。既而自树本根,枝胤孤弱,贻厥不昌,终覆宗社。若令压钮之征,必委天命,盘庚之祀,亦继阳甲,杖运推公,夫何讥尔。

赞曰:高宗傍起,宗国之庆。慕名俭德,垂文法令。兢兢小心,察察吏政。沔阳失土,南风不竞。

南齐书卷七
本纪第七

东昏侯

东昏侯宝卷字智藏,高宗第二子也。本名明贤,高宗辅政后改焉。建武元年,立为皇太子。

永泰元年七月己酉,高宗崩,太子即位。

八月丁巳,诏雍州将士与虏贼死者,复除有差。又诏辨括选序,访搜贫屈。庚申,镇北将军晋安王宝义进号征北大将军、开府仪同三司。南中郎将建安王宝寅为郢州刺史。

冬十月己未,诏删省科律。

十一月戊子,立皇后褚氏,赐王公以下钱各有差。

永元元年春正月戊寅,大赦,改元。诏研策秀、孝,考课百司。辛卯,车驾祠南郊。诏三品清资官以上应食禄者,有二亲或祖父母年登七十,并给见钱。癸卯,以冠军将军南康王讳为荆州刺史。

二月癸丑,以北中郎将邵陵王宝攸为南兖州刺史。是月,太尉陈显达败绩于马圈。

夏四月己巳,立皇太子诵,大赦,赐民为父后爵一级。甲戌,以宁朔将军柳惔为梁、南秦二州刺史。

五月癸亥,以抚军大将军始安王遥光为开府仪同三司。

六月己酉,新除右卫将军崔惠景为护军将军。癸亥,以始兴内史范云为广州刺史。甲子,诏原雍州今年三调。

秋七月丁亥,京师大水,死者众,诏赐死者材器,并赈恤。

八月乙巳，蠲京邑遇水资财漂荡者今年调税。又诏为马圈战亡将士举哀。丙午，扬州刺史始安王遥光据东府反，诏曲赦京邑，中外戒严。尚书令徐孝嗣以下屯卫宫城。遣领军将军萧坦之率六军讨之。戊午，斩遥光传首。己未，以征北大将军晋安王宝玄为南徐、兖二州刺史。己巳，尚书令徐孝嗣为司空，右卫将军刘暄为领军将军。

闰月丙子，以江陵公宝览为始安王。虏伪东徐州刺史沈陵降，以为北徐州刺史。

九月丁未，以辅国将军裴叔业为兖州刺史，征虏长史张冲为豫州刺史。壬戌，以频诛大臣，大赦天下。辛未，以太子詹事王莹为中领军。

冬十月乙未，诛尚书令新除司空徐孝嗣、右仆射新除镇军将军沈文季。乙巳，以始兴内史颜翻为广州刺史，征虏将军沈陵为越州刺史。

十一月丙辰，太尉、江州刺史陈显达举兵于寻阳。乙丑，护军将军崔慧景加平南将军，督众军南讨事。丙寅，以冠军将军王鸿为徐州刺史。

十二月癸未，以前辅国将军杨集始为秦州刺史。甲申，陈显达至京师，宫城严警，六军固守。乙酉，斩陈显达传首。丁亥，以征虏将军邵陵王宝攸为江州刺史。

二年春正月壬子，以辅国将军张冲为南兖州刺史。庚午，诏讨豫州刺史裴叔业。

二月癸未，以黄门郎萧寅为司州刺史。丙戌，以卫尉萧懿为豫州刺史，征寿春。己丑，裴叔业病死，兄子植以寿春降虏。

三月癸卯，以辅国将军张冲为司州刺史。乙卯，遣平西将军崔慧景率众军伐寿春。

夏四月丁未，以新除冠军将军张冲为南兖州刺史。崔慧景于广陵举兵袭京师。壬子，右卫将军左兴盛督京邑水步众军。南徐州刺史江夏王宝玄以京城纳慧景。乙卯，遣中领军王莹率众军屯北篱门。壬戌，慧景至，莹等败绩。甲子，慧景入京师，宫内据城拒守。豫州刺史萧懿起义救援。癸酉，慧景弃众走，斩首。诏曲赦京邑、南徐兖二州。乙亥，以新除尚书右仆射萧懿为尚书令。丙子，以晋熙王宝嵩为南徐州刺史。

五月乙巳，以虏伪豫州刺史王肃为豫州刺史。戊申，以桂阳王宝贞为中护军。己酉，江夏王宝玄伏诛。壬子，大赦。乙丑，曲赦京邑、南徐兖二州。戊辰，以始安王宝览为湘州刺史。

六月庚寅，车驾于乐游苑内会，如三元，京邑女人放观。戊戌，以新除冠军将军张冲为郢州刺史，守五兵尚书陆慧晓为南兖州刺史。

秋七月甲辰，以骠骑司马张稷为北徐州刺史。

八月丁酉，以新除骠骑司马陈伯之为豫州刺史。甲申夜，宫内火。

冬十月己卯，害尚书令萧懿。

十一月辛丑，以宁朔将军张稷为南兖州刺史。甲寅，西中郎长史萧颖胄起义兵于荆州。

十二月，雍州刺史梁王起义兵于襄阳。戊寅，以冠军长史刘绘为雍州刺史。

三年春正月丙申朔，合朔时加寅漏上八刻，事毕，宫人于阅武堂元会。皇后正位，阉人行仪，帝戎服临视。丁酉，以骠骑大将军晋安王宝义为司徒，新除抚军将军建安王宝寅为车骑将军，开府仪同三司。甲辰，以宁朔将军王珍国为北徐州刺史。辛亥，车驾祠南郊，诏大赦天下，百官陈谠言。

二月丙寅，乾和殿西厢火。壬午，诏遣羽林兵征雍州，中外纂严。乙酉，以威烈将军胡元进为广州刺史。

三月己亥，以骠骑将军沈徽孚为广州刺史。甲辰，以辅国将军张欣泰为雍州刺史。丁未，南康王讳即皇帝位于江陵。癸丑，遣平西将军陈伯之西征。

六月，京邑雨水，遣中书舍人、二县官长赈赐有差。萧颖胄弟颖孚起兵庐陵。戊子，曲赦江州安成、庐陵二郡。

秋七月癸巳，曲赦荆、雍二州。甲午，雍州刺史张欣泰、前南谯太守王灵秀率石头文武奉建安王宝寅句台，至杜姥宅，宫门闭，乃散走。己未，以征虏长史程茂为郢州刺史，骁骑将军薛元嗣为雍州刺史。是日，元嗣以郢城降义师。

八月丁卯，以辅国将军申胄监豫州事。辛巳，光禄大夫张瓌镇石头。辛未，以太子左率李居士总督西讨诸军事，屯新亭城。

九月甲辰，以居士为江州刺史，新除冠军将军王珍国为雍州刺史，车骑将军建安王宝寅为荆州刺史。以辅国将军申胄监郢州，龙骧将军马仙琕监豫州，骁骑将军徐元称监黎州。是日，义军至南州，申胄军二万人于姑熟奔归。戊申，以后军参军萧瑰为司州刺史，前辅国将军鲁休烈为益州刺史，辅国长史赵越尝为梁、南秦二州刺史。丙辰，李居士与义军战于新亭，败绩。

冬十月甲戌，王珍国与义军战于朱雀桁，败绩。戊寅，宁朔将军徐元瑜以东府城降。青、冀二州刺史桓和入卫，屯东宫，己卯，众降。光禄大夫张瓌弃石头还宫，于是闭宫城门自守。庚辰，以骁骑将军胡虎牙为徐州刺史，左军将军徐智勇为益州刺史，游击将军牛平为梁、南秦二州刺史。李居士以新亭降，琅邪城主张木亦降。义师筑长围守宫城。

十二月丙寅，新除雍州刺史王珍国、侍中张稷率兵入殿废帝，时年十九。

帝在东宫便好弄，不喜书学，高宗亦不以为非，但勖以家人之行。令太子求一日再入朝，发诏不许，使三日一朝。尝夜捕鼠达旦，以为笑乐。高宗临崩，属以后事，以隆昌为戒，曰："作事不可在人后。"故委任群小，诛诸宰臣，无不如意。

性重涩少言，不与朝士接，唯亲信阉人及左右御刀应敕等，自江祏、始安王遥光诛后，渐便骑马。日夜于后堂戏马，与亲近阉人倡伎鼓叫。常以五更就卧，至晡乃起。王侯节朔朝见，晡后方前，或际暗遣出。台阁案奏，月数十日乃报，或不知所在。二年元会，食后方出，朝贺裁竟，便还殿西序寝，自巳至申，百僚陪位，皆僵仆菜色，比起就会，匆遽而罢。

陈显达事平，渐出游走，所经道路，屏逐居民，从万春门由东宫以东至于郊外，数十百里，皆空家尽室。巷陌悬幔为高障，置仗人防守，谓之"屏除"。或于市肆左侧过亲幸家，环回宛转，周遍京邑。每三四更中，鼓声四出，幡戟横路，百姓喧走相随，士庶莫辨。出辄不言定所，东西南北，无处不驱人。高鄣之内，设部伍羽仪，复有数部，皆奏鼓吹羌胡伎，鼓角横吹。夜出昼反，火光照天。拜爱姬潘氏为贵妃，乘卧舆，帝骑马从后。著织成裤褶，金薄帽，执七宝缚稍，戎服急装，不变寒暑，陵冒雨雪，不避坑阱，驰骋渴乏，辄下马解取腰边蠡器，酌水饮之，复上马驰去。马乘具用锦绣处，患为雨所沾湿，织杂彩珠为覆蒙，备诸雕巧。教黄门五六十人为骑客，又选无赖小人善走者为逐马，左右五百人，常以自随，奔走往来，略不暇息。置射雉场二百九十六处，翳中帷帐及步鄣，皆袷以绿红锦，金银镂弩牙，玳瑁帖箭。郊郭四民皆废业，樵苏路断，吉凶失时，乳妇婚姻之家，移产寄室，或舆病弃尸，不得殡葬。有弃病人于青溪边者，吏惧为监司所问，推置水中，泥覆其面，须臾便死，遂失骸骨。

后宫遭火之后，更起仙华、神仙、玉寿诸殿，刻画雕彩，青莛金口带，麝香涂壁，锦幔珠帘，穷极绮丽。絷役工匠，自夜达晓，犹不副速，乃剔取诸寺佛刹殿藻井仙人骑兽以充足之。世祖兴光楼上施青漆，世谓之"青楼"。帝曰："武帝不巧，何不纯用琉璃。"

潘氏服御，极选珍宝，主衣库旧物，不复周用，贵市民间金银宝物，价皆数倍。虎魄钏一只，直百七十万。京邑洒租，皆折使输金，以为金涂。犹不能足，下扬、南徐二州桥桁塘埭丁计功为直，敛取见钱，供太乐主衣杂费。由是所在塘渎，多有隳废。又订出雉头鹤氅白鹭缞，亲幸小人，因缘为奸利，课一输十，郡县无敢言者。

三年夏，于阅武堂起芳乐苑，山石皆涂以五采，跨池水立紫阁诸楼观，壁上画男女私亵之像。种好树美竹，天时盛暑，未及经日，便就萎枯。于是征求民家,望树便取,毁彻墙屋,以移致之,朝栽暮拔,道路相继,花药杂草,亦复皆然。

又于苑中立市,太官每旦进酒肉杂肴,使宫人屠酤,潘氏为市令,帝为市魁,执罚,争者就潘氏决判。

帝有膂力,能担白虎橦,自制杂色锦伎衣,缀以金花玉镜众宝,逞诸意态。所宠群小党与三十一人,黄门十人。初任新蔡人徐世檦为直阁骁骑将军,凡有杀戮,皆其用命。杀徐孝嗣后,封为临汝县子。陈显达事起,加辅国将军。虽用护军崔慧景为都督,而兵权实在世檦。及事平,世檦谓人曰:"五百人军主,能平万人都督。"世檦亦知帝昏纵,密谓其党茹法珍、梅虫儿曰:"何世天子无要人,但阿侬货主恶耳。"法珍等争权,以白帝。帝稍恶其凶强,以二年正月,遣禁兵杀之,世檦拒战而死。自是法珍、虫儿用事,并为外监,口称诏敕,中书舍人王咺之与相唇齿,专掌文翰。其余二十余人,皆有势力。崔慧景平后,法珍封余千县男,虫儿封竟陵县男。

及义师起,江、郢二镇已降,帝游骋如旧,谓茹法珍曰:"须来至白门前,常一决。"义师至近郊,乃聚兵为固守之计。召王侯朝贵分置尚书都座及殿省。又信鬼神,崔慧景事时,拜蒋子文神为假黄钺、使持节、相国、太宰、大将军、隶尚书、扬州牧、钟山王,至是,又尊为皇帝。迎神像及诸庙杂神皆入后堂,使所亲巫朱光尚祷祀祈福。以冠军将军王珍国领三万人据大桁,莫有斗志,遣左右直长阉竖王宝孙督战,呼为"王长子"。宝孙切骂诸将帅,直阁将军席豪发愤突阵死,豪,骁将,既毙,众军于是土崩,军人从朱雀观上自投及赴淮死者无数。于是闭城自守,城内军事委王珍国。兖州刺史张稷入卫京师,以稷为副,实甲犹七万人。

帝乌帽裤褶,备羽仪,登南掖门临望。又虚设铠马齐仗千人,皆张弓拔白,出东掖门,称蒋王出荡。素好斗军队,初使宫人为军,后乃用黄门。亲自临陈,诈被疮,使人舆将去。至是于阅武堂设牙门军顿,每夜严警。帝于殿内骑马从凤庄门入徽明门,马被银莲叶具装铠,杂羽孔翠寄生,逐马左右卫从,昼眠夜起如平常。闻外鼓叫

声,被大红袍登景阳楼屋上望,弩几中之。众皆怠怨,不为致力。募
兵出战,出城门数十步,皆坐甲而归。虑城外有伏兵,乃烧城傍诸府
署,六门之内皆荡尽。城中阁道西掖门内,相聚为市,贩死牛马肉。
帝初与群小计议,陈显达一战便败,崔慧景围城退走,谓义师远来,
不过旬日,亦应散去,救太官办樵米为百日粮而已。大桁败后,众情
凶惧,法珍等恐人众惊走,故闭城不复出军。既而义师长围既立,堑
栅严固,然后出荡,屡战不捷。

　　帝尤惜金钱,不肯赏赐,法珍叩头请之,帝曰:“贼来独取我邪?
何为就我求物?”后堂储数百具榜,启为城防,帝云拟作殿,竟不与。
又催御府细作三百人精仗,待围解以拟屏除。金银雕镂杂物,倍急
于常。

　　王珍国、张稷惧祸及,率兵入殿,分军又从西上阁入后宫断之,
御刀丰勇之为内应。是夜,帝在含德殿吹笙歌作《女儿子》,卧未熟。
闻兵入,趋出北户,欲还后宫。清曜阁已闭,阉人禁防黄泰平以刀伤
其膝,仆地。顾曰:“奴反邪?”直后张齐斩首送梁王。

　　宣德太后令曰:“皇室受终,祖宗齐圣,太祖高皇帝肇基骏命,
膺箓受图,世祖武皇帝系明下武,高宗明皇帝重隆景业,咸降年不
永,宫车系晏。皇祚之重,允属储元。而禀质凶愚,发于稚齿。爰自
保姆,迄至成童,忍戾昏顽,触途必著。高宗留心正嫡,立嫡惟长,辅
以群才,间以贤戚,内外维持,冀免多难,未及期稔,便逞屠戮。密戚
近亲,元勋良辅,覆族歼门,旬月相系。凡所任杖,尽悫穷奸,皆营伍
屠贩,容状险丑,身秉朝权,手断国命,诛戮无辜,纳其财产,睚眦之
间,屠覆比屋。身居元首,好是贱事,危冠短服,坐卧以之。晨出夜
反,无复已极,驱斥氓庶,巷无居人,老细奔遑,寘身无所,东迈西
屏,北出南驱,负疾舆尸,填街塞陌。兴筑缮造,日夜不穷,晨构夕
毁,朝穿暮塞,络以随珠,方斯已陋,饰以璧珰,曾何足道。时暑赫
曦,流金铄石,移竹艺果,匪日伊夜,根未及植,叶已先枯,畚锸纷
纭,勤倦无已。散费国储,专事浮饰,逼夺民财,自近及远,兆庶怵
怵,流冗道路。府帑既竭,肆夺市道,工商裨贩,行号道泣。屈此万

乘,躬事角抵,昂首翘肩,逞能橦木,观者如堵,曾无怍容。芳乐、华林,并立阛阓,踞肆鼓刀,手铨轻重。千戈鼓噪,昏晓靡息,无戎而城,岂足云譬。至于居丧淫燕之愆,三年载弄之丑,反道违常之衅,牝鸡晨鸣之应,于事已细,故可得而略也。罄楚、越之竹,未足以言,校辛、癸之君,岂或能匹。征东将军忠武奋发,投袂万里,光奉明圣,翊成中兴。乘胜席卷,扫清京邑,而群小靡识,婴城自固,缓戮稽诛,倏弥旬月,宜速剿定,宁我邦家。可潜遣间介,密宣此旨,忠勇齐奋,遄加荡扑,放斥昏凶,卫送外第。未亡人不幸,骤此百罹,感念存没,心焉如割。奈何!奈何!"又令依汉海昏侯故事,追封东昏侯。茹法珍、梅虫儿、王咺之等伏诛。丰勇之原死。

史臣曰:汉宣帝时,南郡获白虎,获之者张武,言武张而猛服也。东昏侯亡德横流,道归拯乱,躬当剪戮,实启太平,推阉竖之名字,亦天意也。

赞曰:东昏慢道,匹癸方辛。乃隳典则,乃弃彝伦。玩习兵火,终用焚身。

青莽。疑。

南齐书卷八
本纪第八

和　帝

　　和帝讳宝融，字智昭，高宗第八子也。建武元年，封随郡王，邑二千户。三年，为冠军将军，领石头戍军事。永元元年，改封南康王，为持节、督荆雍益宁梁南北秦七州军事、西中郎将、荆州刺史。

　　二年十一月甲寅，长史萧颖胄杀辅国将军、巴西梓潼二郡太守刘山阳，奉梁王奉义。乙卯，教纂严。又教曰："吾躬率晋阳，翦此凶孽，戎事方勤，宜覃泽惠。所领内系囚见徒，罪无轻重，殊死已下，皆原遣。先有位署，即复本职。将吏转一阶。从征身有家口停镇，给廪食。凡诸杂役见在诸军带甲之身，克定之后，悉免为民。其功效赏报，别有科条。"丙辰，以雍州刺史梁王为使持节、都督前锋诸军事、左将军。丁巳，以萧颖胄为右将军、都督行留诸军事。戊午，梁王上表劝进。十二月乙亥，群僚劝进，并不许。壬辰，骁骑将军夏侯亶自京师至江陵，称宣德太后令："西中郎将南康王宜纂承皇祚，光临亿兆，方俟清宫，未即大号，可且封宣城、南琅邪、南东海、东阳、临海、新安、寻阳、南郡、竟陵、宜都十郡为宣城王，相国、荆州牧，加黄钺，置僚属，选百官，西中郎府、南康国并如故。须军次近路，主者详依旧典，法驾奉迎。"三年正月乙巳，王受命，大赦，唯梅虫儿、茹法珍等不在赦例。右将军萧颖胄为左长史，进号镇军将军，梁王进号征东将军。甲戌，以冠军将军杨公则为湘州刺史。甲寅，建牙于城南。二月乙丑，以冠军长史王茂先为江州刺史，冠军将军曹景宗为郢州刺史,右将军邵陵王宝攸为荆州刺史。己巳,群僚上尊号,立宗庙及南北郊。甲申,梁王率大众屯沔口,郢州刺史张冲拒守。三月丁酉,张冲死,骠骑将军薛元嗣等固城。

中兴元年春三月乙巳,即皇帝位,大赦,改元。文武赐位二等,鳏寡孤独不能自存者谷,人五斛。即永元三年也。以相国左长史萧颖胄为尚书令,晋安王宝义为司空,庐陵王宝源为车骑将军、开府仪同三司,建安王宝寅为徐州刺史,散骑常侍夏侯详为中领军,领军将军萧伟为雍州刺史。丙午,有司奏封庶人宝卷为零阳侯,诏不许。又奏为涪陵王,诏可。乙酉,尚书令萧颖胄行荆州刺史,假梁王黄钺。壬子,以征虏将军柳忱为益、宁二州刺史。己未,以冠军将军庄丘黑为梁、南秦二州刺史,冠军将军邓元起为广州刺史。

夏四月戊辰,诏曰:"荆、雍义举所基,实始王迹。君子劳心,细人尽力,宜加酬奖,副其乃诚。凡东讨众军及诸向义之众,可普复除。"

五月乙卯,车驾幸竹林寺禅房宴群臣。巴西太守鲁休烈、巴东太守萧惠训子瑰拒义军。

秋七月,东军主吴子阳十三军救郢州,屯加湖。丁酉,征虏将军王茂先击破之。辛亥,以茂先为中护军。丁卯,鲁山城主孙乐祖以城降。己未,郢城主薛元嗣降。

八月丙子,平西将军陈伯之降。乙卯,以伯之为江州刺史,子虎牙为徐州刺史。

九月乙未,诏梁王若定京邑,得以便宜从事。

冬十一月乙未,以辅国将军李元履为豫州刺史。壬寅,尚书令、镇军将军萧颖胄卒,以黄门郎萧澹行荆州府州事。丁巳,萧瑰、鲁休烈降。

十二月丙寅,建康城平。己巳,皇太后令以梁王为大司马、录尚书事、骠骑大将军、扬州刺史,封建安郡公,依晋武陵王遵承制故事,百僚致敬。壬申,改封建安王宝寅鄱阳王。癸酉,以司徒、扬州刺史晋安王宝义为大尉，领司徒。甲戌，给大司马钱二千万，布绢各五千匹。乙酉，以辅国将军萧宏为中护军。

二年春正月戊戌，宣德太后临朝，入居内殿。大司马梁王解承制，致敬如先。己亥，以宁朔将军萧昺监南兖州。壬寅，以大司马都督中外诸军事，加殊礼。己酉，以大司马长史王亮为守尚书令。甲寅，诏大司马梁王进位相国，总百揆，扬州牧，封十郡为梁公，备九锡之礼，加远游冠，位在诸王上，加相国绿綟绶。己未，以新除右将军曹景宗为郢州刺史。

二月壬戌，湘东王宝晊伏诛。戊辰，诏进梁公爵为梁王，增封十郡。

三月乙未，皇太后令给梁国钱五百万，布五千匹，绢千匹。辛丑，鄱阳王宝寅奔虏，邵陵王宝攸、晋熙王宝嵩、桂阳王宝贞伏诛。甲午，命梁王冕十有二旒，建天子旌旗，出警入跸，乘金根，驾六马，备五时副车，置旄头云罕，乐舞八佾，设钟虡宫悬。王子、王女爵命，一如旧仪。庚戌，以冠军长史萧秀为南徐州刺史，新除中领军蔡道恭为司州刺史。车驾东归至姑熟。丙辰，禅位梁王。丁巳，庐陵王宝源薨。

夏四月辛酉，禅诏至，皇太后逊外宫。丁卯，梁王奉帝为巴陵王，宫于姑熟，行齐正朔，一如故事。戊辰，薨，年十五。追尊为齐和帝，葬恭安陵。

史臣曰：夏以桀亡，殷随纣灭，郊天改朔，理无延世。而皇符所集，重兴西楚，神器暂来，虽有冥数，徽名大号，斯为幸矣。

赞曰：和帝晚隆，扫难清宫。达机睹运，高颂永终。

南齐书卷九
志第一

礼　上

　　礼仪繁博,与天地而为量,纪国立君,人伦攸始。三代遗文,略在经诰,盖秦余所亡逸也。汉初叔孙通制汉礼,面班固之《志》不载。及至东京,太尉用广撰《旧仪》,左中郎蔡邕造《独断》,应劭、蔡质咸缀识时事,而司马彪之书不取。魏氏籍汉末大乱,旧章殄灭,侍中王粲、尚书卫觊集创朝仪,而鱼豢、王沉、陈寿、孙盛并未详也。吴则太史令丁孚拾遗汉事,蜀则孟光、许慈草建众典。晋初司空荀觊因魏代前事,撰为《晋礼》,参考今古,更其节文,羊祜、任恺、庾峻、应贞并共删集,成百六十五篇。后挚虞、傅咸缵续此制,未及成功,中原覆没,今虞之《决疑注》,是遗事也。江左仆射刁协、太常荀崧补缉旧文,光禄大夫蔡谟又踵修辑朝故。宋初因循改革,事系群儒,其前史所详,并不重述。永明二年,太子步兵校尉伏曼容表定礼乐。于是诏尚书令王俭制定新礼,立治礼乐学士及职局,置旧学四人,新学六人,正书令史各一人,干一人,秘书省差能书弟子二人。因集前代,撰治五礼,吉、凶、宾、军、嘉也。文多不载。若郊庙庠序之仪,冠婚丧纪之节,事有变革,宜录时事者,备今《志》。其舆辂旗常,与往代同异者,更立别篇。

　　建元元年七月,有司奏:“郊殷之礼,未详郊在何年? 复以何祖配郊? 殷复在何时? 未郊得先殷与不? 明堂亦应与郊同年而祭不?

若应祭者，复有配与无配？不祀者，堂殿职僚毁置云何？"八座丞郎通关博士议。曹郎中裴昭明、仪曹郎中孔逖议："今年七月，宜殷祠；来年正月，宜南郊、明堂并祭而无配。"殿中郎司以宪议："南郊无配，飨祠如旧；明堂无配，宜应废祀。其殷祠同用今年十月。"右仆射王俭议：

案《礼记·王制》，天子先祫后时祭，诸侯先时祭后祫。《春秋》鲁僖二年祫，明年春禘，自此以后，五年再殷。《礼纬稽命征》曰："三年一祫，五年一禘。"《经》、《记》所论禘祫与时祭，其言详矣，初不以先殷后郊为嫌。

至于郊配之重，事由王迹。是故杜林议云："汉业特起，不因缘尧，宜以高帝配天"。魏高堂隆议以舜配天。蒋济云："汉时奏议，谓尧已禅舜，不得为汉祖，舜亦已禅禹，不得为魏之祖。今宜以武皇帝配天。"晋、宋因循，即为前式。

又案《礼》及《孝经援神契》并云："明堂有五室，天子每月于其室听朔布教，祭五帝之神，配以有功德之君。"《大戴礼记》曰："明堂者，所以明诸侯尊卑也。"许慎《五经异义》曰："布政之宫，故称明堂。明堂，盛貌也。"《周官·匠人职》称明堂有五室。郑玄云："周人明堂五室，帝一室也。"初不闻有文王之寝。《郑志》赵商问云："说者谓天子庙制如明堂，是为明堂即文庙邪？"郑答曰："明堂主祭上帝，以文王配耳，犹如郊天以后稷配也。"袁孝尼云："明堂法天之宫，本祭天帝，而以文王配，配其父于天位则可，牵天帝而就人鬼，则非义也。"泰元十三年，孙耆之议称："郊以祀天，故配之以后稷。明堂以祀帝，故配之以文王。由斯言之，郊为皇天之位，明堂即上帝之庙。"徐邈谓："配之为言，必有神主；郊为天坛，则堂非文庙。"《史记》云赵绾、王臧欲立明堂，于时亦未有郊配。汉又祀汾阴五畤，即是五帝之祭，亦未有郊配。

议者或谓南郊之日，已旅上帝，若又以无配而特祀明堂，则一日再祭，于义为黩。案古者郊本不共日。蔡邕《独断》曰：

"祠南郊,祀毕,次北郊,又次明堂、高庙、世祖庙,谓之五供。"马融云:"郊天之祀,咸以夏正,五气用事,有休有王,各以其时,兆于方郊,四时合岁,功作相成,亦以此月总旅明堂。"是则南郊、明堂各日之证也。近代从省,故与郊同日,犹无烦黩之疑。何者?其为祭虽同,所以致祭则异。孔晁云,言五帝佐天化育,故有从祀之礼,旅上帝是也。至于四郊明堂,则是本祀之所,譬犹功臣从飨,岂复废其私庙。且明堂有配之时,南郊亦旅上帝,此则不疑于共日,今何故致嫌于同辰。又《礼记》:"天子祭天地、四方、山川、五祀,岁遍。"《尚书·尧典》:"咸秩无文。"《诗》云:"昭事上帝,聿怀多福。"据此诸义,则四方、山川,犹必享祀,五帝大神,义不可略。魏文帝黄初二年正月,郊天地明堂,明帝太和元年正月,以武皇帝配天,文皇帝配上帝,然则黄初中南郊、明堂,皆无配也。

又郊日及牲色,异议纷然。《郊特牲》云:"郊之用辛,周之始郊也。"卢植云:"辛之为言,自新洁也。"郑玄云:"用辛日者,为人当斋戒自新洁也。"汉、魏以来,或丁或己,而用辛常多。考之典据,辛日为允。《郊特牲》又云:"郊牲币宜以正色。"缪袭据《祭法》云:"天地骍犊,周家所尚,魏以建丑为正,牲宜尚白。"《白虎通》云:"三王祭天,一用夏正,所以然者,夏正得天之数也。"魏用异朔,故牲色不同。今大齐受命,建寅创历,郊庙用牲,一依晋、宋。

谓宜以今年十月殷祀宗庙。自此以后,五年再殷。来年正月上辛,有事南郊。宜以共日,还祭明堂。又用次辛,飨祀北郊。而并无配。牺牲之色,率由旧章。

诏"可。明堂可更详"。

有司又奏:"明堂寻礼无明文,唯以《孝经》为正。窃寻设祀之意,盖为文王有配则祭,无配则止。愚谓既配上帝,则以帝为主。今虽无配,不应阙祀。徐邈近代硕儒,每所折衷,其云'郊为天坛,则堂非文庙',此实明据。内外百司立议已定,如更询访,终无异说。傍儒依史,竭其管见。既圣旨惟疑,群下所未敢详,废置之宜,仰由天鉴。"诏"依旧"。

建元四年,世祖即位。其秋,有司奏:"寻前代嗣位,或于前郊年,或别始,晋、宋以来,未有画一。今年正月已郊,未审明年应南北二郊祀明堂与不?"依旧通关八座丞郎博士议。尚书令王俭议:"案秦为诸侯,杂祀诸畤,始皇并天下,未有定祠。汉高受命,因雍四畤而起北畤,始祠五帝,未定郊丘。文帝六年,新垣平议初起渭阳五帝庙。武帝初至雍郊见五畤,后常三岁一郊祠雍。元鼎四年,始立后土祠于汾阴。明年,立太一祠于甘泉。自是以后,三岁一郊,与雍更祠。成帝初即位,丞相匡衡于长安定南北郊。哀、平之际,又复甘泉、汾阴祠。平帝元始五年,王莽奏依匡衡议,还复长安南北二郊。光武建武二年,定郊祀兆于洛阳。魏、晋因循,率由汉典,虽时或参差,而类多间岁。至于嗣位之君,参差不一,宜有定制。检晋明帝太宁五年南郊,其年九月崩,成帝即位,明年改元即郊。简文咸安二年南郊,其年七月崩,孝武即位,明年改元亦郊。宋元嘉三十年正月南郊,其年二月崩,孝武嗣位,明年改元亦郊。此同二代明例,差可依放。谓明年正月宜祫祀二郊,虔祭明堂,自兹厥后,依旧间岁。"尚书领国子祭酒张绪等十七人并同俭议。诏"可"。

永明元年,当南郊,而立春在郊后,世祖欲迁郊。尚书令王俭启:"案《礼记·郊特牲》云:'郊之祭也,迎长日之至也,大报天而主日也。'《易说》:'三王之郊,一用夏正。'卢植云:'夏正在冬至后,《传》曰启蛰而郊,此之谓也。'然则圜丘与郊各自行,不相害也。郑玄云:'建寅之月,昼夜分而日长矣。'王肃曰:'周以冬祭天于圜丘,以正月又祭天以祈谷。'《祭法》称'燔柴太坛',则圜丘也。《春秋传》云'启蛰而郊',则祈谷也。谨寻《礼》、《传》二文,各有其义,卢、王两说,有若合符。中朝省二丘以并二郊,即今之郊礼,义在报天,事兼祈谷,既不全以祈农,何必俟夫启蛰。史官唯见《传》义,未达《礼》旨。又寻景平元年正月三日辛丑南郊,其月十一日立春。元嘉十六年正月六日辛未南郊,其月八日立春,此复是近世明例,不以先郊后春为嫌。若或以元日合朔为碍者，则晋成帝咸康元年正月一日加元服，二日亲祠南郊，元服之重，百僚备列，虽在致斋，行之不疑。今斋内合朔，此即前准。若圣心过恭，宁在严洁，合朔之日，散官备防，非预斋之限者，于止车门外别立幔省，若日色有异，则列于省前，望实为允，谓无烦迁日。"从之。

永明二年，祠部郎中蔡履议："郊与明堂，本宜异日。汉东京《礼仪志》：'南郊礼毕，次北郊、明堂、高庙、世祖庙，谓之五供。'蔡邕所据亦然。近世存省，故郊、堂共日。来年郊祭，宜有定准。"

太学博士王祐议："来年正月上辛，宜祭南郊，次辛，有事明堂，后辛，飨祀北郊。"

兼博士刘蔓议："汉元鼎五年，以辛巳行事，自后郊日，略无违异。元封元年四月癸卯，登封泰山，坐明堂。五年甲子，以高祖配。汉家郊祀，非尽天子之县，故祠祭之月，事有不同。后汉永平以来，明堂兆于国南，而郊以上丁，故供修三祀，得并在初月。虽郊有常日，明堂犹无定辰。何则？郊丁社甲，有说则从，经礼无文，难以意造，是以必算良辰，而不祭寅丑。且礼之奠祭，无同共者，唯汉以朝日合于报天尔。若依《汉书》五供，便应先祭北郊，然后明堂。则是地先天食，所未可也。"

兼太常丞蔡仲熊议："《郑志》云：'正月上辛，祀后稷于南郊，还于明堂，以文王配。'故宋氏创立明堂，郊还即祭，是用《郑志》之说也。盖为《志》者失，非玄意也。玄之言曰：'未审周明堂以何月，于《月令》则以季秋。"案玄注《月令》季秋大飨帝云'大飨，遍祭五帝'。又云'大飨于明堂，以文武配'。其时秋也，去启蛰远矣。又《周礼·大司乐》：'凡大祭祀，宿县。'寻宿县之旨，以日出行事故也。若日暗而后行事，则无假预县。果日出行事，何得方俟郊还。东京《礼仪志》不记祭之时日，而《志》云：'天郊夕牲之夜，夜漏未尽八刻进熟。明堂夕牲之夜，夜漏未尽七刻进熟。'寻明堂之在郊前一刻，而进献奏乐，方待郊还。魏高堂隆表：'九日南郊，十日北郊，十一日明堂，十二日宗庙。'案隆此言，是审于时定制，是则《周礼》、二汉及魏，皆不共日矣。《礼》以辛郊,《书》以丁祀,辛丁皆合,宜临时详择。"

太尉从事中郎顾宪之议:"《春秋传》以正月上辛郊祀,《礼记》亦云郊之用辛,《尚书》独云丁巳用牲于郊。先儒以为先甲三日辛,后甲三日丁,可以接事天神之日。后汉永平二年正月辛未,宗祀光武皇帝于明堂。辛既是常郊之日,郊又在明堂之前,无容不郊而堂,则理应郊堂。"

司徒西阁祭酒梁王议:"《孝经》郑玄注云:'上帝亦天别名。'如郑旨,帝与天亦言不殊。近代同辰,良亦有据。魏太和元年正月丁未,郊祀武皇帝以配天,宗祀文皇帝于明堂以配上帝,此则已行之前准。"

骁骑将军江淹议:"郊旅上天,堂祀五帝,非为一日再黩之谓,无俟厘革。"

尚书陆澄议:"遗文余事,存乎旧书,郊宗地近,势可共日。不共者,义在必异也。元始五年正月六日辛未,郊高皇帝以配天,二十二日丁亥,宗祀孝文于明堂配上帝。永平二年正月辛未,宗祀五帝于明堂,光武皇帝配。章帝元和二年,巡狩岱宗,柴祭,翌日,祠五帝于明堂。柴山祠地,尚不共日,郊堂宜异,于例益明。陈忠奏事云:'延光三年正月十三日南郊,十四日北郊,十五日明堂,十六日宗庙,十七日世祖庙。'仲远五祀,绍统五供,与忠此奏,皆为相符。高堂隆表,二郊及明堂、宗庙各一日,挚虞《新礼》议明堂、南郊间三兆,禋天飨帝共日之证也。又上帝非天,昔人言之已详。今明堂用日,宜依古在北郊后。汉唯南郊备大驾,自北郊以下,车驾十省其二,今祠明堂,不应大驾。"

尚书令王俭议:"前汉各日,后汉亦不共辰,魏、晋故事,不辨同异,宋立明堂,唯据自郊徂宫之义,未达祀天旅帝之旨。何者?郊坛旅天,甫自诘朝,还祀明堂,便在日昃,虽致祭有由,而烦黩斯甚,异日之议,于理为弘。《春秋感精符》云:'王者父天母地。'则北郊之祀,应在明堂之先。汉、魏北郊,亦皆亲奉,晋泰宁有诏,未及遵遂。咸和八年,甫得营缮,太常顾和秉议亲奉。康皇之世,已经遵用。宋

氏因循,未遑厘革。今宜亲祠北郊,明年正月上辛祠昊天,次辛瘗后
土,后辛祀明堂,御并亲奉。车服之仪,率遵汉制。南郊大驾,北郊、
明堂降为法驾。衮冕之服,诸祠咸用。”诏“可”。

　　建武二年,通直散骑常侍庾昙隆启:“伏见南郊坛员兆外内,永
明中起瓦屋,形制宏壮。检案经史,无所准据。寻《周礼》,祭天于圜
丘,取其因高之义,兆于南郊,就阳位也。故以高敞,贵在上昭天明,
旁流气物。自秦、汉以来,虽效祀参差,而坛域中间,并无更立宫室。
其意何也? 政是质诚尊天,不自崇树,兼事通旷,必务开远。宋元嘉
南郊,至时权作小陈帐以为退息,泰始薄加修广,永明初弥渐高丽,
往年工匠遂启立瓦屋。前代帝皇,岂于上天之祀而昧营构,所不为
者,深有情意。《记》称‘扫地而祭,于其质也,器用陶匏,天地之性
也’。故‘至敬无文’,‘以素为贵’。窃谓郊事宜拟休偃,不俟高大,
以明谦恭肃敬之旨。庶或仰允太灵,俯惬群望。”诏付外详。

　　国子助教徐景嵩议:“伏寻三《礼》,天地两祀,南北二郊,但明
祭取牺牲,器用陶匏,不载人君偃处之仪。今栋瓦之构虽殊,俱非千
载成例,宜务因循。”太学博士贺玚议:“《周礼》:‘王旅上帝,张毡
案,设皇邸。’国有故而祭,亦曰旅。毡案,以毡为床于幄中,不闻郊
所置宫宇。”兼左丞王摛议,扫地而祭于郊,谓无筑室之议。并同昙
隆。

　　骁骑将军虞炎议以为:“诚悫所施,止在一坛,汉之郊祀,飨帝
甘泉,天子自竹宫望拜,息殿去坛场既远,郊奉礼毕,旋幸于此。瓦
之与帷宫,谓无简格。”祠部郎李捴议:“《周礼》:‘凡祭祀张其旅幕,
张尸次。’尸则有幄。仲师云:‘尸次,祭礼之尸所居更衣帐也。’凡祭
之文,既不止于郊祀,立尸之言,理应关于宗庙。古则张幕,今也房
省。宗庙旅幕,可变为栋宇;郊祀毡案,何为不转制檐甍?”昙隆议不
行。

　　建武二年旱,有司议雩祭依明堂。祠部郎何佟之议曰:“《周礼
·司巫》云:‘若国大旱,则帅巫而舞雩。’郑玄云:‘雩,旱祭也。天子

于上帝，诸侯以下于上公之神。'又《女巫》云：'旱暵则舞雩。'郑玄云：'使女巫舞旱祭，崇阴也。'郑众云：'求雨以女巫。'《礼记·月令》云：'命有司为民祈祀山川百原，乃大雩帝，用盛乐。乃命百县雩祀百辟卿士有益于民者，以祈谷实。'郑玄云：'阳气盛而恒旱。山川百原，能兴云致雨者也。众水所出为百原，必先祭其本。雩，吁嗟求雨之祭。雩帝，谓为坛南郊之旁，祭五精之帝，配以先帝也。自鞉鞞至柷敔为盛乐，他雩用歌舞而已。百辟卿士，古者上公以下，谓勾龙、后稷之类也。《春秋传》曰龙见而雩，止当以四月。'王肃云：'大雩，求雨之祭也。《传》曰龙见而雩，谓四月也。若五月、六月大旱，亦用雩，《礼》于五月著雩义也。'晋永和中，中丞启：'雩制在国之南为坛，祈上帝百辟，舞童八列六十四人，歌《云汉》诗，皆以孟夏。得雨，报太牢。'于时博士议，旧有坛，汉、魏各自讨寻。《月令》云：'命有司祈祀山川百原，乃大雩。'又云：'乃命百县雩祀百辟卿士。'则大雩所祭，唯应祭五精之帝而已。勾芒等五神，既是五帝之佐，依郑玄说，宜配食于庭也。郑玄云'雩坛在南郊坛之旁'，而不辨东西。寻地道尊右，雩坛方郊坛为轻，理应在左。宜于郊坛之东，营域之外筑坛。既祭五帝，谓坛宜员。寻雩坛高广，《礼》、《传》无明文，案《觐礼》设方明之祀，为坛高四尺，用圭璋等六玉，礼天地四方之神，王者率诸侯亲礼，为所以教尊尊也。雩祭五帝，粗可依放。谓今筑坛宜崇四尺，其广论仍以四为度，径四丈，周员十二丈，而四阶也。设五帝之位，各依其方，如在明堂之仪。皇齐以世祖配五精于明堂，今亦且配飨于雩坛矣。古者孟春郊祀祈嘉谷，孟夏雩荣祈甘雨，二祭虽殊，而所为者一。礼唯有冬至报天，初无得雨赛帝。今虽阙冬至之祭，而南郊兼祈报之礼，理不容别有赛答之事也。礼祀帝于郊，则所尚省费，周祭灵威仰若后稷，各用一牲，今祀五帝、世祖，亦宜各用一犊，斯外悉如南郊之礼也。武皇谒密未终，自可不奏盛乐。至于旱祭舞雩，盖是呼嗟之义，既非存欢乐，谓此不涉嫌。其余祝史称辞，仰祈灵泽而已。礼舞雩乃使无阙，今之女巫，并不习歌舞，方就教试，恐不应速。依晋朝之议，使童子，或时取舍之宜也。司马彪

《礼仪志》云雩祀著皂衣，盖是崇阴之义。今祭服皆缃，差无所革。其所歌之诗，及诸供须，辄勒主者申摄备办。"从之。

　　隆昌元年，有司奏，参议明堂，咸以世祖配。国子助教谢昙济议："案《祭法》，禘郊祖宗，并列严祀。郑玄注义，亦据兼飨。宜祖宗两配，文、武双祀。"助教徐景嵩、光禄大夫王逡之谓宜以世祖文皇帝配。祠部郎何佟之议："周之文、武，尚推后稷以配天，谓文皇宜推世祖以配帝。虽事施于尊祖，亦义章于严父焉。"左仆射王晏议以为，"若用郑玄祖宗通称，则生有功德，没垂尊称，历代配帝，何止于郊？今殷荐上帝，允属世祖，百代不毁，其文庙乎！"诏"可"。

　　至永元二年，佟之又建议曰："案《祭法》：'有虞氏禘黄帝而郊喾，祖颛顼而宗尧。''周人禘喾而郊稷，祖文王而宗武王。'郑玄云：'禘郊祖宗，谓祭祀以配食也。禘谓祀昊天于圜丘也。祭上帝于南郊曰，祭祀五帝五神于明堂曰祖宗。''郊祭一帝，而明堂祭五帝，小德配寡，大德配众。'王肃云：'祖宗是庙不毁之名。'果如肃言，殷有三祖三宗，并应不毁，何故止称汤、契？且王者之后存焉，舜宁立尧、顼之庙，传世祀之乎？汉文以高祖配泰畤，至武帝立明堂，复以高祖配食，一人两配，有乖圣典。自汉明以来，未能反者。故明堂无兼配之祀。窃谓先皇宜列二帝于文祖，尊新庙为高宗，并世祖而泛配，以申圣主严父之义。先皇于武皇，伦则第为季，义则经为臣，设配飨之坐，应在世祖之下，并列，俱西向。"

　　国子博士王摛议："《孝经》：'周公郊祀后稷以配天，宗祀文王于明堂以配上帝。'不云武王。又《周颂》：'思文'，后稷配天也。''我将'，祀文王于明堂也。'武王之文，唯《执竞》云'祀武王'。此自周庙祭武王诗，弥知明堂无矣。"

　　佟之又议："《孝经》是周公居摄时礼，《祭法》是成王反位后所行。故《孝经》以文王为宗，《祭法》以文王为祖。又'孝莫大于严父配天，则周公其人也'。寻此旨，宁施成王乎？若《孝经》所说，审是成王所行，则为严祖，何得云严父邪？且《思文》是周公祀后稷配天之乐歌,《我将》是祀文王配明堂之乐歌。若如摘议,则此二篇皆应在复子明辟之后。请问周公祀后稷、文王,为何所歌?又《国语》云:'周人禘喾郊稷,祖文王,宗武王。'韦昭云:'周公时,以文王为宗,其后更以文王为祖,武王为宗。'寻文王以文治而为祖,武王以武定而为宗,欲明文亦有大德,武亦有大功,故郑注《祭法》云:'祖、宗通言耳。'是以《诗》云:'昊天有成命,二后受之。'注云:'二后,文王、武王也。'且明堂之祀,有单有合。故郑云:'四时迎气于郊,祭一帝,还于明堂,因祭一帝,则以文王配。'明一宾不容两主也。'享五帝于明堂,则泛配文、武。'泛之为言,无的之辞。其礼既盛,故祖、宗并配。"参议以佟之为允。诏"可"。

太祖为齐王,依旧立五庙。即位,立七庙。广陵府君、太中府君、淮阴府君、即丘府君、太常府君、宣皇帝、昭皇后为七庙。建元二年,太祖亲祀太庙六室,如仪,拜伏竟,次至昭后室前,仪注应倚立,上以为疑,欲使庙僚行事,又欲以诸王代祝令于昭后室前执爵。以问彭城丞刘瓛,瓛对谓:"若都不至昭后坐前,窃以为薄。庙僚即是代上执爵馈奠耳,祝令位卑,恐诸王无容代之。旧庙仪诸王得兼三公亲事,谓此为便。"从之。

及太子穆妃薨,卒哭,祔于太庙阴室。永明十一年,文惠太子薨,卒哭,祔于太阴室。太祖崩,毁广陵府君。郁林即位,追尊文帝,又毁太中主,止淮阴府君。明帝立,复旧。及崩,祔庙,与世祖为兄弟,不为世数。

史臣曰:先儒说宗庙之义,据高祖已下五世亲尽,故亲庙有四。周以后稷始祖,文、武二祧,所以云王立七庙也。禹无始祖,汤不先契,夏五殷六,其数如之。汉立宗庙,违经背古。匡衡、贡禹、蔡邕之徒,空有迁毁之议,亘年四百,竟无成典。魏氏之初,亲庙止乎四叶,吴、蜀享祭,失礼已多。晋用王肃之谈,以文、景为共世,上至征西,其实六也。寻其此意,非以兄弟为后,当以立主之义,可相容于七

室。及杨元后崩,征西之庙不毁,则知不以元后为世数。庙有七室,
数盈八主。江左贺循立议以后,弟不继兄,故世必限七,主无定数。
宋台初立五庙,以臧后为世室。就礼而求,亦亲庙四矣。义反会郑,
非谓从王。自此以来,因仍旧制。夫妻道合,非世叶相承,譬由下祭
殇嫡,无关庙数,同之祖曾,义未可了。若据伊尹之言,必及七世,则
子昭孙穆,不列妇人。若依郑玄之说,庙有亲称,妻者言齐,岂或滥
享。且閟宫之德,周七非数,杨元之祀,晋八无伤。今谓之七庙,而
上唯六祀,使受命之君,流光之典不足。若谓太祖未登,则昭穆之数
何继,斯故礼官所宜详也。

　　宋泰豫元年,明帝崩,博士周洽议:“权制:谅闇之内,不亲奉四
时祠。”建元四年,尚书令王俭采晋中朝《谅闇议》奏曰:“权典既行,
丧礼斯夺,事兴汉世,面源由甚远。殷宗谅闇,非有服之称,周王即
吉,唯宴乐为讥。《春秋》之义,嗣君逾年即位,则预朝会聘享焉。
《左氏》云:‘凡君即位,卿出并聘,践修旧好。’又云:‘诸侯即位,小
国聘焉,以继好结信,谋事补阙,礼之大者。’至于谅闇之内而图婚,
三年未终而吉禘,齐归之丧不废搜,杞公之卒不撤乐,皆致讥贬,以
明鉴戒。自斯而谈,朝聘蒸尝之典,卒哭而备行,婚禘搜乐之事,三
载而后举,通塞兴废,各有由然。又案《大戴礼记》及《孔子家语》并
称武王崩,成王嗣位,明年六月既葬,周公冠成王而朝于祖,以见诸
侯,命祝雍作颂。襄十五年十一月,‘晋侯周卒’,十六年正月,‘葬晋
悼公’。平公既即位,‘改服修官,烝于曲沃’。《礼记曾子问》:‘孔子
曰:天子崩,国君薨,则取群庙之主而藏诸祖庙,礼乎。卒哭成事,而
后主各反其庙。’《春秋左氏传》:‘凡君卒哭而祔,祔而后特祀于主,
蒸尝禘于庙。’先儒云:‘特祀于主者,特以丧礼奉新亡者至于寝,不
同于古。蒸尝禘于庙者,卒哭成事,群庙之主,各反其庙。则四时之
祭,皆即吉也。三年丧毕,吉禘于庙,跻群主以定新主也。’由此诸
义,皆著在经诰,昭乎方册,所以晋、宋因循,同规前典,卒哭公除,
亲奉蒸尝,率礼无违,因心允协。爰至泰豫元年,礼官立议,不宜亲
奉,乃引‘三年之制自天子达’。又据《王制》称‘丧三年不祭,唯祭天

地社稷,越绋而行事'。曾不知自天子达,本在至情,既葬释除,事以
权夺,委衰袭衮,孝享宜申,越绋之旨,事施未葬,卒哭之后,何绋可
越?复依范宣之难杜预,谯周之论士祭,并非明据。晋武在丧,每欲
存宁戚之怀,不全依谅阍之典,至于四时蒸尝,盖以哀疾未堪,非便
顿改旧式。江左以来,通儒硕学所历多矣,守而弗革,义岂徒然。又
宜即心而言,公卿大夫,则负扆亲临,三元告始,则朝会万国,虽金
石辍响,而簨虡充庭,情深于恒哀,而迹降于凡制,岂曰能安,国家
故也。宗庙蒸尝,孝敬所先,宁容吉事备行,斯典独废。就令必宜废
祭,则应三年永阙,乃复同之他故,有司摄礼,进退二三,弥乖典衷。
谓宜依旧亲奉。"从之。

永明九年正月,诏太庙四时祭,荐宣帝面起饼、鸭臛;孝皇后
笋、鸭卵、脯酱、炙白肉;高皇帝荐肉脍、菹羹;昭皇后茗、粣、炙鱼。
皆所嗜也。先是,世祖梦太祖曰:"宋氏诸帝尝在太庙,从我求食。可
别为吾祠。"上乃敕豫章王妃庾氏四时还青溪宫旧宅,处内合堂,奉
祠二帝二后,牲牢服章,用家人礼。

史臣曰:汉氏之庙,遍在郡国,求祀已渎,缘情又疏。重檐闳寝,
不可兼建,故前儒抗议,谓之迁毁。光武入纂,南顿尹已上四世,别
祠舂陵。建武三年,幸舂陵园庙是也。张衡《南都赋》曰:'清庙肃以
微微。'明帝至于章、和,每幸章陵,辄荷旧宅。建安末,魏氏立宗庙,
皆在邺都。魏文黄初二年,洛庙未成,亲祠武帝于建始殿,用家人
礼。世祖发汉明之梦,肇祀故宫,孝享既申,义合前典,亦一时之盛
也。

永明六年,太常丞何谦之议:"今祭有生鱼一头,干鱼五头。《少
牢馈食礼》云:'司士升鱼腊肤鱼,用鲋十有五。'上既云'腊',下必
是鲜,其数宜同。称'肤'足知鳞革无毁。《记》云:'槁鱼曰商祭,鲜
曰脡祭。'郑注:'商,量;脡,直也。'寻'商'旨裁截,'脡'义在全。贺
循《祭义》犹用鱼十五头。今鲜顿删约,槁皆全用。谓宜鲜、槁各二
头,槁微断首尾,示存古义。"国子助教桑惠度议:"《记》称尚玄酒而

俎腥鱼。玄酒不容多,鲜鱼理宜约。干鱼五头者,以其既加人功,可法于五味,以象酒之五齐也。今欲鲜、槁各双,义无所法。"谙之议不行。

十年,诏故太宰褚渊、故太尉王俭、故司空柳世隆、故骠骑大将军王敬则、故镇东大将军陈显达、故镇东将军李安民六人,配飨太祖庙庭。祠部郎何谙之议:"功臣配飨,累行宋世,检其遗事,题列坐位,具书赠官爵谥及名,文不称主,便是设板也。《白虎通》云:'祭之有主,孝子以系心也。'揆斯而言,升配庙廷,不容有主。宋时板度,既不复存,今之所制,大小厚薄如尚书召板,为得其衷。"有司摄太庙旧人亦云见宋功臣配飨坐板,与尚书召板相似,事见《仪注》。

十一年,右仆射王晏、吏部尚书徐孝嗣、侍中何胤奏:"故太子祔太庙,既无先准。检宋元后故事,太尉行礼,太子拜伏与太尉俱。臣等参议,依拟前典。太常主庙位,太尉执礼祔,太孙拜伏,皆与之俱。正礼既毕,阴室之祭,太孙宜亲自进奠。"诏"可"。

建武二年,有司奏景懿后迁登新庙车服之仪。祠部郎何佟之议曰:"《周礼》王之六服,大裘为上,衮冕次之。五车,玉辂为上,金辂次之。皇后六服,袆衣为上,揄翟次之。首饰有三,副为上,编次之。五车,重翟为上,厌翟次之。上公年大裘玉辂,而上公夫人有副及袆衣,是以《祭统》云'夫人副袆立于东房'也。又郑云:'皇后六服,唯上公夫人亦有袆衣。'《诗》云:'翟茀以朝。'郑以翟茀为厌翟,侯伯夫人入庙所乘。今上公夫人副袆既同,则重翟或不殊矣。况景皇懿后礼崇九命。且晋朝太妃服章之礼,同于太后,宋代皇太妃唯无五牛旗为异。其外侍官则有侍中、散骑常侍、黄门侍郎、散骑侍郎各二人,分从前后部,同于王者,内职则有女尚书,女长御各二人,荣引同于太后。又魏朝之晋王,晋之宋王,并置百官,拟于天朝。至于晋文王终犹称薨,而太上皇称崩,则是礼加于王矣。故前议景皇后悉依近代皇太妃之仪,则侍卫陪乘并不得异,后乘重翟,亦谓非疑也。寻齐初移庙,宣皇神主乘金辂,皇帝亲奉,亦乘金辂,先往行礼毕,仍从神主至新庙,今所宜依准也。"从之。

永泰元年，有司议应庙见不。尚书令徐孝嗣议："嗣君即位，并无庙见之文，蕃支纂业，乃有虔谒之礼。"左丞萧琛议："窃闻祗见厥祖，义著《商书》，朝于武宫，事光晋册。岂有正位居尊，继业承天，而不虔觐祖宗，格于太室。《毛诗·周颂》篇曰：'《烈文》，成王即政，诸侯助祭也。'郑注云：'新王即政，必以朝享之礼祭于祖考，告嗣位也。'又篇曰：'《闵予小子》，嗣王朝庙也。'郑注云：'嗣王者，谓成王也。除武王之丧，将始即政，朝于庙也。'则隆周令典，焕炳经记，体嫡居正，莫若成王。又二汉由太子而嗣位者，西京七主，东都四帝，其昭、成、哀、和、从五君，并皆谒庙，文存汉史，其惠、景、武、元、明、章六君，前史不载谒事，或是偶有阙文，理无异说。议者乃云，先在储宫，已经致敬，卒哭之后，即亲奉时祭，则是庙见，故无别谒之礼。窃以为不然。储后在宫，亦从郊祀，若谓前虔可兼后敬，开元之始，则无假复有配天之祭矣。若以亲奉时祭，仍为庙见者，自汉及晋，支庶嗣位，并皆谒庙，既同有蒸尝，何为独修繁礼？且晋成帝咸和元年故号以，谒庙，咸康元年加元服，又更谒。夫时非异主，犹不疑二礼相因，况位隔君臣，而追以一谒兼敬。宜远纂周、汉之盛范，近黜晋、宋之乖义，展诚一庙，骏奔万国。"奏可。

永明元年十二月，有司奏："今月三日，腊祠太社稷。一日合朔，日蚀既在致斋内，未审于社祠无疑不？曹检未有前准。"尚书令王俭议："《礼记·曾子问》：'天子尝禘郊社五礼之祭，笾豆既陈'，唯大丧乃废。至于当祭之日，火日蚀则停。寻伐鼓用牲，由来尚矣，而笾豆初陈，问所不及。据此而言，致齐初日，仍值薄蚀，则不应废祭。又初平四年，士孙瑞议以日蚀废社而不废郊，朝议从之。王者父天亲地，郊社不殊，此则前准，谓不宜废。"诏"可"。

永明十一年，兼祠部郎何佟之议："案《礼记·郊特牲》：'社祭土而主阴气也，君南向于北墉下，答阴之义也。'郑玄云：'答犹对也。''北墉，社内北墙也。'王肃云：'阴气北向，故君南向以答之。答之为言,是相对之称。'知古祭社,北向设位,斋官南向明矣。近代相承,帝社南向,太社及稷并东向,而斋官位在帝社坛北,西向,于神背后行礼。又名稷为稷社,甚乖礼意。及未知失在何时,原此理当未久。窃以皇齐改物,礼乐惟新,中国之神,莫贵于社,若遂仍前谬,惧亏盛典。谓二社,语其义则殊,论其神则一,位并宜北向。稷若北向,则成相背。稷是百谷之总神,非阴气之主,宜依先东向。斋官立社坛东北,南向立,东为上,诸执事西向立,南为上。稷依礼无兼称,今若欲尊崇,正可名为太稷耳,岂得谓为稷社邪?腊祠太社日近,案奏事御,改定仪注。"

仪曹称治礼学士议曰:"《郊特牲》又云:'君之南向,答阳也;臣之北向,答君也。'若以阳气在南,则位应向北,阴气向北,则宜向南。今南北二郊,一限南向,皇帝黑瓒阶东西向,故知坛埠无系于阴阳,设位宁拘于南北。群神小祠,类皆限南面,荐飨之时,北向行礼,盖欲申灵祇之尊,表求幽之义。魏世秦静使社稷别营,称自汉以来,相承南向。汉之于周,世代未远,鄗上颓基,商丘余树,犹应尚存,迷方失位,未至于此,通儒达识,不以为非。庾蔚之昔已有此议,后徐爰、周景远并不同,仍旧不改。"

佟之议:"来难引君南向答阳,臣北向答君。敢问答之为言,为是相对?为是相背?相背则社位南向,君亦南向,可如来议。《郊特牲》云:'臣之北向答君。'复是君背臣。今言君南臣北,向相称答,则君南不得称答矣,《记》何得云祭社君南向以答阴邪?社果同向,则君亦宜西向,何故在社南向,在郊西向邪?解则不然,《记》云,君之南向答阳,此明朝会之时,盛阳在南,故君南向对之,犹圣人南面而听,向明而治之义耳,宁是祈祀天地之日乎?知祭社北向,君答故南向,祀天南向,君答宜北向矣。今皇帝黑瓒阶东西向者,斯盖始入之别位,非接对之时也。案《记》云:'社所以神地之道也。'又云:'社祭上而主阴气。'又云:'不用命,戮于社。'孔安国云:'社主阴,阴主杀。'《传》曰:'日蚀,伐鼓于社。'杜预云:'责群阴也。'社主阴气之盛,故北向设位,以本其义耳。余祀虽亦地祇之贵,而不主此义,故位向不同。不得见余阴祀不北向,便谓社应南向也。案《周礼》祭社南向,君求幽,宜北向,而《记》云君南向,答阴之义,求幽之论不乖欤?魏权汉社,社稷同营共门,稷坛在社坛北,皆非古制。后移宫南,自当。如静此言,乃是显汉社失周法,见汉世旧事。尔时祭社南向,未审出何史籍。就如议者静所言是祭社位向仍汉旧法,汉又袭周成规,因而不改者,则社稷三座,并应南向,今何改帝社南向,泰社及稷并东向邪?"

治礼又难佟之,凡三往反。至建武二年,有司议:"治礼无的然显据。"佟之议乃行。

建武二年,祠部郎何佟之奏:"案《周礼·大宗伯》:'以苍璧礼天,黄琮礼地。'郑玄又云:'皆有牲币,各放其器之色。'知礼天圆丘用玄犊,礼地方泽用黄牲矣。《牧人》云:'凡阳祀用骍牲,阴祀用黝牲。'郑玄云:'骍,赤;黝,黑也。阳祀,祭天南郊及宗庙。阴祀,祭地北郊及社稷。'《祭法》云:'燔柴于泰坛,祭天也。瘗埋于泰折,祭地也。用骍犊。'郑云:'地,阴祀,用黝牲,与天俱用犊,故连言之耳。'知此祭天地即南北郊矣。今南北两郊同用玄牲,又明堂、宗庙、社稷俱用赤,有违昔典。又郑玄云:'祭五帝于明堂,勾芒等配食。'自晋以来,并圜丘于南郊,是以郊坛列五帝勾芒等。今明堂祀五精,更阙五神之位,北郊祭地祇,而设重黎之坐,二三乖舛,惧亏盛则。"

前军长史刘绘议:"《语》云:'犁牛之子骍且角,虽欲勿用,山川其舍诸。'未详山川合为阴祀不?若在阴祀,则与黝乖矣。"

佟之又议:"《周礼》以天地为大祀,四望为次祀,山川为小祀。周人尚赤,自四望以上牲色各依其方者,以其祀大,宜从本也。山川以下,牲色不见者,以其祀小,从所尚也。则《论》、《礼》二说,岂不合符?"参议为允。从之。

永元元年,步兵校尉何佟之议曰:"盖闻圣帝明王之治天下也,莫不尊泰矣地,崇敬日月,故冬至祀天于员丘,夏至祭地于方泽,春分朝日，秋分夕月，所以训民事君之道，化下严上之义也。故礼云：
'王者必父天母地，兄日姊月。'《周礼·典瑞》云：'王搢大圭，执镇
圭，藻藉五采五就以朝日。'马融云：'天子以春分朝日，秋分夕月。'
《觐礼》：'天子出拜日于东门之外。'卢植云：'朝日以立春之日也。'
郑玄云：'端当为冕，朝日春分之时也。'《礼记·朝事议》云：'天子
冕而执镇圭，尺有二寸，率诸侯朝日于东郊，所以教尊尊也。'故郑
知此端为冕也。《礼记·保傅》云：'三代之礼，天子春朝朝日，秋暮
夕月，所以明有敬也。'而不明所用之定辰。马、郑云用二分之时，卢
植云用立春之日。佟之以为，日者太阳之精，月者太阴之精，春分阳
气方永，秋分阴气向长。天地至尊用其始，故祭以二至，日月礼次天
地，敬朝以分，差有理据，则融、玄之言得其义矣。汉世则朝朝日，暮
夕月。魏文帝诏曰：'《觐礼》天子拜日东门之外，反礼方明。《朝事
议》曰天子冕而执镇圭，率诸侯朝日于东郊。以此言之，盖诸侯朝，
天子祀方明，因率朝日也。汉改周法，群公无四朝之事，故不复朝于
东郊，得礼之变矣。然旦夕常于殿下东向拜日，其礼太烦。今采周
春分之礼，损汉日拜之仪，又无诸侯之事，无所出东郊，今正殿即亦
朝会行礼之庭也，宜常以春分于正殿之庭拜日。其夕月文不分明，
其议奏。'魏秘书监薛循请论云：'旧事朝日以春分，夕月以秋分。案
《周礼》朝日无常日，郑玄云用二分，故遂施行。秋分之夕，月多东
潜，而西向拜之，背实远矣。谓朝日宜用仲春之朔，夕月宜用仲秋之
朔。'淳于睿驳之，引《礼记》云：'祭日于东，祭月于西，以端其位。'
《周礼》秋分夕月，并行于上世。西向拜月，虽如背实，亦犹月在天而
祭之于坎，不复言背月也。佟之案《礼器》云：'为朝夕必放于日月。'
郑玄云：'日出东方，月出西方。'又云：'大明生于东，月生于西，此
阴阳之分，夫妇之位也。'郑玄云："大明，日也。'知朝日东向，夕月
西向，斯盖各本其位之所在耳。犹如天子东西游幸，朝堂之官及拜
官者，犹北向朝拜，宁得以背实为疑邪？佟之谓魏世所行，善得与夺
之衷。晋初弃员丘方泽，于两郊二至辍礼，至于二分之朝，致替无
义。江左草创，旧章多阙，宋氏因循，未能反古。窃惟皇齐应天御极，

典教惟新，谓宜使盛典行之盛代，以春分朝于殿庭之西，东向而拜日，秋分于殿庭之东，西向而拜月，此即所谓必放日月以端其位之义也。使四方观化者，莫不欣欣而颂美。旒藻之饰，盖本天之至质也，朝日不得同昊天至质之礼，故玄冕三旒也。近代祀天，著衮十二旒，极文章之义，则是古今礼之变也。礼天朝日，既服宜有异，顷世天子小朝会，著绛纱袍、通天金博山冠，斯即今朝之服次衮冕者也，窃谓宜依此拜日月，甚得差降之宜也。佟之任非礼局，轻奏大典，实为侵官，伏追惭震。"从之。

永明三年，有司奏："来年正月二十五日丁亥，可祀先农，即日舆驾亲耕。"宋元嘉、大明以来，并用立春后亥日，尚书令王俭以为亥日藉田，经记无文，通下详议。

兼太学博士刘蔓议："《礼》，孟春之月，立春迎春，又于是月以元日祈谷，又择元辰躬耕帝藉。卢植说礼通辰日，日，甲至癸也，辰，子至亥也。郊天，阳也，故以日。藉田，阴也，故以辰。阴礼卑后，必居其末，亥者辰之末，故《记》称元辰，法曰吉亥。又据五行之说，木生于亥，以亥日祭先农，又其义也。"

太常丞何谞之议："郑注云：'元辰，盖郊后吉亥也。'亥，水辰也，凡在垦稼，咸存洒润。五行说十二辰为六合，寅与亥合，建寅月东耕，取月建与日辰合也。"

国子助教桑惠度议："寻郑玄以亥为吉辰者，阳生于子，元起于亥，取阳之元以为生物，亥又为水，十月所建，百谷赖兹沾润毕熟也。"

助教周山文议："卢植云：'元，善也。郊天，阳也，故以日。藉田，阴也，故以辰。'蔡邕《月令章句》解元辰云：'日，干也。辰，支也。有事于天，用日。有事于地，用辰。'"

助教何佟之议："《少牢馈食礼》云：'孝孙其，来日丁亥，用荐岁事于皇祖伯某。'注云：'丁未必亥也，直举一日以言之耳。禘太庙礼日用丁亥，若不丁亥，则用己亥、辛亥，苟有亥可也。'郑又云：'必用丁、己者，取其令名，自丁宁自变改，皆为谨敬。'如此，丁亥自是祭祀之日，不专施于先农。汉文用此日耕藉祠先农，故后王相承用之，非有别义。"

殿中郎顾皓之议："郑玄称先郊后吉辰，而不说必亥之由。卢植明子亥为辰，亦无常辰之证。汉世躬藉，肇发汉文，诏云：'农，天下之本，其开藉田。'斯乃草创之令，未睹亲载之吉也。昭帝癸亥耕于钩盾弄田，明帝癸亥耕下邳，章帝乙亥耕定陶，又辛丑耕怀，魏之烈祖实书辛未，不系一辰，征于两代矣。推晋之革魏，宋之因晋，政是服膺康成，非有异见者也。班固序亥位云：'阴气应亡射，该藏万物，而杂阳阂种。'且亥既水辰，含育为性，播厥取吉，其在兹乎？固序丑位云：'阴大旅助黄钟宣气而牙物。'序未位云：'阴气受任，助蕤宾君主种物，使长大茂盛。'是汉朝迭选，魏室所迁，酌旧用丑，实兼有据。"参议奏用丁亥。诏"可"。

建元四年正月，诏立国学，置学生百五十人。其有位乐入者五十人。生年十五以上，二十以还，取王公已下至三将、著作郎、廷尉正、太子舍人、领护诸府司马谘议经除敕者、诸州别驾治中等见居官及罢散者子孙。悉取家去都二千里为限。太祖崩，乃止。

永明三年正月，诏立学，创立堂宇，召公卿子弟下及员外郎之胤，凡置生二百人。其年秋中悉集。有司奏："宋元嘉旧事，学生到，先释奠先圣先师，礼又有释菜，未详今当行何礼？用何乐及礼器？"尚书令王俭议："《周礼》：'春入学，舍菜合舞。'《记》云：'始教，皮弁祭菜，示敬道也。'又云：'始入学，必祭先圣先师。'中朝以来，释菜礼废，今之所行，释奠而已。金石俎豆，皆无明文。方之七庙则轻，比之五礼则重。陆纳、车胤谓宣尼庙宜依亭侯之爵，范宁欲依周公之庙，用王者仪，范宣谓当其为师则不臣之，释奠日，备帝王礼乐。此则车、陆失于过轻，二范伤于大重。喻希云：'若至王者自设礼乐，则肆赏于至敬之所；若欲嘉美先师，则所况非备。'寻其此说，守附情理。皇朝屈尊弘教，待以师资，引同上公，即事惟允。元嘉立学，裴松之议应舞六佾，以郊乐未具，故权奏登歌。今金石已备，宜设轩县之乐，六佾之舞，牲牢器用，悉依上公。"其冬，皇太子讲《孝经》，亲临释奠，车驾幸听。

建武四年正月，诏立学。永泰元年，东昏侯即位，尚书符依永明旧事废学。领国子助教曹思文上表曰："古之建国君民者，必教学为先，将以节其邪情，而禁其流欲，故能化民裁俗，习与性成也。是以忠孝笃焉，信义成焉，礼让行焉，尊教宗学，其致一也。是以成均焕于古典，虎门炳于前经。陛下体睿淳神，缵承鸿业，今制书既下，而废学先闻，将恐观国之光者，有以拟议也。若以国讳故宜废，昔汉成立学，爰洎元始，百余年中，未尝暂废，其间有国讳。且晋武之崩，又其学犹存。斯皆先代不以国讳而废学之明文也。永明以无太子故废，斯非古典也。寻国之有学，本以兴化致治也，天子于以谘谋焉，于以行礼焉。《记》云：'天子出征，受命于祖，受成于学。执有罪反，释奠于学。'又云：'食三老五更于太学，天子袒而割牲，执爵而酳，以教诸侯悌也。'于斯学，是天子有国之基，教也或以之。所言皆太学事也。今引太学不非证也。据臣所见，今之国学，即古之太学。晋初太学生三千人，既多猥杂，惠帝时欲辩其泾渭，故元康三年始立国子学，官品第五以上得入国学。天子去太学入国学，以行礼也。太子去太学入国学，以齿让也。太学之与国学，斯是晋世殊其士庶，异其贵贱耳。然贵贱士庶，皆须教成，故国学太学两存之也，非有太子故立也。然系废兴于太子者，此永明之钜失也。汉崇儒雅，几致刑厝，而犹道谢三、五者，以其致教之术未笃也。古之教者，家有塾，党有庠，术有序，国有学，以讽诵相摩。今学非唯不宜废而已，乃宜更崇向其道，望古作规，使郡县有学，乡闾立教。请付尚书及二学详议。"有司奏，从之。学竟不立。

永明五年十月，有司奏："南郡王昭业冠，求仪注，未有前准。"尚书令王俭议："皇孙冠事，历代所无，礼虽有嫡子嫡孙，然而地居正体，下及五世。今南郡王体自储晖，实惟国裔，元服之典，宜异列蕃。案《士冠礼》：‘主人玄冠朝服，宾加其冠，赞者结缨。’郑玄云：‘主人，冠者之□父兄也。’寻其言父及兄，则明祖在，父不为主也。《大戴礼记·公冠》篇云：‘公冠自为主，四加玄冕，以卿为宾，此则继体之君及帝之庶子不得称子者也。《小戴礼记·冠义》云：‘冠于阼，以著代也。醮于客位，三加弥尊，加有成也。’注称：‘嫡子冠于阼，庶子冠于房。’《记》又云：‘古者重冠，故行之于庙，所以自卑而尊先祖也。’据此而言，弥与郑注《仪礼》相会。是故中朝以来，太子冠则皇帝临轩，司徒加冠，光禄赞冠。诸王则郎中加冠，中尉赞冠。今同于储皇则重，依于诸王则轻。又《春秋》之义，‘不以父命辞王父命’。《礼》：‘父在斯为子，君在斯为臣。’皇太子居臣子之节，无专用之道。南郡虽处蕃国，非支庶之列，宜禀天朝之命，微申冠阼之礼。晋武帝诏称汉、魏遣使冠诸王，非古正典。此盖谓庶子封王，合依公冠自主之义，至于国之长孙，遣使惟允。宜使太常持节加冠，大鸿胪为赞，醮酒之仪，亦归二卿，祝醮之辞，附准经记，别更撰立，不依蕃国常体。国官陪位拜贺，自依旧章。其日，内外二品清官以上，诣止车集贺，并诣东宫南门通笺。别日上礼，宫臣亦诣门称贺，如上台之仪。既冠之后，克日谒庙，以弘尊祖之义。此既大典，宜通关八座丞郎，并下二学详议。”仆射王奂等十四人议并同，并撰立赞冠醮酒二辞。诏“可”。祝辞曰：“皇帝使给事中、太常武安侯萧惠基加南郡王冠。”祝曰：“筮日筮宾，肇加元服。弃尔幼志，从厥成德。亲贤使能，克隆景福。”醮酒辞曰：“旨酒既清，嘉荐既盈。兄弟具在，淑慎仪形。永届眉寿，於穆斯宁。”

永明中，世祖以婚礼奢费，敕诸王纳妃，上御及六宫依礼止枣栗殿脩，加以香泽花粉，其余衣物皆停。唯公主降嫔，则止遗舅姑也。永泰元年，尚书令徐孝嗣议曰：“夫人伦之始，莫重冠婚，所以尊表成德，结欢两姓，年代污隆，古今殊则，繁简之仪，因时或异。三加废于王庶，六礼限于天朝，虽因习未久，事难顿改，而大典之要，深宜损益。案《士冠礼》，三加毕，乃醴冠者，醴则唯一而已，故醴辞无二。若不醴，则每加辄醮以酒，故醮辞有三。王肃云：‘醴本古，其礼重,酒用时味,其礼轻故也。'或醴或醮,二三之义,详许于经文。今皇王冠毕,一酌而已,即可拟古设礼。而犹用醮辞,实为乖衷。寻婚礼实筐以四爵,加以合卺,既崇尚质之理,又象泮合之义。故三饭卒食,再酳用卺。先儒以礼成好合,事终于三,然后用卺合。仪注先酳卺,以再以三,有违旨趣。又《郊特牲》曰:'三王作牢用陶匏。'言太古之时,无共牢之礼,三王作之,而用太古之器,重夫妇之始也。今虽以方椟示约,而弥乖昔典。又连卺以锁,盖出近俗。复别有牢烛,雕费采饰,亦亏曩制。方今圣政日隆,声教惟穆,则古昔以敦风,存饩羊以爱礼,沿袭之规,有切治要,嘉礼实童,宜备旧章。谓自今王侯已下冠毕一酌醴,以遵古之义。醴即用旧文,于事为允。婚亦依古,以卺酌终酳之酒,并除金银连锁,自余杂器,悉用埏陶。堂人执烛,足充蒸燎,牢烛华侈,亦宜停省。庶斫雕可期,移俗有渐。"参议并同。奏可。

晋武太始二年,有司奏:"故事,皇后讳与帝讳俱下。"诏曰:"礼,内讳不出宫,近代讳之也。"建元元年,太常上朝堂讳训。仆射王俭议曰:"后讳依旧不立训。礼,天子诸侯讳群祖。臣隶既有从敬之义,宜为太常府君讳。至于朝堂榜题,本施至极,既迫尊所不及,礼降于在三,晋之京兆,宋之东安,不列榜题。孙毓议称京兆列在正庙,臣下应讳,而不上榜。宋初博士司马道敬议东安府君讳宜上榜,何承天执不同,即为明据。"其有人名地名犯太常府君及帝后讳者,皆改。宣帝讳同。二名不偏讳,所以改承明门为北掖,以榜有"之"字与"承"并。东宫承华门亦改为宣华云。

汉末,蔡邕立汉《朝会志》,竟不就。秦人以十月旦为岁首,汉初习以大飨会,后用夏正,飨会犹未废十月旦会也。东京以后,正旦夜漏未尽七刻,鸣钟受贺,公侯以下执贽来庭,二千石以上升殿称万岁,然后作乐宴飨。张衡赋云:"皇舆凤驾,登天光于扶桑。"然则虽云凤驾,必辨色而行事矣。魏武都邺,正会文昌殿,用汉仪,又设百华灯。后魏文修洛阳宫室，权都许昌，宫殿狭小，元日于城南立毡殿，青帷以为门，设乐飨会。后还洛阳，依汉旧事。晋武帝初，更定朝会仪，夜漏未尽十刻，庭燎起火，群臣集。傅玄《朝会赋》云：'华灯若乎火树，炽百枝之煌煌。'此则因魏仪与庭燎并设也。漏未尽七刻，群臣入白贺，未尽五刻，就本位，至漏尽，皇帝出前殿，百官上贺，如汉仪。礼毕罢入，群臣坐，谓之辰贺。昼漏上三刻更出，百官奉寿酒，大飨作乐，谓之昼会。别置女乐三十人于黄帐外，奏《房中之歌》。江左多虞，不复晨贺，夜漏未尽十刻，开宣阳门，至平旦始开殿门，昼漏上五刻，皇帝乃出受贺。宋世至十刻乃受贺。其余升降拜伏之仪，及置立后妃王公已下祠祀夕牲拜授吊祭，皆有仪注，文多不载。

三月三日曲水会，古禊祭也。汉《礼仪志》云："季春月上巳，官民皆洁濯于东流水上，自洗濯祓除去宿疾为大洁。"不见东流为何水也。晋中朝云，卿已下至于庶民，皆禊洛水之侧，事见诸《禊赋》及《夏仲御传》也。赵王伦篡位，三日，会天渊池诛张林。怀帝亦会天渊池赋诗。陆机云："天渊池南石沟，引御沟水，池西积石为禊堂，跨水，流杯饮酒。"亦不言曲水。元帝又诏罢三日弄具。今相承为百戏之具，雕弄技巧，增损无常。

史臣曰：案禊与曲水，其义参差。旧言阳气布畅，万物讫出，姑洗洁之也。巳者祉也，言祈介祉也。一说，三月三日，清明之节，将修事于水侧，祷祀以祈丰年。应劭云："禊者，洁也，言自洁濯也。或云汉世有郭虞者，以三月上辰生二女，上巳又生一女，二日中频生皆死，时俗以为大忌，民人每至其日，皆适东流水祈祓自洁濯，浮酌清流，后遂为曲水。"案高后被霸上，马融《梁冀西第赋》云："西北戌亥，玄石承输。虾蟆吐写，庚辛之域。"即曲水之象也。今据禊为田水事，应在永寿之前已有，祓除则不容在高后之后，祈农之说，于事为当。

九月九日马射。或说云，秋金之节，讲武习射，像汉立秋之礼。

史臣曰：案晋中朝元会，设卧骑、倒骑、颠骑，自东华门驰皇神虎门，此亦角抵杂戏之流也。宋武为宋公，在彭城，九日出项羽戏马台，至今相承，以为旧准。

南齐书卷一〇
志第二

礼　下

建元四年,高帝山陵,昭皇后应迁祔。祠部疑有祖祭及遣启诸奠九饭之仪不。左仆射王俭议:"奠如大敛。贺循云:'从墓之墓皆设奠,如将葬庙朝之礼。'范宁云:'将窆而奠。'虽不称为祖,而不得无祭。"从之。

有司又奏:"昭皇后神主在庙,今迁祔葬,广有虞以安神,神既已处庙,改葬出灵,岂应虞祭?郑注改葬云:'从庙之庙,礼宜同从墓之墓。'事何容异!前代谓应无虞。"左仆射王俭议:"范宁云:'葬必有魂车。'若不为其归,神将安舍?世中改葬,即墓所施灵设祭,何得不祭而毁耶?贺循云:'既窆,设奠于墓,以终其事。'虽非正虞,亦粗相似。晋民修复五陵,宋朝敬后改葬,皆有虞。今设虞非疑。"从之。

建元二年,皇太子妃薨,前宫臣疑所服。左仆射王俭议:"《礼记·文王世子》:'父在斯为子,君在斯为臣。'且汉、魏以来,宫僚充备,臣隶之节,具体在三。昔庾翼妻丧,王允、滕弘谓府吏宜有小君之服,况臣节之重邪?宜依礼为旧君妻齐衰三月,居官之身,并合属假,朝晡临哭,悉系东宫。今臣之未从官在远者,于居官之所,属宁二日半,仍行丧成服,遣笺表,不得奔赴。"从之。

太子妃斩草乘黄,议建铭旌。仆射王俭议:"礼,既涂棺,祝取铭置于殡东,大敛毕,便应建于西阶之东。"

宋大明二年,太子妃薨,建九旒。有司又议:"斩草日建旒与不?

若建旒，应几旒？及画龙升降云何？又用几翣？"仆射王俭议："旒本是命服，无关于凶事，今公卿以下，平存不能备礼，故在凶乃建耳。东宫秩同上公九命之仪，妃与储君一体，义不容异，无缘未同常例，别立凶旒。大明旧事，是不经详议，率尔便行耳。今宜考以礼典，不得效尤从失。吉部伍自有桁辂，凶部别有铭旌，若复立旒，复置何处？翣自用八。"从之。

有司奏："大明故事，太子妃玄宫中有石志。参议墓铭不出礼典。近宋元嘉中，颜延作王球石志。素族无碑策，故以纪德。自尔以来，王公以下，咸共遵用。储妃之重，礼殊恒列，既有哀策，谓不须石志。"从之。

有司奏："穆妃卒哭后，灵还在道，遇朔望，当须设祭不？"王俭议："既虞卒哭，祭之于庙，本是祭序昭穆耳，未全同卒吉四时之祭也，所以有朔望殷事。蕃国不行权制，宋江夏王妃卒哭以后，朔望设祭。帝室既以卒哭除丧，无缘方有朔望之祭。灵筵虽未升庙堂，而舫中即成行庙，犹如桓玄及宋高祖长沙、临川二国，并有移庙之礼。岂复谓灵筵在途，便设殷事耶？推此而言，朔望不复俟祭。宋懿后时旧事不及此，益可知时议。"从之。

建元三年，有司奏："皇太子穆妃以去年七月薨，其年闰九月，未审当月数闰，为应以闰附正月？若用月数数闰者，南郡王兄弟便应以此四月晦小祥，至于祥月，不为有疑不？"左仆射王俭议："三百六旬，《尚书》明义，文公纳币，《春秋》致讥。《穀梁》云：'积分而成月。'《公羊》云：'天无是月。'虽然，《左氏》谓告朔为得礼。是故先儒咸谓三年期丧，岁数没闰，大功以下，月数数闰。夫闰者，盖是年之余日，而月之异朔，所以吴商云：'含闰以正期，允协情理。'今杖期之丧，虽以十月而小祥，至于祥缟，必须周岁。凡厌屈之礼，要取象正服。祥缟相去二月，厌降小祥，亦以则之。又且求之名义，则小祥本以年限，考于伦例，则相去必应二朔。今以厌屈而先祥，不得谓此事之非期，事既同条，情无异贯，没闰之理，固在言先。设令祥在此晦，则去缟三月，依附准例，益复为碍。谓应须五月晦乃祥。此国之大典,宜共精详。并通关八座丞郎,研尽同异。”

尚书令褚渊难俭议曰:“厌屈之典,由所尊夺情,故祥缟备制,而年月不申。今以十一月而祥,从期可知。既计以月数,则应数闰以成典。若犹含之,何以异于缟制?疑者正以祥之当闰,月数相县。积分余闰,历象所弘。计月者数闰,故有余月,计年者苞含,故致盈积。称理从制,有何不可?”

俭又答渊难曰:“含闰之义,通儒所难。但祥本应期,屈而不遂。语事则名体具存,论哀则情无以异。迹虽数月,义实计年,闰是年之归余,故宜总而苞之。期而两祥,缘尊故屈,祥则没闰,象年所申,屈申兼著,二途具举。经记之旨,其在兹乎!如使五月小祥,六月乃闰,则祥之去缟,事成二月,是为十一月以象前期,二朔以放后岁,名有区域,不得相参。鲁襄二十八年‘十二月乙未,楚子卒。’唯书上月,初不言闰,此又附上之明义也。郑、射、王、贺唯云期则没闰,初不复区别杖期之中祥,将谓不俟言矣。成休甫云:‘大祥后禫,有闰别数之。’明杖期之祥,不得方于缌缟之末。即恩如彼,就例如此。”渊又据旧义难俭十余问,俭随事解释。

祠部郎中王珪之议谓:“丧以闰施,功衰以下小祥值闰,则略而不言。今虽厌,祥名犹存,异于余服。计月为数,屈追慕之心,以远为迩。日既余分,月非正朔,含而全制,于情唯允。仆射俭议,理据详博,谨所附同。今司徒渊始虽疑难,再经往反,未同俭议。依旧八座丞郎通共博议为允。以来五月晦小祥,其祥禫自依常限。奏御,班下内外。”诏“可”。

皇太子穆妃服,尚书左丞兼著作郎王逡问左仆射王俭:“中军南郡王小祥,应待闻喜不?穆妃七月二十四日薨,闻喜公八月发哀,计十一月之限,应在六月。南郡王为当同取六月,则大祥复申一月,应用八月,非复正月,在存亲之义,若各自为祥,庐垩相间,玄素杂糅,未审当有此疑不?”俭曰:“送往有已,复生有节,罔极非服制所申,祥缟明示终之断。相待之义,经记无闻。世人多以庐室衰麻,不宜有异,故相去一二月者,或申以俱除。此所谓任情径行,未达礼旨。昔撰《丧记》，已尝言之。远还之人，自有为而未祭，在家之子，立何辞以不变？礼有除丧而归者，此则经记之遗文，不待之明据。假使应待，则相去弥年，亦宜必待，乃为衰绖永服以穷生，吉蠲长绝于宗庙，斯不可矣。苟曰非宜，则旬月之间，亦不容申。何者？礼有伦序，义无徒设。今远则不待，近必相须，礼例既乖，即心无取。若疑兄弟同居，吉凶舛杂，则古有异宫之义。设无异宫，则远还之子，自应开立别门，以终丧事。灵筵祭奠，随在家之人，再期而毁。所以然者，《奔丧礼》云：'为位不奠。'郑玄云：'以其精神不存乎此也。'闻哀不时，实缘在远。为位不奠，益有可安。此自有为而然，不关嫡庶。庶子在家，亦不待嫡矣。而况储妃正体王室，中军长嫡之重，天朝又行权制，进退弥复非疑。谓不应相待。中军祥缟之日，闻喜致哀而已，不受吊慰。及至忌辰变除，昆弟亦宜相就写情而不对客。此国之大典，宜通关八座丞郎，共尽同异，然奏御。"司徒褚渊等二十人并同俭议为允，请以为永制。诏"可"。

建元三年，太子穆妃薨，南郡王闻喜公国臣疑制君母服。俭又议："《礼》：'庶人为国君齐衰。'先儒云：'庶人在官若府史之属是也。'又诸侯之大夫妻为夫人服繐衰七月，以此轻微疏远，故不得尽礼。今皇孙自是蕃国之王公，太子穆妃是天朝之嫡妇。宫臣得申小君之礼，国官岂敢为夫人之敬。当单衣白帢素带哭于中门外，每临辄入，与宫官同。"

永明十一年，文惠太子薨，右仆射王晏等奏："案《丧服经》：'为君之父、长子，同齐衰期。'今至尊既不行三年之典，正服期制，群臣应降一等，便应大功。九月功衰，是兄弟之服，不可以服尊。臣等参议，谓宜重其衰裳，减其月数，同服齐衰三月。至于太孙三年既申，南郡国臣，宜备齐衰期服。临汝、曲江既非正嫡，不得祢先储，二公国臣，并不得服。"诏依所议。

又奏："案《丧服经》虽有'妾为君之长子从君而服'，二汉以来，此礼久废，请因循前准，不复追行。"诏曰："既久废，停便。"

又奏:"伏寻御服文惠太子期内不奏乐,诸王虽本服期,而储皇正体宗庙,服者一同,释服,奏乐姻娶,便应并通。窃谓二等诚俱是嘉礼,轻重有异。娶妇思嗣,事非全吉,三日不乐,礼有明文。宋世期丧降在大功者,婚礼废乐,以申私戚,通以前典。"诏"依议"。

又奏:"案礼,祥除皆先于今夕易服,明旦乃设祭。寻比世服临然后改服,与礼为乖。今东宫公除日,若依例皇太孙服临方易服。臣等参议,谓先哭临竟而后祭之。应公除者,皆于府第变服,而后入临,行奉慰之礼。"诏

建武二年,朝会,时世祖遏密未终,朝议疑作乐不。祠部郎何佟之议:"昔舜受终文祖,义非胤尧,及放勋徂落,遏密三祀。近代晋康帝继成帝,于时亦不作乐。怀帝永嘉元年,惠帝丧制未终,于时江充议云,古帝王相承,虽世及有异,而轻重同礼。"从之。

建武二年正月,有司以世祖文皇帝今二年正月二十四日再忌日,二十九日大祥,三月二十九日祥禫,至尊及群臣泄哀之仪,应定准。下二学八座丞郎。博士陶韶以为:"名立义生,自古之制。文帝正号祖宗,式序昭穆,祥忌禫日,皇帝宜服祭服,出太极泄哀,百僚亦祭服陪位。"太常丞李抝议曰:"寻尊号既追,重服宜正,但已从权制,故苴杖不说。至于钻燧既同,天地亦变,容得无感乎。且晋景献皇后崩,群臣备小君之服。追尊之后,无违后典,追尊之帝,固宜同帝礼矣。虽臣子一例,而礼随时异,至尊龙飞中兴,事非嗣武,理无深衣之变。但王者体国,亦应吊服出正殿举哀,百寮致恸,一如常仪。"给事中领国子助教谢墨济议:"夫丧礼一制,限节两分。虞柎追亡之情,小祥抑存之礼,斯盖至爱可申,极痛宜屈耳。文皇帝虽君德早凝,民化未洽,追崇尊极,实缘于性。今言臣则无实,论己则事虚。圣上驭宇,更奉天眷,祇礼七庙,非从三后,周忌祥禫,无所依设。"太学博士崔慢同陶韶议,太常沈淡同李抝议,国子博士刘警等同谢墨济议。

　　祠部郎何佟之议曰:"《春秋》之旨,臣子继君亲,虽恩义有殊,而其礼则一,所以敦资敬之情,笃方丧之义。主上虽仰嗣高皇,尝经北面,方今圣厉御宇,垂训无穷,在三之恩,理不容替。窃谓世祖祥忌,至尊宜吊服升殿,群臣同致哀感,事毕,百官诣宣德宫拜表,仍致哀陵园,以引进远之慕。"尚书令王晏等十九人同佟之议。诏"可"。

　　海陵王薨,百官会哀,时纂严,朝议疑戎服临会。祠部郎何佟之议:"羔裘玄冠不以吊。理不容以兵服临丧。宋泰始二年,孝武大祥之日,于时百寮入临,皆于宫门变戎服,著衣帢,入临毕出外,还袭戎衣。"从之。

　　赞曰:姬制孔作,训范百王。三千有数,四维是张。损益彝典,废举宪章。戎祀军国,社庙郊庠。冠婚朝会,服纪凶丧。存为盛德,戒在先亡。

南齐书卷一一
志第三

乐

　　南郊乐舞歌辞，二汉同用，见《前汉志》，五郊互奏之。魏歌舞不见，疑是用汉辞也。晋武帝泰始二年，郊祀明堂，诏礼遵用周室肇称殷祀之义，权用魏仪。后使傅玄造《祠天地五郊夕牲歌》诗一篇，《迎神歌》一篇。宋文帝使颜延之造《郊天夕牲》、《迎送神》、《飨神歌》诗三篇，是则宋初又仍晋也。建元二年，有司奏："郊庙雅乐歌辞旧使学士博士撰，搜简采用。请敕外，凡义学者普令制立。"参议："太庙登歌宜用司徒褚渊，余悉用黄门郎谢超宗辞。"超宗所撰，多删颜延之、谢庄辞以为新曲，备改乐名。永明二年，太子步兵校尉伏曼容上表："宜集英儒，删纂雅乐。"诏付外详。竟不行。

　　群臣出入，奏《肃咸之乐》：

　　　　贲承宝命，严恭帝绪。奄受敷锡，升中拓宇。亘地称皇，馨天作主。月域来宾，日际奉土。开元首正，礼交乐举。六典朕事，九官列序。此下除四句，皆颜辞。

　　牲出入，奏《引牲之乐》：

　　　　皇乎敬矣，恭事上灵。昭教国祀，肃肃明明。有牲在涤，有洁在俎。以荐王衷，以答神祜。此上四句，颜辞。陟配在京，降德在民。奔精望夜，高燎伫晨。

　　荐豆呈毛血，奏《嘉荐之乐》：

　　　　我恭我享，惟孟之春。以孝以敬，立我蒸民。青坛奄霭，翠幕端凝。嘉俎重荐，兼籍再升。误业详虞，展容玉庭。肇禋配祀,克对上灵。此一篇增损谢辞。

右夕牲歌,并重奏。

迎神,奏《昭夏之乐》:

惟圣飨帝,惟孝飨亲。此下除四句。礼行宗祀,敬达郊禋。金枝中树,广乐四陈。此下除八句。月御案节,星驱扶轮。遥兴远驾,曜曜振振。告成大报,受厘元神。

皇帝入坛东门,奏《永至之乐》:

紫坛望灵,翠幕伫神。率天奉赞,罄地来宾。神贶并介,泯祇合祉,恭昭鉴享,肃光孝祀。威蔼四灵,洞曜三光,皇德全被,大礼流昌。

皇帝升坛,奏登歌辞:

报惟事天,祭实尊灵。史正嘉兆,神宅崇祯。五時昭邕,六宗彝序。介丘望尘,皇轩肃举。

皇帝初献,奏《文德宣烈之乐》:

营泰畤,定天衷。思心绪,谋筮从。此下除二句。　田烛置,权火通。大孝昭,国礼融。此一句改,余皆颜辞,此下又除二十二句。

次奏《武德宣烈之乐》:

功烛上宙,德耀中天。风移九域,礼饰八埏。四灵晨炳,五纬宵明。膺历缔运,道茂前声。

太祖高皇帝配飨,奏《高德宣烈之乐》。此章永明二年造奏。尚书令王俭辞。

飨帝严亲,则天光大。乌弈前古,荣镜无外。日月宣华,卿云流霭。五汉同休,六幽咸泰。

皇帝饮福酒,奏《嘉胙之乐》:

邕嘉礼,承休锡。盛德符景纬,昌华应帝策。圣蔼耀昌基,融祉晖世历。声正涵月轨,书文腾日迹。宝瑞昭神图,灵贶流瑞液。我皇崇晖祚,重芬冠往籍。

送神,奏《昭夏之乐》:

荐飨洽,礼乐该。神娱展,辰斾回。洞云路,拂琁阶。紫雾蔼，青霄开。眷皇都，顾玉台。留昌德，结圣怀。

皇帝就燎位，奏《昭远之乐》：

> 天以德降，帝以礼报。牲樽俯陈，柴币仰燎。事展司采，敬
> 达瑄芗。烟贽青昊，震飓紫场。陈馨示策，肃志宗禋。礼非物
> 备，福唯诚陈。

皇帝还便殿，奏《休成之乐》，重奏。

> 昭事上祀，飨荐具陈。回銮转翠，拂景翔宸。缀县敷畅，钟
> 石昭融。羽炫深暑，篇暄行风。肆序辍度，肃礼停文。四金耸
> 卫，六驭齐轮。

　右南郊歌辞

北郊乐歌辞，案《周颂·昊天有成命》，郊祀天地也。是则周、汉
以来，祭天地皆同辞矣。宋颜延之《飨地神辞》一篇，余与南郊同。齐
北郊，群臣入奏《肃咸乐》，牲入奏《引牲》，荐豆毛血奏《嘉荐》，皇帝
入坛东门奏《永至》，饮福酒奏《嘉胙》，还便殿奏《休成》，辞并与南
郊同。迎送神《昭夏》登歌异。

迎地神，奏《昭夏之乐》：

> 诏礼崇营，敬飨玄晖。灵正丹帷，月肃紫墀。展荐登华，风
> 县凝锵。神惟戾止，郁葆遥庄。昭望岁芬，环游辰太。穆哉尚
> 礼，横光秉蔼。

皇帝升坛登歌：

> 仁灵敬享，禋肃彝文。县动声仪，荐洁牲芬。阴祇以觋，昭
> 司式庆。九服熙度，六农祥正。

皇帝初献，奏《地德凯容之乐》：

> 缮方丘，端国阴。掩圭晷，仰灵心。诏源委，遍丘林。八句。
> 礼献物，乐荐音。此下除二十二句，余皆颜辞。

次奏《昭德凯容之乐》：

> 庆图浚邈，蕴祥秘瑶。倪天炳月，嫔光紫霄。邦化灵懋，阃
> 则风调。俪德方仪，徽载以昭。

送神，奏《昭夏之乐》：

　　荐神升，享序梣。淹玉徂，停金奏。宝斾转，旒驾旋。溢素景，郁紫躔。灵心顾，留辰眷。洽外瀛，瑞中县。

瘗埋，奏《隶幽之乐》：

　　后皇嘉庆，定祇玄畤。承帝休图，祇敷灵祉。篚幂周序，轩朱凝会。牲币芬坛，精明仁盖。调川瑞昌，警岳祥泰。

　　右北郊歌

明堂歌辞，祠五帝。汉郊祀歌皆四言，宋孝武使谢庄造辞，庄依五行数，木数用三，火数用七，土数用五，金数用九，水数用六。案《鸿范》五行，一曰水，二曰火，三曰木，四曰金，五曰土。《月令》木数八，火数七，土数五，金数九，水数六。蔡邕云："东方有木三土五，故数八；南方有火二土五，故数七；西方有金四土五，故数九；北方有水一土五，故数六。"又纳音数，一言得土，三言得火，五言得水，七言得金，九言得木。若依《鸿范》木数用三，则应水一火二金四也。若依《月令》金九水六，则应木八火七也。当以《鸿范》一二之数，言不成文，故有取舍，而使两义并违，未详以数立言为何依据也。《周颂·我将》祀文王，言皆四，其一句五，一句七。谢庄歌宋太祖亦无定句。

建元初，诏黄门郎谢超宗造明堂夕牲等辞，并采用庄辞。建武二年，雩祭明堂，谢朓造辞，一依谢庄，唯世祖四言也。

宾出入奏《肃咸乐》，歌辞二章：

　　彝承孝典，恭事严圣。浃天奉照，磬壤齐庆。司仪且序，羽容凤章。芬枝扬烈，黼构周张。助宝尊轩，酎珍充庭。璆县凝会，埙朱仁声。先期选礼，肃若有承。祇对灵祉，皇庆昭脣。

　　尊事威仪，辉容昭序。迅恭明神，洁盛牲俎。萧肃严宫，蔼蔼崇基。皇灵降止，百纸具司。戒诚望夜，端烈承朝。依微昭且，物色轻霄。

《青帝歌》：

参映夕，驷昭晨。灵乘震，司青春。雁将向，桐始蕤。和风舞，暄光迟。萌动达，万品亲。润无际，泽无垠。

《赤帝歌》：

龙精初见大火中，朱光北至圭景同。帝在在离实司衡，雨水方降木堇荣。庶物盛长咸殷阜，恩泽四溟被九有。

《黄帝歌》：

履艮宅中宇，司绳总四方。裁化遍寒燠，布政司炎凉。此以下除八句。至分乘经晷，闭启集恒度。帝晖缉万有，皇灵澄国步。

《白帝歌》：

百川若镜，天地爽且明。云冲气举，盛德在素精。此下除四句。庶类收成，岁功行欲宁。浃地奉渥，磬宇承帝灵。

《黑帝歌》：

岁既暮，日方驰。灵乘坎，德司规。玄云合，晦鸟蹊。白云繁，亘天崖。此下除四句。晨晷促，夕漏延。大阴极，微阳宣。此下除二句。

皇帝还东壁，受福酒，奏《嘉胙乐》歌辞：太庙同用。

礼荐洽，福祚昌。圣皇膺嘉祐，帝业凝休祥。居极乘景运，宅德瑞中王。澄明临四奥，精华延八乡。洞海同声愫，澈宇丽乾光。灵庆缠世祉，鸿烈永无疆。

送神，奏《昭夏乐》歌辞，宋谢庄辞。

蕴礼容，余乐度。灵方留，景欲暮。开九重，肃五达。风参差，龙已秣。云既动，河既梁。万里照，四空香。神之车，归清都。琁庭寂，玉殿虚。鸿化凝，孝风炽。顾灵心，结皇思。鸿庆遐邕，嘉荐令芳。并帝明德，永祚深光。增四字。

牲出入，奏《引牲乐》歌诗：

惟诚洁飨，维孝尊灵。敬芳黍稷，敬涤牺牲。驿茧在豢，载溢载丰。以承宗祀，以肃皇衷。萧芳四举，华芚周传。神鉴孔昭，嘉足参牷。

荐豆呈毛血，《嘉荐乐》歌诗二章：

肇禋戒祀，礼容咸举。六典饰文，九司昭序。牲柔既昭，牺刚既陈。恭涤惟清，敬事惟神。加笾再御，兼俎兼荐。节动轩越，声流金县。

奕奕闷幄，衅衅严闱。洁诚夕鉴，端服晨晖。圣灵戾止，翊我皇则。上绥四宇，下洋万国。永言孝飨，孝飨有容。傧僚赞列，肃肃雍雍。

右夕牲辞

迎神，奏《昭夏乐》歌辞：

地纽谧，乾枢回。华盖动，紫微开。旌蔽日，车若云。驾六气，乘烟煴。烨帝景，耀天邑。圣祖降，五云集。此下除八句。懋粢盛，洁牲牷。百礼肃，群司虔。皇德远，大孝昌。贯九幽，洞三光。神之安，解玉銮。昌福至，万宇欢。皆谢庄辞。

皇帝升明堂，奏登歌辞：

雍台辩朔，泽宫选辰。挈火夕照，明水朝陈。六瑚贲室，八羽华庭。昭事先圣，怀濡上灵。肆夏式敬，升歌发德。永固洪基，以绥万国。皆谢庄辞。

初献，奏《凯容宣烈乐》歌辞：太庙同。

醽醴具登，嘉俎咸荐。飨洽诚陈，礼周乐遍。祝辞罢祼，序容辍县。跸动端庭，銮回严殿。神仪驻景，华汉高虚。八灵案卫，三代解途。翠盖澄耀，毕帝凝晨。玉虡息节，金辂怀音。戒诚达孝，底心肃感。追冯皇鉴，思承渊范。神锡懋祉，四纬昭明。仰福帝徽，俯齐庶生。

右祠明堂歌辞，建元、永明中奏。

雩祭歌辞：

清明畅，礼乐新。候龙景，选贞辰。阳律亢，阴晷伏。秏下土，荐穜稑。震仪警，王度乾。嗟云汉，望昊天。张盛乐，奏云舞。集五精，延帝祖。雩有讽，崇有秩。肻鬯芬，圭瓒瑟。灵之来，帝阍开。车煜耀，吹徘徊。停龙牺，遍观此。冻雨飞，祥风靡。坛可临,莫可歆。对泯祉,鉴皇心。

右迎神歌辞依汉来郊歌三言。宋明堂迎神八解。

浚哲维祖,长发其武。帝出自震,重光御宇。七德攸宣,九畴咸叙。静难荆舒,凝威蠡浦。昧旦丕承,夕惕刑政。化壹车书,德馨粱盛。昭星夜景,非云晓庆。衢室成阴,璧水如镜。礼充玉帛,乐被管弦。于铄在咏,陟配于天。自宫徂兆,靡爱牲牷。我将我享,永祚丰年。

右歌世祖武皇帝依庙歌四言。

营翼日,鸟殷宵。凝冰泮,玄蛰昭。景阳阳,风习习。女夷歌,东皇集。樽春酒,秉青圭。命田祖,渥群黎。

右歌青帝木生数三。

惟此夏德德恢台。雨龙既御炎精来。火景方中南讹秩,靡草云黄含桃实。族云翁郁温风煽,兴雨祁祁黍苗遍。

右歌赤帝火成数七。

禀火自高明,毓金挺刚克。凉燠资成化,群方载厚德。阳季勾萌达,炎徂溽暑融。商暮百工止,岁极凌阴冲。皇流疏已清,原隰甸已平。咸言祚惟亿,敦民保高京。

右歌黄帝土成数五。

帝悦于兑,执矩固司藏。百川收潦,精景应徂商。嘉树离披,榆关命宾鸟。夜月如霜,秋风方褭褭。商阴肃杀,万宝咸亦遒。劳哉望岁,场功冀可收。

右歌白帝金成数九。

白日短,玄夜深。招摇转,移太阴。霜钟鸣,冥陵起。星回天,月穷纪。听严风,来不息。望玄云,黯无色。曾冰冽,积羽幽。飞云至,天山侧。关梁闭,方不巡。合国吹,飨蜡宾。充微阳,究终始。百礼洽,万观臻。

右歌黑帝水成数六。

敬如在,礼将周。神之驾,不少留。蹑龙镳,转金盖。纷上驰,云之外。警七耀,诏八神。排阊阖,渡天津。有潒兴,肤寸积。雨冥冥，又终夕。俾栖粮，惟万箱。皇情畅，景命昌。

右送神歌辞

太庙乐歌辞，《周颂·清庙》一篇，汉《安世歌》十七章是也。永平三年，东平王苍造光武庙登歌一章二十六句，其辞称述功德。

建安十八年，魏国初建，侍中王粲作登歌《安世诗》，说神灵鉴飨之意。明帝时，侍中缪袭奏："《安世诗》本故汉时歌名，今诗所歌，非往诗之文。袭案《周礼》志云，《安世乐》犹周《房中乐》也。往昔议者，以房中歌后妃之德，宜改《安世》名《正始之乐》，后续汉《安世歌》，亦说神来宴飨，无有后妃之言。思惟往者谓房中乐为后妃歌，恐失其意。方祭祀娱神，登歌先祖功德，下堂咏宴享，无事歌后妃之化也。"于是改《安世乐》曰《飨神歌》。散骑常侍王肃作宗庙诗颂十二篇，不入于乐。

晋泰始中，傅玄造《庙夕牲昭夏》歌一篇，《迎送神肆夏》歌诗一篇，登歌七庙七篇。玄云："登歌歌盛德之功烈，故庙异其文。至于飨神，犹《周颂》之《有瞽》及《雍》，但说祭飨神明礼乐之盛，七庙飨神皆用之。"夏侯湛又造宗庙歌十三篇。

宋世王韶之造七庙登歌七篇。升明中，太祖为齐王，令司空褚渊造太庙登歌二章。建元初，诏黄门侍郎谢超宗造庙乐歌诗十六章。

永明二年，尚书殿中曹奏："太祖高皇帝庙神室奏《高德宣烈之舞》，未有歌诗，郊应须歌辞。穆皇后庙神室，亦未有歌辞。案傅玄云：'登歌庙异其文，飨神十室同辞。'此议为允。又寻汉世歌篇，多少无定，皆称事立文，并多八句，然后转韵。时有两三韵而转，其例甚寡。张华、夏侯湛亦同前式。傅玄改韵颇数，更伤简节之美。近世王韶之、颜延之并四韵乃转，得赊促之中。颜延之、谢庄作三庙歌，皆各三章，章八句，此于序述功业详略为宜，今宜依之。郊配之日，改降尊作主，礼殊宗庙，穆后母仪之化，事异经纶。此二歌为一章八句，别奏事御奉行。"诏"可"。尚书令王俭造太庙二室及郊配辞。

群臣出入，奏《肃咸乐》歌辞：

洁诚厎孝，孝感烟霜。贡仪饰序，肃礼绵张。金华树藻，肃哲腾光。殷殷升奏，严严阶庠。匪椒匪玉，是降是将。懋分神衷，翊祐传昌。

牲出入，奏《引牲乐》歌辞：

肇祀严灵，恭礼尊国。达敬敷典，结孝陈则。芬涤既肃，牺牷既整。耸诚流思，端仪选景。肆礼仟夜，绵乐望晨。崇席皇鉴，用飨明神。

荐豆呈毛血，奏《嘉荐乐》歌辞：

清思眇眇，闷寝微微。恭言载感，肃若有希。芬俎且陈，嘉荐兼列。凝馨烟飚，分照星哲。睿灵式降，协我帝道。上澄五纬，下陶八表。

右夕牲歌辞

迎神，奏《昭夏乐》辞：

涓辰选气，展礼恭祇。重闱月洞，层牖烟施，载虚玉邑，载受金枝。天歌折飨，云舞馨仪。神惟降止，泛景凝羲。帝华永蔼，泯藻方摛。

皇帝入庙北门，奏《永至乐》歌辞：

戏緟惟则，姬经式序。九司朕事，八方承宇。銮迾静陈，缦乐具举。凝旒若慕，倾璜载伫。振振琁卫，穆穆礼容。载蔼皇步，式敷帝踪。

太祝祼地，奏登歌辞：

清明既邑，大孝乃熙。天仪睟怆，皇心俨思。既芬房豆，载洁牷牲。郁祼升礼，锵玉登声。茂对幽严，式奉徽灵。以享以祀，惟感惟诚。

皇祖广陵丞府君神室奏《凯容乐》歌辞：

国昭惟茂，帝穆惟崇。登祥纬远，缔世景融。纷纶睿绪，庵蔚王风。明进厥始，浚哲文终。

皇祖太中大夫府君神室奏《凯容乐》歌辞：

琁条黄蔚，琼源浚照。懋矣皇烈，载挺明劭。永言敬思，式恭惟教。休途良乂，荣光有耀。

皇祖淮阴令府君神室奏《凯容乐》歌辞：

严宗正典，崇飨肇禋。九章既饰，三清既陈。昭恭皇祖，承假徽神。贞祐伊协，卿蔼是邻。

皇曾祖即丘令府君神室奏《凯容乐》歌辞：

肃惟敬祀，洁事参芟。环祛像缀，缅密丝簧。明明烈祖，尚锡龙光。粤雅于姬，伊颂在商。

皇祖太常卿府君神室奏《凯容乐》歌辞：

神宫懋邺，明寝昌基。德凝羽缀，道邑容辞。假我帝绪，懿我皇维。昭大之载，国齐之祺。

皇考宣皇神室奏《宣德凯容乐》歌辞：

道阃期运，义开藏用。皇矣睿祖，至哉攸纵。循规烈照，袭矩重芬。德溢轩羲，道懋炎云。

昭皇后神室奏《凯容乐》歌辞：

月灵诞庆，云瑞开祥。道茂渊柔，德表徽章。粹训宸中，仪形宙外。容蹈凝华，金羽传蔼。

皇帝还东壁上福酒，奏《永祚乐》歌辞：

构宸抗宇，合轸齐文。万灵载溢，百礼以殷。朱弦绕风，翠羽停云。桂樽既涤，瑶俎既薰。升荐惟诚，昭礼惟芬。降祉遥裔，集庆氤氲。

送神，奏《肆夏乐》歌辞：

礼既升，乐以愉。昭序溢，幽飨余。人祇邑，敬教敷。申光动，灵驾翔。芬九垓，镜八乡。福无届，祚无疆。

皇帝诣便殿，奏《休成乐》歌辞：

睿孝式邑，飨敬爱遍。谛容辍序，佾文静县。辰仪耸跸，宵卫浮銮。旒帝云舒，翠华景抟。恭惟尚烈，休明再缠。国猷远蔼，昌图聿宣。

太庙登歌辞二章：

惟王建国，设庙凝灵。月荐流典，时祀晖经。瞻辰偎思，雨露追情。简日筮昏，阅奠升文。金罍淳桂，冲罋舒薰。备僚肃列，驻景开云。

至飨攸极，睿孝悖礼。具物咸洁，声香合体。气昭扶幽，眇慕缠远。迎丝惊促，送佾留晚。圣衷践候，节改增怆。妙感崇深，英徽弥亮。

太祖高皇帝神室奏《高德宣烈乐》歌辞：

悠悠草昧，穆穆经纶。乃文乃武，乃圣乃神。动戡危乱，静比斯民。诞应休命，奄有八赉。握机肇运，光启禹服。义满天渊，礼昭地轴。泽靡不怀，威无不肃。戎夷竭欢，象来致福。偃风裁化，晅日敷祥。信星含曜，秬草流芳。七庙观德，六乐宣章。惟先惟敬，是飨是将。

穆皇后神室奏《穆德凯容之乐》辞：

大姒嫔周，涂山俪禹。我后嗣徽，重规叠矩。肃肃闷宫，翔翔《云舞》。有飨德馨，无绝终古。

高宗明皇帝神室奏《明德凯容之乐》歌辞：

多难固业，殷忧启圣。帝宗缵武，惟时执竞。起柳献祥，百堵兴咏。义虽祀夏，功符受命。远无不怀，迩无不肃。其仪济济，其容穆穆。赫矣君临，昭哉嗣服。允王维后，膺此多福。礼以昭事，乐以感灵。八簋陈室，六舞充庭。观德在庙，象德在形。四海来祭，万国咸宁。

藉田歌辞，汉章帝元和元年，玄武司马班固奏用《商颂·载芟》祠先农。晋傅玄作祀《先农先蚕夕牲歌诗》一篇八句，《迎送神》一篇，《飨社稷》、《先农》、《先圣》、《先蚕歌诗》三篇，前一篇十二句，中一篇十六句，后一篇十二句，辞皆叙田农事。胡道安《先农飨神诗》一篇，并八句。乐府相传旧歌三章。永明四年藉田，诏骁骑将军江淹造《藉田歌》。淹制二章，不依胡、傅，世祖口敕付太乐歌之。

祀先农迎送神升歌：

　　羽銮从动，金驾时游。教腾义镜，乐缀礼修。率先丹耦，躬遵绿畴。灵之圣之，岁殷泽柔。

飨神歌辞：

　　琼罍既饰，绣簋以陈。方爕嘉种，永毓宵民。

元会大飨四厢乐歌辞，晋泰始五年，太仆傅玄撰。正旦大会行礼歌诗四章，寿酒诗一章，食举东西厢乐十三章，黄门郎张华作。上寿食举行礼诗十八章，中书监荀勖、侍郎成公绥，言数各异。宋黄门郎王韶之造《肆夏》四章，行礼一章，上寿一章，登歌三章，食举十章，《前后舞歌》一章。齐微改革，多仍旧辞。其《前后舞》二章新改。其临轩乐，亦奏《肆夏》於铄四章。

《肆夏乐》歌辞：

　　於铄我皇，体仁苞元。齐明日月，比景乾坤。陶甄百王，稽则黄轩。讦谟定命，辰告四蕃。

　　右一曲，客入四厢奏。

　　将将蕃后，翼翼群僚。盛服待晨，明发来朝。飨以八珍，乐以《九韶》。仰祗天颜，厥猷孔昭。

　　右一曲，皇帝当阳，四厢奏。皇帝入变服，四厢并奏前二曲。

　　法章既设，初筵长舒。济济列辟，端委皇除。饮和无盈，威仪有余。温恭在位，敬终如初。

　　九功既歌，六代惟时。被德在乐，宣道以诗。穆矣大和，品物咸熙。庆积自远，告成在兹。

　　右二曲，皇帝入变服，黄钟太蔟二厢奏。

大会行礼歌辞：

　　大哉皇齐，长发其祥，祚隆姬夏，道迈虞唐。德之克明，休有烈光，配天作极，辰居四方。

　　皇矣我后，圣德通灵，有命自天，诞授休祯。龙飞紫极，造我齐京,光宅宇宙,赫赫明明。

　　右二曲,姑洗厢奏。

上寿歌辞:

　　献寿爵,庆圣皇。灵祚穷二仪,休明等三光。

　　右一曲,黄钟厢奏。

殿前登歌辞:

　　明明齐国,缉熙皇道。则天垂化,光定天保。天保既定,肆
觐万方。礼繁乐富,穆穆皇皇。

　　沔彼流水,朝宗天池。洋洋贡职,抑抑威仪。既习威仪,亦
闲礼容。一人有则,作孚万邦。

　　悉哉我皇,实灵诞圣。履端惟始,对越休庆。如天斯崇,如
日斯盛。介兹景福,永固洪命。

　　右三曲,别用金石,太乐令跪奏。

食举歌辞:

　　晨仪载焕,万物咸睹。嘉庆三朝,礼乐备举。元正肇始,典
章徽明。万方来贺,华夷充庭。多士盈九德,俯仰观玉声。恂
恂俯仰,载烂其晖。钟鼓震天区,礼容塞皇闱。思乐穷休庆,福
履同所归。

　　五玉既献,三帛是荐。尔公尔侯,鸣玉华殿。皇皇圣后,降
礼南面。元首纳嘉礼,万邦同钦愿。休哉休哉,君臣熙宴。建
五旗,列四县。乐有文,礼无倦。融皇风,穷一变。

　　礼至和,感阴阳,德无不柔,系休祥。瑞征辟,应嘉钟。舞
云凤,跃潜龙。景星见,甘露坠。木连理,禾同穗。玄化洽,仁
释敷。极祯瑞,穷灵符。

　　怀荒远,绥齐民。荷天祐,靡不宾。靡不宾,长世盛。昭明
有融,繁嘉庆。繁嘉庆,熙帝载。含气感和,苍生欣戴。三灵协
瑞,惟新皇代。

　　王道四达,流仁德。穷理咏乾元,垂训从帝则。灵化侔四
时,幽诚通玄默。德泽被八纮,礼章轨万国。

皇猷缉，咸熙泰。礼仪焕帝庭，要荒服遐外。被发袭缨冕，右衽回衿带。天覆地载，泽流汪濊。声教布濩，德光大。

开元辰，毕来王。举贡职，朝后皇。鸣珩佩，观典章。乐王庆，悦徽芳。陶盛化，游大康。惟昌明，永克昌。

惟建元，德丕显。齐七政，敷五典。彝伦序，洪化阐。

王泽流，太平始。树灵祇，恭明祀。仁景祚，膺嘉祉。礼有容，乐有仪。金石陈，干羽施。迈《武》《濩》，均《咸池》。歌《南风》，德永称。文明焕，颂声兴。

王道纯，德弥淑。宁八表，康九服。导礼让，移风俗。移风俗，永克融。歌盛美，告成功。咏休烈，邈无穷。

右黄钟先奏《晨仪》篇，太蔟奏《五玉》篇，余八篇二厢更奏之。

《前舞》阶步歌辞：新辞。

天挺圣哲，三方维纲。川岳伊宁，七耀重光。茂育万物，众庶咸康。道用潜通，仁施遐扬。德厚巛极，功高昊苍。舞象盛容，德以歌章。八音既节，龙跃凤翔。皇基永树，二仪等长。

《前舞》《凯容》歌诗：旧辞。

於赫景命，天鉴是临。乐来伊阳，礼作惟阴。歌自德富，舞由功深。庭列宫县，陛罗瑟琴。翮篇繁会，笙磬谐音。《箫韶》虽古，九奏在令。导志和声，德音孔宣。光我帝基，协灵配乾。仪形六合，化穆自宣。如彼云汉，为章于天。熙熙万类，陶和常年。击辕中韶，永世弗骞。

《后舞》阶步歌辞：新辞。

皇皇我后，绍业盛明。涤拂除秽，宇宙载清。允执中和，以莅苍生。玄化远被，兆世轨形。何以崇德，乃作九成。妍步恂恂，雅曲芬馨。八风清鼓，应以祥祯。泽浩天下，功齐百灵。

《后舞》《凯容》歌辞：旧辞。

假乐圣后，实天诞德。积美自中，王猷四塞。龙飞在天，仪形万国。钦明惟神，临朝渊默。不言之化，品物咸得。告成于天，铭勋是勒。翼翼厥猷，峬峬其仁。从命创制，因定和神。海外有截，九国无尘。冕旒司契，垂拱临民。乃舞《凯容》，钦若天人。纯瑕孔休，万载弥新。

《宣烈舞》执干戚。郊庙奏，平冕，黑介帻，玄衣裳，白领袖、绛领袖中衣，绛合幅裤，绛袜。朝廷，则武冠赤帻，生绛袍单衣，绢领袖，皂领袖中衣，虎文画合幅裤，白布彩，皆黑韦缇。周《大武舞》，秦改为《五行》。汉高造《武德舞》，执干戚，象天下乐已除乱。桉《礼》云"朱干玉戚，冕而舞《大武》"。是则汉放此舞而立也。魏文帝改《五行》还为《大武》，而《武德》曰《武颂舞》。明帝改造《武始舞》。晋世仍旧。傅玄六代舞歌有《武》辞，此《武舞》非一也。宋孝建初，朝议以《凯容舞》为《韶舞》，《宣烈舞》为《武舞》。据《韶》为言，《宣烈》即是古之《大武》，非《武德》也。今世谚呼为武王伐纣。其冠服，魏明帝世尚书所奏定《武始舞》服，晋、宋承用，齐初仍旧，不改宋舞名。其舞人冠服，见魏尚书奏。后代相承用之。

《凯容舞》，执羽籥。郊庙，冠委貌，服如前。朝廷，进贤冠，黑介帻，生黄袍单衣，白合幅裤，余如前。本舜《韶舞》，汉高改曰《文始》，魏复曰《大韶》。又造《咸熙》为文舞。晋傅玄六代舞有《虞韶舞》辞。宋以《凯容》继《韶》为《文舞》。相承用魏咸熙冠服。

《前舞》、《后舞》，晋泰始九年造。《正德》、《大豫舞》，傅玄、张华各为歌辞。宋元嘉中，改《正德》为《前舞》，《大豫》为《后舞》。

　　右朝会乐辞

舞曲，皆古辞雅音，称述功德，宴享所奏。傅玄歌辞云："获罪于天，北徙朔方，坟墓谁扫，超若流光。"如此十余小曲，名为舞曲，疑非宴乐之辞。然舞曲总名起此矣。

《明君辞》：

　　明君创洪业，盛德在建元。受命君四海，圣皇应灵乾。五帝继三皇，三皇世所归。圣德应期运，天地不能违。仰之弥已高，犹天不可阶。将复结绳化，静拱天下齐。

　　右一曲，汉章帝造《鼙舞歌》，云"关东有贤女"。魏明帝代汉曲云"明明魏皇帝"。傅玄代魏曲作晋《洪业篇》云："宣文创洪业，盛德存泰始。圣皇应灵符，受命君四海。"今前四句错综其辞，从"五帝"至"不可阶"六句全玄辞，后二句本云"将复御龙氏，凤皇在庭栖"，又改易焉。

《圣主曲》辞：

　　圣主受天命，应期则虞、唐。升旒综万机，端扆驭八方。盈虚自然数，揖让归圣明。北化陵河塞，南威越沧溟。广德齐七政，敷教腾三辰。万宇必承庆，百福咸来臻。圣皇应福始，昌德洞祐先。

《明君辞》：

　　明君御四海，总鉴尽人灵。仰成恩已洽，竭忠身必荣。圣泽洞三灵，德教被八乡。草木变柯叶，川岳洞嘉祥。愉乐盛明运，舞蹈升太时。微霜永昌命，轨心长欢怡。

《铎舞》歌辞：

　　黄《云门》，唐《咸池》，虞《韶舞》，夏《夏》殷《濩》，列代有五。振铎鸣金，延《太武》。清歌发唱，形为主。声和八音，协律吕。身不虚动，手不徒举。应节合度，周期序。时奏宫角，杂之以徵羽。乐以移风，礼相辅，安有出其所。

　　右一曲，傅玄辞，以代魏《太和时》。"徵羽"除"下厌众目，上从钟鼓"二句。

《白鸠辞》：

　　翩翩白鸠，再飞再鸣。怀我君德，来集君庭。

　　右一曲，《舞叙》云："《白符》或云《白符鸠舞》，出江南，吴人所造，其辞意言患孙皓虐政，慕政化也。其诗本云：'平平白符，思我君惠，集我金堂。'言白者金行，符，合也，鸠亦合也。符鸠虽异，其义是同。"

《济济辞》：

　　畅飞畅舞，气流芳。追念三五，大绮黄。

右一曲晋《济济舞歌》，六解，此是最后一解。

《独禄辞》：

独禄独禄，水深泥浊。泥浊尚可，水深杀我。

右一曲晋《独鹿舞歌》，六解，此是前一解。古辞《明君曲》后云："勇安乐无慈，不问清与浊。清与无时浊，邪交与独禄。"《伎录》云："求禄求禄，清白不浊。清白尚可，贪污杀我。"晋歌为鹿字，古通用也。疑是风刺之辞。

《碣石辞》：

东临碣石，以观沧海。水河淡淡，山岛竦峙。树木丛生，百草丰茂。秋风萧瑟，洪波涌起。日月之行，若出其中，星汉粲烂，若出其里。幸甚至哉！歌以言志。

右一曲，魏武帝辞，晋以为《碣石舞歌》。诗四章，此是中一章。

《淮南王辞》：

淮南王，自言尊，百尽高楼与天连。我欲渡河河无梁，原作双黄鹄还故乡。

右一曲，晋淮南王舞歌。六解，前是第一，后是第五。

《齐世昌辞》：

齐世昌，四海安乐齐太平。人命长，当结久，千秋万岁皆老寿。

右一曲，晋《杯盘歌》。十解，第三解云："舞杯盘，何翩翩，举坐翻覆寿万年。"干宝云："太康中有此舞。杯盘翻覆，至危之像。言晋世之士，苟贪饮食，智不及远。"其第一解首句云"晋世宁"，宋改为"宋世宁"。恶其杯盘翻覆，辞不复取。齐改为"齐世昌"，余辞同后一。

《公莫辞》：

吾不见公莫时　吾何婴公来　婴姥时吾　思君去时　吾何零　子以耶　思君去时　思来婴　吾去时母那　何去吾

右一曲，晋《公莫舞歌》，二十章，无定句。前是第一解，后是第十九、二十解。杂有三句，并不可晓解。建武初，明帝奏乐至此曲，言是似《永明乐》，流涕忆世祖云。

《白纻辞》：

阳春白日风花香，趋步明月舞瑶堂。情发金石媚笙簧，罗袿徐转红袖扬。清歌流响绕凤梁，如惊若思凝且翔。转昤流精艳辉光，将流将引双度行。欢来何晚意何长，明君驭世永歌昌。

右五曲，尚书令王俭造。《白纻歌》，周处《风土记》云："吴黄龙中童谣云：'行白者君追汝句骊马。'后孙权征公孙渊，浮海乘舶，舶，白也。今歌和声犹云：'行白纻'焉。"

《俳歌辞》：

俳不言不语，呼俳噏所。俳适一起，狼率不止。生扳牛角，摩断肤耳。马无悬蹄，牛无上齿。骆驿无角，奋迅两耳。

右侏儒导舞人自歌之。古辞俳歌八曲，此是前一篇。二十二句，今侏儒所歌，摘取之也。

角抵、像形、杂伎，历代相承有也。其增损源起，事不可详，大略汉世张衡《西京赋》是其始也。魏世则事见陈思王乐府《宴乐篇》，晋世则见傅玄《元正篇》、《朝会赋》。江左咸和中，罢紫鹿、跂行、鳖食、笮鼠、齐王卷衣、绝倒、五案等伎，中朝所无，见《起居注》，并莫知所由也。泰元中，符坚败后，得关中橦橦胡伎，进太乐，今或有存亡，案此则可知矣。

永明六年，赤城山云雾开朗，见石桥瀑布，从来所罕睹也。山道士朱僧标以闻，上遣主书董仲民案视，以为神瑞。太乐令郑义泰案孙兴公赋造天台山伎，作莓苔石桥道士扪翠屏之状，寻又省焉。

皇齐启运从瑶玑。灵凤衔书集紫微。和乐既洽神所依。超商卷夏耀英辉。永世寿昌声华飞。

右《凤皇衔书伎歌辞》，盖鱼龙之流也。元会日，侍中于殿前跪取其书。宋世辞云："大宋兴隆膺灵符。凤鸟感和衔素书。嘉乐之美通玄虚。惟新济济迈唐虞。巍巍荡荡道有余。"齐初，

　　诏中书郎江淹改。

　　《永平乐歌》者,竟陵王子良与诸文士造奏之。人为十曲。道人释宝月辞颇美,上常被之管弦,而不列于乐官也。

　　赞曰:综采六代,和平八风。殷荐宴享,舞德歌功。

南齐书卷一二
志第四

天文上

《易》曰："圣人仰观象于天，俯观法于地。"天文之事，其来已久。太祖革命受终，膺集期运。宋升明三年，太史令将作匠文孝建陈天文，奏曰："自孝建元年至升明三年，日蚀有十，亏上有七。占曰'有亡国失君之象'。一曰'国命绝，主危亡'。孝建元年至升明三年，太白经天五。占曰'天下革，民更王，异姓兴'。孝建元年至升明三年，月犯房心四，太白犯房心五。占曰'其国有丧，宋当之'。孝建元年至永光元年，奔星出入紫宫有四。占曰'国去其君，有空国徙王'。大明二年至元徽四年，天再裂。占曰'阳不足，白虹贯日，人君恶之'。孝建二年至大明五年，月入太微。太豫元年至升明三年，月又入太微。孝建元年至元徽二年，太白入太微各八，荧惑入太微六。占曰'七耀行不轨道，危亡之象。贵人失权势，主亦衰，当有王入为主'。孝建二年至升明二年，太白、荧惑经羽林各三。占曰'国残更世'。孝建二年四月十三日，荧惑守南斗，成勾己。占曰'天下易正更元'。孝建三年十二月一日，填星、荧惑、辰星合于南斗。占曰'改立王公'。大明二年十二月二十六日，太白犯填星于斗。六年十一月十五日，太白、填星合于危。占曰'天子失土'。景和元年十月八日，荧惑守太微，成勾己。占曰'王者恶之，主命无期，有徙主，若主王，天下更纪'。泰始三年正月十七日，白气见西南，东西半天，名曰长庚。六年九月二十七日，白气又见东南长二丈，并形状长大，猛过彗星。占曰'除旧布新易主之象,远期一纪'。至升明三年,一纪讫。泰始四年四月二十四日,太白犯填星于胃。占曰'主命恶之'。泰始七年六月十七日,太白、岁星、填星合于东井。占曰'改立王公'。元徽四年至升明二年三月,日有频食。占曰'社稷将亡,王者恶之'。元徽四年十月十日,填星守太微宫,逆从行,历四年。占曰'有亡君之戒,易世立王'。元徽五年七月一日,荧惑、太白、辰星合于翼。占曰'改立王公'。升明二年六月二十日,岁星守斗建,阴阳终始之门,大赦升平之所起,律历七政之本源,德星守之,天下更年,五礼更兴,多暴贵者。升明二年十月一日,荧惑守舆鬼。三年正月七日,荧惑守两戒间,成勾己。占曰'尊者失朝,必有亡国去王'。升明三年正月十八日,辰星孟效西方。占曰'天下更王'。升明三年四月,岁星在虚危,徘徊玄枵之野,则齐国有福厚,为受庆之符。"今所记三辰七曜之变,起建元讫于隆昌,以续宋史。建武世太史奏事,明帝不欲使天变外传,并秘而不出,自此阙焉。

　　　　日蚀

建元二年九月甲午朔,日蚀。

三年七月己未朔,日蚀。

永明元年十二月乙巳朔,日蚀。

十年十月二日癸未朔,加时在午之半度,到未初见日始蚀,亏起西北角,蚀十分之四,申时光色复还。

隆昌元年五月甲戌合朔,巳时日蚀三分之一,午时光复还。

　　　　月蚀

建元四年七月戊辰,月在危宿蚀。

永明二年四月丁巳,月在南斗宿蚀。

三年十一月戊寅,月入东井旷中,因蚀三分之一。

五年三月庚子,月在氐宿蚀。

九月戊戌，月在胃宿蚀。

六年九月癸巳，月蚀在娄宿九度，加时在寅之少弱，亏起东北角，蚀十五分之十一。

十五日子时，蚀从东北始，至子时末都既，到丑时光色还复。

七年八月丁亥，月在奎宿蚀。

十月庚辰，月奄蚀荧惑。

八年六月庚寅，月奄蚀毕左股第一星。

十年十二月丁酉，月蚀在柳度，加时在酉之少弱，到亥时月蚀起东角七分之二，至子时光色还复。

永泰元年四月癸亥，月蚀，色赤如血。三日而大司马王敬则举兵，众以为敬则祆烈所感。

永元元年八月己未，月蚀尽，色皆赤。是夜，始安王遥光伏诛。

史臣曰：日月代照，实重天行。上交下蚀，同度相掩。案旧说曰"日有五蚀"，谓起上下左右中央是也。交会旧术，日蚀不从东始，以月从其西，东行及日。于交中，交从外入内者，先会后交，亏西南角；先交后会，亏西北角。交从内出者，先会后交，亏西北角；先交后会，亏西南角。日正在交中者，则亏于西，故不尝蚀东也。若日中有亏，名为西子，不名为蚀也。汉尚书令黄香曰："日蚀皆从西，月蚀皆从东，无上下中央者。"《春秋》鲁桓三年日蚀，贯中下上竟黑。疑者以为日月正等，月何得小而见日中。郑玄云："月正掩日，日光从四边出，故言从中起也。"王逸以为："月若掩日，当蚀日西，月行既疾，须臾应过西崖既，复次食东崖，今察日蚀，西崖缺而光已复，过东崖而独不掩。"逸之此意，实为巨疑。先儒难"月以望蚀，去日极远，谁蚀月乎"？说者称"日有暗气，天有虚道，常与日衡相对，月行在虚道中，则为气所弇，故月为蚀也。虽时加夜半，日月当子午，正隔于地，犹为暗气所蚀，以天体大而地形小故也。暗虚之气，如以镜在日下，其光耀魄，乃见于阴中，常与日衡相对，故当星星亡，当月月蚀"。今问之曰："星月同体，俱兆日耀，当月之蚀，星不必亡。若更有所当，星未尝蚀，同禀异亏，其故何也？"答曰："日为阴主，以当阳位，体敌势交,自招盈损。星虽同类,而精景陋狭,小毁皆亡,无有受蚀之地,纤光可满,亦不与弦望同形。"又难曰:"日之夜蚀,验于夜星之亡,书蚀既尽,昼星何故反不见?"答之曰:"夫言光有所冲,则有不冲之光矣;言有所当,亦有所不当矣。夜食度远,与所当而同没;昼食度近,由非冲而得明。"又问:"太白经天,实缘远日。今度近更明,于何取喻?"答曰:"向论二蚀之体,周冲不同,经与不经,自由星迟疾,难蚀引经,恐未得也。"

　　日光色

建元四年十一月午时,日色赤黄无光,至暮,在箕宿。

二年闰正月乙酉,日黄赤无光,至暮。

永明五年十一月丁亥,日出高三竿,失色赤黄,日晕,虹抱珥直背。

建元元年十二月未时,日晕,匝,黄白色,至申乃消散。

永明二年正月丁酉,日交晕再重。

三年二月丁卯,日有半晕,晕上生一阙。

四年五月丙午,日晕再重,仍白虹贯日,在东井度。

六年三月甲申,日于兰云中薄半晕,须臾过匝,日东南晕外有一直,并黄色。壬辰,日晕,须臾,日西北生虹贯日中。

八年十一月己亥,日半晕,南面不匝,日东西带晕,各生珥,长三尺,白色,珥各长十丈许,正冲日,久久消散,背因成重晕,并青绛色。

九年正月甲午,日半晕,南面不匝,北带晕生一抱,东西各生一珥,抱北又有半晕,抱珥并黄色,北又生白虹贯日,久久消散。

建元元年六月甲申,日南北两珥,西有抱,黄白色。

永明二年十一月辛巳,日东北有一背。

三年十一月庚寅,日西北有一背。

四年正月辛巳,日南北各生一珥,又生一背。

十二月辛未,日西北生一直,黄白色。戊寅,日北生一背,青绛色。

五年八月己卯，日东南生一珥，并青绛色。

六年二月丁巳，日东北生黄色，北有一珥，黄赤色，久久并散。庚申，日西有一背，赤青色，东西生一直，南北各生一珥，并黄白色。

七年十月癸未，日东北生一背，青赤色，须臾消。

八年六月戊寅，日于苍白云中南北各生一珥，青黄绛杂色，泽润，并长三尺许，至巳午消。

隆昌元年正月壬戌，日于兰云中晕，南北带晕各生一直，同长一丈，须臾消。

永元元年十二月乙酉，日中有三黑子。

月晕犯

建元四年十月庚寅，月晕五车及参头。

永明元年正月壬辰，是日至十五日，月三晕太微及荧惑。

三月庚申至十三日，月三晕太微及荧惑。

五年二月乙未，自九日至是日，月三晕太微。

六年二月壬戌甲夜、十三日甲夜、十五日甲夜，月并晕太微。

永明元年十一月己未，月南北各生一珥，又有一抱。

月犯列星

建元元年七月丁未，月犯心大星北一寸。丁卯，月入轩辕中犯第二星。

十月丙申，月在心大星西北七寸。

十一月壬戌，月在氐东南星五寸。

十二月乙酉，月犯太微西蕃南头第一星。庚寅，月行房道中，无所犯。癸巳，月入南斗魁中，无所犯。

二年三月癸卯，月犯心大星，又犯后星。

五月庚戌，月入南斗。

七月己巳，月入南斗。

三年二月癸巳,月犯太微上将。

四年二月乙亥,月犯舆鬼西北星。丙子,月犯南斗魁第二星。辛未,月犯心大星,又犯后星。

四月壬辰,月犯轩辕左民星。庚子,月犯箕东北星。

五月丙寅,月犯心后星。戊寅,月掩昴西北星。

六月乙未,月犯箕东北星。

七月癸亥,月行南斗魁中,无所犯。庚辰,月犯轩辕女主。

八月庚子,月犯昴西南星。壬寅,月犯五车东南星。壬申,月犯轩辕少民星。

九月丁巳,月犯箕东北星。壬辰,月在营室度,入羽林中。二十日,月入舆鬼,犯积尸。

十一月甲戌,月犯五车南星。

十二月丁酉,月犯轩辕女主星,又掩女御。

永元元年正月己亥,月犯心后星。

三月乙未,月犯轩辕女主星。

六月癸酉,月犯舆鬼西南星。

八月乙丑,月犯南斗第四星,又犯舆鬼星。

九月庚辰,月犯太白左蕃度。癸巳,月犯东井北辕西头第一星。

十二月丁卯,月犯心前星,又犯大星。己巳,月犯南斗第五星。

二年二月甲子,月犯南斗第四星,又犯第三星。

三月丁丑,月犯东井北辕北头第一星。

四月戊申,月犯轩辕右角。

六月丙寅,月犯东井辕头第一星。

八月丙午,月掩心大星。戊申,月犯南斗第三星。戊子,月犯东井北辕西头第一星。

十一月庚辰,月犯昴星。丙戌,月犯轩辕左角。

十二月壬戌,月犯心前星,又犯大星。

三年二月己未,月犯南斗第五星。

三月壬申,月在东井,无所犯。

六月丙午，月掩心前星。

八月丙辰，月犯东井北辕第二星。

九月癸未，月犯东井南辕西头第一星。

四年正月癸酉，月入东井，无所犯。乙亥，月犯舆鬼。

闰月辛亥，月犯房。

二月丁卯，月犯东井钺。

三月乙未，月入东井，无所犯。

七月辛亥，月犯东井。

八月戊寅，月犯东井。

九月辛卯，月与太白于尾合宿。丙午，月入东井。

十一月辛丑，月入东井旷中。辛亥，月犯房北头第二星。

十二月己巳，月犯东井北辕东头第二星。辛巳，月犯南斗第六星。

五年正月丙午，月犯房钩钤。

二月癸亥，月犯东井南辕西头第二星。

三月癸卯，月犯南斗第二星。

六月乙丑，月犯南斗第六星，在南斗七寸。丙寅，月犯西建星北一尺。

史臣曰：《月令》昏明中星，皆二十八宿。箕斗之间，微为疏阔。故仲春之与孟秋，建星再用，与宿度并列，亟经陵犯，灾之所主，未有旧占。《石氏星经》云："斗主爵禄，褒贤进士，故置建星以为辅。若犯建之异，不与斗同。"则据文求义，亦宰相之占也。

七月丁未，月行入东井旷中，无所犯。

八月壬申，月在毕，犯左股第二星西北三寸。

九月戊子，月在填星北二尺八寸，为合宿。

十月戊寅，月入氐犯东南星西北一尺余。

十一月戊寅，月入氐。

十二月戊午，月在东壁度，在荧惑北，相去二尺七寸，为合宿。

甲子,月在东壁度东南九寸,为犯。癸酉,月在岁星南七寸,为犯。

六年正月戊戌,月在角星南,相去三寸。

二月丁卯,月在氐西南六寸。

三月乙未,月入氐中,在岁星南一尺一寸,为合宿。

四月癸丑,月犯东井南辕西头第二星。壬戌,月在氐西南星东南五寸,为犯。渐入氐中,与岁星同在氐度,为合宿。癸亥,月行在房北头第一星西南一尺,为犯。

六月乙卯,月在角星东一寸,为犯。丁巳,月行入氐,无所犯。在岁星东三寸,为合宿。

七月乙酉,月入房北头第二次相星西北八寸,为犯。庚寅,月在牵牛中星南二寸,为犯。庚子,月行在毕左股第一星七寸,为犯。又进入毕。

八月壬子,月行在岁星东二尺五寸,同在氐中,为合宿。

九月庚辰,月在房北头第一上相星东北一尺,为犯。又掩犯关楗闭星。丁酉,月行入东井。甲辰,月在左角星西北九寸,为犯。又在荧惑西南一尺六寸,为合宿。

十月癸酉,月入氐中,在西南星东北三寸,为犯。

闰月壬辰,月行入东井。

十一月丙戌,月行入羽林中,无所犯。乙未,月行在东井南辕西头第二星南一尺,为犯。丙寅,月在左角北八寸,为犯。辛未,月行在太白东北一尺五寸,同在箕度,为合宿。

十二月甲申,月行在毕左股第二星北七寸,为犯。乙未,月行入氐西南星东北一尺,为犯。丙申,月在房北头上相星北一尺,为犯。

七年正月甲寅,月入东井旷中,无所犯。戊辰,月掩犯牵牛中星。

二月辛巳,月掩犯东井北辕东头第一星。

三月庚申,月在岁星西北三尺,同在箕度,为合宿。

四月乙酉,月入氐中,无所犯。丙戌,月犯房星北头第一上相星北一尺,在楗闭西北四寸,为犯。

六月乙酉，月犯牵牛中星。乙未，月入毕，在左股第二星东八寸，为犯。

七月丁未，月入氐中，无所犯。戊申，在键闭星东北一尺，为犯。

八月甲戌，月入氐，在西南星东北一尺，为犯。庚寅，月在毕右股第一星东北一尺，为犯。

九月丁巳，月掩犯毕右股第一星。庚申，月在东井北辕东头第一星西北八寸，为犯。

十月甲申，月行掩毕左股第三星。丁酉，月行在键闭星西北八寸，为犯。

十二月壬午，月在东井北辕东头第一星北八寸，为犯。

八年正月丁巳，月在亢南头第二星南七寸，为犯。

二月己巳，月行在毕右股第一星东北六寸，为犯。

六月甲戌，月在亢南头第二星西南七寸，为犯。

八月乙亥，月在牵牛中星南九寸，为犯。辛卯，月在轩辕女御南八寸，为犯。

九月辛酉，月在太微左执法星南四寸，为犯。

十月壬午，月入东井旷中，无所犯。戊子，月在太微右执法星东南六寸，为犯。

十一月戊戌，月行在填星北二尺二寸，为合宿。乙卯，月行在太微右执法星南二寸，为犯。

十二月庚辰，月行在轩辕右角星南二寸，为犯。癸未，月掩犯太微右执法。

九年正月辛丑，月在毕𱠣西星北六寸，为犯。庚申，月在岁星西北二尺五寸，同在须女度，为合宿。

二月辛未，月入东井旷中，无所犯。壬申，月行东井北辕东头第一星北九寸，为犯。

三月丙申，月入毕，在左股第二星东北六寸，又掩大星。

四月庚午，月在轩辕女御星南八寸，为犯。癸酉，月在太微东南头上相星南八寸，为犯。癸未，月在岁星北，为犯，在危度。

五月庚子,月行掩犯太微,在执法。丁未,月掩犯东建西星。

七月癸巳,月在太白东五寸,为犯。乙未,月在太微东蕃南头上相星西南五寸,为犯。壬寅,月掩犯东建星。癸卯,月在牵牛南星北五寸,为犯。乙巳,月在岁星北六寸,为犯。

闰七月辛酉,月在轩辕女御星西南三寸,为犯。

八月,月在轩辕左民星东八寸,为犯。

九月乙丑,月掩牵牛南星。癸未,月入太微,在右执法东北四寸,为犯。甲申,月掩太微东蕃南头上相星。

十月甲午,月行在填星西北八寸,为犯,在虚度。戊申,月在轩辕女主星南四寸,掩女御,并为犯。辛亥,月入太微左执法东北七寸,为犯。

十一月壬戌,月行掩犯岁星。己巳,月在毕右股大星东一寸,为犯。辛未,月在东井南辕西头第二星南八寸,为犯。又入东井旷中。丙子,月入在轩辕左民星东北七寸,为犯。丁丑,月行在太微西蕃上将星南五寸,为犯。

十二月庚寅,□□在岁星东南八寸,为犯。丙午,月掩犯太微东蕃南头上相星。

十年正月庚午,月在轩辕右角大民星南八寸,为犯。

二月己亥,月行太微,在右掖门。甲辰,月行入氐中,掩犯东北星。壬子,月行入羽林。

三月己卯,月行入羽林,在填星东北七寸,为犯。在危四度。

四月甲午,月行入太微,在右掖门内。丙午,月行在危度,入羽林。

五月己巳,月掩南斗第三星。甲戌,月行在危度,入羽林。

六月戊子,月在张度,在荧惑星东三寸,为犯。己丑,月行入太微,在右掖门。丁酉,月掩西建星西。丁未,月行入毕,犯右股大赤星。

七月甲戌,月行在毕躔星西北六寸,为犯。丁丑,月在东井北辕东头第二星西南九寸,为犯。

八月辛卯，月行西建星东一尺，又在东星西四寸，为犯。壬寅，月行在毕右股大赤星东北四寸，为犯。甲辰，月行入东井旷中，无所犯。戊申，月行在轩辕女主星西九寸，为犯。辛亥，月入太微，在左执法星北二尺七寸，为犯。

九月癸亥，月行掩犯填星一寸，在危度。

十月辛卯，月在危度，入羽林，无所犯。癸亥，月入东井旷中，无所犯。

十一月甲子，月入毕，进右股大赤星西北五寸，为犯。壬申，月入太微，在右执法星东北一尺三寸，无所犯。丁丑，月入氐，无所犯。

十二月甲午，月入东井旷中，又进北辕东头第二星四寸，为犯。庚子，月入太微，在右执法星东北三尺，无所犯。

十一年正月辛酉，月入东井旷中，无所犯。乙丑，月在轩辕女主星北八寸，为犯。壬申，月行在氐星东北九寸，为犯。

二月甲午，月行入太微，在上将星东北一尺五寸，无所犯。壬寅，月行掩犯南斗第六星。癸卯，月掩犯西建中星，又掩东星。

四月乙丑，月入太微，在右执法西北一尺四寸，无所犯。壬寅，月行在危度，入羽林，无所犯。

五月丁巳，月行入太微左执法星北三尺，无所犯。甲子，月行在南斗第二星西七寸，为犯。乙丑，月掩犯西建中星。又犯东星六寸。

六月辛丑，月行掩犯毕左股第三星。壬寅，月入毕。

七月壬子，月入太微，在左执法东三尺，无所犯。丙辰，月行入氐，在东北星西南六寸，为犯。己未，月行南斗第六星南四寸，为犯。庚申，月行在西建星东南一寸，为犯。

九月庚寅，月行在哭星西南六寸，为犯。壬辰，月行在营室度，入羽林，无所犯。丁酉，月入毕，在右股大赤星西北六寸，为犯。己亥，月入东井旷中，无所犯。乙巳，月行太微，当右掖门内，在屏星西南六寸，为犯。

十月壬午，月行在东建中星九寸，为犯。

十一月壬子，月在哭星南五寸，为犯。辛酉，月行在东井铖星南八寸,又在东井南辕西头第一星南五寸,并为犯,进入井中。丁卯,月入太微。壬申,月行入氐,无所犯。

十二月辛巳,月入羽林,又入东井旷中,又入东井北辕西头第二星南六寸,为犯。乙未,月入太微,在右执法星东北二尺,无所犯。乙亥,月入氐,无所犯。

隆昌元年正月辛亥,月入毕,在左股第一星东南一尺,为犯。

三月辛亥,月在东井北辕西头第二星东七寸,为犯。甲申,月入太微,在屏星南九寸,为犯。

六月乙丑,月入毕,在右股第一星东北五寸,为犯。又在岁星东南一尺,为犯。丁卯,月入东井南辕西头第一星东北七寸,为犯。

泰元元年七月,月掩心中星。

南齐书卷一三
志第五

天文下

史臣曰：天文设象，宜备内外两宫，但灾之所躔，不必遍行景纬，五星精晷与二曜而为七，妖祥是主，历数攸司，盖有殊于列宿也。若北辰不移，据在杠轴，众星动流，实系天体，五星从伏，非关二义，故徐显思以五星为非星，虞喜论之详矣。

五量相犯列宿杂灾

建元元年八月辛亥，太白犯轩辕大星。

九月癸丑，太白从行于轸犯填星。

二年六月丙子，太白昼见。

四年二月丙戌，太白昼见在午上。

六年辛卯，太白昼见午上。庚子，太白入东井，无所犯。

七月己未，太白有光影。

八月戊子，太白从轩辕犯女主星。甲辰，太白从行犯轩辕少民星。

九月己卯，太白从行犯太微西蕃上将。辛酉，太白从行入太微，在右执法星西北一尺。戊辰，太白从行犯太微左执法。

十二月壬子，太白从行犯填星，在氐度。丙辰，太白从行犯房北头第一星。丁卯，太白犯楗闭星。

永明元年六月己酉，太白行犯太微上将星。辛酉，太白行犯太微左执法。

八月甲申,太白犯南斗第四星。

九月乙酉,太白犯南斗第三星。壬辰,太白荧惑合同在南斗度。

十月丁卯,太白犯哭星。

二年正月戊戌,太白昼见当午上。

三月甲戌,太白从行入羽林。

四月丙申,太白从行犯东井钺星。

六月戊辰,太白荧惑合同在舆鬼度。己巳,太白从行舆鬼度犯岁星。

三年四月丁未,太白昼见。癸亥,太白昼见当午上。

五月戊子,太白犯少民星。

八月丁巳,太白昼见当午上。

十一月壬申,太白从行入氐。

十二月己酉,太白填星合在箕度。

四年九月壬辰,太白昼见当午。丙午,太白犯南斗。

十一月庚子,太白入羽林,又犯天关。

五年五月丁酉,太白昼见当午上。庚子,太白三犯毕左股第一星西南一尺。

六月甲戌,太白犯东井北辕第三星,在西一尺。

八月甲寅,太白从行入轩辕,在女主星东北一尺二寸,不为犯。戊辰,太白从在太微西蕃上将星西南五寸。辛巳,太白从在太微左执法星西北四寸。

六年四月辛酉,太白从在荧惑北三寸,为犯,并在东井度。

五月癸卯,太白昼见当午上。

六月己巳,太白从在太微西蕃右执法星东南四寸,为犯。

七月癸巳,太白在氐角星东北一尺,为犯。

八月乙亥,太白从行在房南第二左股次将星西南一尺,为犯。

闰八月甲午,太白昼见当午。

十一月戊午,太白从在岁星西北四尺,同在尾度。又在荧惑东北六尺五寸,在心度,合宿。

十二月壬寅,太白从行在填星西南二尺五寸斗度。

七年二月辛巳,太白从行入羽林。

十月癸酉,太白在岁星南,相去一尺六寸,从在箕度为合。

十一月丁卯,太白从行入羽林。

八年正月丁未,太白昼见当午上。

六年戊子,太白从行入东井。己丑,太白昼见当午。

八月庚辰,太白从在轩辕女主星南七尺,为犯。

九月丙申,太白从行在太微西蕃上将星西南一尺,为犯。丁未,太白从行入太微。辛酉,太白从行在进贤西五寸,为犯。

十月乙亥,太白从行在亢南第二星西南一尺,为犯。甲申,太白从行入氐。

十一月戊戌,太白从行在房北头第二星东北一寸,又在楗闭星西南七寸,并为犯。又在荧惑西北二尺,为合宿。癸卯,太白从行在荧惑东北一尺,为犯。

九年四月癸未,太白从历,夕见西方,从疾参宿一度,比来多阴,至己丑开除,已见在日北,当西北维上,薄昏不见宿星,则为先历而见。

六月丙子,太白昼见当午上。

七月辛卯,太白从行入太微,在西蕃上将星北四寸,为犯。

九月乙亥,太白从行在南斗第四星北二寸,为犯。丁卯,太白在南斗第三星西一寸,为犯。

十年二月甲辰,太白从行入羽林。

五月辛巳,太白从行入东井,在轩辕西第一星东六寸,为犯。

七月乙丑,太白从行在轩辕大星东八寸,为犯。

十一年正月戊辰,太白从行在岁星西北六寸,为犯,在奎度。

二月丁丑,太白从行东井北辕西头第一星东北一尺,为犯。

四月戊子,太白在五诸侯东第二星西北六寸,为犯。辛丑,太白从行入舆鬼,在东北星西南四寸,为犯。

五月戊午,太白昼见当午,名为经天。癸亥,太白从行入轩辕大星北一尺二寸,无所犯。

九月己酉,太白昼见当午上。

十月丙戌,太白行在进贤星西南四寸,为犯。

十一月戊戌,太白从行入氐。丁卯,太白从行在楗闭星西北六寸,为犯。

十二月壬辰,太白从行在南斗第六星东南一尺,为犯。辛丑,太白从行在西建东星西南一尺,为犯。

建元元年五月己未,荧惑犯太微西蕃上将,又犯东蕃上将。

二年十月辛酉,荧惑守太微。

四年六月戊子,荧惑从行入东井,无所犯。戊戌,荧惑在东井度,形色小而黄黑不明。丁丑,荧惑太白同在东井度。

七月甲戌,荧惑从行入舆鬼,犯积尸。

十月癸未,荧惑从行犯太微西蕃上将星。丙戌,荧惑从入太微。

十一月丙辰,荧惑后行在太微,犯右执法。

永明元年正月己亥,荧惑逆犯上相。辛亥,荧惑守角。庚子,荧惑逆入太微。

三月丁卯,荧惑守太白。

六月戊申,荧惑从犯亢。己巳,荧惑从行犯氐东南星。

七月戊寅,荧惑填星同在氐度。丁亥,荧惑行犯房北头第二星。

八月乙丑,荧惑从行犯天江。甲戌,荧惑犯南斗第五星。

十一月丙申,荧惑入羽林。

二年八月庚午,荧惑犯太微西蕃上将。癸未,荧惑犯太微右执法。丁酉,荧惑犯太微右执法。

十月庚申,荧惑犯进贤。

十一月壬辰,荧惑犯亢南第二星。丙申,荧惑犯凡南星。

十二月乙卯,荧惑入氐。

三年二月乙卯,荧惑在房北头第一星西北一尺,徘徊守房。

四月戊戌,荧惑犯。

六月乙亥，荧惑犯房。癸亥，荧惑犯天江南头第二星。

八月丁巳，荧惑犯南斗第五星。

十一月丙戌，荧惑从行入羽林。

四年八月戊辰，荧惑入太微。癸酉，荧惑犯太微右执法。戊子，荧惑在太微。

九月戊申，荧惑犯岁星。己酉，荧惑犯岁星，芒角相接。

十月丁丑，荧惑犯亢南头第一星。

十一月庚寅，荧惑犯氏西南星。

十二月己未，荧惑犯房北头第一星。庚申，荧惑入房北犯钩钤星。

五年二月乙亥，荧惑填星同在南斗度，为合宿。

九月乙未，荧惑从行在哭星东，相去半寸。

六年四月癸丑，荧惑伏在参度，去太白二尺五寸，辰星去太白五尺，三星为合宿。甲戌，荧惑在辰星东南二尺五寸，俱从行，入东井旷中，无所犯。

闰四月丁丑，荧惑从行在氏西南星北七寸，为犯。己卯，荧惑从行入氏，无所犯。乙巳，荧惑从行在房北头第一上将右骖星南六寸，为犯。又在钩钤星西北五寸。

十一月丙寅，荧惑从行在岁星西，相去四尺，同在尾度，为合宿。

七年二月丙子，荧惑从行在填星西，相去二尺，同在牵牛度，为合宿。

三月戊午，荧惑从在泣星西北七寸。戊辰，荧惑从行入羽林。

八月戊戌，荧惑逆入羽林。

九月乙丑，荧惑入羽林，成句己。

八年四月丙申，荧惑从行入舆鬼，在西北星东南二寸，为犯。

十月乙亥，荧惑入氏。

十一月乙未，荧惑从入北落门，在第一星东南，去钩钤三寸，为犯。

九年三月甲午,荧惑从在填星东七寸,在岁星南六寸,同在虚度,为犯,为合宿。

四月癸亥,荧惑从行入羽林。

闰七月辛酉,荧惑从行在毕左股星西北一寸,为犯。

八月十四日,荧惑应伏在昴三度,前先历在毕度,二十一日始逆行北转,垂及玄冬,荧惑囚死之时,而形色渐大于常。

十年二月庚子,荧惑从入东井北辕西头第一星西二寸,为犯。

三月癸未,荧惑从行在舆鬼西北七寸,为犯。乙酉,荧惑从行入舆鬼。

六月壬寅,荧惑从行入太微。

十一年二月庚戌,荧惑从在镇星西北六寸,为犯,同在营室。

五月戊午,荧惑从行在岁星西南六寸,为犯,同在娄度。

八月辛巳,荧惑从行入东井,在南辕西第一星东北一尺四寸。

十一月丁巳,荧惑逆行在五诸侯东星北四寸,为犯。

隆昌元年三月乙丑,荧惑从行入舆鬼西北星东一寸,为犯。癸酉,荧惑从行在舆鬼积尸星东北七寸,为犯。

闰三月甲寅,荧惑从入轩辕。

五月丁酉,荧惑从入太微,在右执法北二寸,为犯。

建元四年正月己卯,岁星太白俱从行,同在娄度为合。

六月丁酉,岁星昼见。

永明元年五月甲午,岁星入东井。

七月壬午,岁星昼见。

三年五月丙子,岁星与太白合。

六月辛丑,岁星与辰星合。

十月己巳,岁星从入太微。

十一月甲子,岁星从入太微,犯右执法。

四年闰二月丙辰,岁星犯太微上将。

三月庚申,岁星犯太微上将。

四月己未,岁星犯右执法。

八月乙巳,岁星犯进贤,又与荧惑于轸度合宿。

五年二月癸卯,岁星犯进贤。

六月甲子,岁星昼见在轸度。

十月己未,岁星从在氐西南星北七寸,又辰星从入氐,在岁星西四尺五寸,又太白从在辰星东,相去一尺,同在氐度,三星为合宿。

十二月甲戌,岁星昼见。

六年三月甲申,岁星逆行入氐宿。

六月丙寅,岁星昼见在氐度。

八月三月庚申,岁星守牵牛。

九年二月壬午,岁星从在填星西七寸,同在虚度为合。

闰七月辛酉,岁星在泣星北五寸,为犯,又守填星。

九月辛卯,在泣星西一尺五寸,为合。

永明元年六月,辰星从行入太微,在太白西北一尺。

二年八月甲寅,辰星于翼犯太白。

九年六月丙子,辰星随太白于西方,在七星度,相去一尺四寸,为合宿。

十一年九月丙辰,辰星依历应夕见西方亢宿一度,至九月八日不见。

隆昌元年正月丙戌,辰星见危度,在太白北一尺,为犯。

建元三年十月癸丑,填星逆行守氐。

四年七月戊辰,填星从行入氐。

永明元年正月庚寅,填星守房心。

三月甲子,填星逆行犯西咸星。

二年二月戊辰,填星犯东咸星。

四年十二月辛巳,填星犯建星。

七年十二月戊辰,填星在须女度,又辰星从在填星西南一尺一寸,为合宿。

八年三月庚申,填星守哭尾。

九年七月庚戌,填星逆在泣西星东北七寸,为犯。

十月甲午,填星从行在泣星西北五寸,为犯。

流星灾

建元元年十月癸酉,有流星大如三升坯,色白,尾长五丈,从南河东北二尺出,北行历舆鬼西过,未至轩辕后星而没,没后余中央,曲如车轮,俄顷化为白云,久乃灭。流星自下而升,名曰飞星。

三年十月丙午,有流星大如月,赤白色,尾长七丈,西北行入紫宫中,光照墙垣。

四年正月辛未,有流星大如三升坯,赤色,从北极第二星北一尺出,北行一丈而没。

九月壬子,流星如鹅卵,从柳北出,入轩辕。又一枚如瓜大,出西行没空中。

永明元年六月己酉,有流星如二升碗,从紫宫出,南行没氐。

二年三月庚辰,有流星如二升碗,从天市中出,南行在心后。四年二月乙丑,有流星大如一升器。

戊辰,有流星大如五升器。

四月丁卯,有流星大如一升器,从南斗东北出,西行经斗入氐。

六月丙戌,有流星大如鸭卵,从匏瓜南出,至虚而入。

八月辛未,有流星大如三升坯,从觜星南出,西南行入天濛没。

十一月戊寅,有流星大如二升坯,白色,从亢东北出,行入天市。

十二月丁巳,有流星大如三升碗,白色,从天市帝座出,东北行一丈而没。

五年六月辛未,有流星大如三升器,没后有痕。

九月丙申,有流星大如四升器,白色,有光照地。

十二月甲子,西北有流星大如鸭卵,黄白色,尾长六尺,西南行一丈余没。

六年三月癸酉,有流星大如鸭卵,赤色,无尾。

　　四月丙辰，北面有流星大如二升器，白色，北行六尺而没。

　　七月癸巳，有流星大如鹅卵，白色，从匏瓜南出，西南行一丈没空中。须臾，又有流星大如五升器，白色，从北河南出，东北行一丈三尺没空中。

　　十月戊寅，南面有流星，大如鸡卵，赤色，在东南行没，没后如连珠。

　　十二月壬寅，有流星大如鹅卵，黄白色，尾长三丈，有光，没后有疾从梗河出，西行一丈许，没空中。

　　七年正月甲寅，有流星如五升器，白色，尾长四尺，从坐旗星出，西行入五车而过，没空中。

　　六月丁丑，流星大如二升器，黄赤色，有光，尾长六尺许，从亢南出，西行入翼中而没，没后如连珠。

　　十月乙丑，有流星如三升器，赤黄色，尾长六尺，出紫宫内北极星，东南行三丈没空中。壬辰，流星如三升器，白色，有光，从五车北出，行入紫宫，抵北极第一、第二星而过，落空中。尾如连珠，仍有音响似雷。太史奏名曰："天狗"。

　　八年四月癸巳，有流星如二升器，黄白色，有光，从心星南一尺许出，南行二丈没，没后如连珠。丁巳，流星如鹅，白色，长五丈许，从角星东北二尺出，西北行没太微西蕃上将星间。

　　六月癸未，有流星如鸭卵，赤色，从紫宫中出，西南行未至大角五尺许没。

　　七月戊申，有流星如五升器，赤白色，长七尺，东南行二丈，没空中。

　　十月乙亥，有流星如鹅卵，白色，从紫宫中出，西北行三丈许，没空中。

　　十一月乙未，有流星如鹅卵，赤白色，有光，无尾，从氐北一丈出，南行入氐中没。辛丑，流星如鹅卵，白色，从参伐出，南行一丈没空中。又有一流星大如三升器，白色，从轸中出，东南行入娄中没。

　　九年五月庚子，有流星如鸡子，白色，无尾，从紫宫里黄帝座星西二尺出，南行一丈没空中。丁未，流星如李子，白色，无尾，从奎东北大星东二尺出，东北行至天将军而没。戊申，流星如鹅卵，黄白色，尾长二丈，从箕星东一尺出，南行四丈没。

七月乙卯，西南有流星大如二升器，白色，无尾，西南行一丈余没。戊午，有流星如二升器，黄白色，有光，从天江星西出，东北经天过入参中而没，没后如连珠。

闰七月戊辰，流星如鹅卵，赤色，尾长二尺，从文昌西行入紫宫没。己巳，西南有流星如二升器，白色，西南行一丈没。

九月戊子，有流星大如鸡卵，白色，从少微星北头出，东行入太微抵帝座星而过，未至东蕃次相一尺没，如散珠。

十年正月甲戌，有流星如五升器，白色，从氐中出，东南行经房道过，从心星南二尺没。

三月癸未，有流星如鸡卵，青白色，尾长四尺，从牵牛南八寸出，南行一丈没空中。

十一年二月壬寅，东北有流星如一升器，白色，无尾，北行三丈而没。

四月丙申，有流星如三升器，白色，有光，尾长一丈许，从箕星东北一尺出，行二丈许，入斗度，没空中，临没如连珠。

五月壬申，有流星大如鸡子，黄白色，从太微端门出，无所犯，西南行一丈许没，没后有痕。

七月辛酉，有流星如鸡子，赤色，无尾，从氐中出，西行一丈五尺没空中。戊寅，有流星如鸡卵，黄白色，从紫宫东蕃内出，东北行一丈五尺，至北极第五星西北四尺没。

九月乙酉，有流星如鸭卵，黄白色，从娄南一尺出，东行二丈。

十二月己丑，西南有流星，如三升器，黄赤色，无尾，西南行三丈许没，散如遗火。

永元三年夜，天开黄色明照，须臾，有物绛色如小瓮，渐渐大如仓廪，声隆隆如雷，坠太湖中，野雉皆雊，世人呼为“木祅”。史臣案《春秋纬》“天狗如大奔星，有声，望之如火，见则四方相射”。汉史云:"西北有三大星,如日状,名曰天狗。天狗出则人相食。"《天官》云:"天狗状如大镜星。"又云:"如大流星,色黄,有声。其止地类狗所坠。望之如火光,炎炎冲天。其上锐,其下圆,如数顷田。见则流血千里,破军杀将。"汉史又云:"照明下为天狗,所下兵起血流。"昭明,星也。《洛书》云:"昭明见而霸者出。"《运斗枢》云:"昭明有芒角,兵征也。"《河图》云:"太白散为天狗。"汉史又云:"有星出,其状赤白有光,即为天狗,其下小无足,所下国易政。"众说不同,未详孰是。推乱亡之运,此其必天狗乎。

老人星

建元元年十一月戊辰,老人星见南方丙上。八月癸卯,祠老人星。

永明三年八月丁酉,老人星见南方丙上。

六年八月壬戌,老人星见南方丙上。

七年七月壬戌,老人星见南方丙上。

九年闰七月戊寅,老人星见南方丙上。

十年八月乙酉,老人星见。

十一年九月丙寅,老人星见南方丙上。

白虹云气

建元四年二月辛卯,白虹贯日。

永明十年七月癸酉,西方有白虹,须臾灭。

十一年九月甲午,西方有白虹,南头指申,北头指戌上,久久消灭。

建元四年二月辛卯,黑气大小二枚,东至卯,西至酉,广五丈,久久消灭。

永明二年四月丁未,北斗第六、第七星间有一白气。

四年正月辛未,黄白气长丈五尺许,入太微。

永明四年正月癸未,南面有阵云一丈许。

五年四月己巳,有云色黑,广五尺,东头指丑,西头指酉,并至地。

十一月乙巳,东南有阵云高一丈,北至卯,东南至巳,久久散漫。

六年二月癸亥,东西有一梗云半天,曲向西,苍白色。

三月庚辰,南面有梗云,黑色,广六寸。

七年十月辛未,有梗云,苍黑色,东头至寅,西头指酉,广三尺,贯紫宫,久久消没。

八年十一月乙未,有梗云,黑色,六尺许,东头至卯,西头至酉,久久散漫。

十二月庚辰,南面有阵云,黑色,高一丈许,东头至巳,西头至未,久久散漫。

十一年七月丙辰,东面有梗云,苍白色,广二尺三寸,南头指巳至地,北头指子至地,久久渐散漫。

赞曰:阳精火镜,阴灵水存。有禀有射,代为明昏。垂光满盖,列景周浑。具位臣辅,备象街门。灾生陚薄,崇起飞奔。弗忘人惧,瑜瑕辩论。若任天道,灶亦多言。

南齐书卷一四
志第六

州郡上

扬　南徐　豫　南豫　南兖　北兖
北徐　青　冀　江　广　交　越

扬州京輦神皋。汉、魏刺史镇寿春，吴置持节督州牧八人，不见
扬州都督所治。晋太康元年，吴平，刺史周浚始镇江南。元帝为都
督，渡江左，遂成帝畿，望实隆重。领郡如左：
丹阳郡
　　建康　秣陵　丹阳　溧阳　永世　湖熟　江宁　句容
会稽郡
　　山阴　永兴　上虞　余姚　诸暨　剡　鄞　始宁　句章　鄮
吴郡
　　吴　娄　海虞　嘉兴　海盐　钱唐　富阳　盐官　新城　建
　　德　寿昌　桐庐
吴兴郡
　　乌程　武康　余杭　东迁　长城　于潜　临安　故鄣　安吉
　　　　原乡
东阳郡
　　长山　太夫　乌伤　永康　信安　吴宁　丰安　定阳　遂昌
新安郡

始新　黟　遂安　歙　海宁
临海郡
　　章安　临海　宁海　始丰　乐安
永嘉郡
　　永宁　安固　松阳　横阳　乐成

　　南徐州,镇京口。吴置幽州牧,屯兵在焉。丹徒水道入通吴会,孙权初镇之。《尔雅》曰:"绝高为京。"今京城因山为垒,望海临江,缘江为境,似河内郡,内镇优重。宋氏以来,桑梓帝宅,江左流寓,多出膏腴。领郡如左:
南东海郡
　　郯　祝其　襄贲　利成　西隰　丹徒　武进
晋陵郡
　　晋陵　无锡　延陵　曲阿　暨阳　南沙　海阳
义兴郡永明二年,割属扬州,后复旧。
　　阳羡　临津　国山　义乡　绥安
南琅邪郡本治金城,永明徙治白下。
　　临沂　江乘　兰陵　承建武三年省。谯建元二年,平阳郡流民在临江郡者,立宣祚县,寻改为谯。永明元年,省怀化一县并属。
临淮郡自此以下,郡无实土。
　　海西　射阳　凌　淮阴　东阳　淮浦建武二年省。
淮陵郡
　　司吾　武阳建武三年,省泰山郡属。　甄城　阳乐　徐建武三年省。
南东莞郡
　　东莞　莒　姑幕建武三年省。
南清河郡南徐州领冀州。
　　东武城　清河　贝丘　绎幕建武二年省。
南彭城郡

　　彭城　武原　傅阳　蕃　薛　开阳　洨　僮　下邳建武三年
省。　吕建武四年省。杼秋建武四年省。北陵建武四年省。

南高平郡宋太始五年侨置，初寄治淮阴，复徙淮南当涂二县侨属南豫，后属
南徐。

　　金乡　高平

南济阴郡

　　城武　单父　城阳建武三年省。

南濮阳郡

　　廪丘　东燕　会　鄄城建武三年，省济阳郡度属。榆次建武二年
省。

南鲁郡建武二年省。

　　鲁　樊　西安建武二年省。

南平昌郡建武三年省。

　　安丘郡省，蜀东莞。新乐郡省，属东莞。东武　高密

南泰山郡建武三年省。

　　南城郡省，度属平昌，寻又省。广平

南济阳郡建武三年省。

　　考城郡省，度属鲁，寻又省。

　　豫州，晋元帝永昌元年，刺史祖约避胡贼，自谯还治寿春。寿
春，淮南一都之会，地方千余里，有陂田之饶，汉、魏以来，扬州刺史
所治。北拒淮水，《禹贡》云"淮海惟扬州"也。咸和四年，祖约以城
降胡，复以庾亮为刺史，治芜湖。芜湖，浦水南入，亦为险奥。刘备
谓孙权曰："江东先有建业，次有芜湖。"庾亮经略中原，以毛宝为刺
史，治邾城，为胡所覆。荆州刺史庾翼领州，在武昌。诸郡失土荒民
数千无佃业，翼表移西阳、新蔡二郡荒民就陂田于寻阳。穆帝永和
五年，胡伪扬州刺史王浃以寿春降，而刺史或治历阳，进马头及谯，
不复归旧镇也。哀帝隆和元年，袁真还寿春。真为桓温所灭，温以
子熙为刺史，戍历阳。孝武宁康元年，桓冲移姑熟，以边寇未静，分

割谯、梁二郡见民，置之浣川，立为南谯、梁郡。十二年，桓石虔还历阳。庾准为剌史，表省诸权置，皆还如本。义熙二年，刘毅复镇姑熟，上表曰：“忝任此州，地不为旷，西界荒余，密迩寇虏，北垂萧条，土气强犷，民不识义，唯战是习。逋逃不逞，不谋日会。比年以来，无月不战，实非空乏所能独抚。请辅国将军张畅领淮南、安丰、梁国三郡。”时豫州边荒，至乃如此。十二年，刘义庆镇寿春，后常为州治。抚接遐荒，捍御疆场。领郡如左：

南汝阴郡建元二年罢南陈左郡二县并。

　　　慎　汝阴　宋　安阳　和城　南顿　阳夏　宋丘《永元元年地志》无。　樊《永元志》无。　郑《永元志》无。　东宋《永元志》无。　南陈左县《永元志》无。　边水《永元志》无。

晋熙郡

　　　新治　阴安　怀宁　南楼烦　齐兴　太湖左县

颍川郡

　　　临颍　邵陵　南许昌《永元志》无。　曲阳

汝阳郡

　　　武津　汝阳

梁郡《永元元年地志》，南梁郡领睢阳、新汲、陈、蒙、崇义五县。

　　　北谯　梁　蒙　城父《永元志》属南谯。

北陈郡

　　　阳夏　西华　苌平　项

陈留郡

　　　浚仪　小黄　雍丘

南顿郡《永元元年地志》无。

　　　和城　南顿

西南顿郡寄治州，《永元元年地志》无。

　　　西南顿　和城　谯　平乡

北梁郡《永元元年地志》无。

　　　北蒙　北陈

西汝阴郡

　　楼烦　汝阴　宋　陈《永元志》无。　平豫《永元志》无。　固始《永元志》无。　新蔡《永元志》无。　汝南《永元志》无。　安城

北谯郡

　　宁陵　谯　蕲《永元志》属南谯。

汝南郡《永元元年地志》无。

　　瞿阳　安城　上蔡

北新蔡郡

　　铜阳　新蔡　固始　苞信

弋阳郡

　　期思　南新息　弋阳　上蔡　平舆

陈郡

　　南陈　苌平《永元志》无。项《永元志》无。西华《永元志》无。阳夏《永元志》无。

安丰郡

　　雩娄　新化　史水　扶阳　开化　边城　松滋《永元志》属北新蔡。安丰

尤城左郡

　　乐安　光城　茹田

边城郡《永元元年地志》无。

建宁郡

　　阳城　建宁

齐昌郡

　　阳塘　保城　齐昌　永兴

　　　　右三郡，永明四年割郢州属。

　　南豫州，晋宁康元年，豫州刺史桓冲始镇姑熟，后迁徙，见《晋书》。宋永初二年，分淮东为南豫州，治历阳，而淮西为豫州。元嘉七年省并。大明元年复置，治姑熟。泰始二年治历阳，三年治宣城，

五年省。淮西没虏,七年,复分淮东置南豫。建元二年,太祖以西豫
吏民寡刻,分置两州,损费甚多,省南豫。左仆射王俭启:"愚意政以
江西连接汝、颍,土旷民希,匈奴越逸,唯以寿春为阻。若使州任得
才,虏动要有声闻,豫设防御,此则不俟南豫。假令或虑一失,丑羯
之来,声不先闻,胡马倏至,寿阳婴城固守,不能断其路,朝廷遣军
历阳,已当不得先机。戎车初戒,每事草创,孰与方镇常居,军府素
正。临时配助,所益实少。安不忘危,古之善政。所以江左屡分南
豫,意亦可求。如闻西豫力役尚复粗可,今得南谯等郡,民户益薄,
于其实益,复何足云。"太祖不从。永明二年,割扬州宣城、淮南、豫
州历阳、谯、庐江、临江六郡,复置南豫州。四年,冠军长史沈宪启:
"二豫分置,以桑堁子亭为断。颍川、汝阳在南谯、历阳界内,悉属西
豫,庐江居晋熙、汝阴之中,属南豫。求以颍川、汝阳属南豫,庐江还
西豫。"七年,南豫州别驾殷弥称:"颍川、汝阳,荒残来久,流民分散
在谯、历二境,多蒙复除,获有郡名,租输益微,府州绝无将吏,空受
名领,终无实益。但寄治谯、历,于方断之宜,实应属南豫。二豫亟
经分置,庐江属南豫,滨带长江,与南谯接境,民黎租帛,从流送州,
实为便利,远逾西豫,非其所愿,郡领灊、舒及始新左县,村竹产,府
州采伐,为益不少。府州新创,异于旧藩。资役多阙,实希得庐江。
请依昔分置。"尚书参议:"往年虑边尘须实,故启回换。今淮、泗无
虞,宜许所牒。"诏"可"。领郡如左:

淮南郡
　　于湖永明八年,省甬城、高平、下邳三县并。　繁昌　当涂　浚遒　定
　　陵　襄垣
宣城郡
　　广德　怀安　宛陵　广阳　石城　临城　宁国　宣城　建元
　　泾　安吴
历阳郡
　　历阳　龙亢　雍丘
南谯郡

山桑 蕲 北许昌《永元志》无。 扶阳 曲阳 嘉平

庐江郡

舒建元二年为郡治。 灊 始新 和城《永元志》无。 西华《永元志》无。吕亭左县建元二年，割晋熙属。谯建元二年，割南谯属。

临江郡建元二年，罢并历阳，后复置。

乌江 怀德 酂

南兖州，镇广陵，汉故王国。有江都浦水，魏文帝伐吴出此，见江涛盛壮，叹云："天所以限南北也。"晋元帝过江，建兴四年，扬声北讨，遣宣城公裒督徐、兖二州，镇广陵。其后或还江南，然立镇自此始也。时百姓遭难，流移此境，流民多庇大姓以为客。元帝太兴四年，诏以流民失籍，使条名上有司，为给客制度，而江北荒残，不可检实。明帝太宁三年，郗鉴为兖州，镇广陵，后还京口。是后兖州或治盱眙，或治山阳，桓玄以桓弘为青州，镇广陵。义熙二年，诸葛长民为青州，徙山阳。时鲜卑接境，长民表云："此蕃十载峣故相袭，城池崩毁，荒旧散伏，边疆诸戍，不闻鸡犬。且犬羊侵暴，抄掠滋甚。"乃还镇京口。晋末以广陵控接三齐，故青、兖同镇。宋永初元年，罢青并兖。三年，檀道济始为南兖州，广陵因此为州镇。土甚平旷，刺史每以秋月多出海陵观涛，与京口对岸，江之壮阔处也。永明元年，刺史柳世隆奏："尚书符下土断条格，并省侨郡县。凡诸流寓，本无定憩，十家五落，各自星处。一县之民，散在州境，西至淮畔，东届海隅。今专罢侨邦，不省荒邑，杂居舛止，与先不异。离为区断，无革游滥。谓应同省，随堺并帖。若乡屯里聚，二三百家，井甸可修，区域易分者，别详立。"于是济阴郡六县，下邳郡四县，淮阳郡三县，东荒郡四县，以散居无实土，官长无廨舍，寄止民村，及州治立，见省，民户帖属。领郡如左：

广陵郡建元四年，罢北淮阳、北下邳、北济阴、东莞四郡并。

海陵 广陵 高邮 江都 齐宁元明元年置。

海陵郡

　　建陵　宁海　如皋　临江　蒲涛　临泽　齐昌永明元年置。
　　海安永明五年罢新郡,并此县度属。
山阳郡
　　东城　山阳　盐城　左乡
盱眙郡
　　考城　盱眙　阳城　直渎　长乐
南沛郡
　　沛　萧　相

　　北兖州,镇淮阴。《地理志》云淮阴县属临淮郡,《郡国志》属下
邳国,《晋太康地记》属广陵郡。穆帝永和中,北中郎将荀羡北讨鲜
卑,云“淮阴旧镇,地形都要,水陆交通,易以观衅。活野有开殖之
利,方舟运漕,无他屯阻”。乃营立城池。宋泰始二年失淮北,于此
立州镇。建元四年,移镇盱眙,仍领盱眙郡。旧北对清泗,临淮守险,
有平阳石鳖,田稻丰饶,所领唯平阳一郡。永明七年,光禄大夫吕安
国启称:“北兖州民戴尚伯六十人诉:‘旧壤幽隔,飘寓失所,今虽创
置淮阴,而阳平一郡,州无实土,寄山阳境内。窃见司、徐、青三州,
悉皆新立,并有实郡。东平既是望邦,衣冠所系。希于山阳、盱眙二
界间,割小户置此郡,始招集荒落,使本壤族姓,有所归依。’臣寻东
平郡既是此州本领,臣贱族桑梓,愿立此邦。”见许。领郡如左:
阳平郡寄治山阳。
　　泰清　永阳　安宜　丰国
东平郡
　　寿张割山阳宫渎以西三百户置。　淮安割直渎、破釜以东,淮阴镇下
　　流杂一百户置。

高平郡
济北郡
泰山郡
新平郡

鲁郡

　　右荒。

　　北徐州，镇钟离。《汉志》钟离县属九江郡，《晋太康二年起居注》置淮南钟离，未详此前所省令。《晋地记》属淮南郡。宋泰始末年属南兖。元徽元年置州，割为州治，防镇缘淮。永明元年，省北徐谯、梁、魏、阳平、彭城五郡。领郡如左：

钟离郡

　　燕县郡治。　朝歌　虞永明元年，割马头属。　零永明元年，割马头属。

马头郡

　　已吾永明元年，罢谯郡属。二年，刺史戴僧静又以济县并之。

济阴郡

　　顿丘永明元年，罢定淘并。　睢陵　乐平永明元年，割钟离属。　济安永明元年，割钟离属。

新昌郡

　　顿丘　谷熟　尉氏

沛郡

　　相　萧　沛

　　青州，宋泰始初，淮北没虏，六年，始治郁州上。郁州在海中，周回数百里，岛出白鹿，土有田畴鱼盐之利。刘善明为刺史，以海中易固，不峻城雉，乃累石为之，高可八九尺。后为齐郡治。建元初，徙齐郡治瓜步，以北海治齐郡故治，州治如旧。流荒之民，郡县虚置，至于分居土著，盖无几焉。建元四年，移镇朐山，后复旧。领郡如左：

齐郡永明元年，罢秦郡并之，治瓜步。

　　临淄永明二年，省华城县并。　齐安永明元年罢。　西安　宿豫　尉氏　平虏　昌国　泰　益都

北海郡

都昌宋都县,建元改用汉名也。　广饶　赣榆　胶东　剧　下密
平寿

东莞琅邪二郡治胊山也。

即丘　南东莞永明元年,以流户置。　北东莞

冀州,宋元嘉九年分青州置。青州领齐、济南、乐安、高密、平
昌、北海、东莱、太原、长广九郡,冀州领广川、平原、清河、乐陵、魏
郡、河间、顿丘、高阳、勃海九郡。泰始初,遇虏寇,并荒没。今所存
者,泰始之后更置立也。二州共一刺史。郡县十无八九,但有名存,
案《宋志》自知也。建元初,以东海郡属冀州。全领一郡:

北东海郡治连口。

襄贲　僮　下邳　厚丘　曲城

江州,镇寻阳,中流衿带。晋元康元年,惠帝诏:"荆、扬二州,疆
土旷远。有司奏割扬州之豫章、鄱阳、庐陵、临川、南康、建安、晋安
为新州。新安、东阳、宣城旧豫章封内,豫章之东北,相去悬远,可如
故属扬州。又割荆州之武昌、桂阳、安城并十郡,可因江水之名为江
州,宜治豫章。"庾亮领刺史,都督六州,云:"以荆、江为本,校二州
户口,虽相去□事,实觉过半,江州实为根本。"临终表江州宜治寻
阳,以州督豫州新蔡、西阳二郡,治溢城,接近东江诸郡,往来便易。
其后庾翼又还豫章。义熙后,还寻阳。何无忌表:"竟陵去治辽远。
去江陵正三百里,荆州所立绥安郡民户,参入此境,郡治常在夏口
左右,欲资此郡助江滨戍防,以竟陵还荆州。又司州弘农、扬州松滋
二郡,寄寻阳,人民杂居,宜并见督。"今九江在州镇之北,彭蠡在其
东也。领郡如左:

寻阳郡

柴桑　彭泽

豫章郡

南昌　新淦　艾　建城　建昌　望蔡　新吴　永修　吴平

　　　康乐　豫章　丰城
临川郡
　　　南城　临汝　新建　永城　宜黄　南丰　东兴　安浦　西丰
庐陵郡
　　　石阳　西昌　东昌　吉阳　巴丘　兴平　高昌　阳丰　遂兴
鄱阳郡
　　　鄱阳　余干　葛阳　乐安　广晋　上饶
安成郡
　　　平都　新喻　永新　萍乡　宜阳　广兴　安复
南康郡
　　　赣　雩都　南野　宁都　平固　陂阳　虔化永明八年，罢安远
　　　县并。　南康
南新蔡郡
　　　慎　苞信　阳唐左县　宋
建安郡
　　　吴兴　建安　将乐　邵武　建阳　绥城　沙村
晋安郡
　　　侯官　罗江　原丰　晋安　温麻

　　　广州，镇南海。滨际海隅，委输交部，虽民户不多，而俚獠猥杂，
皆楼居山险，不肯宾服。西南二江，川源深远，别置督护，专征讨之。
卷握之资，富兼十世。尉他余基，亦有霸迹。江左以其辽远，蕃戚未
有居者，唯宋随王诞为刺史。领郡如左：
南海郡
　　　番禺　熙安　博罗　增城　龙川　怀化　酉平　绥宁　新丰
　　　罗阳　高要　安远　河源
东官郡
　　　怀安　宝安　海安　欣乐　海丰　齐昌　陆安　兴宁
义安郡

　　绥安　　海宁　　海阳　　义招　　潮阳　　程乡
新宁郡
　　博林　　南兴　　临沇　　甘泉　　新成　　威平　　单牒　　龙潭　　城阳
　　威化　　归顺　　初兴　　抚纳　　平乡
苍梧郡
　　广信　　宁新　　封兴　　抚宁　　遂城　　丁留　　怀熙　　猛陵　　广宁
　　荡康　　侨宁　　思安
高凉郡
　　安宁　　罗州　　莫阳　　西巩　　思平　　禽乡　　平定
永平郡
　　夫宁　　安沂　　畋安　　卢平　　员乡　　苏平　　逋宁　　雷乡　　开城
　　毗平　　武林　　丰城
晋康郡
　　威城　　都城　　夫阮　　元溪　　安遂　　晋化　　永始　　端溪　　宾江
　　熙宁　　乐城　　武定　　悦城　　文招　　义立
新会郡
　　盆允　　新夷　　封乐　　初宾　　封乐　　义宁　　新熙　　永昌　　始康
　　招集　　始成
广熙郡
　　龙乡　　罗平　　宾化　　宁乡　　长化　　定昌　　永熙　　宝宁
宋康郡
　　广化　　石门　　化隆　　遂度　　威覃　　单城　　开宁　　海邻　　舆定
　　绥定
宋隆郡
　　平兴　　招兴　　崇化　　建宁　　熙穆　　崇德
海昌郡
　　宁化　　招怀　　永建　　始化　　新建
绥建郡
　　新招　　四会　　化蒙　　化注　　化穆

乐昌郡

　　始昌　乐山　宋元　义立　安乐

郁林郡

　　布山　郁平　阿林　建安　始集　龙平　宾平　新林　绥宁
　　中胄　领方　怀安　归化　晋平　威化

桂林郡

　　武熙　腾溪　潭平　龙冈　临浦　中留　武丰　程安　威定
　　潭中　安远　安化　龙定

宁浦郡

　　安广　简阳　平山　宁浦　兴道　吴安

晋兴郡

　　晋兴　熙注　桂林　增翊　安广　广郁　晋城　郁阳

齐乐郡

　　希平　观宁　臻安　宋平　绥南　封陵

齐康郡

　　乐康

齐建郡

　　初宁　永城

齐熙郡

　　交州,镇交址,在海涨岛中。杨雄箴曰:"交州荒逊,水与天际。"
外接南夷,宝货所出,山海珍怪,莫与为比。民恃险远,数好反叛。领
郡如左:

九真郡

　　移风　胥浦　松原　高安　建初　常乐　津梧　军安　吉庞
　　武宁

武平郡

　　武定　封溪　平道　武兴　根宁　南移

新昌郡

　　范信　嘉宁　封山　西道　临西　吴定　新道　晋化
九德郡
　　九德　咸欢　浦阳　南陵　都浇　越常　西安
日南郡
　　西卷　象林　寿泠　朱吾　比景　卢容　无劳
交址郡
　　龙编　武宁　望海　句漏　吴兴　西于　朱𪲮　南定　曲易
　　海平　嬴陵
宋平郡
　　昌国　义怀　绥宁
宋寿郡建元二年，割越州属。
义昌郡永元二年，改沃屯置。

　　越州，镇临漳郡，本合浦北界也。夷獠丛居，隐伏岩障，寇盗不
宾，略无编户。宋泰始中，西江督护陈伯绍猎北地，见二青牛惊走入
草，使人遂之不得，乃志其处，云"此地当有奇祥"，启立为越州。七
年，始置百梁、陇苏、永宁、安昌、富昌、南流六郡，割广、交朱𪲮三郡
属。元徽二年，以伯绍为刺史，始立州镇，穿山为城门，威服俚獠。土
有瘴气杀人，汉世交州刺史每暑月辄避处高，今交土调和，越瘴独
甚。刺史常事戎马，唯以贬伐为务。
临漳郡
　　漳平　丹城　劳石　容城　长石　都并　绥端
合浦郡
　　徐闻　合浦　朱卢　新安　晋始　荡昌　朱丰　宋丰　宋广
永宁郡
　　杜罗　金安　蒙　廖简　留城
百梁郡
　　百梁　始昌　宋西
安昌郡

武桑　龙渊　石秋　抚林

南流郡

方度

北流郡 _{永明六年立，无属县。}

龙苏郡

龙苏

富昌郡

南立　义立　归明

高兴郡

宋和　宁单　高兴　威成　夫罗　南安　归安　陈莲　高城

新建

思筑郡

盐田郡

杜同

定川郡

兴昌

隆川郡

良国

齐宁郡 _{建元二年置，割郁林之新邑、建初二县并。}

开城_{建元二年置。}　延海　新邑　建初

越中郡

马门郡

钟吴　田罗　马陵　思宁

封山郡

安金

吴春俚郡 _{永明六年立，无属县。}

齐隆郡 _{先属交州，中改为□□。永泰元年，改为齐隆，还属□州。}

南齐书卷一五
志第七

州郡下

荆　巴　郢　司　雍　湘　梁
秦　益　宁

　　荆州，汉灵帝中平末，刺史王睿始治江陵，吴时西陵督镇之。晋太康元年平吴，以为刺史治。愍帝建兴元年，刺史周颛避杜弢贼奔建康，陶侃为刺史，治沌口。王敦治武昌。其后或还江陵，或在夏口。桓温平蜀，治江陵。以临沮西界，水陆纡险，行迳裁通，南通巴、巫，东南出州治，道带蛮、蜑，田土肥美，立为汶阳郡，以处流民。属氐陷襄阳，桓冲避居上明，顿陆逊乐乡城上四十余里，以田地肥良，可以为军民资实，又接近三峡，无西疆之虞，故重戍江南，轻戍江北。苻坚败后，复得襄阳。太元十四年，王忱还江陵。江陵去襄阳步道五百，势同唇齿，无襄阳则江陵受敌，不立故也。自忱以来，不复动移。境域之内，含带蛮、蜒，土地辽落，称为殷旷。江左大镇，莫过荆、扬。弘农郡陕县，周世二伯总诸侯，周公主陕东，召公主陕西，故称荆州为陕西也。领郡如左：

南郡
　　江陵　华容　枝江　临沮　编　当阳
南平郡
　　孱陵　作唐　江安　安南

天门郡

　　零阳　澧阳　临澧　溇中

宜都郡

　　夷道　佷山　夷陵　宜昌

南义阳郡

　　平氏　厥西

河东郡

　　闻喜　松滋　谯　永安

汶阳郡

　　僮阳　沮阳　高安

新兴郡

　　定襄　新丰　广牧

永宁郡

　　长宁　上黄

武宁郡

　　乐乡　长林

　　巴州，三峡险隘，山蛮寇贼，宋泰始三年，议立三巴校尉以镇之。后省，升明二年，复置。建元二年，分荆州巴东、建年、益州巴郡为州，立刺史，而领巴东太守，又割涪陵郡属。永明元年省，各还本属焉。

巴东郡

　　鱼复　朐䏰　南浦　聂阳　巴渠　新浦　汉丰

建平郡

　　巫　秭归　北井　秦昌　沙渠　新乡

巴郡

　　江州　枳　垫江　临江

涪陵郡

　　汉平　涪陵　汉玫

郢州,镇夏口,旧要害也。吴置督将为鲁口屯,对鲁山岸,因为
名也。晋永嘉中,荆州刺史都督山简自襄阳避贼奔夏口,庾翼为荆
州,治夏口,并依地崄也。泰元中,荆州刺史桓冲移镇上明,上表言:
"氐贼送死之日,旧郢以北,壁相望,待以不战。江州刺史桓嗣宜进
屯夏口,据上下之中,于事为便。"义熙元年,冠军将军刘毅以为夏
口二州之中,地居形要,控接湘川,边带涢、沔,请并州刺史刘道规
镇夏口。夏口城据黄鹄矶,世传仙人子安乘黄鹄过此上也。边江峻
险,楼橹高危,瞰临沔、汉,应接司部。宋孝武置州如此,以分荆楚之
势。领郡如左:

江夏郡

　　沙阳　蒲圻　灄阳　汝南　沌阳　惠怀

竟陵郡

　　竟陵　云杜　霄城　苌寿　新市　新阳

武陵郡

　　沅陵　临沅　零陵　辰阳　酉阳　沅南　汉寿　龙阳　潕阳
　　黚阳

巴陵郡

　　下隽　州陵　巴陵　监利

武昌郡

　　武昌　鄂　阳新　义宁_{寄治鄂}　　真阳《永明三年户口簿》无。

西阳郡

　　西陵　蕲阳　西阳　孝宁　期思《永明三年户口簿》无。　义安
　　左县　希水左县　东安左县　蕲水左县

齐兴郡永明三年置。

　　绥怀　齐康　葺波　绥平　齐宁　上蔡《永明三年户口簿》无。

东胖舸郡《永明三年户口簿》云:"新置,无属县。"

　　宜　南平阳　西新市　南新市　西平阳　东新市

方城左郡

　　城阳　归义
北新阳郡
　　西新阳　安吉　长宁
义安左郡
　　绥安
南新阳左郡
　　南新阳　新兴　北新阳　角陵　新安
北遂安左郡《永明三年簿》云:"五县皆缺。"
　　东城　绥化　富城　南城　新安
新平左郡
　　平阳　新市　安城
建安左郡
　　霄城

　　司州,镇义阳。宋景平初,失河南地,元嘉宋侨立州于汝南县
瓠,寻罢。泰始中,立州于义阳郡。有三关之隘,北接陈、汝,控带许、
洛。自此以来,常为边镇。泰始既迁,领义阳,侨立汝南,领三郡。元
徽四年,又领安陆、随、安蛮三郡。领郡如左:
南义阳郡
　　孝昌　平舆　义昌　平阳　南安　平春
北义阳郡
　　平阳　义阳　保城　鄳　钟武　环水
随郡
　　随　永阳　阙西　安化
安陆郡寄州治。
　　安陆　应城　新市　新阳　宣化
汝南郡寄州治。
　　平舆　北新息　真阳　安城　南新息　安阳　临汝　汝南
　　上蔡

齐安郡

　　　齐安　始安　义城　南安　义昌　义安

淮南郡

　　　阁口　平氏

宋安左郡

　　　仰泽　乐宁　襄城

安蛮左郡

　　　木兰　新化　怀　中聂阳　南聂阳　安蛮

永宁左郡

　　　中曲陵　曲陵　孝怀　安德

东义阳左郡

　　　永宁　革音　威清　永平

东新安左郡

　　　第五　南平林　始平　始安　平林　义昌　固城　新化　西
平

新城左郡

　　　孝怀　中曲　南曲陵　怀昌

围山左郡

　　　及刺　章平　北曲　洛阳　围山　曲陵

建宁左郡

　　　建宁　阳城

北淮安左郡

　　　高邑

南淮安左郡

　　　慕化　柏源

北随安左郡

　　　济山　油潘

东随安左郡

　　　西随　高城　牢山

雍州,镇襄阳,晋中朝荆州都督所治也。元帝以魏该为雍州,镇酂城,襄阳别有重戍。庾翼为荆州,谋北伐,镇襄阳。自永嘉乱,襄阳民户流荒。咸康八年,尚书殷融言:"襄阳、石城,疆场之地,对接荒寇。诸荒残寄治郡县,民户寡少,可并合之。"朱序为雍州,于襄阳立侨郡县,没符氏。氐败,复还南,复用朱序。襄阳左右,田土肥良,桑梓野泽,处处而有。郗恢为雍州,于时旧民甚少,新户稍多。宋元嘉中,割荆州五郡属,遂为大镇。疆蛮带沔,阻以重山,北接宛、洛,平涂直至,跨对樊、沔,为鄢郢北门。部领蛮左,故别置蛮府焉。领郡如左:

襄阳郡
　　襄阳　中庐　邔　建昌
南阳郡
　　宛　涅阳　冠军　舞阴　郦　云阳　许昌
新野郡
　　新野　山都　池阳　穰　交木　惠怀
始平郡
　　武当　武阳　始平　平阳
广平郡
　　酂　比阳　广平　阳
京兆郡
　　邓　新丰　杜　魏
扶风郡
　　筑阳　郿　泛阳
冯翊郡
　　郃　莲勺　高陆
河南郡
　　河南　新城　棘阳　襄乡　河阴
南天水郡

略阳　华阴　西

义成郡

万年　义成

建昌郡

永兴　安宁

华山郡

蓝田　华山　上黄

南上洛郡<small>建武中，此以下郡皆没虏。</small>

上洛　商

北河南郡

新蔡　汝阴　上蔡　缑氏　洛阳　新安　固始　苞信

弘农郡

邯郸　圉　卢氏

从阳郡

南乡　槐里　清水　丹水　郑　从阳

西汝南郡

北上洛郡

齐安郡

齐康郡

招义郡

右五郡，不见属县。

宁蛮府领郡如左：

西新安郡

新安　泛阳　安化　南安

义宁郡

筑　义宁　泛阳　武当　南阳

南襄郡

新安　武昌　建武　武平

北建武郡

　　东苌秋　霸　北郡　高罗　西苌秋　平丘
蔡阳郡
　　　乐安　东蔡阳　西蔡阳　新化　杨子　新安
永安郡
　　　东安乐　新安　西安乐　劳泉
安定郡
　　　思归　归化　皋亭　新安　士汉　士顷
怀化郡
　　　怀化　编　遂城　精阳　新化　遂宁　新阳
武宁郡
　　　新安　武宁　怀宁　新城　永宁
新阳郡
　　　东平林　头章　新安　朗城　新市　新阳　武安　西林
义安郡
　　　郊乡　东里　永明　山都　义宁　西里　义安　南锡　义清
高安郡
　　　高安　新集
左义阳郡
南襄城郡
广昌郡
东襄城郡
北襄城郡
怀安郡
北弘农郡
西弘农郡
析阳郡
北义阳郡
汉广郡
中襄城郡

右十二郡没虏。

湘州,镇长沙郡。湘川之奥,民丰土闲。晋永嘉元年,分荆州置,苟眺为刺史。此后三省,辄复置。元嘉十八年置,至今为旧镇。南通岭表,唇齿荆区。领郡如左:

长沙郡

　　临湘　罗　湘阴　醴陵　刘阳　建宁　吴昌

桂阳郡

　　郴　临武　南平　耒阳　晋宁　汝城

零陵郡

　　泉陵　洮阳　零陵　祁阳　观阳　永昌　应阳

衡阳郡

　　湘西　益阳　湘乡　新康　衡山

营阳郡

　　营道　泠道　营浦　舂陵

湘东郡

　　茶陵　新宁　攸　临蒸　重安　阴山

邵陵郡

　　都梁　邵陵　高平　武刚　建兴　邵阳　扶

始兴郡

　　曲江　桂阳　仁化　阳山　令阶　含洭　灵溪　中宿　浈阳
　　始兴

临贺郡

　　临贺　冯乘　富川　封阳　谢沐　兴安　宁新　开建　抚宁

始安郡 本名始建,齐改。

　　始安　荔浦　建陵左县　熙平　永丰　平乐

齐熙郡

梁州,镇南郑。魏景元四年平属所置也。晋永嘉元年,蜀贼没汉中,刺史张光治魏兴,三年,还汉中。建兴元年,又为氐杨难敌所没。桓温平蜀,复旧土。后为谯纵所没,纵平复旧。每失汉中,刺史辄镇魏兴。汉中为巴蜀捍蔽,故刘备得汉中,云"曹公虽来,无能为也。"是以蜀有难,汉中辄没。虽时还复,而户口残耗。宋元嘉中,甄法护为氐所攻,失守。萧思话复还汉中。后氐虏数相攻击,关陇流民,多避难归化,于是民户稍实。州境与氐、胡相邻,亦为威御之镇。领郡如左:

汉中郡

　　南郑　城固　沔阳　西乡　西上庸

魏兴郡

　　西城　旬阳　兴晋　广昌　南广城《永元志》无。　广城

新兴郡《永元二年志》无。

　　吉阳　东关

南新城郡

　　房陵　绥阳　昌魏　祁乡　阆阳　乐平

上庸郡

　　上庸　武陵　齐安　北巫　上廉　微阳　新丰　新安　吉阳

晋寿郡

　　晋寿　邵欢　兴安　白水

华阳郡

　　宕渠　华阳　兴宋　嘉昌

新巴郡

　　新巴　晋城　晋安

北巴西郡

　　阆中　安汉　宋寿　南国　西国　平周　汉昌

巴渠郡

　　宣汉　晋兴　始兴　巴梁　东关　始安　下蒲

怀安郡

　　怀安　义存

宋熙郡

　　兴平　宋安　阳安　元寿　嘉昌《永元志》无。

白水郡

　　晋寿　新巴　汉德　益昌　兴安　平周

南上洛郡

　　上洛　商　流风民　北丰阳　渠阳　义阳

北上洛郡

　　上洛　商　丰阳《永元志》无。　流民　秬阳　阳亭　齐化　西

　　丰阳　东邬阳　齐宁《永元志》无。　京兆　新宁《永元志》无。新

　　附

安康郡

　　安康　宁都

南宕渠郡

　　宕渠　汉安　宣汉　宋康

怀安郡

　　永丰　绥成　预德

北阴平郡

　　阴平　平武

南阴平郡

　　阴平　怀旧

齐兴郡

　　齐兴《永元志》无。　安昌《永元志》无。郧乡　锡　安富　略阳

晋昌郡

　　安晋　宣汉　吉阳　苌寿　东关　新兴　延寿　安乐

东晋寿郡

　　　　　右一郡，县邑事亡。

弘农郡

东昌魏郡

略阳郡

北梓潼郡
广长郡
弍水郡
思安郡
宋昌郡
建宁郡
南泉郡
三巴郡
江陵郡
怀化郡
归宁郡
东楗郡
北宕渠郡
宋康郡
南汉郡
南梓潼郡
始宁郡
江阳郡
南部郡
南安郡
建安郡
寿阳郡
南阳郡
宋宁郡
归化郡
始安郡
平南郡
怀宁郡
新兴郡

南平郡

齐兆郡

齐昌郡

新化郡

宁章郡

邻溪郡

京兆郡

义阳郡

归复郡

安定郡

东宕渠郡

宋安郡

齐安郡

　　凡四十五郡，荒或无民户。

　　秦州，晋武帝泰始五年置。旧土有秦之富，跨带垅坂。太康省，惠帝元康七年复置。中原乱，没胡。穆帝永和八年，胡伪秦州刺史王擢降，仍以为刺史，寻为苻健所破。十一年，桓温以氐王杨国为秦州刺史，未有民土。至泰元十四年，雍州刺史朱序始督秦州，则孝武所置也。寄治襄阳，未有刺史，是后雍州刺史常督之。隆安二年，郭铨始为梁、南秦州刺史，州寄治汉中。四年，桓玄督七州，但云秦州。元兴元年，以苻坚子宏为北秦州刺史。自此，荆州都督常督秦州，梁州当带南秦州刺史。义熙三年，以氐王杨国为北秦州刺史。十四年，置东秦州，刘义真为刺史。郭恭为梁州刺史，尹雅为秦州刺史。宋文帝为荆州都督，督秦州，又进督北秦州。州名杂出，省置不见。《永明郡国志》秦州寄治汉中南郑，不曰南北。《元嘉计偕》亦云秦州，而荆州都督常督二秦，梁、南秦一刺史。是则《志》所载秦州为南秦，氐为北秦。领郡如左：

武都郡

　　　下辩　　上禄　　陈仓
略阳郡
　　　略阳　　临汉
安固郡
　　　安固　　南桓
西扶风郡
　　　郿　武功
京兆郡
　　　杜　蓝田　鄠
南太原郡
　　　平陶
始平郡
　　　始平　　槐里　　宋熙
天水郡
　　　新阳　　河阳
安定郡
　　　宋兴　　朝那
南安郡
　　　桓道　　中陶
金城郡
　　　金城　　榆中　　临洮　　襄
冯翊郡
　　　莲勺　　频阳　　下邽　　万年　　高陵
陇西郡
　　　河关　　狄道　　首阳　　大夏
仇池郡
　　　上辩　　仓泉　　白石　　夷安
东宁郡
　　　西安　　北地　　南汉

　　益州,镇成都,起魏景元四年所治也。开拓夷荒,稍在郡县,如汉之永昌,晋之云山之类是也。蜀侯辉杜以来,四为偏据,故诸葛亮云:"益州险塞,活野天府。"刘颂亦谓:"成都宜处亲子弟,以为王国。"故立成都王颖,竟不之国。三峡险阻,蛮夷孔炽。西通芮芮河南,亦如汉武威张掖,为西域之道也。方面疆镇,涂出万里,晋世以处武臣。宋世亦以险远,诸王不牧。泰始中,成都市桥忽生小洲,始康人邵硕有术数,见之曰:"洲生近市,常有贵王临境。"永明二年,而始兴王镇为刺史。州土瑰富,西方之一都焉。领夷、齐诸郡如左:

巴、涪陵二郡,见巴州。

蜀郡

　　　　成都　郫　牛鞞　繁　永昌

广汉郡

　　　　雒　什方　新都　郪　伍城　阳泉

晋康郡

　　　　江原　临邛　从阳　晋乐　汉嘉

宁蜀郡

　　　　广汉　升迁　广都　垫江

汶山郡

　　　　都安　齐基　漫官

南阴平郡

　　　　阴平　绵竹　南郑　南长乐

东遂宁郡

　　　　巴兴　小汉　晋兴　德阳

始康郡

　　　　康晋　谈　新成

永宁郡

　　　　欣平　永安　宜昌

安兴郡

　　南汉　建昌
犍为郡
　　僰道　南安　资中　冶官　武阳
江阳郡
　　江阳　常安　汉安　绵
安固郡
　　桓陵　临渭　兴固　南苞　清水　沔阳　南城固
怀宁郡
　　万年　西平　怀道　始平
巴西郡
　　阆中　安汉　西充国　南充国　汉昌　平州　益昌　晋兴
　　东关
梓潼郡
　　涪　梓潼　汉德　新兴　万安　西浦
东江阳郡
　　汉安　安乐　绵水
南晋寿郡
　　南晋寿　泉　南兴
西宕渠郡
　　宕渠　宣汉　汉初　东关
天水郡
　　西　上邽　冀　宋兴
南新巴郡《永元志》寄治阴平。
　　新巴　晋熙　桓陵
北阴平郡
　　阴平　南阳　北桓陵　扶风　慎阳　京兆　绥归
新城郡
　　下辩　略阳　汉阳　安定
扶风郡见《永元三年志》。

　　　武江　华阴　茂陵

南安郡见《永元三年志》。

　　　南安　华阳　白水　乐安　桓道

东宕渠獠郡

　　　宕渠　平州　汉初

北部都尉

越嶲獠郡

沈黎獠郡

　　　蚕陵令，无户数。

甘松獠郡

始平獠郡

齐开左郡

齐通左郡

　　　右二左郡，建武三年置。

　　宁州，镇建宁郡，本益州南中，诸葛亮所谓不毛之地也。道远土
堵，蛮夷众多，齐民甚少，诸爨、氐强族，恃远擅命，故数有土反之
虞。领郡如左：

建平郡

　　　同乐　同濑　牧麻　新兴　新定　味　同并　万安　昆泽

　　　漏江　谈槁　母单　存鄂

南广郡

　　　南广　常迁　晋昌　新兴

南朱提郡

　　　朱提　汉阳　堂狼　南秦

南牂柯郡

　　　且兰　万寿　母欸　晋乐　绥宁　丹南

梁水郡

　　　梁水　西随　母掇　胜休　新丰　建安　骠封

建宁郡

　　新安　永丰　绥云　遂安　麻雅　临江

晋宁郡

　　建伶　连然　滇池　俞元　縠昌　秦臧　双柏

云南郡

　　东古复　西古复　云平　邪龙

西平郡

　　西平　暖江　都阳　西宁　晋绥　新城

夜郎郡

　　夜郎　谈柏　谈乐　广谈

东河阳郡

　　东河阳　楪榆

西河阳郡

　　比苏　建安　成昌

平蛮郡

　　平蛮　縠邑

兴古郡

　　西中　宛暖　律高　句町　漏卧　南兴

兴宁郡

　　青蛉　弄栋

西阿郡

　　楪榆　新丰　遂

平乐郡

　　益宁　安宁

北朱提郡

　　河阳　义城

宋昌郡

　　江阳　安上　犍为

永昌郡有名无民曰空荒不立。

　　永安　永　不建　犍瓬　雍乡　西城　博南

益宁郡永明五年，刺史董仲舒启置，领二县，无民户，自此以后皆然也。

　　武阳　绵水

南犍为郡永明二年置。

西益郡

江阳郡

犍为郡

永兴郡

永宁郡

安宁郡

　　　　　右六郡，隆昌元年置。

东朱提郡延兴元年立。

安上郡建武三年，刺史郭安明启置。

　　赞曰：郡国既建，因州而部。离过十三，合不逾九。分城列邑，名号殷阜。迁徙叛逆，代亡代有。

南齐书卷一六
志第八

百　官

　　建官设职，兴自炎昊，方乎隆周之册，表乎盛汉之书。存改回沇，备于历代，先贤往学，以之雕篆者众矣。若夫胡广《旧仪》，事惟简撮；应劭《官典》，殆无遗恨。王朗奏议，属霸国之初基；陈矫增曹，由军事而补阙。今则有《魏氏官仪》、鱼豢《中外官》也。山涛以意辩人，不□□□。荀勖欲去事烦，唯论并省。定制成文，本之《晋令》，后代承业，案为前准。肇域官品，区别阶□，蔚宗选簿梗概，钦明阶次详悉，虞通、刘寅因荀氏之作，矫旧增新，今古相校。齐受宋禅，事遵常典，既有司存，无所偏废。其余散在史注，多已筌拾，览者易知，不重述也。诸台府郎令史职吏以下，具见长水校尉王珪之《职仪》。

国相。

　　　　萧、曹以来，为人臣极位。宋孝建用南谯王义宣。至齐不用人，以为赠，不列官。

　　　　太宰。

　　　　宋大明用江夏王义恭，以后无人。齐以为赠。

　　　　太傅。

　　　　太师、太保、太傅，周旧官。汉末，董卓为太师。晋惠帝初，卫瓘为太保。自后无太师，而太保为赠。齐唯置太傅。

大司马。

大将军。

　　　　宋元嘉用彭城王义康,后无人。齐以为赠。

太尉。

司徒。

司空。

　　　　三公,旧为通官。司徒府领天下州郡名数户口簿籍。虽无,
　　　常置左右长史、左西掾属、主簿、祭酒、令史以下。晋世王导为
　　　司徒,右长史干宝撰立《官府职仪》已具。

特进。

　　　　位丛公。

诸开府仪同三司。

骠骑将军。

车骑将军。

卫将军。

镇军将军。

中军将军。

抚军将军。

四征将军。东、西、南、北。

四镇将军。

　　　　凡诸将军加“大”字,位从公,开府仪同如公。凡公督府置
　　　佐:长史、司马各一人,谘议参军二人。诸曹有录事,记室,户
　　　曹,仓曹,中直兵,外兵,骑兵,长流贼曹,城局,法曹,田曹,水
　　　曹,铠曹,集曹,右户,十八曹。局曹以上署正参军,法曹以下署
　　　行参军,各一人。其行参军无署者,为长兼员。其府佐史则从
　　　事中郎二人,仓曹掾、户曹属、东西阁祭酒各一人,主簿舍人御
　　　属二人。加崇者,则左右长史四人,中郎、掾、属并增数。其未
　　　及开府,则置府亦有佐史,其数有减。小府无长流,置禁防参
　　　军。

四安将军。

四平将军。

左、右、前、后将军。

征虏将军。

四中郎将。

晋世荀羡、王胡之并居此官。宋、齐以来，唯处诸王，素族无为者。

冠军将军。

辅国将军。

宁朔将军。

宁远将军。

龙骧将军。

凡诸小号，亦有置府者。

太常。

府置丞一人，五官、功曹、主簿，九府九史皆然。领官如左：博士，谓之太学博士。

国子祭酒一人。博士二人。助教十人。

建元四年，有司奏置国学，祭酒准诸曹尚书，博士准中书郎，助教准南台御史。选经学为先。若其人难备，给事中以还明经者，以本位领。其下典学二人，三品，准太常主簿；户曹、仪曹各二人，五品；白簿治礼吏八人，六品；保学医二人，威仪二人。其夏，国讳废学，有司奏省助教以下。永明三年，立学，尚书令王俭领祭酒。八年，国子博士何胤单为祭酒，疑所服，陆澄等皆不能据，遂以玄服临试。月余日，博议定，乃服朱衣。

总明观祭酒一人。

右太始六年，以国学废，初置总明观，玄、儒、文、史四科，科置学士各十人，正令史一人，书令史二人，干一人，门吏一人，典观吏二人。建元中，掌治五礼。永明三年，国学建，省。

太庙令一人，丞一人。

明堂令一人,丞一人。

太祝令一人,丞一人。

太史令一人,丞一人。

廪牺令一人,丞一人。

　　置令丞以下皆有职吏。

太乐令一人,丞一人。

诸陵令。

　　永明末置,用二品、三品勋。置主簿、户曹各一人,六日保

举。

光禄勋。

　　府置丞一人。领官如左:

左、右光禄大夫。

　　位从公,开府置佐史如公。

光禄大夫。

　　皆银章青绶,诏加金章紫绶者,为金紫光禄大夫。乐安任

遐为光禄,就王晏乞一片金,晏乃启转为金紫,不行。

太中大夫。

中散大夫。

　　诸大夫官,皆处旧齿老年,重者加亲信二十人。

卫尉。

　　府置丞一人。掌宫城管籥。张衡《西京赋》曰:"卫尉八屯,

警夜巡昼。"宫城诸却敌楼上本施鼓,持夜者以应更唱,太祖以

鼓多惊眠,改以铁磬云。

廷尉。

　　府置丞一人,正一人,监一人,评一人,律博士一人。

大司农。

　　府置丞一人。领官如左:

太仓令一人,丞一人。

导官令一人,丞一人。

藉田令一人，丞一人。

少府。

　　　府置丞一人。领官如左：

左、右尚方令各一人，丞一人。

锻署丞一人。永明三年省，四年复置。

御府令一人，丞一人。

东治令一人，丞一人。

南治令一人，丞一人。

平准令一人，丞一人。

上林令一人，丞一人。亦属尚书殿中曹。

将作大匠。

大仆。

大鸿胪

　　　三卿不常置。将作掌宫庙土木。太仆掌郊礼执辔。鸿胪
　　　掌导护赞拜。有事权置兼官，毕乃省。

乘黄令一人。

　　　掌五辂安车，大行凶器辒辌车。

客馆令。

　　　掌四方宾客。

宣德卫尉、少府、太仆。

　　　郁林王立，文安太后即尊号，以宫名置之。

大长秋。

　　　郁林立皇后置。

录尚书。

尚书令。

　　　总领尚书台二十曹，为内台主。行遇诸王以下，皆禁驻。
　　　左、右仆射分道。无令，左仆射为台主，与令同。

左仆射。

　　领殿中、主客二曹事,诸曹郊庙、圆陵、车驾行幸、朝仪、台内非违、文官举补满叙疾假事,其诸吉庆瑞应众贺、灾异贼发众变、临轩崇拜、改号格制、莅官铨选,凡诸除署、功论、封爵、贬黜、八议、疑谳、通关案,则左仆射主,右仆射次经,维是黄案,左仆射、右仆射署朱符见字,经都丞竟,右仆射横画成目,左仆射画,令画。右官阙,则以次并画。若无左右,则直置仆射在其间,总左右事。

吏部尚书。

　　领吏部、删定、三公、比部四曹。

度支尚书。

　　领度支、金部、仓部、起部四曹。

左民尚书。

　　领左民、驾部二曹。

都官尚书。

　　领都官、水部、库部、功论四曹。

五兵尚书。

　　领中兵、外兵二曹。

祠部尚书。

　　右仆射通职,不俱置。

起部尚书。

　　兴立宫庙权置,事毕省。

左丞一人。

掌宗庙郊祠、吉庆瑞应、灾异、立作格制、诸案弹、选用除置、吏补满除遣注职。

右丞一人。

　　掌兵士百工补役死叛考代年老疾病解遣、其内外诸库藏谷帛、刑罪创业诤讼、田地船乘、禀拘兵工死叛、考剔讨补、差分百役、兵器诸营署人领、州郡租布、人民户移徙、州郡县并帖、城邑民户割属、刺史二千石令长尉被收及免赠、文武诸犯削官事。白案,右丞上署,左丞次署。黄案,左丞上署。诸立格制及详谳大事宗庙朝廷仪体,左丞上署,右丞次署。自令仆以下五尚书八座二十曹,各置郎中令史以下,又置都令史分领之。仆射掌朝轨,尚书掌谳奏,都丞任碎,在弹违诸曹缘常及外详谳事。应须命议相值者,皆郎先立意,应奏黄案及关事,以立意官为议主。凡辞诉有漫命者,曹缘谘如旧。若命有谘,则以立意者为议主。

武库令一人。

　　属库部。

车将令一人,丞二人。

　　属驾部。

公车令一人。

大官令一人,丞一人。

大医令一人,丞一人。

内、外殿中监各一人。

内、外骅骝厩丞各一人。

材官将军一人,司马一人。

　　属起部,亦属领军。

侍中祭酒。高功者称之。

　　侍中。

　　　　汉世为亲近之职。魏、晋选用,稍增华重,而大意不异。宋文帝元嘉中,王华、王昙首、殷景仁等,并为侍中,情在亲密,与帝接膝共语,貂拂帝手,拔貂置案上,语毕复手插之。孝武时,侍中何偃南郊陪乘,銮辂过白门阃,偃将匐,帝乃接之,曰:“朕乃陪卿。”齐世朝会,多以美姿容者兼官。永元三年,东昏南郊,不欲亲朝士,以主玺陪乘,前代未尝有也。侍中呼为门下,亦置令史。领宫如左:

给事黄门侍郎。

亦管知诏令,世呼为小门下。

散骑常侍。通直散骑常侍。员外散骑侍郎。

旧与侍中通官,其通直、员外,用衰老人士,故其官渐替。宋大明虽华选比侍中,而人情久习,终不见重,寻复如初。

散骑侍郎。通直散骑侍郎。员外散骑侍郎。

给事中。

奉朝请。

驸马都尉。

集书省职,置正书令史。朝散用衣冠之余,人数猥积。永明中,奉朝请至六百余人。

中书监一人,令一人,侍郎四人,通事舍人无员。

中书省职,置主书、令史、正书以下。

秘书监一人,丞一人。郎。著作佐郎。

晋秘书阁有令史,掌众书,《晋令》,令亦置令史、正书及弟子,皆典教书画。

御史中丞一人。

晋江左,中丞、司隶分督百僚,傅咸所云"行马内外"是也。今中丞则职无不察,专道而行,驺辐禁呵,加以声色,武将相逢,辄致侵犯,若有卤簿,至相殴击。宋孝建二年制,中丞与尚书令分道,虽丞郎下朝相值,亦得断之,余内外众官,皆受停驻。

治书侍御史二人。

侍御史十人。

兰台置诸曹内外督令以下。

谒者仆射一人。

谒者十人。

　　谒者台，掌朝觐宾飨。

领军将军、中领军。

护军将军、中护军。

　　　凡为中，小轻，同一官也。诸为将军官，皆敬领、护。诸王
　　为将军，道相逢，则领、护让道。置长史、司马、五官、功曹、主
　　簿。

左右二卫将军。

骁骑将军。

游击将军。

　　　晋世以来，谓领、护至骁、游为六军。二卫置司马、次官、功
　　曹、主簿以下。

左右二中郎将。

前军将军、后军将军、左军将军、右军将军，号四军。

屯骑、步兵、射声、越骑、长水五校尉。

虎贲中郎将。

冗从仆射。

羽林监。

积射将军。

强弩将军。

殿中将军、员外殿中将军。

殿中司马督。

武卫将军。

武骑常侍。

　　自二卫、四军、五校已下，谓之“西省”，而散骑为“东省”。

丹阳尹。

　　位次九卿下。

太子太傅。

　　少傅。

　　　　府置丞、功曹、五官、主簿。

　　太子詹事。

　　　　府置丞一人以下。

　　太子率更令。

　　太子家令。

　　　　置丞。

　　太子仆。

　　太子门大夫。

　　太子中庶子。

　　太子中舍人。

　　太子洗马。

　　太子舍人。

　　太子左、右卫率各一。

　　太子翊军、步兵、屯骑三校尉。

　　太子旅贲中郎将一人。

　　太子左、右积弩将军。

　　太子殿中将军、员外殿中将军。

　　太子仓官令。

　　太子常从虎贲督。

　　　　右东宫职僚。

州牧、刺史。

　　魏、晋世，州牧隆重，刺史任重者为使持节、都督，轻者为持节、督。起汉从帝时，御史中丞冯赦讨九江贼，督扬、徐二州军事，而何、徐《宋志》云起魏武遣诸州将督军，王珪之《职仪》云起光武，并非也。晋太康中，都督知军事，刺史治民，各用人。

惠帝末，乃并任，非要州则单为刺史。州朝置别驾、治中、议曹、文学祭酒、诸曹部从事史。

护南蛮校尉。

府置佐史，隶荆州。晋、宋末省，建元元年复置，三年省，延兴元年置，建武省。

护三巴校尉。

宋置。建元二年，改为刺史。

宁蛮校尉。

府亦置佐史，隶雍州。

平蛮校尉。

永明三年置，隶益州。

镇蛮校尉。

隶宁州。

护西戎校尉。

护羌校尉。

右四校尉，亦置四夷。

平越中郎将。

府置佐史，隶广州。

郡太守、内史。

县令、相。

郡县为国者，为内史、相。

镇蛮护军。

安远护军。

晋世杂号，多为郡领之。

诸王师、友、文学各一人。

国官郎中令、中尉、大农为三卿，左右常侍、侍郎，上军、中军、下军三军，典书、典祠、学官、典卫四令，食官、厩牧长、谒者以下。公侯置郎中令一卿。

　　赞曰：百司分置，惟皇命职。云师鸟纪，各有其式。

南齐书卷一七
志第九

舆　服

　　昔三皇乘祇车出谷口，夏氏以奚仲为车正，殷有瑞车，山车垂句是也。《周礼》匠人为舆，以象天地。汉武天汉四年，朝诸侯甘泉宫，定舆服制，班于天下。光武建武十三年，得公孙述葆车，舆辇始具。蔡邕创立此志，马彪勒成汉典，晋挚虞治礼，亦议五辂制度。江左之始，车服多阙，但有金戎，省充庭之仪。太兴中，太子临学，无高盖车，元帝诏乘安车。元、明时，属车唯九乘。永和中，石虎死后，旧工人奔叛归国，稍造车舆。太元中，苻坚败后，又得伪车辇，于是属车增为十二乘，义熙中，宋武平关、洛，得姚兴伪车辇。宋大明改修辇辂，妙尽时华，始备伪氏，复设充庭之制。永明中，更增藻饰，盛于前矣。案《周礼》以检《汉志》，名器不同，晋、宋改革，稍与世异，今记时事而已。

　　玉辂，汉金根也。漆画轮，金涂纵容后路受福碟。两厢上望板前优游，通缘金涂镂碟，碧绞属，凿镂金薄帖。两厢外织成衣，两厢里上施金涂镂面钉，玳瑁帖。望板厢上金薄帖，金博山，登仙纽，松精。优游上和鸾鸟立花扶衔铃，银带玳瑁筒瓦，金涂镂碟，刀格，织成手匡金花细锦衣。优游下，隐滕，里施金涂镂面钉，织成文。优游横前，施玳瑁帖，金涂花钉。优游前，金涂倒龙，后捐凿银玳瑁龟甲，金涂花沓。望板，金涂受福望龙诸校饰。抗及诸末，皆螭龙首。龙汗板在车前，银带花兽，金涂受福，绿里边，镂碟玳瑁织成衣。里，金涂镂面花钉。外，金涂博山、辟邪虎、凤凰衔花诸校饰。斗盖，金涂镂碟，二十八爪支子花，黄锦斗衣，复碧绢染布绿油顶，绛系终，织成颜笔赭舌孔雀毛复锦，绿纹随阴，悬珠蚌佩，金涂铃，云朱结，仙人绶，淮色真孔雀眊。一辕，漆画车衡，银花带，衡上金涂博山，四和鸾鸟立花扶衡铃，所谓"鸾鸟立衡"也。又龙首衔轭，叉氂插翟尾。上下花沓，绛绿系的，望绳八枚。旃十二旒，画升龙，竿首金涂龙衔火焰幡，真眊。棨戟，织成衣，金涂沓驻及受福，金涂雁镂鲽。漆案立床，在车中，锦复黄纹，为案立衣。锦复黄纹鄣泥。八幅，长九尺，绿红锦笔带，织成花笔的。

五辂，江左相承驾四马，左右騑为六。施绛系游御绳，其重毂贰辖飞络幡，用赤油令，有紫真眊。左纛，置左骖马轭上。金镪，金加冠，状如三华汗，在马镪上。方釳，铁广数寸，有三孔，插翟尾其中。繁缨，金涂紫皮，紫真眊，横在马膺前。镂锡，刻金为马面当颅。皆如古制。世祖永明初，加玉辂为重盖，又作麒麟头，采画，以马首戴之。竟陵王子良启曰："臣闻车旗有章，载自前史，器必依礼，服无舛法。凡盖员象天，轸方法地，上无二天之仪，下设两盖之饰，求之志录，恐为乖衷。又假为麟首，加乎马头，事不师古，鲜或可施。"建武中，明帝乃省重盖等。

金辂。制度校饰如玉辂，而稍减少，亦以金涂。

象辂。如金辂，而制饰又减。

木辂。制饰如象辂，而尤减。

革辂，如大辂。建大麾。赤旗也。首施火焰幡。

宋升明三年，锡齐王大辂、戎辂各一。乘黄五辂，无大辂、戎辂。左丞王逡之议："大辂，殷之祭车，故不登周辂之名，而《明堂位》云：'大辂，殷也。'注云'大辂，木辂也。'《月令》：'中央土，乘大辂。'注云：'殷辂也。'《礼器》：'大辂繁缨一就。'注云：'大辂，殷之祭天车也。'《周礼》五路，玉路、金路、象路、革路、木路。则周之木辂，殷之大路也。周革路建大白，以即戎，此则戎路也。意谓国之大事，在祀与戎，故锡以殷祭天之车，与周之即戎之路。祀则以殷，戎必以周者，明郊天义远，建前代之礼，即戎事近，故以今世之制。《明堂位》云：'鲁君孟春乘大路，载十有二旒日月之章，祀于帝郊。'天必以大

辂以锡诸侯，良有以也。今木路，即大路也。"太尉左长史王俭议，宜
用金辂九旒。时乘黄无副，借用五辂，大朝临轩，权列三辂。

玉、金辂，建碧旂。象、木辂，建赤旂。永明初，太子步兵校尉伏
曼容议，以为："齐德尚青，五路、五牛及五色幡旗，并宜以先青为
次。军容戎事之所乘，牺牲茧握之所荐，并宜悉依尚色。三代服色，
以姓音为尚，汉不识音，故还尚其行运之色。今既无善律，则大齐所
尚，亦宜依汉道。若有善吹律者，便应还取姓尚。"太子仆周颙议：
"三代姓音，古无前记，裁音配尚，起自曼容。则是曼容善识姓声，不
复方假吹律。何故能识远代之宫商，而更迷皇朝之律吕，而云当今
无知吹律以定所尚，宜附汉以从阙邪？皇朝本以行运为所尚，非关
不定于音氏。如此，设有善律之知音，不宜遵声以为尚。"散骑常侍
刘朗之等十五人并议驳之，事不行。

皇太子象辂。校饰如御，旂九旒降龙。

皇太后、皇后重翟车，金涂校具，白地人马锦帖，厢隐膝后户，白牙的
帖，金涂面钉，漆画轮，铁锏，金涂纵容后路辌，师子辖、抗檐皆施金涂螭头及
神龙雀等诸饰。轭衡上施金博山，又有金涂长角巴首。盖，金涂，爪支子花二
十八，青油侠碧绢黄绞盖，漆布里。紫彦笔，黄绞紫绞随阴，碧毛。外上施绛紫
系络。碧旂九旒，絭戟。宋元嘉《东宫仪记》云中宫仆御重翟金根车，
未详得称为金根也。

皇太子妃厌翟车。如重翟，饰微减。

指南车。四周厢上施屋，指南人衣裙襦天衣，在厢中。上四角皆施龙子
干，县唯色真孔雀眊，乌布皂复幔，漆画轮，驾牛，皆铜校饰。

记里鼓车。制如指南，上施华盖子，缲衣漆画，鼓机皆在内。

辇车，如犊车，竹蓬。厢外凿镂金薄，碧纱衣，织成笔，锦衣。厢里及仰项
隐膝后户，金涂镂面，玳瑁帖，金涂松精，登仙花纽，绿四缘，四望纱萌子，上下
前后眉，镂镍。辕枕长角龙，白牙兰，玳瑁金涂校饰。漆鄣尘板在兰前，金银花
兽玃天龙师子镂面，榆花细指子摩尼炎，金龙虎。扶辕，银口带，龙板头。龙辕
轭上，金凤皇铃琐，录口带，星后梢，玳瑁帖，金涂香杳，银星花兽慢竿杖，金涂
龙牟，纵横长祸，背花香染兆床副。自辇以下，二宫御车，皆绿油幢，绛系络。御
所乘，双栋。其公主则碧油幢云。《司马法》曰："夏后氏辇曰余车，殷曰

胡奴车,周曰辎车。"皆辇也。《汉书·叔孙通传》云"皇帝辇出房",成帝辇过后宫,此朝宴并用也。《舆服志》云:"辇车具金银丹青采腾雕画蒲陶之文,乘人以行。"信阳侯阴就见井丹,左右人进辇,是为臣下亦得乘之。晋武帝给安平献王孚云母辇。晋中朝又有香衣辇,江左唯御所乘。

卧辇。校饰如坐辇,不甚服用。

漆画轮车,金涂校饰如辇,微有减降。金涂鐊,纵容后辌师子副也。御为群公举哀临哭所乘。皇后、太子妃亦乘之。

漆画牵车,小形如舆车,金涂纵容后路师子辌,铁鐊,锦衣。厢里隐膝后户牙兰,辕枕梢,幰竿戍栋梁,皆金涂校饰。御及皇太子所乘,即古之羊车也。晋泰始中,中护军羊琇乘羊车,为司隶校尉刘毅所奏。武帝诏曰:"羊车虽无制,非素者所服,免官。"《卫玠传》云:"总角乘羊车,市人聚观。"今不驾羊,犹呼牵此车者为羊车云。

舆车,形如辌车,柒画,金校饰,锦衣。两厢后户隐膝牙兰,皆玳瑁帖,刀格,镂面花钉。幰竿成校栋梁,下施八杠,金涂咎,兆床副。人举之。一曰小舆,小行幸乘之。皇太子亦得于宫内乘之。

衣画十二乘,槟榆毂轮,箕子壁,绿油衣,厢外绿纱萌,油幢络,通幰,竿刺代栋梁,枞櫹真形龙牵,支子花。辕后伏神抗、承泥、咎,金涂校具。古副车之象也。今亦曰五时副车。

青萌车,是谓擒幔车。

油络画安车,公主、王妃、三公特进夫人所乘。汉制,皇后、贵人紫罽辇。晋皇后乘云母油画安车,驾六,以两辕安车驾五为副。公主画安车驾六,以两辕安车驾三为副。公主画安车驾三,三夫人青交络安车驾三,皆以紫绛罽辇车驾三为副。九嫔、世妇辇车驾二,王公妃、特进夫人皂交络为副。汉贱辎车而贵辇车,晋贱辎辇而贵辎车,皆行礼所乘。

黄屋车,建碧旂九旒,九旒,鸾辂也。汉《舆服志》云:"金根车,盖黄缯为里,谓之黄屋。"今金、玉辂皆以黄地锦,唯此车以黄缯。皆金涂校具,黄隐随阴,青毛羽,二十八爪支子花,绛系络。九命上公所乘。

青盖安车，朱轓漆班轮，驾一，左右骓，通幰车为副，诸王礼行所乘。凡车有轓者谓之轩。皂盖安车，朱轓漆班轮，驾一，通幰牛车为副，三公礼行所乘。

安车，黑耳皂盖马车，朱轓，驾一，牛车为副，国公、列侯礼行所乘。

马车，驾一，九卿、领、护、二卫、骁、游、四军、五校从郊陵所乘。晋制，三公下至九卿，又各安车黑耳一乘，公驾三，特进驾二，卿驾一，复各轺车施黑耳后户皂轮一乘。

油络轺车，尚书令、仆射、中书监、令、尚书、侍中、常侍、中黄门、中书、散骑侍郎，皆驾一牛，朝直所乘。晋制，尚书令施黑耳后户皂轮，仆射、中书监、令直施后户皂轮，尚书无后户，皆漆轮毂，今犹然。

安车，赤屏，驾一，又轺车，施后户，为副，太子二傅礼行所乘。

四望车，通幰，油幢络，班柒轮毂。亦曰皂轮，以加礼贵臣。晋武诏给魏舒阳燧四望小车。

三望车，制度如四望。或谓之夹望，亦以加礼贵臣，次四望。

油幢络车，制似三望而减。王公加礼者之为常乘，次三望。

平乘车，竹簟子壁仰，楂榆为轮，通幰，竿刺代栋梁，柚橛真形龙牵，金涂支子花纽，辕头后梢杳伏神承泥，庶人亦然，但不通幰。三公诸王所乘。自四望至平乘，皆铜校饰。

辒辌车。四轮，饰如金根。四角龙首，施组衔壁，垂五采，析羽葆流苏，前后云气错画帷裳，以素为池而幡蔽。驾四白骆马，太仆执辔。贵臣薨，亦如之，羽饰驾御，微有减降。

《虞书》曰："予欲观古人之象，日、月、星辰、山、龙、华虫作缋，宗彝、藻、火、粉米、黼、黻絺绣，以五采章施于五色。"天子服备日、月以下，公山、龙以下，侯伯华虫以下，子男藻、火以下，卿大夫粉米以下。天子六冕，王后六服，著在《周官》。公侯以下，咸有名则，佩玉组绶，并具礼文，后代沿革，见《汉志》、《晋服制令》，其冠十三品，见蔡邕《独断》，并不复具详。宋明帝太始四年，更制五辂，议修五冕，朝会狝猎，各有所服，事见《宋注》。旧相承三公以下冕七旒，青玉珠，卿大夫以下五旒，黑玉珠。永明六年，太常丞何谌之议，案《周礼》命数，改三公八旒，卿六旒，尚书令王俭议，依汉三公服，山、龙九章，卿华虫七章。从之。

　　平冕黑介帻，今谓平天冠。皂表朱绿里，广七尺，长尺二寸，垂珠十二旒，以朱组为缨，如其绶色。衣皂上绛下，裳前三幅，后四幅。衣画而裳绣，为日、月、星辰、山、龙、华虫、藻、火、粉米、黼、黻十二章。素带广四寸，朱里，以朱绿裨饰其侧，要中以朱，垂以绿，垂三尺。中衣，以绛缘其领袖，赤皮韨，绛裤袜，赤舄，郊庙临朝所服也，魏世冕用白玉珠为旒。魏明帝好妇人饰，改以珊瑚珠。晋初仍旧，后乃改。江左以美玉难得，遂用瑇珠，世谓之白璇珠。

　　衮衣，汉世出陈留襄邑所织。宋末用绣及织成，建武中，明帝以织成重，乃采画为之，加饰金银薄，世亦谓为天衣。

　　史臣曰：黼黻之设，经纬为用，故五色六章十二衣还相为质也。历代龙衮，织以成文，今体不胜衣，变易旧法，岂致美黻冕之谓乎！

　　通天冠，黑介帻，金博山颜，绛纱袍，皂缘中衣，乘舆常朝所服。旧用驳犀簪导，东昏改用玉。其朝服，臣下皆同。

　　黑介帻，单衣，无定色，乘舆拜陵所服。其白帢单衣，谓之素服，以举哀临丧。

　　远游冠，太子诸王所冠。太子朱缨，翠羽缕珠节。诸王玄缨，公侯皆同。

　　平冕，各以组为缨，王公八旒，衣山、龙九章，卿七旒，衣华虫七章，并助祭所服。皆画皂绛缯为之。

　　进贤冠，诸开国公、侯、乡、亭侯，卿，大夫，尚书，关内侯，二千石，博士，中书郎，丞、郎，秘收监、丞、郎，太子中舍人、洗马、舍人，诸府长史，卿，尹，丞，下至六百石令长小吏，以三梁、二梁、一梁为差，事见《晋令》。

武冠，待臣加貂蝉，余军校武职、黄门、散骑、太子中庶子、二率、朝散、都尉，皆冠之。唯武骑虎贲服文衣，插雉尾于武冠上。

史臣曰："应劭《汉官》释附蝉，及司马彪《志》并不见侍中与常侍有异，唯言左右珥貂而已。案项氏说云："汉侍中蝉刻为蝉像，常侍但为珰而不蝉。"未详何代所改也。

法冠，廷尉等诸执法者冠之。

高山冠，谒者冠之。

樊哙冠，殿门卫士冠之。

黑介帻冠，文冠；平帻冠，武冠。尚书令、仆射、尚书纳言帻，后饰为异。

童子空顶帻，施假髻，贵贱同服。

救日蚀，文武官皆免冠，著赤介帻对朝服。赤帻，示威武也。

裤褶，车驾亲戎、中外纂严所服。黑冠，帽缀紫褾，以络带代鞶带。中官紫褾，外官绛褾。其纂严戎服不缀褾，行留悉同。校猎巡幸，从官戎服革带鞶带，文官不缨，武官脱冠。

袿襡大衣，谓之袆衣，皇后谒庙所服。公主会见大首髻，其燕服则施严杂宝为佩瑞。袿襡用绣为衣，裳加五色，锁金银校饰。

绶，乘舆黄赤绶，黄赤缥绿绀五采。太子朱绶，诸王纁朱绶，皆赤黄缥绀四采。妃六同。相国绿綟绶，三采，绿紫绀。郡公玄朱，侯伯青朱，子男素朱，皆三采。公世子紫，侯世子青，乡、亭、关内侯墨绶，皆二采。郡国太守、内史青，尚书令、仆、中书监、令、秘书监皆黑，丞皆黄，诸府丞亦黄。皇后与乘舆同赤，贵嫔、夫人、贵人紫，王太妃、长公主、封君亦紫绶，六宫青绶，青白红，郡公、侯夫人青绶。

乘舆传国玺，秦玺也。晋中原乱，没胡，江左初无之，北方人呼晋家为"白板天子"。冉闵败，玺还南。别有行、信等六玺，皆金为之，亦秦、汉之制也。皇后金玺，太子诸王金玺，皆龟钮。公侯五等金章，公世子金印，侯银印，贵嫔、夫人金章，公主、王太妃、封君金印，六宫以下公侯太夫人夫人银印。其公、将军金章，光禄大夫、卿、尹、太子傅、诸领护将军、中郎将、校书、郡国太守、内史、四品五品将军，皆银章，尚书令、仆、中书监、令、秘书丞、太子二率、诸府长史、卿尹丞、尉、中丞、都水使者、诸州刺史，皆铜印。

三台五省二品文官，皆簪白笔。王公五等及武官不簪，加内侍乃簪。

百官执手板，尚书令、仆、尚书，手板头复有白笔，以紫皮裹之，名曰"笏"。汉末仲长统谓百司皆宜执之。其肩上紫袷囊，名曰"契囊"，世呼为"紫荷"。

佩玉，自乘舆以下，与晋、宋制同。建元四年，制王公侯卿尹珠水精，其余用牙蝀。太官宰人服离支衣，后定。

赞曰：文物煌煌，仪品穆穆。分别礼数，莫过舆服。

漆画索车注"戍栋梁"，一本"戍"作"戈"。舆车注"成校栋梁"，一本"成校"作"戈杖"。衣书车注"剌代栋梁"，平乘车注"剌代栋梁"，并疑。

南齐书卷一八
志第一〇

祥　瑞

　　天符瑞命，遐哉邈矣。灵篇秘图，固以蕴金匮而充石室，炳
《契》《决》，陈《纬》《侯》者，方策未书。启觉天人之期，扶奖帝王之
运，三五圣业，神明大宝，二谋协赞，罔不由兹。夫流火赤雀，实纪周
祚，雕云素灵，发祥汉氏，光武中兴，皇符为盛，魏膺当涂之谶，晋有
石瑞之文，史笔所详，亦唯旧矣。齐氏受命，事殷前典。黄门郎苏侃
撰《圣皇瑞应记》，永明中庾温撰《瑞应图》，其余众品，史注所载。今
详录去取，以为志云。

　　《老子河洛谶》曰：“年历七七水灭绪，风云俱起龙麟举。”宋水
德王，义熙十四年，元熙二年，永初三年，景平一年，元嘉三十年，孝
建三年，大明八年，永光一年，泰始七年，泰豫元年，元徽四年，升明
三年，凡七十七年，故曰七七也。《易》曰：“云从龙，风从虎。”关尹
云：“龙不知其乘风云而上天也。”

　　谶又曰：“肃草成，道德怀书备出身，形法治吴出南京。”上即姓
讳也。南京，南徐州治京口也。

　　谶又曰：“壏塥河梁塞龙渊，消除水灾泄山川。”壏塥河梁，为路
也，路即道也。渊塞者，譬路成也。即太祖讳也。消水灾，言除宋氏
患难也。

　　谶又曰：“上参南斗第一星，下立草屋为紫庭。神龙之岗梧桐
生，凤鸟舒翼翔且鸣。”南斗第一星，吴分也。草屋，萧字也。又萧管

之器,像凤鸟翼也。

谶又曰:"萧为二士,天下大乐。"二士,主字也。

谶又曰:"天子何在草中宿。"宿,肃也。

《尚书中候·仪明篇》曰:"仁人杰出,握表之象,曰角姓,合音之于。"苏侃云:"萧,角姓也。又八音之器有箫管也。"

史臣曰:案晋光禄大夫何祯解音之于为曹字,谓魏氏也。王隐《晋书》云:"卯金音于,亦为魏也。"《候》书章句,本无铨序,二家所称,既有前释,末详侃言为何推据。

《孝经钩命决》曰:"谁者起,视名将。"君者群也,理物为雄,优劣相次以期兴,将,太祖小讳也。征西将军萧思话见之曰:"此我家讳也。"

王子年歌曰:"金刀治世后遂苦,帝王昏乱天神怒,灾异屡见戒人主,三分二叛失州土,三王九江一在吴,余悉稚小早少孤,一国二主天所驱。"金刀,刘也。三分二叛,宋明帝世也。三王九江者,孝武于九江兴,晋安王子勋虽不终,亦称大号,后世祖又于九江基霸迹,此三王也。一在吴,谓齐氏桑梓,亦寄治南吴也。一国二主,谓太祖符运潜兴,为宋氏驱除寇难。

歌又曰:"三禾掺掺林茂挈,金刀利刃齐刘之。"刘,翦也。《诗》云:"实始翦商。"

歌又曰:"欲知其姓草肃肃。谷中最细低头熟。鳞身甲体永兴福。"谷,道;熟,成。又讳也。太祖体有龙鳞,斑驳成文,始谓是黑历,治之甚至而文愈明,伏羲亦鳞身也。

《金雄记》曰:"铄金作刀在龙里,占睡上人相须起。"又云:"当复有作肃入草。"萧字也。《易》云:"圣人作之。"《记》又云:"草门可怜乃当悴,建号不成易运沸。"《诗》云不时,时也;不成,成也;建号,建元号也;易运,革命也。

谶曰:"周文王受命,千五百岁,河雒出圣人,受命于己未,至丙子为十八周,旅布六郡东南隅,四国安定可久留。"案周灭殷后七百八十年,秦四十九年,汉四百二十五年,魏四十五年,晋百五十年,宋六十年,至建元元年,千五百九年也。

武进县彭山,旧茔在焉。其出岗阜相属数百里,上有五色云气,有龙出焉。宋明帝恶之,遣相墓工高灵文占视,灵文先与世祖善,还,诡答云:"不过方伯。"退谓世祖曰:"贵不可言。"帝意不已,遣人于墓左右校猎,以大铁钉长五六尺钉墓四维,以为厌胜。太祖后改树表柱,柱忽龙鸣,响震山谷,父老咸志之云。

会稽剡县刻石山,相传为名,不知文字所在。升明末,县民兒袭祖行猎,忽见石上有文,凡三处,苔生其上,字不可识。刊苔去之,大石文曰:"此齐者,黄公之化气也。"立石文曰:"黄天星,姓萧,字某甲,得贤帅,天下太平。"小石文曰:"刻石者谁? 会稽南山李斯刻秦望之封也。"

益州齐后山,父老相传,其名亦不知所起。升明三年,有沙门玄畅于山丘立精舍,其日,太祖受禅日也。

嵩高山,升明三年四月,荥阳人于山东南涧见天雨石,坠地石开,有玺在其中,方三寸。其文曰:"戊丁之人与道俱,肃然入草应天符。"又曰:"皇帝兴运。"午诣雍州刺史萧赤斧,表献之。

史臣案:昔大人见临洮而铜人铸,临洮生董卓而铜人毁,有卓而世乱,世乱而卓亡,如有似也。晋末嵩高山出玉璧三十二,宋氏以为受命之祥。今此山出玺,而水德云谢,终始之征,亦有领也。

元徽四年,太祖从南郊,望气者陈安宝见太祖身上黄紫气属天,安宝谓亲人王洪范曰:"我少来未尝见军上有如此气也。"

太祖年十七,梦乘青龙西行逐日,日将薄山乃止,觉而恐惧,家人问占者,云"至贵之象也"。苏侃云:"青,木色。日暮者,宋氏末运也。"

秦始七年,明帝遣前淮南太守孙奉伯往淮阴监元会。奉伯与太祖同寝,梦上乘龙上天,于下捉龙脚不得。觉谓太祖曰:"兖州当大庇生民,弟不见也。"奉伯卒于宋。

青河崔灵运为上府参军,梦天帝谓己曰:"萧讳是我弟十九子,我去年已授其天子位。"自三皇五帝至齐受命君,凡十九人也。

宋泰始中,童谣云:"东城出天子。"故明帝杀建安王休仁。苏侃云:"后从帝自东城即位,论者谓应之,乃是武进县上所居东城里也。"熊襄云:"上旧乡有大道,相传云秦始皇所经,呼为'天子路',后遂为帝乡焉。"案从帝实当援立,犹如晋之怀、愍,亦有征符。齐运既无巡幸,路名或是秦旧,疑不能详。

世祖年十三,梦举体生毛,发生至足。又梦人指上所践地曰:"周文王之田。"又梦虚空中飞。又梦著孔雀羽衣。庾温云:"雀,爵位也。"又梦凤皇从天飞下青溪宅斋前,两翅相去十余丈,翼下有紫云气。及在襄阳,梦著桑屐行度太极殿阶。庾温云:"屐者,运应木也。"臣案桑字为四十而二点,世祖年过此即帝位,谓著屐为木行也。屐有两齿有声,是为明两之齿至四十二而行即真矣。及在郢州,梦人从天飞下,头插笔来画上衣两边,不言而去。庾温释云:"画者,山、龙、华虫也。"

世祖宋元嘉十七年六月己未夜生,无火,婢吹灰而火自燃。

世祖于南康郡内作伎,有弦无管,于是空中有篪声,调节相应。

世祖为广兴相,岭下积旱,水涸不通船,上部伍至,水忽暴长。庾温云:"《易》利涉大川之义也。"

世祖顿盆城,城内无水,欲凿引江流,试掘井,得伏泉九处,皆涌出。

建元元年四月,有司奏:"延陵令戴景度称所领季子庙,旧有涌井二所,庙祝列云旧井北忽闻金石声,即掘,深三尺,得沸泉。其东忽有声铮铮,又掘得泉,沸涌若浪。泉中得一银木简,长一尺,广二寸,隐起文曰:'庐山道人张陵再拜谒诣起居。'简木坚白,而字色黄。"谨案《瑞应图》,"浪井不凿自成,王者清静,则仙人主之。"《孔氏世录》云:"叶精帝道,孔书明巧,当在张陵。"宋均注云:"张陵佐封禅。一云陵,仙人也。"

元徽三年，太祖在清溪宅，斋前池中忽扬波起浪，涌水如山，有金石响，须臾有青龙从池中出，左右皆见之。

升明元年，青龙见齐郡。

建元四年，青龙见从阳郡清水县平泉湖中。

永明七年，黄龙见曲江县黄池中，一宿二日。

中兴二年，山上云障四塞，顷有玄黄五色如龙，长十余丈，从西北升天。

宋泰始末，武进旧茔有兽见，一角，羊头，龙翼，马足，父老咸见，莫之识也。

永明十年，鄱阳郡献一角兽，麟首，鹿形，龙鸾共色。《瑞应图》云：“天子万福允集，则一角兽至。”

十一年，白象九头见武昌。

史臣曰：《记》云，升中于天，麟凤至而龟龙格。则凤皇巢乎阿阁，麒麟在乎郊薮，岂非驯之在庭，扰以成畜，其为瑞也如此。今观魏、晋已来，世称灵物不少，而乱多治少，史不绝书。故知来仪在沼，远非前事，见而不至，未辩其为祥也。

升明三年三月，白虎见历阳龙亢县新昌村。新昌村，嘉名也。《瑞应图》云：“王者不暴白虎仁。”

建元四年三月，白虎见安蛮虔化县。

中兴二年二月，白虎见东平寿张安乐村。

升明二年，驺虞见安东县五界山，师子头，虎身，龙脚。《诗传》云：“驺虞，义兽，白虎黑文，不食生物，至德则出。”

升明三年，太祖为齐王，白毛龟见东府城池中。

建元二年，休安陵获玄龟一头。

永明五年，武骑常侍唐潜上青毛神龟一头。

七年六月，彭城郡田中获青毛龟一头。

八年，延陵县前泽畔获毫龟一枚。

八年四月,长山县王惠获六目龟一头,腹下有"万欢"字,并有卦兆。

六月,建城县昌城田获四目龟一头,下有"万齐"字。

九年五月,长山县获神龟一头,腹下有《巽》、《兑》卦。

中兴二年正月,逻将潘道盖于山石穴中获毛龟一头。

升明三年,世祖遣人诣宫亭湖庙还福,船泊渚,有白鱼双跃入船。

永明五年,南豫州刺史建安王子真表献金色鱼一头。

建元元年八月,男子王约获白雀一头。

九月,秣陵县获白雀一头。

二年四月,白雀集郢州府馆。

五月,白雀见会稽永兴县。

永明元年五月,郢州丁坡屯获白雀一头。

三年七月,安成王皓第获白雀一头。

九月,南郡江陵县获白雀一头。

四月七日,白雀见临汝县。

七年六月,盐官县获白雀一头。

八年,天门临澧县获白雀一头。

九年七月,吴郡钱塘县获白雀一头。

八月,豫州获白雀一头。

十年五月,齐郡获白雀一头。

建元元年五月,白乌见巴郡。

永明四年三月,三足乌巢南安中陶县庭。

八年四月,阳羡县获白乌一头。

隆昌元年四月,阳羡县获白乌一头。

建元二年,江陵县获白鼠一头。

永明六年,白鼠见芳林园。

十年九月,义阳郡获白鼠一头。

永明四年,丹杨县获白兔一头。

升明元年六月,庆云见益都。

建元元年,世祖拜皇太子日,有庆云在日边。

三年,华林园醴泉堂东忽有瑞云,周圆十许丈,高下与景云楼平,五色藻密,光彩映山,徘徊良久,行转南行,过长船入华池。

升明二年,宣城临成县于藉山获紫芝一枝。

永明八年五月,阳城县获紫芝一株。

隆昌元年正月,襄阳县获紫芝一茎。

升明二年四月,昌国县徐万年门下棠树连理。

九月,豫州万岁涧广数丈,有树连理,隔涧腾枝相通,越壑跨水为一干。

建元二年九月,有司奏上虞县枫树连理,两株相去九尺,双株均耸,去地九尺,合成一干。

故鄣县枫树连理,两株相去七尺,大八围,去地一丈,仍相合为树,泯如一木。

山阳县界若邪村有一棳木,合为连理。

淮阴县建业寺梨树连理。

建康县梨树耀穰一本作耀攘。五围,连理六枝。

永明元年五月,木连理生安成新喻县。又生南梁陈县。

闰月,璇明殿外阁南槐树连理。

八月,盐官县内乐村木连理。

二年七月,乌程县陈文则家槿树连理。

七月,新冶县槐栗二木合生异根连理,去地数尺,中央小开,上复为一。

三年正月,安城县榆树二株连理。

二月,安阳县梓树连理。

九月,句阳县之谷山槿树连理,异根双挺,共杪为一。

十二月,永宁左郡槠木连理。

四年二月,秣陵县乔天明园中李树连理生,高三尺五寸,两枝别生,复高三尺,合为一干。

五年正月,秣陵县华僧秀园中四树连理。

六年四月,江宁县北界赖郎齐平里三成逻门外路东太常萧惠基园榎树二株连理,其高相去二尺,南大北小,小者倾柯南附,合为一树,枝叶繁茂,圆密如盖。

七年,江宁县李树二株连理,两根相去一丈五尺。

八年,巴陵郡树连理四株。

三月,武陵白沙戍槻木连理,相去五尺,俱高三尺,东西二枝,合而通柯。

十二月,柴桑县陶委天家树连理。

永明五年,山阴县孔广家园柽树十二层。会稽太守随王子隆献之,种芳林园凤光殿西。

九年,秣陵县斗场里安明寺有古树,众僧改架屋宇,伐以为薪,剖树木里,自然有"法大德"三字。

始兴郡本无榅树,调味有阙。世祖在郡,堂屋后忽生一株。

升明二年十月,甘露降建康县。

十一月,甘露降长山县。

十二月,甘露降彭山松树,至九日止。

建元元年九月,甘露降淮南郡桃石榴二树。有司奏甘露降新汲县王安世园树。

永明二年四月,甘露降南郡桐树。

四年二月,甘露降临湘县李树。

三月,甘露降南郡桐树。

四月,甘露降睢阳县桃树。

五年四月,甘露降荆州府中阁外桐树。

六年,甘露降芳林园故山堂桐树。

九年八月,甘露降上定林寺佛堂庭,中天如雨,遍地如雪,其气芳,其味甘,耀日舞风,至晡乃止。尔后频降钟山松树,四十余日乃止。

十月,甘露降大安陵树。

中兴二年三月,甘露降茅山,弥漫数里。

元徽四年三月,醴泉出昌国白鹿山,其味甚甘。

永明元年正月,新蔡郡固始县获嘉禾,一茎五穗。

八月,新蔡县获嘉禾,二茎九穗,一茎七穗。

十一月,固始县获嘉禾,一茎九穗。

二年八月,梁郡睢阳县界野田中获嘉禾,一茎二十三穗。

五年九月,莒县获嘉禾一株。

十年六月,海陵齐昌县获喜禾,一茎六穗。

十一年九月,睢阳县田中获嘉禾一株。

升明二年九月,建宁县建昌村民采药于万岁山,忽闻涧中有异响,得铜钟一枚,长二尺一寸,边有古字。

建元元年十月,浩陵郡蛮民田健所住岩间,常留云气,有声响澈若龙吟,求之积岁,莫有见者。去四月二十七日,岩数里夜忽有双光,至明往,获古钟一枚,又有一器名淳于,蛮人以为神物奉祠之。

永明四年四月,东昌县山自比岁以来,恒发异响,去二月十五日,有一岩襐落,县民方元泰往视,于岩下得古钟一枚。

五年三月,豫宁县长岗山获神钟一枚。

九年十一月,宁蜀广汉县田所垦地入尺四寸,获古钟一枚,形高三尺八寸,围四尺七寸,县柄长一尺二寸,合高五尺,四面各九孔。更于陶所瓦间见有白光,窥寻无物,自后夜夜辄复有光,既经旬日,村民张庆宣瓦作屋,又于屋间见光照内外,庆宣疑之,以告孔休先,乃共发视,获玉玺一钮,璧方八分,上有鼻,文曰"帝真"。

曲阿县民黄庆宅左有园,园东南广袤四丈,每种菜,辄鲜异,虽加采拔,随复更生。夜中恒有白光,皎质属天,状似县绢,私疑非常,请师卜候,道士傅德占使掘之,深三尺,获玉印一钮,文曰"长承万福"。

永明二年正月,冠军将军周普孙于石头北厢将堂见地有异光照城堞,往获玉玺一钮,方七分,文曰"明玄君"。

十一月,虏国民齐祥归入灵丘关,闻殷然有声,仰视之,见山侧有紫气如云,众鸟回翔其间,祥往气所,获玺方寸四分,兽钮,文曰"坤维圣帝永昌"。送与虏太后师道人惠度,欲献虏主。惠度睹其文,窃谓"当今衣冠正朔,在于齐国",遂附道人惠藏送京师,因羽林监崔士亮献之。

三年七月,始兴郡民龚玄宣云,去年二月,忽有一道人乞食,因探怀中出篆书真经一卷,六纸,又表北极一纸,又移付罗汉居士一纸,云从兜率天宫下,使送上天子,因失道人所在。今年正月,玄宣又称神人授皇帝玺,龟形,长五寸,广二寸,厚二寸五分,上有"天地"字,中央"萧"字,下"万世"字。

十年,兰陵民齐伯生于六合山获金玺一钮,文曰"年予主"。

世祖治盆城,得五尺刀一十口,永明年历之数。

升明三年,左里村人于宫亭湖得戟载二枚,傍有古字,文远不可识。

泰始中,世祖于青溪宅得钱一枚,文有北斗七星双节,又有人形带剑。及治盆城,又得一大钱,文曰"太平百岁"。

永明七年,齐兴太守刘元宝治郡城,于堑中获钱百万,形极大,以献台为瑞,世祖班赐朝臣以下各有差。

十年,齐安郡民王摄掘地得四文大钱一万二千七百十枚,品制如一。

建元元年,郢州监利县天井湖水色忽澄清,出绵,百姓采以为纩。

永明二年,护军府门外桑树一株,并有蚕丝绵被枝茎。

史臣案:汉光武时有野蚕成茧,百姓得以成衣服。今则浮波幕树,其亦此之类乎。

永明八年,始兴郡昌乐村获白鸠一头。

二年,彭泽县获白雉一头。

七年,郁林获白雉一头。

十年,青州沤液戍获白雉一头。

五年,望蔡县获白鹿一头。

九年,临湘获白鹿一头。

六年,蒲涛县亮野村获白獐一头。

七年,荆州获白獐一头。

八年,余干县获白獐一头。

九年,义阳安昌县获白獐一头。

十年,司州清激戍获白獐一头。

十一年,广陵海陵县获白獐一头。

七年,越州献白珠,自然作思惟佛像,长三十。上起禅灵寺,置刹下。

七年,吴郡太守江敩于钱塘县获苍玉璧一枚以献。

七年,主书朱灵让于浙江得灵石,十人举乃起,在水深三尺而浮,世祖亲投于天渊池试之,刻为佛像。

二年,从阳丹水县山下得古鼎一枚。

三年,越州南高凉俚人海中网鱼,获铜兽一头,铭曰“作宝鼎,齐臣万年子孙承宝”。

赞曰:天降地出,星见先吉。造物百品,详之载述。

南齐书卷一九
志第一一

五　行

　　《木传》曰："东方,《易经》地上之木为《观》,故木于人,威仪容貌也。木者,春生气之始,农之本也。无夺农时,使民岁不过三日,行什一之税,无贪欲之谋,则木气从。如人君失威仪,逆木行,田猎驰骋,不反宫室,饮食沉湎,不顾礼制,出入无度,多发繇役,以夺民时,作为奸诈,以夺民财,则木失其性矣。盖以工匠之为轮矢者多伤败,故曰木不曲直。"

　　宋泰豫元年,京师祇垣寺皂荚树枯死。升明末,忽更生花叶。《京房易传》曰："树枯冬生,不出二年,国丧,君子亡。"其占同。宋氏禅位。

　　建元元年,朱爵舫华表柱生枝叶。

　　建元初,李子生毛。

　　二年,武陵沉头都尉治有桑树,方冬生叶。《京房易传》曰："木冬生花,天下有丧。"其占同。后二年,宫车晏驾。

　　四年,巴州城西古楼脚柏柱数百年,忽生花。

　　永明六年,后子岗柏木长二尺四寸,广四寸半,化为石。时里驾数游幸,应本传木失其性也。

　　永明中,大舸一舢无故自沉,艒中无水。

　　隆昌元年,庐陵王子卿斋屋梁柱际无故出血。

　　建武初,始安王遥光治庙,截东安寺屋以直庙垣,截梁,水出如泪。

《貌传》曰："失威仪之制,怠慢骄恣,谓之狂,则不肃矣。下不敬,则上无威。天下既不敬,又肆其骄恣,肆之则不从。夫不敬其君,不从其政,则阴气胜,故曰厥罚常雨。"

永明八年四月己巳,起阴雨,昼或暂晴,夜时见星月,连雨积霖,至十七日乃止。

十一年四月辛巳朔,去三月戊寅起,而其间暂时晴,从四月一日又阴雨,昼或见日,夜乍见月,回复阴雨,至七月乃止。

永泰元年十二月二十九日雨,至永元元年五月二十一日乃晴。京房占曰："冬雨,天下饥。春雨,有小兵。"时虏寇雍州,余应本传。

《传》曰："大雨雪,犹庶征之常雨也,然有甚焉。雨,阴。大雨雪者,阴之畜积甚也。一曰与大水同象,曰攻为雪耳。"

建元二年闰月己丑,雨雪。

三年十一月,雨雪,或阴或晦,八十余日,至四年二月乃止。

《传》曰："雷于天地为长子,以其首长万物,与之出入,故雷出万物出,雷入万物入。夫雷者人君之象,入则除害,出则兴利。雷之微气以正月出,其有声者以二月出,以八月入,其余微者以九月入。冬三月雷无出者,若是阳不阴闭,则出涉危难而害万物也。"

建元元年十月壬午夜,电光,因雷鸣。

十月庚戌,电光,有顷雷鸣,久而止。

永明五年正月戊申夜,西北雷声。

六年十月甲申夜,阴,细雨,始闻雷鸣于西北上。

七年正月甲子夜,阴,雷鸣西南坤宫,隆隆一声而止。

八年正月庚戌夜,雷起坎宫水门,其音隆隆,一声而止。

九年二月丙子,西北有电光,因闻雷声隆隆,仍续十声而止。

十年二月庚戌夜,南方有电光,因闻雷声隆隆相续,丁亥止。

十年庚子,电雷起西北。

十一月丁丑,西南有光,因闻雷声隐隐,再声而止。西南坤宫。

十二月甲申,阴雨,有雷光,因闻西南及西北上雷鸣",频续三声。

丙申夜,闻西北上雷,频续二声。

辛亥,雷雨。

《传》曰:"雨雹,君臣之象也。阳之气专为雹,阴之气专为霰。阳专而阴胁之,阴盛而阳薄之。雹者,阴薄阳之象也。霰者,阳胁阴之符也。《春秋》不书霰者,犹月蚀也。"

建元四年五月戊午朔,雹。

永明元年九月乙丑,雹落大如蒜子,须臾乃止。

十一年四月辛亥,雹落大如蒜子,须臾灭。

《貌传》又曰:"上失节而狂,下怠慢而不敬,上下失道,轻法侵制,不顾君上,因以荐饥。貌气毁,故有鸡祸。一曰:"水岁鸡多死及为怪,亦是也。上下不相信,大臣奸宄,民为寇盗,故曰厥极恶。"一曰:"民多被刑,或形貌丑恶,风俗狂慢,变节易度,则为轻剽奇怪之服,故曰时则有服妖。"

永明中,宫内服用射猎锦文,为骑射兵戈之象。至建武初,虏大为寇。

永明中,萧谌开博风帽后裙之制,为破后帽。世祖崩后,谌建废立,诛灭诸王。

永明末,民间制倚劝帽。及海陵废,明帝之立,劝进之事,倚立可待也。

建武中,帽裙覆顶,东昏时,以为裙应在下,而今在上,不祥,断之。群下反上之象也。

永元中,东昏侯自造游宴之服,缀以花采锦绣,难得详也。群小又造四种帽,帽因势为名。一曰"山鹊归林"者,《诗》云"《鹊巢》,夫人之德”，东昏宠嬖淫乱，故鹊归其林薮。二曰“兔子度坑”，天意言天下将有逐兔之事也。三曰“反缚黄离喽”，黄口小鸟也，反缚，面缚之应也。四曰“凤，王度三桥”，凤，皇者嘉瑞，三桥，梁王宅处也。

《貌传》又曰：“危乱端见，则天地之异生。木者青，故曰青眚，为恶祥。凡貌伤者，金沴木，木沴金，冲气相通。”

延兴元年，海陵王初立，文惠太子冢上有物如人，长数丈，青色，直上天，有声如雷。

火，南方，扬光辉，出炎燩为明者也。人君向明而治，盖取其象。以知人为分，谗佞既远，群贤在位，则为明而火气从矣。人君疑惑，弃法律，不诛谗邪，则谗口行，内间骨肉，外疏忠臣，至杀世子，逐功臣，以妾为妻，则火失其性，上灾宗庙，下灾府榭，内燺本朝，外燺阙观，虽兴师众，不能救也。

永明三年正月甲夜，西北有野火，光上生精，西北有四，东北有一，并长七八尺，黄赤色。

三月庚午丙夜，北面有野火，光上生精，长六尺。戊夜，又有一枚，长五尺，并黄赤色。

四年正月丁亥夜，有火精三处。

闰月丁巳夜，有火精四所。

十二月辛酉夜，东南有野火精二枚。

五年十二月丙寅夜，西北有野火，火上生精一枚，长二尺，黄白色。

六年十一月戊申夜，西、南及北三面有野火，火上生精，九枚，并长二尺，黄赤色。

九年二月丙寅甲夜，北面有野火，火火生精，二枚，西北又一枚，并长三尺，须臾消。

永元二年八月，宫内火，烧西斋璇仪殿及昭阳、显阳等殿，北至华林墙，西及秘阁，凡屋三千余间。《京房易传》曰：“君不思道，厥妖火烧宫。”秘阁与《春秋》宣榭火同,天意若曰:“既无纪纲,何用典文为”也。

二年冬,京师民间相惊云,当行火灾,南岸人家往往于篱间得布火缠者,云公家以此禳之。

三年正月,豫章郡天火烧三千余家。京房《易占》曰:“天火下烧民屋,是谓乱治杀兵作。”是年,台军与义师偏众相攻于南江诸郡。

三年二月,乾和殿西厢火,烧屋三十间。是时,西斋既火,帝徙居东斋,高宗所住殿也。与烧宫占同。

《传》又曰:“犯上者不诛,则草犯霜而不死。或杀不以时,事在杀生失柄,故曰草妖也。”一曰:“草妖者,失众之象也。”

永元中,御刀黄文济家斋前种昌蒲,忽生花,光影照壁,成五采,其儿见之,余人不见也。少时,文济被杀。

刘歆《视传》有羽虫之孽,谓鸡祸也。班固案《易》鸡属《巽》,今以羽虫之孽类是也,依歆说附《视传》云。

建武二年,有大鸟集建安,形如水牮子。其年,郡大水。

三年,大鸟集东阳郡,太守沈约表云:“鸟身备五采,赤色居多。”案《乐纬叶图征》云:“焦朋鸟质赤,至则水之感也。”

永明二年四月,乌巢内殿东鸱尾。

三年,大鸟集会稽上虞。其年,县大水。

《传》曰:“维水沴火。”又曰:“赤眚赤祥。”

建武四年,王晏子德元所居帷屏,无故有血洒之,少日而散。

《思心传》曰:“心者,土之象也。思心不睿,其过在晋乱失纪。风于阳则为阴,于阴则为大臣之象,专恣而气盛,故罚常风。心为五事主,犹土为五行主也。”一曰:“阴阳相薄,偏气阳多为风,其甚也常风。阴气多者,阴而不雨,其甚也常阴。”一曰:“风宵起而昼晦,以应常阴同象也。”

建元元年十一月庚戌，风夜暴起，云雷合冥，从戌亥上来。

四年十一月甲寅酉时，风起小駃，至二更雪落，风转浪津。

永明四年二月丙寅巳时，风迅急。

十一月己丑戌时，风迅急，从西北戌亥上来。

五年五月乙酉子时，风迅急，从西北戌亥上来。

七年正月丁卯，阳徵阴贼之日，时加子，风起迅急，从北方子丑上来，暴疾浪津，寅时止。

八年六月乙酉，加子时，风起迅急，暴疾浪津，发屋折木，尘沙，从西南未上来，因雷雨，须臾，风微雨止。

九年七月甲寅，阳羽廉贞之日，时加亥，风起迅急，从东方来，暴疾彭勃浪津，至乙卯阴贼时渐微，名羽动羽。

九月乙丑，时加未，雷，骤雨，风起迅急，暴疾浪津，从西北戌上来。

十月壬辰，阳羽奸邪之日，时加丑，风起从北方子丑上来，暴疾浪津，迅急，尘埃，五日寅时渐微，名羽动宫。

十年正月辛巳，阳商宽大之日，时加寅，风从西北上来，暴疾浪津，迅急，扬沙折木，酉时止。

二月甲辰，阳徵奸邪之日，时加辰，风起迅急，从西北亥上来，暴疾彭勃浪津，至酉时止。

三月丁酉，阳徵廉贞之日，时加未，风从北方子丑上来，迅急，暴疾浪津，戌时止。

七月庚申，阴角贪狼之日，时加午，风从东北丑上来，迅急浪津，至辛酉巳时渐微。

十一年二月庚寅，阳角廉贞之日，时加亥，风从西北亥上来，迅疾浪津，丑时渐微，为角动角。

七月甲寅，阳羽廉贞之日，时加巳，风从东北寅上来，迅疾浪津，发屋折木，戌夜渐微，为羽动徵。

己巳，阳角宽大之日，时加未，风从戌上来，暴疾，良久止，为角动商及宫。

　　凡时无专恣，疑是阴阳相薄。

　　建昌元年三月乙酉未时，风起，浪津暴急，从北方上来，应本传瞀乱。

　　建武二年、三年、四年，每秋七月、八月，辄大风，三吴尤甚，发屋折木，杀人。京房占："狱吏暴，风害人。"时帝严刻。

　　永元元年七月十二日，大风，京师十围树及官府居民屋皆拔倒，应本传。

　　《传》又曰："山之于地，君之象也。山崩者，君权损，京陵易处，世将变也。陵转为泽，贵将为贱也。"

　　建元二年夏，庐陵石阳县长溪水冲激山麓崩，长六七丈，下得柱千余口，皆十围，长者一丈，短者八九尺，头题有古文字，不可识。江淹以问王俭，俭云："江东不闲隶书，此秦汉时柱也。"后年，宫车晏驾，世变之象也。

　　永明二年秋，始兴曲江县山崩，壅底溪水成陂。京房占："山崩，人主恶之。"

　　《传》又曰："雷电所击，盖所感也。皆思心有尤之所致也。"

　　建元二年闰六月丙戌戊夜，震电。

　　四年五月五日，云雹暗都，雷震于乐游安昌殿，电火焚荡尽。

　　永明八年四月六日，雷震会稽山阴恒山保林寺刹上四破，电火烧塔，下佛面窗户不异也。

　　永明中，雷震东宫南门，无所伤毁，杀食官一人。

　　十一年三月，震于东斋，栋崩。左右密欲治缮，竟陵王子良曰："此岂可治，留之志吾过，且旌天之爱我也。"明年，子良薨。

　　《传》又曰："土气乱者，木金水火乱之。"

　　建武二年二月丁巳，地震。

　　永元元年七月，地日夜十八震。

九月十九日，地五震。

金者，西方，万物既成，杀气之始也。其于王事，兵戎战伐之道也。王者兴师动众，建立旗鼓，仗旄把钺，以诛残贼，止暴乱，杀伐应义，则金气从。工冶铸化，革形成器也。人君乐侵陵，好攻战，贪城邑，轻百姓之命，人民不安，内外骚动，则金失其性。盖冶铸不化，水滞固坚，故曰金不从革，又曰维木沴金。

建武四年，明帝出旧宫送豫章王第二女绥安主降嫔，还上辇，辇上金翅无故自折落地。

《言传》曰："言《易》之道，西方曰《兑》，为口。人君过差无度，刑法不一，敛从其重，或有师旅，炕阳之节，若动众劳民，是言不从。人君既失众，政令不从，孤阳持治，下畏君之重刑，阳气胜则旱象至，故曰厥罚常阳也。"

建元三年，大旱，时有房寇。

永明三年，大旱，明年，唐宇之起。

建武二年，大旱，时房寇方盛，皆动众之应也。

《言传》曰："下既悲苦君上之行，又畏严刑而不敢正言，则必先发于歌谣。歌谣，口事也。口气逆则恶言，或有怪谣焉。"

宋泰始既失彭城，江南始传种消梨，先时所无，百姓争欲种植。识者曰："当有姓萧而来者。"十余年，齐受禅。

元徽中，童谣曰："襄阳白铜蹄，郎杀荆州儿。"后沈攸之反，雍州刺史张敬儿袭江陵，杀沈攸之子元琰等。

永明元年元日，有小人发白虎樽，既醉，与笔扎，不知所道，直云"忆高帝"。敕原其罪。

世祖起青溪旧宫，时人反之曰："旧宫者，穷厩也。"及上崩后，宫人出居之。

永明初，百姓歌曰："白马向城啼，欲得城边草。"后句间云"陶郎来"。白者金色，马者兵事。三年，妖贼唐宇之起，言唐来劳也。

世祖起禅灵寺初成，百姓纵观，或曰："禅者授也，灵非美名，所授必不得其人。"后太孙立，见废也。

永明中，宫内坐起御食之外，皆为客食，世祖以客非家人名，改呼为别食，时人以为分别之象。少时，上晏驾。

文惠太子在东宫，作两头纤纤诗，后句云"磊磊落落玉山崩"。自此长王宰相相继薨徂，二宫晏驾。

文惠太子作七言诗，后句辄云"愁和谛"。后果有和帝禅位。

永明中，虏中童谣云："黑水流北，赤火入齐。"寻而京师人家忽生火，赤于常火，热小微，贵贱争取以治病。法以此火炙桃板七炷，七日皆差。敕禁之，不能断。京师有病瘿者，以火炙数日而差。邻人笑曰："病偶自差，岂火能为。"此人便觉颐间痒，明日瘿还如故。后梁以火德兴。

文惠太子起东田，时人反云"后必有癫童"。果面太孙失位。

齐宋以来，民间语云"扰攘建武上"。明帝初，诛害蕃戚，京师危骇。

永元元年，童谣曰："洋洋千里流，流翟东城头。乌马乌皮裤，三更相告诉。脚跛不得起，误杀老姥子。"千里流者，江祏也。东城，遥光也。遥光夜举事，垣历生者乌皮裤褶往奔之。跛脚，亦遥光。老姥子，孝字之象，徐孝嗣也。

永元中，童谣云："野猪虽嗝嗝，马子空间渠。不知龙与虎，饮食江南墟。七九六十三，广莫人无余。乌集传舍头，今汝得宽休。但看三八后，摧折景阳楼。"识者解云"陈显达属猪，崔慧景属马"，非也。东昏侯属猪，马子未详，梁王属龙，萧颖胄属虎。崔慧景攻台，顿广莫门死，时年六十三。乌集传舍，即所谓"瞻乌爰止，于谁之屋"。三八二十四，起建元元年，至中兴二年，二十四年也。摧折景阳楼，亦高台倾之意也，言天下将去，乃得休息也。

齐、宋之际，民间语云"和起，"言以和颜而为变起也。后和帝立。

崔慧景围台城,有一五色幡,飞翔在云中,半日乃不见,众皆惊怪,相谓曰:"幡者,事寻当翻覆也。"数日而慧景败。

《言传》曰:"言气伤则民多口舌,故有口舌之疴。金者白,故有白眚,若有白为恶祥。"

宋升明二年,飙风起建康县南塘里,吹帛一匹入云,风止,下御路。纪僧真启太祖当宋氏禅者,其有匹夫居之。

水,北方,冬藏万物,气至阴也,宗庙祭祀之象。死者精神放越不反者,故为之庙以收散,为之貌以收其魂神,而孝子得尽礼焉。敬之至,则神歆之,此则至阴之气从,则水气从沟渎随而流去,不为民害矣。人君不祷祀,简宗庙,废祭祀,逆天时,则雾水暴出,川水逆溢,坏邑轶乡,沉溺民人,故曰水不润下。

建元二年,吴、吴兴、义兴三郡大水。

二年夏,丹杨、吴二郡大水。

四年,大水。

永明五年夏,吴兴、义兴水雨伤稼。

六年,吴兴、义兴二郡大水。

建武二年冬,吴、晋陵二郡水雨伤稼。

永元元年七月,涛入石头,漂杀缘淮居民。应本传。

荆州城内有沙池,常漏水。萧颖胄为长史,水乃不漏,及颖胄亡,乃复竭。

《传》曰:"极阴气动,故有鱼孽。鱼孽者,常寒罚之符也。"

永明九年,盐官县石浦有海鱼乘潮来,水退不得去,长三十余丈,黑色无鳞,未死,有声如牛,土人呼为海燕,取其肉食之。

永元元年四月,有大鱼十二头入会稽上虞江,大者近二十余丈,小者十余丈,一入山阴称浦,一入永兴江,皆喝岸侧,百姓取食之。

《听传》曰:"不聪之象见,则妖生于耳,以类相动,故曰有鼓妖也。"一曰,声属鼓妖。

永明元年十一月癸卯夜,天东北有声,至戊夜。

《传》曰:"皇之不极,是谓不建,其咎在霿乱失听,故厥咎霿。思心之咎亦霿。天者,正万物之始,王者,正万事之始,失中则害天气,类相动也。天者转于下而运于上,云者起于山而弥于天,天气动则其象应,故厥罚常阴。王者失中,臣下盛强,而蔽君明,则云阴亦众多而蔽天光也。

建元四年十月丙午,日入后土雾勃勃如火烟。

永明二年十一月己亥,四面土雾入人眼鼻,至辛丑止。

二年十一月丙子,日出后及日入后,四面土雾勃勃如火烟。

六年十一月庚戌丙夜,土雾竟天,昏塞浓厚,至六日未时小开,到甲夜仍后浓密,勃勃如火烟,辛惨入人眼鼻。

八年十月壬申夜,土雾竟天,浓厚勃勃如火烟,气入人眼鼻,至九日辰时开除。

九年十月丙辰,昼夜恒昏雾勃勃如火烟。其气辛惨入人眼鼻,兼日色赤黄,至四日甲夜开除。

十年正月辛酉,酉初四面土雾勃勃如火烟,其气辛惨入人眼鼻。

《传》曰:"《易》曰'乾为马'。逆天气,马多死,故曰有马祸。"一曰,马者,兵象也。将有寇戎之事,故马为怪。

建昌四年,王晏出至草市,马惊走,鼓步从车而归,十余日,晏诛。

建武中,南岸有一兰马,走逐路上女子,女子窘急,走入人家床下避之,马终不置,发床食女子股脚间肉都尽,禁司以闻,敕杀此马,是后频有寇贼。

《京房易传》曰:"生子二胸以上,民谋其主。三手以上,臣谋其主。二口已上,国见惊以兵。三耳已上,是谓多听,国事无定。二鼻以上,国主久病。三足三臂已上,天下有兵。"其类甚多,盖以象占之。

永明五年,吴兴东迁民吴休之家女人双生二儿,胸以下齐以上合。

《京房易传》曰:"野兽入邑,其邑大虚。"又曰:"野兽无故入邑朝廷门及宫府中者,邑逆且虚。"

永明中,南海王子罕为南兖州刺史,有獐入广陵城,投井而死,又有象至广陵,是后刺史安陆王子敬于镇被害。

建武四年春,当郊治丘圆,宿设已毕,夜虎攫伤之。

建武中,有鹿入景皇寝庙,皆为上崩及禅代也。凡无占者,皆为不应本传。

赞曰:木怪夔魍,火为水妃。土实载物,金作明威。形声异迹,影响同归。皆由象应,莫不类推。

南齐书卷二〇
列传第一

皇　后

宣孝陈皇后　　高昭刘皇后

武穆裴皇后　　文安王皇后

郁林王何妃　　海陵王王妃

明敬刘皇后　　东昏褚皇后

和帝王皇后

六宫位号,汉、魏以来,因袭增置,世不同矣。建元元年,有司奏置贵嫔、夫人、贵人为三夫人,修华、修仪、修容、淑妃、淑媛、淑仪、婕妤、容华、充华为九嫔,美人、中才人、才人为散职。永明元年,有司奏贵妃、淑妃并加金章紫绶,佩于窴玉。淑妃旧拟九棘,以淑为温恭之称,妃为亚后之名,进同贵妃,以比三司。夫人之号,不殊蕃国。降淑媛以比九卿。七年,复置昭容,位在九嫔。建元三年,太子宫置三内职,良娣比开国侯,保林比五等侯,才人比驸马都尉。

宣孝陈皇后讳道止,临淮东阳人,魏司徒陈矫后。父肇之,郡孝廉。

后少家贫,勤织作,家人矜其劳,或止之,后终不改。嫁于宣帝,庶生衡阳元王道度、始安贞王道生,后生太祖。太祖年二岁,乳人乏乳，后梦人以两瓯麻粥与之，觉而乳大出，异而说之。宣帝从任在外，后常留家治事教子孙。有相者谓后曰："夫人有贵子而不见也。"后叹曰："我三儿谁当应之。"呼太祖小字曰："正应是汝耳。"宣帝殂后，后亲自执勤，婢使有过误，恕不问也。太祖虽从官，而家业本贫，为建康令时，高宗等冬月犹无缣纩，而奉膳甚厚，后每撤去兼肉，曰："于我过足矣。"殂于县舍，年七十三。升明三年，追赠竟陵公国太夫人，蜜印，画青绶，祠以太牢。建元元年，追尊孝皇后。赠外祖父肇之金紫光禄大夫，谥曰敬侯。后母胡氏为永昌县靖君。

高昭刘皇后讳智容，广陵人也。祖玄之，父寿之，并员外郎。

后母桓氏梦吞玉胜生后，时有紫光满室，以告寿之，寿之曰："恨非是男。"桓曰："虽女，亦足兴家矣。"后母寝卧，家人常见上如有云气焉。年十余岁，归太祖，严正有礼法，家庭肃然。宋泰豫元年殂，年五十。归葬宣帝墓侧，今泰安陵也。门生王清与墓工始下锸，有白兔跳起，寻之不得，及坟成，兔还栖其上。升明二年，赠竟陵公国夫人。三年，赠齐国妃，印绶如太妃。建元元年，尊谥昭皇后。三年，赠后父金紫光禄大夫，母桓氏上都乡君。寿之子兴道司徒属，文蔚豫章内史，义徽光禄大夫，义伦通直郎。

武穆裴皇后讳惠昭，河东闻喜人也。祖朴之，给事中。父玑之，左军参军。

后少与豫章王妃庾氏为绨纻，庾氏勤女工，奉事太祖、昭后，恭谨不倦，后不能及，故不为舅姑所重，世祖家好亦薄焉。性刚严，竟陵王子良妃袁氏布衣时有过，后加训罚。升明三年，为齐世子妃。建元元年，为皇太子妃。三年，后薨，谥穆妃，葬休安陵。世祖即位，追尊皇后。赠玑之金紫光禄大夫，后母檀氏余杭广昌乡元君。

旧显阳、昭阳殿，太后、皇后所居也。永明中无太后、皇后，羊贵嫔居昭阳殿西，范贵妃居昭阳殿东，宠姬荀昭华居凤华柏殿。宫内御所居寿昌画殿南阁，置白鹭鼓吹二部，乾光殿东西头，置钟磬两厢，皆宴乐处也。上数游幸诸苑囿，载宫人从后车，宫内深隐，不闻端门鼓漏声，置钟于景阳楼上，宫人闻钟声，早起装饰，至今此钟唯应五鼓及三鼓也。车驾数幸琅邪城，宫人常从，早发至湖北埭，鸡始鸣。

吴郡韩兰英，妇人有文辞。宋孝武世，献《中兴赋》，被赏入宫。明帝世，用为宫中职僚。世祖以为博士，教六宫书学，以其年老多识，呼为“韩公”。

文安王皇后讳宝明，琅邪临沂人也。祖韶之，吴兴太守。父晔之，太宰祭酒。

宋世，太祖为文惠太子纳后，桂阳贼至，太祖在新亭，传言已没，宅复为人所抄掠，文惠太子、竟陵王子良奉穆后、庾妃及后挺身送后兄舅之家，事平乃出。建元元年，为南郡王妃。四年，为皇太子妃，无宠。太子为宫人制新丽衣裳及首饰，而后宋帷陈设故旧，钗镊十余枚。永明十一年，为皇太孙太妃。郁林即位，尊为皇太后，称宣德宫。赠后父金紫光禄大夫，母桓氏丰安县君。其年十二月，备法驾谒太庙。高宗即位，出居鄱阳王故第，为宣德宫。永元三年，梁王定京邑，迎后入宫称制，至禅位。天监十一年，薨，年五十八。葬崇安陵，谥曰安后。

兄晃，义兴太守。

郁林王何妃名婧英，庐江灊人，抚军将军戢之女也。永明二年纳为南郡王妃。十一年，为皇太孙妃。郁林王即位，为皇后。嫡母刘氏为高昌县都乡君，所生母宋氏，为余杭广昌乡君。将拜，镜在床无故堕地。其冬，与太后同日谒太庙。

后禀性淫乱，为妃时，便与外人奸通。在后宫，复通帝左右杨珉之，与同寝处如伉俪。珉之又与帝相爱亵，故帝恣之。迎后亲戚入宫，赏赐人百数十万。以世祖耀灵殿处后家属。帝被废，后贬为王妃。

海陵王王妃名韶明,琅邪临沂人,太常慈女也。永明八年,纳为临汝公夫人。郁林即位,为新安王妃。延兴元年,为皇后。其年,降为海陵王妃。

明敬刘皇后讳惠端,彭城人,光禄大夫道弘孙也。太祖为高宗纳之。建元三年,除西昌侯夫人。永明七年,卒,葬江乘县张山。延兴元年,赠宣城王妃。高宗即位,追尊为敬皇后,赠父通直郎景猷金紫光禄大夫,母王氏平阳乡君。永泰元年,高宗崩,改葬,祔于兴安陵。

东昏褚皇后名令璩,河南阳翟人,太常澄女也。建武二年,纳为皇太子妃。明年,谒敬后庙。东昏即位,为皇后。帝宠潘妃,后不被遇。黄淑仪生太子诵,东昏废,并为庶人。

和帝王皇后名蕣华,琅邪临沂人,太尉俭孙也。初为随王妃。中兴元年,为皇后。帝禅位,后降为妃。

史臣曰:后妃之德,著自风谣,义起闺房,而道化天下。缲盆献种,罔非耕织,佩管晨兴,与子同事,可以光熙阃业,作俪公侯。孝、昭二后,并有贤明之训,不得母临万国。宝命方昌,椒庭虚位,有妇人焉,空慕周兴,祯符显瑞,徒萃徽名。若使掖作同休,阴教远燮,则马、邓风流,复存乎此。太祖创命,宫禁贬约,毁宋明之紫极,革前代之逾奢,衣不文绣,色无红采,永巷贫空,有同素室。世祖嗣位,运藉休平,寿昌前兴,凤华晚构,香柏文榱,花梁绣柱,雕金镂宝,颇用房帷,赵瑟《吴趋》,承闲奏曲,岁费傍恩,足使充轫,事由私蓄,无损国储。高宗仗数矫情,外行俭陋,内奉宫业,曾莫云改。东昏丧道,侈风大扇,销糜海内,以赡浮饰,哲妇倾城,同符殷、夏。呜呼!所以垂戒于方来。

　　赞曰：宣武孝则，识有先知。高昭诞武，世载母仪。裴穆储闱，位亦从隮。明敬典册，配在宗枝。秋宫亦遽，轩景前亏。文安废主，百忧已离，中兴秉制，揖让弘规。

南齐书卷二一
列传第二

文惠太子

　　文惠太子长懋字云乔,世祖长子也。世祖年末弱冠而生太子,为太祖所爱。姿容丰润,小字白泽。宋元徽末,随世祖在郢,世祖还镇盆城拒沈攸之,使太子劳接将帅,亲侍军旅。除秘书郎,不拜。授辅国将军,迁晋熙王抚军主簿。事宁,世祖遣太子还都,太祖方创霸业,心存嫡嗣,谓太子曰:"汝还,吾事办矣。"处之府东斋,令通文武宾客。敕荀伯玉曰:"我出行日,城中军悉受长懋节度。我时时履行。"转秘书丞,以与宣帝讳同,不就,改除中书郎,迁黄门侍郎,未拜。升明三年,太祖将受禅,世祖已还京师,以襄阳兵马重镇,不欲处他族,出太子为持节、都督雍梁二州郢州之竟陵司州之随郡军事、左中郎将、宁蛮校尉、雍州刺史。建元元年,封南郡王,邑二千户。江左未有嫡皇孙封王,始自此也。进号征虏将军。

　　先是,梁州刺史范柏年诱降晋寿亡命李乌奴讨平氏贼杨城、苏道炽等,颇著威名。沈攸之事起,柏年遣将阴广宗领军出魏兴声援京师,而候望形势,事平,朝廷遣王玄邈代之。乌奴劝柏年据汉中不受命,柏年计未决,玄邈已至,柏年迟回魏兴不肯下,太子虑其为变,乃遣说柏年,许启为府长史,柏年乃进襄阳,因执诛之。柏年,梓潼人,徙居华阳,世为土豪,知名州里。宋泰始中,氐寇断晋寿道,柏年以仓部郎假节领数百人慰劳通路,自益州道报命。除晋寿太守。讨平氏贼,遂为梁州。柏年强立,善言事,以应对为宋明帝所知。既被诛,巴西太守柳引称启太祖,敕答曰:"柏年幸可不尔,为之恨恨!"

时襄阳有盗发古冢者,相传云是楚王冢,大获宝物玉屐、玉屏风、竹简书、青丝编。简广数分,长二尺,皮节如新。盗以把火自照,后人有得十余简,以示抚军王僧虔,僧虔云是科斗书《考工记》,《周官》所阙文也。是时州遣按验,颇得遗物,故有同异之论。

会北虏南侵,上虑当出樊、沔。二年,征为侍中、中军将军,置府,镇石头。穆妃薨,成服日,车驾出临丧,朝议疑太子应出门迎。左仆射王俭曰:"寻《礼记·服问》:'君所主夫人妻、太子、嫡妇。'言国君为此三人为主丧也。今鸾舆临降,自以主丧而至,虽因事抚慰,义不在吊,南郡以下不应出门奉迎。但尊极所临,礼有变革,权去杖绖,移立户外,足表情敬,无烦止哭。皇太子既一宫之主,自应以车驾幸宫,依常奉候。既当成服之日,吉凶不容相干,宜以衰帻行事。望拜止哭,率由旧章。尊驾不以临吊,奉迎则惟常体,求之情礼,如为可安。"解侍中。上以太子哀疾,不宜居石头山障,移镇西州。四年,迁使持节、都督南徐兖二州诸军事、征北将军、南徐州刺史。世祖即位,为皇太子。

初,太祖好《左氏春秋》,太子承旨讽诵,以为口实。既正位东储,善立名尚,礼接文士,畜养武人,皆亲近左右,布在省闼。永明三年,于崇正殿讲《孝经》,少傅王俭以摘句令太仆周颙撰为义疏。五年冬,太子临国学,亲临策试诸生,于坐问少傅王俭曰:"《曲礼》云'无不敬'。寻下之奉上,可以尽礼,上之接下,慈而非敬。今总同敬名,将不为昧?"俭曰:"郑玄云'礼主于敬',便当是尊卑所同。"太子曰:"若如来通,则忠惠可以一名,孝慈不须别称。"俭曰:"尊卑号称,不可悉同,爱敬之名,有时相次。忠惠之异,诚以圣旨,孝慈互举,窃有征据。《礼》云'不胜丧比于不慈不孝',此则其义。"太子曰:"资敬奉君,资爱事亲,兼此二涂,唯在一极。今乃移敬接下,岂复在三之义?"俭曰:"资敬奉君,必同至极,移敬逮下,不慢而已。"太子曰:"敬名虽同,深浅既异,而文无差别,弥复增疑。"俭曰:"繁文不可备设,略言深浅已见。《传》云'不忘恭敬,民之主也'。《书》云'奉先思孝,接下思恭'。此又经典明文,互相起发。"太子问金紫光禄大夫张绪,绪曰:"愚谓恭敬是立身之本,尊卑所以并同。"太子曰:"敬虽立身之本,要非接下之称。《尚书》云'惠鲜鳏寡',何不言恭敬鳏寡邪?"绪曰:"今别言之,居然有恭惠之殊,总开记首,所以共同斯称。"竟陵王子良曰:"礼者敬而已矣。自上及下,愚谓非嫌。"太子曰:"本不谓有嫌,正欲使言与事符,轻重有别耳。"临川王映曰:"先举必敬,以明大体,尊卑事数,备列后章,亦当不以总略而碍。"太子又以此义问诸学生,谢几卿等十一人,并以笔对。太子问王俭曰:"《周易·乾卦》本施天位,而《说卦》云'帝出乎《震》'。《震》本非天,义岂相主?"俭曰:"《乾》健《震》动,天以运动为德,故言'帝出《震》'。"太子曰:"天以运动为德,君自体天居位,《震》雷为象,岂体天所出?"俭曰:"主器者莫若长子,故受之以《震》,万物出乎《震》,故亦帝所与焉。"俭又谘太子曰:"《孝经》'仲尼居,曾子侍'。夫孝理弘深,大贤方尽其致,何故不授颜子,而寄曾生?"太子曰:"曾生虽德惭体二,而色养尽礼,去物尚近,接引非隔,弘宣规教,义在于此。"俭曰:"接引非隔,弘宣虽易,去圣转远,其事弥轻。既云'人能弘道',将恐人轻道废。"太子曰:"理既有在,不容以人废言,而况中贤之才,弘上圣之教,宁有壅塞之嫌。"临川王映谘曰:"孝为德本,常是所疑,德施万善,孝由天性,自然之理,岂因积习?"太子曰:"不因积习而至,所以可为德本。"映曰:"率由斯至,不俟明德,夫孝荣亲,众德光备,以此而言,岂得为本?"太子曰:"孝有深浅,德有小大,因其分而为本,何所稍疑。"太子以长年临学,亦前代未有也。

明年,上将讯丹杨所领囚,及南北二百里内狱,诏曰:"狱讼之重,政化所先。太子立年作贰,宜时详览,此讯事委以亲决。"太子乃于玄圃园宣猷堂录三署囚,原宥各有差。上晚年好游宴,尚书曹事亦分送太子省视。

太子与竟陵王子良俱好释氏,立六疾馆以养穷民。风韵甚和,而性颇奢丽。宫内殿堂,皆雕饰精绮,过于上宫。开拓玄圃园,与台城北堑等。其中楼观塔宇，多聚奇石，妙极山水。虑上宫望见，乃傍门列修竹，内施高鄣，造游墙数百间，施诸机巧，宜须鄣蔽，须臾成立，若应毁撤，应手迁徙。善制珍玩之物，织孔雀毛为裘，光彩金翠，过于雉头矣。以晋明帝为太子时立西池，乃启世祖引前例，求东田起小苑，上许之。永明中，二宫兵力全实，太子使宫中将吏更番役筑，宫城苑巷，制度之盛，观者倾京师。上性虽严，多布耳目，太子所为，无敢启者。后上幸豫章王宅，过太子东田，见其弥亘华远，壮丽极目，于是大怒，收监作主帅，太子惧，皆藏匿之，由是见责。

太子素多疾，体又过壮，常在宫内，简于遨游。玩弄羽仪，多所僭拟，虽咫尺宫禁，而上终不知。十年，豫章王嶷薨，太子见上友于既至，造碑文奏之，未及镌勒。十一年春正月，太子有疾，上自临视，有忧色。疾笃，上表曰："臣地属元良，业微三善，光道树风，于焉盖阙，晨宵恂惧，有若临渊。摄生舛和，构离疴疾，大渐惟几，顾阴待谢，守器难永，视膳长违，仰恋慈颜，内怀感哽，窃惟死生定分，理不足悲，伏愿割无已之悼，损既往之伤，宝卫圣躬，同休七百，臣虽没九泉，无所遗恨。"时年三十六。太子年始过立，久在储宫，得参政事，内外百司，咸谓旦暮继体，及薨，朝野惊惋焉。上幸东宫，临哭尽哀，诏敛以衮冕之服，谥曰文惠，葬崇安陵。世祖履行东宫，见太子服玩过制，大怒，敕有司随事毁除，以东田殿堂为崇虚馆。郁林立，追尊为文帝，庙称世宗。

初，太子内怀恶明帝，密谓竟陵王子良曰："我意色中殊不悦此人，当由其福德薄所致。"子良便苦救解。后明帝立，果大相诛害。

史臣曰：上古之世，父不哭子，寿夭悠悠，尚嗟恒事。况夫正体东储，方树年德，重基累叶，载茂皇家。守器之君，已知耕稼，虽□□具美，交弘盛迹。武运将终，先期夙殒，传之幼少，以速颠危。推此而论，亦有冥数矣。

赞曰：二象垂则，三星丽天。树嫡惟长，义匪求贤。方为守器，植命不延。

南齐书卷二二
列传第三

豫章文献王

豫章文献王嶷，字宣俨，太祖第二子。宽仁弘雅，有大成之量，太祖特钟爱焉。

起家为太学博士、长城令。入为尚书左民郎、钱唐令。太祖破薛索儿，改封西阳，以先爵赐为晋寿县侯。除通直散骑侍郎，以偏忧去官。桂阳之役，太祖出顿新亭垒，板嶷为宁朔将军，领兵卫从。休范率士卒攻垒南，嶷执白虎幡督战，屡摧却之。事宁，迁中书郎。

寻为安远护军、武陵内史。时沈攸之责赕，伐荆州界内诸蛮，遂及五溪，禁断鱼盐。群蛮怒，西溪蛮王田头拟杀攸之使，攸之责赕千万，头拟输五百万，发气死。其弟娄侯篡立，头拟子田都走入獠中，于是蛮部大乱，抄掠平民，至郡城下。遣队主张莫兒率将吏击破之。田都自獠中请立，而娄侯惧，亦归附。嶷诛娄侯于郡狱，命田都继其父，蛮众乃安。

入为宋从帝车骑谘议参军、府掾，转骠骑，仍迁从事中郎。诣司徒袁粲，粲谓人曰："后来佳器也。"

太祖在领军府，嶷居清溪宅。苍梧王夜中微行，欲掩袭宅内，嶷左右舞刀戟于中庭，苍梧从墙间窥见，以为有备，乃去。太祖带南兖州，镇军府长史萧讳在镇，忧危既切，期渡江北起兵。嶷谏曰："主上狂凶，人下不自保，单行道路，易以立功。外州起兵，鲜有克胜。物情疑惑，必先人受福。今于此立计，万不可失。"苍梧王殒，太祖报嶷曰：“大事已判，汝明可早入。”从帝即位，转侍中，总宫内直卫。

沈攸之之难，太祖入朝堂，嶷出镇东府，加冠军将军。袁粲举兵
夕，丹杨丞王逊告变，先至东府，嶷遣帐内军主戴元孙二千人随薛
道渊等俱至石头，焚门之功，元孙预焉。先是，王蕴荐部曲六十人助
为城防，实以为内应也。嶷知蕴怀贰，不给其仗，散处外省。及难作
搜检，皆已亡去。迁中领军，加散骑常侍。

上流平后，世祖自寻阳还，嶷出为使持节、都江州豫州之新蔡
晋熙二郡军事、左将军、江州刺史，常侍如故，给鼓吹一部。以定策
功，改封永安县公，千五百户。

仍徙都督荆湖雍益梁宁南北秦八州诸军事、镇西将军、荆州刺
史，持节、常侍如故。时太祖辅政，务在省约，停府州仪迎物。初，沈
攸之欲聚众，开民相告，士庶坐执役者甚众。嶷至镇，一日遣三千余
人。见囚五岁刑以下不连台者，皆原遣。以市税重滥，更定捞格，以
税还民。禁诸市调及苗籍。二千石官长不得与人为公，宜曹吏听分
番假。百姓甚悦。禅让之间，世祖欲速定大业，嶷依违其事，默无所
言。建元元年，太祖即位，赦诏未至，嶷先下令蠲除国内升明二年以
前逋负。迁侍中、尚书令、都督扬南徐二州诸军事、骠骑大将军、开
府仪同三司、扬州刺史，持节如故。封豫章郡王，邑三千户。仆射王
俭笺曰：“旧楚萧条，仍岁多故，荒民散亡，实须缉理。公临莅甫尔，
英风惟穆，江、汉来苏，八州慕义。自庾亮以来，荆楚无复如此美政。
古人期月有成，而公旬日致治，岂不休哉！”

会北虏动，上思为经略，乃诏曰：“神牧总司王畿，诚为治要；荆
楚领驭遐远，任寄弘隆。自顷公私凋尽，绥抚之宜，尤重恒日。”复以
为都督荆湘雍益梁宁南北秦八州诸军事、南蛮校尉、荆湘二州刺
史，持节、侍中、将军、开府如故。晋宋之祭，刺史多不领南蛮，别以
重人居之，至是有二府二州。荆州资费岁钱三千万，布万匹，米六万
斛，又以江、湘二州米十万斛给镇府，湘州资费岁七百万，布三千
匹，米五万斛，南蛮资费岁三百万，布万匹，绵千斤，绢三百匹，米千
斛，近代莫比也。寻给油络侠望车。

二年春,虏寇司、豫二州,嶷表遣南蛮司马崔慧景北讨,又分遣中兵参军萧惠朗援司州,屯西关。虏军济淮攻寿春,分骑当出随、邓,众以为忧,嶷曰:"虏人春夏,非动众时,令豫、司强守遏其津要,彼见坚严,自当溃散,必不敢越二镇而南也。"是时纂严,嶷以荆州邻接蛮、蜑,虑其生心,令镇内皆缓服。既而虏竟不出樊、邓,于寿春败走。寻给班剑二十人。

其夏,于南蛮园东南开馆立学,上表言状。置生四十人,取旧族父祖位正佐台郎,年二十五以下十五以上补之,置儒林参军一人,文学祭酒一人,劝学从事二人,行释菜礼。以谷过贱,听民以米当口钱,优评斛一百。

义阳劫帅张群亡命积年,鼓行为贼,义阳、武陵、天门、南平四郡界,被其残破。沈攸之连讨不能禽,乃首用之。攸之起事,群从下郢,于路先叛,结寨于三溪,依据深险。嶷遣中兵参军虞欣祖为义阳太守,使降意诱纳之,厚为礼遣,于坐斩首,其党数百人皆散,四郡获安。

入为都督扬南徐二州诸军事、中书监、司空、扬州刺史,持节、侍中如故,加兵置佐。以前军临川王映府文武配司空府。嶷以将还都,修治廨宇及路陌,东归部曲不得赍府州物出城。发江津,士女观送数千人,皆垂泣。嶷发江陵感疾,至京师未瘳,上深忧虑,为之大赦,三年六月壬子赦令是也。疾愈,上幸东府设金石乐,敕得乘舆至宫六门。

太祖崩,嶷哀号,眼耳皆出血。世祖即位,进位太尉,置兵佐,解侍中,增班剑为三十人。建元年中,世祖以事失旨,太祖颇有代嫡之意,而嶷事世祖恭悌尽礼,未尝违忤颜色,故世祖友爱亦深。永明元年,领太子太傅,解中书监,余如故。手启上曰:"陛下以睿孝纂业,万宇惟新,诸弟有序,臣屡荷隆爱,叨授台首,不敢固辞,俛仰祗宠,心魂如失。负重量力,古今同规。臣躬生如浮,质操空素,任居鼎右,已移气序,自顷以来,宿疾稍缠,心虑恍惚,表于容状,视此根候,常恐命不胜恩。加以星纬屡见灾祥,虽修短有恒,能不耿介。比心欲从俗,启解今职,但厝辞为鄙,或贻物诮,所以息意缄嘿,一委时运,而可复加宠荣,增其颠坠。且储傅之重,实非恒选,遂使太子见臣必束带,宫臣皆再拜,二三之宜,何以当此。陛下同生十余,今唯臣而已,友于之爱,岂当不臣钟其隆遇。别奉启事,仰祈恩照。臣近亦侍言太子,告意子良,具因王俭申启,未知粗上闻未?福庆方隆,国祚永始,若天假臣年,得预人位,唯当请降貂珰,以饰微躯,永侍天颜,以惟毕世,此臣之愿也。服之不衷,犹为身灾,况宠爵乎!殊荣厚恩,必誓以命请。"上答曰:"事中恐不得从所陈。"

宋氏以来,州郡秩俸及供给,多随土所出,无有定准。嶷上表曰:"循革贵宜,损益资用,治在风均,政由一典。伏寻郡县长尉俸禄之制,虽有定科,而其余资给,复由风俗,东北异源,西南各绪,习以为常,因而弗变,缓之则莫非通规,澄之则靡不入罪。殊非约法明章,先令后刑之谓也。臣谓宜使所在各条公用公田秩石迎送旧典之外,守宰相承,有何供调,尚书精加洗核,务令优衷。事在可通,随宜开许,损公侵民,一皆乙却,明立定格,班下四方,永为恒制。"从之。

嶷不参朝务,而言事密谋,多见信纳。服阕,加侍中。二年,诏曰:"汉之梁孝,宠异列蕃,晋之文献,秩殊恒序。况乃地侔前准,勋兼往式,虽天伦有本,而因事增情。宜广田邑,用申恩礼。"增封为四千户。

宋元嘉世,诸王入斋阁,得白服裙帽见人主,唯出太极四庙,乃备朝服,自此以来,此事一断。上与嶷同生相友睦,宫内曲宴,许依元嘉。嶷固辞不奉敕,唯车驾幸第,乃白服乌纱帽以侍宴焉。启自陈曰:"臣自还朝,便省仪刀,捉刀左右十余亦省,唯郊外远行,或复暂有,入殿亦省。服身今所牵仗,二侠毂,二白直,共七八十人。事无大小,臣必欲上启,伏度圣心脱未委曲,或有言其多少,不附事实,仰希即赐垂敕。"又启:"扬州刺史旧有六白领仪扇,二白拂,臣脱以为疑,不审此当云何?行园苑中乘舆,出篱门外乘舆鸣角,皆相仍如此,非止于带神州者,未审此当云何?方有行来,不可失衷。"上答曰:"仪刀、捉刀,不应省也。侠毂、白直,乃可共百四五十以还正是耳。亦不曾闻人道此。吾自不使诸王无仗，况复汝耶。在私园苑中乘此非疑。郊外鸣角及合扇并拂，先乃有，不复施用，此来甚久。凡在镇自异还京师，先广州乃立鼓吹，交部遂有辇事，随时而改，亦复有可得依旧者。汝若有疑，可与王俭诸人量衷，但令人臣之仪无失便行也。"

又启曰："臣拙知自处，暗于疑访，常见素姓扶诏或著布屩，不意为异。臣在西朝拜王，仪饰悉依宋武陵事例，有二部扇，仍此下都，脱不为疑。小儿奴子，并青布裤衫，臣斋中亦有一人，意谓外庶所服，不疑与羊车相类。曲荷慈旨，今悉改易。臣昔在边镇，不无羽卫，自归朝以来，便相分遣，侠毂、白直，格置三百许人，臣项所引，不过一百。常谓京师诸王不烦牵仗，若郊外远行，此所不论。有仗者非臣一人，所以不容方幅启省，又因王俭备宣下情。臣出入荣显，礼容优泰，第宇华旷，事乖素约，虽宋之遗制，恩处有在，犹深非服之惭。威卫之请，仰希曲照。"上答曰："传诏台家人耳，不足涉嫌。郚扇吾识及以来未见，故有敕耳。小儿奴子，本非嫌也。吾有所闻，岂容不敕汝知，令物致议耶。吾已有敕，汝一人不省侠毂，但牵之。吾昨不通仗事，俭已道，吾即令答，不烦有此启。须间言，自更一二。"

又启曰："违远侍宴，将逾一纪，忧苦间之，始得开颜。近频侍座，不胜悲喜。沾饮过量，实欲仰示恩狎，今自下知见，以杜游尘。陛下留恩子弟，此情何异，外物政自强生间节，声其厚薄。伏度或未上简。臣前在东田，承恩过醉，实思叹往秋之谤，故言启至切，亦令群物闻之，伏愿已照此心。前侍幸讳梁文帝也。宅，臣依常乘车至仗后，监伺不能示臣可否，便互竞启间，云臣车逼突黄屋麾旄，如欲相中。推此用意，亦何容易。仰赖慈明，即赐垂救，不而，臣终不知暗贻此累。比日禁断整密，此自常理，外声乃云起臣在华林，辄捉御刀，因此更严，度情推理，必不容尔，为复上启知耳。但风尘易至，和会实难，伏愿犹忆臣石头所启，无生间缝。比闲侍无次，略附茹亮口宣。臣由来华素，已具上简，每欲存衷，意虑不周，或有乖当。且臣五十之年，为玩儿时，为此亦复不能以理内自剥。北第旧邸，本自甚华，臣改修正而已，小小制置，已自仰简。往岁收合得少杂材，并蒙赐故板，启荣内许作小眠斋，始欲成就，皆补接为办，无乖格制，要是桎柏之华，一时新净。东府又有斋，亦为华屋。而臣顿有二处住止，下情窃所未安。讯访东宫玄圃，乃有柏屋，制甚古拙，内中无此斋，臣乃欲坏取以奉太子，非但失之于前，且补接既多，不可见移，亦恐外物或为异论，不审可有垂许送东府斋理否？臣公家住止，率尔可安，臣之今启，实无意识，亦无言者，太子亦不知臣有此屋，政以东宫无，而臣自处之，体不宜尔尔。所启蒙允，臣便当敢成第屋，安之不疑。陛下若不照体臣心，便当永废不修。臣自谓今启非但是自处宜然，实为微臣往事，伏愿必垂降许。伏见以诸王举货，屡降严旨，少拙营生，已应上简，府州郡邸舍，非臣私有，今巨细所资，皆是公润，臣私累不少，未知将来罢州之后，或当不能不试学营觅以自赡。连年恶疾余，顾影单回，无事畜聚，唯逐手为乐耳。"上答曰："茹亮今启汝所怀及见别纸，汝劳疾亦复那得不动，何意为作烦长启事！"凡诸普敕，此意可寻，当不关汝一人也。宜有敕事，吾亦必道，顷见汝自更委悉，书不欲多及。屋事慎勿强厝此意，白泽亦当不解何意尔。"

三年，文惠太子讲《孝经》毕，求解太傅，不许。皇孙婚竟，又陈解，诏曰："公惟德惟行，无所厝辞。且鲁且卫，其谁与二。方式范当时，流声史籍。岂容屡秉挟谦，以乖期寄。"嶷常虑盛满，又因言宴，求解扬州授竟陵王子良，上终不许，曰："毕汝一世，无所多言。"

世祖即位后，频发诏拜陵，不果行。遣嶷拜陵，还过延陵季子庙，观沸井，有水牛突部伍，直兵执牛推问，不许，取绢一疋横系牛角，放归其家。为治存宽厚，故得朝野欢心。

四年，唐宇之贼起，启上曰："此段小寇，出于凶愚，天网宏罩，理不足论。但圣明御世，幸可不尔，此藉声听，皆云有由而然。岂得不仰启所怀，少陈心款。山海崇深，臣获保安乐，公私情愿，于此可见。齐有天下，岁月未久，泽沾万民，其实未多，百姓犹险，怀恶者众。陛下曲垂流爱，每存优旨。但顷小大士庶，每以小利奉公，不顾所损者大,挞籍检工巧,督恤简小塘,藏丁匿口,凡诸条制,实长怨府。此目交利,非天下大计。一室之中,尚不可精,宇宙之内,何可周视。公家何尝不知民多欺巧,古今政以不可细碎,故不为此,实非乖理。但识理者百不有一,陛下弟儿大臣,犹不皆能伏理,况复天下悠悠万品。怨积聚党,凶迷相类,止于一处,何足不除;脱复多所,便成纭纭。久欲上启,闲侍无因,谨陈愚管,伏愿特留神思。”上答曰:“欺巧那可容!宋世混乱,以为是不?蚊蚁何足为忧,已为义勇所破,官军昨至,今都应散灭。吾政恨其不办大耳,亦何时无亡命邪。”后乃诏听复籍注。五年,进位大司马。八年,给皂轮车。寻加中书监,固让。

　　嶷身长七尺八寸,善持容范,文物卫从,礼冠百僚,每出入殿省,皆瞻望严肃。自以地位隆重,深怀退素,北宅旧有园田之美,乃盛修理之。七年,启求还第,上令世子子廉代镇东府。上数幸嶷第。宋长宁陵隧道出第前路,上曰:“我便是入他冢墓内寻人。”乃徙其表阙骐骥于东岗上。骐骥及阙,形势甚巧,宋孝武于襄阳致之,后诸帝王陵皆模范而莫及也。永明末,车驾数游幸,唯嶷陪从,上出新林苑,同辇夜归,至宫门,嶷下辇辞出,上曰:“今夜行,无使为尉司所呵也。”嶷对曰:“京辇之内,皆属臣州,愿陛下不垂过虑。”上大笑。上谋北伐,以房所献毡车赐嶷。每幸第清除,不复屏人。上敕外监曰:“我往大司马第,是还家耳。”妃庾氏常有疾,瘳,上幸后堂设金石乐,宫人毕至。每临幸,辄极日尽欢。嶷谓上曰:“古来言愿陛下寿偕南山,或称万岁,比殆近貌言,如臣所怀,实愿陛下极寿百年亦足矣。”上曰:“百年复何可得,止得东西一百,于事亦济。”

　　十年,上封嶷诸子,旧例千户,嶷欲五子俱封,启减人五百户。其年疾笃,表解职,不许,赐钱百万营功德。嶷又启曰:“臣自婴今患,亟降天临,医徒术官,泉布藏府,慈宠优渥,备极人臣。生年疾迫,遽阴无几。愿陛下审贤与善,极寿苍旻,强德纳和,为亿兆御。臣命违昌数,奄夺恩怜,长辞明世,伏涕呜咽。”薨,年四十九。其日,上再视疾,至薨,乃还宫。诏曰:“嶷明哲至亲,勋高业始,德懋王朝,道光区县,奄至薨逝,痛酷抽割,不能自胜,奈何奈何! 今便临哭。九命之礼,宜备其制。敛以衮冕之服,温明秘器,命服一具,衣一袭,丧事一依汉东平王故事,大鸿胪持节护丧事,大官朝夕送奠。大司马、太傅二府文武悉停过葬。”

竟陵王子良启上曰:“臣闻《春秋》所以称王母弟者,以尊其所重故也。是以礼秩殊品,爵命崇异,在汉则梁王备出警入跸之仪,在晋则齐王具殊服九命之赠。江左以来,尊亲是阙,故致衮章之典,废而不传,实由人缺其位,非礼亏省。齐王故事,与今不殊,缔构王业,功迹不异,凡有变革随时之宜者,政缘恩情有轻重,德义有厚薄,若事筹前规,礼无异则。且梁、齐阙令终之美,犹飨褒赠之荣;况故大司马仁和著于天性,孝悌终于立身,节义表于勤王,宽猛彰于御物,奉上无艰劬之貌,接下无毁伤之容,淡矣止于清贞,无喜愠之色,悠然栖于静默,绝驰竞之声。《诗》云‘靡不有初,鲜克有终’。夫终之者,理实为难,在于今行,无废斯德。东平乐于小善,河间悦于《诗》《书》,勋绩无闻,艰危不涉,尚致卓尔不群,英声万代;况今协赞皇基,经纶霸始,功业高显,清誉逾彰,富贵隆重,廉洁弥峻,等古形今,孰类兹美。臣愚忖度,未有斯例。凡庶族同气,爱睦尚少,岂有仰睎陛下垂友于之性若此者乎! 共起布衣,俱登天贵,生平游处,何事不同,分甘均味,何珍不等,未常睹貌而天心不欢,见形而圣仪不悦。爱及临危舍命,亲瞻喘息,万分之际,没在圣目,号哭动乎天地,感恸惊乎鬼神,乃至撤膳移寝,坐泣迁旦,神仪损耗,隔宿改容,奉瞻圣颜,谁不悲悚,历古所未闻,记籍所不载。既有若斯之大德,实不可见典服之赠不彰,如其脱致亏忘,追改为烦,不令千载之下,物有遗恨。其德不具美者,尚荷嘉隆之命;况事光先烈者,宁可缺兹盛典。臣恐有识之人,容致其议。且庶族近代桓温、庾亮之类,亦降殊命,伏度天心,已当有在。”

又诏曰:“宠章所以表德,礼秩所以纪功。慎终追远,前王之盛策,累行畴庸,列代之通诰。故使持节、都督扬南徐二州诸军事、大司马、领太子太傅、扬州刺史、新除中书监、豫章王嶷,体道秉哲,经仁纬义，挺清誉于弱龄，发韶风于早日，缔纶霸业之初，翼赞皇基之始，孝睦著于乡闾，忠谅彰乎邦邑。及秉德论道，总牧神甸，七教必荷，六府咸理，振风润雨，无愆于时候，恤民拯物，有笃于矜怀，雍容廊庙之华，仪形列郡之观，神凝自远，具瞻允集。朕友于之深，情兼家国，方授以神图，委诸庙胜，缉颂九纮，陪禅五岳。天不憖遗，奄焉薨逝，哀痛伤惜，震恸乎厥心。今先远戒期，龟谋袭吉，宜加茂典，以协徽猷。可赠假黄钺、都督中外诸军事、丞相、扬州牧，绿綟绶，具九服锡命之礼，侍中、大司马、太傅、王如故。给九旒鸾辂，黄屋左纛，虎贲班剑百人，辒辌车，前、后部羽葆、鼓吹，葬送仪依东平王故事。”

嶷临终，召子子廉、子恪曰：“人生在世，本自非常，吾年已老，前路几何。居今之地，非心期所及。性不贪聚，自幼所怀，政以汝兄弟累多，损吾暮志耳。无吾欲当共相勉厉，笃睦为先。才有优劣，位有通塞，运有富贫，此自然理，无足以相陵侮。若天道有灵，汝等各自修立，灼然之分无失也。勤学行，守基业，治闺庭，尚闲素，如此足无忧患。圣主、储皇及诸亲贤，亦当不以吾没易情也。三日施灵，唯香火、盘水、干饭、酒脯、槟榔而已。朔望菜食一盘，加以甘果，此外悉省。葬后除灵，可施吾常所乘舆扇伞。朔望时节，席地香火，盘水、酒脯、干饭、槟榔便足。虽才愧古人，意怀粗亦有在，不以遗财为累。主衣所余，小弟未婚，诸妹未嫁，凡应此用，本自茫然，当称力及时，率有为办。事事甚多，不复甲乙。棺器及墓中，勿用余物为后患也。朝服之外，唯下铁环刀一口。作冢勿令深，一一依格，莫过度也。后堂楼可安佛，供养外国二僧，余皆如旧。与汝游戏后堂船乘，吾所乘牛马，送二宫及司徒，服饰衣裘，悉为功德。”子廉等号泣奉行。

世祖哀痛特至，至冬乃举乐宴朝臣，上歔欷流涕。诸王邸不得起楼临瞰宫掖，上后登景阳，望见楼悲感，乃敕毁之。薨后，第库无见钱，世祖敕货杂物服饰得数百万，起集善寺，月给第见钱百万，至上崩乃省。

性泛爱，不乐闻人过失，左右有投书相告，置靴中，竟不视，取火焚之。齐库失火,烧荆州还资,评直三千余万,主局各杖数十而已。

群史中南阳乐蔼、彭城刘绘、吴郡张稷最被亲礼。蔼与竟陵王子良笺曰:"道德以可久传声,风流以浸远挥称。虽复青简缔芳,未若玉石之不朽,飞翰图藻,岂伊雕篆之无沫。丞相冲粹表于天真,渊照殆乎机象。经邦纬民之范,体国成务之规。故以业茂惟贤,功高则哲。神辉眇邈,睿算不追,感缠奉车,恨百留滞。下官凤禀名节,恩义轸慕,望隧结哀,辄欲率荆、江、湘三州僚吏,建碑垄首,庶徽猷有述,茂则方存。昔子香淳德,留铭江介,钜平遗烈,堕泪汉南,况道尊前往,惠积联绵者哉。下官今便反假,无由躬事刊骕,须至西州鸠集所资,托中书侍郎刘绘营办。"

蔼又与右率沈约书曰:"夫道宣余烈,竹帛有时先朽,德孚遗事,金石更非后亡。丞相独秀生民,傍照日月。摽胜丘园,素履穆于忠义,誉应华衮,功迹著于弼谐。无得而称,理绝照载。若夫日用阒寂,虽无取于锱铢,岁功宏达,谅有寄于衡石。窃承贵州士民,或建碑表,俾我荆南,阅感无地。且作纪江、汉,道基分陕,衣冠礼乐,咸被后昆。若其望碑尽礼,我州之旧俗,倾廛罢肆,鄙士之遗风,庶几引烈或不泯坠。荆、江、湘三州策名不少,并欲各率毫厘,少申景慕。斯文之托,历选惟疑,必待文蔚辞宗,德金茂履,非高明而谁?岂能骋无愧之辞,酬式瞻之望。吾西州穷士,一介寂寥,恩周荣誉,泽遍衣食,永惟道荫,日月就远,缅寻遗烈,触目崩心。常谓福齐南山,庆钟仁寿,吾侪小人,贻尘帷盖,岂图一旦遂投此请。"约答曰:"丞相风道引旷,独秀生民,凝猷盛烈,方轨伊、旦。慈遗之感,朝野同悲。承当刊石纪功,传华千载,宜须盛述,实允来谈。郭有道汉末之匹夫,非蔡伯喈不足以偶三绝,谢安石素族之台辅,时无丽藻,迄乃有碑无文。况文献王冠冕彝伦,仪形宇内,自非一世辞宗,难或与此。约间闬鄙人,名不入第,歘酬今旨,便是以礼许人,闻命惭颜,已不觉汗之沾背也。"建武中,第二子子恪托约及太子詹事孔稚珪为文。

子廉,字景蔼。初,嶷养鱼复侯子响为世子,子廉封永新侯,千户。子响还本，子廉为世子。除宁朔将军、淮陵太守，太子中书舍人，前军将军。善抚诸弟子。十一年，卒，赠侍中，谥哀世子。

第三子子操，泉陵侯。王侯出身官无定，准素姓三公长子一人为员外郎。建武中，子操解褐为给事中，自此齐末皆以为例。永泰元年，南康侯子恪为吴郡太守，避王敬则难奔归，以子操为宁远将军、吴郡太守。永元中，为黄门郎。义师围城，子操与弟宜阳侯子光卒于尚书都座。

第四子子行，洮阳侯，早卒。子元琳嗣。今上受禅，诏曰："褒隆往代，义炳彝则。朕当此乐推，思引前典。豫章王元琳、故巴陵王昭秀胄子周，齐氏宗国，高、武嫡胤，宜祚井邑，以传世祀。降新淦县侯，五百户。"

史臣曰：楚元王高祖亚弟，无功汉世，东平宪王辞位永平，本及光武之业，梁孝惑于胜、诡，安平心隔晋运。蕃辅贵盛，地实高危，持满戒盈，鲜能全德。宰相之器，诚有天真，因心无矫，率由远度，故能光赞二祖，内和九族，实同周氏之初，周公以来，则未知所匹也。

赞曰：堂堂烈考，德迈前踪。移忠以孝，植友惟恭。帝载初造，我王奋庸。邦家有阙，我王弥缝。道深日用，事缉民雍。爰传余祀，声流景钟。

南齐书卷二三
列传第四

褚渊 _{渊弟澄 徐嗣} 王俭

褚渊字彦回,河南阳翟人也。祖秀之,宋太常。父湛之,骠骑将军,尚宋武帝女始安哀公主。

渊少有世誉,复尚文帝女南郡献公主,姑侄二世相继。拜驸马都尉,除著作佐郎,太子舍人,太宰参军,太子洗马,秘书丞。湛之卒,渊推财与弟,唯取书数千卷。袭爵都乡侯。中书郎,司徒右长史,吏部郎。宋明帝即位,加领太子屯骑校尉,不受。迁侍中,知东宫事。转吏部尚书,寻领太子右卫率,固辞。司徒建安王休仁南讨义嘉贼,屯鹊尾,遣渊诣军,选将帅以下,勋阶得自专决。事平,加骁骑将军。

薛安都以徐州叛,虏频寇淮、泗,遣渊慰劳北讨众军。渊还启帝言:“盱眙以西,戎备单寡,宜更配衣。汝阴、荆亭并已围逼,安丰又已不守,寿春众力,王足自保,若使游骑扰寿阳,则江外危迫,历阳、瓜步、钟离、义阳皆须实力重戍,选有干用者处之。”帝在藩,与渊以风素相善,及即位,深相委寄,事皆见从。改封雩都县伯,邑五百户。转侍中,领右卫将军,寻迁散骑常侍,丹阳尹。出为吴兴太守,常侍如故,增秩千石,固辞增秩。

明帝疾甚,驰使召渊,付以后事。帝谋诛建安王休仁,渊固谏,不纳。复为吏部尚书,领常侍、卫尉如故,不受,乃授右仆射,卫尉如故。渊以母年高羸疾,晨昏须养,固辞卫尉,不许

明帝崩,遗诏以为中书令、护军将军,加散骑常侍,与尚书令袁

粲受顾命，辅幼主。渊同心共理庶事，当奢侈之后，务弘俭约，百姓赖之。接引宾客，未尝骄倦。王道隆、阮佃夫用事，奸赂公行，渊不能禁也。

遭庶母郭氏丧，有至性，数日中，毁顿不可复识。期年不盥栉，惟泣泪处乃见其本质焉。诏断哭，禁吊客。葬毕，起为中军将军，本官如故。

元徽二年，桂阳王休范反，渊与卫将军袁粲入卫宫省，镇集众心。渊初为丹阳，与从弟炤同载出，道逢太祖，渊举手指太祖车谓炤曰："此非常人也。"出为吴兴，太祖饷物别，渊又谓之曰："此人材貌非常，将来不可测也。"及顾命之际，引太祖豫焉。

太祖既平桂阳，迁中领军，领南兖州，增户邑。太祖固让，与渊及卫军袁粲书曰："下官常人，志不及远。随运推斥，妄践非涯，才轻任重，夙宵冰惕。近值国危，含气同奋，况在下官，宁吝身命。履冒锋炭，报效恒理，而褒嘉之典，偏见甄沐，贵登端戎，秩加爵土，瞻言霄衢，魂神震坠。下官奉上以诚，率性无矫，前后忝荷，未尝固让。至若今授，特深恇迫。实以衔恩先旨，义兼陵阙，识蔽防萌，宗戚构祸，引诮归咎，既已觍颜，乃复乘灾求幸，藉乱取贵，斯实国家之耻，非臣子所忍也。且荣不可滥，宠不可昧，乞蠲中侯，请停增邑，庶保止足，输效淮湄。如使伐匈奴，凯归反旆，以此受爵，不复固辞矣。"渊、粲答曰："来告颖亮，敬挹无已。谦贬居心，深承非饰，此诚此旨，久著言外，况复造席舒衿，迂翰绪意，推情顾已，信足书绅。但今之所宜商榷，必以轻重相推。世惟多难，事属雕弊，四维恇扰，边氓未安，国家费广，府藏须备，北狄侵边，忧虞交切。宇内含识，尚为天下危心，相与共荷任寄若此，当可稍修廉退不？求之怀抱，实谓不可。了其不可，理无固执。且勃寇穷凶，势过原燎，衅逆仓卒，终古未闻，常时惧惑，当虑先定，结垒新亭，枕戈待敌，继决之策，实有由然。锋镝初交，元恶送首，总律制奇，判于此举。裂邑万户，登爵槐鼎，亦何足少酬勋劳，粗塞物听。今以近侍禁旅，进升中侯，乘平随牒，取此非叨。济、河昔所履牧，镇军秩不逾本，详校阶序，愧在未优，就加冲损,特亏朝制。奉职数载,同舟无几,刘领军峻节霜明,临危不顾,音迹未晞,奄成今古,迷途失偶,恸不及悲。戎谟内寄,恒务倍急,秉操辞荣,将复谁委?诚惟军柄所期,自增茂圭社,誓贯朝廷,匹夫里语,尚欲信厚,君令必行,逡巡何路。凡位居物首,功在众先,进退之宜,当与众共。苟殉独善,何以处物。受不自私,弥见至公。表里详究,无而后可。想体殊常,深思然纳。"太祖乃受命。

其年,渊加尚书令、侍中,给班剑二十人,固让令。三年,进爵为侯,增邑千户。服阕,改授中书监,侍中、护军如故,给鼓吹一部。明年,渊后嫡母吴郡公主薨,毁瘠如初。葬毕,诏摄职,固辞。又以期祭礼及,解职,并不许。

苍梧酷暴稍甚,太祖与渊及袁粲言世事,粲曰:"主上幼年,微过易改。伊、霍之事,非代所行,纵使功成,亦终无全地。"渊默然归心。及废苍梧,群公集议,袁粲、刘秉既不受任,渊曰:"非萧公无以了此。"手取书授太祖。太祖曰:"相与不肯,我安得辞!"事乃定。顺帝立,改号卫将军、开府仪同三司,侍中如故。甲仗五十人入殿。

沈攸之事起,袁粲怀贰,太祖召渊谋议,渊曰:"西夏衅难,事必无成。公当先备其内耳。"太祖密为其备。事平,进中书监、司空,本官如故。

齐台建,渊白太祖引何曾自魏司徒为晋丞相,求为齐官,太祖谦而不许。建元元年,进位司徒,侍中、中书监如故。封南康郡公,邑三千户。渊固让司徒。与仆射王俭书,欲依蔡谟事例。俭以非所宜言,劝渊受命,渊终不就。

渊美仪貌,善容止,俯仰进退,咸有风则。每朝会,百僚远国莫不延首目送之。宋明帝尝叹曰:"褚渊能迟行缓步,便持此得宰相矣。"寻加尚书令,本官如故。二年,重申前命为司徒,又固让。

是年,虏动,上欲发王公已下无官者为军,渊谏以为无益实用,空致扰动,上乃止。朝廷机事,多与谘谋,每见从纳,礼遇甚重。上大宴集,酒后谓群臣曰:"卿等并宋时公卿,亦当不言我应得天子。"王俭等未及答,渊敛板曰:"陛下不待言臣不早识龙颜。"上笑曰:

"吾有愧文叔,知公为朱祐久矣。"

渊涉猎谈议,善弹琵琶。世祖在东宫,赐渊金镂柄银柱琵琶。性和雅有器度,不妄举动,宅尝失火,烟焰甚逼,左右惊扰,渊神色怡然,索舆来徐去。轻薄子颇以名节讥之,以渊眼多白精,谓之"白虹贯日",言为宋氏亡征也。

太祖崩,遗诏以渊为录尚书事。江左以来,无单拜录者,有司疑立优策。尚书王俭议,以为"见居本官,别拜录,推理应有策书,而旧事不载。中朝以来,三公王侯,则优策立设,官品第二,策而不优,优者褒美,策者兼明委寄。尚书职居天官,政化之本,尚书令品虽第三,拜必有策。录尚书品秩不见,而总任弥重,前代多与本官同拜,故不别有策。即事缘情,不容均之凡僚,宜有策书,用申隆寄。既异王侯,不假优文"。从之。寻增渊班剑为三十人,五日一朝。

顷之,寝疾。上相星连有变,渊忧之,表逊位。又因王俭及侍中王晏口陈于世祖,世祖不许。又启曰:"臣顾惟凡薄,福过灾生,未能以正情自安,远惭彦辅。既内怀耿介,便觉晷刻难推。叨职未久,首岁便婴疾笃,尔来沉痼,频经危殆,弥深忧震。陛下曲存迟回,或谓金议同异,此出于留慈每过,爱欲其荣。臣年四十有八,叨忝若此,以疾陈逊,岂骇听察。总录之任,江左罕授,上邻亚台,升降盖微。今受禄弗辞,退绌斯愿,于臣名器,非曰贬少,万物耳目,皎然共见,宁足仰延圣虑,稍垂矜惜。臣若内饰廉誉,外循谦后,此则宪书行劾,刑纲是肃。臣赤诚不能行,亦幽明所不宥,区区寸心,归启以实。自吝寸阴,实愿方倍尧世。昔王引固请,乃于司徒为卫将军,宋氏行之不疑,当时物无异议,以臣方之,曾何足说,伏愿阐宏猷,赐开亭造,则臣死之日,犹生之年。"乃改授司空,领骠骑将军,侍中、录尚书如故。

上遣侍中王晏、黄门郎王秀之问疾。薨,家无余财,负债至数十万。诏曰:"司徒奄至薨逝,痛悼恻怀,比虽尪瘵,便力出临哭。给东园秘器,朝服一具,衣一袭,钱二十万,布二百疋,蜡二百斤。"

时司空掾属以渊未拜,疑应为吏敬不。王俭议:"依《礼》,妇在涂,闻夫家丧,改服而入。今掾属虽未服勤,而吏节禀于天朝,宜申礼敬。"司徒府吏又以渊即解职,而未恭后授,府犹应上服以不。俭又议:"依中朝士孙德祖从乐陵迁为陈留,未入境,乐陵郡吏依见君之服,陈留迎吏依娶女有吉日齐衰吊,司徒府宜依居官制服。"

又诏曰:"夫褒德所以纪民,慎终所以归厚。前王习俎盛典,咸必由之。故侍中、司徒、录尚书事、新除司徒、领骠骑将军、南康公渊,履道秉哲,鉴识弘旷。爰初弱龄,清风凤举。登庸应务,具瞻允集。孝友著于家邦,忠贞彰于亮采。佐命先朝,经纶王化,契阔屯夷,绸缪终始。总录机衡,四门惟穆,谅以同规往古,式范来今。谦光弥远,屡陈降挹,权从高旨,用亏大猷。将登上列,永翼声教。天不慭遗,奄焉薨逝,朕用震恸于厥心。其赠公太宰,侍中、录尚书、公如故,给节,加羽葆鼓吹,增班剑为六十人,葬送之礼,悉依宋太保王弘故事。谥曰文简。"先是,庶姓三公辂车,未有定格。王俭议官品第一,皆加幰络,自渊始也。又诏渊妻宋故巴西主埏隧暂启,宜赠南康郡公夫人。

长子贲,字蔚先。解褐秘书郎。升明中,为太祖太尉从事中郎,司徒右长史,太傅户曹属,黄门郎,领羽林监,齐世子中庶子,领翊军校尉。建元初,仍为宫官,历侍中。渊薨,服阕,见世祖,贲流涕不自胜,上甚嘉之,以为侍中,领步兵校尉,长史,左民尚书,散骑常侍,秘书监,不拜。六年,上表称疾,让封与弟蓁,世以为贲恨渊失节于宋室,故不复仕。永明七年,卒。诏赐钱三万,布五十匹。

蓁字茂绪。永明中,解褐为员外郎,出义兴太守。八年,改封巴东郡侯。明年,表让封还贲子霁,诏许之。建武末,为太子詹事,度支尚书,领军将军。永元元年,卒,赠太常,谥穆。渊弟澄。

澄字彦道。初,湛之尚始安公主,薨,纳侧室郭氏,生渊,后尚吴郡公主,生澄。渊事主孝谨,主爱之,湛之亡,主表渊为嫡,澄尚宋文帝女庐江公主,拜驸马都尉,历官清显。善医术,建元中,为吴郡太守,豫章王感疾,太祖召澄为治,立愈。寻迁左民尚书。渊薨,澄以钱万一千,就招提寺赎太祖所赐渊白貂坐褥,坏作裘及缨,又赎渊介帻犀导及渊常所乘黄牛。永明元年,为御史中丞袁彖所奏,免官禁锢,见原。迁侍中,领右军将军,以勤谨见知。其年,卒。澄女为东昏皇后。永元元年,追赠金紫光禄大夫。

时东阳徐嗣,医术妙。有一伧父冷病积年,重茵累褥,床下设炉火,犹不差。嗣为作治,盛冬月,令伧父髁身坐石,启以百瓶水,从头自灌。初与数十瓶,寒战垂死,其子弟相守垂泣,嗣令满数。得七八十瓶后,举体出气如云蒸,嗣令撤床去被,明日立能起行,云此大热病也。又春月出南篱门戏,闻笪屋中有呻吟声,嗣曰:“此病其重,更二日不治,必死。”乃往视。一姥称举体痛,而处处有黱黑无数,嗣还煮升余汤送令服之,姥服竟,痛愈甚,跳投床者无数,须臾,所黱处皆拔出长寸许,乃以膏涂诸疮口,三日而复,云此名钉疽也。事验甚多,过于澄矣。

王俭字仲宝,琅邪临沂人也。祖昙首,宋右光禄。父僧绰,金紫光禄大夫。俭生而僧绰遇害,为叔父僧虔所养。数岁,袭爵豫章侯,拜受茅土,流涕呜咽。幼有神彩,专心笃学,手不释卷。丹阳尹袁粲闻其名,言之于明帝,尚阳羡公主,拜驸马都尉。帝以俭嫡母武康公主同太初巫蛊事,不可以为妇姑,欲开冢离葬,俭因人自陈,密以死请,故事不行。

解褐秘书郎,太子舍人,超迁秘书丞。上表求校坟籍,依《七略》撰《七志》四十卷,上表献之,表辞甚典。又撰定《元徽四部书目》。母忧,服阕,为司徒右长史。《晋令》,公府长史著朝服,宋大明以来著朱衣。俭上宜复旧,时议不许。

苍梧暴虐,俭忧惧,告袁粲求出,引晋新安主婿王献之为吴兴例,补义兴太守。还为黄门郎,转吏部郎。升明二年,迁长兼侍中,以父终此职,固让。

俭察太祖雄异,先于领府衣裾,太祖为太尉,引为右长史,恩礼隆密,专见任用。转左长史。及太傅之授,俭所唱也。少有宰相之志,物议咸相推许。时大典将行,俭为佐命,礼仪诏策,皆出于俭,褚渊唯为禅诏文,使俭参治之。齐台建,迁右仆射,领吏部,时年二十八。太祖从容谓俭曰:"我今日以青溪为鸿沟。"对曰:"天应民从,庶无楚、汉之事。"建元元年,改封南昌县公,食邑二千户。明年,转左仆射,领选如故。

上坏宋明帝紫极殿,以材柱起宣阳门。俭与褚渊及叔父僧虔连名上表谏曰:"臣闻德者身之基,俭者德之舆。春台将立,晋卿秉议,北宫肇构,汉臣尽规。彼二君者,或列国常侯,或守文中主,尚使谏诤在义即悦,况陛下圣哲应期,臣等职司隆重,敢藉前诰,窃乃有心。陛下登庸宰物,节省之教既昭,龙衮琁极,简约之训弥远。乾华外构,采椽不斵,紫极故材,为宣阳门,臣等未譬也。夫移心疾于股肱,非良医之美;畏影迹而驰骛,岂静处之方?且又三农在日,千畛咸事,辍望岁之勤,兴土木之役,非所以宣昭大猷,光示遐迩。若以门居宫南,重阳所属,年月稍久,渐就沦胥,自可随宜修理而合度,改作之烦,于是乎息。所启谬合,请付外施行。"上手诏酬纳。宋世外六门设竹篱,是年初,有发白虎樽者,言"白门三重门,竹篱穿不完"。上感其言,改立都墙。俭又谏,上答曰:"吾欲令后世无以加也。"朝廷初基,制度草创,俭识旧事,问无不答。上叹曰:"《诗》云:'维岳降神,生甫及申。'今亦天为我生俭也。"

其年,俭固请解选,表曰:"臣远寻终古,近察身事,邀恩幸藉,未见其伦。何者?子房之遇汉后,公达之逢魏君,史籍以为美谈,君子称其高义。二臣才堪王佐,理非曲私,两主专杖威武,有伤宽裕,岂与庸流之人,凭含弘之泽者,同年而语哉?预在有心,胡宁无感。如使倾宗殒元,有益尘露,犹当毕志驱驰,仰酬万一,岂容稍在形饰,以徇常事。九流任要,风猷所先,玉石朱素,由斯而定。臣亦不谓文案之间都无微解,至于品裁臧否,特所未闲。虽存自勖,识不副意,兼窃而任,彼此俱壅,专情本官,庶几仿佛。且前代掌选,未必其在代来,何为于今,非臣不可。倾心奉国,匪复退让之与,预同休戚,宁俟位任为亲。陛下若不以此理赐期,岂仰望于殊眷。频冒严威,分甘尤炭。"见许。加侍中,固让,复散骑常侍。

上曲宴群臣数人，各使效技艺，褚渊弹琵琶，王僧虔弹琴，沈文季歌《子夜》，张敬儿舞，王敬则拍张。俭曰："臣无所解，唯知诵书。"因跪上前诵相如《封禅书》。上笑曰："此盛德之事，吾何以堪之。"后上使陆澄诵《孝经》，自"仲尼居"而起。俭曰："澄所谓博而寡要，臣请诵之。"乃诵"君子之事上"章。上曰："善！张子布更觉非奇也。"

寻以本官领太子詹事，加兵二百人。上崩，遗诏以俭为侍中、尚书左、镇军将军。世祖即位，给班剑二十人。永明元年，进号卫军将军，参掌选事。二年，领国子祭酒、丹阳尹，本官如故，给鼓吹一部。三年，领国子祭酒。叔父僧虔亡，俭表解职，不许。又领太子少傅，本州中正，解丹阳尹。旧太子敬二傅同，至是朝议接少傅以宾友之礼。

是岁，省总明观，于俭宅开学士馆，悉以四部书充俭家，又诏俭以家为府。四年，以本官领吏部。俭长礼学，谙究朝仪，每博议，证引先儒，罕有其例。八坐丞郎，无能异者。令史谘事，宾客满席，俭应接铨序，傍无留滞。十日一还学，监试诸生，巾卷在庭，剑卫令史仪容甚盛。作解散髻，斜插帻簪，朝野慕之，相与放效。俭常谓人曰："江左风流宰相，唯有谢安。"盖自比也。世祖深委仗之，士流选用，奏无不可。

五年，即本号开府仪同三司，固让。六年，重申前命。先是，诏俭三日一还朝，尚书令史出外谘事，上以往来烦数，复诏俭还尚书下省，月听十日出外。俭启求解选，不许。七年，乃上表曰："臣比年辞选，具简天明，款言彰于侍接，丹诚布于朝野，物议不以为非，圣心未垂矜纳。臣闻知慧不如明时，求之微躬，实允斯义。安庸之人，沉浮无取，命偶休泰，遂践康衢。秋叶辞条，不假风飙之力；太阳跻景，无俟萤爝之晖。晦往明来，五德递运，圣不独治，八元亮采。臣逢其时，而叨其位，常总端右，亟管铨衡。事涉两朝，岁绵一纪。盛年已老，孙孺巾冠。人物徂迁，逝者将半。三考无闻，九流寂寞。能官之咏，辍飨于当时；《大车》之刺，方兴于来日。若夫珥貂衣衮之贵，四转六教之华，诚知匪服，职务差简，端揆虽重，犹可勉励。至于品藻之任，尤惧其阻。凤宵罄竭，屡试无庸。岁月之久，近世罕比。非唯悔吝在身，故乃惟尘及国。方今多士盈朝，群才竞爽，选众而授，古亦何人。冒陈微翰，必希天照。至敬无文，不敢烦黩。”见许。改领中书监，参掌选事。

其年疾，上亲临视。薨，年三十八。吏部尚书王晏启及俭丧，上答曰：“俭年德富盛，志用方隆，岂意暴疾，不展救护，便为异世，奄忽如此，痛酷弥深。其契阔艰运，义重常怀，言寻悲切，不能自胜。痛矣奈何！往矣奈何！”诏卫军文武及台所兵仗可悉停待葬。

又诏曰：“慎终追远，列代通规，褒德纪勋，弥峻恒策。故侍中、中书令、太子少傅、领国子祭酒、卫军将军、开府仪同三司南昌公俭，体道秉哲，风宇渊旷。肇自弱龄，清猷自远。登朝应务，民望斯属。草昧皇基，协隆鼎祚。宏谟盛烈，载铭彝篆。及赞朕躬，徽绩光茂。忠图令范，造次必彰。四门允穆，百揆时序。宗臣之重，情寄兼常。方正位论道，永厘衮职，弼兹景化，以赞隆平。天不慗遗，奄焉薨逝，朕用震恸于厥心。可追赠太尉，侍中、中书监、公如故，给节，加羽葆鼓吹，增班剑为六十人。葬礼依故太宰文简公褚渊故事。冢墓材官营办。谥文宪公。”

俭寡嗜欲，唯以经国为务，车服尘素，家无遗时。手笔典裁，为当时所重。少撰《古今丧服集记》并文集，并行于世。今上受禅，下诏为俭立碑，降爵为侯，千户。

俭弟逊，升明中，为丹阳丞，告刘秉事，不蒙封赏。建元初，为晋陵太守，有怨言，俭虑为祸，因褚渊启闻。中丞陆澄依事举奏，诏曰：“俭门世载德，竭诚佐命。特降刑书，宥逊以远。”徙永嘉郡，道伏诛。

史臣曰：褚渊、袁粲，俱受宋明帝顾托，粲既死节于宋氏，而渊逢兴运，世之非责渊者众矣。臣请论之：夫汤、武之迹，异乎尧、舜，伊、吕之心，亦非稷、契。降此风规，未足为证也。自金、张世族，袁、杨鼎贵，委质服义，皆由汉氏，膏腴见重，事起于斯。魏氏君临，年祚短促，服褐前代，官成后朝。晋氏登庸，与之从事，名虽魏臣，实为晋有,故主位虽改,臣任如初。自是世禄之盛,习为旧准,羽仪所隆,人怀羡慕,君臣之节,徒致虚名。贵仕素资,皆由门庆,平流进取,坐至公卿,则知殉国之感无因,保家之念宜切。市朝亟革,宠贵方来,陵阙虽殊,顾眄如一。中行、智伯,未有异遇。褚渊当泰始初运,清涂已显,数年之间,不患无位,既以民望而见引,亦随民望而去之。夫爵禄既轻,有国常选,恩非己独,责人以死,斯故人主之所同谬,世情之过差也。

　　赞曰:猗欤褚公,德素内充。民誉不爽,家称克隆。从容佐世,贻议匪躬。文宪济济,转相之体。称述霸王,纲维典礼。期寄两朝,绸缪宫陛。

南齐书卷二四
列传第五

柳世隆　张瓌

柳世隆字彦绪,河东解人也。祖凭,冯翊太守。父叔宗,早卒。

世隆少有风器,伯父元景,宋大明中为尚书令,独赏爱之,异于诸子。言于孝武帝,得召见,帝曰:"三公一人,是将来事也。"海陵王休茂为雍州,辟世隆为迎主簿。除西阳王抚军法曹行参军,出为虎威将军、上庸太守。帝谓元景曰:"卿昔以虎威之号为随郡,今复以授世隆,使卿门世不绝公也。"元景为景和所杀,世隆以在远得免。

泰始初,诸州反叛,世隆以门祸获申,事由明帝,乃据郡起兵,遣使应朝廷。弘农人刘僧骥亦聚众应之。收合万人,奄至襄阳万山,为孔道存所破,众皆奔散,仅以身免,逃藏民间,事平乃出。还为尚书仪曹郎。明帝嘉其义心,发诏擢为太子洗马。出为宁远将军、巴西梓潼太守。还为越骑校尉。转建平王镇北谘议参军,领南泰山太守。转司马、东海太守。入为通直散骑常侍。

寻为晋熙王安西司马,加宁朔将军。时世祖为长史,与世隆相遇甚欢。太祖之谋渡广陵也,令世祖率众下,同会京邑,世隆与长流萧景先等戒严待期,事不行。

是时,朝廷疑惮沈攸之,密为之防,府州器械,皆有素蓄。世祖将下都,刘怀珍白太祖曰:"夏口是兵冲要地,宜得其人。"太祖纳之,与世隆书曰:"汝既入朝,当须文武兼资人与汝意合者,委以后事,世隆其人也。"世祖举世隆自代。转为武陵王前军长史、江夏内史、行郢州事。

升明元年冬，攸之反，遣辅国将军中兵参军孙同、宁朔将军中兵参军武宝、龙骧将军骑兵参军朱君拔、宁朔将军沈惠真、龙骧将军骑兵参军王道起三万人为前驱，又遣司马冠军刘攘兵领宁朔将军外兵参军公孙方平、龙骧将军骑兵参军朱灵真、沈僧敬、龙骧将军高茂二万人次之，又遣辅国将军王灵秀、丁珍东、宁朔将军中兵参军王弥之、宁朔将军外兵参军杨景穆二千匹骑分兵出夏口，据鲁山。攸之乘轻舸从数百人先大军下住白螺洲，坐胡床以望其军，有自骄色。既至郢，以郢城弱小不足攻，遣人告世隆曰："被太后令，当暂还都。卿既相与奉国，想得此意。"世隆使人答曰："东下之师，久承声问。郢城小镇，自守而已。"攸之将去，世隆遣军于西渚挑战，攸之果怒，令诸军登岸烧郭邑，筑长围攻道，顾谓人曰："以此攻城，何城不克！"昼夜攻战，世隆随宜拒应，众皆披却。世祖初下，与世隆别曰："攸之一旦为变，焚夏口舟舰，沿流而东，则坐守空城，不可制也。虽留攻城，不可卒拔。卿为其内，我为其外，乃无忧耳。"至是，世祖遣军主桓敬、陈胤叔、苟元宾等八军据西塞，令坚壁以待贼疲。虑世隆危急，遣腹心胡元直潜使入郢城通援军消息，内外并喜。尚书符曰：

> 沈攸之出自垄亩，寂寥累世。故司空沈公，以从父宗荫，爱之若子，羽翼吹嘘，得升官次。景和昏悖，猜畏柱臣，而攸之凶忍，趣利乐祸，请衔诏旨，躬行反噬。又攸之与谭金、童泰壹等暴宠狂朝，并为心膂，同功共体，世号"三侯"。当时亲昵，情过管、鲍，仰遭革运，凶党惧戮，攸之反善图全，用得自免。既杀从父，又虐良朋，虽吕布贩君，郦寄卖友，方之斯人，未足为酷。泰始开辟，网漏吞舟，略其凶险，取其搏噬，故阶乱获全，因祸兴福

> 攸之禀性空浅，躁而无谋，浓湖土崩，本非己力，彭城、下邳，望旗宵遁，再绍王师，久应肆法，值先帝宥其回溪之耻，冀有封崤之捷，故得幸会推迁，频烦显授。内端戎禁，外绥万里。

圣去鼎湖,远颁顾命,托寄崇深,义感金石。而攸之始奉国讳,喜形于颜,普天同哀,已以为庆。累登蕃岳,自郢迁荆。晋熙王以皇弟代镇,地尊望重,攸之断害候迎,肆意陵略。料择士马,简算器械,权拨精锐,并取自随。郢城所留,十不遗一。专恣卤夺,罔顾国典。践荆以来,恒用奸数,既怀异志,兴造无端。乃蹙迫群蛮,骚扰山谷,扬声讨伐,尽户上丁。蚁聚郭邑,伺国衰盛,从来积年,求不解甲。遂四野百县,路无男人,耕田载租,皆驱女弱。自古酷虐,未闻于此。

昔岁桂阳内衅,宗庙阽危。攸之任官上流,兵强地广,勤王之举,实宜悉行。裁遣羸弱,不满三千,至郢州禀受节度,欲令判否之日,委罪晋熙。招诱剑客,羁绊行侣,宧叛入境,辄加拥护,通亡出界,必遣穷追。视吏若雠,遇民如草,峻太半之赋,暴参夷之刑,鞭箠国士,全用虏法,一人逃亡,阖宗捕逮。皇朝赦令,初不遵奉,旷荡之泽,长隔彼州,人怀怨望,十室而九。今乃举兵内侮,奸回外炽,斯实恶熟罪成之辰,决痈溃疽之日。幕府过荷朝寄,义百常愤,董御元戎,龚行天罚。

今遣新除使持节、郢州司州之义阳诸军事、平西将军、郢州刺史闻喜县开国侯黄回,员外散骑常侍、辅国将军、骁骑将军重安县开国子军主王敬则,屯骑校尉长寿县开国男军主王宜与,屯骑校尉陈承叔,右军将军葛阳县开国男彭文之、骠骑行参军、振武将军郜宰,精甲二万,冲其首旆。又遣散骑常侍、游击将军临湘县开国男吕安国,持节、宁朔将军、越州刺史孙昙瓘,屯骑校尉、宁朔将军崔慧景,宁朔将军、左军将军新亭侯任侯伯,龙骧将军、虎贲中郎将尹略,屯骑尉、南城令曹虎头,辅国将军、骁骑将军萧讳,新除宁朔将军、游击将军下邳县开国子垣崇祖等,舳舻二万,骆驿继迈。又遣屯骑校尉苟元宾、抚军参军郭文考、抚军中兵参军程隐俊、奉朝请诸袭光等,轻艓一万,截其精要。骁骑将军周盘龙、后将军成买、转国将军王敕勤、屯骑校尉王洪范等,铁骑五千,步道继进,先据陆路,断其走伏。持节、督雍梁二州郢州之竟陵司州之随郡诸军事、征虏将军、宁蛮校尉、雍州刺史、襄阳县开国侯、新除镇军将军张敬儿，志节慷慨，卷甲樊、邓，水步俱驰，破其巢窟。持节、督司州诸军事、征虏将军、司州刺史、领义阳太守、范阳县侯姚道和，义烈梗概，投袂方隅，风驰电掩，袭其辎重。万里建旆，四方飞旍，莫不总率众师，云翔雷动。人神同愤，远迩并心。

今皇上圣明，将相仁爱，约法三章，宽刑缓赋，年登岁阜，家给人足，上有惠民之泽，下无乐乱之心。攸之不识天时，妄图大逆，举无名之师，驱雠怨之众，是以朝野审其易取，含识判其成禽。彼土士民，罹毒日久，今复相逼迫，投赴锋刃。交战之日，兰艾难分，去就在机，望思先晓，无使一人迷疑，而九族就祸也。弘宥之典，有如皦日。

郢城既不可攻，而平西将军黄回军至西阳，乘三层舰，作羌胡伎，溯流而进。攸之素失人情，本逼以威力，初发江陵，已有叛者，至是稍多。攸之日夕乘马历营抚慰，而去者不息。攸之大怒，召诸军主曰：“我被太后令，建义下都，大事若克，白纱帽共著耳。如其不振，朝廷自诛我百口，不关余人。比军人叛散，皆卿等不以为意。我亦不能问叛身，自今军中有叛者，军主任其罪。”于是一人叛，遣十人追，并去不反。莫敢发觉，咸有异计。刘攘兵射书与世隆许降，世隆开门纳之。攘兵烧营而去，火起乃觉。攸之怒，衔须咀之。收攘兵兄子天赐，女婿张平虏斩之。军旅大散。攸之渡鲁山岸，犹有数十匹骑自随。宣令军中曰：“荆州城中大有钱，可相与还取，以为资粮。”郢城未有追军，而散军畏蛮抄，更相聚结，可二万人，随攸之，将至江陵，乃散。世隆乃遣军副刘僧骥道追之。

攸之已死，征为侍中。仍迁尚书右仆射，封贞阳县侯，邑二千户。出为左将军、吴郡太守，加秩中二千石。丁母忧。太祖践阼，起为使持节、都督南豫司二州诸军事、平南将军、南豫州刺史，进爵为公。上手诏与司徒褚渊曰：“向见世隆毁瘵过甚，殆欲不可复识，非直使人恻然，实亦世珍国宝也。”渊答曰：“世隆至性纯深，哀过乎礼。事陛下在危尽忠,丧亲居忧,杖而后起,立人之本,二理同极,加荣增宠,足以厉俗敦风。"

建元二年,进号安南将军。是时虏寇寿阳,上敕世隆曰:"历阳城大,恐不可卒治,正宜断隔之,深为保固。处分百姓,若不将家守城,单身亦难可委信也。"寻又敕曰:"吾更历阳外城,若有贼至,即勒百姓守之,故应胜割弃也。"

垣崇祖既破虏,上欲罢并二豫,敕世隆曰:"比思江西萧索,二豫两办为难。议者多云省一足一,于事为便。吾谓非乃乖谬。卿以为云何?可具以闻。"寻授后将军、尚书右仆射,不拜。世隆性爱涉猎,启太祖借秘阁书,上给二千卷。

三年,出为使持节、督南兖兖徐青冀五州军事、安北将军、南兖州刺史。江北畏虏寇,搔动不安。上敕世隆曰:"比有北信,贼犹治兵在彭城,年已垂尽,或当未必送死。然豺狼不可以理推,为备或不可懈。彼郭既无关要,用宜开除,使去金城三十丈政佳耳。发民治之,无嫌。若作三千人食者,已有几米?可指牒付信还。民间若有丁多而细口少者,悉令戍,非疑也。"又敕曰:"昨夜得北使启,钟离间贼已渡淮,既审送死,便当制加剿扑。卿好参候之,有急令诸小戍还镇,不可贼至不觉也。贼既过淮,不容遽退散,要应有处送死者,定攻寿阳,吾当遣援军也。"又遣军助世隆,并给军粮。

虏退,上欲土断江北,又敕世隆曰:"吕安国近在西,土断郢、司二境上杂民,大佳,民殆无惊恐。近又令垣豫州断其州内,商得崇祖启事,已行竟,近无云云,殊称前代旧意。卿视兖部中可行此事不?若无所扰,春便就手也。"其见亲委如此。

世祖即位,加散骑常侍。世隆善卜,别龟甲,价至一万。永明建号,世隆题州齐壁曰"永明十一年"。谓典签李党曰:"我不见也。"入为侍中、护军将军,迁尚书右仆射,领太子右率,雍州大中正,不拜,改授散骑常侍,尚书左仆射,中正如故。

湘州蛮动,遣世隆以本官总督伐蛮众军,仍为使持节、都督湘州诸军事、镇南将军、湘州刺史,常侍如故。世隆至镇,以方略讨平之。在州立邸治生，为中丞庾杲之所奏，诏原不问。复入为尚书左仆射，领卫尉，不拜。仍转尚书令。

世隆少立功名，晚专以谈义自业。善弹琴，世称柳公双琐，为士品第一。常自云马稍第一，清谈第二，弹琴第三。在朝不干世务，垂帘鼓琴，风韵清远，甚获世誉。以疾逊位，改授侍中、卫将军，不拜，转左光禄大夫，侍中如故。

九年，卒，时年五十。诏给东园秘器，朝服一具，衣一袭，钱一十万，布三百匹，蜡三百斤。又诏曰："故侍中、左光禄大夫贞阳公世隆，秉德居业，才兼经纬。少播清徽，长弘美誉。入参内禁，出赞西牧，专寄郢郊，克挫巨猾，超越前勋，功著一代。及总任方州，民颂宽德，翼教崇闱，朝称元正。忠谟嘉猷，简于朕心，雅志素履，邈不可逾。将登铉味，用燮鸿化，奄至薨殒，震恸良深。赠司空，班剑三十人，鼓吹一部，侍中如故。谥曰忠武。"上又敕吏部尚书王晏曰："世隆虽抱疾积岁，志气未衰，冀医药有效，痊差可期。不谓一旦便为异世，痛但之深，此何可言！其昔在郢，诚心凤间，全保一蕃，勋业克著。寻准契阔，增泣悲咽。卿同在情，亦当无已已耶！"

世隆晓数术，于倪塘创墓，与宾客践履，十往五往，常坐一处。及卒，墓正取其坐处焉。著《龟经秘要》二卷，行于世。

长子悦，早卒。

张瓌字祖逸，吴郡吴人也。祖裕，宋金紫光禄大夫。父永，右光禄大夫，晓音律。宋孝武问永以大极殿前钟声嘶，永答"钟有铜滓"。乃扣钟求其处，凿而去之，声遂清越。

瓌解褐江夏王太尉行参军，署外兵，随府转为太傅五官，为义恭所遇。迁太子舍人，中书郎，骠骑从事中郎，司徒右长史。初，永拒桂阳贼于白下，溃散，阮佃夫等欲加罪，太子固申明之，瓌由此感恩自结。转通直散骑常侍，骁骑将军。遭父丧，还吴持服。

升明元年，刘秉有异图，弟遐为吴郡，潜相影响。因沈攸之事难，聚众三千人，治攻具。太祖密遣殿中将军卞白龙令瓌取遐。诸张世有豪气,瓛宅中常有父时旧部曲数百。遣召瓛,瓛伪受旨,与叔恕领兵十八人入郡,与防郡队主强弩将军郭罗云进中齐取遣,遣逾窗而走,瓛部曲顾宪子手斩之,郡内莫敢动者。献捷,太祖以告领军张冲,冲曰:“瓛以百口一掷,出手得卢矣。”即授辅国将军、吴郡太守,封瓛义成县侯,邑千户。太祖故以嘉名锡之。

除冠军将军、东海东莞二郡太守,不拜。建元元年,增邑为二百户,寻改封平都。迁侍中,加领步兵校尉。二年,迁都官尚书,领校尉如故。出为征虏将军、吴兴太守。三年,马程令顾昌玄有罪,瓛坐不纠,免官。明年,为度支尚书。世祖即位,为冠军将军、鄱阳王北中郎长史、襄阳相、行雍州府州事。随府转征虏长史。四年,仍为持节,督雍梁南北秦四州郢州之竟陵司州之随郡军事、辅国将军、雍州刺史,寻领宁蛮校尉。还为左民尚书,领右军将军。迁冠军将军、大司马长史。

十年,转太常。自陈衰疾,愿从闲养。明年,转散骑常侍、光禄大夫。顷之,上欲复用瓛,乃以为后将军、南东海太守,秩中二千石,行南徐州府州事,又行河东王国事。到官,复称疾,还为散骑常侍、光禄大夫。郁林即位,加金章紫绶。隆昌元年,给亲信二十人。郁林废,朝臣到宫门参承高宗,瓛托脚疾不下。海陵立,加右将军。高宗疑外蕃起兵,以瓛镇石头,督众军事。瓛见朝廷多难,遂恒卧疾。建武元年,转给事中、光禄大夫,亲信如故,月加给钱二万。二年,虏盛,诏瓛以本官假节、督广陵诸军事、行南兖州事,虏退乃还。

瓛居室豪富,伎妾盈房,有子十余人,常云“其中要应有好者”。建武末,屡启高宗还吴,见许。优游自乐,或有讥瓛衰暮畜伎,瓛曰:“我少好音律,老而方解。平生嗜欲,无复一存,唯未能遣此处耳。

高宗疾甚,防疑大司马王敬则,以瓛素著干略,授平东将军、吴郡太守,以为之备。及敬则反,瓛遣将吏三千人迎拒于松江,闻敬则军鼓声,一时散走,瓛弃郡逃民间。事平,瓛复还郡,为有司所奏,免官削爵。

永元初,为光禄大夫,寻加前将军,金章紫绶。三年,义师下,东昏假瓌节，戍石头。义师至新亭，瓌弃城走还宫。梁初复为光禄。天监四年，卒。

史臣曰：文以附众，武以立威，元帅之才，称为国辅。沈攸之十年治兵，白首举事，荆楚上流，方江东下。斯驱除之巨难，帝王之大敌。柳世隆势居中夏，年浅位轻，首抗全师，孤城挑攻，临埤授策，曾无汗马，勍寇乖沮，力屈于高墉，乱辙争先，降奔郢路，陆逊之破玄德，不是过也。及世道清宁，出牧内佐，体之以风素，居之以雅德，固兴家之盛美也。

赞曰：忠武匡赞，实号兼资。庙堂析理，高垒搴旗。游艺善术，安弦拂龟。义成祚土，功立帝基。

南齐书卷二五
列传第六

垣崇祖　张敬兒

　　垣崇祖字敬远,下邳人也。族姓豪强,石虎世,自略阳徙之于邺。曾祖敞,为慕容德伪吏部尚书。祖苗,宋武征广固,率部曲归降,仍家下邳,官至龙骧将军、汝南新蔡太守。父询,积射将军,宋孝武世死事,赠冀州刺史。

　　崇祖年十四,有干略,伯父豫州刺史护之谓门宗曰:"此儿必大成吾门,汝等不及也。"刺史刘道隆辟为主簿,厚遇之。除新安王国上将军。景和世,道隆求出为梁州,启转崇祖为义阳王征北行参军,与道隆同行,使还下邳召募。

　　明帝立,道隆被诛。薛安都反,明帝遣张永、沈攸之北讨,安都使将裴祖隆、李世雄据下邳。祖隆引崇祖共拒战,会青州援军主刘珍之背逆归降,祖隆士众沮败,崇祖与亲近数十人夜救祖隆,与俱走还彭城。虏既陷徐州,崇祖仍为虏将,游兵琅邪间,不复归,虏不能制。密遣人于彭城迎母,欲南奔,事觉,虏执其母为质。崇祖妹夫皇甫肃兄妇,薛安都之女,故虏信之。肃仍将家属及崇祖母奔朐山,崇祖因将部曲据之,遣使归命。太祖在淮阴,板为朐山戍主,送其母还京师,明帝纳之。

　　朐山边海孤险,人情未安。崇祖常浮舟舸于水侧,有急得以入海。军将得罪亡叛,具以告虏。虏伪围城都将东徐州刺史成固公始得青州,闻叛者说,遣步骑二万袭崇祖,屯洛要,去朐山城二十里。

崇祖出送客未归,城中惊恐,皆下船欲去。崇祖还,谓腹心曰:"贼比拟来,本非大举,政是承信一说,易遣诳之。今若得百余人还,事必济矣。但一人情骇,不可敛集。卿等可急去此二里外大叫而来,唱'艾塘义人已得破虏,须戍军速往,相助逐退'。"船中人果喜,争上岸,崇祖引入据城,遣嬴弱入岛。令人持两炬火登山鼓叫。虏参骑谓其军备甚盛,乃退。

崇祖启明帝曰:"淮北士民,力屈胡虏,南向之心,日夜以冀。崇祖父伯并为淮北州郡,门族布在北边,百姓所信,一朝啸咤,事功何立。名位尚轻,不足威众,乞假名号,以示远近。"明帝以为辅国将军、北琅邪兰陵二郡太守。亡命司马从之谋袭郡,崇祖讨捕斩之。数陈计算,欲克复淮北。

时虏声当寇淮南,明帝以问崇祖,崇祖因启"宜以轻兵深入,出其不意,进可立不世之勋,退可绝其窥窬之患"。帝许之。崇祖将数百人入虏界七百,据南城,固蒙山,扇动郡县。虏率大众攻之,其别将梁湛母在虏,虏执其母,使湛告部曲曰:"大军已去,独住何为!"于是众情离阻,一时奔退。崇祖谓左右曰:"今若俱退,必不获免。"乃住后力战,大败而归。以久劳,封下邳县子。

泰豫九年,行徐州事,徙戍龙沮,在朐山南。崇祖启断水清平地,以绝虏马。帝以问刘怀珍,云可立。崇祖率将吏塞之,未成,虏主谓伪彭城镇将平阳公曰:"龙沮若立,国之耻也,以死争之。"数万骑掩至。崇祖马槊陷阵不能抗,乃筑城自守。会天雨十余日,虏乃退。龙沮竟不立。历盱眙、平阳、东海三郡太守,将军如故。转邵陵王南中郎司马,复为东海太守。

初,崇祖遇太祖于淮阴,太祖以其武勇,善待之。崇祖谓皇甫肃曰:"此真吾君也,吾今逢主矣,所谓千载一时。"遂密布诚节。元徽末,太祖忧虑,令崇祖受旨即以家口托皇甫肃,勒数百人将入虏界,更听后旨。会苍梧废,太祖召崇祖领部曲还都,除游击将军。

沈攸之事平,以崇祖为持节、督兖青冀三州诸军事,累迁冠军将军、兖州刺史。太祖践阼,谓崇祖曰:"我新有天下,夷虏不识运命，必当动其蚁众，以送刘昶为辞。贼之所冲，必在寿春。能制此寇，非卿莫可。"徙为使持节、监豫司二州诸军事、豫州刺史，将军如故，封望蔡县侯，七百户。

建元二年，虏遣伪梁王郁豆眷及刘昶，马步号二十万，寇寿春。崇祖召文武议曰："贼众我寡，当用奇以制之。当修外城以待敌，城既广阔，非水不固，今欲堰肥水却淹为三面之险，诸君意如何？"众曰："昔佛狸侵境，宋南平王士卒完盛，以郭大难守，退保内城。今日之事，十倍于前。古来相承，不筑肥堰，皆以地形不便，积水无用故也。若必行之，恐非事宜。"崇祖曰："卿见其一，不识其二。若舍外城，贼必据之，外修楼橹，内筑长围，四周无碍，表里受敌，此坐自为擒。守郭筑堰，是吾不谏之策也。"乃于城西北立堰塞肥水，堰北起小城，周为深堑，使数千人守之。崇祖谓长史封延伯曰："虏贪而少虑，必悉力攻小城，图破此堰，见堑狭城小，谓一往可克，当以蚁附攻之。放水一激，急逾三峡，事穷奔透，自然沉溺。此岂非小劳而大利邪！"虏众由西道集堰南，分军东路肉薄攻小城。崇祖著白纱帽，肩舆上城，手自转式。至日晡时，决小史埭。水势奔下，虏攻城之众，漂坠堑中，人马溺死数千人，众皆退走。

初，崇祖在淮阴，见上，便自比韩信、白起，咸不信，唯上独许之，崇祖再拜奉旨。及破虏启至，上谓朝臣曰："崇祖许为我制虏，果如其言。其恒自拟韩、白，今真其人也。"进为都督，号平西将军，增封为千五百户。崇祖闻陈显达、李安民皆增给军仪，启上求鼓吹横吹，上敕曰："韩、白何可不与众异。"给鼓吹一部。

崇祖虑虏复寇淮北，启徙下蔡戍于淮东。其冬，虏果欲攻下蔡，既闻内徙，乃扬声平除故城。众疑虏当于故城立戍，崇祖曰："下蔡去镇咫尺，虏岂敢置戍，实欲除此故城。政恐奔走杀之不尽耳。"虏军果夷掘下蔡城，崇祖自率众渡淮与战，大破之，追奔数十里，杀获千计。上遣使人关参虏消息还，敕崇祖曰："卿视吾是守江东而已邪？所少者食，卿但努力营田，自然平殄残丑。"敕崇祖修治苟陂田。

世祖即位，征为散骑常侍、左卫将军。俄诏留本任，加号安西，仍迁五兵尚书,领骁骑将军。初,豫章王有盛宠,世祖在东宫,崇祖不自附结。及破虏,诏使还朝,与共密议,世祖疑之,曲加礼待,酒后谓崇祖曰:"世间流言,我已豁诸怀抱,自今已后,富贵见付也。"崇祖拜谢。崇祖去后,上复遣荀伯玉口敕,以边事受旨夜发,不得辞东宫,世祖以崇祖心诚不实,衔之。太祖崩,虑崇祖为异,便令内转。永明元年四月九日,诏曰:"垣崇祖凶诟险躁,少无行业。昔因军国多虞,采其一夫之用。大运光启,频烦升擢,溪壑靡厌,恐以弥广。去岁在西,连谋境外,无君之心,已彰遐迩。特加遵养,庶或悛革,而猜贰滋甚,志兴乱阶,随与荀伯玉驱合不逞,窥窬非觊,构扇边荒,互为表里。宁朔将军孙景育究悉奸计,具以启闻。除恶务本,刑兹罔赦,便可收掩,肃明宪辟。"死时年四十四。子惠隆,徙番禺,卒。

张敬兒,南阳冠军人也。本名苟兒,宋明帝以其名鄙,改焉。父丑,为郡将军,官至节府参军。

敬兒年少便弓马,有胆气,好射虎,发无不中。南阳新野风俗出骑射,而敬兒尤多膂力,求入队为曲阿戍驿将,州差补府将,还为郡马队副,转队主。稍宦宁蛮府行参军。随同郡人刘胡领军伐襄阳诸山蛮,深入险阻,所向皆破。又击湖阳蛮,官军引退,蛮贼追者数千人,敬兒单马在后,冲突贼军,数十合,杀数十人,箭中左腋,贼不能抗,

平西将军山阳王休祐镇寿阳,求善骑射人。敬兒自占见宠,为长史兼行参军,领白直队。泰始初,除宁朔将军,随府转参骠骑军事,署中兵。领军讨义嘉贼,与刘胡相拒于鹊尾洲,启明帝乞本郡,事平,为南阳太守,将军如故。初,王玄谟为雍州,土断敬兒家属舞阴,敬兒至郡,复还冠军。

三年,薛安都子柏令、环龙等窃据顺阳、广平,略义成、扶风界,刺史巴陵王休若遣敬兒及新野太守刘攘兵攻讨,合战,破走之。徙为顺阳太守,将军如故。

南阳蛮动,复以敬兒为南阳太守。遭母丧还家,朝廷疑桂阳王

休范，密为之备，乃起敬兒为宁朔将军、越骑校尉。桂阳事起，隶太祖顿新亭，贼矢石既交，休范白服乘舆往劳楼下，城中望见其左右人兵不多，敬兒与黄回白太祖曰："桂阳所在，备防寡阙，若诈降而取之，此必可擒也。"太祖曰："卿若能办事，当以本州相赏。"敬兒相与出城南，放仗走，大呼称降，休范喜，召至舆侧，回阳致太祖密意，休范信之。回目敬兒，敬兒夺取休范防身刀，斩休范首，休范左右数百人皆惊散，敬兒驰马持首归新亭。除骁骑将军，加辅国将军。

太祖以敬兒人依既轻，不欲便使为襄阳重镇，敬兒求之不已，乃微动太祖曰："沈攸之在荆州，公知其欲何所作？不出敬兒以防之，恐非公之利也。"太祖笑而无言，乃以敬兒为持节、督雍梁二州郢司二郡军事、雍州刺史，将军如故，封襄阳县侯，二千户。部伍泊沔口，敬兒乘舠舸过江，诣晋熙王燮。中江遇风船覆，左右丁壮者各泅走，余二小吏没舱下，叫呼"官"，敬兒两腋挟之，随船覆仰，常得在水上，如此翻覆行数十里，方得迎接。失所持节，更给之。

沈攸之闻敬兒上，遣人伺觇。见雍州迎军仪甚盛，虑见掩袭，密自防备。敬兒至镇，厚结攸之，信馈不绝，得其事迹，密白太祖。攸之得太祖书翰，论选用方伯密事，辄以示敬兒，以为反间，敬兒终无二心。元徽末，襄阳大水，平地数丈，百姓资财皆漂没，襄阳虚耗，太祖与攸之书，令赈贷之，攸之竟不历意。

敬兒与攸之司马刘攘兵情款，及苍梧废，敬兒疑攸之当因此起兵，密以问攘兵，攘兵无所言，寄敬兒马镫一只，敬兒乃为之备。升明元年冬，攸之反，遣使报敬兒，敬兒劳接周至，为设酒食，谓之曰："沈公那忽使君来，君殊可命。"乃列仗于厅事前斩之，集部曲，倾攸之下，当袭江陵。

时攸之遗太祖书曰：

吾闻鱼相望于江湖，人相忘于道术，彼我可谓通之矣。大明之中，谬奉圣主，忝同侍卫，卫存契门，义著断金，乃分帛而衣，等粮而食。值景和昏暴，心烂形燋，若斯之苦，宁可言尽。吾自分碎首于阁下，足下亦惧灭族于舍人。尔时盘石之心既固，义无贰计，鬐迫时难，相引求全。天道矜善，此理不空。结姻之始，实关于厚。及明帝龙飞，诸人皆为鬼矣。吾与足下，得蒙大造，亲过凤眷，遇若代臣，录其心迹，复忝驱使，临崩之日，吾豫在遗托，加荣授宠，恩深位高。虽复情谢古人，粗识忠节，誓心仰报，期之必死。此诚志竟未申遂，先帝登遐，微愿永夺。自尔已来，与足下言面殆绝，非唯分张形迹，自然至此，脱枉一告，未常不对纸流涕，岂愿相诮于今哉。苟有所怀，不容不白。

初得贤子讳疏，云得家信，云足下有废立之事，安国宁民，此功巍巍，非吾等常人所能信也。俄奉皇太后假令，云足下潜构深略，独断怀抱，一何能壮。但冠虽弊，不可承足，盖共尊高故耳。足下交结左右，亲行杀逆，以免身患。卿当谓龙逢、比干痴人耳。凡废立大事，不可广谋，但袁、褚遗寄，刘又国之近戚，数臣地籍实为膏腴，人位并居时望，若此不与议，复谁可得共披心胸者哉！昏明改易，自古有之，岂独大宋中屯邪？

前代盛典，焕盈篇史，请为足下言之。群公共议，宜启太后，奉令而行，当以王礼出第。足下乃可不通大理，要听君子之言，岂可罔灭天理，一何若兹？《孝经》云“资于事父以事君”。纵为宗社大计，不尔，宁不识有君亲之意邪？乃复虑以家危，唉以爵赏，小人无状，遂行弑害。吾虽寡识，窃求古比，岂有为臣而有近日之事邪？使一旦荼毒，身首分离，生自可恨，死者何罪？且有登斋之赏，此科出于何文？凡在臣隶，谁不惋骇。华夷扣心，行路泣血。乃至不殡，使流虫在户，自古以来，此例有几？卫国微小，故有弘演，不图我宋，独无其人。抚膺惆怅，不能自已。足下与向之杀者何异？人情易反，还成嗟悲，为子君者，无乃难乎！蹼田之譬，岂复有异？管仲有言，君善未尝不谏。足下谏诤不闻，□崔杼之罪，何恶逆之苦！

昔太甲还位，伊不自疑；昌邑之过，不可称数，霍光荷托，尚共议于朝班，然后废之。由有汤沐之施，论者不以劫主为名。桓温之心，未忘于篡，海西失道，人伦顿尽，废之以公，犹礼处之。当温强盛，谁能相抗，尚畏惧于形迹，四海不惬，未尝有乐推之者。伊尹、霍光，名高于臣节，桓氏亦得免于协夺，凡是诸事，布于书策，若此易晓，岂待指掌，卿常言比迹夷、叔，如何一旦行过桀、跖邪？

圣明启运，苍生重造，普天率土，谁不歌抃，实是披心罄节，奉公忘私之日。而卿大收宫妓，劫夺天藏，器械金宝，必充私室，移易朝旧，布置私党，被甲入殿，内外宫阃管籥，悉关家人。吾不知子孟、孔明遗训如此？王、谢、陶、庾行此举止？

且朱方帝乡，非亲不授，足下非国戚也，一旦专纵自树，云是儿守台城，父居东府，一家两录，何以异此？知卿防固重复，猜畏万端，言以御远，实为防内。若德允物望，夷貊犹可推心共处，如其失理乖道，金城汤池无所用也。文长以戈戟自卫，何解灭亡。吴起有云：“义礼不修，舟中之人皆雠也。”足下既无伍员之痛，苟怀贪惏，而有贼宋之心，吾宁捐申包之节邪？

闻求忠臣者必出孝子之门，卿忠孝于斯尽矣！今窃天府金帛以行奸惠，盗国权爵以结人情，且授非其理，合我则赏，此事已复不可恒用，用之既讫，恐非忠策。且受者不感，识者不知，不能遏奸折谋，诚节慨惋。隔碛数千，无因自对，不能知复何情颜，当与足下叙平生旧款。吾闻前哲绝交，不出恶言，但此自陈名节于胸心，因告别于千载。放笔增叹，公私潜泪，想不深怪往言。然天下耳目，岂伊可诬。抑亦当自知投杖无疆，为必先及。太祖出顿新亭，报攸之书曰：

辱足下诮书，交道不终，为耻已足。欲下便来，何故多悯君子。

吾结发入仕，岂期远大，盖感子路之言，每不择官而宦。逮文帝之世，初被圣明鉴赏；及孝武之朝，复蒙英主顾眄。因此感激，未能自反。及与足下敛袂定交，款著分好，何尝不劝慕古人国士之心，务重前良忠贞之节。至于契阔杯酒，殷勤携袖，荐女成姻，志相然诺，义信之笃，谁与间之。又乃景和陵虐，事切忧畏,明帝正位,运同休显,启臆论心,安危岂贰。元徽之季,听高道庆邪言,欲相讨伐,发威施敕,已行外内。于时臣子钳口,道路以目。吾以分交义重,患难宜均,犯陵白刃,以相任保。悖主手敕,今封送相示。岂不畏威,念周旋之义耳。推此阴惠,何愧怀抱,不云足下猥含祸诐。前遣王思文所牒朝事,盖情等家国,共详衷否,虚心小大,必以先输。问张雍州迁代之日,将欲谁拟?本是逆论来事,非欲代张,乃封此示张,激使见怒。若张惑一言,果兴怨恨,事负雅素,君子所不可为,况张之奉国,忠亮有本,情之见与,意契不贰邪?又张雍州启事,称彼中蛮动,兼民遭水患,敕令足下思经拯之计。吾亦有白,论国如家,布情而往,每思虚达。事之相接,恒必猜离。反谓无故遣信,此乃觇察。平谅之襟,动则相阻,伤负心期,自谁作故?先时足下遣信,寻盟敦旧,厉以笃终,吾止附还白,申罄情本,契然远要,方固金石。今日举错,定是谁恶久言邪?

元徽末德,执亡禋祀,足下备闻,无待哑述。太后惟忧,式遵前诰,兴毁之略,事属鄙躬。黜昏树明,实惟前则,宁宗静国,何愧前修。废立有章,足下所允,冠弊之讥,将以何语?封为郡王,宁为失礼?景和无名,方之不愈乎?龙逢自匹夫之美,伊、霍则社稷之臣,同异相乘,非吾所受也。登斋有赏,寿寂已蒙之于前;同谋获功,明皇亦行之于昔。此则接踵成事,谁敢异之。

谓其大收宫女,劫夺天藏,器械金宝,必充私室,必若虚设市虎,亦可不翅此言。若以此诈民,天下岂患无眼。心苟无瑕,非所耿介。甲杖之授,事既旧典,岂见有任镇邦家,勋经定主,而可得出入轻单,不资宠卫!斯之患虑,岂直身忧。祇奉此恩,职惟事理。

朱方之牧,公卿佥意,吾亦谓微勋之次,无忝一州。且魏、晋旧事,帝乡蕃职,何尝豫州必曹,司州必马?折胶受柱,在体非愧。袁粲据石头,足下无不可;吾之守东府,来告便谓非。动容见疾,频笑入厔,乃如是乎!

袁粲、刘秉，受遇深重，家国既安，不思抚镇，遂与足下表里潜规，据城之夜，岂顾社稷。幸天未长乱，宗庙有灵，即与褚卫军协谋义断，以时殄灭。想足下闻之，怅然孤沮。小儿忝侍中，代来之泽，遇直上台，便呼一家两录，发不择言，良以太甚。吾之方寸，古列共言。乃以陶、庾往贤，大见讥责，足下自省，讵得以此见贻邪？比踪夷、叔，论吾则可，行过桀、跖，无乃近诬哉！

谓吾不朝，此则良诲，朝之与否，想更问之。足下受先帝之恩施，拥戎西州，鼎湖之日，率土载奔，而宴安中流，酣饮自若，既怀狼望，陵侮皇朝。晋熙殿下，以皇弟代镇，而断割候迎，闿蒬宗子，驱略士马，志以西上，郢中所遗，示余劣弱。昔征茅不入，犹动义师；况荆州物产，雍、嶍、交、梁之会，自足下为牧，荐献何品？良马劲卒，彼中不无，良皮美罽，商贾所聚，前后贵奉，多少何如？唯闻太官时纳饮食耳。桂阳之难，坐观成败，自以雍容汉南，西伯可拟。赖原即天世，非望亦消。又招集逋亡，断遏行侣，治舟试舰，恒以朝廷为旗的，秣马按剑，常愿天下有风尘。为人臣者，固若是邪！至乃不遵制书，敕下如空，国恩莫行，命令拥隔，诏除郡县，辄自板代，罢官去职，禁还京师。凶人出境，无不千里寻躡，而反募台将，来必厚加给赏。太妃遣使市马，赍宝往蜀，足下悉皆断折，以为私财，此皆远迩共闻，暴于视听。

主上睿明当璧，宇县同庆，绝域奉贽，万国通书，而盘桓百日，始有单骑，事存送往，于此可征。不朝如此，谁应受诮？反以见呵，非所反侧。今乃勒兵以窥象馆，长戟以指魏阙，不亦为忠臣孝子之所痛心疾首邪？贤子元琰获免虎口，乃凌波西迈，吾所发遣。犹推素怀，不畏嗤嗤。足下尚复灭君臣之纪，况吾布衣之交乎？遂事不谏，既往难咎。今六师西向，助足下忧之。

攸之与兼长史江乂、别驾傅宣等守江陵城。敬兒军中力授因以为别。敬兒告变使至，太祖大喜，进号镇军将军，加散骑常侍，改为都督,给鼓吹一部。攸之于郢城败走,其子元琰军至白水,元琰闻城外鹤唳,谓是叫声,心惧欲走。其夜,义、宣开门出奔,城溃,元琰奔宠洲,见杀。百姓既相抄改,敬儿至江陵,诛攸之亲党,没入其财物数十万,悉以入私。攸之于汤渚村自经死,居民送首荆州,敬儿使楯擎之,盖以青伞,徇诸市郭,乃送京师。进号征西将军,爵为公,增邑为四千户。

敬儿于襄阳城西起宅,聚财货。又欲移羊叔子堕泪碑,于其处立台。纲纪谏曰:"羊太傅遗德,不宜迁动。"敬儿曰:"太傅是谁?我不识也。"敬儿弟恭儿,不肯出官,常居上保村中,与居民不异。敬儿呼纳之甚厚,恭儿月一出视敬儿,辄复去。恭儿本名猪儿,随敬儿改名也。

初,敬儿既斩沈攸之,使报随郡太守刘道宗,聚众得千余人,立营顿。司州刺史姚道和不杀攸之使,密令道宗罢军。及攸之围郢,道和遣军顿董城为郢援,事平,依例蒙爵赏。敬儿具以启闻。建元元年,太祖令有司奏道和罪,诛之。道和字敬邕,羌主姚兴孙也。父万寿,伪镇东大将军,降宋武帝,卒于散骑侍郎。道和出身为孝武安北行佐,有世名,颇读书史。常诳人云:"祖天子,父天子,身经作皇太子。"元徽中,为游击将军,随太祖新亭破桂阳贼有功,为抚军司马,出为司州,疑怯无断,故及于诛。

三年,征敬儿为护军将军,常侍如故。敬儿武将,不习朝仪,闻当内迁,乃于密室中屏人学揖让答对,空中俯仰,如此竟日,妾侍窃窥笑焉。太祖即位,授侍中、中军将军。以敬儿秩穷五等,一仍前封。建元二年,迁散骑常侍、车骑将军,置佐史。太祖崩,敬儿于家窃泣曰:"官家大老天子,可惜!太子年少,向我所不及也。"遗诏加敬儿开府仪同三司,将拜,谓其妓妾曰:"我拜后,应开黄阁。"因口自为鼓声。既拜,王敬则戏之,呼褚渊。敬儿曰:"我马上所得,终不能作华林阁勋也。"敬则甚恨。

敬儿始不识书,晚既为方伯,乃习学读《孝经》、《论语》。于新林慈姥庙为妾乞儿咒神,自称三公。然而意知满足,初得鼓吹,羞便奏之。

初娶前妻毛氏，生子道文。后娶尚氏，尚氏有美色，敬兒弃前妻而纳之。尚氏犹居襄阳宅，不自随，敬兒虑不复外出，乃迎家口悉下至都。启世祖，不蒙劳门，敬兒心疑。及垣崇祖死，愈恐惧，妻谓敬兒曰："昔时梦手热如火，而君得南阳郡。元徽中，梦半身热，而君得本州。今复梦举体热矣。"有阉人闻其言，说之，事达世祖。敬兒又遣使与蛮中交关，世祖疑其有异志。永明元年，敕朝臣华林八关斋，于坐收敬兒。敬兒左右雷仲显知有变，抱敬兒而泣。敬兒脱冠貂投地曰："用此物误我。"少日，伏诛。诏曰："敬兒蠢兹边裔，昏迷不修。属值宋季多难，颇获野战之力。拔迹行伍，超登非分。而愚躁无已，矜伐滋深。往莅本州，久苞异志。在昔含弘，庶能惩革。位班三槐，秩穷五等，怀音靡闻，奸回屡构。去岁迄今，嫌贰滋甚。镇东将军敬则、丹阳尹安民每侍接之日，陈其凶狡，必图反噬。朕犹谓恩义所感，本质可移，顷者已来，衅戾遂著，自以子弟在西，足动殊俗，招扇群蛮，规扰樊、夏。假托妖巫，用相震惑，妄设征祥，潜图问鼎。履霜于开运之辰，坚冰于嗣业之世，此而可忍，孰不可容！天道祸淫，逆谋显露。建康民汤天获商行入蛮，备睹奸计，信驿书翰，证验炳明。便可收掩，式正刑辟。同党所及，特皆原宥。"

子道文，武陵内史，道畅，征虏功曹，道固弟道休，并伏诛。少子道庆，见宥。后数年，上与豫章王嶷三日曲水内宴，舴艋船流至御坐前覆没，上由是言及敬兒，悔杀之。

恭兒官至员外郎。在襄阳，闻敬兒败，将数十骑走入蛮中，收捕不得。后首出，上原其罪。

史臣曰：平世武臣，立身有术，若非愚以取信，则宜智以自免，心迹无阻，乃见优容。崇祖恨结东朝，敬兒情疑鸟尽，嗣运方初，委骨严宪。若情非发愤，事无感激，功名之间，不足为也。

赞曰：崇祖为将，志怀驰逐。规搔淮部，立勋豫牧。敬兒苴雍，深心防楚。岂不劬劳，实兴师旅。烹犬藏弓，同归异绪。

南齐书卷二六
列传第七

王敬则　陈显达

　　王敬则，晋陵南沙人也。母为女巫，生敬则而胞衣紫色，谓人曰："此儿有鼓角相。"敬则年长，两腋下生乳各长数寸。梦骑五色师子。年二十余，善拍张。补刀戟左右。景和使敬则跳刀，高与白虎幢等，如此五六，接无不中。补侠毂队主，领细铠左右。与寿寂之同毙景和。明帝即位，以为直阁将军。坐捉刀入殿启事，系尚方十余日，乃复直阁。除奋武将军，封重安县子，邑三百五十户。敬则少时于草中射猎，有虫如乌豆集其身，摘去乃脱，其处皆流血。敬则恶之，诣道士卜，道士曰："不须忧，此封侯之瑞也。"敬则闻之喜，故出都自效，至是如言。

　　泰始初，以敬则为龙骧将军、军主，随宁朔将军刘怀珍征寿春，殷琰遣将刘从筑四垒于死虎，怀珍遣敬则以千人绕后，直出横塘，贼众惊退。除奉朝请，出补东武暨阳令。

　　敬则初出都，陆主山下，宗侣十余船同发，敬则船独不进，乃令弟入水推之，见一乌漆棺。敬则曰："尔非凡器。若是吉善，使船速进。吾富贵，当改葬尔。"船须臾去。敬则既入县，收此棺葬之。

　　军荒之后，县有一部劫逃紫山中为民患，敬则遣人致意劫帅，可悉出首，当相申论。治下庙神甚酷烈，百姓信之，敬则引神为誓，必不相负。劫帅既出，敬则于庙中设会，于座收缚，曰："吾先启神，若负誓，还神十牛。今不违誓。"即杀十牛解神，并斩诸劫，百姓悦之。迁员外郎。

元徽二年，随太祖拒桂阳贼于新亭，敬则与羽林监陈显达、宁朔将军高道庆乘舸䑠于江中迎战，大破贼水军，焚其舟舰。事宁，带南泰山太守，右侠毂主，转越骑校尉，安城王车骑参军。

苍梧王狂虐，左右不自保，敬则以太祖有威名，归诚奉事。每下直，辄往领府。夜著青衣，扶匐道路，为太祖听察苍梧去来。太祖命敬则于殿内伺机，未有定日。既而杨玉夫等危急殒帝，敬则时在家，玉夫将首投敬则，敬则驰诣太祖。太祖虑苍梧所诳，不开门，敬则于门外大呼曰："是敬则耳。"门犹不开，乃于墙上投进其首。太祖索水洗视，视竟，乃戎服出。敬则从入宫，至承明门。门郎疑非苍梧还，敬则虑人觇见，以刀环塞窒孔，呼开门甚急。卫尉丞颜灵宝窥见太视乘马在外，窃谓亲人曰："今若不开内领军，天下会是乱耳。"门开，敬则随太祖入殿。明旦，四贵集议，敬则拔白刃在床侧跳跃曰："官应处分，谁敢作同异者！"升明元年，迁员外散骑常侍、辅国将军、骁骑将军，领临淮太守，增封为千三百户，知殿内宿卫兵事。

沈攸之事起，进敬则号冠军将军。太祖入守朝堂，袁粲起兵夕，领军刘韫、直阁将军卜伯兴等于宫内相应，戒严将发。敬则开关掩袭，皆杀之。殿内窃发尽平，敬则之力也。迁右卫将军，常侍如故，增封为二千五百户，寻又加五百户。又封敬则子元迁为东乡侯，邑三百七十户。齐台建，为中领军。

太祖将受禅，材官荐易太极殿柱，徙帝欲避土，不肯出宫逊位。明日，当临轩，帝又逃宫内。敬则将舆入迎帝，启譬令出。帝拍敬则手曰："必无过虑，当饷辅国十万钱。"

建元元年，出为使持节、散骑常侍、都督南兖兖徐青冀五州军事、平北将军、南兖州刺史，封寻阳郡公，邑三千户。加敬则妻怀氏爵为寻阳国夫人。二年，进号安北将军。虏寇淮、泗，敬则恐，委镇还都，百姓皆惊散奔走，上以其功臣，不问，以为都官尚书、抚军。

寻迁使持节、散骑常侍、安东将军、吴兴太守。郡旧多剽掠，有十数岁小儿于路取遗物，杀之以殉，自此道不拾遗，郡无劫盗。又录得一偷，召其亲属于前鞭之，令偷身长扫街路，久之乃令偷举旧偷自代，诸偷恐为其所识，皆逃走，境内以清。出行，从市过，见屠肉枡，叹曰："吴兴昔无此枡，是我少时在此所作也。"

迁护军将军，常侍如故，以家为府。三年，以改葬去职，诏赠敬则母寻阳公国太夫人。改授侍中、抚军将军。太祖遗诏敬则以本官领丹阳尹。寻迁为使持节、散骑常侍、都督会稽东阳新安临海永嘉五郡军事、镇东将军、会稽太守。永明二年，给鼓吹一部。

会土边带湖海，民丁无士庶皆保塘役，敬则以功力有余，悉评敛为钱，送台库以为便宜，上许之。竟陵王子良启曰：

伏寻三吴内地，国之关辅，百度所资。民庶凋流，日有困殆，蚕农罕获，饥寒尤甚，富者稍增其饶，贫者转钟其弊，可为痛心，难以辞尽。顷钱贵物贱，殆欲兼倍，凡在触类，莫不如兹。稼穑难劝，斛直数令，机杼勤苦，四裁三百。所以然者，实亦有由。年常岁调，既有定期，僮恤所上，咸是见直。东间钱多剪凿，鲜复完者，公家所受，必须员大，以两代一，困于所贸，鞭捶质系，益致无聊。

臣昔忝会稽，粗闲物俗，塘丁所上，本不入官。良由陂湖宜壅，桥路须通，均夫订直，民自为用。若甲分毁坏，则年一修改；若乙限坚完，则终岁无役。今郡通课此直，悉以还台，租赋之外，更生一调。致令塘路崩芜，湖源泄散，害民损政，实此为剧。

建元初，狡虏游魂，军用殷广。浙东五郡，丁税一千，乃有质卖妻儿，以充此限，道路愁穷，不可闻见。所逋尚多，收上事绝，臣登具启闻，即蒙蠲原。而此年租课，三分逋一，明知徒足扰民，实自弊国。愚谓塘丁一条，宜还复旧，在所逋恤，优量原除。凡应受钱，不限大小，仍令在所，折市布帛。若民有杂物，是军国所须者，听随价准直，不必其应送钱，于公不亏其用，在私实荷其渥。

昔晋氏初迁，江左草创，绢布所直，十倍于今，赋调多少，因时增减。永初中，官布一匹，直钱一千，而民间所输，听为九百。渐及元嘉，物价转贱，私货则束直六千，宫受则匹准五百，所以每欲优民，必为降落。今入官好布，匹堪百余，其四民所送，犹依旧制。昔为刻上，今为刻下，岷庶空俭，岂不由之。

救民拯弊，莫过减赋。时和岁稔，尚尔虚乏，傥值水旱，宁可熟念。且西京炽强，实基三辅，东都全固，实赖三河，历代所同，古今一揆。石头以外，裁足自供府州，方山以东，深关朝廷根本。夫股肱要重，不可不恤。宜蒙宽政，少加优养。略其目前小利，取其长久大益，无患民赀不殷，国财不阜也。宗臣重寄，咸云利国，窃如愚管，未见可安。

上不纳。

三年，进号征东将军。宋广州刺史王翼之子妾路氏，刚暴，数杀婢，翼之子法明告敬则，敬则付山阴狱杀之，路氏家诉，为有司所奏，山阴令刘岱坐弃市刑。敬则入朝，上谓敬则曰：“人命至重，是谁下意杀之，都不启闻？”敬则曰：“是臣愚意。臣知何物科法，见背后有节，便言应得杀人。”刘岱亦引罪，上乃赦之。敬则免官，以公领郡。

明年，迁侍中、中军将军。寻与王俭俱即本号开府仪同三司，俭既固让，敬则亦不即受。七年，出为使持节、散骑常侍、都督豫州郢州之西阳司州之汝南二郡军事、征西大将军、豫州刺史，开府如故。进号骠骑。十一年，迁司空，常侍如故。世祖崩，遗诏改加侍中。高宗辅政，密有废立意。隆昌元年，出敬则为使持节、都督会稽东阳临海永嘉新安五郡军事、会稽太守，本官如故。海陵王立，进位太尉。

敬则名位虽达，不以富贵自遇，危拱傍遑，略不尝坐，接士庶皆吴语，而殷勤周悉。初为散骑使房，于北馆种杨柳，后员外郎虞长耀北使还，敬则问：“我昔种杨柳树，今若大小？”长耀曰：“房中以为甘棠。”敬则笑而不答。

世祖御座赋诗，敬则执纸曰：“臣几落此奴度内。”世祖问：“此何言？”敬则曰：“臣若知书，不过作尚书都令史耳，那得令日？”敬则虽不大识书，而性甚警黠，临州郡，令省事读辞，下教判决，皆不失理。

明帝即位，进大司马，增邑千户。台使拜授日，雨大洪注，敬则文武皆失色，一客在傍曰："公由来如此者，拜丹阳、吴兴时亦然。"敬则大悦，曰："我宿命应得雨。"乃列羽仪，备朝服，道引出听事拜受，意犹不自得，吐舌久之，至事竟。

帝既多杀害，敬则自以高、武旧臣，心怀忧恐。帝虽外厚其礼，而内相疑备，数访问敬则饮食体干堪宜，闻其衰老，且以居内地，故得少安。三年中，遣萧坦之将斋仗五百人，行武进陵。敬则诸子在都，忧怖无计。上知之，遣敬则世子仲雄入东安慰之。仲雄善弹琴，当时新绝。江左有蔡邕焦尾琴，在主衣库，上敕五日一给仲雄。仲雄于御前鼓琴，作《懊侬曲歌》曰："常叹负情侬，郎今果行许！"帝愈猜愧。

永泰元年，帝疾，屡经危殆。以张瓌为平东将军、吴郡太守，置兵佐，密防敬则。内外传言当有异处分。敬则闻之，窃曰："东今有谁？只是欲平我耳！"诸子怖惧，第五子幼隆遣正员将军徐岳密以情告徐州行事谢朓为计，若同者，当往报敬则。朓执岳驰启之。敬则城局参军徐庶家在京口，其子密以报庶，庶以告敬则五官王公林。公林，敬则族子，常所委信。公林劝敬则急送启赐儿死，单舟星夜还都。敬则令司马张思祖草启，既而曰："若尔，诸郎在都，要应有信，且忍一夕。"其夜，呼僚佐文武樗蒲赌钱，谓众曰："卿诸人欲令我作何计？"莫敢先答。防阁丁兴怀曰："官只应作耳。"敬则不作声。明旦，召山阴令王询、台侍御史钟离祖愿，敬则横刀跂坐，问询等："发丁可得几人？传库见有几钱物？"询答"县丁卒不可上"。祖愿称"传物多未输入"。敬则怒，将出斩之。王公林又谏敬则曰："官是事皆可悔，惟此事不可悔。官讵不更思！"敬则唾其面曰："小子！我作事，何关汝小子！"乃起兵。

上诏曰："谢朓启事腾徐岳列如右。王敬则禀质凶猾，本谢人纲，直以宋季多艰，颇有膂力之用，驱奖所至，遂升荣显。皇运肇基，预闻末议，功非匡国，赏实震主。爵冠执圭，身登衣衮，故以《风》

《雅》作刺,缙绅侧目。而溪谷易盈,鸱枭难改,猜心内骇,丑辞外布。永明之朝,履霜有渐,隆昌之世,坚冰将著,从容附会,朕有力焉。及景历惟新,推诚尽礼,中使相望,轩冕成阴。乃嫌迹愈兴,祸图兹构,收合亡命,结党聚群,外候边警,内伺国隙。元迁兄弟,中萃渊薮,奸契潜通,将谋窃发。朓即姻家,岳又邑子,取据匪他,昭然以信。方、邵之美未闻,韩、彭之衅已积。此而可容,孰寄刑典!便可即遣收掩,肃明国宪。大辟所加,其父子而已,凡诸诖误,一从荡涤。"收敬则子员外郎世雄、记室参军季哲、太子洗马幼隆、太子舍人少安等,于宅杀之。长子黄门郎元迁,为宁朔将军,领千人于徐州击虏,敕徐州刺史徐玄庆杀之。

　　敬则招集配衣,二三日便发,欲劫前中书令何胤还为尚书令,长史王弄璋、司马张思祖止之。乃率实甲万人过浙江,谓思祖曰:"应须作檄。"思祖曰:"公今自还朝,何用作此。"敬则乃止。朝廷遣辅国将军前军司马左兴盛、后军将军直阁将军崔恭祖、辅国将军刘山阳、龙骧将军直阁将军马军主胡松三千余人,筑垒于曲阿长冈,右仆射沈文季为持节都督,屯湖头,备京口路。

　　敬则旧将举事,百姓檐篙荷锸随逐之,十余万众。至晋陵,南沙人范修化杀县令公上延孙以应之。敬则至武进陵口,恸哭乘肩舆而前。遇兴盛、山阳二砦,尽力攻之。兴盛使军人遥告敬则曰:"公儿死已尽,公持许底作?"官军不敌,欲退,而围不开,各死战。胡松领马军突其后,白丁无器仗,皆惊散,敬则军大败。敬则索马,再上不得上,兴盛军客袁文旷斩之,传首。是时,上疾已笃,敬则仓卒东起,朝廷震惧。东昏侯在东宫,议欲叛,使人上屋望,见征虏亭失火,谓敬则至,急装欲走。有告敬则者,敬则曰:"檀公三十六策,走是上计。汝父子唯应急走耳。"敬则之来,声势甚盛,裁少日而败,时年七十余。

　　封左兴盛新吴县男,崔恭祖遂兴县男,刘山阳湘阴县男,胡松沙阳县男,各四百户,赏平敬则也。又赠公上延孙为射声校尉。

陈显达，南彭城人也。宋孝武世，为张永前军幢主。景和中，以劳历驱使。太始初，以军主隶徐州刺史刘怀珍北征，累至东海王板行参军，员外郎。泰始四年，封彭泽县子，邑三百户。历马头、义阳二郡太守，羽林监，濮阳太守。

隶太祖讨桂阳贼于新亭垒，刘勔大桁败，贼进杜姥宅，及休范死，太祖欲还卫宫城，或谏太祖曰："桂阳虽死，贼党犹炽，人情难固，不可轻动。"太祖乃止。遣显达率司空参军高敬祖自查浦渡淮，缘石头北道入承明门，屯东堂。宫中恐动，得显达乃至稍定。显达出杜姥宅，大战破贼。矢中左眼，拔箭而镞不出，地黄村潘妪善禁，先以钉钉柱，妪禹步作气，钉即时出，乃禁显达目中镞出之。封丰城县侯，邑千户。转游击将军。

寻为使持节、督广交越三州湘州之广兴军事、辅国将军、平越中郎将、广州刺史。进号冠军。沈攸之事起，显达遣军援台，长史到遁、司马诸葛导谓显达曰："沈攸之拥众百万，胜负之势未可知，不如保境蓄众，分遣信驿，密通彼此。"显达于座手斩之，遣表疏归心太祖。进使持节、左将军。军至巴丘，而沈攸之平。除散骑常侍、左卫将军，转前将军、太祖太尉左司马。齐台建，为散骑常侍、左卫将军，领卫尉。太祖即位，迁中护军，增邑千六百户，转护军将军。显达启让，上答曰："朝廷爵人以序，卿忠发万里，信誓如期，虽屠城殄国之勋，无以相加。此而不赏，典章何在。若必未宜尔，吾终不妄授。于卿数士，意同家人，岂止于君臣邪！过明，与王、李俱祗召也。"上即位后，御膳不宰牲，显达上熊炙一盘，上即以充饭。

建元二年，虏寇寿阳，淮南江北百姓搔动。上以显达为使持节、散骑常侍、都督南兖兖徐青冀五州诸军事、平北将军、南兖州刺史。之镇，虏退。上敕显达曰："虏经破散后，当无复犯关理。但国家边防，自应过存备豫。宋元嘉二十七年后，江夏王作南兖，徙镇盱眙，沈司空亦以孝建初镇彼，政当以淮上要于广陵耳。卿谓前代此处分云何？今金议皆云卿应据彼地，吾未能决。乃当以扰动文武为劳。若是公计，不得惮之。"事竟不行。

　　迁都督益宁二州军事、安西将军、益州刺史,领宋宁太守,持节、常侍如故。世祖即位,进号镇西。益部山险,多不宾服。大度村獠,前后刺史不能制,显达遣使责其租赕,獠帅曰:"两眼刺史尚不敢调我!"遂杀其使。显达分部将吏,声将出猎,夜往袭之,男女无少长皆斩之。自此山夷震惧。广汉贼司马龙驹据郡反,显达又讨平之。

　　永明二年,征为侍中、护军将军。显达累任在外,经太祖之忧,及见世祖,流涕悲咽,上亦泣,心甚嘉之。

　　五年,荒人桓天生自称桓玄宗族,与雍、司二州界蛮虏相扇动,据南阳故城。上遣显达假节,率征虏将军戴僧静等水军向宛、叶,雍、司众军授显达节度。天生率虏众万余人攻舞阴,舞阴戍主辅国将军殷公愍击杀其副张麒麟,天生被疮退走。仍以显达为使持节、散骑常侍、都督雍梁南北秦郢州之竟陵司州之随郡军事、镇北将军,领宁蛮校尉、雍州刺史。显达进据舞阳城,遣僧静等先进,与天生及虏再战,大破之,官军还。数月,天生复出攻舞阴,殷公愍破之,天生还窜荒中,萃城、平民、白土三城贼稍稍降散。

　　八年,进号征北将军。其年,仍迁侍中、镇军将军,寻加中领军。出为使持节、散骑常侍、都督江州诸军事、征南大将军、江州刺史,给鼓吹一部。显达谦厚有智计,自以人微位重,每迁官,常有愧惧之色。有子十余人,诫之曰:"我本志不及,汝此等勿以富贵陵人!"家既豪富,诸子与王敬则诸儿,并精车牛,丽服饰。当世快牛称陈世子青,王三郎乌,吕文显折角,江瞿昙白鼻。显达谓其子曰:"麈尾扇是王、谢家许,汝不须捉此自逐。"

　　十一年秋,虏动,诏屯樊城。世祖遗诏,即本号开府仪同三司。隆昌元年,迁侍中、车骑将军,开府如故,置兵佐。豫废郁林之勋,延兴元年,为司空,进爵公,增邑千户,甲仗五十人入殿。高宗即位,进太尉,侍中如故,改封鄱阳郡公,邑三千户,加兵二百人,给油络车。建武二年,虏攻徐、司,诏显达出顿,往来新亭白下,以为声势。

　　上欲悉除高、武诸孙,微言问显达,答曰:"此等岂足介虑。"上乃止。显达建武世心怀不安,深自贬匿,车乘朽故,导从卤簿,皆用赢小，不过十数人。侍宴，酒后启上曰："臣年已老，富贵已足，唯少枕枕死，特就陛下乞之。"上失色曰："公醉矣。"以年礼告退，不许。

是时，虏频寇雍州，众军不捷，失沔北五郡。永泰元年，乃遣显达北讨。诏曰："晋氏中微，宋德将谢，蕃臣外叛，要荒内侮，天未悔祸，左衽乱华，巢穴神州，逆移年载。朕嗣膺景业，踵武前王，静言隆赞，思乂区夏。但多难甫夷，恩化肇洽，兴师扰众，非政所先，用戢远图，权缓北略，冀戎夷知义，怀我好音。而凶丑剽狡，专事侵掠，驱扇异类，蚁聚西偏，乘彼自来之资，抚其天亡之会，军无再驾，民不重劳，传檄以定三秦，一麾而臣禹迹，在此举矣。且中原士庶，久望皇威，乞师请援，结轨驰道。信不可失，时岂终朝。宜分命方岳，因兹大号。侍中、太尉显达，可暂辍槐阴，指授群帅。"中外纂严。加显达使持节，向襄阳。

永元元年，显达督平北将军崔慧景众军四万，围南乡堺为马圈城，去襄阳三百里，攻之四十日，虏食尽，啖死人肉及树皮，外围既急，虏突走，斩获千计。官军竞取城中绢，不复穷追。显达入据其城，遣军主庄丘累进取南乡县，故从阳郡治也。虏主元宏自领十余万骑奄至，显达引军渡水，西据鹰子山筑城，人情沮败。虏兵甚急，军主崔恭祖、胡松以乌布幔盛显达，数人檐之，迳道从分碛山出均水口，台军缘道奔退，死者三万余人。左军将张千战死，追赠游击将军。显达素有威名，著于蛮虏，至是大损丧焉。御史中丞范岫奏免显达官，朝议优诏答曰："昔卫、霍出塞，往往无功，冯、邓入关，有时亏丧。况公规谟肃举，期寄兼深，见可知难，无损威略。方振远图，廓清朔土。虽执宪有常，非所得议。"显达表解职，不许，求降号，又不许。

以显达为都督江州军事、江州刺史，镇盆城，持节，本官如故。初，王敬则事起，始安王遥光启明帝虑显达为变，欲迫军还，事寻平，乃寝。显达亦怀危怖。及东昏立，弥不乐还京师，得此授，甚喜。寻加领征南大将军，给三望车。

显达闻京师大相杀戮，又知徐孝嗣等皆死，传闻当遣兵袭江州。显达惧祸，十一月十五日，举兵。令长史庾弘远、司马徐虎龙与朝贵书曰：

诸君足下：我太祖高皇帝睿哲自天，超人作圣，属彼宋季，纲纪自顿，应禅从民，遘此基业。世祖武皇帝昭略通远，克纂洪嗣，四关罢崄，三河静尘。郁林、海陵，顿孤负荷。明帝英圣，绍建中兴。至乎后主，行悖三才，琴横凶席，绣积麻筵，淫犯先宫，秽兴闺闼，皇陛为市廛之所，雕房起征战之门。任非华尚，宠必寒厮。

江仆射兄弟，忠言属荐，正谏繁兴，覆族之诛，于斯而至。故乃犴噬之刑，四剿于海路，家门之衅，一起于中都。萧、刘二领军，并升御座，共禀遗诏，宗戚之苦，谅不足谈，《渭阳》之悲，何辜至此。徐司空历叶忠荣，清简流世，匡翼之功未著，倾宗之罚已彰。沈仆射年在悬车，将念机杖，欢歌园数，绝影朝门，忽招陵上之罚，何万古之伤哉！遂使紫台之路，绝缙绅之俦；缨组之阎，罢金、张之胤。悲哉！蝉冕为贱宠之服。呜呼！皇陛列劫竖之坐。

且天人同怨，乾象变错，往岁三州流血，今者五地自动。昔汉池异色，胥王因之见废；吴郡暂震，步生以为奸幸。况事隆于往怪，衅倍于前虐，此而未废，孰不可兴？

王仆射、王领军、崔护军，中维简正，逆念剖心。萧卫尉、蔡詹事、沈左卫，各负良家，共伤时崄。先朝遣旧，志在名节，同列丹书，要同义举。建安殿下秀德冲远，实允神器。昏明之举，往圣流言。今忝役戎驱，亟请乞路。须京尘一静，西迎大驾，歌舞太平，不亦佳哉！裴豫州宿遭诚言，久怀慷慨，计其劲兵，已登淮路。申司州志节坚明，分见迎合，总勒偏率，殿我而进。萧雍州、房僧寄并已纂迈，旌鼓将及。南兖州司马崔恭祖，壮烈超群，嘉驿屡至，所听烽谍，共成唇齿。荆郢行事萧、张二贤，莫不案剑餐风，横戈待节。关畿蕃守之俦，孰非义侣。

我太尉公体道合圣，杖德修文，神武横于七伐，雄略震于九纲。是乃从彼英序，还抗社稷。本欲鸣笳细锡，无劳戈刃。但忠党有心，节义难遗。信次之间，森然十万。飞舻咽于九派，列舰迷于三川，此盖捧海浇萤，烈火消冻耳。吾子其择善而从之，无令竹帛空为后人笑也。

朝廷遣后军将军胡松、骁骑将军李叔献水军据梁山；左卫将军左兴盛假节，加征虏将军，督前锋军事，屯新亭；辅国将军骁骑将军徐世摽领兵屯杜姥宅。显达率众数千人发寻阳，与胡松战于采石，大破之，京邑震恐。十二月十三日，显达至新林筑城垒，左兴盛率众军为拒战之计。其夜，显达多置屯火于岸侧，潜军渡取石头北上袭宫城，遇风失晓，十四日平旦，数千人登落星岗，新亭军望火，谓显达犹在，既而奔归赴救，屯城南。宫掖大骇，闭阖守备。显达马槊从步军数百人，于西洲前与台军战，再合，大胜，手杀数人，槊折，宫军继至，显达不能抗，退走至西州从乌榜村，为骑官赵潭注稍刺落马，斩之于篱侧，血涌湔篱，似淳于伯之被刑也。时年七十二。显达在江州，遇疾不治，寻而自差，意甚不悦。是冬连大雪，枭首于朱雀，而雪不集之。诸子皆伏诛。

史臣曰：光武功臣所以能终其身名者，非唯不任职事，亦以继奉明、章，心尊正嫡，君安乎上，臣习乎下。王、陈拔迹奋飞，则建元、永明之运，身极鼎将，则建武、永元之朝。勋非往时，位逾昔等，礼授虽重，情分不交。加以主猜政乱，危亡虑及，举手捍头，人思自免。干戈既用，诚沦犯上之迹，敌国起于同舟，况又疏于此者也？

赞曰：纠纠敬则，临难不惑。功成殿寝，诛我蛮贼。显达孤根，应义南蕃。威扬宠盛，鼎食高门。三亏河、兖，陈挫襄、樊。

南齐书卷二七
列传第八

刘怀珍　　李安民　　王玄载
弟玄邈

　　刘怀珍字道玉,平原人,汉胶东康王后也。祖昶,宋武帝平齐,以为青州治中,至员外常侍。伯父奉伯,宋世为陈、南顿二郡太守。怀珍幼随奉伯至寿阳,豫州刺史赵伯符出猎,百姓聚观,怀珍独避不视,奉伯异之,曰:"此儿方兴吾宗。"

　　本州辟主簿。元嘉二十八年,亡命司马顺则聚党东扬,州遣怀珍将数千人掩讨,平之。宋文帝召问破贼事状,怀珍让功不肯当。亲人怪问焉,怀珍曰:"昔国子尼耻陈河间之级,吾岂能论邦域之捷哉!"时人称之。

　　江夏王义恭出镇盱眙,道遇怀珍,以应对见重,取为骠骑长兼墨曹行参军。寻除振武将军、长广太守。孝建初,为义恭大司马参军、直阁将军。怀珍北州旧姓,门附殷积,启上门生千人充宿卫,孝武大惊,召取青、冀豪家私附得数千人,士人怨之。随府转太宰参军。

　　大明二年,虏围泗口城,青州刺史颜师伯请援。孝武遣怀珍将步骑数千赴之,于麋沟湖与虏战,破七城。拜建武将军、乐陵河间二郡太守,赐爵广晋县侯。明年,怀珍启求还,孝武答曰:"边维须才,未宜陈请。"竟陵王诞反,郡豪民王弼劝怀珍应之,怀珍斩弼以闻,孝武大喜,除豫章王子尚车骑参军,加龙骧将军。

泰始初，除宁朔将军、东安东莞二郡太守，率龙骧将军王敬则、姜产步骑五千讨寿阳。庐江太守王仲子南奔，贼遣伪庐江太守刘道蔚五千人顿建武涧，筑三城。怀珍遣军主段僧爱等马步三百余人掩击斩之。引军至晋熙，伪太守阎湛拒守，刘子勋遣将王仲虬步卒万人救之，怀珍遣马步三千人袭击仲虬，大破之于莫邪山，遂进寿阳。又遣王敬则破殷琰将刘从等四垒于横塘死虎，怀珍等乘胜逐北，顿寿春长逻门。宋明帝嘉其功，除羽林监、屯骑校尉，将军如故。怀珍请先平贼，辞让不受。建安王休仁浓湖与贼相持，久未决。明帝召怀珍还，拜前将军，加辅国将军，领军向青山助击刘胡。事平，除游击将军，辅国将军如故。

青州刺史沈文秀拒命，明帝遣其弟文炳宣喻，使怀珍领马步三千人随文炳俱行。未至，薛安都引虏，徐、兖已没，张永、沈攸之于彭城大败。敕怀珍步从盱眙自淮阴济淮救永等，而官军为虏所逐，相继奔归，怀珍乃还。三年春，敕怀珍权镇山阳。

先是，明帝遣青州刺史明僧皓北征，僧皓遣将于王城筑垒，以逼沈文秀，堑壁未立，为文秀所破，仍进攻僧皓。帝使怀珍率龙骧将军王广之五百骑，步卒二千人，沿海救援，至东海，而僧皓已退保东莱。怀珍进据朐城，众心恟惧，或欲且保郁州。怀珍谓众曰："卿等传文秀厚赂胡师，规为外援，察其徒党，何能必就左衽？齐士庶见于民义积叶，声介一驰，东莱可飞书而下，何容阻军缓迈止于此邪？"遂进至黔陬。伪高密、平昌二郡太守溃走，怀珍达朝廷意，送致文炳，文秀终不从命，焚烧郭邑，百姓闻怀珍至，皆喜。伪长广太守刘桃根领数十人戍不其城，怀珍引军次洋水，众皆曰："文秀今游骑境内，宜坚壁伺隙。"怀珍曰："今众少粮单，我悬彼固，政宜简精锐，掩其不备耳。"遣王广之将百骑袭陷其城，桃根走。伪东莱太守鞠延僧数百人据城，劫留高丽献使。怀珍又遣宁朔将军明庆符与广之击降延僧，遣高丽使诣京师。文秀闻诸城皆败，乃遣使张灵硕请降，怀珍乃还。

其秋，虏遂侵齐，围历城、梁邹二城，游骑至东阳，扰动百姓，冀州刺史崔道固、兖州刺史刘休宾告急。休宾，怀珍从弟也。朝廷以怀珍为使持节、都督徐兖二州军事、辅国将军、平胡中郎将、徐州刺史，封艾县侯，邑四百户，督水步四十余军赴救。二城既没，乃止。

改授宁朔将军、竟陵太守，辅巴陵王征西司马，领南义阳太守。建平王景素为荆州，仍徙右军司马，迁南郡太守，加宁朔将军。明帝手诏怀珍曰："卿性忠悫，平所葬赖。在彼与年少共事，不可深存受益。景素而乃佳，但不能接物，颇亦堕事，卿每谏之。"怀珍奉旨。帝寝疾，又诏怀珍曰："卿不应乃作景素佐，才旧所寄，今征卿参二卫直。"会帝崩，乃为安成王抚军司马，领南高平太守。

朝廷疑桂阳王休范，中书舍人道隆宣旨，以怀珍为冠军将军、豫章太守。怀珍曰："休范虽有祸萌，安敢便发，若终为寇，必请奉律吞之。今者赐使，恐成猜迫。"固请不就，乃除黄门郎，领虎贲中郎将、青州大中正。桂阳反，加怀珍前将军，守石头。为使持节、督豫司二州郢州之西阳军事、冠军将军、豫州刺史。建平王景素反，怀珍遣子灵哲领兵赴京师。升明元年，进号征虏将军。

沈攸之在荆楚，朝议疑惑，怀珍遣冗从仆射张护使郢，致诚于世祖，并陈计策。及攸之起兵，众谓当沿流直下，怀珍谓僚佐曰："攸之矜躁凶著，虐加楚服，必当阻兵中流，声劫幼主，不敢长驱决胜明矣。"遣子灵哲领马步数千人卫京师。攸之遣使许天保说结怀珍，怀珍斩之，送首于太祖。太祖送示攸之。进号左将军，徙封中宿县侯，增邑六百户。攸之围郢城，怀珍遣建宁太守张谟、游击将军裴仲穆蛮汉军万人出西阳，破贼前锋公孙方平军数千人，收其器甲。进平南将军，增督南豫、北徐二州，增邑为千户。

初，孝武世，太祖为舍人，怀珍为直阁，相遇早旧。怀珍假还青州，上有白骢马，啮人，不可骑，送与怀珍别。怀珍报上百匹绢。或谓怀珍曰："萧君此马不中骑，是以与君耳。君报百匹，不亦多乎？"怀珍曰："萧君局量堂堂，宁应负人此绢。吾方欲以身名托之，岂计钱物多少。"

太祖辅政，以怀珍内资未多，二年冬，征为都官尚书，领前军将军，以第四子宁朔将军晃代为豫州刺史。或疑怀珍不受代，太祖曰：
"我布衣时，怀珍便推怀投款，况在今日，宁当有异？"晃发经日，而
疑论不止。上乃遣军主房灵民领百骑追送晃，谓灵民曰："论者谓怀
珍必有异同，我期之有素，必不应尔。卿是其乡里，故遣卿行，非唯
卫新，亦以迎故也。"怀珍还，仍授相国右司马。建元元年，转左卫将
军，加给事中，改霄城侯，邑二百户。明年，加散骑常侍。

　　虏寇淮、肥，以本官加平西将军，假节，西屯巢湖，为寿春势援，
虏退乃还。怀珍年老，以禁旅辛勤，求为闲职，转光禄大夫，常侍如
故。其冬，虏寇朐山，授使持节、安北将军，本官如故，领兵救援。未
至，事宁，解安北、持节。

　　四年，疾笃，上表解职，上优诏答许，别量所授。其夏，卒。年六
十三。遗言薄葬。世祖追赠散骑常侍、镇北将军、雍州刺史，谥曰敬
侯。

　　子灵哲，字文明。解褐王国常侍，行参军，尚书直郎，齐台步兵
校尉。建元初，历宁朔将军，临川王前军谘议，庐陵内史，齐郡太守，
前军将军。灵哲所生母尝病，灵哲躬自祈祷，梦见黄衣老公曰："可
取南山竹笋食之，疾立可愈。"灵哲惊觉，如言而疾瘳。嫡母崔氏及
兄子景焕，泰始中没虏，灵哲为布衣，不听乐。及怀珍卒，当袭爵，灵
哲固辞以兄子在虏中，存亡未测，无容越当茅土，朝廷义之。灵哲倾
产私赎嫡母及景焕，累年不能得。世祖哀之，令北使告虏主，虏主送
以还南，袭怀珍封爵。灵哲永明初历护军长史，东中郎谘议，领中直
兵，出为宁朔将军、巴西梓潼二郡太守，西阳王左军司马。隆昌元
年，卒，年四十九。

　　李安民，兰陵承人也。祖嶷，卫军参军。父钦之，殿中将军，补
薛令。安民随父之县，元嘉二十七年没虏，率部曲自拔南归。

　　太祖初逆，使安民领支军。降义师，板建威将军，补鲁爽左军。
及爽反，安民遁还京师，除领军行参军，迁左卫殿中将军。大明中，
虏侵徐、兖，以安民为建威府司马、无盐令。除殿中将军，领军讨汉

川互蛮贼。

　　晋安王子勋反，明帝除安民武卫将军，领水军，补建安王司徒城局参军，击赭圻、湖白荻浦、獭窟，皆捷。除积射将军、军主。张兴世据钱溪，粮尽，为贼所逼。安民率舟乘数百，越贼五城，送米与兴世。伪军主沈仲、王张引军自鳙口欲断江，安民进军合战破之。又击鹊尾、江城，皆有功。事平，明帝大会新亭，劳接诸军主。樗蒲官赌，安民五掷皆卢，帝大惊，目安民曰：“卿面方如田，封侯状也。”安民少时贫窭，有一人从门过，相之曰：“君后当大富贵，与天子交手共戏。”至是，安民寻此人，不知所在。

　　从张永、沈攸之讨薛安都于彭城，军败，安民在后拒战，还保下邳，除宁朔将军，戍淮阳城，论鳙口功，封邵武县子，食邑四百户，复随吴喜、沈攸之击虏，达睢口，战败，还保宿豫。淮北既没，明帝敕留安民戍甬城，除宁朔将军、冗从仆射。戍泗口，领舟军缘淮游防，至寿春。虏遣伪长社公连营十余里寇汝阴，豫州刺史刘勔击退之，虏荆亭戍主升乞奴弃城归降，安民率水军攻前，破荆亭，绝其津途。迁宁朔将军、冠军司马、广陵太守，行南兖州事。太祖在淮，安民遥相结事，明帝以为疑，徙安民为刘韫冠军司马、宁远将军、京兆太守，又除宁朔将军、司州刺史，领义阳太守，并不拜。重除本职，又不拜。改授宁朔将军、山阳太守。泰始末，淮北民起义欲南归，以安民督前锋军事，又请援接，不克，还。除越骑校尉，复为宁朔将军、山阳太守。

　　三巴扰乱，太守张澹弃涪城走，以安民假节、都督讨蜀军事、辅师将军。五獠乱汉中，敕安民回军至魏兴，事宁，还至夏口。

　　元徽初，除督司州军事、司州刺史，领义阳太守，假节、将军如故。别敕安民曰：“九江须防，边备宜重，今有此授，以增鄢郢之势，无所致辞也。”及桂阳王休范起事，安民出顿，遣军援京师。征左将军，加给事中。建平王景素作难，冠军黄回、游击将军高道庆、辅国将军曹欣之等皆密遣致诚，而游击将军高道庆领众出讨，太祖虑其有变，使安民及南豫州刺史段佛荣行以防之。安民至京，破景素军于葛桥。景素诛，留安民行南徐州事。城局参军王迥素为安民所亲，盗绢二匹，安民流涕谓之曰："我与卿契阔备尝，今日犯王法，此乃卿负我也。"于军门斩之，厚为敛祭，军府皆震服。

授冠军将军、骁卫将军，不拜。转征虏将军、东中郎司马，行会稽郡事。安民将东，太祖与别宴语，淹留日夜。安民密陈宋运将尽，历数有归。苍梧纵虐，太祖忧迫无计，安民白太祖欲于东奉江夏王跻起兵，太祖不许，乃止。苍梧废，太祖征安民为使持节、督北讨军事、冠军将军、南兖州刺史。沈攸之反，太祖召安民以本官镇白下，治城隍。加征虏将军，进军西讨。又进前将军。行至盆城，沈攸之平，仍授督郢州司州之义阳诸军事、郢州刺史，持节、将军如故。升明三年，迁左卫将军，领卫尉。太祖即位，为中领军，封康乐侯，邑千户。

宋泰始以来，内外频有贼寇，将帅以下，各募部曲，屯聚京师。安民上表陈之，以为"自非淮北常备，其外余军，悉皆输遣，若亲近宜立随身者，听限人数"。上纳之，故诏断众募。时王敬则以勋诚见亲，至于家国密事，上唯与安民论议，谓安民曰："署事有卿名，我便不复细览也。"寻为领军将军。

虏寇寿春，至马头。诏安民出征，加鼓吹一部。虏退，安民沿淮进寿春。先是，宋世亡命王元初聚党六合山僭号，自云垂手过膝。州郡讨不能擒，积十余年，安民遣军侦候，生禽元初，斩建康市。加散骑常侍。

其年，虏又南侵，诏安民持节履行缘淮清泗诸戍屯军。虏攻朐山、连口、甬城，安民顿泗口，分军应赴。三年，引水步军人清，于淮阳与虏战，破之。虏退，安民知有伏兵，乃遣族弟马军主长文二百骑为前驱，自与军副周盘龙、崔文仲系其后，分军隐林。及长文至宿豫，虏见众少，数千骑遮之。长文且退且战，引贼向大军，安民率盘龙等趋兵至，合战于孙溪渚战父弯侧，虏军大败，赴清水死不可胜数。虏遣其苑头公送攻车材至布丘，左军将军孙文显击破走之，烧其车材。

　　淮北四州闻太祖受命，咸欲南归。至是徐州人桓摽之、兖州人徐猛子等，合义众数万，柴险求援。太祖诏曰："青徐泗州，义举云集。安民可长辔遐驭，指授群帅。"安民赴救留迟，虏急兵攻摽之等，皆没，上甚责之。

　　太祖崩，遗诏加侍中。世祖即位，迁抚军将军、丹阳尹。永明二年，迁尚书左仆射，将军如故。安民时屡启密谋见赏，又善结尚书令王俭，故世传俭启有此授。寻上表以年疾求退，改授散骑常侍、金紫光禄大夫，将军如故。四年，为安东将军、吴兴太守，常侍如故。卒官，年五十八。赙钱十万，布百匹。

　　吴兴有项羽神护郡听事，太守不得上。太守到郡，必须祀以轭下牛。安民奉佛法，不与神牛，著屐上听事。又于听上八关斋，俄而牛死，葬庙侧，令呼为"李公牛冢"。及安民卒，世以神为祟。

　　诏曰："安民历位内外，庸绩显著，忠亮之诚，每简朕心。敷政近畿，方申任寄，奄至殒丧，痛伤于怀。赠镇东将军，鼓吹一部，常侍、太守如故。谥曰肃侯。"

　　王玄载字彦休，下邳人也。祖宰，伪北地太守。父蕤，东莞太守。

　　玄载解褐江夏王国侍郎，太宰行参军。泰始初，为长水校尉。随张永征彭城，台军大败，玄载全军据下邳城拒虏，假冠军将军。官军新败，人情恐骇，以玄载士望，板为徐州刺史、持节、监徐州豫州梁郡军事、宁朔将军、平胡中郎将，寻又领山阳、东海二郡太守。五年，督青、兖二州，刺史、将军、东海郡如故。七年，复为徐州，督徐兖二州、钟离太守，将军、郎将如故。迁左军将军。仍为宁朔将军、历阳太守，改持节、都督二豫、冠军将军，南豫州刺史，太守如故。迁抚军司马，出为持节、督梁南北秦三州军事、冠军将军、西戎校尉、梁秦二州刺史，进号征虏将军。寻徙督益宁二州、益州刺史、建宁太守，将军、持节如故。

　　沈攸之难，玄载起义送诚，进号后军将军，封鄂县子。征散骑常侍，领后军，未拜。建元元年，为左民尚书，鄂县子如故。会虏动，南兖州刺史王敬则奔京师,上遣玄载领广陵,加平北将军、假节,行南兖州事,本官如故。事宁,为光禄大夫、员外散骑常侍。永明四年,为持节、监兖州缘淮诸军事、平北将军、兖州刺史。六年,卒,时年七十六。谥烈子。

玄载夷雅好玄言,修士操,在梁益有清绩,西州至今思之。

从弟玄谟子瞻,宋明帝世,为黄门郎,素轻世祖。世祖时在大床寝,瞻谓豫章王曰:"帐中物亦复随人寝兴。"世祖衔之,未尝形色。建元元年,为冠军将军、永嘉太守,诣阙跪拜不如仪,为守寺所列。有司以启世祖,世祖召瞻入东宫,仍送付廷尉杀之。遣左右口启上曰:"父辱子死,王瞻傲慢朝廷,臣辄以收治。"太祖曰:"语郎,此何足计!"既闻瞻已死,乃默无言。

瞻兄宽,宋世与瞻并为方伯,至是瞻虽坐事,而宽位待如旧也。宽泰始初为随郡,值西方反,父玄谟在都,宽弃郡归,明帝加赏,使随张永讨薛安都。宽辞以母犹存,在西为贼所执,请得西行,遂袭破随郡,斩伪太守刘师念,拔其母。事平,明帝嘉之,使图画宽形。建元初,为散骑常侍、光禄大夫,领前军将军。永明元年,为太常。坐于宅杀牛,免官。后为光禄大夫。三年,卒。

玄载弟玄邈,字彦远,初为骠骑行军参军,太子左积弩将军,射声校尉。泰始初,迁辅国将军、清河广平二郡太守、幽州刺史。青州刺史沈文秀反,玄邈欲向朝廷,虑见掩袭,乃诣文秀求安军顿。文秀令顿城外,玄邈即立营垒,至夜拔军南奔赴义,比晓,文秀追不复及。明帝以为持节、都督青州、青州刺史,将军如故。

太祖镇淮阴,为帝所疑,遣书结玄邈。玄邈长史房叔安劝玄邈不相答和。罢州还,太祖以经途人要之,玄邈虽许,既而严军直过,还都启帝,称太祖有异谋,太祖不恨也。升明中,太祖引为骠骑司马、冠军将军、太山太守,玄邈甚惧,而太祖待之如初。迁散骑常侍、骁骑将军,冠军如故。

出为持节、都督梁南秦二州军事、征虏将军、西戎校尉、梁南秦二州刺史,兄弟同时为方伯。封河阳县侯。建元元年,进号右将军,侯如故。亡命李乌奴作乱梁部，陷白马戍。玄邈率东从七八百人讨之，不克，虑不自保，乃使人伪降乌奴，告之曰："王使君兵众羸弱，弃伎妾于城内，携爱妾二人去已数日矣。"乌奴喜，轻兵袭州城，玄邈设伏击破之，乌奴挺身走。太祖闻之，曰："玄邈果不负吾意遇也。"

还为征虏将军、长沙王后军司马、南东海太守。迁都官尚书。世祖即位，转右将军、豫章王太尉司马，出为冠军将军、临川内史，秩中二千石。还为前军司徒司马、散骑常侍、太子右率。永明七年，为持节、都督兖州缘淮军事、平北将军、兖州刺史，末之任，转大司马，加后将军。八年，转太常，迁散骑常侍、右卫将军，出为持节、监徐州军事、平北将军、徐州刺史。

十一年，建康莲华寺道人释法智与州民周盘龙等作乱，四百人夜攻州城西门，登梯上城，射杀城局参军唐颖，遂入城内。军主耿虎、徐思庆、董文定等拒战，至晓，玄邈率百余人登城便门，奋击，生擒法智、盘龙等。玄邈坐免官。郁林即位，授抚军将军，迁使持节、安西将军、历阳南谯二郡太守。延兴元年，加散骑常侍，寻转中护军。

高宗使玄邈往江州杀晋安王子懋，玄邈苦辞不行，及遣王广之往广陵取安陆王子敬，玄邈不得已奉旨，给鼓吹，置佐。建武元年，迁持节、都督南兖兖徐青冀五州军事、平北将军、南兖州刺史，转护军将军，加散骑常侍。四年，卒，年七十二。赠安北将军、雍州刺史，谥曰壮侯。

同族王文和，宋镇北大将军仲德兄孙也。景和中，为义阳王昶征北府主簿。昶于彭城奔虏，部曲皆散，文和独送至界上。昶谓之曰："诸人皆去，卿有老母，何不去邪！"文和乃去。升明中，为巴陵内史，沈攸之事起，文和斩其使，驰白世祖告变，弃郡奔郢城。永明中，历青冀兖益四州刺史、平北将军。

史臣曰：宋氏将季，离乱日兆，家怀逐鹿，人有异图，故蕃岳阻兵之机，州郡观衅之会。此数子皆宿将旧勋，与太祖比肩为方伯，年位高下，或为先辈。而荐诚君侧，奉义万里，以此知乐推之非妄，信民心之有归。玄载兄弟门从，世秉诚烈，不为道家所忌，斯今之耿氏也。

　　赞曰：霄城报马，分义先推。灵哲守让，方轨丁、韦。李佐东土，谋发天机。王为清政，其风不衰。玄邈简朕，早背同归。

南齐书卷二八
列传第九

崔祖思　刘善明　苏侃
垣荣祖

崔祖思字敬元,清河东武城人,崔琰七世孙也。祖谭,宋冀州刺史。父僧护,州秀才。

祖思少有志气,好读书史。初州辟主簿,与刺史刘怀珍于尧庙祠神。庙有苏侯像,怀珍曰:"尧圣人,而与杂神为列,欲去之,何如?"祖思曰:"苏峻今日可谓四凶之五也。"怀珍遂令除诸杂神。

太祖在淮阴,祖思闻风自结,为上辅国主簿,甚见亲待,参豫谋议。除奉朝请,安成王抚军行参军,员外正员郎,冀州中正。宋朝初议封太祖为梁公,祖思启太祖曰:"谶书云'金刀利刃齐刈之'。今宜称齐,实应天命。"从之。转为相国从事中郎,迁齐国内史。建元元年,转长兼给事黄门侍郎。

上初即位,祖思启陈政事曰:"《礼》《诰》者,人伦之襟冕,帝王之枢柄。自古开物成务,必以教学为先。世不习学,民忘志义,悖竞因斯而兴,祸乱是焉而作。故笃俗昌治,莫先道教,不得以夷祸革虑,伦泰移业。今无员之官,空受禄力。三载无考绩之效,九年阙登黜之序。国储以之虚匮,民力为之凋散。能否无章,泾渭混流。宜大庙之南,弘修文序;司农以北,广开武校。台州国,限外之职,问其所乐,依方课习,各尽其能。月供僮干,如先充给,若有废惰,遣还故郡,殊经奇艺,待以不次,士修其业,必有异等,民识其利,能无勉励。”

又曰:“汉文集上书囊以为殿帷,身衣弋绨,以韦带剑,慎夫人衣不曳地,惜中民十家之产,不为露台。刘备取帐钩铜铸钱以充国用,魏武遣女,皂帐,婢十人,东阿妇以绣衣赐死,王景兴以渐米见诮。宋武节俭过人,张妃房唯碧绡蚊帱,三齐菰席,五盏盘桃花米饭。殷仲文劝令畜伎,答云‘我不解声’。仲文曰‘但畜自解’,又答‘畏解,故不畜’。历观帝王,未尝不以约素兴,侈丽亡也。伏惟陛下体唐成俭,蹑虞为朴,寝殿则素木卑构,膳器则陶瓠充御。琼簪玉箸,碎以为尘,珍裘绣服,焚之如草。斯实风高上代,民偃下世矣。然教信虽孚,氓染未革,宜加甄明,以速归厚。详察朝士,有柴车蓬馆,高以殊等;雕墙华轮,卑其称谓。驰禽荒色,长违清编,嗜音酣酒,守官不徙。物识义方,且惧且劝,则调风变俗,不俟终日。”

又曰:“宪律之重,由来尚矣。故曹参去齐,唯以狱市为寄,余无所言。路温舒言:‘秦有十失,其一尚在,治狱之吏是也。’实宜清置廷尉,茂简三官,寺丞狱主,弥重其选,研习律令,删除繁苛,诏狱及两县,一月三讯,观貌察情,欺枉必达。使明慎用刑,无忝大《易》,宁失不经,靡愧《周书》。汉来治律有家,子孙并世其业,聚徒讲授,至数百人。故张、于二氏,絜誉文、宣之世;陈、郭两族,流称武、明之朝。决狱无冤,庆昌枝裔,槐衮相袭,蝉紫传辉。今廷尉律生,乃令史门户,族非咸、弘,庭缺于训。刑之不措,抑此之由。如详择笃□之士,使习律令,试简有征,擢为廷尉僚属。苟官世其家而不美其绩,鲜矣;废其职而欲善其事,未之有也。若刘累传守其业,庖人不乏龙肝之馔,断可知矣。”

又曰:“乐者动天地,感鬼神,正情性,立人伦,其义大矣。桉前汉编户千万,太乐伶官方八百二十九人,孔光等奏罢不合经法者四百四十一人,正乐定员,唯置三百八十八人。今户口不能百万,而太乐雅、郑,元徽时校试千有余人,后堂杂伎,不在其数,糜废力役,伤败风俗。今欲拨邪归道,莫若罢杂伎,王庭唯置钟虡、羽戚、登歌而已。如此,则官充给养,国反淳风矣。”

又曰："论儒者以德化为本，谈法者以刻削为体。道教治世之粱肉，刑宪乱世之药石。故以教化比雨露，名法方风霜。是以有耻且格，敬让之枢纽；令行禁止，为国之关楗。然则天下治者，赏罚而已矣。赏不事丰，所病于不均；罚不在重，所困于不当。如令甲勋少，乙功多，赏甲而舍乙，天下必有不劝矣；丙罪重，丁眚轻，罚丁而赦丙，天下必不悛矣。是赏罚空行，无当乎劝沮。将令见罚者宠习之臣，受赏者仇雠之士，戮一人而万国惧，赏匹夫而四海悦。"

又曰："籍税以厚国，国虚民贫；广田以实廪，国富民赡。尧资用天之储，实极怀山之数。汤凭分地之积，以胜流金之运。近代魏置典农，而中都足食；晋开汝、颍，而汴河委储。今将扫辟咸、华，题镂龙漠，宜简役敦农，开田广稼。时罢山池之威禁，深抑豪右之兼擅，则兵民优赡，可以出师。"

又曰："古者左史记言，右史记事，故君举必书，尽直笔而不污，上无妄动，知如丝之成纶。今者著作之官，起居而已，述事之徒，褒谀为体。世无董狐，书法必隐，时阙南史，直笔未闻。"

又："废谏官，听纳靡依。虽课励朝僚，征访刍舆，莫若推举质直，职思其忧。夫越任于事，在言为难；当官而行，处辞或易。物议既以无言望己，己亦当以吞默惭人。中丞虽谢咸、玄，未有全废劲简；廷尉诚非释之，宁容都无讯牒。故知与其谬人，宁不废职，目前之明效也。汉征贡禹为谏大夫，矢言先策，夏侯胜狂直拘系，出补讽职，伐柯非遐，行之即善。"

又曰："天地无心，赋气自均，宁得诞秀往古，而独寂寥一代，将在知与不知，用与不用耳。夫有贤而不知，知贤而不用，用贤而不委，委贤而不信，此四者，古今之通患也。今诚重郭隗而招剧辛，任鲍叔以求夷吾，则天下之士，不待召而自至矣。"上优诏报答。

寻迁宁朔将军、冠军司马，领齐郡太守，本官如故。是冬，虏动，迁冠军将军、军主，屯淮上。二年，进号征虏将军，军主如故。仍迁假节、督青冀二州刺史，将军如故。少时，卒。上叹曰："我方欲用祖思，不幸，可惜。"诏赙钱三万，布五十匹。

祖思宗人文仲，初辟州从事。泰始初，为薛安都平北主簿，拔难归国。元徽初，从太祖于新亭拒桂阳贼，著诚效，除游击将军。沈攸之事起，助豫章王镇东府，历骠骑谘议，出为徐州刺史。建元初，封建阳县子，三百户。二年，虏攻钟离，文仲击破之。又遣军主崔孝伯等过淮，攻拔虏苌眉戍，杀戍主龙得侯及伪阳平太守郭杜瓶、馆陶令张德、濮阳令王明。时虏攻杀马头太守刘从，上曰："破苌眉，足相补。"文仲又遣军主陈靖攻虏竹邑戍主白仲都，又遣军主崔延叔攻伪淮阳太守梁恶，并杀之。三年，淮北义民桓磊魄于抱犊固与虏战，大破之。文仲驰启，上敕曰："北间起义者众，深恐良会不再至，卿善奖沛中人，若能一时攘袂，当遣一佳将直入也。"文仲在政，为百姓所惮。除黄门郎，领越骑校尉，改封随县。尝献太祖缠须绳一枚，上为纳受。永明元年，为太子左率，累至征虏将军、冠军司马、汝阴太守。四年，卒。赠后将军、徐州刺史，谥襄子。

刘善明，平原人，镇北将军怀珍族弟也。父怀民，宋世为齐、北海二郡太守。元嘉末，青州饥荒，人相食，善明家有积粟，躬食饘粥，开仓以救乡里，多获全济，百姓呼其家田为"续命田"。

少而静处读书，刺史杜骥闻名候之，辞不相见。年四十，刺史刘道隆辟为治中从事。父怀民谓善明曰："我已知汝立身，复欲见汝立官也。"善明应辟，仍举秀才。宋孝武见其对策强直，甚异之。

泰始初，徐州刺史薛安都反，青州刺史沈文秀应之。时州治东阳城，善明家在郭内，不能自拔。伯父弥之诡说文秀求自效，文秀使领军主张灵庆等五千援安都。弥之出门，密谓部曲曰："始免祸坑矣。"行至下邳，起义背文秀。善明从伯怀恭为北海太守，据郡相应。善明密契收集门宗部曲，得三千人，夜斩关奔北海。族兄乘民又聚众渤海以应朝廷。而弥之寻为薛安都所杀，明帝赠辅国将军、青州刺史。以乘民为宁朔将军、冀州刺史，善明为宁朔长史、北海太守，除尚书金部郎。乘民病卒，仍以善明为绥远将军、冀州刺史。文秀既降，除善明为屯骑校尉，出为海陵太守。郡境边海，无树木，善明课民种榆槚杂果,遂获其利。还为后军将军,直阁。

五年,青州没虏,善明母陷北,虏移置桑乾。善明布衣蔬食,哀戚如持丧,明帝每见,为之叹息,时人称之。转宁朔将军、巴西梓潼二郡太守。善明以母在虏中,不愿西行,涕泣固请,见许。朝廷多哀善明心事。元徽初,遣北使,朝议令善明举人,善明举州乡北平田惠绍使虏,赎得母还。

幼主新立,群公秉政,善明独结事太祖,委身归诚。二年,出为辅国将军、西海太守、行青冀二州刺史。至镇,表请北伐,朝议不同。善明从弟僧副,与善明俱知名于州里。泰始初,虏暴淮北,僧副将部曲二千人东依海岛,太祖在淮阴,壮其所为,召与相见,引至安成王抚军参军。苍梧肆暴,太祖忧恐,常令僧副微行伺察声论。使僧副密告善明及东海太守垣崇祖曰:“多人见劝北固广陵,恐一旦动足,非为长算。今秋风行起,卿若能与垣东海微共动虏,则我诸计可立。”善明曰:“宋氏将亡,愚智所辨。故胡虏若动,反为公患。公神武世出,唯当静以待之,因机奋发,功业自定。不可远去根本,自贻猖蹶。”遣部曲健儿数十人随僧副还诣领府,太祖纳之。苍梧废,征善明为冠军将军、太祖骠骑谘议、南东海太守、行南徐州事。

沈攸之反,太祖深以为忧。善明献计曰:“沈攸之控引八州,纵情蓄敛,收众聚骑,营造舟仗,苞藏贼志,于焉十年。性既险躁,才非持重,而起逆累旬,迟回不进。岂应有所待也?一则暗于兵机,二则人情离怨,三则有掣肘之患,四则天夺其魄。本虑其剽勇,长于一战,疑其轻速,掩袭未备。今六师齐奋,诸侯同举。昔谢晦失理,不斗自溃,卢龙乖道,虽众何施。且袁粲、刘秉,贼之根本,根本既灭,枝叶岂久,此是已笼之鸟耳。”事平,太祖召善明还都,谓之曰:“卿策沈攸之,虽复张良、陈平,适如此耳。”仍迁散骑常侍,领长水校尉,黄门郎,领后军将军,太尉右司马。齐台建,为右卫将军,辞疾不拜。

司空褚渊谓善明曰:“高尚之事,乃卿从来素意,今朝廷方相委待,讵得便学松、乔邪?”善明曰:“我本无官情,既逢知已,所以戮力驱驰,愿在申志。今天地廓清,朝盈济济,鄙怀既申,不敢昧于富贵矣。"太祖践阼,以善明勋诚,欲与善明禄,召谓之曰:"淮南近畿,国之形势,自非亲贤,不使居之。卿为我卧治也。"代高宗为征虏将军、淮南宣城二郡太守,遣使拜授,封新涂伯,邑五百户。

　　善明至郡,上表陈事曰:"周以三圣相资,再驾乃就。汉值海内无主,累败方登。魏挟主行令,实逾二纪。晋废立持权,遂历四世。景祚攸集,如此之难者也。陛下凝晖自天,照湛神极,睿周万品,道洽无垠。故能高啸闲轩,鲸鲵自翦,垂拱云帝,九服载晏,靡一战之劳,无半辰之棘,苞池江海,笼苑嵩岱,神祇乐推,普天归奉,二三年间,允膺宝命,胄临皇历,正位宸居,开辟以来,未有若斯之盛者也。夫常胜者无忧,恒成者好怠。故虽休勿休,姬旦作《诰》;安不忘危,尼父垂范。今皇运草创,万化始基,乘宋季叶,政多浇苟,亿兆倒悬,仰齐苏振。臣早蒙殊养,志输肝血,徒有其诚,曾阙埃露,凤宵惭战,如坠渊谷,不识忌讳,谨陈愚管,瞽言刍议,伏待斧钺。"所陈事凡十一条:其一,以为"天地开创,人神庆仰,宜存问远方,宣广慈泽"。其二,以为"京师浩大,远近所归,宜遣医药,问其疾苦。年九十以上及六疾不能自存者,随宜量赐"。其三,以为"宋氏赦令,蒙原者寡。愚谓下赦书,宜令事实相副"。其四,以为"匈奴未灭,刘昶犹存,秋风扬尘,容能送死。境上诸城,宜应严备,特简雄略,以待事机,资实所须,皆宜豫办"。其五,以为"宜除宋氏大明、太始以来诸苛政细制,以崇简易"。其六,以为"凡诸土木之费,且可权停"。其七,以为"帝子王姬,宜崇俭约"。其八,以为"宜诏百官及府州郡县,各贡谠言,以弘唐虞之美"。其九,以为"忠贞孝悌,宜擢以殊阶,清俭苦节,应授以民政"。其十,以为"革命惟始,天地大庆,宜时择才辨,北使匈奴"。其十一,以为"交州险复,要荒之表,宋末政苛,遂至怨叛。今大化创始,宜怀以恩德,未应远劳将士,摇动边氓。且彼土所出,唯有珠宝,实非圣朝所须之急。讨伐之事,谓宜且停"。

　　又撰《贤圣杂语》奏之,托以讽谏。上答曰:"省所献《杂语》,并列圣之明规,众智之深轨。卿能宪章先范,纂镂情识,忠款既昭,渊诚肃著,当以周旋,无忘听览也。"又谏起宣阳门,表陈宜明守宰赏罚,立学校,制齐礼,广开宾馆,以接荒民。上又答曰:"具卿忠谠之怀。夫赏罚以惩守宰,饰馆以待退荒。皆古之善政,吾所宜勉。更撰新礼,或非易制。国学之美,已敕公卿。宣阳门今敕停。寡德多阙,思复有闻。"

　　善明身长七尺九寸,质素不好声色,所居茅齐斧木而已,床榻几案,不加划削。少与崔祖思友善,祖思出为青、冀二州,善明遗书曰:"昔时之游,于今邈矣。或携手春林,或负杖秋涧,逐清风于林杪,追素月于园垂,如何故人,徂落殆尽。足下方拥旄北服,吾剖竹南甸,相去千里,间以江山,人生如寄,来会何时。尝览书史,数千年来,略在眼中矣。历代参差,万理同异。夫龙虎风云之契,乱极必夷之几,古今岂殊,此实一揆。日者沈攸之拥长蛇于外,粲、秉□识所祖,唯有京镇,创为圣基。遂乃擢吾为首佐,授吾以大郡,付吾关中,委吾留任。既不办有抽剑两城之用,横槊塞旗之能,徒以挈瓶小智,名参佐命,常恐朝露一下,深恩不酬。忧深责重,转不可据,还视生世,倍无次绪。藿羹布被,犹笃鄙好,恶色憎声,暮龄尤甚。出蕃不与台辅别,入国不与公卿游,孤立天地之间,无猜无托,唯知奉主以忠,事亲以孝,临民以洁,居家以俭。足下今鸣笳旧乡,衣绣故国,宋季荼毒之悲已蒙苏泰,河朔倒悬之苦方须救拔。遣游辩之士,为乡导之使,轻装启行,经营旧壤,今泗上归业,稷下还风,君欲谁让邪?聊送诸心,敬申贫赠。"

　　建元二年,卒,年四十九。遗命薄殡。赠钱三万,布五十匹。又诏曰:"善明忠诚夙亮,干力兼宣,豫经夷崄,勤绩昭著。不幸殒丧,痛悼于怀。赠左将军、豫州刺史。谥烈伯。"子涤嗣。善明家无遗储,唯有书八千卷。太祖闻其清贫,赐涤家葛塘屯谷五百斛。善明从弟僧副,官至前将军,封丰阳男,三百户。永明四年,为巴西梓潼二郡太守,卒。

　　苏侃字休烈,武邑人也。祖护,本郡太守。父端,州治中。

侃涉猎书传,出身正员将军,补长城令。薛安都反,引侃为其府参军,使掌书记。安都降虏,侃自拔南归,除积射将军。遇太祖在淮上,便自委结。上镇淮阴,以侃详密,取为冠军录事参军。是时,张永、沈攸之反后,新失淮北,始遣上北戍,不满千人,每岁秋冬间,边淮骚动,恒恐虏至。上广遣侦候,安集荒余,又营缮城府。上在兵中久,见疑于时,乃作《塞客吟》以喻志曰:"宝纬紊宗,神经越序。德晦河、晋,力宣江、楚。云雷兆壮,天山𫖮武。直发指秦关,凝精越汉渚。秋风起,寒草衰,雕鸿思,边马悲。平原千里顾,但见转蓬飞。星严海净,月澈河明。清辉映幕,素液凝庭。金箙夜厉,羽辖晨征。翰晴潭而怅泗,枻松洲而悼情。兰涵风而泻艳,菊笼泉而散英。曲绕首燕之叹,吹轸绝越之声,欹园琴之孤弄,想庭𩂉之余馨。青关望断,白日西斜。恬源靓雾,垄首晖霞。戒旋鹢,跃还波,情绵绵而方远,思袤袤而遂多。奥击秦中之筑,因为塞上之歌。歌曰:朝发兮江泉,日夕兮陵山。惊飙兮沛泪,淮流兮潺湲。胡埃兮云聚,楚旆兮星悬。愁墉兮思宇,恻怆兮何言。定寰中之逸鉴,审雕陵之迷泉。悟樊笼之或累,怅遐心以栖玄。"侃达上此旨,更自勤励。委以府事,深见知待。

元徽初,巴西人李承明作乱,太祖议遣侃衔使慰劳,还除羽林监,加建武将军。桂阳之难,上复以侃为平南录事,领军主,从顿新亭,使分金银赋赐诸将。事宁,除步兵校尉,出为绥虏将军、山阳太守,清修有治理,百姓怀之。进号龙骧将军,除前军将军。沈攸之事起,除侃游击将军,迁太祖骠骑谘议,领录事,除黄门郎,复为太祖太尉谘议。

侃事上既久,备悉起居,乃与丘巨源撰《萧太尉记》,载上征伐之功。以功封新建县侯,五百户。齐台建,为黄门郎,领射声校尉,任以心膂。上即位,侃撰《圣皇瑞命记》一卷奏之。建元元年,卒,年五十三。上惜之甚至,追赠辅国将军、梁南秦二州刺史,谥质侯。

弟烈,字休文,初为东莞令,张□□镇军中兵,累至山阳太守,宁朔将军,游击将军。袁粲起事,太祖先遣烈助防城,仍随诸将平石头，封吉阳县男。建元中，为假节、督巴州军事、巴州刺史、巴东太守，宁朔将军如故。永明中，至平西司马、陈留太守，卒官。

垣荣祖字华先，下邳人，五兵尚书崇祖从父兄也。父谅之，宋北中郎府参军。

荣祖少学骑马及射，或谓之曰："武事可畏，何不学书？"荣祖曰："昔曹操、曹丕上马横槊，下马谈论，此于天下可不负饮食矣。君辈无自全之伎，何异犬羊乎！"

宋孝建中，州辟主簿，后军参军。伯父豫州刺史护之子袭祖为淮阳太守，宋孝武以事徙之岭南，护之不食而死。帝疾笃，又遣使杀袭祖，袭祖临死，与荣祖书曰："弟常劝我危行言逊，今果败矣。"

明帝初即位，四方反，除荣祖冗从仆射，遣还徐州说刺史薛安都曰："天之所废，谁能兴之。使君今不同八百诸侯，如民所见，非计中也。"安都曰："天命有在，今京都无百里地，莫论攻围取胜，自可拍手笑杀。且我不欲负孝武。"荣祖曰："孝武之行，足致余殃。今虽天下雷同，正是速死，无能为也。"安都曰："不知诸人云何，我不畏此。大蹄马在近，急便作计。"荣祖被拘不得还，因收集部曲，为安都将领，假署冠军将军。安都引虏入彭城，荣祖携家属南奔朐山，虏遣骑追之不及。荣祖惧得罪，乃逃遁淮上。太祖在淮阴，荣祖归附，上保持之。及明帝崩，太祖书送荣祖诣仆射褚渊，除宁朔将军、东海太守。渊谓之曰："萧公称卿干略，故以此郡相处。"

荣祖善弹，弹鸟毛尽而鸟不死。海鹘群翔，荣祖登城西楼弹之，无不折翅而下。

除晋熙王征虏、安成王车骑中兵，左军将军。元徽末，太祖欲渡广陵，荣祖谏曰："领府去台百步，公走，人岂不知。若单行轻骑，广陵人一旦闭门不相受，公欲何之？公今动足下床，便恐即有扣台门者，公事去矣。"及苍梧废，除宁朔将军、淮南太守，进辅国将军，除游击将军、太祖骠骑谘议，辅国将军、西中郎司马、汝阴太守，除冠军将军、给事中、骁骑将军。预佐命勋，封将乐县子，三百户，□□祖旧封封之。出为持节、督青冀二州刺史,冠军如故,迁黄门郎。

永明二年,为冠军将军、寻阳相、南新蔡太守。作大形棺材盛伏,使乡人田天生、王道期载渡江北。监奴有罪,告之,有司奏免官削爵付东冶,案验无实见原。为安陆王平西谘议,带江陵令。仍迁司马、河东内史。迁持节、督缘淮诸军事、冠军将军、兖州刺史,领东平太守、兖州大中正。

巴东王子响事,方镇皆启称子响为逆,荣祖曰:“此非所宜言,政应云刘寅等孤负恩奖,逼迫巴东,使至于此。”时诸启皆不得通,事平后,上乃省视,以荣祖为知言。九年,卒,年五十七。

子闳,宋孝建初,为威远将军、汝南新蔡太守,据梁山拒丞相义宣贼,以功封西都县子。累迁龙骧将军、司州刺史。义嘉事起,明帝使闳出守盱眙,领兵北讨薛道树,破之。封乐乡县男,三百户。升明初,为散骑常侍,领长水校尉,与豫章王对直殿省,迁右卫将军。太祖即位,以心诚封爵如旧,加给事中,领骁骑将军。累迁金紫光禄大夫。年七十六,永明五年卒,谥定子。

荣祖从弟历生,亦为骁骑将军。宋泰始初,薛安都反,以女婿裴祖隆为下邳太守,历生时请假还北,谋杀祖隆,举城应朝廷,事发奔走。历官太子右率。性苛暴,好行鞭捶。与始安王遥光同反,伏诛。

史臣曰:太祖作牧淮、兖,始基霸业,恩威北被,感动三齐。青、冀豪右,崔、刘望族,先睹人雄,希风结义。夫谏江都之略,似任光之言,虽议不独兴,理成合契,盖帷幕之臣也。

赞曰:淮镇北州,获在崔、刘。献书上议,帝念忠谋。侃奉潜跃,皇瑞是鸠。垣方带砺,削免虚尤。

南齐书卷二九
列传第一〇

吕安国　全景文　　周山图
周盘龙　　王广之

　　吕安国，广陵广陵人也。宋大明末，安国以将领见任，隐重有干局，为刘勔所称。泰始二年，勔征殷琰于寿春，安国以建威将军为勔军副。众军击破琰长史杜叔宝军于横塘，安国抄断贼粮道，烧其运车，多所伤杀。琰众奔退，勔遣安国追之，先至寿春。琰闭门自守，安国与辅国将军垣阆屯据城南，于是众军继至。安国勋第一，封彭泽县男，未拜。明年，改封钟武县，加邑为四百户。累至宁朔将军、义阳太守。四年，又改封湘南县男。虏陷汝南，司州失守，以安国为督司州诸军事、宁朔将军、司州刺史。六年，义阳立州治，仍领义阳太守。稍迁右军将军，假辅师将军。元徽二年，为晋熙王征虏司马，辅师将军如故。转游击将军。三年，出为持节、都督青兖冀三州缘淮前锋诸军事、辅师将军、兖州刺史。明年，进号冠军将军。还为游击将军，加散骑常侍、征虏将军。

　　沈攸之事起，太祖以安国为湘州刺史，征虏将军如故。先是，王蕴罢州，南中郎将南阳王翔未之镇，蕴宁朔长史庾佩玉权行州事，朝廷先遣南中郎将中兵参军临湘令韩幼宗领军防州。沈攸之难，二人各相疑阻，佩玉辄杀幼宗。平西将军黄回至郢州，遣军主任候伯行湘州事，又杀佩玉。候伯与回同军袁粲谋石头事，回令候伯水军乘舸往赴，会众军已至，不得入。太祖令安国至镇，收候伯诛之。寻进号前将军。太元元年，进爵，增邑六百户。转右卫将军，加给事中。

二年，虏寇边，上遣安国出司州，安集民户。诏曰："郢、司之间，流杂繁广，宜并加区判，定其隶属。参详两州，事无专任，安国可暂往经理。"以本官使持节、总荆郢诸军北讨事，屯义阳西关。虏未至，安国移屯沔口，以俟应接。改封湘乡。世祖即位，授使持节、散骑常侍、平西将军、司州刺史，领义阳太守。永明二年，徙都督南兖兖徐青冀五州诸军事、平北将军、南兖州刺史，仍为都督湘州刺史。四年，湘川蛮动，安国督州兵讨之。

有疾，征为光禄大夫，加散骑常侍。安国欣有文授，谓其子曰："汝后勿作裤褶驱使，单衣犹恨不称，当为朱衣官也。"上遣中书舍人茹法亮敕安国曰："吾恒忧卿疾病，应有所须，勿致难也。"明年，迁都官尚书，领太子左率。六年，迁领军将军。安国累居将率，在朝以宿旧见遇，寻迁散骑常侍、金紫光禄大夫、兖州中正，给扶。上又敕茹法亮曰："吾见吕安国疾状，自不宜劳，且脚中既恒恶，扶人至吾前，于礼望殊成有亏，吾难敕之。其人甚讳病，卿可作私意向，其若好差不复须扶人，依例入，幸勿牵勉。"八年，卒，年六十四。赠使持节、镇北将军、南兖州刺史，常侍如故。给鼓吹一部，谥肃侯。

时旧将帅又有吴郡全景文，字弘达。少有气力，与沈攸之同载出都，引奔牛埭，于岸上息，有人相之："君等皆方伯人，行当富贵也。"景文谓攸之曰："富贵或可一人耳。今言皆然，此殆妄言也。"景文仍得将领为军主。孝建初，为竟陵王骠骑行参军，以功封汉水侯。除员外郎，积射将军。

泰始二年，为假节、宁朔将军、冗从仆射、军主。随前将军刘亮讨破东贼于晋陵，除长水校尉，假辅国将军。北讨薛索儿于破釜，领水军断贼粮运。仍随太祖于葛冢石梁，再战皆有功。南贼相持未决，敕景文隶刘亮拒刘胡，攻围力战，身被数十创，除前军将军，封孝宁县侯，邑六百户。除宁朔将军，游击将军，假辅师将军，高平太守，镇军、安西二府司马，骁骑将军。元徽末，出为南豫州刺史、历阳太守，辅国将军如故。迁征虏将军、南琅邪济阴二郡太守、军主，寻加散骑常侍。

建元元年，以不预佐命，国除，授南琅邪太守，常侍、将军如故。迁光禄大夫，征虏将军、临川王征西司马、南郡太守。还，累迁为给事中、光禄大夫。永明九年，卒。

周山图字季寂，义兴义乡人也。少贫微，佣书自业。有气干，为吴郡晋陵防郡队主。宋孝武伐太初，山图豫勋，赐爵关中侯。兖州刺史沈僧荣镇瑕丘，与山图有旧，以为己建武府参军。竟陵王诞据广陵反，僧荣遣山图领二百人诣沈庆之受节度，事平论勋，为中书舍人戴明宝所抑。泰始初，为殿中将军。四方反叛，仆射王彧举山图将领，呼与语，甚悦，使领百舸为前驱。举军主佼长生等攻破贼湖白、赭圻二城。除员外郎，加振武将军。豫平浓湖，追贼至西阳还，明帝赏之，赐苑西宅一区。

镇军将军张永征薛安都于彭城，山图领二千人迎运至武原，为虏骑所追，合战，多所伤杀。虏围转急，山图据城自固，然后更结阵死战，突围出，虏披靡不能禁。众称其勇，呼为“武原将”。及永军大败，山图收散卒得千余人，守下邳城。还，除给事中、冗从仆射、直阁将军。

山图好酒多失，明帝数加怒诮，后遂自改。出为钱唐新城戍。是时，豫州淮西地新没虏，更于历阳立镇，五年，以山图为龙骧将军、历阳令，领兵守城。初，临海亡命田流，自号“东海王”，逃窜会稽鄞县边海山谷中，立屯营，分布要害，官军不能讨。明帝遣直后闻人袭说降之，授流龙骧将军，流受命，将党与出，行达海盐，放兵大掠而反。是冬，杀鄞令耿猷，东境大震。六年，敕山图将兵东屯浹口，广设购募。流为其副暨辇所杀，别帅社连、梅洛生各拥众自守。至明年，山图分兵掩讨，皆平之。

豫章贼张凤聚众康乐山，断江劫抄。台军主李双、蔡保数遣军攻之，连年不禽。至是，军主毛寄生与凤战于豫章江，大败。明帝复遣山图讨之。山图至，先赢兵偃众，遣幢主庞嗣厚遗凤，要出会聚，听以兵自卫,凤信之。行至望蔡,山图设伏兵于水侧,击斩凤首,众百余人束首降。除宁朔将军、涟口戍主。山图遏涟水筑西城,断虏骑路,并以溉田。

元徽三年,迁步兵校尉,加建武将军。转督高平下邳淮阳淮西四郡诸军事、宁朔将军、淮南太守。盗发桓温冢,大获宝物,客窃取以遗山图,山图不受,簿以还官。迁左中郎将。

太祖辅政,山图密启曰:"沈攸之久有异图,公宜深为之备。"太祖笑而纳之。武陵王赞为郢州,太祖令山图领兵卫送。世祖与晋熙王燮自郢下,以山图为后防。攸之事起,世祖为西讨都督,启山图为军副。世祖留据盆城,众议以盆城城小难固,不如还都。山图曰:"今据中流,为四方势援,大众致力,川岳可为。城隍小事,不足难也。"世祖使城局参军刘皆、陈渊委山图以处分事。山图断取行旅船板,以造楼橹,立水栅,旬日皆办。世祖甚嘉之。授前军将军,加宁朔将军,进号辅国将军。

攸之攻郢城,世祖令山图量其形势。山图曰:"攸之见与邻乡,亟同征伐,悉其为人。性度险刻,无以结国士心。如顿兵坚城之下,适所以为离散之渐耳。"攸之既败,平西将军黄回乘轻舸从白服百余人在军前下缘流叫,盆城中恐,须臾知是回凯归,乃安。世祖谓山图曰:"周公前言,可谓明于见事矣。"还都,太祖遣山图领部曲镇京城,镇戍诸军,悉受节度。迁游击将军,辅国如故。建元元年,封广晋县男,邑三百户。

出为假节、督兖青冀三州徐州东海胸山军事、宁朔将军、兖州刺史。百姓附之。二年,进号辅国将军。其秋,虏动,上策虏必不出淮阴,乃敕山图曰:"知卿绥边抚戎,甚有次第,应变算略,悉以相委。恐列丑未必能送死,卿丈夫无可藉手耳。"虏果寇胸山,为元玄度、卢绍之所破。虏于淮阳。是时淮北四州起义,上使山图自淮入清,倍道应赴,敕山图曰:"卿当尽相帅驱理,每存全重,天下事,唯同心力,山岳可摧。然用兵当使背后无忧虑,若后冷然无横来处,闭目痛打,无不摧碎。吾政应铸金,待卿成勋耳。若不藉此平四州,非丈夫也。努力自运，勿令他人得上功。”会义众已为虏所没，山图拔三百家还淮阴。表移东海郡治涟口，又于石鳖立阳平郡，皆见纳。

世祖践阼，迁竟陵王镇北司马，带南平昌太守，将军如故。以盆城之旧，出入殿省，甚见亲信。义乡县长风庙神姓邓，先经为县令，死遂发灵。山图启乞加神位辅国将军，上答曰：“足狗肉便了事，何用阶级为。”转黄门郎，领羽林四厢直卫。山图于新林立墅舍，晨夜往还。上谓之曰：“卿罢万人都督，而轻行郊外。自今往墅，可以仗身自随，以备不虞。”及疾，上手敕参问，遣医给药。永明元年，卒，年六十四。诏赐朝服一具，衣一袭。

周盘龙，北兰陵兰陵人也。宋世土断，属东平郡。

盘龙胆气过人，尤便弓马。泰始初，随军讨赭圻贼，躬自斗战，陷阵先登。累至龙骧将军、积射将军，封晋安县子，邑四百户，元徽二年，桂阳贼起，盘龙时为定从仆射、骑官主，邻马军主，随太祖顿新亭，与屯骑校尉黄回出城南，与贼对阵，寻引还城中，合力拒战。事宁，除南东莞太守，加前军将军，稍至骁骑将军。升明元年，出为假节、督交广二州军事、征虏将军、平越中郎将、广州刺史。未之官，预平石头。二年，沈攸之平，司州刺史姚道和怀贰被征，以盘龙督司州军事、司州刺史、□节，将军如故。改封沌阳县。太祖即位，进号□□将军。

建元二年，虏寇寿春，以盘龙为军主、假节，助豫州刺史垣崇祖决水漂溃。盘龙率辅国将军张倪马步军于西泽中奋击，杀伤数万人，获牛马辎重。上闻之喜，诏曰：“丑虏送死，敢寇寿春，崇祖、盘龙正勒义勇，乘机电奋，水陆斩击，填川蔽野。师不淹晨，西蕃克定。斯实将率用命之功，文武争乏之力。凡厥勋勤，宜时铨序，可符列言。”盘龙爱妾杜氏，上送金钗镯二十枚，手敕曰：“饷周公阿杜。”转太子左率。改授持节，军主如故。

明年，虏寇淮阳，围南城。先是，上遣军主成买戍甬城，谓人曰：“我今作甬城戍，我儿当得一子。”或问其故，买曰：“甬城与虏同岸，危险具多，我岂能使虏不敢南向。我若不没虏，则应破虏。儿不作孝子，便当作世子也。"至虏围买数重，上遣领军将军李安民为都督救之。敕盘龙曰："甬城涟口，□□□进，西道便是无贼，卿可率马步下淮阴□□□军。钟离船少，政可致衣仗数日粮，军人扶淮步下也。"买与虏拒战，手所伤杀无数。晨朝早起，手中忽见有数升血，其日遂战死。

盘龙子奉叔单马率二百余人陷阵，虏万余骑张左右翼围绕之，一骑走还，报奉叔已没，盘龙方食，弃箸，驰马奋矟，直奔。虏素畏盘龙骁名，即时披靡。时奉叔已大杀虏，得出在外，盘龙不知，乃冲东击西，奔南突北，贼众莫敢当。奉叔见其父久不出，复跃马入阵。父子两匹骑，萦搅数万人，虏众大败。盘龙父子由是名播北国。形甚羸讷，而临军勇果，诸将莫逮。

承明元年，迁征虏将军、南琅邪太守。三年，迁右卫将军，加给事中。五年，转大司马，加征虏将军、济阳太守。世祖数讲武，帝令盘龙领军，校尉骑骋矟。后以疾为光禄大夫。寻出为持节、都督兖州缘淮诸军事，平北将军、兖州刺史。进爵侯。

甬城戍将张蒲，与虏潜相构结，因大雾乘船入清中采樵，载虏二十余人，藏仗笐下，直向城东门，防门不禁，仍登岸拔白争门。戍主皇甫仲贤率军主孟灵宝等三十余人于门拒战，斩三人，贼众被创赴水，而虏军马步至城外已三千余人，阻堑不得进。淮阴军主王僧虔等领五百人赴救，虏众乃退。坐为有司所奏，诏白衣领职。八座寻奏复位，加领东平太守。

盘龙表年老才弱，不可镇边，求解职。见许，还为散骑常侍、光禄大夫。世祖戏之曰："卿著貂蝉，何如兜鍪？"盘龙曰："此貂蝉从兜鍪中出耳。"十一年，病卒，年七十九。赠安北将军、兖州刺史。

子奉叔，勇力绝人，随盘龙征讨，所在为暴掠。世祖使领军东讨唐宇之，奉叔畏上威严，检勒部下，不敢侵斥。为东宫直阁。郁林在西州，奉叔密得自进。及即位，与直阁将军曹道刚为心膂。道刚骁骑将军，加冠军将军，奉叔游击将军，加辅国将军，并监殿内直卫。

少日,仍迁道刚为黄门郎,高宗固谏不纳。奉叔善骑马,帝从其学骑射,尤见亲宠,得入后宫。寻加领淮陵太守、兖州中正。道刚加南濮阳太守。隆昌元年,除黄门郎,未拜,仍出为持节、都督青冀二州军事、冠军将军、青州刺史。时帝谋诛宰辅,故出奉叔为外援,除道刚中军司马、青冀二州中正,本官中故。

奉叔就帝求千户侯,许之。高宗辅政,以为不可,封曲江县男,三百户。奉叔大怒,于众中攘刀厉目,高宗说喻之,乃受。奉叔辞毕将之镇,部伍已出。高宗虑其一出不可复制,与萧谌谋,称敕召奉叔于省内杀之,勇士数人拳击久之乃死。启帝云:“奉叔慢朝廷。”帝不获已,可其奏。高宗废帝之日,道刚直阁省,萧谌先入户,若欲论事,兵人随后奄进,以刀刺之,洞胸死,同进宫内废帝。

奉叔弟世雄,永元中,为西江督护。陈显达事后,世雄杀广州刺史萧季敞,称季敞同逆,送首京师。广州刺史颜翻讨杀之。

王广之字林之,沛郡相人也。少好弓马,便捷有勇力。初为马队主,宋大明中,以功补本县令,殿中、龙骧、强弩将军,骠骑中兵,南谯太守。

泰始初,除宁朔将军、军主,隶宁朔将军刘怀珍征殷琰于寿春,琰将刘从筑垒拒守,台军相守移日。琰遣长史杜叔宝领五千人运车五百乘援从。怀珍遣广之及军主辛庆祖、黄回、千道连等要击于横塘。宝结营拒战,广之等肉薄攻营,自晡至日没,大败之,杀伤千余人,遂退,烧其运车。从闻之,弃垒奔走。时合肥城反,官军前后受敌,都督刘勔召诸军主会议,广之曰:“请得将军所乘马往平之。”勔以马与广之,广之去三日,攻克合肥贼。

仍随怀珍讨淮北。时明帝遣青州刺史明僧皓北征至三城,为沈文秀所攻。广之将步骑三千余人,缘海救之,俱引退。广之又进军袭文秀所置长广太守刘桃根,桃根弃城走。军还,封安蛮县子,三百户,寻改蒲圻。除建威将军、南阳太守,不之官。除越骑校尉、龙骧将军、钟离太守。迁为左军将军,加宁朔将军、高平太守。又除游击将军，宁朔如故。加给事中、冠军将军。讨宋建平，先登京口，改封宁都县子，五百户。太祖废苍梧，出广之为假节、督徐州军事、徐州刺史、钟离太守，冠军如故。

沈攸之事起，广之留京师，豫平石头，仍从太祖顿新亭，推号征虏将军。太祖诛黄回。回弟驷及从弟马、兄子奴亡逸。太祖与广之曰：“黄回虽有微勋，而罪过转不可容。近遂启请御大小二舆为刺史服饰。吾乃不惜为其启闻，政恐得舆，复求画轮车。此外罪不可胜数，弟自悉之。今启依法。”令广之于江西搜捕驷等。建元元年，爵侯，食邑为千户。转散骑常侍、左军将军。

北虏动，明年，诏假广之节，出淮上。广之家在彭、沛，启上求招诱乡里部曲，北取彭城，上许之。以广之为使持节、都督淮北军事、平北将军、徐州刺史。广之引军过淮，无所克获，坐免官。寻除征虏将军，加散骑常侍、太子右率。世祖即位，迁长沙王镇军司马、南东海太守，司徒司马、寻阳柏南新蔡太守，安陆王北中郎左军司马、广陵太守，将军如故。出为持节、都督徐州诸军事、徐州刺史，将军如故。还为光禄大夫、左将军、司徒司马。迁右卫将军，转散骑常侍、前将军。世祖见广之子珍国应堪大用，谓广之曰：“卿可谓老蝉也。”广之曰：“臣不敢辞。”上大笑。除游击将军，不拜。

十一年，虏动，假广之节，招募。隆昌元年，迁给事中、左卫将军。时豫州刺史崔慧景密与虏通，有异志。延兴元年，以广之为持节、督豫州郢州之西阳司州之汝南二郡军事、平西将军、豫州刺史。预废郁林勋，增封三百户。高宗诛害诸王，遣广之征安陆王子敬于江阳，给鼓吹一部。事平，仍改授使持节、散骑常侍、都督江州诸军事、镇南将军、江州刺史，进封应城县公，食邑二千户。建武二年，虏围司州，遣广之持节督司州征讨，解围。广之未至百余里，虏退，乃还。明年，迁侍中、镇军将军，给扶。四年，卒。年七十三。追赠散骑常侍、车骑将军，谥曰庄公。

史臣曰：公侯捍城，守国之所资也。必须久习兵事，非一战之力。安国等致效累朝,声勤克举,并识时变,咸知附托。盘龙骁勇,独冠三军,匈奴之惮飞将,曾不若也。壮矣哉!

赞曰:安国旧将,协同迁社,同禅九江,翊从中夏。盘龙杀敌,洞开胡马。广之末年,旌旄骤把。

南齐书卷三〇
列传第一一

薛渊　戴僧静　桓康　焦度
曹虎

薛渊，河东汾阴人也。宋徐州刺史安都从子。本名道渊，避太祖偏讳改。安都以彭城降虏，亲族皆入北。太祖镇淮阴，渊遁来南，委身自结。果干有气力，太祖使领部曲，备卫帐内，从征伐。元徽末，以勋官至辅国将军、右军将军、骁骑将军、军主，封竟陵侯。

沈攸之难起，太祖入朝堂，豫章王嶷代守东府，使渊领军屯司徒左府，分备京邑。袁粲据石头，豫章王嶷夜登西门遥呼渊，渊惊起，率军赴难，先至石头焚门攻战，事平。明旦，众军还集杜姥宅，街路皆满，宫门不开，太祖登南掖门楼处分众军各还本顿，至食后，城门开，渊方得入见太祖，且喜且泣。太祖即位，增邑为二千五百户，除淮陵太守，加宁朔将军，骁骑将军如故。寻为直阁将军、冠军将军。仍转太子左率。

虏遣伪将薛道摽寇寿春，太祖以道摽渊之亲近，敕齐郡太守刘怀慰曰：“闻道摽分明来，其儿妇并在都，与诸弟无复同生者，凡此类，无为不多方误之，纵不全信，足使豺狼疑惑。”令为渊书与道摽示购之之意，虏得书，果追道摽，遣他将代之。

世祖即位，迁左卫将军。初，渊南奔，母索氏不得自拔，改嫁长安杨氏，渊私遣购赎，梁州刺史崔慧景报渊云：“索在界首，遣信拘引，已得拔难。”渊表求解职至界上迎之，见许。改授散骑常侍、征虏

将军。渊母南归事竟无实。永明元年,渊上表解职送貂蝉。诏曰:
"远隔殊方,声问难审。渊忧迫之深,固辞朝列。昔东关旧典,犹通
婚宦,况母出有差,音息时至,依附前例,不容申许。便可断表,速还
章服。"渊以赎母既不得,又表陈解职,诏不许。后房使至,上为渊致
与母书。

车驾幸安乐寺,渊从驾乘房桥,先是敕羌房桥不得入伏,为有
司所奏,免官,见原。四年,出为持节、督徐州诸军事、徐州刺史,将
军如故。明帝迁右军司马,将军如故。转大司马、济阳太守,将军如
故。七年,为给事中、右卫将军。以疾解职,归家,不能乘车,去车脚,
使人舆之而去,为有司所纠,见原。

八年,为右将军、大司马,领军讨巴东王子响。子响军主刘超之
被捕急,以眠褥杂物十余种赂渊自逃,渊匿之军中,为有司所奏,诏
原。十年,为散骑常侍,将军如故。世祖崩,朝廷虑房南寇,假渊节、
军主,本官如故。寻加骁骑将军,假节、本官如故。隆昌元年,出为
持节、督司州军事、司州刺史,右将军如故。延兴元年,进号平北将
军,未拜,卒。明帝即位,方有诏赗钱五万,布五百匹,克日举哀。

戴僧静,会稽永兴人也。祖饰,宋景平中,与富阳孙法先谋乱伏
法,家口徙青州。

僧静少有胆力,便弓马。事刺史沈文秀,俱没房。后将家属叛
还淮阴,太祖抚畜之,常在左右。僧静于都载锦出,为欧阳戍所得,
系兖州狱,太祖遣薛渊饷僧静酒食,以刀子置鱼腹中,僧静与狱吏
饮酒,既醉,以刀刻械,手自折锁,发屋而出。归,太祖匿之齐内,以
其家贫,年给谷千斛。房围角城,遣僧静战荡,数捷,补帐内军主。随
还京师,勋阶至积射将军、羽林监。

沈攸之事起,太祖入朝堂,僧静为军主从。袁粲据石头,太祖遣
僧静将腹心先至石头,时苏烈据仓城,僧静射书与烈,夜缒入城。粲
登城西南门,烈灼火处分,台军至,射之,火乃灭,回登东门。其党辅
国将军孙昙瓘骁勇善战,每荡一合,辄大杀伤,官军死者百余人,军

主王天生殊死拒战,故得相持。自亥至丑,有流星赤色照地坠城中,僧静率力攻仓门,身先士卒,众溃,僧静手斩粲,于是外军烧门入。初,粲大明中与萧惠开、周朗同车行,逢大桁开,驻车共语。惠开取镜自照曰:"元年可仕。"朗执镜良久曰:"视死如归。"粲最后曰:"当至三公而不终也。"僧静以功除前军将军、宁朔将军。将士战亡者,太祖为敛祭焉。

升明二年,除游击将军。沈攸之平,论封诸将,以僧静为兴平县侯,邑千户。太祖即位,增邑千二百户。除南济阴太守,本官如故。除辅国将军,改封建昌。建元二年,迁骁骑将军,加员外常侍,转太子左卫率。

世祖践阼,出为持节、督徐州诸军事、冠军将军、北徐州刺史。买牛给贫民令耕种,甚得荒情。迁给事中、太子右率。寻加通直常侍。永明五年,隶护军陈显达,讨荒贼桓天生于比阳。僧静与平西司马韩孟度、华山太守康元隆前进,未至比阳四十里,顿深桥。天生引房步骑十万奄至,僧静合战,大破之,杀获万计。天生退还比阳,僧静进围之。天生军出城外,僧静又击破之,天生闭门不复出,僧静力疲乃退。除征虏将军、南中郎司马、淮南太守。

八年,巴东王子响杀僚佐,世祖召僧静使领军向江陵,僧静面启上曰:"巴东王年少,长史捉之太急,忿不思难故耳。天子儿过误杀人,有何大罪。官忽遣军西上,人情惶惧,无所不至,僧静不敢奉敕。"上不答而心善之。

徙为庐陵王中军司马、高平太守,将军如故。九年,卒。诏曰:"僧静志怀贞果,诚著艰难。克殄西埏,勋彰运始。奄致殒丧,恻怆伤怀,赙钱五万,布百匹。谥壮侯。"

僧静同郡余姚人陈胤叔,本名承叔,避宣帝讳改。强辩果捷,便刀盾。初为左夹毂队将,泰始初,随太祖东讨,遂归身,随从征伐,小心慎事,以功见赏。封当阳县子,官至太子左率。启世祖以煅箭镞用铁多,不如铸作。东冶令张候伯以铸镞钝,不合用,事不行。永明三年,卒。

桓康,北兰陵承人也。勇果骁悍。宋大明中,随太祖为军容。从世祖在赣县。泰始初,世祖起义,为郡所絷,众皆散。康装担,一头贮穆后,一头贮文惠太子及竟陵王子良,自负置山中,与门客萧欣祖、杨璩之、皋分喜、潜三奴、向思奴四十余人相结,破郡狱出世祖,郡追兵急,康等死战破之。随世祖起义,摧坚陷阵,膂力绝人,所经村邑,恣行暴害。江南人畏之,以其名怖小儿,画其形以辟疟,无不立愈。见擢为世祖冠军府参军。除殿中将军、武骑常侍,出补襄贲令。桂阳事起,康弃县还都就太祖,会事平,除员外郎。

元徽五年七月六日夜,少帝微行至领军府,帝左右人曰:“一府人皆眠,何不缘墙入。”帝曰:“我今夕欲一处作适,待明日夜。”康与太祖所养健儿卢荒、向黑于门间听得其语。明夕,王敬则将帝首至,扣门,康谓是变,与荒、黑晓下,拔白欲出。仍随入宫。太祖镇东府,除康武陵王中兵、宁朔将军,带兰陵太守,常卫左右。

太祖诛黄回,回时将为南兖州,部曲数千,遣收,恐为乱,召入东府,停外斋,使康将数十人数回罪,然后杀之。回初与屯骑校尉王宜与同石头之谋,太祖隐其事,犹以重兵付回而配以腹心。宜与拳捷,善舞刀盾,回尝使十余人以水交洒,不能著。既虑宜与反己,乃先撤其军将,宜与不与,回发怒不从处分,擅斩之。诸将因此白太祖,以回握强兵,必遂反覆。康请独往刺之,太祖曰:“卿等何疑其使无能为也。”及回被召上车,爱妾见赤光冠其头至足,苦捉留,回不肯止。时人为之语曰:“欲俯张,问桓康。”

除后军将军、直阁将军、南濮阳太守,宁朔如故。建元元年,封吴平县伯,五百户。转辅国将军、左军将军、游击将军,太守如故。太祖谓康曰:“卿随我日久,未得方伯,亦当未解我意,政欲与卿先共灭虏耳。”虏动,遣康行,假节。寻进冠军将军。三年春,于淮阳与虏战,大破之,进兵攻陷虏樊谐诚。太祖喜,敕康迎淮北义民,不克。明年,以康为持节、督青冀二州东徐之东莞琅邪二郡朐山戍北徐之东海涟口戍诸军事、青冀二州刺史,冠军如故。世祖即位,转骁骑将军，复前军、郡。其年，卒。诏曰："康昔预南勋，义兼常怀，倍深恻怆。凶事所须，厚加料理。"年五十七。

淮南人尹略，少伏事太祖，晚习骑射，以便捷见使为将。升明中，为虎贲中郎、越骑校尉。建元初，封平固男，三百户。永明八年，为游击将军，讨巴东王子响，见害。赠辅国将军、梁州刺史。

焦度字文绩，南安氏人也。祖文珪，避难至襄阳，宋元嘉中，侨立天水郡略阳县，乃属焉。

度以归国，补北馆客。孝武初，青州刺史颜师伯出镇，台差度领幢主送之。索虏寇青州，师伯遣度领军与虏战于沙沟杜梁，度身破阵，大捷。师伯板为己辅国府参军。虏遣清水公拾贲敕文寇清口，度又领军救援，刺虏骑将豹皮公堕马，获其具装铠矟，手杀数十人。

师伯启孝武，称度气力弓马并绝人，帝召还充左右。见度身形黑壮，谓师伯曰："真健物也。"除西阳王抚军长兼行参军，补晋安王子勋夹毂队主，随镇江州。子勋起兵，以度为龙骧将军，领三千人为前锋，屯赭圻。每与台军战，常自排突，所向无不胜。事败，逃宫亭湖中为寇贼。朝廷闻其勇，甚忧患之，使江州刺史王景文诱降度等，将部曲出首，景文以为己镇南参军，寻领中直兵，厚待之。随景文还都，常在府州内。景文被害夕，度大怒，劝景文拒命，景文不从。明帝不知也。

度武勇，补晋熙王燮防阁，除征虏铠曹行参军，随镇夏口。武陵王赞代燮为郢州，度仍留镇，为赞前军。沈攸之事起，转度中直兵，加宁朔将军、军主。太祖又遣使假度辅国将军、屯骑校尉。攸之大众至夏口，将直下都，留偏兵守郢城而已。度于城楼上肆言骂辱攸之，至自发露，故攸之怒，改计攻城。度亲力战，攸之众蒙盾将登，度令投以秽器，贼从不能冒，至今呼此楼为"焦度楼"。事宁，度功居多，转后军将军，封东昌县子，东宫直阁将军。为人朴涩，欲就太祖求州，比及见，意色甚变，竟不得一语，太祖以其不闲民事，竟不用。建元四年，乃除淮陵太守，本官如故。度见朝廷贵贱，说郢城事，宣露如初。好饮酒,醉辄暴怒。上常使人节之。年虽老,而气力如故。寻除游击将军。永明元年,卒,年六十一。赠辅国将军、梁秦二州刺史。

子世荣,永明中,为巴东王防阁。子响事,世荣避奔雍州,世祖嘉之,以为始兴中兵参军。

曹虎字士威,下邳下邳人也,本名虎头。宋明帝末,为直厢。桂阳贼起,随太祖出新亭垒出战,先斩一级持还,由是识太祖。太祖为领军,虎诉勋,补防殿队主,直西斋。苍梧废明日,虎欲出外避难,遇太祖在东中华门,问虎何之?虎因曰:"故欲仰觅明公耳。"仍留直卫。

太祖镇东府,以虎与戴僧静各领白直三百人。累至屯骑校尉,带南城令。豫平石头,封罗江县男,除前军将军。上受禅,增邑为四百户,直阁将军,领细仗主。寻除宁朔将军、东莞太守。建元元年冬,虎启乞度封候官,尚书奏候官户数殷广,乃改封监利县。二年,除游击将军,本官如故。

及彭、沛义民起,遣虎领六千人入涡。沈攸之横吹一部,京邑之绝,虎启以自随。义民久不望,虎乃攻虏别营破之。将士贪取俘执,反为虏所败,死亡二千人。

世祖即位,除员外常侍,迁南中郎司马,加宁朔将军、南新蔡太守。永明元年,徙为安成王征虏司马,余官如故。明年,江州蛮动,敕虎领兵戍寻阳,板辅国将军,伐蛮军主。又领寻阳相。寻除游击将军,辅国、军主如故。世祖以虎头名鄙,敕改之。

六年四月,荒贼桓天生复引虏出据隔城,遣虎督数军讨之。虎令辅国将军朱公恩,领骑百匹及前行踏伏,值贼游军,因合战破之,遂进至隔城。贼党拒守,虎引围栅,绝其走路,须臾,候骑还报虏援已至,寻而天生率马步万余人迎战,虎奋击大败之,获二千余人。明日,遂攻隔城拔之,斩伪虎威将军襄城太守帛乌祝,复杀二千余人,贼弃平氏城退走。

十一年,迁冠军将军,骁骑如故。明年,迁太子左率,转西阳王冠军司马、广陵太守。上敕虎曰:"广陵须心腹,非吾意可委者,不可得处此任。"随郡王子隆代巴东王子响为荆州,备军容西上,以虎为辅国将军、镇西司马、南平内史。十一年,收雍州刺史王奂,敕领步骑数百,步道取襄阳。仍除持节、督梁南北秦沙四州诸军事、西戎校尉、梁南秦二州刺史,将军如故。寻进号征虏将军。郁林即位,进号前将军。隆昌元年,迁督雍州郢州之竟陵司州之随郡军事、冠军将军、雍州刺史。建武元年,进号右将军。二年,进督为监,进号平北将军,爵为侯,增邑三百户。

四年,虏寇沔北,虎聚军襄阳,与南阳太守房伯玉不协,不急赴救,末乃移顿樊城。虏主元宏遗虎书曰:"皇帝谢伪雍州刺史:神运兆中,皇居阐洛。化总元天,方融八表。而南有未宾之吴,治为两主之隔。幽显含嗟,人灵雍泰。且汉北江边,密尔乾县,故先动凤驾,整我神邑。卿进无陈平归汉之智,退阙关羽殉节之忠,婴闭穷城,忧顿长沔,机勇两缺,何其嗟哉。朕比乃欲造卿,逼冗未果,且还新都,飨厥六戎,入彼春月,迟迟扬旆,善攸尔略,以俟义临。"虎使人答书曰:"自金精失道,皇居徙县,乔木空存,茂草方郁。七狄交侵,五胡代起,顾瞻中原,每用吊焉。知弃皋兰,随水潓涧,伊川之象,爰在兹日。古人有云:'匪宅是卜,而邻是卜。'樊、汉无幸,咫尺殊风,折胶入塞,乘秋犯边,亲属穷于斩杀,士女困于虔刘。与彼蠢左,共为唇齿,仁义弗闻,苛暴先露,乃复改易毡裘,妄自尊大。我皇开运,光宅区夏,而式乱逋逃,弃同即异。每欲出车鞠旅,以征不庭,所冀干戚两阶,叛命来格,遂复游魂不戢,乾没孔炽。孤总连率,任属方郡,组甲十万,雄戟千群,以此戡难,何往不克。主上每矜率土,哀彼民黎,使不战屈敌,兵无血刃。故部勒小戍,闭壁清野,抗威遵养,庶能怀音。若遂迷复,知进忘退,当金钲戒路,云旗北扫,长驱燕代,并羁名王,使少卿忽诸,头曼不祀。兵交无远,相为悯然。"

永泰元年,迁给事中、右卫将军、持节,隶都督陈显达停襄阳伐虏。度支尚书崔慧景于邓地大败,虏追至沔北。元宏率十万众,从羽仪华盖,围樊城。虎闭门固守。虏去城数里立营顿,设毡屋,复再围樊城,临沔水,望襄阳岸乃去。虎遣军主田安之等十余军出逐之,颇相伤杀。东昏即位,迁前将军、镇军司马。永元元年,始安王遥光反,虎领军屯青溪中桥。事宁,转散骑常侍、右卫将军。

虎形干甚毅,善于诱纳,日食荒客常数百人。晚节好货贿,吝啬,在雍州得见钱五千万,伎女食酱菜,无重肴。每好风景,辄开库拍张向之。帝疑虎旧将,兼利其财,新除未及拜,见杀。时年六十余。和帝中兴元年,追赐安北将军、徐州刺史。

史臣曰:解厄鸿门,资舞阳之气;纳降飨旅,仗虎侯之力。观兹猛毅,藉以风威,未必投车挟辀,然后胜敌。故桓康之声,所以震慑江蠡也。

赞曰:薛辝亲爱,归身淮浍。戴类千秋,兴言帝子。桓勇焦壮,爪牙之士。虎守西边,功亏北鄙。

南齐书卷三一
列传第一二

江谧　荀伯玉

　　江谧字令和,济阳考城人也。祖秉,临海太守,宋世清吏。父徽,尚书都官郎,吴令,为太初所杀。谧系尚方,孝武平京邑,乃得出。解褐奉朝请,辅国行参军,于湖令,强济称职。宋明帝为南豫州,谧倾身奉之,为帝所亲待。即位,以为骠骑参军。弟蒙,貌丑,帝常召见狎侮之。

　　谧转尚书度支郎,俄迁右丞,兼比部郎。泰始四年,江夏王义恭第十五女卒,年十九,未笄。礼官议从成人服,诸王服大功。左丞孙夐重奏:"《礼记》:'女子十五而笄。'郑云:'年应许嫁者也。其未许嫁者,则二十而笄。'射慈云:'十九犹为殇。'礼官违越经典,于礼无据。"博士太常以下结免赎论,谧坐杖督五十,夺劳百日。谧又奏:"夐先不研辨,混同谬议。准以事例,亦宜及咎。"夐又结免赎论。诏"可"。

　　出为建平王景素冠军长史、长沙内史,行湘州事,政治苛刻。僧遵道人与谧情款,随谧莅郡,犯小事,饿系郡狱,僧遵裂三衣食之,既尽而死。为有司所奏,征还。明帝崩,遇赦得免,为正员郎,右军将军。

　　太祖领南兖州,谧为镇军长史、广陵太守。入为游击将军。性流俗,善趋势利。元徽末,朝野咸属意建平王景素,谧深自委结,景素事败,仅得免祸。苍梧王废后,物情尚怀疑惑,谧独竭诚归事太

祖。以本官领尚书左丞，升明元年，迁黄门侍郎，左丞如故。沈攸之
事起，议加太祖黄钺，谧所建也。事平，迁吏部郎，稍被亲待。迁太
尉谘议，领录事参军。齐台建，为右卫将军。建元元年，迁侍中，出
为临川王平西长史、冠军将军、长沙内史、行湘州留事，先遣之镇。
既而骠骑豫章王嶷领湘州，以谧为长史，将军、内史、知州留事如
故。封永新县伯，四百户。三年，为左民尚书。诸皇子出阁，用文武
主帅，皆以委谧。寻敕曰："江谧寒士，诚当不得竟等华侪。然甚有
才干，堪为委遇，可迁掌吏部。"

　　谧才长刀笔，所在事办。太祖崩，谧称疾不入，众颇疑其怨不豫
顾命也。世祖即位，谧又不迁官，以此怨望。时世祖不豫，谧诣豫章
王嶷请闲曰："至尊非起疾，东宫又非才，公今欲作何计？"世祖知
之，出谧为征虏将军、镇北长史、南东海太守。未发，上使御史中丞
沈冲奏谧前后罪曰："谧少怀轻躁，长习谄薄，交无义合，行必利动，
特以弈世更局，见擢宋朝，而阿谀内外，货赂公行，咎盈宪简，庆彰
朝听，舆金辇宝，取容近习。以沈攸之地胜兵强，终当得志，委心托
身，岁暮相结。以刘景素亲属望重，物应乐推，献诚荐子，窥窬非望。
时艰网漏，得全首领。太祖匡饬天地，方知远图，薄其艰洗之瑕，许
其革音之效，加以非分之宠，推以不次之荣，列迹勋良，比肩朝德。
以往者微勤，刀笔小用，尝厕河山，任忝出入。轻险之性，在贵弥彰，
贪昧之情，虽富无满。重莅湘部，显行断盗，及居铨衡，肆意受纳。连
席同乘，皆诐黩旧侣，密筵闲燕，必货贿常客。理合升进者，以为己
惠，事宜贬退者，并称中旨。谓贩鬻威权，奸自不露，欺主罔上，奸议
可掩。先帝寝疾弥留，人神忧震。谧病私舍，曾无变容。国讳经旬，
甫暂入殿，参访遗诏，觇忖时旨。以身列朝流，宜蒙兼带，先顾不逮，
旧位无加，遂崇饰恶言，肆丑纵悖，讥诽朝政，讪毁皇猷，遍蛊忠贤，
历诋台相。至于蕃岳入授，列代恒规，勋戚出抚，前王彝则。而谧妄
发枢机，坐构嚣论。复敢贬谤储后，不顾辞端，毁折宗王，每穷舌杪。
皆云诰誓乖礼，崇树失宜，仰指天，俯画地，希幸灾故，以申积愤。犯
上之迹既彰，反噬之情已著。请免官削爵土，收送廷尉狱治罪。"诏

赐死,时年五十二。

子介,建武中,为吴令,治亦深切。民间榜死人髑髅为谥首,弃官而去。

荀伯玉字弄璋,广陵人也。祖永,南谯太守。父阐之,给事中。

伯玉少为柳元景抚军板行参军,南徐州祭酒,晋安王子勋镇军行参军。泰始初,子勋举事,伯玉友人孙冲为将帅,伯玉隶其驱使,封新亭侯。事败,伯玉还都卖卜自业。建平王景素闻而招之,伯玉不往。

太祖镇淮阴,伯玉归身结事,为太祖冠军刑狱参军。太祖为明帝所疑,及征为黄门郎,深怀忧虑。伯玉劝太祖遣数十骑入虏界,安置标榜,于是虏游骑数百履行界上,太祖以闻,犹惧不得留,令伯玉卜,伯玉断卦不成行,而明帝诏果复太祖本任,由是见亲待。从太祖还都,除奉朝请。令伯玉看宅,知家事。世祖罢广兴还,立别宅,遣人于大宅掘树数株,伯玉不与,驰以闻。太祖曰:“卿执之是也。”转太祖平南府,晋熙王府参军。太祖为南兖州,伯玉转为上镇军中兵参军,带广陵令。除羽林监,不拜。

初,太祖在淮南,伯玉假还广陵,梦上广陵城南楼上,有二青衣小儿语伯玉云:“草中肃,九五相追逐。”伯玉视城下人头上皆有草。泰始七年,伯玉又梦太祖乘船在广陵北渚,见上两掖下有翅不舒,伯玉问何当舒,上曰:“却后三年。”伯玉梦中自谓是咒师,向上唾咒之,凡六咒,有六龙出,两掖下翅皆舒,还而复敛。元徽二年,而太祖破桂阳,威名大震。五年,而废苍梧。太祖谓伯玉曰:“卿时乘之梦,今且效矣。”

升明初,仍为太祖骠骑中兵参军,除步兵校尉,不拜。仍带济阳太守,中兵如故。霸业既建,伯玉忠勤尽心,常卫左右。加前军将军。随太祖太尉府转中兵,将军、太守如故。建元元年,封南丰县子,四百户。转辅国将军、武陵王征虏司马,太守如故。徙为安成王冠军司马,转豫章王司空谘议,太守如故。

　　世祖在东宫,专断用事,颇不如法。任左右张景真,使领东宫主衣食官谷帛,赏赐什物,皆御所服用。景真于南涧寺舍身斋,有元徽紫皮裤褶,余物称是。于乐游设会,伎人皆著御衣。又度丝锦与昆仑舶营货,辄使传令防送过南州津。世祖拜陵还,景真白服乘画舴艋,坐胡床,观者咸疑是太子。内外祗畏,莫敢有言。伯玉谓亲人曰:"太子所为,宫终不知,岂得顾死蔽官耳目。我不启闻,谁应启者?"因世祖拜陵后密启之。上大怒,检校东宫。世祖还至方山,日暮将泊,豫章王于东府乘飞燕东迎,具白上怒之意。世祖夜归,上亦停门籥待之,二更尽,方入宫。上明日遣文惠太子、闻喜公子良宣敕,以景真罪状示世祖。称太子令,收景真杀之。世祖忧惧,称疾月余日。上怒不解,昼卧太阳殿,王敬则直入,叩头启上曰:"官有天下日浅,太子无事被责,人情恐惧,愿官往东宫解释之。"太祖乃幸宫,召诸王以下于玄圃园为家宴,致醉乃还。

　　上嘉伯玉尽心,愈见亲信,军国密事,多委使之。时人为之语曰:"十敕五令,不如荀伯玉命。"世祖深怨伯玉。上临崩,指伯玉谓世祖曰:"此人事我忠,我身后,人必为其作口过,汝勿信也。可令往东宫长侍白泽,小却以南兖州处之。"

　　伯玉遭父忧,除冠军将军、南濮阳太守,未拜,除黄门郎,本官如故。世祖转为豫章王太尉谘议,太守如故。俄迁散骑常侍,太守如故。伯玉忧惧无计,上闻之,以其与垣崇祖善,虑相扇为乱,加意抚之,伯玉乃安。永明元年,垣崇祖诛,伯玉并伏法。

　　初,善相墓者见伯玉家墓,谓其父曰:"当出暴贵,而不久也。"伯玉后闻之,曰:"朝闻道,夕死可矣。"死时年五十。

　　史臣曰:君老不事太子,义烈之遗训也。欲夫专心所奉,在节无贰,虽人子之亲,尚宜自别,则偏党为论,岂或傍启。察江、荀之行也,虽异术而同亡,以古道而居今世,难乎免矣。

　　赞曰:谲口祸门,荀言亟尽。时清主异,并合同殒。

南齐书卷三二
列传第一三

王琨　　张岱　　褚炫　　何戢
王延之　　阮韬

王琨，琅邪临沂人也。祖荟，晋卫将军。父怿，不慧，侍婢生琨，名为昆仑。怿后娶南阳乐玄女，无子，改琨名，立以为嗣。

琨少谨笃，为从伯司徒谧所爱。宋永初中，武帝以其娶桓脩女，除郎中，驸马都尉，奉朝请。元嘉初，从兄侍中华有权宠，以门户衰弱，待琨如亲，数相称荐。为尚书仪曹郎，州治中。累至左军谘议，领录事。出为宣城太守，司徒从事中郎，义兴太守。历任皆廉约。还为北中郎长史，黄门郎，宁朔将军，东阳太守。孝建初，迁廷尉卿，竟陵王骠骑长史，加临淮太守，转吏部郎。吏曹选局，贵要多所属请，琨自公卿下至士大夫，例为用两门生。江夏王义恭尝属琨用二人，后复遣属琨，答不许。

出为持节、都督广交二州军事、建威将军、平越将军、平越中郎、广州刺史。南土沃实，在任者常致巨富，世云"广州刺史但经城门一过，便得三千万"也。琨无所取纳，表献禄俸之半。州镇旧有鼓吹，又启输还。及罢任，孝武知其清，问还资多少？琨曰："臣买宅百三十万，余物称之。"帝悦其对。为廷尉，加给事中，转宁朔将军长史、历阳内史。

上以琨忠实，徙为宠子新安王东中郎长史，加辅国将军。迁右卫将军，度支尚书。出为永嘉王左军、始安王征虏二府长史，加辅国将军、广陵太守,皆孝武诸子。泰始元年,迁度支尚书,寻加光禄大夫。

初,从兄华孙长袭华爵为新建侯,嗜酒多恣失。琨上表曰:"臣门侄不休,从孙长是故左卫将军嗣息,少资常猥,犹冀晚进。顷更昏酣,业身无检。故卫将军华忠肃奉国,善及世祀,而长负衅承封,将倾基绪。嗣小息佟闲立保退,不乖素风,如蒙拯立,则存亡荷荣,私禄更构。"

出为冠军将军、吴郡太守,迁中领军。坐在郡用朝舍钱三十六万营饷二宫诸王及作绛袄奉献军用,迁光禄大夫,寻加太常及金紫,加散骑常侍。廷尉虞和议社稷和为一神,琨案旧纠驳,时和深被亲宠,朝廷多琨强正。

明帝临崩,出为督会稽东阳新安临海永嘉五郡军事、左军将军、会稽太守,常侍如故。坐误竟囚,降号冠军。元徽中,迁金紫光禄,引训太仆,常侍如故。本州中正,加特进。从帝即位,进右光禄大夫,常侍余如故。从帝逊位,琨陪位及辞庙,皆流涕。太祖即位,领武陵王师,加侍中,给亲信二十人。

时王俭为宰相,属琨用东海郡迎吏,琨谓信人曰:"语郎,三台五省,皆是郎用人;外方小郡,当乞寒贱,省官何□复夺之。"遂不过其事。

琨性既古慎,而俭啬过甚,家人杂事,皆手自操执。公事朝会,必夙夜早起,简阅衣裳,料数冠帻,如此数四,世以此笑之。寻解王师。

建元四年,太祖崩,琨闻国讳,牛不在宅,去台数里,遂步行入宫,朝士皆谓琨曰:"故宜待车,有损国望。"琨曰:"今日奔赴,皆应尔。"遂得病,卒。赠左光禄大夫,余如故。年八十四。

张岱字景山,吴郡吴人也。祖敞,晋度支尚书,父茂度,宋金紫光禄大夫。

岱少与兄太子中舍人寅、新安太守镜、征北将军永、弟广州刺史辨俱知名,谓之张氏五龙。镜少与光禄大夫颜延之邻居,颜谈议饮酒,喧呼不绝,而镜静嘿无言声。后延之于篱边闻其与客语,取胡床坐听,辞义清玄,延之心服,谓宾客曰:"彼有人焉。"由此不复酣叫。寅、镜名最高,永、辩、岱不及也。

郡举岱上计掾,不行,州辟从事。累迁南平王右军主簿,尚书水部郎。出补东迁令。时殷冲为吴兴,谓人曰:"张东迁亲贫须养,所以栖迟下邑。然名器方显,终当大至。"

随王诞于会稽起义,以岱为建威将军、辅国长史,行县事。事平,为司徒左西曹。母年八十,籍注未满,岱便去官从实还养,有司以岱违制,将欲纠举。宋孝武曰:"观过可以知仁,不须案也。"累迁抚军谘议参军,领山阴令,职事闲理。

巴陵王休若为北徐州,未亲政事,以岱为冠军谘议参军,领彭城太守,行府、州、国事。后临海王为征虏、广州,豫章王为车骑、扬州,晋安王为征虏、南兖州,岱历为三府谘议、三王行事,与典签、主帅共事,事举而情得。或谓岱曰:"主王既以,执事多门,而每能缉和公私,云何致此?"岱曰:"古人言一心可以事百君。我为政端平,待物以礼,悔吝之事,无由而及。明暗短长,更是才用之多少耳。"

入为黄门郎,迁骠骑长史,领广陵太守。新安王子鸾以盛宠为南徐州,割吴郡属焉,高选佐史,孝武帝召岱谓之曰:"卿美效凤著,兼资官已多,今欲用卿为子鸾别驾,总刺史之任,无谓小屈,终当大伸也。"帝崩,累迁吏部郎。

明帝初,四方反,帝以岱堪干旧才,除使持节、督西豫州诸军事、辅国将军、西豫州刺史,寻徙为冠军将军、北徐州刺史、都督北讨诸军事,并不之官。泰始末,为吴兴太守。元徽中,迁使持节、督益宁二州军事、冠军将军、益州刺史。数年,益土安其政。征侍中,领长水校尉,度支尚书,领左军,迁吏部尚书。王俭为吏部郎,时专断曹事,岱每相违执,及俭为宰相,以此颇相善。

兄子瓌、弟恕,诛吴郡太守刘遐。太祖欲以恕为晋陵郡,岱曰:"恕未闲从政,美锦不宜滥裁。"太祖曰:"恕为人,我所悉。且又与瓌同勋,自应有赏。"岱曰:"若以家贫赐禄,此所不论。语功推事,臣门之耻。"

寻加散骑常侍。建元元年,出为左将军、吴郡太守。太祖知岱历任清直,至郡未几,手敕岱曰:"大邦任重,乃未欲回换,但总戎务殷,宜须望实,今用卿为护军。"加给事中。岱拜竟,诏以家为府。陈疾,明年,迁金紫光禄大夫,领鄱阳王师。

世祖即位,复以岱为散骑常侍、吴兴太守,秩中二千石。岱晚节在吴兴,更以宽恕著名。迁使持节、监南兖兖□青冀五州诸军事、后将军、南兖州刺史,常侍如故。未拜,卒,年七十一。岱初作遗命,分张家财,封置箱中,家业张减,随复改易,如此十数年。赠本官,谥贞子。

褚炫字彦绪,河南阳翟人也。祖秀之,宋太常。父法显,鄱阳太守。兄炤,字彦宣,少秉高节,一目眇,官至国子博士,不拜。常非从兄渊身事二代,闻渊拜司徒,叹曰:"使渊作中书郎而死,不当是一名士,德不昌,遂令有期颐之寿。"

炫少清简,为从舅王景文所知。从兄渊谓人曰:"从弟廉胜独立,乃十倍于我也。"宋义阳王昶为太常,板炫补五官,累迁太子舍人,抚军、车骑记室,正员郎。

从宋明帝射雉,至日中,无所得。帝甚猜羞,召问侍臣曰:"吾旦来如皋,遂空行,可笑。"座者莫答。炫独曰:"今节候虽适,而云露尚凝,故斯翚之禽,骄心未警,但得神驾游豫,群情便为载欢。"帝意解,乃于雉场置酒。迁中书侍郎,司徒右长史。

升明初,炫以清尚,与刘俣、谢朏、江斆入殿侍文义,号为"四友"。迁黄门郎,太祖骠骑长史。迁侍中,复为长史。齐台建,复为侍中,领步兵校尉。以家贫,建元初,出补东阳太守,加秩中二千石。还,复为侍中,领步兵。凡三为侍中,出为竟陵王征北长史,加辅国将军,寻徙为冠军长史、江夏内史,将军如故。

永明元年,为吏部尚书。炫居身清立,非吊问不杂交游,论者以为美。及在选部，门庭萧索，宾客罕至。出行，左右捧黄纸帽箱，风吹纸剥仅尽。罢江夏还，得钱十七万，于石头并分与亲族，病无以市药。表自陈解，改授散骑常侍，领安成王师。国学建，以本官领博士。未拜，卒，无以殡敛。时年四十一。赠太常，谥曰贞子。

何戢字慧景，庐江灊人也。祖尚之，宋司空。父偃，金紫光禄大夫，被遇于宋武。选戢尚山阴公主，拜驸马都尉。解褐秘书郎，太子中舍人，司徒主簿，新安王文学，秘书丞，中书郎。

景和世，山阴主就帝求吏部郎褚渊入内侍己，渊见拘逼，终不肯从，与戢同居止月余日，由是特申情好。明帝立，迁司徒从事中郎，从建安王休仁征赭圻，板转戢司马，除黄门郎，出为宣威将军、东阳太守，吏部郎。元徽初，褚渊参朝政，引戢为侍中，时年二十九。戢以年未三十，苦辞内侍，表疏屡上，时议许之。改授司徒左长史。

太祖为领军，与戢来往，数置欢宴。上好水引纸，戢令妇女躬自执事以设上焉。久之，复为侍中，迁安成王车骑长史，加辅国将军、济阴太守，行府、州事。出为吴郡太守，以疾归。为侍中，秘书监，仍转中书令，太祖相国左长史。建元元年，迁散骑常侍。太子詹事，寻改侍中，詹事如故。上欲转戢领选，问尚书令褚渊，以戢资重，欲加常侍。渊曰："宋世王球从侍中、中书令单作吏部尚书，资与戢相似。顷选职方昔小轻，不容顿加常侍，圣旨每以蝉冕不宜过多，臣与王俭既已左珥，若复加戢，则八座便有三貂。若怙以骁、游，亦为不少。"乃以戢为吏部尚书，加骁骑将军。

戢美容仪，动止与褚渊相慕，时人呼为"小褚公"。家业富盛，性又华侈，衣被服饰，极为奢丽。三年，出为左将军、吴兴太守。

上颇好画扇，宋孝武赐戢蝉雀扇，善画者顾景秀所画。时陆探微、顾彦先皆能画，叹其巧绝。戢因王晏献之，上令晏厚酬其意。

四年，卒，时年三十六。赠散骑常侍、抚军，太守如故。谥懿子。女为郁林王后，又赠侍中、光禄大夫。

　　王延之字希季,琅邪临沂人也。祖裕,宋左光禄、仪同三司。父升之,都官尚书。延之出继伯父秀才粲之。

　　延之少而静默,不交人事。州辟主簿,不就。举秀才,北中郎法曹行参军,转署外兵尚书外兵部,司空主簿,并不就。除中军建平王主簿、记室,仍度司空、北中郎二府,转秘书丞,西阳王抚军谘议,州加驾,寻阳王冠军、安陆王后军司马,加振武将军,出为安远护军、武陵内史,不拜。宋明帝为卫军,延之转为长史,加宣威将军。司徒建安王休仁征赭圻,转延之为左长史,加宁朔将军。

　　延之清贫,居宇穿漏。褚渊往候之,见其如此,具启明帝,帝即敕材官为起三间斋屋。迁侍中,领射声校尉,未拜,出为吴郡太守。罢郡还,家产无所增益。除吏部尚书,侍中,领右军,并不拜。复为吏部尚书,领骁骑将军。出为后军将军、吴兴太守。迁都督浙东五郡、会稽太守。转侍中,秘书监,晋熙王师。迁中出令,师如故,未拜,转右仆射。升明二年,转左仆射。

　　宋德既哀,太祖辅政,朝野之情,人怀彼此。延之与尚书令王僧虔中立无所去就,时人为之语曰:"二王持平,不送不迎。"太祖以此善之。三年,出为使持节、都督江州豫州之新蔡晋熙二郡诸军事、安南将军、江州刺史。建元二年,进号镇南将军。

　　延之与金紫光禄大夫阮韬,俱宋领军刘湛外甥,并有早誉。湛甚爱之,曰:"韬后当为第一,延之为次也。"延之甚不平。每致饷下都,韬与朝士同例,太祖闻其如此,与延之书曰:"韬云卿未尝有别意,当缘刘家月旦故邪?"在州禄俸以外,一无所纳,独处齐内,吏民罕得见者。

　　四年,迁中书令、右光禄大夫、本州大中正。转左仆射,光禄、中正如故。寻领竟陵王师。永明二年,陈疾解职,世祖许之。转特进、右光禄大夫,王师、中正如故。其年,卒,年六十四。追赠散骑常侍,右光禄大夫、特进如故。谥简子。

　　延之家训方严,不妄见子弟,虽节岁问讯,皆先克日。子伦之,见儿子亦然。永明中,为侍中。世祖幸琅邪城,伦之与光禄大夫全景文等二十一人坐不参承,为有司所奏。诏伦之亲为陪侍之职,而同外情慢,免官,景文等赎论。建武中,至侍中,领前军将军,都官尚书,领游击将军,卒。

阮韬字长明,陈留人,晋金紫光禄大夫裕玄孙也。韬少历清官,为南兖州别驾,刺史江夏王刘义恭逆求资费钱,韬曰:"此朝廷物。"执不与。宋孝武选侍中四人,并以风貌。王彧、谢庄为一双,韬与何偃为一双。常充兼假。泰始末,为征南、江州长史。桂阳王休范在镇,数出行游,韬性方峙,未尝随从。至散骑常侍,金紫光禄大夫,领始兴王师。永明二年,卒。

史臣曰:内侍枢近,世为华选,金铛颎耀,朝之丽服,久忘儒艺,专授名家。加以简择少姿,簪貂冠冕,基荫所通,后才先貌,事同谒者,以形骸为官,斯违旧矣。辟强之在汉朝,幼有妙察;仲宣之处魏国,见贬容陋。何戢之让,虽未能深识前古之美,与夫尸官觊服者,何等级哉!

赞曰:万石祗慎,琨既为伦。五龙一氏,张亦继荀。炫清褚族,戢遗何姻。延之居简,名峻王臣。

南齐书卷三三
列传第一四

王僧虔　张绪

王僧虔,琅邪临沂人也。祖珣,晋司徒。伯父太保弘,宋元嘉世为宰辅。宾客疑所讳,弘曰:"身家讳与苏子高同。"父昙首,右光禄大夫。昙首兄弟集会诸子孙,弘子僧达下地跳戏,僧虔年数岁,独正坐采蜡烛珠为凤凰。弘曰:"此儿终当为长者。"

僧虔弱冠弘厚,善隶书。文帝见其书素扇,叹曰:"非唯迹逾子敬,方当器雅过之。"除秘书郎,太子舍人。退默少交接,与袁淑、谢庄善。转义阳王文学,太子洗马,迁司徒左西属。

兄僧绰,为太初所害。亲宾咸劝僧虔逃,僧虔涕泣曰:"吾兄奉国以忠贞,抚我以慈爱,今日之事,苦不见及耳。若同归九泉,犹羽化也。"孝武初,出为武陵太守。兄子俭于中途得病,僧虔为废寝食。同行客慰喻之,僧虔曰:"昔马援处儿侄之间一情不异,邓攸于弟子更逾所生,吾实怀其心,诚未异古。亡兄之胤,不宜忽诸。若此儿不救,便当回舟谢职,无复游官之兴矣。"还为中书郎,转黄门郎,太子中庶子。

孝武欲擅书名,僧虔不敢显迹。大明世,常用掘笔书,以此见容。出为豫章王子尚抚军长史,迁散骑常侍,复为新安王子鸾北中郎长史、南东海太守,行南徐州事。二蕃皆帝爱子也。寻迁豫章内史,入为侍中,迁御史中丞,领骁骑将军。甲族向来多不居宪台,王氏以分枝居乌衣者,位官微减,僧虔为此官,乃曰:"此是乌衣诸郎坐处,我亦可试为耳。"复为侍中,领屯骑校尉。泰始中,出为辅国将军、吴兴太守,秩中二千石。王献之善书,为吴兴郡,及僧虔工书,又为郡,论者称之。

徙为会稽太守,秩中二千石,将军如故。中书舍人阮佃夫在会下,请假东归。客劝僧虔以佃夫要幸,宜加礼接。僧虔曰:"我立身有素,岂能曲意此辈。彼若见恶,当拂衣去耳。"佃夫言于宋明帝,使御史中丞孙夐奏:"僧虔前莅吴兴,多有谬命,检到郡至迁,凡用功曹五官主簿至二礼吏署三传及度与弟子,合四百四十八人。又听民何系先等一百十家为旧门。委州检削。"坐免官。

寻以白衣兼侍中,出监吴郡太守,迁使持节、都督湘州诸军事、建武将军,行湘州事,仍转辅国将军,湘州刺史。所在以宽惠著称。巴峡流民多在湘土,僧虔表割益阳、罗、湘西三县缘江民立湘阴县,从之。

元徽中,迁吏部尚书。高平檀珪罢沅南令,僧虔以为征北板行参军。诉僧虔求禄不得,与僧虔书曰:"五常之始,文武为先,文则经纬天地,武则拨乱定国。仆一门虽谢文通,乃忝武达。群从姑叔,三媾帝室,祖兄二世,縻躯奉国,而致子侄饿死草壤。去冬今春,频荷二敕,既无中人,屡见蹉夺。经涉五朔,逾历四晦,书牍十二,接觐六七,遂不荷润,反更曝鳃。九流绳平,自不宜独苦一物,蝉腹龟肠,为日已久。饥虎能吓,人遽与肉;饿麟不噬,谁为落毛。去冬乞豫章丞,为马超所争;今春蒙敕南昌县,为史偃所夺。二子勋荫人才,有何见胜。若以贫富相夺,则分受不如。虽孤微,百世国士,姻媾位宦,亦不后物。尚书同堂姊为江夏王妃,檀珪同堂姑为南谯王妃;尚书妇是江夏王女,檀珪祖姑嫔长沙景王;尚书伯为江州,檀珪祖亦为江州;尚书从兄出身为后军参军。檀珪父释褐亦为中军参军。仆于尚书,人地本悬,至于婚宦,不肯殊绝。今通塞虽异,犹忝气类,尚书何事乃尔见苦?泰始之初,八表同逆,一门二世,粉骨卫主,殊勋异绩,已不能甄,常阶旧途,复见侵抑。"僧虔报书曰:"征北板比岁处遇小优,殷主簿从此府入崇礼,何仪曹即代殷,亦不见诉为苦。足下积屈,一朝超升,政自小难。泰始初勤苦十年,自未见其赏,而顿就求称,亦何可遂。吾与足下素无怨憾,何以相侵苦,直是意有佐佑耳。"珪又书曰:"昔荀公达汉之功臣,晋武帝方爵其玄孙。夏侯惇魏氏勋佐,金德初融,亦始就甄显,方赏其孙,封树近族。羊叔子以晋泰始中建策伐吴,至咸宁末,方加褒宠,封其兄子。卞望之以咸和初殒身国难,至兴宁末,方崇礼秩,官其子孙。蜀郡主簿田混,黄初末死故君之难,咸康中方擢其子孙。似不以世代远而被弃,年世疏而见遗。檀珪百罹六极,造化罕比,五丧停露,百口转命,存亡披迫,本希小禄,无意阶荣。自古以来有沐食侯,近代有王官。府佐非沐食之职,参军非王官之谓。质非匏瓜,实羞空悬。殷、何二生,或是府主情味,或是朝廷意旨,岂与悠悠之人同口而语。使仆就此职,尚书能以郎见转不?若使日得五升禄,则不耻执鞭。"僧虔乃用为安城郡丞。珪,宋安南将军韶孙也。

僧虔寻加散骑常侍,转右仆射。升明元年,迁尚书仆射,寻转中书令,左仆射。二年,为尚书令。僧虔好文史,解音律,以朝廷礼乐多违正典,民间竞造新声杂曲,时太祖辅政,僧虔上表曰:"夫悬钟之器,以雅为用;《凯容》之礼,八佾为仪。今总章羽佾,音服舛异。又歌钟一肆,克谐女乐,以歌为务,非雅器也。大明中,即以宫悬合和《鞞》、《拂》,节数虽会,虑乖《雅》体,将来知音,或讥圣世。若谓钟舞已谐,重违成宪,更立歌钟,不参旧例。四县所奏,谨依《雅》条,即义沿理,如或可附。又今之《清商》,实由铜爵,三祖风流,遗音盈耳,京、洛相高,江左弥贵。谅以金石干羽,事绝私室,桑、濮、郑、卫,训隔绅冕,中庸和雅,莫复于斯。而情变听移,稍复销落,十数年间,亡者将半。自顷家竞新哇,人尚谣俗,务在嘄杀,不顾音纪,流宕无崖,未知所极,排斥正曲,崇长烦淫。士有等差,无故不可去乐;礼有攸序,长幼不可共闻。故喧丑之制,日盛于廛里;风味之响,独尽于衣冠。宜命有司,务勤功课,缉理遗逸,迭相开晓,所经漏忘,悉加补缀。曲全者禄厚,艺妙者位优。利以动之,则人思刻厉。反本还源,庶可跂踵。"事见纳。

建元元年,转侍中、抚军将军、丹阳尹。二年,进号左卫将军,固让不拜。改授左光禄大夫,侍中、尹如故。郡县狱相承有上汤杀囚,僧虔上疏言之,曰:"汤本以救疾,而实行冤暴,或以肆忿。若罪必入重,自有正刑;若去恶宜疾,则应先启。岂有死生大命,而潜制下邑。愚谓治下囚病,必先刺郡,求职司与医对共诊验;远县,家人省视,然后处理。可使死者不恨,生者无怨。"上纳其言。

僧虔留意雅乐,升明中所奏,虽微有厘改,尚多遗失。是时,上始欲通使,僧虔与兄子俭书曰:"古语云'中国失礼,问之四夷'。计乐亦如。苻坚败后,东始备金石乐,故知不可全诬也。北国或有遗乐,诚未可便以补中夏之阙,且得知其存亡,亦一理也。但鼓吹旧有二十一曲,今所能者十一而已,意谓北使会有散役,得今乐署一人粗别同异者,充此使限。虽复延州难追,其得知所知,亦当不同。若谓有此理者,可得申吾意上闻否?试为思之。"事竟不行。

太祖善书,及即位,笃好不已。与僧虔赌书毕,谓僧虔曰:"谁为第一?"僧虔曰:"臣书第一,陛下亦第一。"上笑曰:"卿可谓善自为谋矣。"示僧虔古迹十一帙,就求能书人名。僧虔得民间所有,帙中所无者,吴大皇帝、景帝、归命侯书,桓玄书,及王丞相导、领军洽、中书令珉、张芝、索靖、卫伯儒、张翼十二卷奏之。又上羊欣所撰《能书人名》一卷。其年冬,迁持节、都督湘州诸军、征南将军、湘州刺史,侍中如故。清简无所欲,不营财产,百姓安之。世祖即位,僧虔以风疾欲陈解,会迁侍中、左光禄大夫、开府仪同三司。僧虔少时,群从宗族并会,客有相之者云:"僧虔年位最高,仕当至公,余人莫及也。"及授,僧虔谓兄子俭曰:"汝任重于朝,行当有八命之礼,我若复此授,则一门有二台司,实可畏惧。"乃固辞不拜,上优而许之,改授侍中、特进、左光禄大夫。客问僧虔固让之意,僧虔曰:"君子所忧无德,不忧无宠。吾衣食周身,荣位已过,所惭庸薄无以报国,岂容更受高爵,方贻官谤邪!"兄子俭为朝宰,起长梁斋,制度小过,僧虔视之不悦,竟不入户,俭即毁之。

永明三年,薨。僧虔颇解星文,坐见豫章分野当有事故,时僧虔子慈为豫章内史,虑其有公事。少时,僧虔薨,慈弃郡奔赴。僧虔时年六十。追赠司空,侍中如故。谥简穆。

其论书曰:"宋文帝书,自云可比王子敬,时议者云'天然胜羊欣,功夫少于欣'。王平南廙,右军叔,过江之前以为最。亡曾祖领军书,右军云'弟书遂不减吾'。变古制,今唯右军、领军;不尔,至今犹法钟、张。亡从祖中书令书,子敬云'弟书如骑骡,骎骎恒欲度骅骝前'。庾征西翼书,少时与右军齐名,右军后进,庾犹不分,在荆州与都下人书云:'小儿辈贱家鸡,皆学逸少当,须吾下,当比之。'张翼,王右军自书表,晋穆帝令翼写题后答,右军当时不别,久后方悟,云'小人几欲乱真'。张芝、索靖、韦诞、钟会、二卫并得名前代,无以辨其优劣,唯见其笔力惊异耳。张澄当时亦呼有意。郗愔章草亚于右军,郗嘉宾草亚于二王,紧媚其父。桓玄自谓右军之流,论者以比孔琳之。谢安亦入能书录,亦自重,为子敬书嵇康诗。羊欣书见重一时,亲受子敬,行书尤善,正乃不称名。孔琳之书天然放纵,极有笔力,规矩恐在羊欣后。丘道护与羊欣俱面受子敬,故当在欣后。范晔与萧思话同师羊欣,后小叛,既失故步,为复小有意耳。萧思话书,羊欣之影,风流趣好,殆当不减,笔力恨弱。谢综书,其舅云紧生起,是得赏也,恨少媚好。谢灵运乃不伦,遇其合时,亦得入流。贺道力书亚丘道护。庾昕学右军,亦欲乱真矣。"又著《书赋》,传于世。

第九子寂,字子玄,性迅动,好文章,读《范滂传》,未常不欢抱。王融败后,宾客多归之。建武初,欲献《中兴颂》,兄志谓之曰:"汝膏梁年少,何患不达,不镇之以静,将恐贻讥。"寂乃止。初为秘书郎,卒,年二十一。

僧虔宋世尝有书诫子曰:

　　知汝恨吾不许学,欲自悔厉,或以阖棺自欺,或更择美业,且得有慨,亦慰穷生。但亟闻斯唱,未睹其实。请从先师听言观行,冀此不复虚身。吾未信汝,非徒然也。往年有意于史,取《三国志》聚置床头,百日许,复徙业就玄,自当小差于史,犹未近彷佛。曼倩有云："谈何容易。"见诸玄,志为之逸,肠为之抽,专一书,转诵数十家注,自少至老,手不释卷,尚未敢轻言。汝开《老子》卷头五尺许,未知辅嗣何所道,平叔何所说,马、郑何所异,《指》《例》何所明,而便盛于尘尾,自呼谈士,此最险事。设令袁令命汝言《易》,谢中书挑汝言《庄》,张吴兴叩汝《老》,端可复言未尝看邪?谈故如射,前人得破,后人应解,不解即输赌矣。且论注百氏,荆州《八帙》,又《才性四本》《声无哀乐》,皆言家口实,如客至之有设也。汝皆未经拂耳瞥目。岂有庖厨不修,而欲延大宾者哉?就如张衡思侔造化,郭象言类悬河,不自劳苦,何由至此? 汝曾未窥其题目,未辨其指归;六十四卦,未知何名;《庄子》众篇,何者内外;《八帙》所载,凡有几家;《四本》之称,以何为长。而终日欺人,人亦不受汝欺也。由吾不学,无以为训。然重华无严父,放勋无令子,亦各由己耳。汝辈窃议亦当云:"何日不学? 在天地间可嬉戏,何忽自课谪? 幸及盛时逐岁暮,何必有所减?"汝见其一耳,不全尔也。设令吾学如马、郑,亦必甚胜;复倍不如今,亦必大减。至之有曰,从身上来也。今壮年,自勤数倍许胜,劣及吾耳。世中比例举眼是,汝足知此,不复具言。

　　吾在世,虽乏德素,要复推排人间数十许年,故是一旧物,人或以比数汝等耳。即化之后,若自无调度,谁复知汝事者?舍中亦有少负令誉弱冠越超清级者,于时王家门中,优者则龙凤,劣者犹虎豹,失荫之后,岂龙虎之议? 况吾不能为汝荫,政应各自努力耳。或有身经三公,蔑尔无闻,布衣寒素,卿相屈体。或父子贵贱殊,兄弟声名异,何也?体尽读数百卷书耳。吾今悔无所及,欲以前车诫尔后乘也。汝年入立境,方应从官,兼有室累,牵役情性,何处复得下帷如王郎时邪?为可作世中学,取过一生耳。试复三思,勿讳吾言。犹捶挞志辈,冀脱万一,未死之间,望有成就者,不知当有益否?各在尔身已切,身岂复关吾邪? 鬼唯知爱深松茂柏,宁知子弟毁誉事! 因汝有感,故略叙胸怀矣。

张绪字思曼，吴郡吴人也。祖茂度，会稽太守。父寅，太子中舍人。

绪少知名，清简寡欲，叔父镜谓人曰："此儿，今之乐广也。"州辟议曹从事，举秀才。建平王护军主薄，右军法曹行参军，司空主簿，抚军、南中郎二府功曹，尚书仓部郎。都令史谘郡县米事，绪萧然直视，不以经怀。除巴陵王文学，太子洗马，北中书参军，太子中舍人，本郡中正，车骑从事中郎，中书郎，州治中，黄门郎。

宋明帝每见绪，辄叹其清淡。转太子中庶子，本州大中正，迁司徒左长史。吏部尚书袁粲言于帝曰："臣观张绪有正始遗风，宜为宫职。"复转中庶子，领翊军校尉，转散骑常侍，领长水校尉，寻兼侍中，迁吏部郎，参掌大选。元徽初，东宫罢，选曹拟舍人正俭格外记室，绪以俭人地兼美，宜转秘书丞，从之。绪又迁侍中，中郎如故。

绪忘情荣禄，朝野皆贵其风，尝与客闲言，一生不解作诺。时袁粲、褚渊秉政，有人以绪言告粲、渊者，即出绪为吴郡太守，绪初不知也。迁为祠部尚书，复领中正，迁太常，加散骑常侍，寻领始建王师。升明二年，迁太子太傅，长史，加征虏将军。

齐台建，转散骑常侍，世子詹事。建元元年，转中书令，常侍如故。绪善言，素望甚重。太祖深加敬异。仆射王俭谓人曰："北士中觅张绪，过江未有人，不知陈仲弓、黄叔度能过之不耳？"车驾幸庄严寺听僧达道人讲，座远，不闻绪言，上难移绪，乃迁僧达以近之。

寻加骁骑将军。欲用绪为右仆射，以问王俭，俭曰："南士由来少居此职。"褚渊在座，启上曰："俭年少，或不尽忆。江左用陆玩、顾和，皆南人也。"俭曰："晋氏衰政，不可以为准则。"上乃止。四年，初立国学，以绪为太常卿，领国子祭酒，常侍、中正如故。绪既迁官，上以王延之代绪为中书令，时人以此选为得人，比晋朝之用王子敬、王季琰也。

绪长于《周易》，言精理奥，见宗一时。常云何平叔所不解《易》

中七事,诸卦中所有时义,是其一也。

世祖即位,转吏部尚书,祭酒如故。永明元年,迁金紫光禄大夫,领太常。明年,领南郡王师,加给事中,太常如故。三年,转太子詹事,师、给事如故。绪每朝见,世祖目送之,谓王俭曰:"绪以位尊我。我以德贵绪也。"迁散骑常侍,金紫光禄大夫、师如故,给亲信二十人,复领中正。长沙王晃属选用吴兴闻人邕为州议曹,绪以资藉不当,执不许。晃遣书佐固请之,绪正色谓晃信曰:"此是身家州乡,殿下何得见逼!"七年,竟陵王子良领国子祭酒,世祖敕王晏曰:"吾欲令司徒辞祭酒以授张绪,物议以为云何?"子良竟不拜。以绪领国子祭酒,光禄、师、中正如故。

绪口不言利,有财辄散之。清言端坐,或竟日无食,门生见绪饥,为之辨餐,然未尝求也。卒,时年六十八。遗命作芦葭辒车,灵上置杯水香火,不设祭。从弟融敬重绪,事之如亲兄,赍酒于绪灵前酹饮,恸哭曰:"阿兄风流顿尽!"追赠散骑常侍、特进、金紫光禄大夫。谥简子。

子克,苍梧世,正员郎,险行见宠,坐废锢。

克弟允,永明中,安西功曹,淫通杀人,伏法。

允兄充,永明元年,为武陵王友,坐书与尚书令王俭,辞旨激扬,为御史中丞到㧑所奏,免官禁锢。论者以为有恨于俭也。

案建元初,中诏序朝臣,欲以右仆射拟张岱。褚渊谓"得此过优,若别有忠诚,特进升引者,别是一理,仰由裁照"。诏"更量"。说者既异,今两记焉。

史臣曰:王僧虔有希声之量,兼以艺业。戒盈守满,发自容,方执诸公,实平世之良相。张绪凝衿素气,自然摽格,搢绅端委,朝宗民望。夫如绪之风流者,岂不谓之名臣!

赞曰:简穆长者,其义恢恢。声律草隶,变理三台。思曼廉静,自绝风埃。游心《爻》《系》,物允清才。

南齐书卷三四
列传第一五

虞玩之　刘休　沈冲
庾杲之　王谌

虞玩之字茂瑶，会稽余姚人也。祖宗，晋库部郎。父玫，通直常侍。

玩之少闲力笔，泛涉书史，解褐东海王行参军，乌程令。路太后外亲朱仁弥犯罪，依法录治。怨诉孝武，坐免官。泰始中，除晋熙国郎中令，尚书起部郎，通直郎。

元徽中，为右丞。时太祖参政，与玩之书曰："张华为度支尚书，事不徒然。今漕藏有阙，吾贤居右丞，已觉金粟可积也。"玩之上表陈府库钱帛，器械役力，所悬转多，兴用渐广，虑不支岁月。朝议优报之。迁安成王车骑录事，转少府。

太祖镇东府，朝野致敬，玩之犹蹑屐造席。太祖取屐视之，讹黑斜锐，蒃断，以芒接之。问曰："卿此屐已几载？"玩之曰："初释褐拜征北行佐买之，着已二十年，贫士竟不办易。"太祖善之，引为骠骑谘议参军。霸府初开，宾客辐凑，太祖留意简接，玩之与乐安任遐，俱以应对有席上之美，齐名见遇。遐字景远，好学，有义行，兼与太祖素游，褚渊、王俭并见亲爱。官至光禄大夫，永元初，卒。

玩之迁骁骑将军，黄门郎，领本部中正。上患民间欺巧，及即位，敕玩之与骁骑将军傅坚意检定簿籍。建元二年，诏朝臣曰："黄籍，民之大纪，国之治端。自顷氓俗巧伪，为日已久，至乃窃注爵位，盗易年月,增损三状,贸袭万端。或户存而文书已绝,或人在而反托死板,停私而云隶役,身强而称六疾。编户齐家,少不如此。皆政之巨蠹,教之深疵。比年虽却籍改书,终无得实。若约之以刑,则民伪已远;若绥之以德,则胜残未易。卿诸贤并深明治体,可各献嘉谋,以振浇化。又台坊访募,此制不近,优刻索定,闲剧有常。宋元嘉以前,兹役恒满,大明以后,乐补稍绝。或缘寇难频起,军荫易多,民庶从利,投坊者寡。然国经未变,朝纪恒存,相搉而言,隆替何速。此急病之洪源,暑景之切患,以何科算,革斯弊邪?"玩之上表曰:"宋元嘉二十七年八条取人,孝建元年书籍,众巧之所始也。元嘉中,故光禄大夫傅隆,年出七十,犹手自书籍,躬加隐校。隆何必有石建之慎,高柔之勤,盖以世属休明,服道修身故耳。今陛下日旰忘食,未明求衣,诏逮幽愚,谨陈妄说。古之共治天下,唯良二千石,今欲求治取正,其在勤明令长。凡受籍,县不加检合,但封送州,州检得实,方却归县。吏贪其赂,民肆其奸,奸弥深而却弥多,赂愈厚而答愈缓。自泰始三年至元徽四年,杨州等九郡四号黄籍,共却七万一千余户。于今十一年矣,而所正者犹未四万。神州奥区,尚或如此,江、湘诸部,倍不可念。愚谓宜以元嘉二十七年籍为正。民惰法既久,今建元元年书籍,宜更立明科,一听首悔,迷而不反,依制必戮。使官长审自检校,必令明洗,然后上州,永以为正。若有虚昧,州县同咎。今户口多少,不减元嘉,而板籍顿阙,弊亦有以。自孝建已来,入勋者众,其中操干戈卫社稷者,三分殆无一焉。勋簿所领,而诈注辞籍,浮游世要,非官长所拘录,复为不少。寻苏峻平后,庾亮就温峤求勋簿,而峤不与,以为陶侃所上,多非实录。寻物之怀私,无世不有,宋末落纽,此巧尤多。又将位既众,举恤为禄,实润甚微,而人领数万,如此二条,天下合役之身,已据其太半矣。又有改注籍状,诈入仕流,苦为人役者,今反役人。又生不长发,便谓为道,填街溢巷,是处皆然。或抱子并居,竟不编户,迁徙去来,公违土断。属役无满,流亡不归。宁丧终身,疾病长卧,法令必行,自然竞反。又四镇戍将,有名寡实,随才部曲,无辨勇懦,署位借给,巫媪比肩,弥山满海,皆是私役。行货求位,其涂甚易,募役卑剧,何为投补?坊吏之所以尽,百里之所以单也。今但使募制明信,满复有期,民无逶路,则坊可立表而盈矣。为治不患无制,患在不行,不患不行,患在不久。"上省玩之表,纳之。乃别置板籍官,置令史,限人一日得数巧,以防懈怠。于是货赂因缘,籍注虽正,犹强推却,以充程限。至世祖永明八年,谪巧者戍缘淮各十年,百姓怨望。世祖乃诏曰:"夫简贵贱,辨尊卑者,莫不取信于黄籍,岂有假器滥荣,窃服非分。故所以澄革虚妄,式允旧章。然衅起前代,过非近失,既往之愆,不足追咎。自宋升明以前,皆听复注,其有谪役边疆,各许还本。此后有犯,严加剪治。"

玩之以久官年疾,上表告退,曰:"臣闻负重致远,力穷则困,竭诚事君,智尽必倾,理固然也。四十仕进,七十悬车,壮则驱驰,老宜休息。臣生于晋,长于宋,老于齐,世历三代,朝市再易。臣以宋元嘉二十八年为王府行佐,于兹三十年矣。自顷以来,衰耗渐笃。为性不懒惰,而倦怠顿来。耳目本聪明,而聋瞽转积。脚不支身,喘不绪气。景刻不推,朝昼不保。大功兄弟,四十有二人,通塞寿夭,唯臣独存。朝露未光,宁堪长久。且知足不辱,臣已足矣。禀命饥寒,不求富贵,铜山由命,臣何恨焉,久甘之矣。直道事人,不免缧绁,属遇圣明,知其非罪,臣之幸厚矣。授命于道消之晨,效节于百揆之日,臣忠之效也。庆降于文明之初,荷泽于天飞之运,臣命之偶也。不谋巧宦而位至九卿,德惭李陵而忝居门下。尧舜无穷,臣亦通矣。年过六十,不为夭矣。荣期之三乐,东平之一善,臣俱尽之矣。经昏践乱,涉艰履危,仰圣德以求全,凭贤辅以申节,未尝厌屈于勋权,畏溺于狐鼠,臣立身之本,于斯不亏。在其壮也,当官不让。及其衰矣,豪露靡因。伏愿慈临,赐官骸骨。非为希高慕古,爱好泉林,特以丁运孤贫,养礼多阙,风树之感,夙自缠心,庶天假其辰,得二三年间,扫守丘墓,以此归全,始终之报遂矣。"上省玩之表,许之。

玩之于人物好臧否。宋末,王俭举员外郎孔逿使虏,玩之言论不相饶,逿、俭并恨之。至是,玩之东归,俭不出送,朝廷无祖饯者。

玩之归家起大宅,数年卒。其后,员外郎孔瑄就俭求会稽五官,俭方盥,投皂荚于地,曰:"卿乡俗恶,虞玩之至死治人。"

孔逿字世远,玩之同郡人,好典故学,与王俭至交。升明中,为齐台尚书仪曹郎,太祖谓之曰:"卿仪曹才也。"俭为宰相,逿尝谋议帷幕,每及选用,颇失乡曲情。俭从容启上曰:"臣有孔逿,犹陛下之有臣也。"永明中,为太子家令,卒。时人呼孔逿、何宪为王俭三公。宪字子思,庐江人也。以强学见知。母镇北长史王敷之女,聪明有训识。宪为本州别驾。永明十年,使于虏中。

刘休字引明,沛郡相人也。祖徽,正员郎。父超,九真太守。

休初为驸马都尉,奉朝请,宋明帝东国常侍。好学谐忆,不为帝所知。袭祖封南乡侯。友人陈郡谢俨同丞相义宣反,休坐匿之,被系尚方七年,孝武崩,乃得出。随弟钦为罗县。太始初,诸州反,休筮明帝当胜,静处不预异谋。数年,还投吴喜为辅师府录事参军,喜称其才,进之明帝,得在左右。板桂阳王征北参军。

帝颇有好尚,尤嗜饮食。休多艺能,爱及鼎味,问无不解。后宫孕者,帝使筮其男女,无不如占。帝素肥,瘘不能御内,诸王妓姜怀孕,使密献入宫,生子之后,闭其母于幽房,前后十数。从帝,桂阳王休范子也。苍梧王亦非帝子,陈太妃先为李道儿姜,故苍梧微行,尝自称为李郎焉。帝憎妇人妒,尚书右丞荣彦远以善棋见亲,妇妒伤其面,帝曰:"我为卿治之,何如?"彦远率尔应曰:"听圣旨。"其夕,遂赐药杀其妻。休妻王氏亦妒,帝闻之,赐休妾,敕与王氏二十杖。令休于宅后开小店,使王氏亲卖扫帚皂荚以辱之。其见亲如此。

寻除员外郎,领辅国司马、中书通事舍人,带南城令。除尚书中兵郎、给事中,舍人、令如故。除安城正抚军参军,出为都水使者,南康相。善言治体,而在郡无异绩。还为正员郎,邵陵王南中郎录事、建威将军、新蔡太守。随转左军府,加镇蛮护军,将军、太守如故。迁谘议、司马,进宁朔将军,镇蛮护军,太守如故。徙寻阳太守,将军、司马如故。后迁长史。沈攸之难,世祖挟晋熙、邵陵二王军府镇盆城，休承奉军费，事宁，仍迁邵陵王安南长史。除黄门郎，宁朔将军，前军长史，齐台散骑常侍。

建元初，为御史中丞。顷之，休启曰：“臣自尘荣南宪，星晷交春，谬闻弱奏，劾无空月。岂唯不能使蕃邦敛手，豪右屏气，乃遣听已暴之辜，替网触罗之鸟。而犹以此，理失乡党之和，朝绝比肩之顾，覆背腾其喉唇，武人厉其觜吻。怨之所聚，势难久堪，议之所裁，孰怀其允。臣窃寻宋世载祀六十，历职斯任者五十有三，校其年月，不过盈岁。于臣叨滥，宜请骸骨。”上曰：“卿职当国司，以威裁为本，而忽惮世诮。卿便应辞之事始，何可获惰晚节邪？”

宋末，上造指南车，以休有思理，使与王僧虔对共监试。元嘉世，羊欣受子敬正隶法，世共宗之，右军之体微古，不复见贵。休始好此法，至今此体大行。四年，出为豫章内史，加冠军将军。卒，年五十四。

沈冲字景绰，吴兴武康人也。祖宣，新安太守。父怀文。冲解褐卫尉五官，转扬州主簿。宋大明中，怀文有文名，冲亦涉猎文义。转西阳王抚军法曹参军，寻举秀才，还为抚军正佐，兼记室。及怀文得罪被系，冲兄弟行谢，情哀貌苦，见者伤之。柳元景欲救怀文，言于帝曰：“沈怀文三子涂炭不可见，愿陛下速正其罪。”帝竟杀之。元景为之叹息，冲兄弟以此知名。

秦始初，以母老家贫，启明帝得为永兴令，迁巴陵王主簿，除尚书殿中郎。元徽中，出为晋安王安西记室参军，还为司徒主簿，山阴令，转司徒录事参军。世祖为江州，冲为征虏长史、寻阳太守，甚见委遇。世祖还都，使冲行府、州事。迁领军长史。建元初，转骠骑谘议参军，领录事，未及到任，转黄门郎，仍迁太子中庶子。世祖在东宫，待以恩旧，及即位，转御史中丞，侍中。冠军庐陵王子卿为郢州，以冲为长史、辅国将军、江夏内史，行府、州事。随府转为安西长史、南郡内史，行荆州府事，将军如故。永明四年，征为五兵尚书。

冲与兄淡、渊名誉有优劣，世号为“腰鼓兄弟”。淡、渊并历御史中丞，兄弟三人，皆为司直，晋、宋未有也。中丞案裁之职，被宪者多结怨。渊永明中弹吴兴太守袁彖，建武中，彖从弟昂为中丞，到官数日，奏弹渊子缋父在傲白幰车，免官禁锢。冲母孔氏在东，邻家失火，疑为人所焚爇，大呼曰："我三儿皆作御史中丞，与人岂有善者！"

世祖方欲任冲，冲西下至南州而卒，时年五十一。上甚惜之，丧还，诏曰："冲丧枢至止，恻怆良深。以其昔在南蕃，特兼悯悼。"车驾出临冲丧，诏曰："冲贞详闲理，志局淹正，诚著蕃朝，绩彰出内。不幸早世，朕甚悼之。"追赠太保，谥曰恭子。

庾杲之字景行，新野人也。祖深之，雍州刺史。父粲，司空参军。

杲之少而贞立，学涉文义。起家奉朝请，巴陵王征西参军。郢州举秀才，除晋熙王镇西外兵参军，世祖征房府功曹，尚书驾部郎。清贫自业，食唯有韭菹、瀹韭、生韭杂菜。或戏之曰："谁谓庾郎贫，食鲑常有二十七种。"言三九也。仍为世祖抚军中军记室，迁员外散骑常侍，正员郎，迁中书郎，领荆、湘二州中正。转尚书左丞，常侍、领中正如故。

出为王俭卫军长史，时人呼俭府为入芙蓉池。俭谓人曰："昔袁公作卫军，欲用我为长史，虽不获就，要是意向如此。今亦应须如我辈人也。"乃用杲之。迁黄门郎，兼御史中丞，寻即正。

杲之风范和润，善音吐。世祖令对房使，兼侍中。上每叹其风器之美，王俭在座，曰："杲之为蝉冕所照，更生风采。陛下故当与其即真。"帝意未用也。永明中，诸王年少，不得妄与人接，敕杲之与济阳江淹五日一诣诸王，使申游好。寻又迁庐陵王中军长史，迁尚书吏部郎，参大选事。转太子右卫率，加通直常侍。九年，卒。临终上表曰："臣昨夜及旦，更增气疾，自省绵痼，顷刻危殆，无容复卧。任居隆显，玷尘明世，乞解所忝，待终私庭。臣以凡庸，谬徼昌运，奖擢之厚，千载难逢，且年逾知命，志事荣显，修大有分，无所厝言。若天鉴微诚，暂借余历，倾宗殒元，陈力无远。仰违庭阙，伏枕鲠恋，送貂蝉及章。"诏不许，杲之历在上府，以文学见遇。上造崇虚馆，使为碑文。卒时年五十一，上甚惜之。谥曰贞子。时会稽孔广，字淹源，亦美姿制，历州治中，卒。

王谌字仲和，东海郯人也。祖万庆，员外常侍。父元闵，护军司马。宋大明中，沈昙庆为徐州，辟谌为迎主簿，又为州迎从事，湘东王国常侍，镇北行参军，州、国、府主皆宋明帝也。除义阳王征北行参军，又除度明帝卫军府。谌有学义，累为帝蕃佐。及即位，除司徒参军，带薛令，兼中书舍人，见亲遇，常在左右。谌见帝所行惨僻，屡谏不从，请退，坐此见怒，系尚方，少日出。寻除尚书殿中郎，徙记室参军，正员郎，薛令如故。迁兼中书郎，晋平王骠骑板谘议，出为湘东太守，秩中二千石，未拜，坐公事免。复为桂阳王骠骑府谘议参军，中书郎。

明帝好围棋，置围棋州邑，以建安王休仁为围棋州都大中正，谌与太子右率沈勃、尚书水部郎庾珪之、彭城丞王抗四人为小中正，朝请褚思庄、傅楚之为清定访问。

出为临川内史，还为尚书左丞。寻以本官领东观祭酒，即明帝所置总明观也。迁黄门，辅正员常侍，辅国将军，江夏王右军长史，冠军将军。转给事中，廷尉卿，未拜。建元中，武陵王晔为会稽，以谌为征虏长史行事，冠军如故。永明初，迁豫章王太尉司马，将军如故。

世祖与谌相遇于宋明之世，欲委任，为辅国将军、晋安王南中郎长史、淮南太守，行府、州事。五年，除黄门郎，领骁骑将军，迁太子中庶子，骁骑如故。谌贞正和谨，朝庭称为善人，多与之厚。八年，转冠军将军、长沙王车骑长史，徙庐陵王中军长史，将军如故。西阳王子明在南兖州，长史沈宪去职，上复徙谌为征虏长史，行南兖府、州事，将军如故。

谌少贫，尝自纺绩，及通贵后，每为人说之，世称其志达。九年，卒，年六十九。

史臣曰:鹑居鷇饮,裁树司牧,板籍之起,尚未分民,所以爱字之义深,纳隍之意重也。季世以后,务尽民力,量财品赋,以自奉养。下穷而上不恤,世浇而事愈变。故有窃名簿阀,忍贼肌肤,生滥死乖,趋避绳网。积虚累谬,已数十年,欺蔽相容,官民共有,为国之道,良宜矫革。若令优役轻徭,则斯诈自弭。明纠群吏,则兹伪不行。空阅旧文,徒成民幸。是以崔琰之讥魏武,谢安之论京师,断民之难,岂直远在周世?

赞曰:玩之止足,为论未光。刘休善筮,安卧南湘。冲获时誉,呆信圭璋。谌惟旧序,并用兴王。

南齐书卷三五
列传第一六

高帝十二王

临川献王映　　长沙威王晃
武陵昭王晔　　安成恭王暠
鄱阳王锵　　桂阳王铄　　始兴简王鉴
江夏王锋　　南平王锐　　宜都王铿
晋熙王铼　　河东王铉

　　高帝十九男：昭皇后生武帝、豫章文献王嶷，谢贵嫔生临川献王映、长沙威王晃，罗太妃生武陵昭王晔，任太妃生安成恭王皓，陆修仪生鄱阳王锵、晋熙王铼，袁修容生桂阳王铄，何太妃生始兴简王鉴、宜都王铿，区贵人生衡阳王钧，张淑妃生江夏王锋、河东王铉，李美人生南平王锐，第九、第十三、第十四、第十七皇子早亡，衡阳王钧出继元王后。

　　临川献王映字宣光，太祖第三子也。宋元徽四年，解褐著作佐郎，迁抚军行参军，南阳王文学。沈攸之事难，太祖时领南徐州，以映为宁朔将军，镇京口。事宁，除中军谘议、从事中郎、辅国将军、淮南宣城三郡太守，并不拜。仍为假节、都督南兖兖徐青冀五州诸军事，行兖州刺史，将军如故。寻除给事黄门侍郎，领前军将军，仍复为冠军将军、南兖州刺史、假节、都督，复为监军，督五州如故。

齐台建，宋帝诏封映及弟晃、晔、皓、锵、铄、鉴并为开国县公，各千五百户，未及定土宇，而太祖践阼。以映为使持节、都督荆湘雍益梁宁南北秦八州诸军事、平西将军、荆州刺史，封临川王，食邑例二千户。又领湘州刺史。豫章王嶷既留镇陕西，映亦不行。改授散骑常侍、都督扬南徐二州诸军事、前将军、扬州刺史，持节如故。国家初创，映以年少临神州，吏治聪敏，府州曹局，皆重足以奉禁令，宋彭城王义康以后未之有也。

出为都督荆湘雍益梁巴宁南北秦九州诸军事、镇西将军、荆州刺史，持节、常侍如故，给鼓吹一部。以国忧解散骑常侍，进号征西。永兴元年，入为侍中、骠骑将军。二年，给油络车。五年，即本号开府仪同三司。七年，薨。映善骑射，解声律，工左右书、左右射，应接宾客，风韵韶美，朝野莫不惋惜焉。时年三十二。诏赐东园秘器，朝服一具，衣一袭。赠司空。九子，皆封侯。

长子子晋，历东阳、吴兴二郡太守，秘书监，领后军将军。永元初，为侍中，迁左民尚书。坐从妹祖日不拜，为有司所奏，事留中，子晋遂不复拜。梁王定京邑，犹服侍中服。入梁为辅国将军、高平太守。第二子子游，州陵侯。解褐员外郎，太子洗马，历琅邪、晋陵二郡太守，黄门侍郎。好音乐，解丝竹杂艺。梁初坐闺门淫秽及杀人，为有司所奏，请议禁锢。子晋谋反，兄弟并伏诛。

长沙威王晃字宣明，太祖第四子也。少有武力，为太祖所爱。宋世解褐秘书郎，邵陵王友，不拜。升明二年，代兄映为宁朔将军、淮南宣城二郡太守。初，沈攸之事起，晃便弓马，多从武容，熏赫都街，时人为之语曰："焕焕萧四伞。"

其年，迁为持节、监豫司二州之西阳诸军事、西中郎将、豫州刺史。太祖践阼，晃欲用政事，辄为典签所裁，晃执杀之，上大怒，手诏赐杖。寻迁使持节、都督南徐兖二州诸军事、后将军、南徐州刺史。世祖为皇太子，拜武进陵，于曲阿后湖斗队，使晃御马军，上闻之，又不悦。入为侍中、护军将军，以国忧解侍中，加中军将军。

太祖临崩，以晃属世祖，处以辇毂近蕃，勿令远出。永明元年，上迁南徐州刺史竟陵王子良为南兖州，以晃为使持节、都督南徐兖二州诸军事、镇军将军、南徐州刺史。入为散骑常侍，中书监。诸王在京都，唯置捉刀左右四十人，晃爱武饰，罢徐州还，私载数百人仗还都，为禁司所觉，投之江水。世祖禁诸王畜私仗，上闻之大怒，将纠以法。豫章王嶷于御前稽首流涕曰：“晃罪诚不足宥。陛下当忆先朝念白象。”晃小字也。上亦垂泣。太祖大渐时，诫世祖曰：“宋氏若不骨肉相图，他族岂得乘其衰弊。汝深戒之。”故世祖终无异意。然晃亦不见亲宠。当时论者以世祖优于魏文，减于汉明。

寻加晃镇军将军。转丹阳尹，常侍、将军如故。又为侍中、护军将军，镇军如故。寻进号车骑将军，侍中如故。给油络车，鼓吹一部。八年，薨，年三十一。赐东园秘器，朝服一具，衣一袭。即本号赠开府仪同三司。

世祖尝幸钟山，晃从驾，以马矟刺道边枯蘗，上令左右数人引之，银缠皆卷聚，而矟不出，乃令晃复驰马拔之，应手便去。每远州献骏马，上辄令晃于华林中调试之。太祖常曰：“此我家任城也。”世祖缘此意，故谥曰威。

武陵昭王晔字宣照，太祖第五子也。母罗氏，从太祖在淮阴，以罪诛，故晔见爱。初除冠军将军，转征虏将军。晔刚颖俊出，工弈棋，与诸王共作短句，诗学谢灵运体，以呈上，报曰：“见汝二十字，诸儿作中最为优者。但康乐放荡，作体不辩有首尾，安仁、士衡深可宗尚，颜延之抑其次也。”

建元三年，出为持节、都督会稽东阳新安永嘉临海五郡军事、会稽太守，将军如故。上遣儒士刘瓛往郡，为晔讲五经。世祖即位，进号左将军。入为中书令，将军如故。转散骑常侍，太常卿。又为中书令，迁祠部尚书，常侍并如故。

晔无宠于世祖，未尝处方岳，数以语言忤旨。世祖幸豫章王嶷东田宴诸王,独不召晔。嶷曰:"风景殊美,令日甚忆武陵。"上乃呼之。晔善射,屡发命中,顾谓四坐曰:"手何如?"上神色甚怪。嶷曰:"阿五常日不尔,今可谓仰藉天威。"帝意乃释。后于华林赌射,上救晔叠破,凡放六箭,五破一皮,赐钱五万。又于御席上举酒劝晔,晔曰:"陛下尝不以此处许臣。"上回面不答。

久之,出为江州刺史,常侍如故。上以晔方出外镇,求晔宅给诸皇子。晔曰:"先帝赐臣此宅,使臣歌哭有所,陛下欲以州易宅,臣请以宅易州。"至镇百余日,典签赵渥之启晔得失,于是征还为左民尚书。

俄转前将军,太常卿。累不得志。冬节问讯,诸王皆出,晔独后来,上已还便殿,闻晔至,引见问之。晔称牛羸,不能取路。上敕车府给副御牛一牛,敕主客:"自今诸王来不随例者,不得复为通。"

以公事还过竟陵王子良宅,冬月道逢乞人,脱襦与之。子良见晔衣单,荐襦于晔,晔曰:"我与向人亦复何异!"尚书令王俭诣晔,晔留俭设食,枰中菘菜𫘝鱼而已。又名后堂山为"首阳",盖怨贫薄也。

寻为丹阳尹,常侍、将军如故。始不复置行事,得自亲政。转侍中、护军将军,给油络车,又给扶二人。世祖临崩,遗诏为卫将军、开府仪同三司,给鼓吹一部。大行在殡,竟陵王子良在殿内,太孙未立,众论喧疑。晔众中言曰:"若立长则应在我,立嫡则应在太孙。"郁林既立,甚见凭赖。隆昌元年,年二十八,薨。赐东园秘器,朝服。赠司空,侍中如故。给节,班剑二十人。

安成恭王皓字宣曜,太祖第六子也。建元二年,除冠军将军,镇石头戍,领军事。四年,出为使持节、督江州豫州之晋熙诸军事、南中郎将、江州刺史。永明元年,进号征虏将军。明年,为左卫将军。寻迁侍中,领步兵校尉,转中书令。五年,迁祠部尚书,领骁骑将军。六年,出为南徐州刺史。九年,迁散骑常侍,秘书监,领石头戍事。皓性清和,多疾。其夏薨,年二十四。赠抚军将军,常侍如故。

　　鄱阳王锵字宣韶,太祖第七子也。建元四年,世祖即位,以锵为使持节、督雍梁南北秦四州郢州之竟陵司州之随郡军事、北中郎将、宁蛮校尉、雍州刺史。永明二年,进号征虏将军。四年,为左卫将军,迁侍中,领步兵校尉。七年,转征虏将军、丹阳尹,寻加散骑常侍。进号抚军,出为江州刺史,常侍如故。九年,始亲府、州事,加使持节、督江州诸军事、安南将军,置佐史,常侍如故。先是二年省江州府,至是乃复。十一年,为领军,常侍如故。

　　锵和悌美令,有宠于世祖,领军之授,齐室诸王所未为。锵在官理事无壅,当时称之。车驾游幸,常甲仗卫从,恩待次豫章王嶷。其年,给油络车。隆昌元年,转尚书右仆射,常侍如故。俄迁侍中、骠骑将军、开府仪同三司,领兵置佐。

　　锵雍容得物情,为郁林王所依信。郁林心疑高宗,诸王问讯,独留锵谓之曰:“公闻讳于法身何如?”锵曰:“臣讳于宗戚最长,且受寄先帝。臣等年皆尚少,朝廷之干,唯讳一人,愿陛下无以为虑。”郁林退谓徐龙驹曰:“我欲与公共计取讳,公既不同,我不能独办,且复小听。”及郁林废,锵竟不知。

　　延兴元年,进位司徒,侍中、骠骑如故。高宗镇东府,权势稍异,锵每往,高宗常屣履至车迎锵。语及家国,言泪俱下,锵以此推信之。而宫台内皆属意于锵,劝锵入宫发兵辅政。制局监谢粲说锵及随王子隆曰:“殿下但乘油壁车入宫,出天子置朝堂,二王夹辅号令,粲等闭城门上仗,谁敢不同?东城人政共缚送萧令耳。”子隆欲定计,锵以上台兵力既悉度东府,且虑事难捷,意甚犹豫。马队主刘巨,世祖时旧人,诣锵请闲,叩头劝锵立事。锵命驾将入,复回还内与母陆太妃别,日暮不成行。数日,高宗遣二千人围锵宅害锵,谢粲等皆见杀。锵时年二十六。凡诸王被害,皆以夜遣兵围宅。或斧关排墙叫噪而入,家财皆见封籍焉。

　　桂阳王铄字宣朗,太祖第八子也。永明二年,出为南徐州刺史,镇京口。历代镇府，铄出蕃，始省军府。四年，加散骑常侍。六年，迁中书令，度支尚书。七年，转中书令，加散骑常侍。时鄱阳王锵好文章，铄好名理，时人称为"鄱桂"。十年，迁太常，常侍如故。铄清羸有冷疾，常枕卧。世祖临视，赐床帐衾褥。隆昌元年，加前将军。给油络车，并给扶侍二人。海陵立，转侍中、抚军将军，领兵置佐。

鄱阳王见害，铄迁中军将军、开府仪同三司。铄不自安，至东府诣高宗，还谓左右曰："向录公见接殷勤，流连不能已，而貌有惭色，此必欲杀我。"三更中，兵至见害。时年二十五。

始兴简王鉴字宣彻，太祖第十子也。初封广兴王，后国随郡改名。永明二年，世祖始以鉴为持节、都督益宁二州军事、前将军、益州刺史。

广汉什邡民段祖以錞于献鉴，古礼器也，高三尺六寸六分，围二尺四寸，圆如筒，铜色黑如漆，甚薄，上有铜马，以绳县马，令去地尺余，灌之以水，又以器盛水于下，以芒茎当心跪注錞于，以手振芒，则其声如雷，清响良久乃绝。古所以节乐也。五年，鉴献龙角一枚，长九尺三寸，色红，有文。

八年，进号安西将军。明年，为散骑常侍，秘书监，领石头戍事。上以与鉴久别，车驾幸石头宴会赏赐。寻迁左卫将军，未拜，遇疾。上为南康王子琳起青阳巷第新城，车驾与后宫幸第乐饮，其日鉴疾甚，上遣骑问疾相继，为之诏止乐。薨，年二十一。遣赠中军将军，本官、新除悉如故。

江夏王锋字宣颖，太祖第十三子。永明五年，为辅国将军，南彭城、平昌二郡太守。转散骑常侍。七年，迁左卫将军，仍转侍中，领石头戍事。九年，出为徐州刺史。郁林即位，加散骑常侍。隆昌元年，入为侍中，领骁骑将军，寻加秘书监。

锋好琴书，有武力。高宗杀诸王，锋遗书诮责，左右不为通，高宗深惮之。不敢于第收锋，使兼祠官于太庙，夜遣兵庙中收之。锋出登车,兵人欲上车防勒,锋以手击却数人,皆应时倒地,于是敢近者遂逼害之。时年二十。

南平王锐字宣毅,太祖第十五子也。永明七年,为散骑常侍,寻领骁骑将军。明年,为左民尚书。朝直勤谨,未尝属疾,上嘉之。十年,出为持节、都督湘州诸军事、南中郎将、湘州刺史,以此赏锐。郁林即位,进号前将军。

延兴元年,害诸王,遣裴叔业平寻阳,仍进湘州。锐防阁周伯玉观锐拒叔业,而府州力弱不敢动,锐见害,年十九。伯玉下狱诛。

宜都王铿字宣严,太祖第十六子也。初除游击将军。永明十年,迁左民尚书。十一年,为持节、都督南豫司二州军事、冠军将军、南豫州刺史,镇姑熟。时有盗发晋大司马桓温女冢,得金蚕银茧及圭璧。郁林即位,进号征虏将军。延兴元年,见害,年十八。

晋熙王𬭊字宣攸,太祖第十八子也。永明十一年,除骁骑将军。隆昌元年,出为持节、督郢司二州军事、冠军将军、郢州刺史。延兴元年,进号征虏将军。寻见害,年十六。

河东王铉字宣胤,太祖第十九子也。隆昌元年,为骁骑将军。出为徐州刺史,迁中书令。高宗诛诸王,以铉年少才弱,故未加害。建武元年,转为散骑常侍,镇军将军。置兵佐。

建武之世,高、武子孙忧危,铉每朝见,常鞠躬俯偻,不敢平行直视。寻迁侍中、卫将军。铉年稍长。四年,诛王晏,以谋立铉为名,免铉官,以王还第,禁不得与外人交通。永泰元年,上疾暴甚,遂害铉,时年十九。二子在孩抱,亦见杀。太祖诸王,铉独无后,众窃冤之。乃使扬州刺史始安王遥光、临川王子晋、竟陵王昭胄、太尉陈显达、尚书令徐孝嗣、右仆射沈文季、尚书沈渊、沈约、王亮奏论铉,帝答不许,再奏,乃从之。

史臣曰:陈思王表云"权之所存,虽亲必重;势之所去,虽亲必轻"。若夫六代之兴亡,曹冏论之当矣。分圭命社,实寄宗城,就国之典,既随世革,卿士入朝,作贵蕃辅。皇王托体,同禀尊极,仕无常资,秩有恒数,礼地兼隆,易生推拟。世祖顾命,情深尊嫡,渊图远算,意在无遗。岂不以群王少弱,未更多难,高宗清谨,同起布衣,故韬末命于近亲,寄重权于疏戚,子弟布列,外有强大之势,疏亲中立,可息觊觎之谋,表里相维,足固家国。曾不虑机能运衡,寡以制众。曹植之言信之矣。

赞曰:高十二王,始建封植。献、昭机警,威、江才力。恭、简恬和。鄱、桂清识。四王少盛,同规谨敕。

南齐书卷三六
列传第一七

谢超宗　刘祥

　　谢超宗,陈郡阳夏人也。祖灵运,宋临川内史。父凤,元嘉中坐灵运事,同徙岭南,早卒。超宗元嘉末得还。与慧休道人来往,好学,有文辞,盛得名誉。解褐奉朝请。新安王子鸾,孝武帝宠子,超宗以选补王国常侍。王母殷淑仪卒,超宗作诔奏之,帝大嗟尝,曰:"超宗殊有凤毛,恐灵运复出。"转新安王抚军行参军。

　　泰始初,为建安王司徒参军事,尚书殿中郎。三年,都令史骆宰议策秀才考格,五问并得为上,四、三为中,二为下,一不合与第。超宗议以为:"片辞折狱,寸言挫众,鲁史褒贬,孔《论》兴替,皆无俟繁而后秉裁。夫表事之渊,析理之会,岂必委牍方切治道。非患对不尽问,患以恒文弗奇。必使一通峻正,宁劣五通而常。与其俱奇,必使一亦宜采。"诏从宰议。迁司徒主簿,丹阳丞。

　　建安王休仁引为司徒记室,正员郎,兼尚书左丞中郎。以直言忤仆射刘康,左迁通直常侍。太祖为领军,数与超宗共属文,爱其才翰。卫将军袁粲闻之,谓太祖曰:"超宗开亮迥悟,善可与语。"取为长史、临淮太守。粲既诛,太祖以超宗为义兴太守。升明二年,坐公事免,诣东府门自通,其日风寒惨厉,太祖谓四座曰:"此客至,使人不衣自暖矣。"超宗既坐,饮酒数瓯,辞气横出,太祖对之甚欢。板为骠骑谘议。及即位,转黄门郎。

　　有司奏撰立郊庙歌,敕司徒褚渊、侍中谢朓、散骑侍郎孔稚珪、太学博士王咺之、总明学士刘融、何法冏、何昙秀十人并作,超宗辞独见用。

为人仗才使酒,多所陵忽。在直省常醉,上召见,语及北方事,超宗曰:"虏动来二十年矣,佛出亦无如何!"以失仪出为南郡王中军司马。超宗怨望,谓人曰:"我今日政应为司驴。"为省司所奏,以怨望免官,禁锢十年。司徒褚渊送湘州刺史王僧虔,阁道坏,坠水;仆射王俭尝牛惊,跣下车。超宗抚掌笑戏曰:"落水三公,堕车仆射。"前后言诮,稍布朝野。

世祖即位,使掌国史,除竟陵王征北谘议参军,领记室。愈不得志。超宗娶张敬儿女为子妇,上甚疑之。永明元年,敬儿诛,超宗谓丹阳尹李安民曰:"往年杀韩信,今年杀彭越,尹欲何计?"安民具咎之。上积怀超宗轻慢,使兼中丞袁彖奏曰:

> 风闻征北谘议参军谢超宗,根性浮险,率情躁薄。仕近声权,务先谄狎。人裁疏黜,呕便诋贱。卒然面誉,旋而背毁。疑间台贤,每穷诡舌。讪贬朝政,必声凶言。腹诽口谤,莫此之甚。不敬不讳,罕与为二。

> 辄摄白从王永先到台辨问:"超宗有何罪过,诣诸贵皆有不逊言语,并依事列对。"永先列称:"主人超宗恒行来诣诸贵要,每多触忤,言语怨怼。与张敬儿周旋,许结姻好。自敬儿死后,惋叹忿慨。今月初诣李安民,语论'张敬儿不应死'。安民道'敬儿书疏,墨迹炳然,卿何忽作此语'?其中多有不逊之言,小人不悉尽罗缕谙忆。"如其辞列,则与风闻符同。超宗罪自已彰,宜附常准。

> 超宗少无行检,长习民慝。狂狡之迹,联代所疾;迷傲之衅,累朝点触。划容扫辙,久理世表。属圣明广爱,忍祸舒慈,舍之宪外,许以改过。野心不悛,在宥方骄,才性无亲,处恩弥戾。遂遣扇非端,空生怨怼,恣器毒于京辅之门,扬凶悖于卿守之席。此而不翦,国章何寄!此而可贷,孰不可容?请以见事免超宗所居官,解领记室。辄勒外收付廷尉法狱治罪。超宗品

　　第未入简奏,臣辄奉白简以闻。

世祖虽可其奏,以象言辞依违,大怒,使左丞王逡之奏曰:

　　　　臣闻行父尽忠,无礼斯疾;农夫去草,见恶必耘。所以振缨
　　称朗,登朝著绩,未有尸位存私,而能保其荣名者也。

　　　　今月九日,治书侍御史臣司马侃启弹征北谘议参军事谢
　　超宗,称"根性昏动,率心险放,悖议爽真,嚣辞犯实,亲朋忍
　　闻,衣冠掩目,辄收付廷尉法狱治罪"。处劾虽重,文辞简略,事
　　入主书,被却还外。其晚,兼御史中丞臣袁彖改奏白简,始粗详
　　备。厥初隐卫,实彖之由。寻超宗植性险戾,禀行凶诐,豺狼野
　　心,久暴遐迩。张敬儿潜图反噬,罚未塞愆,而称怨痛枉,形于
　　言貌。协附奸邪,疑间勋烈,构扇异端,讥议时政,行路同忿,有
　　心咸疾。而阿昧苟容,轻文略奏。又弹事旧体,品第不简,而衅
　　戾殊常者,皆命议亲奏,以彰深愆。况超宗罪愈四凶,过穷南
　　竹,虽下辄收,而文止黄案,沉浮牙见,轻重相乖,此而不纠,宪
　　网将替。

　　　　彖才识疏浅,质干无闻,凭戚升荣,因慈荷任。不能克己厉
　　情,少酬恩奖,挠法容非,用申私惠。何以纠正邦违,式明王度?
　　臣等参议,请以见事免彖所居官,解兼御史中丞,辄摄曹依旧
　　下禁止视事如故。

　　　　治书侍御史臣司马侃,虽承禀有由,而初无疑执,亦合及
　　咎。请杖督五十,夺劳百日。令史卑微,不足申尽,启可奉行。

　　　　侃奏弹之始,臣等并即经见加推纠,案入主书,方被却检,
　　疏谬之愆,伏追震悚。

诏曰:"超宗衅同大逆,罪不容诛。彖匿情欺国,爱朋罔主,事合极
法,特原收治,免官如案,禁锢十年。"超宗下廷尉,一宿发白皓首。
诏徙越州,行至豫章,上敕豫章内史虞惊曰:"谢超宗令于彼赐自
尽,勿伤其形骸。"

　　明年,超宗门生王永先又告超宗子才卿死罪二十余条。上疑其
虚妄,以才卿付廷尉辩,以不实见原。永先于狱自尽。

刘祥字显征,东莞莒人也。祖式之,吴郡太守。父骏,太宰从事中郎。

祥宋世解褐为巴陵王征西行参军,历骠骑、中军二府,太祖太尉东阁祭酒,骠骑主簿。建元中,为冠军、征虏功曹,为府主武陵王晔所遇。除正员外。

祥少好文学,性韵刚疏,轻言肆行,不避高下。司徒褚渊入朝,以腰扇鄣日,祥从侧过,曰:"作如此举止,羞面见人,扇鄣何益?"渊曰:"寒士不逊。"祥曰:"不能杀袁、刘,安得免寒士?"永明初,迁长沙王镇军板谘议参军。撰《宋书》,讥斥禅代,尚书令王俭密以启闻,上衔而不问。历鄱阳王征虏、豫章王大司马谘议,临川王骠骑从事中郎。

祥兄整为广州,卒官,祥就整妻求还资,事闻朝廷。于朝士多所贬忽。王奂为仆射,祥与奂子融同载,行至中堂,见路人驱驴,祥曰:"驴!汝好为之,如汝人才,皆已令、仆。"著《连珠》十五首,以寄其怀。辞曰:

> 盖闻兴教之道,无尚必同;拯俗之方,理贵祛弊。故揖让之礼,行乎尧舜之朝;干戈之功,盛于殷周之世。清风以长物成春,素霜以凋严戒节。

> 盖闻鼓鼗怀音,待扬桴以振响;天地涵灵,资昏明以垂位。是以俊乂之臣,借汤、武而隆;英达之君,假伊、周而治。

> 盖闻悬饥在岁,式羡藜藿之饱;重炎灼体,不念狐白之温。故才以偶时为劭,道以调俗为尊。

> 盖闻习数之功,假物可寻;探索之明,循时则缺。故班匠日往,绳墨之伎不衰;大道常存,机神之智永绝。

> 盖闻理定于心,不期俗赏;情贯于时,无悲世辱。故芬芳各性,不待汨渚之哀;明白为宝,无假荆南之哭。

> 盖闻百仞之台,不挺陵霜之木;盈尺之泉,时降夜光之宝。故理有大而乖权,物有微而至道。

　　盖闻忠臣赴节，不必在朝；列士匡时，义存则干。故包胥垂涕，不荷肉食之谋；王歜投身，不主庙堂之算。

　　盖闻智出乎身，理无或困；声系于物，才有必穷。故陵波之羽，不能净浪；盈岫之木，无以辍风。

　　盖闻良宝遇拙，则奇文不显；达士逢谗，则英才减耀。故坠叶垂荫，明月为之隔辉；堂宇留光，兰灯有时不照。

　　盖闻迹慕近方，必势遗于远大；情系驱驰，固理忘于肥遁。是以临川之士，时结羡网之悲；负肆之氓，不抱屠龙之叹。

　　盖闻数之所隔，虽近则难；情之所符，虽远则易。是以陟叹流霜，时获感天之诚；泣血从刑，而无悟主之智。

　　盖闻妙尽于识，神远则遗；功接于人，情微则著。故钟鼓在堂，万夫倾耳；大道居身，有时不遇。

　　盖闻列草深岫，不改先冬之悴；植松涧底，无夺后凋之荣。故展禽三黜，而无下愚之誉；千秋一时，而无上智之声。

　　盖闻希世之宝，违时则贱；伟俗之器，无圣必沦。故鸣玉黜于楚岫，章甫穷于越人。

　　盖闻听绝于聪，非疾响所握；神闭于明，非盈光所烛。故破山之雷，不发聋夫之耳；朗夜之辉，不开矇叟之目。

有以祥《连珠》启上者，上令御史中丞任遐奏曰：“祥少而狡异，长不悛徙，请谒绝于私馆，反唇彰于公庭，轻义乘舆，历贬朝望，肆丑无避，纵言自若。厥兄浮椟，天伦无一日之悲，南金弗获，嫂侄致其轻绝，孤舟复反，存没相捐，遂令暴客掠夺骸柩，行路流叹，有识伤心。摄祥门生孙狼兒列‘祥顷来饮酒无度，言语阑逸，道说朝廷，亦有不逊之语，实不避左右，非可称纸墨。兄整先为广州，于职丧亡，去年启求迎丧，还至大雷，闻祥与整妻孟争计财物嗔忿，祥仍委前还，后未至鹊头，其夜遭劫，内人并为凶人所淫略’。如所列与风闻符同。请免官付廷尉。”

上别遣敕祥曰：“卿素无行检，朝野所悉。轻弃骨肉，侮蔑兄嫂，此是卿家行不足，乃无关他人。卿才识所知，盖何足论。位涉清途，于分非屈。何意轻肆口哕，诋目朝士，造席立言，必以贬裁为口实。冀卿年齿已大，能自感厉，日望悛革。如此所闻，转更增甚，喧议朝廷，不避尊贱，肆口极辞，彰暴物听，近见卿影《连珠》，寄意悖慢，弥不可长。卿不见谢超宗，其才地二三，故在卿前，事殆是百分不一。我当原卿性命，令卿万里思愆。卿若能改革，当令卿得还。”

狱鞫祥辞。祥对曰：“被问‘少习狡异，长而不悛，顷来饮酒无度，轻议乘舆，历贬朝望，每肆丑言，无避尊贱’。迁答奉旨。囚出身入官，二十余年，沉悴草莱，无明天壤。皇运初基，便蒙抽擢，祭酒、主簿，并皆先朝相府。圣明御寓，荣渥弥隆，谘议、中郎，一年再泽。广筵华宴，必参末例，朝半问讯，时奉天晖。囚虽顽愚，岂不识恩？有何怨望，敢生讥议？囚历府以来，伏事四王：武陵功曹，凡涉二载；长沙谘议，故经少时；奉隶大司马，并被恩拂，骠骑中郎，亲职少日；临川殿下不遗虫蚁，赐参辞华。司徒殿下文德英明，四海倾属。囚不涯卑远，随例问讯，时节拜觐，亦沾眄议。自余令王，未被祗拜，既不经伏节，理无厚薄。敕旨制书，令有疑则启。囚以天日悬远，未改尘秽。私之疑事，卫将军臣俭，宰辅圣朝，令望富世，囚自断才短，密以谘俭，俭为折衷，纸迹犹存。未解此理云何敢为‘历贬朝望’。云囚‘轻议乘舆’，为向谁道？若向人道，则应有主甲，岂有事无仿佛，空见罗谤？囚性不耐酒，亲知所悉，强进一升，便已迷醉。”其余事事自申。乃徙广州。

祥至广州，不得意，终日纵酒，少时病卒，年三十九。

祥从祖兄彪，祥曾祖穆之正胤。建元初，降封南康县公，虎贲中郎将。永明元年，坐庙墓不修削爵。后为羽林监。九年，又坐与亡弟母杨别居，不相料理，杨死不殡葬，崇圣寺尼慧首剃头为尼，以五百钱为买棺材，以泥洹举送葬刘墓，为有司所奏，事寝不出。

史臣曰：魏文帝云“文人不护细行”，古今之所同也。由自知情深，在物无竞，身名之外，一概可蔑。既循斯道，其弊弥流，声裁所加，取忤人世。向之所以贵身，翻成害己。故通人立训，为之而不恃也。

　　赞曰：超宗蕴文，粗构余芬。刘祥慕异，言亦不群。违朝失典，流放南濆。

南齐书卷三七
列传第一八

到㧑　刘悛　虞悰　胡谐之

到㧑字茂谦，彭城武原人也。祖彦之，宋骠骑将军。父仲度，骠骑从事中郎。

㧑袭爵建昌公，起家为太学博士，除奉车都尉。试守延陵令，非所乐，去官。除新安王北中郎行参军，坐公事免。除新安王抚军参军，未拜，新安王子鸾被杀。仍除长兼尚书左民郎中。明帝立，欲收物情，以为功臣后，擢为太子洗马。除王景文安南谘议参军。

㧑资籍豪富，厚自奉养，宅宇山池，京师第一，妓妾姿艺，皆穷上品。才调流赡，善纳文游，庖厨丰腆，多致宾客。爱妓陈玉珠，明帝遣求，不与，逼夺之，㧑颇怨望。帝令有司诬奏㧑罪，付廷尉，将杀之。㧑入狱数宿，须鬓皆白。免死，系尚方，夺封与弟贲，㧑由是屏斥声玩，更以贬素自立。

帝除㧑为羊希恭宁朔府参军，徙刘韫辅国、王景文镇南参军，并辞疾不就。寻板假明威将军，仍除桂阳王征南参军，转通直郎，解职。帝崩后，弟贲表让封还㧑，朝议许之。迁司徒左西属，又不拜。居家累年。

弟遁，元徽中为宁远将军、辅国长史、南海太守，在广州。升明元年，沈攸之反，刺史陈显达起兵以应朝廷，遁以犹预见杀，遁家人在都，从野夜归，见两三人持垩刷其家门，须臾灭，明日而遁死问至。㧑遑惧，诣太祖谢，即板为世祖中军谘议参军。建元初，迁司徒右长史，出为永嘉太守，为黄门郎，解职。

世祖即位，迁太子中庶子，不拜。又除长沙王中军长史，司徒左长史。宋世，上数游会扬家，同从明帝射雉郊野，渴倦，扬得早青瓜，与上对剖食之。上怀其旧德，意眄良厚，至是一岁三迁。

永明元年，加转国将军，转御史中丞。车驾幸丹阳郡宴饮，扬悼旧，酒后狎侮同列，言笑过度，为左丞庾杲之所纠，赎论。三年，复为司徒左长史，转左卫将军。随王子隆带彭城郡，扬问讯，不修民敬，为有司所举，免官。久之，白衣兼御史中丞。转临川王骠骑长史，司徒左长史，迁五兵尚书，出为辅国将军、庐陵王中军长史。母忧去官，服未终，八年，卒，年五十八。

弟贲，初为卫尉主簿，奉车都尉。升明初，为中书郎，太祖骠骑谘议。建元中，为征虏司马，卒。

贲弟坦，解褐本州西曹。升明二年，亦为太祖骠骑参军。历豫章王镇西、骠骑二府谘议。坦美须髯，与世祖、豫章王有旧。坦仍随府转司空、太尉□□。出为晋安内史，还又为大司马谘议，中书郎，卒。

刘悛字士操，彭城安上里人也。彭城刘同出楚元王，分为三里，以别宋氏帝族。祖颖之，汝南、新蔡二郡太守。父勔，司空。

刘延孙为南徐州，初辟悛从事，随父勔征竟陵王诞于广陵，以功拜驸马都尉，转宗悫宁蛮府主簿，建安王司徒骑兵参军。复随父勔征殷琰于寿春，于横塘、死虎累战皆胜。历迁员外郎，太尉、司徒二府参军，代世祖为尚书库部郎。迁振武将军、蜀郡太守，未之任，复从父勔征讨，假宁朔将军，拜鄱阳县侯世子。转桂阳王征北中兵参军，与世祖同直殿内，为明帝所亲待，由是与世祖款好。

迁通直散骑侍郎，出为安远护军、武陵内史。郡南江古堤，久废不缉。悛修治未华，而江水忽至，百姓弃役奔走，悛亲率厉之，于是乃立。汉寿人邵荣与六世同爨，表其门闾。悛强济有世调，善于流俗。蛮王田僮在山中，年垂百余岁，南谯王义宣为荆州，僮出谒。至是又出谒悛。明帝崩，表奔赴，敕带郡还都。吏民送者数千人，悛人人执手，系以涕泣，百感姓之，赠送甚厚。

仍除散骑侍郎。桂阳难，加宁朔将军，助守石头。父勔于大桁战死，悛时疾病，扶伏篱次，号哭求勔尸。项后伤缺，悛割发补之，持哭墓侧，冬月不衣絮。太祖代勔为领军，素与勔善，书譬悛曰："承至性毁瘵，转之危虑，深以酸怛。终哀全生，先王明轨，岂有去缞纩，彻温席，以此悲号，得终其孝性邪？当深顾往旨，少自抑勉。"

建平王景素反，太祖总众军出顿玄武湖，悛初免丧，太祖欲使领支军，召见悛兄弟，皆羸削改貌，于是乃止。除中书郎，行宋南阳八王事，转南阳王南中郎司马、长沙内史，行湘州事。未发，霸业初建，悛先致诚节。沈攸之事起，加辅国将军。世祖镇盆城，上表西讨，求悛自代。世祖既不行，悛除黄门郎，行吴郡事。寻转晋熙王抚军、中军二府长史，行扬州事。出为持节、督广州、广州刺史，将军如故。袭爵鄱阳县侯。世祖自寻阳还，遇悛于舟渚间，欢宴叙旧，停十余日乃下。遣文惠太子及竟陵王子良摄衣履，修父友之敬。

太祖受禅，国除。进号冠军将军。平西记室参军夏侯恭叔上书，以柳元景中兴功臣，刘勔殒身王事，宜存封爵。诏曰："与运隆替，自古有之，朝议已定，不容复厝意也。"初，谓悟废，太祖集议中华门，见悛，谓之曰："君昨直耶？"悛答曰："仆昨乃正直，而言急在外。"至是上谓悛曰："功名之际，人所不忘，卿昔于中华门答我，何其欲谢世事？"悛曰："臣世受宋恩，门荷齐眷，非常之勋，非臣所及。进不远怨前代，退不孤负圣明，敢不以实仰答。"

迁太子中庶子，领越骑校尉。时世祖在东宫，再幸悛坊，闲言至夕，赐屏风帷帐。世祖即位，改领前军将军，中庶子如故。征北竟陵王子良带南兖州，以悛为长史，加冠军将军、广陵太守。

转持节、都督司州诸军事、司州刺史，将军如故。悛父勔讨殷琰，平寿阳，无所犯害，百姓德之，为立碑祀。悛步道从寿阳之镇，过勔碑，拜敬泣涕。初，义阳人夏伯宜杀刚陵戍主叛渡淮，虏以为义阳太守。悛设讨购诱之，虏□州刺史谢景杀伯宜兄弟、北襄城太守李荣公归降。悛于州治下立学校,得古礼器铜罍、铜甑、山罍樽、铜豆钟各二口,献之。

迁长兼侍中。车驾数幸悛宅。宅盛治山池,造瓮牖。世祖著鹿皮冠,被悛菟皮衾,于牖中宴乐,以冠赐悛,至夜乃去。后悛从驾登蒋山,上数叹曰:“贫贱之交不可忘,糟糠之妻不下堂。”顾谓悛曰:“此况卿也。世言富贵好改其素情,吾虽有四海,今日与卿尽布衣之适。”悛起拜谢。迁冠军将军、司徒左长史。寻以本官行北兖州缘淮诸军事。徙始兴王前军长史、平蛮校尉、蜀郡太守,将军如故,行益州府、州事。郡寻改为内史,随府转安西。悛治事严办,以是会旨。

宋代太祖辅政,有意欲铸钱,以禅让之际,未及施行。建元四年,奉朝请孔觊上《铸钱均货议》,辞证甚博。其略以为:“食货相通,理势自然。李悝曰‘籴甚贵伤民,甚贱伤农’。民伤则离散,农伤则国贫。甚贱与甚贵,其伤一也。三吴,国之关阃,比岁被水潦而籴不贵,是天下钱少,非谷穰贱,此不可不察也。铸钱之弊在轻重屡变。重钱患难用,而难用为累轻;轻钱弊盗铸,而盗铸为祸深。民所盗铸,严法不禁者,由上铸钱惜铜爱工也。惜铜爱工者,谓钱无用之器,以通交易,务欲令轻而数多,使省工而易成,不详虑其为患也。自汉铸五铢钱,至宋文帝,历五百余年,制度世有废兴,而不变五铢钱者,明其轻重可法,得货之宜。以为宜开置泉府,方收贡金,大兴熔铸。钱重五铢,一依汉法。府库已实,国用有储,乃量奉禄,薄赋税,则家给民足。顷盗铸新钱者,皆效作翦凿,不铸大钱也。摩泽淄染,始皆类故;交易之后,渝变还新。良民弗皆淄染,不复行矣。所鬻卖者,皆徒失其物。盗铸者,复贱买新钱,淄染更用,反覆生诈,循环起奸,此明主尤所宜禁而不可长也。若官铸已布于民,使严断翦凿,小轻破缺无周郭者,悉不得行,官钱细小者,称合铢两,销以为大。利贫良之民,塞奸巧之路。钱货既均,远近若一,百姓乐业,市道无争,衣食滋殖矣。”时议者多以钱货转少,宜更广铸,重其铢两,以防民奸。太祖使诸州郡大市铜,会晏驾,事寝。永明八年,悛启世祖曰:“南广郡界蒙山下,有城名蒙城,可二顷地,有烧炉四所,高一丈,广一丈五尺。从蒙城渡水南百许步,平地掘土深二尺,得铜。又有古掘铜坑,深二丈,并居宅处犹存。邓通,南安人,汉文帝赐严道县铜山铸钱,今蒙山近青衣水南,青衣在侧并是故秦之严道地。青衣县又改名汉嘉。且蒙山去南安二百里,案此必是通所铸。近唤蒙山獠出,云‘甚可经略’。此议若立,润利无极。”并献蒙山铜一片,又铜石一片,平州铁刀一口。上从之,遣使入蜀铸钱,得千余万,功费多,乃止。

悛仍代始兴王鉴为持节、监益宁二州诸军事、益州刺史,将军如故。悛既藉旧恩,尤能悦附人主,承迎权贵。宾客闺房,供费奢广。罢广、司二州,倾资贡献,家无留储。在蜀作金浴盆,余金物称是。罢任,以本号还都,欲献之,而世祖晏驾。郁林新立,悛奉献减少,郁林知之,讽有司收悛付廷尉,将加诛戮。高宗启救之,见原,禁锢终身。虽见废黜,而宾客日至。

悛妇弟王法显同宋桂阳事,遂启别居,终身不复见之。

海陵王即位,以白衣除兼左民尚书,寻除正。高宗立,加领骁骑将军,复故官,驸马都尉。建武二年,虏主侵寿阳,诏悛以本官假节出镇溧湖,迁散骑常侍、右卫将军。虏寇既盛,悛又以本官出屯新亭。

悛历朝皆见恩遇。太祖为鄱阳王锵纳悛妹为妃。高宗又为晋安王宝义纳悛女为妃,自此连姻帝室。王敬则反,悛出守琅邪城,转五兵尚书,领太子左卫率。未拜,明帝崩,东昏即位,改授散骑常侍,领骁骑将军,尚书如故。卫送山陵,卒,年六十一。赠太常、常侍、都尉如故。谥曰敬。

虞悰字景豫,会稽余姚人也。祖啸父,晋左民尚书。父秀之,黄门郎。

悰少而谨敕,有至性。秀之于都亡,悰东出奔丧,水浆不入口。州辟主簿,建平王参军,尚书仪曹郎,太子洗马,领军长史,正员郎,累至州治中,别驾,黄门郎。

初，世祖始从官，家尚贫薄，惊推国士之眷，数相分与，每行，必呼上同载，上甚德之。升明中，世祖为中军，引惊为谘议参军，遣吏部郎江谧持手书谓惊曰："今因江吏郎有白，以君情顾，意欲相屈。"建元初，转太子中庶子，迁后军长史，领为太子中庶子，领步兵校尉，镇北长史、宁朔将军、南东海太守。寻为豫章内史，将军如故。惊治家富殖，奴婢无游手，虽在南土，而会稽海味无不毕致焉。迁辅国将军、始兴王长史、平蛮校尉、蜀郡太守。转司徒司马，将军如故。

惊善为滋味，和齐皆有方法。豫章王嶷盛馔享宾，谓惊曰："今日肴羞，宁有所遗不？"惊曰："恨无黄颔臛，何曾《食疏》所载也。"迁散骑常侍，太子右率。永明八年，大水，百官戎服救太庙，惊朱衣乘车卤簿，于宣阳门外行马内驱打人，为有司所奏，见原。上以惊布衣之旧，从容谓惊曰："我当令卿复祖业。"转侍中，朝廷咸惊其美拜。迁祠部尚书。世祖幸芳林园，就惊求扁米粣。惊献粣及杂肴数十舆，太官鼎味不及也。上就惊求诸饮食方，惊秘不肯出，上醉后体不快，惊乃献醒酒鲭鲊一方而已。出为冠军将军、车骑长史，转度支尚书，领步兵校尉。

郁林立，改领右军将军，扬州大中正，兼大匠卿。起休安陵，于陵所受局下牛酒，坐免官。隆昌元年，以白衣领职。郁林废，惊窃叹曰："王、徐遂缚裤废天子，天下岂有此理邪？"延兴元年，复领右军。明帝立，惊称疾不陪位。帝使尚书令王晏赍废立事示惊，以惊旧人，引参佐命，惊谓晏曰："主上圣明，公卿戮力，宁假朽老以匡赞惟新乎？不敢闻命。"朝议欲纠之，仆射徐孝嗣曰："此亦古之遗直。"众议乃止。

惊称疾笃还东，上表曰："臣族陋海区，身微稽，属属兴运，荷窃稠私，徒越星纪，终惭报答。卫养乖方，抱疾婴固，寝瘵以来，倏逾旬朔，频加医治，曾未瘳损。惟此朽顿，理难振复，乞解所职，尽疗余辰。"诏赐假百日。转给事中，光禄大夫，寻加正员常侍。永元元年，卒时，年六十五。惊性敦实，与人知识，必相存访，亲疏皆有终始，世以此称之。

从弟裦,矢志不仕。王敬则反,取裦监会稽郡,而军事悉付寒人张灵宝,郡人攻郡杀灵宝,裦以不豫事得全。

胡谐之,豫章南昌人也。祖廉之,治书侍御史。父翼之,州辟不就。

谐之初辟州从事、主簿,临贺王国常侍,员外郎,抚军行参军,晋熙王安西中兵参军,南梁郡太守。以器局见称。徙邵陵王南中郎中兵,领汝南太守,不拜。除射声校尉,州别驾。除左军将军,不拜。仍除邵陵王左军谘议。

世祖顿盆城,使谐之守寻阳城,及为江州,复以谐之为别驾,委以事任。文惠太子镇襄阳,世祖以谐之心腹,出为北中郎、征虏司马、扶风太守,爵关内侯。在镇毗赞,甚有心力。建元二年,还为给事中,骁骑将军,本州中正,转黄门郎,领羽林监。永明元年,转守卫尉,中正如故。明年,加给事中。三年,迁散骑常侍,太子右率。五年,迁左卫将军,加给事中,中正如故。

谐之风形瑰润,善自居处,兼以旧恩见遇,朝士多与交游。六年,迁都官尚书。上欲迁谐之,尝从容谓谐之曰:"江州有几侍中邪?"谐之答曰:"近世唯有程道惠一人而已。"上曰:"当令有二。"后以语尚书令王俭,俭意更异,乃以为太子中庶子,领左卫率。

谐之兄谟之亡,谐之上表曰:"臣私门罪衅,早备荼苦。兄弟三人,共相抚鞠。婴孩抱疾,得及成人,长兄臣谌之,复早殒没,与亡第二兄臣谟之衔戚家庭,得蒙训长,情同极荫。何图一旦奄见弃放,吉凶分违,不获临奉,乞解所职。"诏不许。改卫尉,中庶子如故。

八年,上遣谐之率禁兵讨巴东王子响于江陵,兼长史行事。台军为子响所败,有司奏免官,权行军事如故。复为卫尉,领中庶子,本州中正。谐之有识计,每朝廷官缺及应迁代,密量上所用人,皆如其言,虞惊以此称服之。

十年,转度支尚书,领卫尉。明年,卒,年五十一。赠右将军、豫州刺史,谥曰肃。

　　史臣曰：送钱赢两，言此无忘，一笥之怀，报以都尉，千金可失，贵在人心。夫谨而信，泛爱众，其为利也博矣。况乎先觉潜龙，结厚于布素。随才致位，理固然也。

　　赞曰：到藉豪华，晚怀虚素。虞生富厚，侈不违度。刘实朝交，胡乃蕃故。颉颃亮采，康衢骋步。

南齐书卷三八
列传第一九

萧景先　萧赤斧 子颖胄

萧景先,南兰陵兰陵人,太祖从子也。祖爱之,员外郎。父敬宗,始兴王国中军。

景先少遭父丧,有至性,太祖嘉之。及从官京邑,常相提携。解褐为海陵王国上军将军,补建陵令,还为新安王国侍郎,桂阳国右常侍。太祖镇淮阴,景先以本官领军主自随,防卫城内,委以心腹。除后军行参军,邛县令,员外郎。与世祖款昵,世祖为广兴郡,启太祖求景先同行,除世祖宁朔府司马,自此常相随逐。世祖为镇西长史,以景先为镇西长流参军,除宁朔将军,随府转抚军中兵参军,寻除谘议,领中兵如故。升明初,为世祖征虏府司马,领新蔡太守,随上镇盆城。沈攸之事平,还都,除宁朔将军、骁骑将军,仍为世祖抚军、中军二府司马,兼左卫将军。建元元年,迁太子左卫率,封新吴县伯,邑五百户,景先本名道先,乃改避上讳。

出为持节、督司州军州事、宁朔将军、司州刺史,领义阳太守。是冬,虏出淮、泗,增司部边戍兵。义阳人谢天盖与虏相构扇,景先言于督府,骠骑豫章王遣辅国将军、中兵参军萧惠朗二千人助景先。惠朗依山筑城,断塞关隘,讨天盖党与。虏寻遣伪南部尚书颎跋屯汝南,洛州刺史昌黎王冯莎屯清丘。景先严备待敌。豫章王又遣宁朔将军王僧炳、前军将军王应之、龙骧将军庄明三千人屯义阳关外,为声援。虏退,进号辅国将军。

景先启称上德化之美，上答曰："风沦俗败，二十余年，以吾当之，岂得顿扫。幸得数载尽力救苍生者，必有功于万物也。治天下者，虽圣人犹须良佐，汝等各各自竭，不忧不治也。"

世祖即位，征为侍中，领左军将军，寻兼领军将军。景先事上尽心，故恩宠特密。初西还，上坐景阳楼，召景先语故旧，唯豫章王一人在席而已。转中领军。车驾射雉，郊外行游，景先常甲仗从，廉察左右。寻进爵为侯，领太子詹事，本官如故。遭母丧，诏超起为领军将军。迁征虏将军、丹阳尹。

五年，荒人桓天生引蛮虏于雍州界上，司部以北，人情骚动。上以景先谙究司土，诏曰："得雍州刺史张瓌启事，蛮虏相扇，容或侵轶。蜂虿有毒，宜时剿荡。可遣征虏将军、丹阳尹景先，总率步骑，直指义阳。可假节，司州诸军皆受节度。"景先至镇，屯军城北，百姓乃安，牛酒来迎。

军未还，遇疾，遗言曰："此度疾病，异于前后，自省必无起理。但叨荷深恩，今谬充戎寄，暗弱每事不称，上惭慈旨，便长违圣世，悲哽不知所言。可为作启事，上谢至尊，粗申愚心。毅虽成长，素阙训范。贞等幼稚，未有所识。方以仰累圣明，非残息所能陈谢。自丁荼毒以来，妓妾已多分张，所余丑猥数人，皆不似事。可以明月、佛女、桂支、佛儿、玉女、美玉上台，美满、艳华奉东宫。私马有二十余匹，牛数头，可简好者十匹，牛二头上台，马五匹、牛一头奉东宫，大司马、司徒各奉二匹，骠骑、镇军各奉一匹。应私仗器，亦悉输台。六亲多未得料理，可随宜温恤，微申素意。所赐宅旷大，恐非毅等所居，须丧服竟，可输还台。刘家前宅，久闻其货，可合率市之，直若短少，启官乞足。三处田，勤作，自足供衣食。力少，更随宜买粗猥奴婢充使。不须余营生。周旋部曲还都，理应分张，其久旧劳勤者，应料理，随宜启闻乞恩。"卒，时年五十。上伤惜之，诏曰："西信适至，景先奄至丧逝，悲怀切割，自不胜任。今便举哀。赙钱十万，布二百匹。"景先丧还，诏曰："故假节、征虏将军、丹阳尹新吴侯景先，器怀开亮，干局通敏。绸缪少长，义兼勋戚。诚著夷险，绩茂所司，方升宠荣，用申任寄，奄至丧逝，悲痛良深。可赠侍中、征北将军、南徐州刺史，给鼓吹一部，假节、侯如故。谥曰忠侯。"

子毅，以勋戚子，少历清官：太子舍人、洗马、随王友，永嘉太守，大司马谘议参军，南康太守，中书郎。建武初，为抚军司马，迁北中郎司马。虏动，领军守琅邪城。毅性奢豪，好弓马，为高宗所疑忌。王晏事败，并陷诛之。遣军围宅，毅时会宾客奏伎，闻变，索刀未得，收人突进，挟持毅入与母别，出便杀之。

萧赤斧，南兰陵人，太祖从祖弟也。祖隆子，卫军录事参军。父始之，冠军中兵参军。

赤斧历官为奉朝请，以和谨为太祖所知。宋大明初，竟陵王诞反广陵，赤斧为军主，隶沈庆之，围广陵城，攻战有勋。事宁，封永安亭侯，食邑三百七十户。除车骑行参军，出补晋陵令，员外郎，丹杨令，还除晋熙王抚军中兵参军，出为建威将军、钱唐令，迁正员郎。赤斧治政为百姓所安，吏民请留之，时议见许，改除宁朔将军。

太祖辅政，以赤斧为辅国将军、左军会稽司马，辅镇东境。迁黄门郎，淮陵太守。从帝逊位，于丹阳故治立宫，上令赤斧辅送，至霓乃还。

建元初，迁武陵王冠军长史，骠骑司马，南东海太守，辅国将军并如故。迁长兼侍中，祖母丧去职。起为冠军将军、宁蛮校尉。出为持节、督雍梁南北秦四州郢州之竟陵司州之随郡军事、雍州刺史，本官如故。在州不营产利，勤于奉公。

迁散骑常侍、左卫将军。世祖亲遇与萧景先相比。封南丰县伯，邑四百户。迁给事中，太子詹事。赤斧凤患渴利，永明三年会，世祖使甲仗卫三厢，赤斧不敢辞，疾甚，数日卒，年五十六。家无储积，无绢为衾，上闻之，愈加惋惜。诏赙钱五万，上材一具，布百匹，蜡二百斤。追赠金紫光禄大夫，谥曰懿伯。子颖胄袭爵。

颖胄字云长，弘厚有父风。起家秘书郎。太祖谓赤斧曰："颖胄轻朱被身，觉其趋进转美，足慰人意。"迁太子舍人。遭父丧，感脚疾，数年然后能行。世祖有诏慰勉，赐医药。除竟陵王司徒外兵参军，晋熙王文学。

颖胄好文义，弟颖基好武勇。世祖登烽火楼，诏群臣赋诗，颖胄诗合旨，上谓颖胄曰：“卿文弟武，宗室便不乏才。”除明威将军、安陆内史，迁中书郎。上以颖胄勋戚子弟，除左将军，知殿内文武事，得入便殿。出为新安太守，吏民怀之。隆昌元年，永嘉王昭粲为南徐州，以颖胄为南东海太守，行南徐州事。转持节、督青冀二州军事、辅国将军、青冀二州刺史。不行，除黄门郎，领四厢直。迁卫尉。

高宗废立，颖胄从容不为同异，乃引颖胄颖功。建武二年，进爵侯，增邑为六百户。赐颖胄以常所乘白输牛。

上慕俭，欲铸坏太官元日上寿银酒镲，尚书令王晏等咸称盛德，颖胄曰：“朝廷盛礼，莫过三元。此一器既是旧物，不足为侈。”帝不悦。后预曲宴，银器满席，颖胄曰：“陛下前欲坏酒镲，恐宜移左此器也。”帝甚有惭色。

冠军江夏王宝玄镇石头，以颖胄为长史，行石头戍事。复为卫尉。出为冠军将军、庐陵王后军长史、广陵太守，行南兖州府、州事。是年，房动，扬声当饮马长江。帝惧，敕颖胄移居民入城，百姓惊恐，席卷欲南渡。颖胄以贼势尚远，不即施行，虏亦寻退。仍为持节、督南兖徐青冀荆五州诸军事、辅国将军、南兖州刺史。

和帝为荆州，以颖胄为冠军将军、西中郎长史、南郡太守，行荆州府、州事。东昏侯诛戮群公，委任厮小，崔、陈败后，方镇各怀异计。永元二年十月，尚书令临湘侯萧懿及弟卫尉畅见害，先遣辅国将军、巴西梓潼二郡太守刘山阳领三千兵受旨之官，就颖胄共袭雍州。雍州刺史梁王将起义兵，虑颖胄不识机变，遣使王天虎诣江陵，声云山阳西上，并袭荆、雍。书与颖胄，或劝同义举。颖胄意犹未决。初，山阳出为南州，谓人曰：“朝廷以白虎幡追我，亦不复还矣。”席卷妓妾，尽室而行。至巴陵，迟回十余日不进。梁王复遣天虎赍书与颖胄，陈设其略。是时或云山阳谋杀颖胄，以荆州同义举，颖胄乃与梁王定契，斩王天虎首，送示山阳。发百姓车牛，声云起步军征襄阳。十一月十八日,山阳至江津,单车白服,从左右数十人诣颖胄,颖胄使前汶阳太守刘孝庆、前永平太守刘熙晔、铠曹参军萧文照、前建威将军陈秀、辅国将军孙末伏兵城内。山阳入门,即于车中乱斩之。副军主李元履收余众归附。遣使蔡道猷驰驿送山阳首于梁王,乃发教篆严,分部购募。东昏闻山阳死,发诏讨荆、雍。赠山阳宁朔将军、梁州刺史。

颖胄有器局,既唱大事,虚心委己,众情归之。加颖胄右将军,都督行留诸军事,置佐史,本官如故。西中郎司马夏侯详加征虏将军。遣宁朔将军王法度向巴陵。颖胄献钱二十万,米千斛,盐五百斛,谘议宗塞、别驾宗史献谷二千斛,牛二头。换借富赀,以助军费。长沙寺僧业富,沃铸黄金为龙数千两,埋土中,历相传付,称为下方黄铁,莫有见者,乃取此龙,以充军实。

十二月,移檄:

西中郎府长史、都督行留诸军事、右军将军、南郡太守南丰县开国侯萧颖胄,司马、征虏将军、新兴太守夏侯详,告京邑百官,诸州郡牧守:

夫运不尝夷,有时而陂,数无恒剥,否极则亨。昔商邑中微,彭、韦投袂;汉室方昏,虚、牟效节。故风声永树,卜世长久者也。昔我太祖高皇帝德范生民,功格天地,仰纬彤云,俯临紫极。世祖嗣兴,增光前业,云雨之所沾被,日月之所出入,莫不举踵来王,交臂纳贡。郁林昏迷,颠覆厥序,俾我大齐之祚,颇焉将坠。高宗明皇帝建道德之盛轨,垂仁义之至踪,绍二祖之鸿基,继三五之绝业。昧旦丕显,不明求衣,故奇士盈朝,异人辐凑。若乃经礼纬乐之文,定鼎作洛之制,非云如醴之祥,白质黑章之瑞,谅以则天比大,无德称焉。而嗣主不纲,穷肆陵暴,十愆毕行,三风咸袭。丧初而无哀貌,在戚而有喜容。酣酒嗜音,罔惩其侮。谗贼狂邪,是与比周。遂令亲贤婴荼毒之诛,宰辅受菹醢之戮。江仆射、萧、刘领军、徐司空、沈仆射、曹右卫,或外戚懿亲,或皇室令德,或时宗民望,或国之虎臣,并勋彰中

兴,功比申、邵,秉钧赞契,受遗先朝。咸以名重见疑,正直贻
毙,害加党族,虐及婴孺。曾无《渭阳》追远之情,不顾本枝歼落
之痛。信必见疑,忠而获罪,百姓业业,罔知攸暨。崔慧景内逼
淫刑,外不堪命,驱土崩之民,为免死之计,倒戈回刃,还指宫
阙,城无完守,人有异图。赖萧令君勋济宗祐,业拯苍氓,四海
蒙一匡之德,亿兆凭再造之功。江夏王拘迫威强,牵制巨力,迹
屈当时,乃心可亮。竟不能内恕探情,显加鸩毒。萧令自以亲
惟族长,任实宗臣,至诚苦言,朝夕献入,谗丑交构,渐见疏疑,
浸润成灾,奄离怨酷。用人之功,以宁社稷,刈人之身,以骋淫
滥。

　　台辅既诛,奸小竞用,梅虫儿、茹法珍妖忍愚戾,穷纵丑
恶,贩鬻主威,以为家势,营惑嗣主,恣其妖虐。宫女千余,裸服
宣淫,孽臣数十,祖裼相逐。帐饮阛肆之间,宵游街陌之上,提
挈群竖,以为欢笑。

　　刘山阳潜受凶旨,规肆狂逆,天诱其衷,即就枭剿。

　　夫天生蒸民,树之以君,使司牧之,勿使失性。岂有尊临宇
县,毒遍黔首,绝亲戚之恩,无君臣之义,功重者先诛,勋高者
速毙。九族内离,四夷外叛,封境日蹙,戎马交驰,帑藏既空,百
姓已竭,不恤不忧,慢游是好。民怨天下,天愆于上,故荧惑袭
月,孽火烧宫,妖水表灾,震蚀告沴。七庙阽危,三才莫纪,大惧
我四海之命,永沦于地。

　　南康殿下体自高宗,天挺英懿。食叶之征,著于弱年;当璧
之祥,兆乎绮岁。亿兆颙颙,咸思戴奉。且势居上游,任总连帅,
家国之否,宁济是当。莫府身备皇宗,忝荷顾托,忧深责重,誓
清时难。今命冠军将军、西中郎谘议、领中直兵参军、军主杨公
则,宁朔将军、领中兵参军、军主王法度,冠军将军、谘议参军、
军主庞翔,辅国将军、谘议参军、领别驾、军主宗夬,辅国将军、
谘议参军、军主乐蔼等,领劲卒三万,陵波电迈,迳造秣陵。冠
军将军、领谘议、中直兵参军、军主蔡道恭,辅国将军、中直兵

参军、右军府司马、军主席阐文，辅国将军、中直兵参军、军主任漾之，宁朔将军、中直兵参军、军主韩孝仁，宁朔将军、中直兵参军、军主朱斌，中直兵参军、军主宗冰之，建威将军、中直兵参军、军主朱景舒，宁朔将军、中直兵参军、军主庾域，宁远将军、军主庾略等，被甲二万，直指建业。辅国将军、武宁太守、军主邓元起，辅国将军、前军将军、军主王世兴等，铁骑一万，分趋白下。征虏将军、领司马、新兴太守夏侯详，宁朔将军、谘议参军、军主柳忱，宁朔将军、领中兵参军、军主刘孝庆，建威将军、军主、江陵令江诠等，帅组甲五万，骆驿继发。雄剑高麾，则五星从流，长戟远指，则云虹变色。天地为之禹皇，山渊以之崩沸。莫府亲贯甲胄，授律中权，董帅熊罴之士十有五万，征鼓纷沓，雷动荆南。宁朔将军、南康王友萧颖达，领虎旅三万，抗威后拒。萧雍州勋业盖世，谋猷渊肃，既痛家祸，兼愤国难，泣血枕戈，誓雪怨酷，精卒十万，已出汉川。张郢州节义慷慨，悉力齐奋。江州邵陵王、湘州张行事、王司州皆远近悬契，不谋而同，并勒骁猛，指景风驱。舟舰鱼丽，万里盖水，车骑云屯，平原雾塞。以同心之士，伐倒戈之众，盛德之师，救危亡之国，何征而不服，何诛而不克哉！

今兵之所指，唯在梅虫儿、茹法珍二人而已。诸君德载累世，勋著先朝，属无妄之时，居道消之运，受迫群竖，念有危惧。大军近次，当各思拔迹，来赴军门。檄到之日，有能斩送虫儿、法珍首者，封二千户开国县侯。若迷惑凶党，敢拒军锋，刑兹无赦，戮及宗族。赏罚之信，有如曒日，江水在此，余不食言。

遣冠军将军杨公则向湘州。王法度不进军，免官。公则进克巴陵，仍向湘州。遣宁朔将军刘坦行湘州事。

颖胄遣人谓梁王曰："时月未利，当须来年二月。今便进兵，恐非良策。"梁王曰："今坐甲十万，粮用自竭。况藉以义心，一时骁锐。且太白出西方，杖义而动，天时人谋，无有不利。昔武王伐纣，行逆太岁，岂复待年月邪？"颖胄乃从。遣西中郎参军邓元起率众向夏口。

三年正月,和帝为相国,颖胄领左长史,进号镇军将军。于是始选用方伯。梁王屡表劝和帝即尊号,梁州刺史柳惔、竟陵太守曹景宗并劝进。颖胄使别驾宗史撰定礼仪,上尊号,改元,于江陵立宗庙、南北郊,州府城门悉依建康宫,置尚书五省,以城南射堂为兰台,南郡太守为尹。建武中,荆州大风雨,龙入柏斋中,柱壁上有爪足处,刺史萧遥欣恐畏,不敢居之。至是,以为嘉祐殿。中兴元年三月,颖胄为侍中、尚书令,假节、都督如故。寻领吏部尚书,监八州军事,行荆州刺史,本官如故。左丞乐蔼奏曰:"敕旨以军旅务殷,且停朝直。窃谓匪懈于位,义昭凤兴,国容旧典,不可顿阙。与兼右丞江诠等参议,八座丞郎以下宜五日一朝,有事郎坐侍下鼓,无事许从实还外。"奏可。

梁王义师出沔口,郢州刺史张冲据城拒守,杨公则定湘州,行事张宝积送江陵,率军会夏口。巴西太守鲁休烈、巴东太守萧惠训遣子瑰拒义师。颖胄遣汶阳太守刘孝庆进峡口,与巴东太守任漾之、宜都太守郑法绍卫之。时军旅之际,人情未安,颖胄府长史张炽从绛衫左右三十余人,入千秋门,城内惊恐,疑有同异。御史中丞奏弹炽,诏以赎论。

颖胄弟颖孚在京师,庐陵人修灵祐窃将南上,于西昌县山中聚兵二千人袭郡,内史谢篡奔豫章。颖孚、灵祐据郡求援,颖胄遣宁朔将军范僧简入湘州南道援之。僧简进克安成,仍以为辅国将军、安成内史,拜颖孚为冠军将军、庐陵内史。合二郡兵出彭蠡口。东昏侯遣军主彭盆、刘希祖三千人受江州刺史陈伯之节度,南讨二郡义兵,仍进取湘州。南康太守王丹保郡应盆等。颖孚闻兵至,望风奔走。前内史谢篡复还郡。刘希祖至安成,攻战七日,城陷,范僧简见杀。希祖仍为安成内史。颖孚收散卒据西昌,谢篡又遣军攻之,众败,奔湘州。以颖孚为督湘东衡阳零陵桂阳营阳五郡、湘东内史,假节、将军如故。寻病卒。后修灵祐又合余众攻篡,篡复败走豫章,刘希祖亦以郡降。

湘东内史王僧粲亦拒义，自称平西将军、湘州刺史，以南平镇军主周敷为长史，率前军袭湘州，去州百余里。杨公则长史刘坦守州城，遣军主尹法略拒之，屡战不胜。及闻建康城平，僧粲散走，乃斩之。南康太守王丹亦为郡人所杀。

郢城降，义师众军东下。八月，鲁休烈、萧瑰破汶阳太守刘孝庆等于峡口，巴东太守任漾之见杀，遂至上明，江陵大震。颖胄恐，驰告梁王曰：“刘孝庆为萧瑰所败，宜遣杨公则还援根本。”梁王曰：“公则今溯流上荆，鞭长之义耳。萧瑰、鲁休烈乌合之众，寻自退散。政须荆州少时持重。良须兵力，两弟在雍，指遣往征，不为难至。”颖胄乃追赠任漾之辅国将军、梁州刺史。遣军主蔡道恭假节，屯上明拒萧瑰。

时梁王已平郢、江二镇。颖胄辅帝出居上流，有安重之势。素能饮酒，噉白肉脍至三升，既闻萧瑰等兵相持不决，忧虑感气，十二月壬寅夜，卒。遗表曰：“臣疢患数日，不谓便至困笃，气息绵微，待尽而已。臣虽庸薄，忝籍葭莩，过受先朝殊常之眷，循宠砺心，誓生以死。属皇业中否，天地分崩，总率诸侯，翼奉明圣。赖社稷灵长，大明在运，故兵之所临，无思不服。今四海垂平，干戈行戢，方希陪翠华，奉法驾，反东都，观旧物。不幸遘疾，奄辞明世，怀此深恨，永结泉壤。窃惟王业至重，万机甚大，登之实难，守之未易。陛下富于春秋，当远寻祖宗创业艰难，殷鉴季末颠覆厥绪，思所以念始图终，康此兆庶。征东大将军臣讳，元勋上德，光赞天下，陛下垂拱仰成，则风流日化，臣虽万没，无所遗恨。”时年四十。和帝出临哭。诏赠侍中、丞相，本官如故，前、后部羽葆、鼓吹，班剑三十人，辒辌车，黄屋左纛。

梁王围建康城，住在石头，和帝密诏报颖胄凶问，秘不发丧。及城平，识者闻之，知天命之有在矣。

梁天监元年，诏曰：“念功惟德，历代所同，追远怀人，弥与事笃。齐故侍中、丞相、尚书令颖胄，风格峻远，器宇渊邵，清猷盛业，问望斯归。缔构义始，肇基王迹，契阔屯夷，载形心事。朕膺天改命，光宅区宇，望岱瞻河，永言增恸。可封巴东郡公，邑三千户，本官如故。”丧还，今上车驾临哭渚次。诏曰：“齐故侍中、丞相、尚书令颖胄，葬送有期，前代所加殊礼，依晋王导、齐豫章王故事，可悉给。谥曰献武。”范僧简赠交州刺史。

　　史臣曰：魏氏基于用武，夏侯诸曹，并以戚族而为将相。夫股肱为义，既有常然，肺腑为重，兼存宗寄。丰、沛之间，贵人满市，功臣所出，多在南阳。夫贞干所以成务，非虚言也。

　　赞曰：新吴事武，简在帝心。南丰治政，迹显亡衾。镇军茂绩，机识弘深。荆南立主，向义汉阴。

南齐书卷三九
列传第二〇

刘瓛 弟璡　陆澄

刘瓛字子珪，沛国相人，晋丹阳尹惔六世孙也。祖引之，给事中。父惠，治书御史。

瓛初州辟祭酒主簿。宋大明四年，举秀才，兄璲亦有名，先应州举，至是别驾东海王元曾与瓛父惠书曰：“此岁贤子充秀，州闾可谓得人。”除奉朝请，不就。

少笃学，博通五经。聚徒教授，常有数十人，丹阳尹袁粲于后堂夜集，瓛在座，粲指庭中柳树谓瓛曰：“人谓此是刘尹时树，每想高风。今复见卿清德，可谓不衰矣。”荐为秘书郎，不见用。除邵陵王郡主簿，安陆王国常侍，安成王抚军行参军，公事免。瓛素无宦情，自此不复仕。除车骑行参军，南彭城郡丞，尚书祠部郎，并不拜。袁粲诛，瓛微服往哭，并致赙助。

太祖践阼，召瓛入华林园谈语，谓瓛曰：“吾应天革命，物议以为何如？”瓛对曰：“陛下诚前轨之失，加之以宽厚，虽危可安。若循其覆辙，虽安必危矣。”既出，帝顾谓司徒褚渊曰：“方直乃尔！学士故自过人。”敕瓛使数入，而瓛自非诏见，未尝到宫门。

上欲用瓛为中书郎，使吏部尚书何戢喻旨。戢谓瓛曰：“上意欲以凤池相处，恨君资轻，可且就前除，少日当转国子博士，便即后授。”瓛曰：“平生无荣进意，今闻得中书郎而拜，岂本心哉！”后以母老阙养，重拜彭城郡丞。谓司徒褚渊曰：“自省无廊庙之才，所愿唯保彭城丞耳。"上又以瓛兼总明观祭酒,除豫章王骠骑记室参军,丞如故,瓛终不就。武陵王晔为会稽太守,上欲令瓛为晔讲,除会稽郡丞,学徒从之者转众。

永明初,竟陵王子良请为征北、司徒记室。瓛与张融、王思远书曰:"奉教使恭召,会当停公事,但念生平素抱,有乖恩顾。吾性拙人间,不习仕进,昔尝为行佐,便以不能及公事免黜,此皆眷者所共知也。量己审分,不敢期荣。凤婴贫困,加以疏懒,衣裳容发,有足骇者。中以亲老供养,褰裳徒步,脱尔逮今,二代一纪。先朝使其更自修正,勉厉于阶级之次,见其褴褛,或复赐以衣裳,袁、褚诸公咸加劝励,终不能自反也。一不复为,安可重为哉?昔人有以冠一免不重加于首,每谓此得进止之仪。古者以贤制爵,或有秩满而辞老,以庸制禄,或有徐令上文长者,永瞻前良,在己何若。又上下年尊,益不愿居官次,废晨昏也。先朝为此,曲申从许,故得连年不拜荣授,而带帖薄禄。既习此岁久,又齿长疾侵,岂宜摄斋河间之听,厕迹东平之僚?本无绝俗之操,亦非能偃蹇为高,此又诸贤所当深察者也。近奉初教,便自希得托迹于客游之末,而固辞荣级,其故何耶?以古之王侯大人,或以此延四方之士,甚美者则有辐凑燕路,慕君王之义,骧镳魏阙,高公子之仁,继有追申、白而入楚,羡邹枚而游梁。吾非敢叨夫曩贤,庶欲从九九之遗踪。既于闻道集泮不殊,而幸无职司拘碍,可得奉温清,展私计,志在此尔。"除步兵校尉,并不拜。

瓛姿状纤小,儒学冠于当时,京师士子贵游莫不下席受业。性谦率通美,不以高名自居。游诣故人,唯一门生持胡床随后。主人未通,便坐问答。仕在檀桥,瓦屋数间,上皆穿漏。学徒敬慕,不敢指斥,呼为青溪焉。竟陵王子良亲往修谒。七年,表世祖为瓛立馆,以扬烈桥故主第给之。生徒皆贺,瓛曰:"室美为人灾,此华宇岂吾宅邪?幸可诏作讲堂,犹恐见害也。"未及徙居,遇病,子良遣从瓛学者彭城刘绘、从阳范缜将厨于瓛宅营斋。及卒,门人受学并吊服临送。时年五十六。

瓛有至性,祖母病疽经年,手持膏药,渍指为烂。母孔氏甚严明,谓亲戚曰:"阿称便是今世曾子。"阿称,瓛小名也。年四十余,未有婚对。建元中,太祖与司徒褚渊为瓛娶王氏女。王氏椓壁挂履,土落孔氏床上,孔氏不悦,瓛即出其妻。及居父丧,不出庐,足为之屈,杖不能起。今上天监元年,下诏为瓛立碑,谥曰贞简先生。所著文集,皆是《礼》义,行于世。

初,瓛讲《月令》毕,谓学生严植曰:"江左以来,阴阳律数之学废矣。吾今讲此,曾不得其仿佛。"时济阳蔡仲熊礼学博闻,谓人曰:"凡钟律在南,不容复得调平。昔五音金石,本在中土;今即来南,土气偏陂,音律乖爽。"仲熊历安西记室,尚书左丞。瓛弟琏。

琏字子敬,方轨正直。宋泰豫中,为明帝挽郎。举秀才,建平王景素征北主簿,深见礼遇。邵陵王征虏、安南行参军。建元初,为武陵王晔冠军、征虏参军。晔与僚佐饮,自割鹅炙,琏曰:"应刃落俎,膳夫之事,殿下亲执鸾刀,下官未敢安席。"因起请退。与友人孔澈同舟入东,澈留目观岸上女子,琏举席自隔,不复同坐。豫章王太尉板行佐。兄瓛夜隔壁呼琏共语,琏不答,方下床著衣立,然后应。瓛问其久,琏曰:"向束带未竟。"其立操如此。文惠太子召琏入侍东宫,每上事,辄削草。寻署中兵,兼记室参军大司马军事,射声校尉,卒官。

陆澄字彦渊,吴郡吴人也。祖邵,临海太守。父瑗,州从事。

澄少好学,博览无所不知,行坐眠食,手不释卷。起家太学博士,中军、卫军府行佐,太宰参军,补太常丞,郡主簿,北中郎行参军。

宋泰始初,为尚书殿中郎,议皇后讳及下外,皆依旧称姓。左丞徐爰案司马孚议皇后不称姓,《春秋》逆王后于齐,澄不引典据明,而以意立议,坐免官,白衣领职。郎官旧有坐杖,有名无实,澄在官积前后罚,一日并受千杖。转通直郎,兼中书郎,寻转兼左丞。

泰始六年,诏皇太子朝贺服衮冕九章,澄与仪曹郎丘仲起议:"服冕以朝,实著经文。秦除六冕,汉明还备。魏、晋以来,不欲令臣下服衮冕,故位公者加侍官。今皇太子礼绝群后,宜遵圣王盛典,革近代之制。"寻转著作正员郎,兼官如故。除安成太守,转刘韫抚军长史,加绥远将军、襄阳太守,并不拜。仍转刘秉后军长史、东海太守。迁御史中丞。

建元元年,骠骑谘议沈宪等坐家奴客为劫,子弟被劾,宪等晏然。左丞任遐奏澄不纠,请免澄官。澄表自理曰:

周称旧章,汉言故事,爰自河洛,降逮淮海,朝之宪度,动尚先准。若乃任情违古,率意专造,岂谓酌诸故实,择其茂典?

案遐启弹新除谘议参骠骑大将军军事沈宪、太子庶子沈旷并弟息,敕付建康,而宪被使,旷受假,俱无归罪事状。臣以不纠宪等为失。伏寻晋、宋左丞案奏,不乏于时,其及中丞者,从来殆无。王献之习达朝章,近代之宗,其为左丞,弹司徒属王濛惮罚自解,属疾游行,初不及中丞。桓秘不奔山陵,左丞郑袭不弹秘,直弹中丞孔欣时,又云别摄兰台检校,此径弹中丞之谓。唯左丞庾登之奏镇北檀道济北伐不进,致虎牢陷没,蕃岳宰臣,引咎谢愆,而责帅之劾,曾莫奏闻,请收治道济,免中丞何万岁。夫山陵情敬之极,北伐专征之大,祕霸季之贵,道济元勋之盛,所以咎及南司,事非常宪,然秘事犹非及中丞也。今若以此为例,恐人之贵贱,事之轻重,物有其伦,不可相方。

左丞江奥弹段景文,又弹裴方明,左丞甄法崇弹萧珍,又弹杜骥,又弹段国,又弹范文伯,左丞羊玄保又弹萧汪,左丞殷景熙弹张仲仁,兼左丞何承天弹吕万龄,并不归罪,皆为重劾。凡兹十弹,差是宪、旷之比,悉无及中丞之议。左丞荀万秋、刘藏、江谧弹王僧朗、王云之、陶宝度,不及中丞,最是近例之明者。谧弹在今宪弘之后,事行圣照。远取十奏,近征二案,自宜依以为体,岂得舍而不遵?

臣窃此人乏,谬奉国宪。今遐所纠,既行一时,若默而不言,则向为来准,后人被绳,方当追请,素餐之贵,贻尘千载。所以备举显例,引通国典,虽有愚心,不在微躬。请出臣表付外详议。若所陈非谬,裁由天鉴。

诏委外详议。尚书令褚渊奏:"宋世左丞荀伯子弹彭城令张道欣等,坐界劫累发不禽,免道欣等官;中丞王准水纠,亦免官。左丞羊玄保弹豫州刺史管义之谯梁群盗,免义之官;中丞傅隆不纠,亦免隆官。左丞羊玄保又弹兖州刺史郑从之滥上布及加课租绵,免从之官;中丞傅隆不纠,免隆官。左丞陆展弹建康令丘珍孙、丹阳尹孔山士劫发不禽,免珍孙、山士官;中丞何勖不纠,亦免勖官。左丞刘矇弹青州刺史刘道隆失火烧府库,免道隆官;中丞萧惠开不纠,免惠开官。左丞徐爰弹右卫将军薛安都属疾不直,免安都官;中丞张永结免。澄谀闻肤见,贻挠后昆,上掩皇明,下笼朝识,请以见事免澄所居官。"诏曰:"澄表据多谬,不足深劾,可白衣领职。"

明年,转给事中,秘书监,迁吏部。四年,复为秘书监,领国子博士。迁都官尚书,出为辅国将军、镇北镇军二府长史,廷尉,领骁骑将军。永明元年,转度支尚书,寻领国子博士。时国学置郑、王《易》,杜、服《春秋》,何氏《公羊》,麋氏《穀梁》,郑玄《孝经》。澄谓尚书令王俭曰:"《孝经》,小学之类,不宜列在帝典。"乃与俭书论之曰:

《易》近取诸身,远取诸物,弥天地之道,通万物之情。自商瞿至田何,其间五传。年未为远,无讹杂之失;秦所不焚,无崩坏之弊。虽有异家之学,同以象数为宗。数百年后,乃有王弼。王济云弼所悟者多,何必能顿废前儒。若谓《易》道尽于王弼,方须大论,意者无乃仁智殊见。四道□□无体不可以一体求,屡迁不可以一迁执也。晋太兴四年,太常荀崧请置《周易》郑玄注博士,行乎前代,于时政由王、庾,皆俊神清识,能言玄远,舍辅嗣而用康成,岂其妄然。泰元立王肃《易》,当以在玄、弼之间。元嘉建学之始,玄、弼两立。逮颜延之为祭酒,黜郑置王,意在贵玄,事成败儒。今若不大弘儒风,则无所立学,众经皆儒,惟《易》独玄,玄不可弃,儒不可缺。谓宜并存,所以合无体之议。且弼于注经中已举《系辞》,故不复别注。今若专取弼

《易》,则《系》说无注。

《左氏》泰元取服虔,而兼取贾逵《经》,服《传》无《经》,虽在注中,而《传》又有无《经》者故也。今留服而去贾,则《经》有所阙。案杜预注《传》,王弼注《易》,俱是晚出,并贵后生。杜之异古,未如王之夺实,祖述前儒,特举其违。又《释例》之作,所引惟深。

《穀梁》泰元旧有麋信注,颜益以范宁,麋犹如故。颜论闰分范注,当以同我者亲。常谓《穀梁》劣;《公羊》为注者又不尽善。竟无及《公羊》之有何休,恐不足两立。必谓范善,便当除麋。

世有一《孝经》,题为郑玄注,观其用辞,不与注书相类。案玄自序所注众书,亦无《孝经》。

俭答曰:

《易》体微远,实贯群籍,施、孟异闻,周、韩殊旨,岂可专据小王,便为该备?依旧存郑,高同来说。元凯注《传》,超迈前儒,若不列学官,其可废矣。贾氏注《经》,世所罕习,《穀梁》小书,无俟两注,存麋略范,率由旧式。凡此诸义,并同雅论。疑《孝经》非郑所注,仆以此书明百行之首,实人伦所先,《七略》、《艺文》并陈之六艺,不与《苍颉》、《凡将》之流也。郑注虚实,前代不嫌,意谓可安,仍旧立置。

俭自以博闻多识,读书过澄。澄曰:“仆年少来无事,唯以读书为业。且年已倍令君,令君少便鞅掌王务,虽复一觉便谙,然见卷轴未必多仆。”俭集学士何宪等盛自商略,澄侍俭语毕,然后谈所遗漏数百千条,皆俭所未睹,俭乃叹服。俭在尚书省,出巾箱机案杂服饰,令学士隶事,事多者与之,人人各得一两物,澄后来,更出诸人所不知事复各数条,并夺物将去。

转散骑常侍,秘书监,吴郡中正。光禄大夫,加给事中,中正如故。寻令国子祭酒。以竟陵王子良得古器,小口方腹而底平,可将七八升,以问澄,澄曰:“北名服匿,单于以与苏武。”子良后详视器底,有字仿佛可识,如澄所言。隆昌元年,以老疾转光禄大夫,加散骑常侍,未拜,卒,年七十。谥靖子。

当世称为硕学,读《易》三年不解文义,欲撰《宋书》竟不成,王俭戏之曰:"陆公,书厨也。"家多坟籍,人所罕见。撰地理书及杂传,死后乃出。

澄弟鲜,得罪宋世,当死,澄于路见舍人王道隆,叩头流血,以此见原。扬州主簿顾测以两奴就鲜质钱,鲜死,子卓诬为卖券,澄为中丞,测与书相往反,后又笺与太守萧缅云:"澄欲□子弟之非,未近义方之训,此趋贩所不为,况搢绅领袖,儒宗胜达乎?"测遂为澄所排抑,世以此少之。

时东海王摛,亦史学博闻,历尚书左丞。竟陵王子良校试诸学士,唯摛问无不对。永明中,天忽黄色照地,众莫能解,摛云是荣光,世祖大悦,用为永阳郡。

史臣曰:儒风在世,立人之正道;圣哲微言,百代之通训。洙泗既往,义乖七十;稷下横论,屈服千人。自后专门之学兴,命氏之儒起,石渠朋党之事,白虎同异之说,六经五典,各信师言,嗣守章句,期乎勿失。西京儒士,莫有独擅;东都学术,郑、贾先行。康成主炎汉之季,训义优洽,一世孔门,褒成并轨,故老以为前修,后生未之敢异。而王肃依经辩理,与硕相非,爰兴《圣证》,据用《家语》,外戚之尊,多行晋代。江左儒门,参差互出,虽于时不绝,而罕复专家。晋世以玄言方道,宋氏以文章闲业,服膺典艺,斯风不纯,二代以来,为教衰矣。建元肇运,戎警未夷,天子少为诸生,昊拱以思儒业,载戢干戈,遽诏庠序。永明纂袭,克隆均校,王俭为辅,长于经礼,朝廷仰其风,胄子观其则,由是家寻孔教,人诵儒书,执卷欣欣,此焉弥盛。建武继立,因循旧绪,时不好文,辅相无术,学校虽设,前轨难追。刘瓛成马、郑之异,时学徒以为师范。虎门初辟,法驾亲临,待问无五更之礼,充庭阙蒲轮之御,身终下秩,道义空存,斯故进贤之责也。其余儒学之士,多在卑位,或隐世辞荣者,别见他篇云。

赞曰：儒宗义肆，纷纶子珪。升堂受业，事越关西。琏居暗室，立操无携。彦渊书史，疑问穷稽。

"徐令上文"。疑。

南齐书卷四〇
列传第二一

武帝十七王

竞陵文宣王子良　子昭

庐陵王子卿　　鱼复侯子响

安陆王子敬　　晋安王子懋

随郡王子隆　　建安王子真

西阳王子明　　南海王子罕

巴陵王子伦　　邵陵王子贞

临贺王子岳　　西阳王子文

衡阳王子峻　　南康王子琳

湘东王子建　　南郡王子夏

　　武帝二十三男：穆皇后生文惠太子、竞陵文宣王子良，张淑妃生庐陵王子卿、鱼复侯子响，周淑仪生安陆王子敬、建安王子真，阮淑媛生晋安王子懋、衡阳王子峻，王淑仪生随郡王子隆，蔡婕妤生西阳王子明，乐容华生南海王子罕，傅充华生巴陵王子伦，谢昭仪生邵陵王子贞，江淑仪生临贺王子岳，庾昭容生西阳王子文，荀昭华生南康王子琳，颜婕妤生永阳王子珉，宫人谢生湘东王子建，何充华生南郡王子夏。第六、十二、十五、二十二皇子早亡。子珉,建武中,继衡阳元王后。

竟陵文宣王子良字云英,世祖第二子也。初,沈攸之难。随世祖在盆城,板宁朔将军。仍为宋邵陵王左军行参军,转主簿,安南记室参军,邵陵王友,王名友,不废此官。迁安南长史。

升明三年,为使持节、都督会稽东阳临海永嘉新安五郡、辅国将军、会稽太守。宋世元嘉中,皆责成郡县。孝武征求急速,以郡县迟缓,始遣台使,自此公役劳扰。太祖践阼,子良陈之曰:

前台使督逋切调,恒闻相望于道。及臣至郡,亦殊不疏。凡此辈使人,既非详慎勤顺,或贪险崎岖,要求此役。朝辞禁门,情态即异;暮宿村县,威福便行。但令朱鼓裁完,铍矟微具,顾眄左右,叱咤自专。摛宗断族,排轻斥运,协遏津埭,恐喝传邮。破岗水逆,商旅半引,逼令到下,先过己船。浙江风猛,公私畏渡,脱舫在前,驱令俱发。呵蹙行民,固其常理,侮折守宰,出变无穷。既瞻郭望境,便飞下严符,但称行台,未显所督。先诃强寺,却摄群曹,开亭正榻,便振刑革。其次绛标寸纸,一日数至;征村切里,俄刻十催。四乡所召,莫辨枉直,孩老士庶,具令付狱。或尺布之逋,曲以当匹;百钱余税,且增为千。或诳应质作尚方,寄系东冶,万姓骇迫,人不自固。遂漂衣败力,竞致兼浆。值今夕酒谐肉饫,即许附申□格;明日礼轻货薄,便复不入恩科。筐贡微阙,总拑肆情,风尘毁谤,随忿而发。及其独蒜转积,鹅栗渐盈,远则分鬻他境,近则托贸吏民。反请郡邑,助民由缓,回刺言台,推信在所。如闻顷者令长守牧,离此每实,非复近岁。愚谓凡诸检课,宜停遣使,密畿州郡,则指赐敕,遥外镇宰,明下条源,既各奉别旨,人竞自罄。虽复台使盈凑,会取正属所,徒相疑偾,反更淹懈。

凡预衣冠,荷恩盛世,多以暗缓贻愆,少为欺猾入罪。若类以宰牧乖政,则触事难委,不容课逋上纲,偏觉非才。但赊促差降,各限一期。如乃事速应缓,自依违纠坐之。坐之科,不必须重,但令必行,期在可肃。且两装之船,充拟千绪;三坊寡役,呼订万计。每一事之发,弥晨方办,粗计近远,率遣一部,职散人领,无减二十,舟船所资,皆复称是。长江万里,费固倍之。较略一年,脱得省者,息船优役,实为不少。兼折奸减窃,远近暂安。

封闻喜县公,邑千五百户。

子良敦义爱古。郡民朱百年有至行,先卒,赐其妻米百斛,蠲一民给其薪苏。郡阁下有虞翻奋床,罢任还,乃致以归。后于西邸起古斋,多聚古人器服以充之。夏禹庙盛有祷祀,子良曰:"禹泣辜表仁,菲食旌约,服玩果粽,足以致诚。"使岁献扇簟而已。

建元二年,穆妃薨,去官。仍为征虏将军、丹阳尹。开私仓赈属县贫民。明年,上表曰:"京尹虽居都邑,而境壤兼跨,广袤周轮,几将千里。萦原抱隰,其处甚多,旧遏古塘,非唯一所。而民贫业废,地利久芜。近启遣五官殷沵、典签刘僧瑗到诸县循履,得丹阳、溧阳、永世等四县解,并村耆辞列,堪垦之田,合计荒熟有八千五百五十四顷,修治塘遏,可用十一万八千余夫,一春就功,便可成立。"上纳之。会迁官,事寝。

是年,始制东宫官僚以下官敬子良。世祖即位,封竟陵郡王,邑二千户。为使持节、都督南徐兖二州诸军事、镇北将军、南徐州刺史。永明元年,徙为侍中、都督南兖兖徐青冀五州、征北将军、南兖州刺史,持节如故。给油络车。明年,入为护军将军,兼司徒,领兵置佐,侍中如故,镇西州。三年,给鼓吹一部。四年,进号车骑将军。

子良少有清尚,礼才好士,居不疑之地,倾意宾客,天下才学皆游集焉。善立胜事,夏月客至,为设瓜饮及甘果,著之文教。士子文章及朝贵辞翰,皆发教撰录。

是时上新亲政,水旱不时。子良密启曰:

臣思水潦成患,良田沃壤,变为污泽;农政告祥,因高肆务,播植既周,继以旱虐。黔庶呼嗟,相视褫气。夫国资于民,民资于食，匪食匪民，何以能政？臣每一念此，寝不便席。本始中，郡国大旱，宣帝下诏除民租。今闻所在逋余尚多，守宰严期，兼夜课切，新税力尚无从，故调于何取给？政当相驱为盗耳。愚谓逋租宜皆原除，少降停恩，微纾民命。

自宋道无章，王风陵替，窃官假号，骈门连室。今左民所检，动以万数，渐渍之来，非复始造，一朝洗正，理致沸腾。小人之心，罔思前咎，之以威，反怨后罚，兽穷则触，事在匪轻。齐有天下日浅，恩洽未布，一方或饥，当加优养。愚谓自可依源削除，未宜便充猥役。且部曹检校，诚存精密，令史好黜，鲜不容情。情既有私，理或枉谬。耳目有限，群狡无极。变易是非，居然可见。详而后取，于事未迟。

明诏深矜狱圄，恩文累坠。今科网严重，称为峻察。负罪离愆，充积牢户。暑时郁蒸，加以金铁。聚忧之气，足感天和。民之多怨，非国福矣。

顷土木之务，甚为殷广，虽役未及民，勤费已积。炎旱致灾，或由于此。皇明载远，书轨未一，缘淮带江，数州地耳。以魏方汉，犹一郡之譬。以今比古，复为远矣。何得不爱其民，缓其政，救其危，存其命哉！

湘区奥密，蛮寇炽强，如闻南师未能挫戮。百姓齐民，积年涂炭，疮食侵淫，边虞方重。交州复绝一垂，实惟荒服，恃远后宾，固亦恒事。自青德启运，款关受职，置之度外，不足绁言。今县军远伐，经途万里，众寡事殊，客主势异，以逸待劳，全胜难必。又缘道调兵，以足军力，民丁乌合，事乖习锐。广州积岁无年，越州兵粮素乏，加以发借，必致惛扰。愚谓叔献所请，不宜听从；取乱侮亡，更俟后会。虽缓岁月，必有可禽之理，差息发动费役之劳。刘楷见甲以助湘中，威力既举，蚁寇自服。

诏折租布，二分取钱。子良又启曰：

臣一月入朝，六登玫陛，广殿稠人，裁奉颜色。纵有所怀，岂敢自达。比天眚亟见，地孽亟臻，民下妖讹，好生噂喈。谷价虽和，比室饥噤，缣纩虽贱，骈门裸质。臣一念此，每入心骨。三吴奥区，地惟河、辅，百度所资，罕不自出，宜在蠲优，使其全富。而守宰相继，务在裒克，围桑品屋，以准赀课。致令斩树发瓦，以充重赋，破民财产，要利一时。东郡使民，年无常限，在所相承，准令上直。每至州台使命，切求悬急，应充猥役，必由穷困。乃有畏失严期，自残躯命，亦有斩绝手足，以避徭役。生育弗起，殆为恒事。守长不务先富民，而唯言益国，岂有民贫于下，而国富于上邪？

又泉铸岁远，类多翦凿，江东大钱，十不一在。公家所受，必须轮郭，遂买本一千，加子七百，犹求请无地，棰革相继。寻完者为用，既不兼两，回复迁贸，会非委积，纵令小民每婴困苦。且钱帛相半，为制永久，或闻长宰须令输直，进违旧科，退容奸利。

八属近县，既在京畿，发借征调，实烦他邑，民特尤贫，连年失稔，草衣藿食，稍有流亡。今农政就兴，宜蒙赈给，若逋课未上，许以申原。

兖、豫二藩，虽曰旧镇，往属兵虞，累弃乡土。密迩寇庭，下无安志。编草结庵，不违凉暑。扶淮聚落，靡有生向。俱禀人灵，独绝温饱，而赋敛多少，尚均沃实。谓凡在荒民，应加蠲减。

又司市之要，自昔所难。顷来此役，不由才举，并条其重赏，许以贾炫。前人增估求侠，后人加税请代，如此轮回，终何纪极？兼复交关津要，共相唇齿，愚野未闲，必加陵谇，罪无大小，横没赀载。凡求试谷帛，类非廉谨，未解在事所以开容？

夫狱讼惟平，画一在制，虽恩家得罪，必宜申宪，鼎姓贻愆，最合从网。若罚典惟加贱下，辟书必蠲世族，俱非先王立理之本。

尚书列曹，上应乾象。如闻命议所出，先谘于都，都既下意，然后付郎，谨写关行。愚谓郎官尤宜推择。

宋运告终，戎军屡驾，寄名军牒，动窃数等。故非分充朝，资奉殷积。广、越邦宰，梁、益郡邑，参差调补，实充事机。且此徒冗杂，罕遵王宪，严加廉视，随违弹斥，一二年间，可减太半。

五年，正位司徒，给班剑二十人，侍中如故。移居鸡笼山邸，集学士抄五经、百家，依《皇览》例，为《四部要略》千卷。招致名僧，讲语佛法，造经呗新声，道俗之盛，江左未有也。

世祖好射雉，子良谏曰：

銮舆驱动，天跸屡巡，陵犯风烟，驱驰野泽。万乘至重，一羽甚微，从甚微之欢，忽至重之诫。顷郊郭以外，科禁严重，匪直刍牧事罢，遂乃窀掩殆废。且田月向登，桑时告至，士女呼嗟，易生噂议，弃民从欲，理未可安。暴时巡幸，必尽威防，领军景先、詹事赤斧，坚甲利兵，左右屯卫。今驰鹜外野，交侍疏阔，晨出晚还，顿遗清道。此实愚臣最后震迫。

狡虏玩威，甫获款关，二汉全富，犹加曲待。如闻使臣，频亦怨望，前会东宫，遂形言色。昔宋氏遣使，旧列阶下，刘缵衔使，始登朝殿。今既反命，宜赐优礼。

伏谓中堂云构，实惟峻绝，檐陛深严，事隔凉暑，而别为一室，如或有疑。边带广途，讹言孔炽，毁立之易，过于转圆，若依旧制通敞，实允观听。

顷市司驱扇，租估过刻，吹毛求瑕，廉察相继，被以小罪，责以重备。愚谓宜敕有司，更详优格。

臣年方朝贤，齿未相及，以管窥天，犹知失得，廊庙之士，岂暗是非。未闻一人开一说为陛下忧国家，非但面从，亦畏威耳。臣若不启，陛下于何闻之？

先是六年，左卫殿中将军邯郸超上书谏射雉，世祖为止。久之，超竟被诛。永明末，上将射雉。子良谏曰：

忽闻外议，伏承当更射雉。臣下情震越，心怀忧悚，犹谓疑妄，事不必然。伏度陛下以信心明照，故所以倾金宝于禅灵，仁爱广洽，得使禽鱼养命于江泽，岂惟国庆民欢，乃以翱翔治乐。夫卫生保命，人兽不殊，重躯爱体，彼我无异。故《礼》云"闻其声不食其肉,见其生不忍其死”。且万乘之尊,降同匹夫之乐,夭杀无辜,伤仁害福之本。菩萨不杀,寿命得长。施物安乐,自无恐怖。不恼众生,身无患苦。臣见功德有此果报,所以日夜劬勤,厉身奉法,实愿圣躬康御若此。每至寝梦,脱有异见,不觉身心立就燋烂。陛下常日舍财修福,臣私心颙颙,尚恨其少,岂可今日见此事?一损福业,追悔便难。臣此启闻,私心实切。若是大事,不可易改,亦愿陛下照臣此诚,曲垂三思。况此嬉游之间,非关当否,而动辄伤生,实可深慎。

臣闻子孝奉君,臣忠事主,莫不灵祇通感,征祥证登。臣近段仰启,赐希受戒,天心洞远,诚未达胜善之途,而圣恩迟疑,尚未垂履曲降尊极,岂可今月复随此事?臣不隐心,即实上启。

虽不尽纳,而深见宠爱。

又与文惠太子同好释氏,甚相友悌。子良敬信尤笃,数于邸园营斋戒,大集朝臣众僧,至于赋食行水,或躬亲其事,世颇以为失宰相体。劝人为善,未尝厌倦,以此终致盛名。寻代王俭领国子祭酒,辞不拜。八年,给三望车。九年,京邑大水,吴兴偏剧,子良开仓赈救,贫病不能立者于第北立解收养,给衣及药。十年,领尚书令。寻为使持节、都督扬州诸军事、扬州刺史,本官如故。寻解尚书令,加中书监。

文惠太子薨。世祖检行东宫,见太子服御羽仪多过制度,上大怒,以子良与太子善,不启闻,颇加嫌责。

世祖不豫,诏子良甲仗入延昌殿侍医药。子良启进沙门于殿户前诵经,世祖为感梦见优昙钵华,子良按佛经宣旨使御府以铜为华,插御床四角。日夜在殿内,太孙间日入参承。世祖暴渐,内外惶惧,百僚皆已变服,物议疑立子良,俄顷而苏,问太孙所在,因召东宫器甲皆入。遗诏使子良辅政,高宗知尚书事。子良素仁厚,不乐世务,乃推高宗。诏云:“事无大小,悉与讳参怀。”子良所志也。太孙少养于子良妃袁氏,甚著慈爱,既惧前不得立,自此深忌子良。大行出太极殿,子良居中书省,帝使虎贲中郎将潘敞领二百人仗屯太极西阶防之。成服后,诸王皆出,子良乞停至山陵,不许。

进位太傅,增班剑为三十人,本官如故。解侍中。隆昌元年,加殊礼,剑履上殿,入朝不趋,赞拜不名。进督南徐州。其年疾笃,谓左右曰:"门外应有异。"遣人视,见淮中鱼万数皆浮出水上,向城门。寻薨,时年三十五。帝常虑子良有异志,及薨,甚悦。诏给东园温明秘器,敛以衮冕之服,东府施丧位,大鸿胪持节监护,太官朝夕送祭。又诏曰:"褒崇明德,前王令典,追远尊亲,沿情所隆。故使持节、都督扬州诸军事、中书监、太傅、领司徒、扬州刺史、竟陵王、新除督南徐州,体睿履正,神鉴渊邈。道冠民宗,具瞻允集。肇自弱龄,孝友光备。爰及赞契,协升景业。燮曜台陛,五教克宣。敷奏朝端,百揆惟穆。寄重先顾,任均负图。谅以齐晖《二南》,同规往哲。方凭保祐,永翼雍熙。天不愁遗,奄焉薨逝。哀慕抽割,震于厥心。今龟谋袭吉,先远戒期。宜崇嘉制,式弘风烈。可追崇假黄钺、侍中、都督中外诸军事、太宰、领大将军、扬州牧,绿綟绶,备九服锡命之礼,使持节、中书监、王如故。给九旒銮辂,黄屋左纛,辒辌车,前、后部羽葆、鼓吹,挽歌二部,虎贲班剑百人,葬礼依晋安平王孚故事。"初,豫章王嶷葬金牛山,文惠太子葬夹石,子良临送,望祖硎山,悲感叹曰:"北瞻吾叔,前望吾兄,死而有知,请葬兹地。"既薨,遂葬焉。

所著内外文笔数十卷,虽无文采,多是劝戒。建武中,故吏范云上表为子良立碑,事不行。子昭胄嗣。

昭胄字景胤。泛涉有父风。永明八年,自竟陵王世子为宁朔将军、会稽太守。郁林初,为右卫将军,未拜,迁侍中,领右军将军。建武三年,复为侍中,领骁骑将军,转散骑常侍,太常。以封境边虏,建元元年,改封巴陵王。

先是,王敬则事起,南康侯子恪在吴郡,高宗虑有同异,召诸王侯入宫。晋安王宝义及江陵公宝览等住中书省,高、武诸孙住西省,敕人各两左右自随,过此依军法,孩抱者乳母随入。其夜太医煮药,都水办数十具棺材,须三更当悉杀之。子恪奔归,二更达建阳门刺启。时刻已至,而帝眠不起,中书舍人沈徽孚与帝所亲左右单景隽共谋少留其事,须臾帝觉,景隽启子恪已至,惊问曰:"未邪?"景隽具以事答。明日,悉遣王侯还第,建武以来,高、武王侯居常震怖,朝不保夕,至是尤甚。

及陈显达起事,王侯复入宫。昭胄惩往时之惧,与弟永新侯昭颖逃奔江西,变形为道人。崔慧景举兵,昭胄兄弟出投之。慧景事败,昭胄兄弟首出,投台军主胡松,各以王侯还第,不自安,谋为身计。子良故防阁桑偃为梅虫儿军副,结前巴西太守萧寅,谋立昭胄。昭胄许事克用寅为尚书左仆射、护军将军。以寅有部曲,大事皆委之。时胡松领军在新亭,寅遣人说之,法"须昏人出,寅等便率兵奉昭胄入台,闭城号令。昏人必还就将军,将军但闭垒不应,则三公不足得也。"松又许诺。会东昏新起芳乐苑,月许日不复出游。偃等议募健儿百余人,从万春门入突取之,昭胄以为不可。偃同党王山沙虑事久无成,以事告御刀徐僧重。寅遣人杀山沙于路,吏于髑髅中得其事迹,昭胄兄弟与同党皆伏诛。昭颖官至宁朔将军、彭城太守。梁王定京邑,追赠昭胄散骑常侍、抚军将军,昭颖黄门郎。梁受禅,降封昭胄子周监利侯。

庐陵王子卿字云长,世祖第三子也。建元元年,封临汝县公,千五百户。兄弟四人同封。世祖即位,为持节、都督郢州司州之义阳军事、冠军将军、郢州刺史。永明元年,徙都督荆湘益宁梁南北秦七州、安西将军、荆州刺史,持节如故。始兴王鉴为益州,子卿解督。

子卿在镇,营造服饰,多违制度。上敕之曰:"吾前后有敕,非复一两过,道诸王不得作乖体格服饰,汝何意都不忆吾敕邪?忽作玳瑁乘具,何意?已成不须坏,可速送下。纯银乘具,乃复可尔,何以作镫亦是银?可即坏之。忽用金薄裹箭脚,何意?亦速坏去。凡诸服章,自今不启吾知,复专辄作者,后有所闻,当复得痛杖。"又曰:"汝比在都,读学不就,年转成长,吾日冀汝美,勿得敕如风过耳,使吾失气。"

五年,入为侍中、抚军将军,未拜,仍为中护军,侍中如故。六年,迁秘书监,领右卫将军,寻迁中军将军,侍中并如故。十年,进号车骑将军。俄迁使持节、都督南豫司三州军事、骠骑将军、南豫州刺史,侍中如故。子卿之镇,道中戏部伍为水军,上闻之,大怒,杀其典签,遣宜都王铿代之,子卿还第,至崩,不与相见。

郁林即位,复为侍中、骠骑将军。隆昌元年,转卫将军、开府仪同三司,置兵佐。鄱阳王锵见害,以子卿代为司徒,领兵置佐。寻复见杀,时年二十七。

鱼复侯子飨字云音,世祖第四子也。豫章王嶷无子,养子响,后有子,表留为嫡。世祖即位,为辅国将军、南彭城临淮二郡太守,见诸王不致敬。子响勇力绝人,关弓四斛力,数在园池中怙骑驰走竹树下,身无亏伤。既出继,车服异诸王,每入朝,辄忿怒,拳打车壁。世祖知之,令车服与皇子同。

永明三年,迁右卫将军。仍出为使持节、都督豫州郢州之西阳汝南二郡军事、冠军将军、豫州刺史。明年,进号右将军。进南豫州之历阳、淮南、颍川、汝阳四郡。入为散骑常侍,右卫将军。六年,有司奏:“子响体自圣明,出继宗国。大司马臣嶷昔未有胤,所以因心鞠养。陛下弘天伦之爱,臣嶷深犹子之恩,遂乃继体扶疏,世祚垂改,茅蒋庵蔚。冢嗣莫移,诚欣惇睦之风,实亏立嫡之教。臣等参议,子响宜还本。”乃封巴东郡王,迁中护军,常侍如故。寻出为江州刺史,常侍如故。

七年,迁使持节、都督荆湘雍梁宁南北秦七州军事、镇军将军、荆州刺史。子响少好武,在西豫时,自选带仗左右六十人,皆有胆干。至镇,数在内斋杀牛置酒,与之聚乐。令内人私作锦袍绛袄,欲饷蛮交易器仗。长史刘寅等连名密启,上敕精检。寅等惧,欲秘之。子响闻台使至,不见敕,召寅及司马席恭穆、谘议参军江愈、殷昙粲、中兵参军周彦、典签吴脩之、王贤宗、魏景渊于琴台下诘问之。寅等无言。脩之曰:“既以降敕旨,政应方便答塞。”景渊曰:“故应先检校。"子响大怒,执寅等于后堂杀之。以启无江愈名,欲释之,而用命者已加戮。上闻之怒,遣卫尉胡谐之、游击将军尹略、中书舍人茹法亮领齐仗数百人,检捕群小。敕:"子响若束首自归,可全其性命。"

谐之等至江津,筑城燕尾洲,遣传诏石伯兒入城慰劳。子响曰:"我不作贼,长史等见负,今政当受杀人罪耳。"乃杀牛具酒馔,饷台军。而谐之等疑畏,执录其吏。子响怒,遣所养数十人收集府州器仗,令二千人从灵溪西渡,克明旦与台军对阵南岸。子响自与百余人袍骑,将万钧弩三四张,宿江堤上。明日,凶党与台军战,子响于堤上放弩,亡命王充天等蒙盾陵城,台军大败,尹略死之,宫军引退。上又遣丹阳尹萧讳领兵继至,子响部下恐惧,各逃散,子响乃白服降,赐死。时年二十二。

临死,启上曰:"刘寅等入斋检仗,具如前启。臣罪既山海,分甘斧钺。奉敕遣胡谐之、茹法亮赐重劳,其等至,竟无宣旨,便建旗入津,对城南岸筑城守。臣累遣书信唤法亮渡,乞白服相见,其永不肯,群小惧怖,遂致攻战,此臣之罪也。臣此月二十五日束身投军,希还天阙,停宅一月,臣自取尽,可使齐代无杀子之讥,臣免逆父之谤。既不遂心,今便命尽,临启哽塞,知复何陈。"有司奏绝子响属籍,削爵土,收付廷尉法狱治罪。赐为蛸氏,诸所连坐,别下考论。赠刘寅侍中,席恭穆辅国将军、益州刺史,江愈、殷云粲黄门郎,周彦骁骑将军。寅字景蕤,高平人也。有文义而学不闲世务。席恭穆,安定焉氏人,关陇豪族。

上怜子响死,后游华林园,见猿对跳子鸣啸,上留目久之,因呜咽流涕。豫章王嶷上表曰:"臣闻将而必戮,炳自《春秋》,馨于甸人,著于《经礼》,犹怀不忍之言,尚有如伦之痛。岂不事因法往,情以恩留。故庶人蛸子响,识怀靡树,见沦不逞,肆愤一朝,取陷凶德,遂使迹邻非孝,事近无君,身膏草野,未云塞衅。但铣矢倒戈,归罪司戮,即理原心,亦既迷而知返。衅骨不收,睾魂莫赦,抚事惟往,载伤心目。昔闵荣伏厥,怆动坟园,思荆就辟,侧怀丘墓。皆两臣衅结于明时,二主议加于盛世,积□周之为美,历史不以云非。伏愿一下天矜,爰诏蛸氏,使得安兆末郊,旋窆余麓,微列苇辂之容,薄申封树之礼。岂伊穷骸被德,实且天下归仁。臣属忝皇枝,偏留友睦,以臣继别未安,子响言承出命,提携鞠养,俯见成人,虽辍胤蕃条,归体璇萼,循执之念不移,傅训之怜何已。敢冒宸严,布此悲乞。"上不许。先是,贬为鱼复侯。

安陆王子敬字云端,世祖第五子也。初封应城县公。永明二年,出为持节、监南兖兖徐青冀五州、北中郎将、南兖州刺史。四年,进号右军。明年,徙都督荆湘梁雍南北秦六州军事、平西将军、荆州刺史,持节如故。寻进号安西将军。七年,征侍中,护军将军。十年,转散骑常侍、抚军将军、丹阳尹。十一年,进车骑将军,寻给鼓吹一部。隆昌元年,迁使持节、都督南兖兖徐青冀五州、征北大将军、南兖州刺史。延兴元年,加侍中。高宗除诸蕃王,遣中护军王玄邈征九江,王广之袭杀子敬,时年二十三。

晋安王子懋字云昌,世祖第七子也。初封江陵公。永明三年,为持节、都督南豫豫司三州、南中郎将、南豫州刺史。鱼复侯子响为豫州,子懋解督。四年,进号征虏将军。南豫新置,力役寡少,加子懋领宣城太守。明年,为监南兖兖徐青冀五州军事、后将军、南兖州刺史,持节如故。六年,徙监湘州、平南将军、湘州刺史。明年,加持节、都督。八年,进号镇南将军。撰《春秋例苑》三十卷奏之,世祖嘉之,敕付秘阁。九年,亲府、州事。十年,入为侍中,领右卫将军。十一年,迁散骑常侍、中书监,未拜,仍为使持节、都督雍梁南北秦四州郢州之竟陵司州之随郡军事、征北将军、雍州刺史,给鼓吹一部。豫章王丧服未毕,上以边州须威望,许得奏之。

郁林即位,即本号为大将军。子懋见幼主新立,密怀自全之计,令作部造器仗。陈显达时为征虏,屯襄阳,欲协取以为将帅。显达密启,高宗征显达还。隆昌元年,迁子懋为都督江州刺史,留西楚部曲助镇襄阳,单将白直侠毂自随。显达入朝,子懋谓曰:"朝廷令身单身而反,身是天王,岂可过尔轻率。今犹欲将二三千人自随,公意何如?"显达曰:"殿下若不留部曲,便是大违敕旨,其事不轻。且此间人亦难可收用。"子懋默然,显达因辞出便发去,子懋计未立,还镇寻阳。

延兴元年,加侍中。闻鄱阳、随郡二王见杀,欲起兵赴难。母阮在都,遣书欲密迎上,阮报□其兄于瑶之为计,瑶之驰告高宗。于是纂严,遣平西将军王广之南北讨,使军主裴叔业与瑶之先袭寻阳,声云为郢州衍司马。子懋知之,遣三百人守盆城。叔业溯流下上,至夜回下袭盆城,城局参军乐贲开门纳之。子懋率府州兵力,先已具船于稽亭渚,闻叔业得盆城,乃据州自卫。子懋部曲多雍土人,皆踊跃愿奋,叔业畏之,遣于瑶之说子懋曰:"今还都,必无过忧,政当作散官,不失富贵也。"懋既不出兵攻叔业,众情稍沮。中兵参军于琳之,瑶之兄也,说子懋重赂叔业。子懋使琳之往,琳之因说叔业,请取子懋,叔业遣军主徐玄庆将四百人随琳之入州城,僚佐皆奔散,琳之从二百人拔白入斋,子懋骂曰:"小人何忍行此事!"琳之以袖鄣面,使人害之。时年二十三。

初,子懋镇雍,世祖敕以边略曰:"吾比连得诸处启,所说不异,虏必无敢送死理,然为其备,不可暂懈。今秋犬羊辈越逸者,其亡灭之征。吾今亦行密纂集,须有分明指的,便当有大处分。今普敕镇守,并部偶民丁,有事即使应接运,已敕更遣,想行有至者,汝共诸人量觅,可使人数往南门舞阴诸要处参觇。粮食最为根本,更不忧人仗,常行视驿亭马,不可有废阙。并约语诸州,当其堞皆尔,不如法,即问事。"又曰:"吾敕荆、郢二镇,各作五千人阵,本拟应接彼耳。贼若送死者,更即呼取之。已敕子真、鱼继宗、设公愍至镇,可以公愍为城主,三千人配之便足。汝可好以阶级在意,勿得人求,或超五三阶。及文章诗笔,乃是佳事,然世务弥为根本,可常忆之。汝所启仗,此悉是吾左右御仗也,云何得用之。品格不可乖,吾自当优量觅送。"先是,启求所好书,上又曰:"知汝常以书读在心,足为深欣也。"赐子懋杜预手所定《左传》及《古今善言》。

随郡王子隆字云兴,世祖第八子也。有文才。初封枝江公。永明三年,为辅国将军、南琅邪彭城二郡太守。明年,迁江州刺史,未拜,唐宇之贼平,迁为持节、督会稽东阳新安临海永嘉五郡、东中郎将、会稽太守。迁长兼中书令。

子隆娶尚书令王俭女为妃,上以子隆能属文,谓俭曰:"我家东阿也。"俭曰:"东阿重出,实为皇家蕃屏。"未及拜,仍迁中护军,转侍中、左卫将军。八年,代鱼复侯子响为使持节、都督荆雍梁宁南北秦六州、镇西将军、荆州刺史,给鼓吹一部。其年,始兴王鉴罢益州,进号督益州。九年,亲府、州事。十一年,晋安王子懋为雍州,子隆复解督。郁林立,进号征西将军。隆昌元年,为侍中、抚军将军,领兵置佐。延兴元年,转中军大将军,侍中如故。

子隆年二十一,而体过充壮,常服芦茹丸以自销损。高宗辅政,谋害诸王,世祖诸子中,子隆最以才貌见惮,故与鄱阳王锵同夜先见杀。文集行于世。

建安王子真字云仙,世祖第九子也。永明四年,为辅国将军、南琅邪彭城二郡太守。迁持节、督南豫司二州军事、冠军将军、南豫州刺史,领宣城太守。进号南中郎将。六年,以府州稍实,表解领郡。七年,进号右将军,迁丹阳尹,将军如故。转左卫将军。七年,迁中护军,仍出为持节、都督郢司二州军事、平西将军、郢州刺史。郁林立,进号安西将军。隆昌元年,为散骑常侍、护军将军。延兴元年,转镇军将军,领兵置佐,常侍如故。其年见杀,年十九。

西阳王子明字云光,世祖第十子也。永明元年,封武昌王。三年,失国玺,改封西阳。六年,为持节、都督南兖兖徐青冀五州军事、冠军将军、南兖州刺史。八年,进号征虏将军。十年,进左将军,仍为督会稽东阳临海永嘉新安五郡军事、会稽太守,将军如故。子明风姿明净,士女观者咸嗟叹之。郁林初,进号平东将军。隆昌元年,为右将军、中书令。延兴元年,迁侍中,领骁骑将军,右军如故。建武元年,转抚军将军,领兵置佐。二年,诛萧谌,诬子明及弟子罕、子贞与谌同谋,见害。年十七。

南海王子罕字云华,世祖第十一子也。永明六年,为北中郎将、南琅邪彭城二郡太守。上初以白下地带江山,徙琅邪郡自金城治之,子罕始镇此城。十年,为持节、都督南兖兖徐青冀五州军事、征虏将军、南兖州刺史。郁林即位,进号后将军。隆昌元年,迁散骑常侍、右卫将军。建武元年,转护军将军。二年,见杀。年十七。

巴陵王子伦字云宗,世祖第十三子也。永明七年,为持节、都督南豫司二州军事、南中郎将、南豫州刺史。十年,迁北中郎将、南琅邪彭城刺史二郡太守。郁林即位,以南彭城禄力优厚,夺子伦与中书舍人綦母珍之,更以南兰陵代之。隆昌元年,迁散骑常侍、左将军。延兴元年,遣中书舍人茹法亮杀子伦,子伦正衣冠出受诏,曰:"鸟之将死,其鸣也哀,人之将死,其言也善。先朝昔灭刘氏,今日之事,理数固然。君是身家旧人,今衔此使,当由事不获已。"法亮不敢答而退。年十六。

邵陵王子贞字云松,世祖第十四子也。永明十年,为东中郎将、吴郡太守。郁林即位,进号征虏将军。还为后将军。建武二年,见诛。年十五。

临贺王子岳字云峤,世祖第十六子也。永明七年封。高宗诛世祖诸子,唯子岳及弟六人在后,世呼为七王。朔望入朝,上还后宫,辄叹息曰:"我及司徒诸儿子皆不长,高、武子孙日长大。"永泰元年,上疾甚,绝而复苏,于是诛子岳等。延兴建中,凡三诛诸王,每一行事,高宗辄先烧香火,呜咽涕泣,众以此辄知其夜当相杀戮也。子岳死时,年十四。

西阳王子文字云儒,世祖第十七子也。永明七年,封蜀郡王。建武中,改封西阳王。永泰元年,见杀。年十四。

衡阳王子峻字云嵩,世祖第十八子也。永明七年,封蜀汉郡王。建武中,改封。永泰元年,见杀。年十四。

南康王子琳字云璋,世祖第十九子也。母荀氏,盛宠,子琳钟爱。永明七年,封宣城王。明年,上改南康公褚蓁以封子琳。永泰元年,见杀。年十四。

湘东王子建字云立,世祖第二十一子也。母谢氏,无宠,世祖度为尼。高宗即位,使还母子建。永泰元年,见杀。年十三。

南郡王子夏字云广,世祖第二十三子也。上春秋高,子夏最幼,宠爱过诸子。初,世祖梦金翅鸟下殿庭,搏食小龙无数,乃飞上天。永泰元年,子夏诛。年七岁。

史臣曰:民之劳逸,随所遭遇,习以成性,有识斯同。帝王子弟,生长尊手,薪禽之道未知,富厚之图已极。韶年稚齿,养器深宫,习趋拜之仪,受文句之学,坐蹑搢绅,傍绝交友,情伪之事,不经耳目,忧惧之道,未涉胸衿,虽卓尔天悟,自得怀抱,孤寡为识,所陋犹多。朝出闾阃,暮司方岳,帝子临州,亲民尚小,年序次第,宜屏皇家,防骄剪逸,积代恒典,平允之情,操捶贻虑。故辅以上佐,简自帝心,劳旧左右,用为主帅,州国府第,先令后行,饮食游屈,动应闻启,端拱守禄,遵承法度,张弛之要,莫敢厝言,行事执其权,典签掣其财,苟利之义未申,专违之咎已及。处地虽重,行己莫由,威不在身,恩未接下。仓卒一朝,艰难总集,望其释位扶危,不可得矣。路温舒云:

"秦有十失,其一尚存。"斯宋氏之余风,在齐而弥弊也。

　　赞曰:武十七王,文宣令望,爱才悦古,仁信温良,宗英是寄,遗惠未忘。庐陵犯色,安陆括囊。晋安早悟,随郡雕章。建贺湘海,二陵二阳,幼蕃盛宠,南郡南康。

南齐书卷四一
列传第二二

张融　　周颙

　　张融字思光，吴郡吴人也。祖祎，晋琅邪王国郎中令。父畅，宋会稽太守。

　　融年弱冠，道士同郡陆修静以白鹭羽麈尾扇遗融，曰："此既异物，以奉异人。"宋孝武闻融有早誉，解褐为新安王北中郎参军。孝武起新安寺，僚佐多俸钱帛，融独俸百钱。帝曰："融殊贫，当序以佳禄。"出为封溪令。从叔永出后渚送之，曰："似闻朝旨，妆寻当还。"融曰："不患不还，政恐还而复去。"广越嶂崄，獠贼执融，将杀食之，融神色不动，方作洛生咏，贼异之而不害也。浮海至交州，于海中作《海赋》，曰：

　　　　盖言之用也，情矣形乎。使天形寅内敷，情敷外寅者，言之业也。吾远职荒官，将海得地，行关入浪，宿渚经波，傅怀树观，长满朝夕，东西无里，南北如天，反覆悬乌，表里菟色。壮哉水之奇也！奇哉水之壮也！故古人以之颂其所见，吾问翰而赋之焉。当其济兴绝感，岂觉人在我外，木生之作，君自君矣。

　　　　分浑始地，判气初天。作成万物，为山为川。总川振会，导海飞门。尔其海之状也，之相也：则穷区没渚，万里藏岸，控会河、济，朝总江、汉。回混浩溃，巅倒发涛。浮天振远，灌日飞高。扤_粗江撞则八纮摧隤，鼓怒则九纽折裂。捨_{于活}长风以举波，漺_{音郭}天地而为势。澄_{音盩}泽于_及渚_{音沓}洽_{音合}合，来往相搴_{粗合}。汩于突㴱音突澌于渤渤，窣纤状石成窟。西冲虞渊之曲，东振汤谷之阿。若木义是乎倒覆，折扶桑而为渣在牙。瀄藻音药汃音门浑，洎于官洏于和磈于磊雍，渤非勃淬音卒沦音仑滜音尊，灛浅垄炭子拱。湍转则日月似惊，浪动而星河如覆。既烈太山与昆仑相压而共溃，又盛雷车以破天以折毂。

澬于员涟涴于卵濑于懒，辗转纵横。扬珠起玉，流镜飞明。是其回堆风浦，奇关弱渚之形势也。沙屿相接，洲岛相连。东西财北，如满于天，梁禽楚兽，胡木汉草之所生焉。长风动路，深云暗道之所经焉。苔苔蒂蒂，宜嶪嶪。晨乌宿音秀于东隅，落河浪其西界。茫沆于刚沆无河□，汨于突魂于磊温无官桓。旁踞委岳，横竦危峦。重彰炭炭，攒领聚立。嵂吕兀礏音窟崊吕今嶔钦，架石相阴。䂵𥓔徒罪陁陁，横出旁入。嵬嵬支罪磊磊，若相追而下及。峰势纵横，岫形参错。或如前而未进，乍非迁而已却。天抗晖于东曲，日倒丽于西阿。岭集雪以怀镜，岩照春而自华。

江潩许江洎洎许百，漈子曷岩拍芬百岭。触山礚石，污湾于各㵐音寒况于朗。磈于磊，决于朗，濎㴶音阿，流柴磹五感反屼五窟。顿浪低波，蓊苦降硣苦交硈苦江，折领挫峰，牟浪䂱音郎拉，崩山相磋舍合。万里蔼蔼，极路天外。电战雷奔，倒地相磕。兽门象逸，鱼路鲸奔。水遽龙魄，陆振虎魂。却瞻无后，向望行前。长寻高眺，唯水与天。若乃山横蹴浪，风倒摧波。磊若惊山竭领以辣石，郁若飞烟奔云以振霞。连瑶光而交彩，接玉绳以通华。

尔乎夜满深雾，昼密长云，高河灭景，万里无文。山门幽暧，岫户菭菭。九天相掩，玉地交氛。汪汪横横音皇，沉沉于刚浩浩音害。淬粗贵溃大人之表，决于朗荡君子之外。风沫相排，日闭云开。浪散波合，岳起山隤。

若乃瀧沙构白，熬波出素。积雪中春，飞霜暑路。尔其奇名出录，诡物无书。高岸乳鸟，横门产鱼。则何㘝音罗鳙音容鮨音诣鮋音非魦音人鱳音果鳟音滑。哄日吐霞，吞河漱月。气开地震，声动天发。喷丽岁于月噎于戒，流雨而扬云。乔颎壮脊，架岳而飞坟。踱音挺动崩五山势，朒矣简盺矣鲧焕七曜之文。蟠蟆瑄蜂，绮贝绣螺。玄珠互采，皆紫相华。游风秋濑，泳景登春。伏鳞渍彩，升鲂洗文。

若乃春代秋绪，岁去□归。柔风丽景，晴云积晖。起龙涂于灵步，翔螭道之神飞。浮微云之如罾，落轻雨之依依。触巧涂而礧去绀远，抵栾木以激扬。浪相礴傍各而起千状，波独勇乎惊万容。蘋藻留映，荷芰提阴。扶容曼彩，秀远华深。明藕移玉，清连代金。晒芬芳于遥渚，泛灼烁于长浔。浮舻杂轴，游舶交艘。□轩帐席，方远连高。入惊波而箭绝，振排天之雄飙。越汤谷以逐景，渡战渊以追月。遍万里而无时，浃天地于挥忽。雕隼飞而未半，鲲龙趋贪教而不逮。舟人未及复其喘，已周流宇宙之外矣。

阴鸟阳禽，春毛秋羽。远翅风游，高翻云举。翔归栖去，边阴日路。澜涨波渚，陶玄浴素。长纮四断，平表九绝。雉鸯成霞，鸿飞起雪。合声鸣侣，并翰翻群。飞关溢绣，流浦照文。

尔夫人微亮气，小白如淋。凉空澄远，增汉无阴。照天容于鲲□，镜河色于鲨浔。括盖余以进广，浸夏州以洞深。形每惊而义维静，迹有事而道无心。于是乎山海藏阴，云尘入岫。天英篇华，日色盈秀。则若士神中，琴高道外。袖轻羽以衣风，逸玄裙于云带。筵秋月于源潮。帐春霞于秀濑。晒蓬莱之灵岫，望方壶之妙阙。树遏日以飞柯，岭回峰以蹴月。空居无俗，纱馆何尘。谷门风，林路云真。

若乃幽崖阸于夹陬仓夹，限隩之穷，骏波虎浪之气，激势之所不攻。有卉有木，为灌为丛。络糅网杂，结叶相笼。通云交拂，连韵共风，荡洲礉去角岸，而千里若崩，冲崖沃岛，其万国如战。振骏气以摆雷，飞雄光以倒电。

若夫增云不气，流风敛声，澜文复动，波色还惊。明月何远，沙里分星。至其积珍全远，架宝谕深。琼池玉壑，珠岫珣岑，合日开夜,舒月解阴。珊瑚开绩,琉璃竦华。丹文镜色,杂照冰霞。洪洪溃溃,浴干日月。淹汉星墟,渗河天界。风何本而自生,云无从而空灭。□丽色以拂烟,镜悬晖以照雪。

　　尔乃方员去我,混然落情。气暄而浊,化静自清。心无终故不滞,志不败而无成。既覆舟而载舟,固以死而以生。弘刍狗于人兽,导至本以充形。虽万物之日用,谅何纬其何经。道湛天初,机茂形外。亡有所以而有,非胶有于生末。亡无所以而无,信无心以入太。不动动是使山岳相崩,不声声故能天地交泰。行藏虚于用舍,应感亮于圆会。仁者见之谓之仁,达者见之谓之达。咭者几于上善,吾信哉其为大矣。

融文辞诡激,独与众异。后还京师,以示镇国将军顾凯之,凯之曰:"卿此赋实超玄虚,但怅不道盐耳。"融即求笔注之曰:"漉沙构白,熬波出素。积雪中春,飞霜暑路。"此四句,后所足也。

　　凯之与融兄有恩好,凯之卒,融身负坟土。在南与交址太守卞展有旧,展于岭南为人所杀,融挺身奔赴。

　　举秀才,对策中第,为尚书殿中郎,不就,为仪曹郎。泰始五年,明帝取荆、郢、湘、雍四州射手,叛者斩亡身及家长者,家口没奚官。元徽初,郢州射手有叛者,融议家人家长罪所不及,亡身刑五年。

　　寻请假奔叔父丧,道中罚干钱敬道鞭杖五十,寄系延陵狱。大明五年制,二品清官行僮干仗,不得出十。为左丞孙缅所奏,免官。寻复位,摄祠、仓部二曹。领刘勔战死,祠曹议"上应哭勔不",融议"宜哭",于是始举哀。仓曹又以"正月俗人所忌,太仓为可开不",融议"不宜拘束小忌"。寻兼掌正厨,融见宰杀,回车径去,自表解职。

　　为安成王抚军仓曹参军,转南阳王友。融父畅先为丞相长史,义宣事难,畅为王玄谟所录,将杀之。玄谟子瞻为南阳王前军长史,融启求去官,不许。

　　融家贫愿禄,初与从叔征北将军永书曰:"融昔称幼学,早训家风,虽则不敏,率以成性。布衣苇席,弱年所安,箪食瓢饮,不觉不乐。但世业清贫,民生多待,榛栗枣脩,女贽既长,束帛禽鸟,男礼已大。勉身就官，十年七仕，不欲代耕，何至此事。昔求三吴一丞。虽屡舛错。今闻南康缺守，愿得为之。融不知阶级，阶级亦可不知，融政以求丞不得，所以求郡，求郡不得，亦可复求丞。"又与吏部尚书王僧虔书曰："融，天地之逸民也。进不辨贵，退不知贱，兀然造化，忽如草木。实以家贫累积，孤寡伤心，八侄俱孤，二弟颇弱，抚之而感，古人以悲。岂能山海陋禄，甲融情累。阮籍爱东平土风，融亦欣晋平闲外。"时议以融非治民才，竟不果。

辟太祖太傅掾，历骠骑豫章王司空谘议参军，迁中书郎，非所好，乞为中散大夫，不许。融风止诡越，坐常危膝，行则曳步，翘身仰首，意制甚多。随例同行，常稽迟不进。太祖素奇爱融，为太尉时，时与融款接，见融常笑曰："此人不可无一，不可有二。"即位后，手诏赐融衣曰："见卿衣服粗故，诚乃素怀有本；交尔蓝缕，亦亏朝望。今送一通故衣，意谓虽故乃胜新，是吾所著，已令裁减称卿之体，并履一量。"

融与吏部尚书何戢善，往诣戢，误通尚书刘澄。融下车入门，乃曰："非是。"至户外，望澄，又曰："非是"。既造席，视澄曰："都自非是。"乃去。其为异如此。

又为长沙王镇军、竟陵王征北谘议，并领记室，司徒从事中郎。永明二年，总明观讲，敕朝臣集听。融扶入就榻，私索酒饮之，难问既毕，乃长叹曰："呜呼！仲尼独何人哉！"为御史中丞到扐所奏，免官，寻复。融形貌短丑，精神清澈。王敬则见融革带垂宽，殆将至骼，谓之曰："革带太急。"融曰："既非步吏，急带何为？"

融假东出，世祖问融住在何处，融答曰："臣陆处无屋，舟居非水。"后日上以问融从兄绪，绪曰："融近东出，未有居止，权牵小船，于岸上住。"上大笑。虏中闻融名，上使融接北使李道固，就席，道固顾之而言曰："张融是宋彭城长史张畅子不？"融频蹙久之，曰："先君不幸，名达六夷。"豫章王大会宾僚，融食炙始毕，行炙人便去，融欲求盐蒜，白终不言，方摇食货，半日乃息。出入朝廷，皆拭目惊观之。八年，朝臣贺众端公事，融袂入拜起，复为有司所奏，见原。迁司徒右长史。

竟陵张欣时为诸暨令,坐罪当死。欣时父兴世宋世讨南谯王义宣,官军欲杀融父畅,兴世以袍覆畅而坐之,以此得免。兴世卒,融著高履负土成坟。至是,融启竟陵王子良,乞代欣时死,子良答曰:"此乃是长史美事,恐朝有常典,不得如长史所怀。"迁黄门郎,太子中庶子,司徒左长史。融有孝义,忌月三旬不听乐,事嫂甚谨。宋丞相起事,父畅以不同将见杀,司马竺超民谏免之。畅临终谓诸子曰:"昔丞相事难,吾缘竺司马得活,尔等必报其子弟。"后超民孙微冬月遭母丧,居贫,融往吊之,悉脱衣以为赗,披牛被而反。常以兄事微。豫章王嶷、竟陵王子良薨,自以身经佐吏,哭辄尽恸。

建武四年,病卒,年五十四。遗令建白旐无旒,不设祭,令人捉麈尾登屋复魂。曰:"吾生平所善,自当凌云一笑。"三千买棺,无制新衾。左手执《孝经》、《老子》,右手执小品《法华经》。妾二人,哀事毕,各遣还家。又曰:"以吾平生之风调,何至使妇人行哭失声,不须暂停闺閤。"

融玄义无师法,而神解过人,白黑谈论,鲜能抗拒。永明中,遇疾,为《问律自序》曰:"吾文章之体,多为世人所惊,汝可师耳以心,不可使耳为心师也。夫文岂有常体,但以有体为常,政当使常有其体。丈夫当删《诗》《书》,制礼乐,何至因循寄人篱下。且中代之文,道体阙变,尺寸相资,弥缝旧物。吾之文章,体亦何异,何尝颠温凉而错寒暑,综哀乐而横歌哭哉?政以属辞多出,比事不羁,不阡不陌,非途非路耳。然其传音振逸,鸣节竦韵,或当未极,亦已极其所矣。汝若复别得体者,吾不拘也。吾义亦如文,造次乘我,颠沛非物。吾无师无友,不文不句,颇有孤神独逸耳。义之为用,将使性入清波,尘洗犹沐。无得钓声同利,举价如高,俾是道场,险成军路。吾昔嗜僧言,多肆法辩,此尽游乎言笑,而汝等无幸。"又云:"人生之口,正可论道说义,惟饮与食。此外如树铜为。吾每以不尔为恨,尔曹当振纲也。"

临卒,又戒其子曰:"手泽存焉,父书不读!况父音情,婉在其韵。吾意不然，别遣尔音。吾文体英绝，变而屡奇，既不能远至汉魏，故无取嗟晋宋。岂吾天挺，盖不陨家声。汝若不看，父祖之意欲汝见也。可号哭而看之。"融自名集为《玉海》。司徒褚渊问《玉海》名，融答："玉以比德，海崇上善。"文集数十卷，行于世。

张氏知名，前有敷、演、镜、畅，后有充、融、卷、稷。

周颙字彦伦，汝南安城人，晋左光禄大夫颛七世孙也。祖虎头，员外常侍。父恂，归乡相。

颙少为族祖朗所知。解褐海陵国侍郎。益州刺史萧惠开赏异颙，携入蜀，为厉锋将军，带肥乡、成都二县令。转惠开辅国府参军，将军、令如故。仍为府主簿。常谓惠开性太险俊，每致谏，惠开不悦，答颙曰："天险地险，王公设险，但问用险何如耳。"随惠开还都。

宋明帝颇好言理，以颙有辞义，引入殿内，亲近宿直。帝所为惨毒之事，颙不敢显谏，辄诵经中因缘罪福事，帝亦为之小止。转安成王抚军行参军。元徽初，出为剡令，有恩惠，百姓思远。还历邵陵王南中郎三府参军。太祖辅政，引接颙。颙善尺牍，沈攸之送绝交书，太祖口授令颙裁答。转齐台殿中郎。

建元初，为长沙王参军，后军参军，山阴令。县旧订滂民，以供杂使。颙言之于太守闻喜公子良曰："窃见滂民之困，困实极矣。役命有常，祗应转竭，蹙迫驱催，莫安其所。险者或窜避山湖，困者自经沟渎尔。亦有擢臂斮手，苟自残落，贩佣贴子，权赴急难。每至滂使发动，遵赴常促，辄有枷杖被绿，稽颡阶垂，泣涕告哀，不知所愬。下官未尝不临食罢箸，当书偃笔，为之久之，怆不能已。交事不济，不得不就加捶罚，见此辛酸，时不可过。山阴邦治，事倍余城，然略闻诸县，亦处处皆蹶。唯上虞以百户一滂，大为优足，过此列城，不无凋罄。宜应有以普救倒悬，设流开便，则转患为功，得之何远。"还为文惠太子中军录事参军。随府转征北。文惠在东宫，颙还正员郎，始兴王前军谘议。直侍殿省，复见赏遇。

颙音辞辩丽，出言不穷，宫商朱紫，发口成句。泛涉百家，长于佛理。著《三宗论》。立空假名,立不空假名。设不空假名难空假名,设空假名难不空假名。假名空难二宗,又立假名空。西凉州智林道人遗颙书曰:"此义旨趣似非始开,妙声中绝六七十载。贫道年二十时,便得此义,窃每欢喜,无与共之。年少见长安耆老,多云关中高胜乃旧有此义,当法集盛时,能深得斯趣者,本无多人,过江东略是无一。贫道捉麈尾来四十余年,东西讲说,谬重一时,余义颇见宗录,唯有此涂白黑无一人得者,为之发病。非意此音猥来入耳,始是真实行道第一功德。"其论见重如此。

颙于钟山西立隐舍,休沐则归之。转太子仆,兼著作,撰《起居注》。迁中书郎,兼著作如故。常游侍东宫。少从外氏车骑将军臧质家得卫恒散隶书法,学之甚工。文惠太子使颙书玄圃茅斋壁,国子祭酒何胤以倒薤书求就颙换之,颙笑而答曰:"天下有道,丘不与易也。"

每宾友会同,颙虚席晤语,辞韵如流,听者忘倦。兼善《老》、《易》,与张融相遇,辄以玄言相滞,弥日不解。清贫寡欲,终日长蔬食,虽有妻子,独处山舍。卫将军王俭谓颙曰:"卿山中何所食?"颙曰:"赤米白盐,绿葵紫蓼。"文惠太子问颙:"菜食何味最胜?"颙曰:"春初早韭,秋末晚菘。"时何胤亦精信佛法,无妻妾。太子又问颙:"卿精进何如何胤?"颙曰:"三涂八难,共所未免,然各有其累。"太子曰:"所累伊何?"对曰:"周妻何肉。"其言辞应变,皆如此也。

转国子博士,兼著作如故。太学诸生慕其风,争事华辩。后何胤言断食生,犹欲食肉白鱼、鳝脯、糖蟹,以为非见生物。疑食蚶蛎,使学生议之。学生钟岏曰:"鳝之就脯,骤于屈伸,蟹之将糖,躁扰弥甚。仁人用意,深怀如怛。至于车螯蚶蛎,眉目内阙,惭浑沌之奇,矿壳外缄,非金人之慎。不悴不荣,曾草木之不若;无馨无臭,与瓦砾其何算。故宜长充庖厨,永为口实。"竟陵王子良见岏议,大怒。

胤兄点,亦遁节清信。颙与书,劝令菜食,曰:"丈人之所以未极遐蹈,或在不近全菜邪?脱洒离析之讨,鼎俎网罟之兴,载策,其来实远。谁敢干议?观圣人之设膳脩,仍复为之品节,盖以茹毛饮血,

与生民共始，纵而勿裁，将无厓畔。善为士者，岂不以恕己为怀。是
以各静封疆，罔相陵轶。况乃变之大者，莫过死生；生之所重，无逾
性命。性命之于彼极切，滋味之在我可赊，而终身朝晡，资之以永，
彼就冤残，莫能自列，我业久长，吁哉可畏。且区区微卯，跪薄易矜，
歔彼弱麛，顾步宜愍。观其饮喙飞沉，使人物怜悼，况可心心扑褫，
加复恣忍吞嚼。至乃野牧盛群，闭豢重圈，量肉揣毛，以俟枝剥，如
土委地，佥谓常理，百为怆息，事岂一涂。若云三世理诬，则幸矣良
快，如使此道果然，而形未息，则一往一来，一生一死，□□□常事。
杂报如家，人天如客，遇客日鲜，在家日多，吾侪信业，未足长免，则
伤心之惨，行亦息念。丈人于血气之类，虽无身践，至于晨兔夜鲤，
不能不取备屠门。财贝之经盗手，犹为廉士所弃；生性之一启鸾刀，
宁复慈心所忍。驺虞虽饥，非自死之草不食，闻其风岂不使人多愧。
众生之禀此形质，以畜肌背，皆由其积壅痴迷，沉流莫反，报受秽
浊，历苦酸长，此甘与肥，皆无明之报聚也。何至复引此滋腴，自污
肠胃。丈人得此有素，聊复寸言发起耳。"

颢卒官时，会王俭讲《孝经》未毕，举昙济自代，学者荣之。官为
给事中。

史臣曰：弘毅存容，至仁表貌，汲黯刚戆，崔琰声姿，然后能不
惮雄桀，亟成讥犯。张融标心托旨，全等尘外，吐纳风云，不论人物，
而干君会友，敦义纳忠，诞不越检，常在名教。若夫奇伟之称，则虞
翻、陆绩不得独擅于前也。

赞曰：思光矫矫，万里千仞。升同应谐，黜同解摈。务在连衡，
不谋销印。彦伦辞辩，苦节清韵。白马横擒，云梯独振。

张融《海赋》文多脱误，诸本同。

南齐书卷四二
列传第二三

王晏　萧谌　萧坦之　江祏

王晏字士彦，琅邪临沂人也。祖弘之，通直常侍。父普曜，秘书监。

晏，宋大明末起家临贺王国常侍，员外郎，巴陵王征北板参军，安成王抚军板刑狱，随府转车骑。晋熙王燮为郢州，晏为安西主簿。世祖为长史，与晏相遇。府转镇西，板晏记室谘议。沈攸之事难，镇西职僚皆随世祖镇盆城，上时权势虽重，而众情犹有疑惑，晏便专心奉事，军旅书翰皆委焉。性甚便僻，渐见亲侍。乃留为上征虏、抚军府板谘议，领记室。从还都，迁领军司马，中军从事中郎。常在上府，参议机密。建元初，转太子中庶子。世祖在东宫，专断朝事，多不闻启，晏虑及罪，称疾自疏。寻领射声校尉，不拜。世祖即位，转长兼侍中，意任如旧。

永明元年，领步兵校尉，迁侍中祭酒，校尉如故。遭母丧，起为辅国将军、司徒左长史。晏父普曜藉晏势宦，多历通官。晏寻迁左卫将军，加给事中。未拜，而普曜卒，居丧有称。起冠军将军、司徒左长史、济阳太守，未拜，迁卫尉，将军如故。四年，转太子詹事，加散骑常侍。六年，转丹阳尹，常侍如故。晏位任亲重，朝夕进见，言论朝事，自豫章王嶷、尚书令王俭皆降意以接之，而晏每以疏漏被上呵责，连称疾久之。上以晏须禄养，七年，转为江州刺史，晏固辞不愿出外，见许，留为吏部尚书，领太子右卫率。终以旧恩见宠。时令王俭虽贵而疏，晏既领选，权行台阁，与俭颇不平。俭卒，礼官议谥，上欲依王导谥为“文献”，晏启上曰：“导乃得此谥，但宋以来，不加素族。”出谓亲人曰：“平头宪事已行矣。”八年，改领右卫将军，陈疾自解。

上欲以高祖代晏领选，手敕问之。晏启曰：“讳清干有余，然不谙百氏，恐不可居此职。”上乃止。明年，迁侍中，领太子詹事，本州中正，又以疾辞。十年，改授散骑常侍、金紫光禄大夫，给亲信二十人，中正如故。十一年，迁右仆射，领太孙右卫率。

世祖崩，遗旨以尚书事付晏及徐孝嗣，令久于其职。郁林即位，转左仆射，中正如故。隆昌元年，加侍中。高宗谋废立，晏便响应推奉。延兴元年，转尚书令，加后将军，侍中、中正如故。封曲江县侯，邑千户。给鼓吹一部，甲仗五十人入殿。高宗与晏宴于东府，语及时事，晏抵掌曰：“公常言晏怯，今定何如？”建武元年，进号骠骑大将军，给班剑二十人，侍中、令、中正如故。又加兵百人，领太子少傅，进爵为公，增邑为二千户。以虏动，给兵千人。

晏为人笃于亲旧，为世祖所称。至是自谓佐命惟新，言论常非薄世祖故事，众始怪之。高宗虽以事际须晏，而心相疑斥，料简世祖中诏，得与晏手敕三百余纸，皆是论国家事，以此愈猜薄之。初即位，始安王遥光便劝诛晏，帝曰：“晏于我有勋，且未有罪。”遥光曰：“晏尚不能为武帝，安能为陛下。”帝默然变色。时帝常遣心腹左右陈世范等出涂巷采听异言，由是以晏为事。晏轻浅无防虑，望开府，数呼相工自视，云当大贵，与宾客语，好屏人清闲。上闻之，疑晏欲反，遂有诛晏之意。伧人鲜于文粲与晏子德元往来，密探朝旨，告晏有异志。世范等又启上云：“晏谋因四年南郊，与世祖故旧主帅于道中窃发。”会虏犯郊坛，帝愈惧，未郊一日，敕停行。元会毕，乃召晏于华林省诛之。下诏曰：“晏间阎凡伍，少无持操，阶缘人乏，班齿官途。世祖在蕃，搜扬擢用，弃略疵瑕，遂升要重。而轻跳险锐，在贵弥著，猜忌反覆，触情多端。故以两宫所弗容，十手所共指，既内愧于心，外惧宪牍，掩迹陈疴，多历年载。频授蕃任，辄辞请不行，事以谦虚,情实诡伏。隆昌以来,运集艰难,匡赞之功,颇有心力。乃爵冠通侯,位登元辅,绸缪恩寄,朝莫均焉。溪壑可盈,无厌将及。视天画地,遂怀异图。广求卜相,取信巫觋。论荐党附,遍满台府。令大息德元渊薮亡命,同恶相济,剑客成群。弟谞凶愚,远相唇齿,信驿往来,密通要契。去岁之初,奉朝鲜于文粲备告奸谋。朕以信必由中,义无与贰,推诚委任,觊能悛改。而长恶易流,构扇弥大,与北中郎司马萧毅、台队主刘明达等克期窃发。以河东王铉识用微弱,可为其主,得志之日,当守以虚器。明达诸辞列,炳然具存。昔汉后以反唇致讨,魏臣以虮须为戮,况无君之心既彰,陵上之迹斯著,此而可容,谁寔刑辟!并可收付廷尉,肃明国典。”

晏未败数日,于北山庙答赛,夜还,晏既醉,部伍人亦饮酒,羽仪错乱,前后十余里中,不复相禁制,识者云“此势不复久也。”

晏子德元,有意尚。至车骑长史。德元初名湛,世祖谓晏曰:“刘湛、江湛,并不善终,此非佳名也。”晏乃改之。至是与弟晋安王友德和俱被诛。

晏弟谞,永明中为少府卿。六年,敕位未登黄门郎,不得畜女妓。谞与射声校尉阴玄智坐畜妓免官,禁锢十年。敕特原谞禁锢。后出为辅国将军,始兴内史。广州刺史刘缵为奴所杀,谞率郡兵讨之。延兴元年,授谞持节、广州刺史。谞亦笃旧。晏诛,上又遣南中郎司马萧季敞袭谞杀之。

萧谌字彦孚,南□陵兰陵人也。祖道清,员外郎。父仙伯,桂阳国参军。

谌初为州从事,晋熙国侍郎,左常侍。谌于太祖为绝服族子,元徽末,世祖在郢州,欲知京邑消息,太祖遣谌就世祖宣传谋计,留为腹心。升明中,为世祖中军刑狱参军,东莞太守。以勋勤封安复县男,三百户。建元初,为武陵王冠军、临川王前军参军,除尚书都官郎,建威将军,临川王镇西中兵。世祖在东宫,谌领宿卫。太祖杀张景真,世祖令谌口启乞景真命,太祖不悦,谌惧而退。世祖即位,出谌为大末令，未之县，除步兵校尉，领射阳令。转带南濮阳太守，领御仗主。

永明二年，为南兰陵太守，建威将军如故。复除步兵校尉，太守如故。世祖斋内兵仗悉付之，心膂急事，皆使参掌。除正员郎，转左中郎将，后军将军，太守如故。世祖卧疾延昌殿，敕谌在左右宿直。上崩，遗敕谌领殿内事如旧。郁林即位，深委信谌，谌每请急出宿，帝通夕不得寐，谌还乃安。转卫军司马，兼卫尉，加辅国将军。丁母忧，敕还复本任，守卫尉。高宗辅政，有所匡谏，帝既在后宫不出，唯遣谌及萧坦之遥进，乃得闻达。谌回附高宗，劝行废立，密召诸王典签约语之，不许诸王外接人物。谌亲要日久，众皆惮而从之。郁林被废日，初闻外有变，犹密为手敕呼谌，其见信如此。谌性险进无计略。及废帝日，领兵先入后宫，斋内仗身素隶服谌，莫有动者。

海陵立，转中领军。进爵为公，二千户。甲仗五十人。入直殿内，月十日还府。建武元年，转领军将军、左将军、南徐州刺史，给扶，进爵衡阳郡公，食邑三千户。高宗初许事克用谌为扬州，及有此授，谌恚曰："见炊饭熟，推以与人。"王晏闻之曰："谁复为萧谌作坻箸者？"谌恃勋重，干豫朝政，诸有选用，辄命议尚书使为申论。上新即位，遣左右要人于外听察，具知谌言，深相疑阻。

二年六月，上幸华林园，宴谌及尚书令王晏等数人尽欢。坐罢，留谌晚出，至华林阁，仗身执还入省，上遣左右莫智明数谌曰："隆昌之际，非卿无有今日。今一门二州，兄弟三封，朝廷相报，政可极此。卿恒怀怨望，乃云炊饭已熟，合甑与人邪？今赐卿死。"谌谓智明曰："天去人亦复不远，我与至尊杀高、武诸王，是君传语来去。我今死，还取卿。"于省杀之，至秋而智明死，见谌为祟。诏曰："萧谌擢自凡庸，识用轻险，因藉幸会，早预驱驰。永明之季，曲颁恩纪。郁林昏悖，颇立诚效。宠灵优渥，期遇兼隆，内总戎柄，外畅蕃威，兄弟荣贵，震灼朝野。曾不感佩殊荷，少答万一。自以勋高伊、霍，事均难赏，才冠当时，耻居物后。矫制王权，与夺由己。空怀疑惧，坐构嫌猜。觎候宫掖，希觊非望。蔽上罔下之心，诬君不臣之迹，固亦彰暴民听，喧聒退迤。遂潜散金帛，招集不逞，交结禁卫，互为唇齿，密契戚邸，将肆奸逆。朕以其任寄既重，爵列河山，每加弥缝，弘以大信，庶能怀音，翻然悛改。而豺狼其性，凶谋滋甚。夫无将必戮，《阳秋》明义，况衅积祸盈，若斯之大。可收付廷尉，速正刑书。罪止元恶，余无所问。"

谌好左道，吴兴沈文猷相谌云："相不减高宗。"谌喜曰："感卿意，无为人言也。"至是，文猷伏诛。

谌兄诞，字彦伟，初为殿中将军。永明中，为建康令，与秣陵令司马迪之同乘行，车前导四平，左丞沈昭略奏："凡有卤簿官，共乘不得兼列驺寺。请免诞等官。"诏赎论。延兴元年，自辅国、徐州为持节、督司州刺史，将军如故。明帝立，封安德侯，五百户，进号冠军。建武二年春，虏攻司州，诞尽力拒守，虏退，增封四百户。征左卫将军。上欲杀谌，以诞在边镇拒虏，故未及行。虏退六旬，谌诛，遣黄门郎梁王为司州别驾，使诛诞，束身受戮，家口系尚方。

谌弟诔，与谌同豫废立，为宁朔将军、东莞太守，转西中郎司马。建武初，封西昌侯，千户。转太子左率。领军解司州围还，同伏诛。

谌伯父仙民，官至太中大夫，卒。

萧坦之，南兰陵兰陵人也。祖道济，太中大夫。父欣祖，有勋于世祖，至武进令。

坦之与萧谌同族。初为殿中将军，累至世祖中军板刑狱参军。以宗族见驱使。除竟陵王镇北、征北参军，东宫直阁，以勤直为世祖所知。除给事中，淮陵令。又除兰陵令，给事中如故。尚书起部郎，司徒中兵参军。世祖崩，坦之随太孙文武度上台，除射声校尉，令如故。未拜，除正员郎、南鲁郡太守。

少帝以坦之世祖旧人，亲信不难，得入内见皇后。于宫中及出后堂杂戏狡狯，坦之皆得在侧。或值醉后裸袒，坦之辄扶持谏喻。见帝不可奉，乃改计附高宗，密为耳目。除晋安王征北谘议。隆昌元年,追录坦之父勋,封临汝县男,食邑三百户。徙征南谘议。

高宗谋废少帝,既与萧谌及坦之定谋。帝腹心直阁将军曹道刚疑外间有异,密有处分,谌未能发。始兴内史萧季敞、南阳太守萧颖基迁都尉,谌欲待二萧至,藉其势力以举事。高宗虑事变,以告坦之,坦之驰谓谌曰:"废天子古来大事。比闻曹道刚、朱隆之等转已猜疑。卫尉明日若不就事,无所复及。弟有百岁母,岂能坐听祸败,政应作余计耳。"谌遑遽,明日遂废帝,坦之力也。

海陵即位,除黄门郎,兼卫尉卿,进爵伯,增邑为六百户。建武元年,迁散骑常侍、右卫将军,进爵侯,增邑为千五百户。明年,虏动,假坦之节,督徐州征讨军事。虏围钟离,春断淮洲,坦之击破之。还,加领太子中庶子,未拜,迁领军将军。永泰元年,为侍中、领军。

东昏立,为侍中、领军将军。永元元年,遭母丧,起复职,加右将军,置府。江祏兄弟欲立始安王遥光,密谓坦之,坦之曰:"明帝取天下,已非次第,天下人至今不服。今若复作此事,恐四海瓦解。我其不敢言。"持丧还宅。宅在东府城东,遥光起事,遣人夜掩取坦之,坦之科头著裤逾墙走,从东冶儌渡南渡,间道还台,假节督众军讨遥光,屯湘宫寺。事平,迁尚书右仆射,丹阳尹,右军如故。进爵公,增邑千户。

坦之肥黑无须,语声嘶,时人号为"萧痖"。刚很专执,群小畏而憎之。遥光事平二十余日,帝遣延明主帅黄文济领兵围坦之宅,杀之。子赏,秘书郎,亦伏诛。

坦之从兄翼宗,为海陵郡,将发。坦之谓文济曰:"从兄海陵宅故应无他?"文济曰:"海陵宅在何处?"坦之告。文济曰:"应得罪。"仍遣收之。检家赤贫,唯有质钱帖子数百,还以启帝,原死,系尚方。

和帝中兴元年,追赠坦之中将军、开府仪同三司。

江祏字弘业,济阳考城人也。祖遵,宁朔参军。父德邻,司徒右长史。

祏姑为景皇后,少为高宗所亲,恩如兄弟。宋末,解褐晋熙国常侍，太祖徐州西曹，员外郎，高宗冠军参军，带溧阳令，竟陵王征北参军，尚书水部郎。高宗为吴兴，以祏为郡丞，加宣威将军。庐陵王中军功曹记室，安陆王左军谘议，领录事，带京兆太守。除通直郎，补南徐州别驾。

高宗辅政，委以心腹。隆昌元年，自正员郎补丹阳丞，中书郎。高宗为骠骑，镇东府，以祏为谘议参军，领南昌太守，与萧谌对直东府省内。时新立海陵，人情未服，高宗胛上有赤志，常秘不传，祏劝帝出以示人。晋寿太守王洪范罢任还，上袒示之，曰：“人皆谓此是日月相，卿幸无泄言。”洪范曰：“公日月之相在躯，如何可隐。转当言之公卿。”上大悦。会直后张伯、尹瓛等屡谋窃发，祏、谌忧虞无计，每夕辄托事外出。及入纂议定，加祏宁朔将军。高宗为宣城王，太史密奏图纬，云“一号当得十四年”。祏入，帝喜以示祏曰：“得此复何所望”。及即位，迁守卫尉，将军如故。封安陆县侯，邑千户。祏祖遵，以后父赠金紫光禄大夫；父德邻，以帝舅亦赠光禄大夫。

建武二年，迁右卫将军，掌甲仗廉察。四年，转太子詹事。祏以外戚亲要，势冠当时，远致饷遗，或取诸王第名书好物。然家行甚睦，待子侄有恩意。

上寝疾，永泰元年，转祏为侍中、中书令，出入殿省。上崩，遗诏转右仆射，祏弟卫尉祀为侍中，敬皇后弟刘暄为卫尉。东昏即位，参掌选事。高宗虽顾命群公，而意寄多在祏兄弟。至是更直殿内，动止关谘。永元元年，领太子詹事。刘暄迁散骑常侍，右卫将军。祏兄弟与暄及始安王遥光、尚书令徐孝嗣、领军萧坦之六人，更日帖敕，时呼为“六贵”。

帝稍欲行意，孝嗣不能夺，坦之虽时有异同，而祏坚意执制，帝深忿之。帝失德既彰，祏议欲立江夏王宝玄。刘暄初为宝玄郢州行事，执事过刻。有人献马，宝玄欲看之，暄曰：“马何用看。”妃索煮腒，帐下谘暄，暄曰：“且已煮鹅，不烦复此。”宝玄恚曰：“舅殊无《渭阳》之情。”暄闻之亦不悦。至是不同祏议，欲立建安王宝夤，密谋于遥光。遥光自以年长，属当鼎命，微旨动祏。祏弟祀以少主难保，劝祏立遥光。暄以遥光若立，己失元舅之望，不肯同，故祏迟疑久不快。遥光大怒，遣左右黄昙庆于清溪桥道中刺杀暄，昙庆见暄部伍人多，不敢发。事觉，暄告祏谋，帝处分收祏兄弟。祀时直在内殿，疑有异，遣信报祏曰："刘暄似有异谋，今作何计?"祏曰："政当静以镇之耳。"俄而召祏入见，停中书省。初，直斋袁文旷以王敬则勋当封，祏执不与。帝使文旷取祏，以刀环筑其心曰："复能夺我封否?"祏、祀同日见杀。

祀字景昌，初为南郡王国常侍，历高祖骠骑东阁祭酒，秘书丞，晋安王镇北长史、南东海太守，行府、州事。治下有宣尼庙，久废不修，祀更开扫构立。

祀弟禧，居丧早卒。有子庥，字伟卿，年十二，闻收至，谓家人曰："伯既如此，无心独存。"赴井死。

后帝于后堂骑马致适，顾谓左右曰："江祏若在，我当复能骑此不?"

暄字士穆，出身南阳国常侍。遥光起事，以讨暄为名。事平，暄迁领军将军，封平都县侯，千户。其年，又见杀。和帝中兴元年，赠祏卫将军，暄散骑常侍、抚军将军，并开府仪同三司，祀散骑常侍、太常卿。

史臣曰：士死知己，盖有生所共情，虽愚智之品有二，而逢迎之运唯一。夫怀可知之才，受知人之眄，无惭外物，此固天理，其犹藏在中，衔恩念报。况乎义早蓄僚，道同遇合，逾越胜己，顾迈先流，弃子如遗，曾微旧德，使狗之喻，人致前讥，惭包疚心，我无其事。鸣呼！陆机所以赋《豪士》也。

赞曰：王萧提契，世祖基之。乐羊食子，里克无辞。江、刘后戚，明嗣是维。废兴异论，终用乖疑。

南齐书卷四三
列传第二四

江敩　何昌宇　谢瀹
王思远

　　江敩字叔文，济阳考城人也。祖湛，宋左光禄大夫、仪同三司。父恁，著作郎，为太祖所杀。敩母，文帝女淮阳公主。幼以戚属召见，孝武谓谢庄曰："此小儿方当为名器。"

　　少有美誉。桂阳王休范临州，辟迎主簿，不就。尚孝武女临汝公主，拜驸马都尉。除著作郎，太子舍人，丹阳丞。时袁粲为尹，见敩叹曰："风流不坠，政在江郎。"数与晏赏，留连日夜。迁安成王抚军记室，秘书丞，中书郎。敩庶祖母王氏老疾，敩视膳尝药，七十余日不解衣，及累居内官，每以侍养陈请，朝廷优其朝直。寻转安成王骠骑从事中郎。初，湛娶褚秀之女，被遣，褚渊为卫军，重敩为人，先通音意，引为长史，加宁朔将军。从帝立，随府转司空长史，领临淮太守，将军如故。转太尉从事中郎。齐台建，为吏部郎。太祖即位，敩以祖母久疾连年，台阁之职，永废温清，启乞自解。

　　初，宋明帝敕敩出继从叔愻，为从祖淳后。于是仆射王俭启："礼无从小宗之文，近世缘情，皆由父祖之命，未有既孤之后，出继宗族也。虽复臣子一揆，而义非天属。江忠简胤嗣所寄，唯敩一人，傍无眷属。敩宜还本。若不欲江愻绝后，可以敩小儿继愻为孙。"尚书参议，谓"间世立后，礼无其文。荀颛无子立孙，坠礼之始。何琦又立此论，义无所据。"于是，敩还本家，诏使自量立后者。

出为宁朔将军、豫章内史。还除太子中庶子,领骁骑将军。未拜,门客通赃利,世祖遣信捡核,敩藏此客而躬自引咎,上甚有怪色。王俭从容启上曰:"江敩若能治郡,此便是具美耳。"上意乃释。永明初,仍为豫章王太尉谘议,领录事,迁南郡王友,竟陵王司徒司马。敩好文辞,围棋第五品,为朝贵中最。迁侍中,领本州中正。司徒左长史,中正如故。五年,迁五兵尚书。明年,出为辅国将军、东海太守,加秩中二千石,行南徐州事。

七年,徙为侍中,领骁骑将军,寻转都官尚书,领骁骑将军。王晏启世祖曰:"江敩今重登礼阁,兼掌六军,慈渥所覃,实有优忝。但语其事任,殆同闲辈。天旨既欲升其名位,愚谓以侍中领骁骑,望实清显,有殊纳言。"上曰:"敩常启吾,为其鼻中恶。今既以何胤、王莹还门下,故有此回换吴。"郁林即位,迁掌吏部。隆昌元年,为侍中,领国子祭酒。郁林废,朝臣皆被召入宫,敩至云龙门,托药醉吐车中而去。明帝即位,改领秘书监,又改领晋安王师。

建武二年,卒,年四十四。遗令俭约葬,不受赙赠。诏赙钱三万,布百匹,子茜启遵敩令,让不受,诏曰:"敩贻厥之训,送终以俭,立言归善,益有嘉伤,可从所请。"赠散骑常侍、太常,谥曰敬子。

何昌宇,字俨望,庐江灊人也。祖叔度,吴郡太守。父佟之,太常。

昌宇少而淹厚,为伯父司空尚之所遇。宋建安王休仁为扬州,辟昌宇州主簿。迁司徒行参军,太傅五官,司徒东阁祭酒,尚书仪曹郎。建平王景素为征北、南徐州,昌宇又为府主簿,以夙素见重。母老求禄,出为湘东太守,加秩千石。

为太祖骠骑功曹。昌宇在郡,景素被诛,昌宇痛之。至是启太祖曰:

> 伏寻故建平王,因心自远,忠孝基性,徽和之誉,早布国言,胜素之情,夙洽民听。世祖绸缪,太宗眷异,朝中贵人,野外贱士,虽闻见有殊,谁不悉斯事者?

　　元徽之间，政关群小，构扇异端，共令倾覆。殷勤之非，古人所悼，况苍梧将季，能无玄惑。一年之中，藉者再三，有必巅之危，无暂立之安，行路寒心，往来踟蹰。而王夷虑坦然，委之天命，惟谦惟敬，专诚奉国，闺无执戟之卫，门阙衣介之夫，此五尺童子所见，不假阔曲言也。一沦疑似，身名顿灭，冤结渊泉，酷贯穿昊。时经隆替，岁改三元，旷荡之惠亟申，被枉之泽未流。俱沐温光，独酸霜露。

　　明公铺天地之施，散云雨之润，物无巨细，咸被庆渥。若今日不蒙照涤，则为万代冤魂。昌宇非敢慕慷慨之士，激扬当世，实义切于心，痛入骨髓。沥肠纾愤，仰希神照，辩明枉直，亮王素行，使还名帝籍，归灵旧茔，死而不泯，岂忘德于黄垆。分躯碎首，不足上谢。

又与司空褚渊书曰：

　　天下之可哀者有数，而埋冤于黄泉者为甚焉。何者？百年之寿，同于朝露，挥忽去留，宁足道哉！政欲阖棺之日，不陨令名，竹帛传芳烈，钟石纪清英。是以昔贤甘心于死所者也。若怀忠抱义，而负枉冥冥之下，时主未之矜，卿相不为言，良史濡翰，将被以恶名，岂不痛哉！岂不痛哉！

　　窃寻故建平王，地属亲贤，德居宗望，道心惟冲，睿性天峻。散情风云，不以尘务婴衿，明发怀古，惟以琴书娱志。言忠孝，行悼慎，二公之所深鉴也。前者阮、杨连党，构此纷纭，虽被明于朝贵，愈结怨于群丑。觇察继踪，疑防重著，小人在朝，诗史所叹，少一句。清识饮涕。王每永言终日，气泪交横。既推信以期物，故日去其备卫，朱门萧条，示存典刑而已。求解徐州，以避北门要任，苦乞会稽，贪处东瓯闲务，此并彰于事迹。与公道味相求，期心有素，方共经营家国，劬劳王室，何图时不我与，契阔屯昏，忠诚弗亮，罹此百殃。

　　岁朔亟流，已经四载。皇命惟新，人沾天泽，而幽然深酷，未蒙照明。封殡卑杂，穷魂莫寄，昭穆不序，松柏无行。事伤行路，痛结幽显。吾等叩心泣血，实有望于圣时。公以德佐世，欲物得其所，岂可令建平王枉直不分邪？田叔不言梁事，袁丝谏止淮南，以两国衅祸，尚回帝意，岂非亲亲之义，宁从敦厚。而令疑以未辨，为世大戮。若使王心迹得申，亦示海内理冤枉，明是非。存亡国，继绝世，周、汉之通典，有国之所急也。昔叔向之理，恃祁大夫而获亮，戾太子之冤，资车丞相而见察。幽灵有知，岂不眷眷于明顾？碎首抽胁，自谓不殒。

渊答曰：“追风古人，良以嘉叹。但事既昭晦，理有逆从。建平初阻，元徽未悖，专欲委咎阮、杨，弥所致疑。于时正亦谬参此机，若审如高论，其愧特深。”太祖嘉其义，转为记室，迁司徒左西、太尉户曹属，中书郎，王俭卫军长史。俭谓昌宇曰：“后任朝事者，非卿而谁？”

永明元年，竟陵王子良表置友、学官，以昌宇为竟陵王文学，以清信相得，意好甚厚。转扬州别驾，豫章王又善之。迁太子中庶子，出为临川内史，除庐陵王中军长史。未拜，复为太子中庶子，领屯骑校尉。迁吏部郎，转侍中。

临海王昭秀为荆州，以昌宇为西中郎长史、辅国将军、南郡太守，行荆州事。明帝遣徐玄庆西上害蕃镇诸王，玄庆至荆州，欲以便宜从事。昌宇曰：“仆受朝廷意寄，翼辅外蕃，何容以殿下付君一介之使。若朝廷必须殿下还，当更听后旨。”昭秀以此得还京师。

建武二年，为侍中，领长水校尉，转吏部尚书。复为侍中，领骁骑将军。四年，卒，年五十一。赠太常，谥简子。

昌宇不杂交游，通和泛爱，历郡皆清白，士君子多称之。

谢瀹字义洁，陈郡阳夏人也。祖引微，宋太常。父庄，金紫光禄大夫。瀹四兄飏、朏、颢、㲦，世谓谢庄名儿为风、月、景、山、水。颢字仁悠，少简静。解褐秘书郎，累至太祖骠骑从事中郎。建元初，为吏部郎，至太尉从事中郎。永明初，高选友、学，以颢为竟陵王友。至北中郎长史，卒。

瀹年七岁，王彧见而异之，言于宋孝武，孝武召见于稠人广众之中，瀹举动闲详，应对合旨，帝甚悦。诏尚公主，值景和败，事寝。仆射褚渊闻瀹年少清正不恶，以女结婚，厚为资送。

解褐车骑行参军，迁秘书郎，司徒祭酒，丹阳丞，抚军功曹。世祖为中军，引为记室。齐台建，迁太子中舍人。建元初，转桂阳王友。以母老须养，出为安成内史。还为中书郎。卫军王俭引为长史，雅相礼遇。除黄门郎，兼掌吏部。寻转太子中庶子，领骁骑将军，转长史，兼侍中。瀹以晨昏有废，固辞不受。世祖敕令速拜，别停朝直。

迁司徒左长史，出为吴兴太守。长城县民卢道优家遭劫，诬同县殷孝悌等四人为劫，瀹收付县狱考正。孝悌母骆诣登闻诉称孝悌为道优所诽谤，横劾为劫，一百七十三人连名保征，在所不为申理。瀹闻孝悌母诉，乃启建康狱覆，道优理穷款首，依法斩刑。有司奏免瀹官。瀹又使典药吏煮汤，失火，烧郡外齐南厢屋五间，又辄鞭除身，为有司所奏，诏并赎论。在郡称为美绩。母丧去官。

服阕，为吏部尚书。高宗废郁林，领兵入殿，左右惊走报瀹。瀹与客围棋，每下子，辄云"其当有意"。竟局，乃还斋卧，竟不问外事也。明帝即位，瀹又属疾不视事。后上燕会，功臣上酒，尚书令王晏等兴席，瀹独不起，曰："陛下受命，应天从民，王晏妄叨天功以为己力。"上大笑解之。座罢，晏呼瀹共载还令省，欲相抚悦。瀹又正色曰："君巢窟在何处？"晏初得班剑，瀹谓之曰："身家太傅裁得六人。君亦何事一朝至此。"晏甚惮之。

加领右军将军。兄朏在吴兴，论启公齐稽晚，瀹辄代为启，上见非其手迹，被问，见原。转侍中，领太子中庶子，豫州中正。永泰元年，转散骑常侍，太子詹事。其年，卒，年四十五。赠金紫光禄大夫，谥简子。

初，兄朏为吴兴，瀹于征虏渚送别，朏指瀹口曰："此中唯宜饮酒。"瀹建武之初，专以长酣为事，与刘瑱、沈昭略以觞酌交饮，各至数斗。

世祖尝问王俭："当今谁能为五言诗？"俭对曰："谢朏得父膏腴，江淹有意。"上起禅灵寺，敕瀹撰碑文。

王思远，琅邪临沂人，尚书令晏从弟也。父罗云，平西长史。思远八岁，父卒，祖引之及外祖新安太守羊敬元，并栖退高尚，故思远少无仕心。

宋建平王景素辟为南徐州主簿，深见礼遇。景素被诛，左右离散，思远亲视殡葬，手种松柏。与庐江何昌宇、沛郡刘琎上表理之，事感朝廷。景素女废为庶人，思远分衣食以相资赡，年长，为备笄总，访求素对，倾家送遣。

除晋熙王抚军行参军，安成王车骑参军。建元初，为长沙王后军主簿，尚书殿中郎，出补竟陵王征北记室参军，府迁司徒，仍为录事参军。迁太子中舍人，文惠太子与竟陵王子良素好士，并蒙赏接。思远求出为远郡，除建安内史。长兄思玄卒，思远友于甚至，表乞自解，不许。及祥日，又固陈，世祖乃许之。除中书郎，大司马谘议。

世祖诏举士，竟陵王子良荐思远及吴郡顾皓之、陈郡殷睿。邵陵王子贞为吴郡，世祖除思远为吴郡丞，以本官行郡事，论者以为得人。以疾解职，还为司徒谘议参军，领录事，转黄门郎。出为使持节、都督广交越三州诸军事、宁朔将军、平越中郎将、广州刺史。高宗辅政，不之任，仍迁御史中丞。临海太守沈昭略赃私，思远依事劾奏，高宗及思远从兄晏、昭略叔父文季请止之，思远不从，案事如故。

建武中，迁吏部郎。思远以从兄晏为尚书令，不欲并居内台权要之职，上表固让，曰："近频烦归启，实有微概。陛下矜遇之厚，古今罕俦。臣若孤恩，谁当戮力。既自誓轻命，不复以尘骢为疑，正以臣与晏地惟密亲，必不宜俱居显要。惓惓丹赤，守之以死。臣实庸鄙，无足奖进。陛下甄拔之旨，要是许其一节。臣果不能以理自固，有乖则哲之明。犯冒之尤，诛责在己，谬赏之私，惟尘圣鉴。权其轻重，宁守福心。且亦缘陛下以德御下，故臣可得以礼进退。伏愿思垂拯宥，不使零坠。今若祗膺所忝，三公不足为泰，犯忤之后，九泉未足为剧。而臣苟求刑戮，自弃富荣，愚夫不为，臣亦庶免。此心此志,可怜可矜。如其上命必行,请罪非理,圣恩方置之通涂,而臣固求摈压,自愍自悼,不觉涕流。谨冒铁钺,悉心以请。穷则呼天,仰斯一照。"上知其意,乃改授司徒左长史。

初,高宗废立之际,思远与晏闲言,谓晏曰:"兄荷世祖厚恩,今一旦赞人如此事,彼或可以权计相须,未知兄将来何以自立。若及此引决,犹可不失后名。"晏不纳。及拜骠骑,集会子弟,谓思远兄思微曰:"隆昌之末,阿戎劝吾自裁。若从其语,岂有今日。"思远遽应曰:"如阿戎所见,犹未晚也。"及晏败,故得无他。

思远清修,立身简洁。衣服床筵,穷治素净,宾客来通,辄使人先密觇视,衣服垢秽,方便不前,形仪新楚,乃与促膝。虽然,既去之后,犹令二人交帚拂其坐处。上从祖弟季敞性甚豪纵,上心非之,谓季敞曰:"卿可数诣王思远。"

上既诛晏,迁为侍中,掌优策及《起居注》。永元二年,迁度支尚书。未拜,卒,年四十九。赠太常,谥贞子。

思远与顾皓之友善。皓之卒后家贫,思远迎其儿子,经恤甚至。

皓之字士明,少孤,好学,有义行。初举秀才,历宦府阁。永明末,为太子中舍人,兼尚书左丞。隆昌初,为安西谘议,兼著作,与思远并属文章。建武初,以疾归家,高宗手诏与思远曰:"此人殊可惜。"就拜中散大夫。卒,年四十九。

思微,永元中为江州长史,为陈伯之所杀。

史臣曰:德成为上,艺成为下。观夫二三子之治身,岂直清体雅业,取隆基构;行礼蹈义,可以勉物风规云。君子之居世,所谓美矣!

赞曰:江纂世业,有闻时陂。何申旧主,辞出乎义。谢献寿觞,载色载刺。思远退食,冲心笃寄。

南齐书卷四四
列传第二五

徐孝嗣　沈文季

　　徐孝嗣字始昌，东海郯人也。祖湛之，宋司空。父聿之，著作郎。并为太祖所杀，孝嗣在孕得免。幼而挺立，风仪端简。八岁，袭爵枝江县公，见宋孝武，升阶流涕，迄于就席。帝甚爱之，尚康乐公主。泰始二年，西讨解严，车驾还宫，孝嗣登殿不著袜，为治书御史蔡准所奏，罚金二两。拜驸马都尉，除著作郎。母丧去官。为司空、太尉二府参军，安成王文学。孝嗣姑适东莞刘舍，舍兄藏为尚书左丞，孝嗣往诣之。藏退语舍曰："徐郎是令仆人，三十余可知矣。汝宜善自结。"

　　升明中，迁太祖骠骑从事中郎，带南彭城太守，随府转为太尉谘议参军，太守如故。齐台建，为世子庶子。建元初，国除，出为晋陵太守，还为太子中庶子，领长水校尉。未拜，为宁朔将军、闻喜公子良征虏长史，迁尚书吏部郎，太子右卫率，转长史。善趋步，闲容止，与太宰褚渊相埒，世祖深加待遇。尚书令王俭谓人曰："徐孝嗣将来必为宰相。"转充御史中丞。世祖问俭曰："谁可继卿者？"俭曰："臣东都之日，其在徐孝嗣乎！"出为吴兴太守。俭赠孝嗣四言诗曰："方轨叔茂，追清彦辅。柔亦不吐，刚亦不茹。"时人以比蔡子尼之行状也。在郡有能名。会王俭亡，上征孝嗣为五兵尚书。

　　其年，上敕仪曹令史陈淑、王景之、朱玄真、陈义民撰江左以来仪典，令谘受孝嗣。明年，迁太子詹事。从世祖幸方山，上曰："朕经始此山之南，复为离宫之所。故应有迈灵丘。"灵丘山湖，新林苑也。孝嗣答曰："绕黄山，款牛首，乃盛汉之事。今江南未旷，民亦劳止，愿陛下少更留神。"上竟无所修立，竟陵王子良甚善之。子良好佛法，使孝嗣及庐江何胤掌知齐讲及众僧。转史部尚书，寻加右军将军，转领太子左卫率，台阁事多以委之。

世祖崩，遗诏转右仆射。隆昌元年，迁散骑常侍、前将军、丹阳尹。高宗谋废郁林，以告孝嗣，孝嗣奉旨无所厘赞。高宗入殿，孝嗣戎服随后。郁林既死，高宗须太后令，孝嗣于袖中出而奏之，高宗大悦。以废立功，封枝江县侯，食邑千户，给鼓吹一部，甲仗五十人入殿。转左仆射，常侍如故。明帝即位，加侍中、中军大将军，定策勋，进爵为公，增封二千户。给班剑二十人，加兵百人。旧拜三公乃临轩，至是，帝特诏与陈显达、王晏并临轩拜授。

北虏动，诏孝嗣假节，顿新亭。时王晏为令，民情物望，不及孝嗣也。晏诛，转尚书令，领本州中正，余悉如故。孝嗣爱好文学，赏托清胜。器量弘雅，不以权势自居，故见容建武之世。恭己自保，朝野以此称之。

初，孝嗣在率府，昼卧齐北壁下，梦两童子遽云"移公床"。孝嗣惊起，闻壁有声，行数步而壁崩压床。建武四年，即本号开府仪同三司。孝嗣闻有诏，敛容谓左右曰："吾德惭古人，位登衮职，将何以堪之。明君可以理夺，必当死请。若不获命，正当角巾丘园，待罪家巷耳。"固让不受。

是时，连年虏动，军国虚乏。孝嗣表立屯田，曰："有国急务，兵食是同，一夫辍耕，于事弥切。故井陌疆里，长穀盛于周朝，屯田广置，胜戈富于汉室。降此以还，详略可见。但求之自古，为论则赊；即以当今，宜有要术。窃寻缘淮诸镇，皆取给京师，费引既殷，漕运艰涩。聚粮待敌，每若不周，利害之基，莫此为急。臣比访之故老及经彼宰守，淮南旧田，触处极目，陂遏不修，咸成茂草。平原陆地，弥望尤多。今边备既严，戍卒增众，远资馈运，近废良畴，士多饥色，可为嗟叹。愚欲使刺史二千石躬自履行，随地垦辟。精寻灌溉之源，善商肥确之异。州郡县戍主帅以下，悉分番附农。今水田虽晚，方事菽麦，菽麦二种，益是北土所宜，彼人便之，不减粳稻。开创之利，宜在及时。所启允合，请即使至徐、兖、司、豫，爰及荆、雍，各当境规度，勿有所遗。别立主曹，专司其事。田器耕牛，台详所给。岁终言殿最，明其刑赏。此功克举，庶有弘益。若缘边足食，则江南自丰，权其所饶，略不可计。"事御见纳。时帝已寝疾，兵事未已，竟不施行。

帝疾甚，孝嗣入居禁中，监崩受遗托，重申开府之命，加中书监。永元初辅政，自尚书下省出住宫城南宅，不得还家。帝失德稍彰，孝嗣不敢谏诤。及江祏见诛，内怀忧恐，然未尝表色。始安王遥光反，众情遑惑，见孝嗣入，宫内乃安。群小用事，亦不能制也。进位司空，固让。求解丹阳尹，不许。

孝嗣文人，不显同异，名位虽大，故得未及祸。虎贲中郎将许准有胆力，领军隶孝嗣，陈说事机，劝行废立。孝嗣迟疑久之，谓必无用干戈理，须少主出游。闭城门召百僚集议废之，虽有此怀，终不能决。群小亦稍憎孝嗣，劝帝召百僚集议，因诛之。冬，召孝嗣入华林省，遣茹法珍赐药，孝嗣容色不异，少能饮酒，药至斗余，方卒。乃下诏曰："周德方熙，三监迷叛，汉历载昌，宰臣构戾，皆身膏斧钺，族同烟烬。殷鉴上代，垂戒后昆。徐孝嗣凭藉世资，早蒙殊遇，阶缘际会，遂登台铉。匡翼之诚无闻，诣默之迹屡著。沈文季门世后缺。

前缺。秘书郎。以庆之勋重，大明五年，封文季为山阳县五等伯。转太子舍人，新安王北中郎主簿，西阳王抚军功曹，江夏王太祖东曹掾，迁中书郎。庆之为景和所杀，兵仗围宅，收捕诸子。文季长兄文叔谓文季曰："我能死，尔能报。"遂自缢。文季挥刀驰马去，收者不敢追，遂得免。

明帝立，起文季为宁朔将军，迁太子右卫率，建安王司徒司马。赭圻平，为宣威将军、庐江王太尉长史。出为宁朔将军、征北司马、广陵太守。转黄门郎，领长水校尉。明帝宴会朝臣，以南台御史贺臧为柱下史,纠不醉者。文季不肯饮酒,被驱下殿。

晋平王休祐为南徐州,帝问褚渊须干事人为上佐,渊举文季。转宁朔将军、骠骑长史、南东海太守。休祐被杀,虽用薨礼,僚佐多不敢至,文季独往省墓展哀。出为临海太守。元徽初,迁散骑常侍,领后军将军,转秘书监。出为吴兴太守。文季饮酒至五斗,妻王氏,王锡女,饮酒亦至三斗。文季与对饮竟日,而视事不废。

升明元年,沈攸之反,太祖加文季为冠军将军,督吴兴钱塘军事。攸之先为景和衔使杀庆之,至是,文季收杀攸之弟新安太守登之,诛其宗族。加持节,进号征虏将军,改封略阳县侯,邑千户。明年,迁丹阳尹,将军如故。齐国初建,为侍中,秘书监。建元元年,转太子右卫率,侍中如故。改封西丰县侯,食邑千二百户。

文季风采棱岸,善于进止。司徒褚渊当世贵望,颇以门户裁之,文季不为之屈。世祖在东宫,于玄圃宴会朝臣。文季数举酒劝渊,渊甚不平,启世祖曰:“沈文季谓渊经为其郡,数加渊酒。”文季曰:“惟桑与梓,必恭敬止。岂如明府亡国失土,不识枌榆。”遂言及虏动,渊曰:“陈显达、沈文季当今将略,足要委以边事。”文季讳称将门,因是发怒,启世祖曰:“褚渊自谓是忠臣,未知身死之日,何面目见宋明帝?”世祖笑曰:“沈率醉也。”中丞刘休举其事,见原。后豫章王北宅后堂集会,文季与渊立喜琵琶,酒阑,渊取乐器,为《明君曲》。文季便下席大唱曰:“沈文季不能作伎儿。”豫章王嶷又解之曰:“此故当不损仲容之德。”渊颜色无异,曲终而止。

文季寻除征虏将军,侍中如故。迁散骑常侍,左卫将军,征虏如故。世祖即位,转太子詹事,常侍如故。永明元年,出为左将军、吴郡太守。三年,进号平东将军。四年,迁会稽太守,将军如故。是时连年检籍,百姓怨望。富阳人唐宇之侨居桐庐,父祖相传图墓为业。宇之自云其家墓有王气,山中得金印,转相诳惑。三年冬,宇之聚党四百人,于新城水断商旅,党与分布近县。新城令陆赤奋、桐庐令王天愍弃县走。宇之向富阳,抄略人民,县令何洵告鱼浦子逻主从系公,发鱼浦村男丁防县。永兴遣西陵戍主夏侯昙羡率将吏及戍左右

埭界人起兵赴救。宇之遂陷富阳。会稽郡丞张思祖遣台使孔矜、王
万岁、张繇等配以器仗将吏白丁，防卫永兴等十属。文季亦遣器仗
将吏救援钱塘。宇之至钱塘，钱塘令刘彪、戍主聂僧贵遣队主张玗
于小山拒之，力不敌，战败。宇之进抑浦登岸，焚郭邑，彪弃县走。文
季又发吴、嘉兴、海盐、盐官民丁救之。贼分兵出诸县，盐官令萧元
蔚、诸暨令陵琚之并逃走，余杭令乐琰战败乃奔。是春，宇之于钱塘
僭号，置太子，以新城戍为天子宫，县解为太子宫，弟绍之为扬州刺
史，钱塘富人柯隆为尚书仆射、中书舍人，领太官令。献铤数千口为
宇之作仗，加领尚方令。分遣其党高道度徐寇东阳，东阳太守萧崇
之、长山令刘国重拒战见害。崇之字茂敬，太祖族弟。至是临难，贞
正果烈。追赠冠军将军，太守如故。贼遂据郡。又遣伪会稽太守孙
泓取山阴，时会稽太守王敬则朝正，故宇之谓乘虚可袭。泓至浦阳
江，郡丞张思祖遣浃口戍主汤休武拒战，大破之。上在乐游苑，闻宇
之贼，谓豫章王起曰："宋明初，九州同反，鼠辈俚作，看萧公雷汝
头。"遣禁兵数千人、马数百匹东讨。贼众乌合，畏马。官军至钱塘，
一战便散，禽斩宇之，进兵平诸郡县。

　　台军乘胜，百姓颇被抄夺。军还，上闻之，收军主、前军将军陈
天福弃市，左军将军中宿县子刘明彻免官削爵付东冶。天福，上宠
将也，既伏诛，内外莫不震肃。天福善马矟，至今诸将法之。

　　御史中丞徐孝嗣奏曰："风闻山东群盗，剽掠列城，虽匪日而
殄，要暂干王略。郡县阙攻守之宜，仓府多侵耗之弊，举善惩恶，应
有攸归。吴郡所领盐官令萧元蔚、桐庐令王天愍、新城令陆赤奋等，
县为百劫破掠，并不经格战，委职故是。元蔚、天愍还台，赤奋不知
所在。又钱塘令刘彪、富阳令何洵，乃率领吏民相战不敌，未委归
台。余建德、寿昌，在劫断上流，不知被劫掠不。吴兴所领余杭县被
劫破，令乐琰乃率吏民径战不敌，委走出都。会稽所领诸暨县，为劫
所破，令陵琚之不经格战，委城奔走，不知所在。案元蔚等妄藉天
私，作司近服，昧斯隐愿，职启虔刘。会稽郡丞张思祖谬因承乏，总
任是尸，涓诚匃效，终焉无纪。平东将军、吴郡太守文季，征虏将军、

吴兴太守西昌侯讳,任属关、河,威怀是寄。辄下禁止彪、琰、洵,思祖、文季视事如故,讳等结赎论。"诏元蔚等免,思祖、讳、文季原。

文季固让会稽之授,转都官尚书,加散骑常侍。出为持节、督郢州司州之义阳诸军事、左将军、郢州刺史。还为散骑常侍、领军将军。世祖谓文季曰:"南士无仆射,多历年所。"文季对曰:"南风不竞,非复一日。"文季虽不学,发言必有辞采,当世称其应对。尤善簺及弹棋,簺用五子。

以疾迁金紫光禄大夫,加亲信二十人,常侍如故。转侍中,领太子詹事。迁中护军,侍中如故,以家为府。隆昌元年,复为领军将军,侍中如故。豫废郁林,高宗欲以文季为江州,遣左右单景俊宣旨。文季口自陈让,称年老不愿外出,因问右执法有人未,景俊还,具言之。延兴元年,迁尚书右仆射,

明帝即位,加领太子詹事,增邑五百户。尚书令王晏尝戏文季为吴兴仆射,文季答曰:"琅邪执法,似不出卿门。"寻加散骑常侍,仆射如故。建武二年,虏寇寿春,豫州刺史丰城公遥昌婴城固守,数遣轻兵相抄击,明帝以为忧,诏文季领兵镇寿春。文季入城,止游兵一听出,洞开城门,严加备守,虏军寻退,百姓无所伤损。增封为千九百户。寻加护军将军,仆射、常侍如故。

王敬则反,诏文季领兵屯湖头,备京路。永元元年,转侍中、左仆射,将军如故。始安王遥光反,其夜,遣三百人于宅掩取文季,欲以为都督,而文季已还台。明日,与尚书令徐孝嗣守卫宫城,戎服共坐南掖门上。时东昏已行杀戮,孝嗣深怀忧虑,欲与文季给世事,文季辄引以他辞,终不得及。事宁,加镇军将军,置府,侍中、仆射如故。

文季见世方昏乱,托以老疾,不豫朝机。兄子昭略谓文季曰:"阿父年六十为员外仆射,欲求自免,岂可得乎?"文季笑而不答。见孝嗣被害,其日先被召见,文季知败,举动如常,登车顾曰:"此行恐往而不反也。"于华林省死,时年五十八。朝野冤之。中兴元年,赠侍中、司空,谥忠宪。

兄子昭略，有刚气。升明末，为相国西曹，太祖赏之。及即位，谓王俭曰："南士中有沈昭略，何职处之？"俭曰："臣已有拟。"奏转前军将军。上不欲违，可其奏。寻迁为中书郎。永明初，历太尉、大司马从事中郎，骠骑司马，黄门郎。南郡王友、学华选，以昭略为友。寻兼左丞。元年，出为临海太守，御史中丞。昭略建武世尝酒醋，与谢瀹善。累迁侍中，冠军将军，抚军长史。永元元年，始安王遥光起兵东府，执昭略于城内。昭略、文季俱被召入华林省。茹法珍等进药酒，昭略怒骂徐孝嗣曰："废昏立明，古今令典。宰相无才，致有今日。"以瓯掷面破，曰"作破面鬼"。死时年四十余。

弟昭光，闻收至，家人劝逃去，昭光不忍舍母，遂见获，杀之。中兴元年，赠昭略太常，昭光廷尉。

史臣曰：为邦之训，食惟民天，足食足兵，民之信矣。屯田之略，实重战守。若夫充国耕殖，用殄羌戎，韩浩、枣祗，亦建华夏置典农之官，兴大佃之议。金城布险，峻垒绵疆，飞刍挽粒，事难支继。一夫不耕，或钟饥馁，缘边戍卒，坐甲千群。故宜尽收地利，因兵务食。缓则躬耕，急则从战。岁有余粮，则红食可待。前世达治，言之已详。江左以来，不暇远策，王旅外出，未尝宿饱，四郊婴守，惧等松刍。县兵所救，经岁引日，凌风泙水，转漕艰长。倾窖底之储，尽仓敖之粟，流马木牛，尚深前弊，田积之要，唯在江淮。郡国同兴，远不周急。故吴氏列戍南滨，屯农水右，魏世淮北大佃，而石横开漕，皆辅车相资，易以待商。孝嗣当蹙境之晨，荐希行之计，王无外略，民困首领，观机而动，斯议殆为空陈，惜矣！

赞曰：文忠作相，器范先摽。有容有业，可以立朝。丰城历仕，音仪孔昭。为舟等溺，在运同消。

南齐书卷四五
列传第二六

宗　室

衡阳元王道度　始安贞王道生
遥光　遥欣　遥昌　安陆昭王缅

衡阳元王道度，太祖长兄也。与太祖俱受学雷次宗。宣帝问二儿学业，次宗答曰："其兄外朗，其弟内润，皆良璞也。"随宣帝征伐，仕至安定太守，卒于宋世。建元二年，追加封谥。无子，太祖以第十一子钧继道度后。

钧字宣礼。永明四年，为江州刺史，加散骑常侍。母区贵人卒，居丧尽礼。六年，迁为征虏将军。八年，迁骁骑将军，常侍如故。仍转左卫将军。钧有好尚，为世祖所知，兄弟中意遇次鄱阳王锵。十年，转中书令，领石头戍事。迁散骑常侍，秘书监，领骁骑如故，不拜。隆昌元年，改加侍中，给扶。海陵立，转抚军将军，侍中如故。寻遇害，年二十二。明帝即位，以永阳王子珉仍本国，继元王为孙。

子珉字云玙，世祖第二十子也。永明七年，封义安王，后改永阳。永泰元年，见害，年十四。复以武陵昭王晔第三子子坦奉元王后。

始安贞王道生字孝伯，太祖次兄也。宋世为奉朝请，卒。建元元年，追封谥。建武元年，追尊为景皇，妃江氏为后。立寝庙于御道西,陵曰修安。生子凤、高宗、安陆昭王缅。

凤字景慈,官至正员郎,卒于宋世,谥靖世子。明帝建武元年,赠侍中、骠骑将军、开府仪同三司、始安靖王。改华林凤庄门为望贤门,太极东堂书凤鸟,题为神鸟,而改鸾鸟为神雀。子遥光嗣。

遥光字元晖,生有躄疾,太祖谓不堪奉拜祭祀,欲封其弟,世祖谏,乃以遥光袭爵。初为员外郎,转给事郎,太孙洗马,转中书郎,豫章内史,不拜。高宗辅政,遥光好天文候道,密怀规赞。隆昌元年,除骁骑将军、冠军将军、南东海太守,行南徐州事。仍除南彭城太守,将军如故。又除辅国将军、吴兴太守。高宗废郁林,又除冠军将军、南蛮校尉、西平中郎长史、南郡太守。一岁之内,频五除,并不拜。是时,高宗欲即位,诛赏诸事唯遥光共谋议。

建武元年,以为持节、都督扬南徐二州诸军事、前将军、扬州刺史。晋安王宝义为南徐州,遥光求解督,见许。二年,进号抚军将军,加散骑常侍,给通幰车、鼓吹。遥光好吏事,称为分明,颇多惨害。足疾不得同朝例,常乘舆自望贤门入。每与上久清闲,言毕,上索香火,明日必有所诛杀。上以亲近单少,憎忌高、武子孙,欲并诛之,遥光计画参议,当以次施行。永泰元年,即本位为大将军,给油络车。帝不豫,遥光数入侍疾,帝渐甚,河东王铉等七王一夕见杀,遥光意也。

帝崩,遗诏加遥光侍中、中书令,给扶。永元元年,给班剑二十人,即本号开府仪同三司。遥光既辅政,见少主即位,潜与江祏兄弟谋自树立。弟遥欣在荆楚,拥兵居上流,密相影响。遥光当据东府号令,使遥欣便星速急下。潜谋将发,而遥欣病死。江祏被诛,东昏侯召遥光入殿,告以祏罪,遥光惧,还省便阳狂号哭,自此称疾不复入台。先是,遥光行还入城,风飘仪伞出城外。

遥光弟遥昌先平寿春,豫州部曲皆归遥光。及遥欣丧还葬武进,停东府前,荆州众力送者甚盛。帝诛江祏后,虑遥光不自安,欲转为司徒还第,召入喻旨。遥光虑见杀,八月十二日晡时,收集二州部曲,于东府门聚人众,街陌颇怪其异,莫知指趣也。遥光召亲人丹阳丞刘沨及诸伧楚，欲以讨刘暄为名，夜遣数百人破东冶出囚，尚方取仗。又召骁骑将军垣历生，历生随信便至，劝遥光令率城内兵夜攻台，辇荻烧城门，"公但乘舆随后，反掌可得。"遥光意疑不敢出。天稍晓，遥光戎服出听事，停舆处分上仗登城行赏赐。历生复劝出军，遥光不肯，望台内自有变。

至日中，台军稍至，尚书符遥光曰："逆从之数，皎然有征，干纪乱常，刑兹罔赦。萧遥光宗室蚩庸，才行鄙薄，缇裙可望，天路何阶。受遇自昔，恩加犹子，礼绝帝体，宠越皇季。旗章车服，穷千乘之尊，闱阎爽闿，逾百雉之制。及圣后在天，亲受顾托，话言在耳，德音犹存，侮蔑天明，罔畏不义，无君之心，履霜有日。遂乃称兵内犯，窃发京畿，自古巨衅，莫斯为甚。今便分命六师，弘宣九伐。皇上当亲御戎轩，弘此庙略。信赏必罚，有如大江。"于是戒严，曲赦京邑。领军萧坦之屯湘宫寺，镇军司马曹虎屯清溪大桥，太子右卫率左兴盛屯东府东篱门。

众军围东城三面，烧司徒二府。遥光遣垣历生从西门出战，台军屡北，杀军主桑天爱。初，遥光起兵，问谘议参军萧畅，畅正色拒折不从，十五日，畅与抚军长史沈昭略潜自南出，济淮还台，人情大沮。十六日，垣历生从南门出战，因弃矟降曹虎军，虎命斩之。遥光大怒，于床上自踉踔，使杀历生儿。

其晚，台军射火箭烧东北角楼，至夜城溃。遥光还小斋，帐中著衣帢坐，秉烛自照，令人反拒，斋阁皆重关。左右并逾屋散出。台军主刘国宝、时当伯等先入，遥光闻外兵至，吹灭火，扶匐下床，军人排阁入，于暗中牵出斩首，时年三十二。遥光未败一夕，城内皆梦群蛇缘城四出，各各共说之，咸以为异。台军入城，焚烧屋宇且尽。

遥光府佐司马端为掌书记，曹虎谓之曰："君是贼非？"端曰："仆荷始安厚恩，今死甘心。"虎不杀，执送还台，徐世摽杀之。刘沨遁走还家园，为人所杀。端，河内人。沨，南阳人，事继母有孝行，弟濂事沨亦谨。

诏敛葬遥光尸，原其诸子。追赠桑天爱辅国将军、梁州刺史。以江陵公宝览为始安王,奉靖王后。永元二年,为持节、督湘州、辅国将军、湘州刺史。

遥欣字重晖。宣帝兄西平太守奉之无后,以遥欣继为曾孙。除秘书郎,太子舍人,巴陵王文学,中书郎。延兴元年,高宗树置,以遥欣为持节、督兖州缘淮军事、宁朔将军、兖州刺史。仍为督豫州之西阳司州之汝南二郡、辅国将军、豫州刺史,持节如故,未之任。建武元年,进号西中郎将,封闻喜县公,迁使持节、都督荆雍益宁梁南北秦七州军事、右将军、荆州刺史。改封曲江公。高宗子弟弱小,晋安王宝义有废疾,故以遥光为扬州居中,遥欣居陕西在外,权势并在其门。遥欣好勇,聚畜武士,以为形援。四年,进号平西将军。永泰元年,以雍州虏寇,诏遥欣本官领刺史、宁蛮校尉,移镇襄阳。虏退,不行。永元元年,卒,年三十一。赠侍中、司空,谥康公。葬用王礼。

遥昌字季晖。解褐秘书郎,太孙舍人,给事中,秘书丞。兴元元年,除黄门侍郎,未拜,仍为持节、督郢司二州军事、宁朔将军、郢州刺史。建武元年,进号冠军将军,封丰城县公,千五百户。未之镇,徙督豫州郢州之西阳司州之汝南二郡军事、征虏将军、豫州刺史,持节如故。

二年,虏主元宏寇寿春,遣使呼城内人,遥昌遣参军崔庆远、朱选之诣宏。庆远曰:“旌盖飘飖,远涉淮、泗,风尘惨烈,无乃上劳。”宏曰:“六龙腾跃,倏忽千里,经途未远,不足为劳。”庆远曰:“川境既殊,远劳轩驾。屈完有言:‘不虞君之涉吾地也。’何故?”宏曰:“故当有故。卿欲使我含瑕依违,为欲指斥其事?”庆远曰:“君包荒之德,本施北政,未承来议,无所含瑕。”宏曰:“朕本欲有言,会卿来问。齐王废立,有其例不?”庆远曰:“废昏立明,古今同揆。中兴克昌,岂唯一代?主上与先武帝,非唯昆季,有同鱼水。武皇临崩,托以后事。嗣孙荒迷,废为郁林,功臣固请,爰立明圣。上逼太后之严令,下迫群臣之稽颡,俯从亿兆,践登皇极。未审圣旨,独何疑怪?”宏曰:“闻卿此言,殊解我心。但哲妇倾城,何足可用。果如所言,武帝子弟今皆何在?”庆远曰:“七王同恶,皆伏管、蔡之诛,其余列蕃二十余国,内升清阶,外典方牧。哲妇之戒,古人所惑,然十乱盈朝,实唯文母。"宏曰:"如我所闻,靡有孑遗。卿言美而乖实,未之全信。"

宏又曰:"云罗所掩,六合宜一。故往年与齐武有书,言今日之事,书似未达齐主,命也。南使反,情有怆然,朕亦保兵。此段犹是本意,不必专为问罪。若如卿言,便可释然。"庆远曰:"见可而进,知难而退,圣人奇兵。今旨欲宪章圣人,不失美无,岂不善哉!"宏曰:"卿为欲朕和亲?为欲不和?"庆远曰:"和亲则二国交欢,苍生再赖;不和则二国交怨,苍生涂炭。和与不和,裁由圣衷。"宏曰:"朕来为复游行盐境,北去洛都,率尔便至。亦不攻城,亦不伐坞,卿勿以为虑。"宏设酒及羊炙杂果,又谓庆远曰:"听卿主克黜凶嗣,不违忠孝。何以不立近亲,如周公辅成王,而苟欲自取?"庆远答曰:"成王有亚圣之贤,故周公得辅而相之。今近蕃虽无悖德,未有成王之贤。霍光亦舍汉蕃亲而远立宣帝。"宏曰:"若尔,霍光向自立为君,当复得为忠臣不?"庆远曰:"此非其类,乃可言宣帝立与不立义当云何。皇上岂得与霍光为匹?若尔,何以不言武王伐纣,何意不立微子而辅之,苟贪天下?"宏大笑。明日引军向城东,遣道登道人进城内施众僧绢五百匹,庆远、选之各裤褶络带。

遥昌,永泰元年卒。上爱遥昌兄弟如子,甚痛惜之。赠车骑将军、仪同三司。帝以问徐孝嗣,孝嗣曰:"丰城本资尚轻,赠以班台,如为小过。"帝曰:"卿乃欲存万代准则,此我孤兄子,不得与计。"谥宪公。

安陆昭王缅字景业。善容止。初为秘书郎,宋邵陵王文学,中书郎。建元元年,封安陆侯,邑千户。转太子中庶子,迁侍中。世祖即位,迁五兵尚书,领前军将军。仍出为辅国将军、吴郡太守,少时,大著风绩。竟陵王子良与缅书曰:"窃承下风,数十年来未有此政。"世祖嘉其能,转持节、都督郢州司州之义阳军事、冠军将军、郢州刺史。

　　永明五年,还为侍中,领骁骑将军。仍迁中领军。明年,转散骑常侍,太子詹事,出为会稽太守,常侍如故。迁使持节、都督雍梁南北秦四州荆州之竟陵司州之随郡军事、左将军、宁蛮校尉、雍州刺史。缅留心辞讼,亲自隐恤,劫抄度口,皆赦遣许以自新,再犯乃加诛,为百姓所畏爱。

　　九年,卒。诏赙钱十万,布二百匹。丧还,百姓缘沔水悲泣设祭,于岘山为立祠。赠侍中、卫将军,持节、都督、刺史如故,给鼓吹一部,谥昭侯。年三十七。高宗少相友爱。时为仆射,领卫尉,表求解卫尉,私第展哀,诏不许。每临缅灵,辄恸哭不成声。建武元年,赠侍中,司徒,安陆王,邑二千户。

　　子宝晊嗣,为持节、督湘州军事、辅国将军、湘州刺史。弟宝览为江陵公,宝宏汝南公,邑各千五百户。二年,宝晊进号冠军将军。三年,宝宏改封宵城。永元元年,以安陆郡边虏,宝晊改封湘东王,进号征虏将军。二年,为左卫将军。高宗兄弟一门皆尚吏事,宝晊粗好文章。义师下,宝晊在城内,东昏废,宝晊望物情归己,坐待法驾,既而城内送首诣梁王。宣德太后临朝,以宝晊为太常。宝晊不自安,谋反,兄弟皆伏诛。

　　史臣曰:太祖膺期御世,二昆凤殒,庆命傍流,追序蕃胙。安陆王缅以宗子戚属,弱年进仕,典郡临州,去有余迹,遗爱在民。盖因情而可感,学以从政,夫岂必然。

　　赞曰:太祖二昆,追树双蕃。元托继胤,贞兴子孙。并用威福,自取亡存。安陆称美,事表西魂。

南齐书卷四六
列传第二七

王秀之　王慈　蔡约
陆慧晓 顾宪之　萧惠基

王秀之字伯奋。琅邪临沂人也。祖裕，宋左光禄大夫、仪同三司。父瓒之，金紫光禄大夫。

秀之幼时，裕爱其风采。起家著作佐郎，太子舍人。父卒，为庵舍于墓下持丧。服阕，复职。吏部尚书褚渊见秀之正洁，欲与结婚，秀之不肯，以此频转为两府外兵参军。迁太子洗马，司徒左西属，桂阳王司空从事中郎。秀之知休范将反，辞疾不就。出为晋平太守，至郡期年，谓人曰："此邦丰壤，禄俸常充。吾山资已足，岂可久留，以妨贤路。"上表请代，时人谓"王晋平恐富求归"。

还为安成王骠骑谘议，转中郎。又为太祖骠骑谘议。升明二年，转左军长史、寻阳太守，随府转镇西长史、南郡太守。府主豫章王嶷既封王，秀之迁为司马、河东太守，辞郡不受，加宁朔将军。改除黄门郎，未拜，仍迁豫章王骠骑长史。于荆州立学，以秀之领儒林祭酒。迁宁朔将军、南郡王司马。复为黄门郎，领羽林监。迁长沙王中军长史。世祖即位，为太子中庶子，吏部郎，出为义兴太守，迁侍中祭酒，转都官尚书。

初，秀之祖裕性贞正，徐羡之、傅亮当朝，裕不与来往。及致仕隐吴兴，与子瓒之书曰："吾欲使汝处不竞之地。"瓒之历官至五兵尚书，未尝诣一朝贵。江湛谓何偃曰："王瓒之今便是朝隐。"及柳元景、颜师伯令仆贵要，瓒之竟不候之。至秀之为尚书，又不与令王俭款接。三世不事权贵，时人称之。转侍中，领射声校尉。

出为辅国将军、随王镇西长史、南郡内史。州西曹苟丕遗秀之交知书，秀之拒不答。丕乃遗书曰："仆闻居《谦》之位，既刊于《易》；丕不可长，《礼》明其文。是以信陵致夷门之义，燕丹收荆卿之节，皆以礼而然矣。丈夫处世，岂可寂漠恩荣，空为后代一丘土？足下业润重光，声居朝右，不修高世之绩，将何隔于愚夫？仆耿介当年，不通群品，饥寒白首，望物嗟来。成人之美，《春秋》所善，荐我寸长，开君尺短，故推风期德，规于相益，实非碌碌求于平原者也。仆与足下，同为四海国士。夫盛衰迭代，理之恒数，名位参差，运之通塞，岂品德权行为之者哉？第五之号，既无易于骠骑，西曹之名，复何推于长史？足下见答书题久之，以君若此非典，何宜施之于国士？如其循礼，礼无不答，谨以相还，亦何犯于鳞哉？君子处人，以德不以位，相如不见屈于渑池，毛遂安受辱于郢门，造敌临事，仆必先于二子。未知足下之贵，足下之威，孰若秦、楚两王？仆以德为宝，足下以位为宝，各宝其宝，于此敬宜。常闻古人交绝，不泄恶言，仆谓之鄙。无以贻离，故荐贫者之赠。"丕，颍川人。豫章王嶷为荆州时，丕献书令减损奢丽，豫章王优教酬答。尚书令王俭当世，丕又与俭书曰："足下建高世之名，而不显高世之迹，将何以书于齐史哉？"至是南郡纲纪启随王子隆请罪丕，丕上书自申。

秀之寻征侍中，领游击将军。未拜，仍为辅国将军、吴兴太守。秀之常云位至司徒左长史，可以止足矣。吴兴郡隐业所在，心愿为之。到郡修治旧山，移置辎重。隆昌元年，卒官，年五十三。谥曰简子。

秀之宗人僧祐，太尉从祖兄也。父远，光禄勋。宋世为之语曰："王远如屏风，屈曲从俗，能蔽风露。"而僧祐负气不群，俭常候之，辞不相见。世祖数阅武，僧祐献《讲武赋》，俭借观，僧祐不与。竟陵王子良闻僧祐善弹琴，于座取琴进之，不肯从命。永明末，为太子中舍人，在直属疾，代人未至，僧祐委出，为有司所奏，赎论。官至黄门郎,时卫军掾孔逭亦抗直,著《三吴决录》,不传。

王慈字伯宝,琅邪临沂人,司空僧虔子也。年八岁,外祖宋太宰江夏王义恭迎之内斋,施宝物恣听所取,慈取素琴石研,义恭善之。少与从弟俭共书学,除秘书郎,太子舍人,安成王抚军主簿,转记室。迁秘书丞,司徒左西属,右长史,试守新安太守,黄门郎,太子中庶子,领射声校尉,安成王冠军、豫章王司空长史,司徒左长史,兼侍中,出为辅国将军、豫章内史。父忧去官,起为建武将军、吴郡太守。迁宁朔将军,大司马长史。重除侍中,领步兵校尉。

慈以朝堂讳榜,非古旧制,上表曰:"夫帝后之德,绸缪天地,君人之亮,蝉联日月。至于名族不著,昭自方篆,号谥聿宣,载伊篇籍。所以魏臣据中以建议,晋主依经以下诏。朝堂榜志,讳字悬露,义非绵古,事殷中世,空失资敬之情,徒乖严配之道。若乃式功鼎臣,赞庸元吏,或以勋崇,或由姓表。故孔悝见铭,谓标叔舅,子孟应图,称题霍氏。况以处一之重,列尊名以止仁;无二之贵,贪冲文而止敬。昔东平即世,孝章巡宫而洒泣;新野云终,和熹见似而流涕。感循旧类,尚或深心,矧观徽迹,能无恻隐?今局禁嵚邃,动延车盖,若使鸾驾纡览,四时临阅,岂不重增圣虑,用感宸衷?愚谓空虚简第,无益于匪躬;直日朝堂,宁亏于夕惕。伏惟陛下保合万国,齐圣群生,当删前基之弊轨,启皇齐之孝则。"诏付外详议。博士李扬议:"据《周礼》,凡有新令,必奋铎以警众,乃退以宪之于王宫。注:'宪,表悬之也。'"太常丞王偁之议:"尊极之名,宜率土同讳。目可得睹,口不可言。口不可言,则知之者绝,知之者绝,则犯触必众。"仪曹郎任昉议:"扬取证明之文,偁之即情惟允。直班讳之典,爰自汉世,降及有晋,历代无爽。今之讳榜,兼明义训,'邦'之字'国',实为前事之征。名讳之重,情敬斯极,故悬诸朝堂,搢绅所聚,将使起伏晨昏,不违耳目,禁避之道,昭然易从。此乃敬恭之深旨,何情兴之或废?尊称霍氏,理例乖方。居下以名,故以不名为重,在上必讳,故以班讳为尊。因心则理无不安,即事则习行已久。谓宜式遵,无所创革。"慈议不行。

慈患脚，世祖敕王晏曰："慈在职未久，既有微疾，不堪朝，又不能骑马，听乘车在仗后。"江左来少例也。以疾从闲任，转冠军将军、司徒左长史。慈妻刘秉女。子观，尚世祖长女吴县公主，修妇礼，姑未尝交答。江夏王锋为南徐州，妃，慈女也。以慈为冠军将军、东海太守，加秩中二千石，行徐州府事。还为冠军将军、庐陵王中军长史，未拜。永明九年，卒，年四十一。谢超宗尝谓慈曰："卿书何当及虔公？"慈曰："我之不得仰及，犹鸡之不及凤也。"时人以为名答。追赠太常，谥懿子。

蔡约字景扐，济阳考城人也。祖廓，宋祠部尚书。父兴宗，征西、仪同。

约少宋尚孝武女字吉公主，拜驸马都尉。秘书郎，不拜。从帝车骑、骠骑行参军，通直郎，不就。迁太祖司空东阁祭酒，太尉主簿。齐台建，为世子中舍人，仍随度东宫。转鄱阳王友，竟陵王镇北、征北谘议，领记室，中书郎，司徒右长史，黄门郎，领本州中正。出为新安太守，复为黄门郎，领射声校尉，通直常侍，领骁骑将军，太子中庶子，领屯骑校尉。永明八年八月合朔，约脱武冠，解剑，于省眠，至下鼓不起，为有司所奏，赎论。太孙立，领校尉如故。

出为宜都王冠军长史、淮南太守，行府、州事。世祖谓约曰："今用卿为近蕃上佐，想副我所期。"约曰："南豫密迩京师，不治自理。臣亦何人，爝火不息。"时诸王行事多相裁割，约在任，主佐之间穆如也。

迁司左长史。高宗为录尚书辅政，百僚屣履到席，约蹑屐不改。帝谓江祐曰："蔡氏故是礼度之门，故自可悦。"祐曰："大将军有揖客，复见于今。"建武元年，迁侍中。明年，迁西阳王抚军长史，加冠军将军。徙庐陵王右军长史，将军如故。转都官尚书，迁邵陵王师，加给事中，江夏王车骑长史，加征虏将军，并不拜。好饮酒，夷淡不与世杂。迁太子詹事。永明元二年，卒，年四十四。赠太常。

陆慧晓字叔明，吴郡吴人也。祖万载，侍中。父子真，元嘉中为海陵太守。时中书舍人秋当亲幸，家在海陵，假还葬父，子真不与相闻。当请发民治桥，又以妨农不许。彭城王义康闻而赏焉。自临海太守眼疾归，为中散大夫，卒。

慧晓清介正立，不杂交游。会稽内史同郡张畅见慧晓童幼，便嘉异之。张绪称之曰："江东裴、乐也。"初应州郡辟，举秀才，卫尉史，历诸府行参军。以母老还家侍养，十余年不仕。太祖辅政，除为尚书殿中郎。邻族来相贺，慧晓举酒曰："陆慧晓年逾三十，妇父领选，始作尚书郎，卿辈几复以为庆邪？"

太祖表禁奢侈，慧晓撰答诏草，为太祖所赏，引为太傅东阁祭酒。建元初，仍迁太子洗马。武陵王晔守会稽，上为精选僚吏，以慧晓为征虏功曹，与府参军沛国刘瑱同从述职。行至吴，瑱谓人曰："吾闻张融与陆慧晓并宅，其间有水，此水必有异味。"遂往，酌而饮之。

庐江何点荐慧晓于豫章王嶷，补司空掾，加以恩礼。转长沙王镇军谘议参军。安陆侯缅为吴郡，复礼异慧晓，慧晓求补缅府谘议参军。迁始兴王前将军、安西谘议，领冠军录事参军，转司徒从事中郎，迁右长史。时陈郡谢朓为左长史，府公竟陵王子良谓王融曰："我府二上佐，求之前世，谁可为比？"融曰："两贤同时，便是未有前例。"子良于西邸抄书，令慧晓参知其事。

寻迁西阳王征虏、巴陵王后军、临汝公辅国三府长史，行府、州事。复为西阳王左军长史，领会稽郡丞，行郡事。隆昌元年，徙为晋熙王冠军长史、江夏内史，行郢州事。慧晓历辅五政，治身清肃，僚佐以下造诣，趣起送之。或谓慧晓曰："长史贵重，不宜妄自谦屈。"答曰："我性恶人无礼，不容不以礼处人。"未尝卿士大夫，或问其故，慧晓曰："贵人不可卿，而贱者可卿。人生何容立轻重于怀抱。"终身常呼人位。

建武初，除西中郎长史，行事、内史如故。俄征黄门郎，未拜，迁吏部郎。尚书令王晏选门生补内外要局,慧晓为用数人而止,晏恨之,送女妓一人,欲与申好,慧晓不纳。吏曹都令史历政以来,谘执选事,慧晓任己独行,未尝与语。帝遣左若单景俊以事诮问,慧晓谓景俊曰:"六十之年,不复能谘都令史为吏部郎也。上若谓身不堪,便当拂衣而退。"帝甚惮之。后欲用为侍中,以形短小,乃止。出辅国将军、晋安王镇北司马、征北长史、东海太守,行府、州事。入为五兵尚书,行扬州事。崔惠景事平,领右军将军,出监南徐州。少时,仍迁持节、督南兖兖徐青冀五州军事、辅国将军、南兖州刺史。至镇俄尔,以疾归,卒,年六十二。赠太常。

同郡顾宪之字士思,宋镇南将军凯之孙也。性尤清直。永明六年,为随王东中郎长史,行会稽郡事。时西陵戍主杜元懿启:"吴兴无秋,会稽丰登,商旅往来,倍多常岁。西陵牛埭税,官格日三千五百,元懿如即所见,日可一倍,盈缩相兼,略计年长百万。浦阳南北津及柳浦四埭,乞为官领摄,一年格外长四百许万。西陵戍前检税,无妨戍事,余三埭自举腹心。"世祖敕示会稽郡:"此诓是事?宜可访察即启。"宪之议曰:

寻始立牛埭之意,非苟逼僦以纳税也。当以风涛迅险,人力不捷,屡致胶溺,济急利物耳。既公私是乐,所以输直无怨。京师航渡,即其例也。而后之监领者,不达其本,各务己功,互生理外。或禁遏别道,或空税江行,或扑船倍价,或力周而犹责,凡如此类,不经埭烦牛者上详,被报格外十条,立蒙停寝。从来喧诉,始得暂弭。案吴兴频岁失稔,今兹尤馑,去之从丰,良由饥棘。或征货贸粒,还拯亲累。或榷老弱,陈力糊口。埭司责税,依格弗降。旧格新减,尚未议登,格外加倍,将以何术?皇慈恤隐,振廪蠲调,而元懿幸灾榷利,重增困瘵,人而不仁,古今共疾。且比见加格置市者,前后相属,非惟新加无赢,并皆旧格犹阙。愚恐元懿今启,亦当不殊。若事不副言,惧贻谴诘,便百方侵苦,为公贾怨。元懿禀性苛刻,已彰往效,任以物上,譬以狼将羊,其所欲举腹心,亦当虎而冠耳。书云:"与其有聚

敛之臣,宁有盗臣。"此言盗公为损盖微,敛民所害乃大也。今
雍熙在运,草木含泽,其非事宜,仰如圣旨。然掌斯任者,应简
廉平,廉则不窃于公,平则无害于民矣。愚又以便宜者,盖谓便
于公,宜于民也。窃见顷之言便宜者,非能于民力之外,用天分
地者,率皆即日不宜于民,方来不便于公,名与实反,有乖政
体。凡如此等,诚宜深察。

　　山阴一县,课户二万,其民赀不满三千者,殆将居半,刻又
刻之,犹且三分余一。凡有赀者,多是士人复除。其贫极者,悉
皆露户役民。三五属官,盖惟分□,百端输调,又则常然。比众
局检校,首尾寻续,横相质累者,亦复不少。一人被摄,十人相
追;一绪裁萌,千檗互起。蚕事施而农业废,贱取庸而贵举赁,
应公赡私,日不暇给,欲无为非,其可得乎?死且不惮,矧伊刑
罚;身且不爱,何况妻子。是以前检未穷,后巧复滋,网辟徒峻,
犹不能悛。窃寻民之多伪,实由宋季军旅繁兴,役赋殷重,不堪
勤剧,倚巧祈优,积习生常,遂迷忘反。四海之大,黎庶之众,心
用参差,难卒澄一。化宜以渐,不可疾责,诚存不扰,藏疾纳污,
实增崇旷,务详宽简,则稍自归淳。又被符简,病前后年月久
远,具事不存,符旨既严,不敢暗信。县简送郡,郡简呈使,殊形
诡状,千变万源。闻者忽不经怀,见者实足伤骇。兼亲属里伍,
流离道路,时转寒涸,事方未已。其士人妇女,弥难厝衷。不简
则疑其有巧,欲简复未知所安。愚谓此条,宜县简保,举其纲
领,略其□□,乃囊漏,不出贮中,庶婴疾沉痼者,重荷生造之
恩也。

　　又永兴、诸暨离唐宇之寇扰,公私残尽,复特弥甚。傥值水
旱,实不易念。俗谚云:"会稽打鼓送恤,吴兴步檐令史。"会稽
旧称沃壤,今犹若此。吴兴本是瘠土,事在可循余弊,诚宜改
张。沿元懿今启,敢陈管见。

世祖并从之,由是深以方直见委。仍行南豫、南兖二州事,签典咨
事,未尝与色,动遵法制。历黄门郎,吏部郎。永元中,为豫章内史。

萧惠基,南兰陵兰陵人也。祖源之,宋前将军。父思话,征西将军、仪同三司。

惠基幼以外戚见江夏王义恭,叹其详审,以女结婚。解褐著作佐郎,征北行参军,尚书水部、左民郎。出为湘东内史,除奉车都尉、抚军、车骑主簿。

泰始初,兄益州刺史惠开拒命,明帝遣惠基奉使至蜀,宣旨尉劳。惠开降而益州土人反,引氐贼围州城。惠基于外宣示朝廷威赏,于是氐人邵虎、郝天赐等斩贼帅马兴怀以降。还为太子中舍人。惠基西使千余部曲,并欲论功,惠基毁除勋簿,竟无所用。或问其此意,惠基曰:“我若论其此劳,则驱驰无已,岂吾素怀之本邪?”

出为武陵内史,中书、黄门郎。惠基善隶书及弈棋,太祖与之情好相得,早相器遇。桂阳之役,惠基姊为休范妃,太祖谓之曰:“卿家桂阳遂复作贼。”太祖顿新亭垒,以惠基为军副,惠基弟惠朗亲为休范攻战,惠基在城内了不自疑。出为豫章太守。还为吏部郎,迁长兼侍中。袁粲、刘秉起兵之夕,太祖以秉是惠基妹夫,时直在侍中省,遣王敬则观其指趣,见惠基安静不与秉相知,由是益加恩信。讨沈攸之,加惠基辅国将军,徙顿新亭。事宁,解军号,领长水校尉。母忧去官。

太祖即位,为征虏将军、卫尉。惠基就职少时,累表陈解,见许。服阕,为征虏将军、东阳太守,加秩中二千石。凡历四郡,无所蓄聚。还为都官尚书,转掌吏部。永明三年,以久疾徙为侍中,领骁骑将军。尚书令王俭朝宗贵望,惠基同在礼阁,非公事不私觌焉。

五年,迁太常,加给事中。自宋大明以来,声伎所尚,多郑卫淫俗,雅乐正声,鲜有好者。惠基解音律,尤好魏三祖曲及《相和歌》,每奏,辄赏悦不能已。当时能棋人琅邪王抗第一品,吴郡褚思庄、会稽夏赤松并第二品。赤松思速,善于大行;思庄思迟,巧于斗棋。宋文帝世,羊玄保为会稽太守,帝遣思庄入东与玄保戏,因制局图,还于帝前覆之。太祖使思庄与王抗交赌,自食时至日幕,一局始竟。上倦，遣还省，至五更方决。抗睡于局后，思庄达晓不寐。世或云："思庄所以品第致高，缘其用思深久，人不能对也。"抗、思庄并至给事中。永明中，敕抗品棋，竟陵王子良使惠基掌其事。

初，思话先于曲阿起宅，有闲旷之致。惠基常谓所亲曰："须婚嫁毕，当归老旧庐。"立身退素，朝廷称为善士。明年，卒，年五十九。追赠金紫光禄大夫。

弟惠休，永明四年，为广州刺史。罢任，献奉倾资。上敕中书舍人茹法亮曰："可问萧惠休，吾先使卿宣敕答其勿以私禄足充献奉。今段殊觉其下情厚于前后人。问之，故当不侵私邪？吾欲分受之也。"十一年，自辅国将军、南海太守，为徐州刺史。郁林即位，进号冠军将军。建武二年，虏围钟离，惠休拒守。虏遣使仲长文真谓城中曰："圣上方修文德，何故完城拒命？"参军羊伦答曰："猃狁孔炽，我是用急。"虏攻城，惠休拒战破之。迁侍中，领步兵校尉，封建安县子，五百户。永元元年，徙吴兴太守。征为右仆射。吴兴郡项羽神旧酷烈，世人云："惠休事神谨，欲得美迁。"二年，卒。赠金紫光禄大夫。

惠休弟惠朗，善骑马。同桂阳贼叛，太祖赦之，复加序用。永明九年，为西阳王征虏长史，行南兖州事。典签何益孙赃罪百万，弃市，惠朗坐免官。

史臣曰：长揖上宰，廷折公卿，古称遗直，希之未过。若夫根孤地危，峻情不屈，则其道虽行，其身永废。故多借路求容，逊辞自贬。高流世业，不待旁通，直謇扬镳，莫能夭阏。王秀之世守家风，不降节于权辅，美矣哉！

赞曰：秀处邦朝，清心直己。伯宝世族，荣家为美。约守先业，观进知止。慧晓贞亮，斯焉君子。惠基惠和，时之选士。

南齐书卷四七
列传第二八

王融　谢朓

　　王融字元长，琅邪临沂人也。祖僧达，中书令，曾、高并台辅。僧达答宋孝武云："亡父亡祖，司徒司空。"父道琰，庐陵内史。母临川太守谢惠宣女，惇敏妇人也，教融书学。

　　融少而神明警惠，博涉有文才。举秀才，晋安王南中郎板行参军，坐公事免。竟陵王司徒板法曹行参军，迁太子舍人。融以父官不通，弱年便欲绍兴家业，启世祖求自试，曰："臣闻春庚秋蟀，集候相悲，露木风荣，临年共悦。夫唯动植，且或有心，况在生灵，而能无感。臣自奉望宫阙，沐浴恩私，拔迹庸虚，参名盛列，缨剑紫复，趋步丹墀，岁时归来，夸荣邑里。然无勤而官，昔贤曾议；不任而禄，有识必讥。臣所用慷慨懑，不遑自晏。诚以深恩鲜报，圣主难逢，蒲柳先秋，光阴不待，贪及明时，展悉愚效，以酬陛下不世之仁。若微诚获信，短才见序，文武吏法，唯所施用。夫君道含弘，臣术无隐，翁归乃居中自是，充国曰莫若老臣。窃景前修，敢蹈轻节，以冒不媒之鄙，式罄奉公之诚。抑又唐尧在上，不参二八，管夷吾耻之，臣亦耻之。愿陛下裁览。"迁秘书丞。

　　从叔俭，初有仪同之授，融赠诗及书，俭甚奇惮之，笑谓人曰："穰侯印讵便可解？"寻迁丹阳丞，中书郎。虏使遣求书，朝议欲不与。融上疏曰：

　　　　臣侧闻金议，疑给虏书，如臣愚情，切有未喻。夫虏人面兽心，狼猛蜂毒，暴悖天经，亏违地义，遹窜烛幽，去来幽朔，绵周、汉而不悛，历晋、宋其逾梗。岂有爱敬仁智，恭让廉修，惭犬马之驯心，同鹰虎之反目。设稿秣有储，筋竿足用，必以草窃关燧，寇扰边疆；宁容款塞卑辞，承衣请朔。陛下务存遵养，不时侮亡，许其膜拜之诚，纳裘之煦。况复愿同文轨，傥见款遣，思奉声教，方致猜拒。将使旧邑遗逸，未知所实，衰胡余噍，或能自推。一令蔓草难锄，涓流泛酌，岂直疥癣轻痾，容为心腹重患。

　　抑孙武之言也，困则数罚，窘则多赏，先暴而后畏其众者，虏之谓乎。前中原士庶，虽沦慑殊俗，至于婚葬之晨，犹巾褠为礼。而禁令苛刻，动加诛镵。于时獯粥初迁，犬羊尚结，即心徒怨，困惧成逃。自其将卒奔离，资待销阙，北畏勃蠕，西逼南胡，民背如崩，势绝防断。于是曲从物情，伪窃章服，历年将绝，隐蔽无闻。既南向而泣者，日夜以觊，北顾而辞者，江淮相属。凶谋岁窘，浅虑无方，于是稽颡郊门，问礼求乐。若来之以文德，赐之以副书，汉家轨仪，重临畿辅，司隶传节，复入关河，无待八百之师，不期十万之众，固其提浆伫俟，挥戈愿倒，三秦大同，六汉一统。

　　又虏前后奉使，不专汉人，必介以匈奴，备诸觇获。且设官分职，弥见其情，抑退旧苗，扶任种戚。师保则后族冯晋国，总录则邦姓直勒渴侯，台鼎则丘颓、苟仁端，执政则目凌、钳耳。至于东都羽仪，西京簪带，崔孝伯、程虞虬久在著作，李元和、郭季祐上于中书，李思冲饰虏清官，游明根泛居显职。今经典远被，诗史北流，冯、李之徒，必欲遵尚；直勒等类，居致乖阻。何则？匈奴以毡骑为帷床，驰射为糇粮，冠方帽则犯沙陵雪，服左衽则风骧鸟逝。若衣以朱裳，戴之玄颏，节其揖让，教以翔趋，必同艰桎梏，等惧冰渊，婆娑蹢躅，困而不能前已。及夫春草水生，阻散马之适，秋风木落，绝驱禽之欢，息沸唇于桑墟，别醍乳于冀俗，听《韶》《雅》如聋聩，临方丈若爰居，冯、李之徒，固得志矣，虏之凶族，其如病何？于是风土之思深，慺戾之情动，拂衣者连裾，抽锋者比镞，部落争于下，酋渠危于上，我一举而兼吞，卞庄之势必也。且棘宝荐虞，晋疆弥盛，大钟出智，宿氏以亡。帝略远乎，无思不服，鍪光幸岱，匪暮斯朝。臣请收籍伊瀍，兹书复掌，犹取之内府，藏之外籁，于理有惬，即事何损。若狂言足采，请决敕施行。

世祖答曰："吾意不异卿。今所启，比相见更委悉。"事竟不行。

永明末，世祖欲北伐，使毛惠秀画《汉武北伐图》，使融掌其事。融好功名，因此上疏曰：

臣闻情自惛中，事符则感，象构于始，机动斯彰。庄敬之道可宗，会揖让其弥肃，勇烈之士足贵，应鼖铎以增思。肇植生民，厥详既缅，降及兴运，维道有征，莫不有所因循而升皇业者也。若夫膏腴既称，天乙知五方之富，皮币已列，帝刘测四海之尊。异封禅之文，则升中之典攸闾，叹舆地之图，乃席卷之庸是立。

伏惟陛下穷神尽圣，总极居中，偶化两仪，均明二耀，拯玄纲于颓绝，反至道于浇淳，可谓区宇仪形，齐民先觉者也。臣亦遭逢，生此嘉运，凿饮耕食，自幸唐年。而识用昏霾，经术疏浅，将苴且轴，岂蕨与薇。皇鉴烛幽，天高听下，赏片言之或善，矜一物之失时，渰拂尘蒙，沾饰光价，拔足草庐，厕身朝序，复得拜贺岁时，瞻望日月，于臣心愿，曾已毕矣。但千祀一逢，休明难再，思策铅驽，乐陈涓壒。窃习战阵攻守之术，农桑牧艺之书，申、商、韩、墨之权，伊、周、孔、孟之道。常愿待诏朱阙，俯对青蒲，请闲宴之私，谈当世之务。位贱人微，徒深倾款。

方今九服清怡，三灵和晏，木有附枝，轮无异辙，东鞮献舞，南鞬传歌，羌、髳逾山，秦、屠越海，舌象玩委体之勤。辎译厌瞻巡之数，固将开桂林于凤山，创金城于西守。而蠢尔獯狄，敢仇大邦，假息关河，窃命函谷，沦故京之爽垲，变旧邑而荒凉，息反坫之儒衣，久伊川之被发。北地残氓，东都遗老，莫不茹泣吞悲，倾耳戴目，翘心仁政，延首王风。若试驰咫尺之书，具甄戎旅之卒，徇其堕城，纳其降虏，可弗劳弦镞，无待干戈。真皇王之兵，征而不战者也。臣乞以执殳先迈，式道中原，澄瀚渚之恒流，扫狼山之积雾，系单于之颈，屈左贤之膝，习呼韩之旧仪，拜銮舆之巡幸。然后天移云动，勒封岱宗，咸五登三，追踪七十，百神肃警，万国具僚，珶弁星离，玉帛云聚，集三烛于兰席，聆万岁之祯声，岂不盛哉！岂不韪哉！

　　昔桓公志在伐莒，郭牙审其幽趣，魏后心存去汉，德祖究其深言。臣愚昧，忖诚不足以知微，然伏揆圣心，规模弘远，既图载其事，必克就其功。臣不胜欢喜。

图成，上置琅邪城射堂壁上，游幸辄观视焉。

九年，上幸芳林园禊宴朝臣，使融为《曲水诗序》，文藻富丽，当世称之。

上以融才辩，十一年，使兼主客，接房使房景高、宋弁。弁见融年少，问主客年几？融曰："五十之年，久逾其半。"因问："在朝闻主客作《曲水诗序》。"景高又云："在北闻主客此制胜于颜延年，实愿一见。"融乃示之。后日，宋弁于瑶池堂谓融曰："昔观相如《封禅》，以知汉武之德，今览王生《诗序》，用见齐王之盛。"融曰："皇家盛明，岂直比踪汉武；更惭鄙制，无以远匹相如。"上以房献马不称，使融问曰："秦西冀北，实多骏骥。而魏主所献良马，乃驽骀之不若。求名检事，殊为未孚。将旦旦信誓，有时而爽，駉駉之牧，不能复嗣？"宋弁曰："不容虚伪之名，当是不习土地。"融曰："周穆马迹遍于天下，若骐骥之性，因地而迁，则造父之策，有时而踬。"弁曰："王主客何为勤勤于千里？"融曰："卿国既异其优劣，聊复相访。若千里日至，圣上当驾鼓车。"弁曰："向意既须，必不能驾鼓车也。"融曰："买死马之骨，亦郭隗之故。"弁不能答。

融自恃人地，三十内望为公辅。直中书省，夜叹曰："邓禹笑人。"行逢大桁开，喧溏不得进，又叹曰："车前无八驺卒，何得称为丈夫！"

朝廷讨雍州刺名王奂，融复上疏曰：

臣每览史传，见忧国忘家，捐生报德者，未曾不抚卷叹息，以为今古共情也。然或以片言微感，一餐小惠，参国士之眄，同布素之游耳。岂有如臣，独拔无闻之伍，过超非分之位，名器双假，荣禄两升，而宴安具罢之晨，优游旰食之日。所以敢布丹愚，仰闻宸听。

今议者或以西夏为念，臣窃谓之不尔。其故何哉？陛下圣明，群臣悉力，从以制逆，上而御下，指开赏黜之言，微示生死之路，方域之人，皆相为敌。既兵威远临，人不自保，虽穷鸟必啄，固等命于梁鷃，困兽斯惊，终并悬于厨鹿。凯师劳饮，固不待晨。臣之寸心，独有微愿。

自猃狁荐食，荒侮伊瀍，天道祸淫，危亡日至，母后内难，粮力外虚，谣言物情，属当今会。若藉巫、汉之归师，聘士卒之余愤，取函谷如反掌，陵关塞若摧枯。但士非素蓄，无以即用，不教民战，是实弃之。特希私集部曲，豫加习校。若蒙垂许，乞隶监省拘食人身，权备石头防卫之数。臣少重名节，早习军旅，若试而无绩，伏受面欺之诛；用且有功，仰酬知人之哲。

会房动，竟陵王子良于东府募人，板融宁朔将军、军主。融文辞辩捷，尤善仓卒属缀，有所造作，援笔可待。子良特相友好，情分殊常。晚节大习骑马。才地既华，兼藉子良之势，倾意宾客，劳问周款，文武翕习辐凑之。招集江西伧楚数百人，并有干用。

世祖疾笃暂绝，子良在殿内，太孙未入，融戎服绛衫，于中书省阁口断东宫仗不得进，欲立子良。上既苏，太孙入殿，朝事委高宗。融知子良不得立，乃释服还省，叹曰：“公误我。”郁林深忿疾融，即位十余日，收下廷尉狱，然后使中丞孔稚珪倚为奏曰：“融姿性刚险，立身浮竟，动迹惊群，抗言异类。近塞外微尘，苦求将领，遂招纳不逞，扇诱荒伧。狡算声势，专行权利，反覆唇齿之间，倾动颊舌之内。威福自已，无所忌惮，诽谤朝政，历毁王公，谓己才流，无所推下，事曝远近，使融依源据答。”融辞曰：“囚实顽蔽，触行多愆，但夙恭门素,得奉教君子。爰自总发,迄将立年,州闾乡党,见许愚慎,朝廷衣冠,谓无衅咎。过蒙大行皇帝奖育之恩,又荷文皇帝识擢之重,司徒公赐预士林,安陆王曲垂眄接。既身被国慈,必欲以死自效,前后陈伐虏之计,亦仰简先朝。今假犬羊乍扰,纪僧真奉宣先敕,赐语北边动静,令囚草撰符诏,于时即因启闻,希侍鸾舆。及司徒宣敕招募,同例非一,实以戎事不小,不敢承教。续蒙军号,赐使招集,衔敕而行,非敢虚扇。且格取亡叛,不限伧楚,'狡算声势',应有形迹。'专行权利',又无赃贿。'反覆唇齿之间',未审悉与谁言?'轻动颊舌之内',不容都无主此。但圣主膺教,实所沐浴,自上《甘露颂》及《银瓮启》、《三日诗序》、《接虏语辞》,竭思称扬,得非'诽谤'?且王公百司,唯贤是与,高下之敬,等秩有差,不敢逾滥,岂应'訾毁'?因才分本劣,谬被策用,悚怍之情,夙宵兢惕,未尝夸示里闾,彰曝远迩,自循自省,并愧流言。良由缘浅寡虞,致贻嚣谤。伏惟明皇临宇,普天蒙泽,戊寅赦恩,轻重必宥。百日旷期,始蒙旬日,一介罪身,独婴宪劾。若事实有征,爰对有在,九死之日,无恨泉壤。"诏于狱赐死。时年二十七。临死叹曰:"我若不为百岁老母,当吐一言。"融意欲指斥帝在东宫时过失也。

融被收,朋友部曲参问北寺,相继于道。融请救于子良,子良忧惧不敢救。融文集行于世。

谢朓字玄晖,陈郡阳夏人也。祖述,吴兴太守。父纬,散骑侍郎。

朓少好学,有美名,文章清丽。解褐豫王太尉行参军,度随王东中郎府,转王俭卫军东门祭酒,太子舍人,随王镇西功曹,转文学。

子隆在荆州,好辞赋,数集僚友,朓以文才,尤被赏爱,流连晤对,不舍日夕。长史王秀之以朓年少相动,密以启闻。世祖敕曰:"侍读虞云自宜恒应侍接。朓可还都。"朓道中为诗寄西府曰:"常恐鹰隼击,秋菊委严霜。寄言罻罗者,寥廓已高翔。"迁新安王中军记室。朓笺辞子隆曰:"朓闻潢污之水,思朝宗而每竭;驽蹇之乘,希沃若而中疲。何则?皋壤摇落,对之惆怅;岐路东西,或以鸣悒。乃服义徒拥，归志莫从，邈若坠雨，飘似秋蒂。眺实庸流，行能无算，属天地休明，山川受纳，褒采一介，搜扬小善，舍耒场圃，奉笔菟园。东乱三江，西浮七泽，契阔戎旃，从容燕语。长裾日曳，后乘载脂，荣立府廷，恩加颜色。沐发晞阳，未测涯涘，抚臆论报，早誓肌骨。不悟沧溟末运，波臣自荡，渤澥方春，旅翩先谢。清切蕃房，寂寥旧荜。轻舟反溯，吊影独留，白云在天，龙门不见。去德滋永，思德滋深。唯侍青江可望，候归舻于春渚；未邸方开，效蓬心于秋实。如其簪履或存，衽席无改，虽复身填沟壑，犹望妻子知归。揽涕告辞，悲来横集。"

　　寻以本官兼尚书殿中郎。隆昌初，敕眺接北使，眺自以口讷，启让不当，不见许。高宗辅政，以眺为骠骑谘议，领记室，掌霸府文笔，又掌中书诏诰。除秘书丞，未拜，仍转中书郎。出为宣城太守。以选复为中书郎。

　　建武四年，出为晋安王镇北谘议、南东海太守，行南徐州事。启王敬则反谋，上甚善赏之。迁尚书吏部郎，眺上表三让，中书疑眺官未及让，以问祭酒沈约。约曰："宋元嘉中，范晔让吏部，朱脩之让黄门，蔡兴宗让中书，并三表诏答，具事宛然。近世小官不让，遂成恒俗，恐此有乖让意。王蓝田、刘安西并贵重，初不自让，今岂可慕此不让邪？孙兴公、孔颙并让记室，今岂可三署皆让邪？谢吏部今授超阶，让别有意，岂关官之大小？拗让之美，本出人情。若大官必让，便与诣阙章表不异。例既如此，谓都自非疑。"眺又启让，上优答不许。

　　眺善草隶，长五言诗。沈约常云："二百年来无此诗也。"敬皇后迁祔山陵，眺撰哀策文，齐世莫有及者。

　　东昏失德，江祏欲立江夏王宝玄，末更回惑，与弟祀密谓眺曰："江夏年少轻脱，不堪负荷神器，不可复行废立。始安年长入纂，不乖物望。非以此要富贵，政是求安国家耳。"遥光又遗亲人刘沨密致意于眺，欲以为肺腑。眺自以受恩高宗，非沨所言，不肯答。少日，遥光以眺兼知卫尉事，眺惧见引，即以祏等谋告左兴盛，兴盛不敢发言。祐闻，以告遥光，遥光大怒，乃称敕见朓，仍回车付廷尉，与徐孝嗣、祐、暄等连名启诛朓曰："谢朓资性险薄，大彰远近。王敬则往构凶逆，微有诚效，自尔升擢，超越伦伍。而溪壑无厌，著于触事。比遂扇动内外，处处奸说，妄贬乘舆，窃论宫禁，间谤亲贤，轻议朝宰，丑言异计，非可具闻。无君之心既著，共弃之诛宜及。臣等参议，宜下北里，肃正刑书。"诏："公等启事如此，朓资性轻险，久彰物议。直以雕虫薄伎，见齿衣冠。昔在渚宫，构扇蕃邸，日夜纵谀，仰窥俯画。及还京师，翻自宣露，江、汉无波，以为己功。素论于兹而尽，缙绅所以侧目。去夏之事，颇有微诚，赏擢曲加，逾迈伦序，感悦未闻，陵竞弥著。遂复矫构风尘，妄惑朱紫，诋贬朝政，疑间亲贤。巧言利口，见丑前志，涓流纤蘖，作戒远图。宜有少正之刑，以申去害之义。便可收付廷尉，肃明国典。"又使御史中丞范岫奏收朓，下狱死。时年三十六。

朓初告王敬则，敬则女为朓妻，常怀刀欲报朓，朓不敢相见。及为吏部郎，沈昭略谓朓曰："卿人地之美，无忝此职。但恨今日刑于寡妻。"朓临败叹曰："我不杀王公，王公由我而死。"

史臣曰：晋世迁宅江表，人无北归之计，英霸作辅，芟定中原，弥见金德之不竞也。元嘉再略河南，师旅倾覆，自此以来，攻伐寝议。虽有战争，事存保境。王融生遇永明，军国宁息，以文敏才华，不足进取，经略心旨，殷勤表奏。若使宫车未晏，有事边关，融之报效，或不易限。夫经国体远，许久为难，而立功立事，信居物右，其贾谊、终军之流亚乎！

赞曰：元长颖脱，拊翼将飞。时来运往，身没志违。高宗始业，乃顾玄晖。逢昏属乱，先蹈祸机。

南齐书卷四八
列传第二九

袁彖　孔稚珪　刘绘

袁彖字伟才，陈郡阳夏人也。祖洵，吴郡太守。父觊，武陵太守。

彖少有风气，好属文及玄言。举秀才，历诸王府参军，不就。觊临终与兄颛书曰："史公才识可嘉，足慰先基矣。"史公，彖之小字也。

服未阕，颛在雍州起事见诛，宋明帝投颛尸江中，不听敛葬。彖与旧奴一人，微服潜行求尸，四十余日乃得，密瘗石头后岗，身自负土。怀其父集，未常离身。明帝崩后，乃改葬颛。从叔司徒粲、外舅征西将军蔡兴宗并器之。

除安成王征虏参军、主簿，尚书殿中郎，出为庐陵内史，豫州治中，太祖太傅、相国主簿，秘书丞。议驳国史，檀超以《天文志》纪纬序位度，《五行志》载当时祥沴，二篇所记，事用相悬，日蚀为灾，宜居《五行》。超欲立《处士传》，彖曰："夫事关业用，方得列其名行。今栖遁之士，排斥皇王，陵轹将相，此偏介之行，不可长风移俗，故迁书未传，班史莫编。一介之善，无缘顿略，宜列其性业，附出他篇。"

迁始兴王友，固辞。太祖使吏部尚书何戢宣旨令就。迁中书郎，兼太子中庶子。又以中书兼御史中丞。转黄门郎，兼中丞如故。坐弹谢超宗简奏依违，免官。寻补安西谘议、南平内史。除黄门，未拜，仍转长史、南郡内史，行荆州事。还为太子中庶子，本州大中正。出为冠军将军、监吴兴郡事。

彖性刚，尝以微言忤世祖，又与王晏不协。世祖在便殿，用金柄刀子治瓜，晏在侧曰："外间有金刀之言，恐不宜用此物。"世祖愕然，穷问所以。晏曰："袁彖为臣说之。"上衔怒良久，彖到郡，坐逆用禄钱，免官付东冶。世祖游陵，望东冶，曰："中有一好贵囚。"数日，车驾与朝臣幸冶，履行库藏，因宴饮，赐囚徒酒肉，敕见彖与语，明日释之。寻白衣行南徐州事，司徒谘议，卫军长史，迁侍中。

彖形体充腴，有异于众。每从车驾射雉在郊野，数人推扶，乃能徒步。幼而母卒，养于伯母王氏，事之如亲，闺门中甚有孝义。隆昌元年，卒，年四十八。谥靖子。

孔稚珪字德璋，会稽山阴人也。祖道隆，位侍中。父灵产，泰始中，罢晋安太守。有隐遁之怀，于禹井山立馆，事道精笃，吉日于静屋四向朝拜，涕泗滂沱。东出过钱塘北郭，辄于舟中遥拜杜子恭墓，自此至都，东向坐，不敢背侧。元徽中，为中散、太中大夫。颇解星文，好术数。太祖辅政，沈攸之起兵，灵产密白太祖曰："攸之兵众虽强，以天时冥数而观，无能为也。"太祖验其言，擢迁光禄大夫。以篾盛灵产上灵台，令其占候。饷灵产白羽扇、素隐几，曰："君性好古，故遗君古物。"

稚珪少学涉，有美誉。太守王僧虔见而重之，引为主簿。州举秀才，解褐宋安成王车骑法曹行参军，转尚书殿中郎。太祖为骠骑，以稚珪有文翰，取为记室参军，与江淹对掌辞笔。迁正员郎，中书郎，尚书左丞。父忧去官，与兄仲智还居父山舍。仲智姜李氏骄妒无礼。稚珪白太守王敬则杀之。服阕，为司徒从事中郎，州治中，别驾，从事史，本郡中正。

永明七年，转骁骑将军，复领左丞。迁黄门郎，左丞如故。转太子中庶子，廷尉。江左相承用晋世张、杜律二十卷，世祖留心法令，数讯囚徒，诏狱官详正旧注。先是七年，尚书删定郎王植撰定律章表奏之，曰："臣寻《晋律》，文简辞约，旨通大纲，事之所质，取断难释。张斐、杜预同注一章，而生杀永殊。自晋泰始以来，唯斟酌参用。

是则吏挟威福之势，民怀不对之怨，所以温舒献辞于失政，绛侯慷
慨而兴叹。皇运革祚，道冠前王，陛下绍兴，光开帝业。下车之痛，
每恻上仁，满堂之悲，有矜圣思。爰发德音，删正刑律，敕臣集定张、
杜二注。谨砺愚蒙，尽思详撰，削其烦害，录其允衷。取张注七百三
十一条，杜注七百九十一条。或二家两释，于义乃备者，又取一百七
条。其注相同者，取一百三条。集为一书，凡一千五百三十二条，为
二十卷。请付外详校，摘其违谬。"从之。于是公卿八座参议，考正
旧注。有轻重处，竟陵王子良下意，多使从轻。其中朝议不能断者，
制旨平决。至九年，稚珪上表曰：

> 臣闻匠万物者以绳墨为正，驭大国者以法理为本。是以古
> 之圣王，临朝思理，远防邪萌，深杜奸渐，莫不资法理以成化，
> 明刑赏以树功者也。伏惟陛下蹑历登皇，乘图践帝，天地更筑，
> 日月再张，五礼裂而复缝，六乐颓而爰缉。乃发德音，下明诏，
> 降恤刑之文，申慎罚之典，敕臣与公卿八座共删注律。谨奉圣
> 旨，谘审司徒臣子良，禀受成规，创立条绪。使兼监臣宋躬、兼
> 平臣王植等抄撰同异，定其去取。详议八座，裁正大司马臣嶷。
> 其中洪疑大议，众论相背者，圣照玄览，断自天笔。始就成立
> 《律文》二十卷，《录叙》一卷，凡二十一卷。今以奏闻，请付外施
> 用，宣下四海。

> 臣又闻老子、仲尼曰："古之听狱者，求所以生之，今之听
> 狱，求所以杀之。""与其杀不辜，宁失有罪。"是则断狱之职，自
> 古所难矣。今律文虽定，必须用之；用失其平，不异无律。律书
> 精细，文约例广，疑似相倾，故误相乱，一乖其纲，枉滥横起。法
> 吏无解，既多谬僻，监司不习，无以相断，则法书徒明于帙里，
> 冤魂犹结于狱中。今府州郡县千有余狱，如令一狱岁枉一人，
> 则一年之中，枉死千余矣。冤毒之死，上干和气，圣明所急，不
> 可不防。致此之由，又非但律吏之咎，列邑之宰，亦乱其经。或
> 以军勋余力，或以劳吏暮齿，犷猜浊气，忍并生灵，昏心狠态，
> 吞剥氓物，虐理残其命，曲文被其罪，冤积之兴，复缘斯发。狱

吏虽良，不能为用。使于公哭于边城，孝妇冤于遐外。陛下虽欲宥之，其已血溅九泉矣。

寻古之名流，多有法学。故释之、定国，声光汉台；元帝、文惠，绩映魏阁。今之士子，莫肯为业，纵有习者，世议所轻。良由空勤永岁，不逢一朝之赏，积学当年，终为闾伍所蚩。将恐此书永坠下走之手矣。今若弘其爵赏，开其劝慕，课业宦流，班习胄子，拔其精冤，使处内局，简其身良，以居外仕，方岳咸选其能，邑长并擢其术，则皋繇之谋，指掌可致，杜郑之业，郁焉何远。然后奸邪无所逃其刑，恶吏不能藏其诈，如身手之相驱，若弦栝之相接矣。

臣以疏短，谬司大理。陛下发自圣衷，忧矜刑网，御延奉训，远照民瘼。臣谨仰述天官，伏奉云陛。所奏缪允者，宜写律上，国学置律助教，依五经例，国子生有欲读者，策试上过高第，即便擢用，使处法职，以劝士流。

诏报从纳，事竟不施行。

转御史中丞，迁骠骑长史、辅国将军。建武初，迁冠军将军、平西长史、南郡太守。稚珪以虏连岁南侵，征役不息，百姓死伤，乃上表曰：

匈奴为患，自古而然，虽三代智勇，两汉权奇，算略之要，二途而已。一则铁马风驰，奋威沙漠；二则轻车出使，通驿虏庭。榷而言之，优劣可睹。今之议者，咸以丈夫之气，耻居物下，况我天威，宁可先屈！吴、楚劲猛，带甲百万，截彼鲸鲵，何往不碎。请和示弱，非国计也。臣以为戎狄兽性，本非人伦，鸥鸣狼踞，不足喜怒，蜂目虿尾，何关美恶。唯宜胜之以深权，制之以远算，弘之以大度，处之以蛊贼。岂足肆天下之忿，捐苍生之命，发雷电之怒，争虫鸟之气。百战百胜，不足称雄，横尸千里，无益上国。而蚁聚蚕攒，穷诛不尽，马足毛群，难与竞逐。汉高横威海表，窘迫长围；孝文国富刑清，事屈陵辱；宣帝抚纳安静，朔马不惊；光武卑辞厚礼，寒山无霭。是两京四主，英济中区,输宝货以结和,遣宗女以通好,长辔远驭,子孙是赖。岂不欲战,惜民命也。唯汉武藉五世之资,承六合之富,骄心奢志,大事匈奴。遂连兵积岁,转战千里,长驱瀚海,饮马笼城,虽斩获名王,屠走凶羯,而汉之弃甲十亡其九。故卫、霍出关,千队不反,贰师入汉,百旅顿降,李广败于前锋,李陵没于后阵,其余奔北,不可胜数。遂使国储空悬,户口减半,好战之功,其利安在?战不及和,相去何若?

自西朝不纲,东晋迁鼎,群胡沸乱,羌狄交横,荆棘攒于陵庙,豺虎咆于宫闱,山渊反覆,黔首涂地,逼迫崩腾,开辟未有。是时得失,略不稍陈。近至元嘉,多年无事,末路不量,复挑强敌。遂乃连城覆徙,虏马饮江,青、徐州之际,草木为人耳。建元之初,胡尘犯塞,永明之始,复结通和,十余年间,边候且息。

陛下张天造历,驾日登皇,声雷宇宙,势压河岳。而封豕残魂,未屠剑首,长蛇余喘,偷窥外甸,烽亭不静,五载于斯。昔岁蚁坏,瘵食樊、汉,今兹虫毒,浸淫未已。兴师十万,日费千金,五岁之费,宁可赀计。陛下何惜匹马之驿,百金之赂,数行之诏,诱此凶顽,使河塞息肩,关境全命,蓄甲养民,以观彼弊。我策若行,则为不世之福;若不从命,不过如战失一队耳。或云:“遣使不受,则为辱命。”夫以天下为量者,不计细耻,以四海为任者,宁顾小节。一城之没,尚不足惜,一使不反,曾何取惭。且我以权取贵,得我略行,何嫌其耻。所谓尺蠖之屈,以求伸也。臣不言遣使必得和,自有可和之理;犹如欲战不必胜,而有可胜之机耳。今宜早发大军,广张兵势,征犀甲于岷峨,命楼船于浦海。使自青徂豫,候骑星罗,沿江入汉,云阵万里。据险要以夺其魂,断粮道以折其胆,多设疑兵,使精悉而计乱,固列金汤,使神茹而虑屈。然后发衷诏,驰轻驿,辩辞重币,陈列吉凶。北虏顽而爱奇,贪而好古,畏我之威,喜我之赂,畏威喜赂,愿和必矣。陛下用臣之启,行臣之计,何忧玉门之下,而无款塞之胡哉!

彼之言战既殷勤,臣之言和亦慊阔。伏愿察两途之利害,
检二事之多少,圣照玄省,灼然可断。所表谬奏,希下之朝省,
使同博议。臣谬荷殊恩,奉佐侯岳,敢肆瞽直,伏奏千里。

帝不纳。征侍中,不行,留本任。

稚珪风韵清疏,好文咏,饮酒七八斗。与外兄张融情趣相得,又
与琅邪王思远、庐江何点、点弟胤并款交。不乐世务,居宅盛营山
水,凭机独酌,傍无杂事。门庭之内,草莱不翦,中有蛙鸣。或问之
曰:“欲为陈蕃乎?”稚珪笑曰:“我以此当两部鼓吹,何必期效仲
举。”

永元元年,为都官尚书,迁太子詹事,加散骑常侍。三年,稚珪
疾,东昏屏除,以床舆走,因此疾甚,遂卒。年五十五。赠金紫光禄
大夫。

刘绘字士章,彭城人,太常悛弟也。父勔,宋末权贵,门多人客,
使绘与之共语,应接流畅。勔喜曰:“汝后若束带立朝,可与宾客言
矣。”解褐著作郎,太祖太尉行参军。太祖见而叹曰:“刘公为不亡
也。”

豫章王嶷为江州,以绘为左军主簿,随镇江陵。转镇西外兵曹
参军,骠骑主簿。绘聪警,有文义,善隶书,数被赏召,进对华敏,僚
吏之中,见遇莫及。琅邪王诩为功曹,以吏能自进。嶷谓僚佐曰:
“吾虽不能得应嗣陈蕃,然阁下自有二骥也。”复为司空记室、录事,
转太子洗马,大司马谘议,领录事。时豫章王嶷与文惠太子以年秩
不同,物论谓宫、府有疑,绘苦求外出,为南康相。郡事之暇,专意讲
说。上左右陈洪请假南还,问绘在郡何似,既而间之曰:“南康是三
州喉舌,应须治干。岂可以年少讲学处之邪?”征还为安陆王护军司
马,转中书郎,掌诏诰。敕助国子祭酒何胤撰治礼仪。

永明末,京邑人士盛为文章谈义,皆凑竟陵王西邸。绘为后进
领袖,机悟多能。时张融、周颙并有言工,融音旨缓韵,颙辞致绮捷,
绘之言吐,又顿挫有风气。时人为之语曰:“刘绘贴宅,别开一门。”

言在二家之中也。

鱼复侯子响诛后，豫章王嶷欲求葬之，召绘言其事，使为表。绘求纸笔，须臾便成，嶷足八字，云"提携鞠养，俯见成人"。乃叹曰："祢衡何以过此。"后北虏使来，绘以辞辩，敕接虏使。事毕，当撰《语辞》，绘谓人曰："无论润色未易，但得我语亦难矣。"

事兄悛恭谨，与人语，呼为"使君"。隆昌中，悛坐罪将见诛，绘伏阙请代兄死，高宗辅政，救解之，引为镇军长史，转黄门郎。高宗为骠骑，以绘为辅国将军、谘议，领录事，典笔翰。高宗即位，迁太子中庶子，出为宁朔将军、抚军长史。

安陆王宝晊为湘州，以绘为冠军长史、长沙内史，行湘州事，将军如故。宝晊妃，悛女也。宝晊爱其侍婢，绘夺取，具以启闻，宝晊以为恨，与绘不协。

遭母丧，去官。有至性，持丧墓下三年，食粗粝。服阕，为宁朔将军、晋安王征北长史、南东海太守，行南徐州事。绘虽豪侠，常恶武事，雅善博射，未尝跨马。兄悛之亡，朝议赠平北将军、雍州刺史。诏书已出，绘请尚书令徐孝嗣改之。

及梁王义师起，朝廷以绘为持节、督雍梁南北秦四州郢州之竟陵司州之随郡诸军事、辅国将军、领宁蛮校尉、雍州刺史，固让不就。众以朝廷昏乱，为之寒心，绘终不受，东昏改用张欣泰。绘转建安王车骑长史，行府、国事。义师围城，南兖州刺史张稷总城内军事，与绘情款异常，将谋废立，闲语累夜。东昏殒，城内遣绘及国子博士范云等送首诣梁王于石头，转大司马从事中郎。中兴二年，卒，年四十五。绘撰《能书人名》，自云善飞白，言论之际，颇好矜知。

弟瑒字士温。好文章，饮酒奢逸，不吝财物。荥阳毛惠远善画马，瑒善画妇人，世并为第一。官至吏部郎。先绘卒。

史臣曰：刑礼相望，劝戒之道，浅识言治，莫辩后先，故宰世之堤防，御民之羁绊。端简为政，贵在画一，轻重屡易，手足无从。律令之本，文约旨旷，据典行罚，各用情求。舒惨之意既殊，宽猛之利

亦异,辞有出没,义生增损。旧尹之事,政非一途,后主所是,即为成
用。张弛代积,稍至迁讹。故刑开二门,法有两路,刀笔之态深,舞
弄之风起。承喜怒之机隙,挟千金之奸利,剪韭复生,宁失有罪,抱
木牢户,未必非冤。下吏上司,文簿从事,辩声察色,莫用衿府,申枉
理谳,急不在躬,案法随科,幸无咎悔。至于郡县亲民,百务萌始,以
情矜过,曾不待狱,以律定罪,无细非愆。盖由网密宪烦,文理相背。
夫惩耻难穷,盗贼长有,欲求猛胜,事在或然,扫墓高门,为利孰远。
故永明定律,多用优宽,治物不患仁心,见累于弘厚,为令贵在必
行,而恶其舛杂也。

　　赞曰:袁徇厥戚,犹子为情。稚珪夷远,奏谏罢兵。士章机悟,
立行砥名。

南齐书卷四九
列传第三〇

王奂 从弟缋　张冲

　　王奂字彦孙,琅邪临沂人也。祖僧朗,宋左光禄、仪同。父粹,黄门郎。奂出继从祖中书令球,故字彦孙。

　　解褐著作佐郎,太子舍人,安陆王冠军主簿,太子洗马,本州别驾,中书郎,桂阳王司空谘议,黄门郎。元徽元年,为晋熙王征虏长史、江夏内史,迁侍中,领步兵校尉。复出为晋熙王镇西长史,加冠军将军、江夏武昌太守。征祠部尚书,转掌吏部。

　　升明初,迁冠军将军、丹阳尹。初,王晏父普曜为沈攸之长史,常虑攸之举事,不得还。时奂为吏部,转普曜为内职,晏深德之。及晏仕世祖府,奂从弟蕴反,世祖谓晏曰:“王奂宋家外戚,王蕴亲同逆党,既其群从,岂能无异意。我欲具以启闻。”晏叩头曰:“王奂修谨,保无异志。晏父母在都,请以为质。”世祖乃止。

　　出为吴兴太守,秩中二千石,将军如故。寻进号征虏将军。建元元年,进号左将军。明年,迁太常,领鄱阳王师。仍转侍中,秘书监,领骁骑将军。又迁征虏将军、临川王镇西长史、领南蛮校尉、南郡内史。奂一岁三迁,上表固让南蛮曰:“今天地初辟,万物载新,荆蛮来威,巴濮不扰。但使边民乐业,有司修务,本府旧州,日就殷阜。臣昔游西土,较见盈虚,兼日者戎烬之后,痍毁难复。虽复缉以善政,未及来苏。今复割撤大府,制置偏校,崇望不足以助强,语实安能以相弊?且资力既分,职司增广,众劳务倍,文案滋烦。非独臣见其难,窃以为国计非允。"见许。于是罢南蛮校尉官。进号前将军。

世祖即位,征右仆射。仍转使持节、监湘州军事、前将军、湘州刺史。永明二年,徙为散骑常侍、江州刺史,初省江州军府。四年,迁右仆射,本州中正。奂无学术,以事干见处。迁尚书仆射,中正如故。校籍郎王植属吏部郎孔琇之以校籍令史俞公喜求进署,矫称奂意,植坐免官。

六年,迁散骑常侍、领军将军。奂欲请车驾幸府。上晚信佛法,御膳不宰牲。使王晏谓奂曰:"吾前去年为断杀事,不复幸诣大臣已判,无容欻尔也。"王俭卒,上用奂为尚书令,以问王晏。晏位遇已重,与奂不能相推,答上曰:"柳世隆有勋望,恐不宜在奂后。"乃转为左仆射,加给事中,出为使持节、散骑常侍、都督雍梁南北秦四州郢州之竟陵司州之随郡军事、镇北将军、雍州刺史,上谓王晏曰:"奂于释氏,实自专至。其在镇或以此妨务,卿相见言次及之,勿道吾意也。"上以行北诸戍士卒多褴褛,送裤褶三千具,令奂分赋之。

十一年,奂辄杀宁蛮长史刘兴祖,上大怒,使御史中丞孔稚珪奏其事曰:

雍州刺史王奂启录小府长史刘兴祖,虚称"兴祖扇动山蛮,规生逆谋,诳言诽谤,言辞不逊"。敕使送兴祖下都。奂虑所启欺妄,于狱打杀兴祖,诈启称自经死。止今体伤梿苍黩,事暴闻听。

摄兴祖门生刘倪到台辨问,列:"兴祖与奂共事,不能相和。自去年朱公恩领军征蛮失利,兴祖启闻,以启呈奂,奂因此便相嫌恨。若云兴祖有罪,便应事在民间;民间恬然,都无事迹。去十年九月十八日,奂使仗身三十人来,称敕录兴祖付狱。安定郡蛮先在郡赃私,兴祖既知其取与,即牒启,奂不问。兴祖后执录,奂仍令蛮领仗身于狱守视。兴祖未死之前,于狱以物画漆样子中出密报家,道无罪,令启乞出都一辨,万死无恨。"又云:"奂驻兴祖严禁信使,欲作方便,杀以除口舌。"又云:"奂意乃可。奂第三息彪随奂在州,凡事是非皆干豫,扇构密除兴祖。"又云:"兴祖家馈糜,中下药,食两口便觉,回乞狱子,食者皆大利。兴祖大叫道'糜中有药'。近狱之家,无人不闻。"又云:"免治著兴祖日急,判无济理。十一月二十一日,免使狱吏来报兴祖家,道兴祖于狱自经死。尸出,家人共洗浴之,见兴祖颈下有伤,肩胛乌黩,阴下破碎,实非兴祖自经死。家人及门义共见,非是一人。"重摄检雍州都留田文喜,列与倪符同状。

兴祖在狱,嗛苦望下,既蒙降旨,欣愿始遂,岂容于此,方复自经?敕以十九日至,兴祖以二十一日死,推理检迹,灼然矫假。寻敕使送下,免辄拒诏,所谤诸条,悉出免意。毁故丞相若陈显达,诽讪朝事,莫此之深。彪私随父之镇,敢乱王法,罪并合穷戮。

上遣中书舍人吕文显、直阁将军曹道刚领斋仗五百人收免。敕镇西司马曹虎从江陵步道会襄阳。

免子彪素凶剽,免不能制。女婿殷睿惧祸,谓免曰:"曹、吕今来,既不见真敕,恐为奸变,政宜录取,驰启闻耳。"免纳之。彪辄令率州内得千余人,开镇库,取仗,配衣甲,出南堂陈兵,闭门拒守。免门生郑羽叩头启免,乞出城迎台使,曰:"我不作贼,欲先遣启自申。政恐曹、吕辈小人相陵藉,故且闭门自守耳。"彪遂出与虎军战,其党范虎领二百人降台军,彪败走归。土人起义攻州西门,彪登门拒战,却之。免司马黄瑶起、宁蛮长史裴叔业于城内起兵攻免。免闻兵入,还内礼佛,未及起,军人遂斩之。年五十九。执彪及弟爽、弼、殷睿,皆伏诛。

诏曰:"逆贼王免,险诐之性,自少及长,外饰廉勤,内怀凶慝,贻厉乡伍,取弃衣冠。拔其文笔之用,擢以显任,出牧樊阿,政刑弛乱。第三息彪,矫弄威权,父子均势。故宁蛮长史刘兴祖,忠于奉国,每事匡执,免忿其异己,诬以讪谤,肆怒囚录,然后奏闻。朕察免愚诈,诏送兴祖还都,乃惧奸谋发露,潜加杀害。欺罔既彰,中使辩核,遂授兵登陴,逆捍王命。天威电扫,议夫咸奋,曾未浃辰,罪人斯获,方隅克殄,汉南肃清。自非犯官兼预同逆谋,为一时所驱逼者,悉无所问。"

奂长子太子中庶子融，融弟司徒从事中郎琛，于都弃市。余孙皆原宥。

殷睿字文子，陈郡人，晋太常融七世孙也。宋元嘉末，祖元素坐染太初事诛。睿遗腹亦当从戮，外曾祖王僧朗启孝武救之，得免。睿解义，有口才，司徒褚渊甚重之，谓之曰："诸殷自荆州以来，无出卿右者。"睿敛容答曰："殷族衰悴，诚不如昔，若此旨为虚，故不足降；此旨为实，弥不可闻。"奂为雍州，启睿为府长史。

睿族父恒，字昭度，与睿同承融后。宋司空景仁孙也。恒及父道矜，并有古风，以是见蚩于世，其事非一。恒，宋泰始初，为度支尚书，坐属父疾及身疾多，为有司所奏。明帝诏曰："殷道矜有生便病，比更无横病。恒因愚习情，久妨清叙。左迁散骑常侍，领校尉。"恒历官清显，至金紫光禄大夫。建武中，卒。

奂弟仙女为长沙王晃妃，世祖诏曰："奂自陷逆节，长沙王妃男女并长，且奂又出继，前代或当有准，可特不离绝。"奂从弟缋。

缋字叔素，宋车骑将军景文子也。弱冠为秘书郎，太子舍人，转中书舍人，景文以此授超阶，令缋经年乃受。景文封江安侯，缋袭其本爵，为始平县五等男。迁秘书丞，司徒右长史。元徽末，除宁朔将军、□平王征北长史、南东海太守，黄门郎，宁朔将军、东阳太守。世祖为抚军，吏部尚书张岱选缋为长史，呈选牒，太祖笑谓岱曰："此可谓素望。"迁散骑常侍，骁骑将军。

出补义兴太守。辄录郡吏陈伯喜付阳羡狱，欲杀之，县令孔逭不知何罪，不受缋教，为有司所奏，缋坐白衣领职。迁太子中庶子，领骁骑，转长史，兼侍中。世祖出射雉，缋信佛法，称疾不从驾。转左民尚书，以母老乞解职，改授宁朔将军、大司马长史、淮陵太守。出为宣城太守，秩中二千石。隆昌元年，迁辅国将军、太傅长史，不拜。仍为冠军将军、豫章内史，进号征虏。又坐事免官。除冠军将军、司徒左长史、散骑常侍、随王师。除征虏将军、骠骑长史，迁散骑常侍、太常。永元元年，卒，年五十三。谥靖子。

缋女适安陆王子敬，世祖宠子。永明三年，纳妃，修外舅姑之敬。世祖遣文惠太子相随往缋家置酒设乐，公卿皆冠冕而坐，当世荣之。

张冲字思约，吴郡吴人。父柬，通直郎。冲出继从伯侍中景胤，小名查，父邵，小名梨。宋文帝戏景胤曰："查何如梨？"景胤答曰："梨是百果之宗，查何敢及。"

冲亦少有至性，辟州主簿，随从叔永为将帅，除绥远将军、盱眙太守。永征彭城，遇寒雪，军人足胫冻断者十七八，冲足指皆堕。除尚书驾部郎，桂阳王征南中兵、振威将军。历骠骑、太尉、南中郎参军，不拜。迁征西从事中郎，通直郎，武陵王北中郎直兵参军、长水校尉，除宁朔将军，本官如故。迁左军将军，加宁朔将军，辅国将军。冲少从戎事，朝廷以干力相待，故历处军校之官。出为马头太守，徙盱眙太守，辅国将军如故。永明六年，迁西阳王冠军司马。八年，为假节、监青冀二州刺史事，将军如故。冲父初卒，遗命曰："祭我必以乡土所产，无用牲物。"冲在镇，四时还吴园中取果菜，流涕荐焉。仍转刺史。

郁林即位，进号冠军将军。明帝即位，以晋寿太守王洪轨代冲。除黄门郎，加征虏将军。建武二年，虏寇淮泗，假冲节，都督青、冀二州北讨诸军事，本官如故。虏并兵攻司州，除青右出军分其兵势。冲遣军主桑系祖由渣口攻拔虏建陵、驿马、厚丘三城，多所杀获。又与洪轨遣军主崔季延袭虏纪城，据之。冲又遣军主杜僧护攻拔虏虎坑、冯时、即丘三城，驱生口辎重还，至溢沟，虏救兵至，缘道要击，僧护力战，大破之。

其年，迁庐陵王北中郎司马，加冠军将军。未拜，丰城公遥昌为豫州，上虑寇未已，徙冲为征虏长史、南梁郡太守。永泰元年，除江夏王前军长史。东昏即位，出为建安王征虏长史、辅国将军、江夏内史，行郢州府、州事。永元元年，迁持节、督豫州军事、豫州刺史，代裴叔业，竟不行。明年，迁督南兖兖徐青冀五州、辅国将军、南兖州刺史，持节如故。会司州刺史申希祖卒，以冲为督司州军事、冠军将军、司州刺史。裴叔业以寿春降虏，又迁冲为督南兖兖徐徐青冀五州、南兖州刺史，持节、将军如故。并未拜。崔慧景事平，征建安王宝寅还都，以冲为督郢司二州、郢州刺史，持节、将军如故。一岁之中，频授四州，至此受任。其冬，进征虏将军，封定襄侯，食邑千户。

梁王义师起，东昏遣骁骑将军薛元嗣、制局监暨荣伯领兵及粮运百四十余船送冲，使拒西师。元嗣等惩刘山阳之败，疑冲不敢进，停住夏口浦。闻义师将至，元嗣、荣伯相率入郢城。时竟陵太守房僧寄被代还至郢，东昏敕僧寄留守鲁山，除骁骑将军。僧寄谓冲曰："臣虽未荷朝廷深恩，实蒙先帝厚泽。荫其树者不折其枝，实欲微立尘效。"冲深相许诺，共结盟誓。乃分部拒守，遣军主孙乐祖数千人助僧寄据鲁山岸立城垒。

明年二月，梁王出沔口，围鲁山城。遣军主曹景宗等过江攻郢城，未及尽济，冲遣中兵参军阵光静等开门出击，为义师所破，光静战死，冲固守不出。景宗于是据石桥浦，连军相续，下至加湖。东昏遣军主巴西梓潼二郡太守吴子阳、光子衿、李文钊、陈虎牙等十三军援郢，至加湖不得进，乃筑城举烽，城内亦举火应之。而内外各自侵，不能相救。

冲病死，元嗣、荣伯与冲子孜及长史江夏内史程茂固守。东昏诏赠冲散骑常侍、护军将军。假元嗣、子阳节。

江水暴长，加湖城淹溃，义师乘高舰攻之，子阳等大败散。鲁山城乏粮，军人于巇头捕细鱼供食，密治轻船，将奔夏口。梁王命偏军断其取路，防备越逸。房僧寄病死，孙乐祖窘，以城降。

郢城被围二百余日，士庶病死者七八百家。鲁山既败，程茂及元嗣等议降，使孜为书与梁王。冲故吏青州治中房长瑜谓孜曰："前使君忠贯昊天，操逾松竹。郎君但当端坐画一，以荷析薪。若天运不与，幅巾待命，以下从使君。今若随诸人之计，非唯郢州士女失高山之望，亦恐彼所不取也。"鲁山陷后二日，元嗣等以郢城降。

东昏以程茂为督郢司二州、辅国将军、郢州刺史，元嗣为督雍梁南北秦四州郢州之竟陵司州之随郡、冠军将军、雍州刺史,并持节。时郢鲁二城以降,死者相积,竟无叛散。时以冲及房僧寄比臧洪之被围也。赠僧寄益州刺史。

时新蔡太守席谦,永明中为中书郎王融所荐。父恭穆,镇西司马,为鱼复侯所害。至是谦镇盆城,闻义师东下,曰:“我家世忠贞,殒死不二。”为阵伯之所杀。

史臣曰:石碏弃子,弘灭亲之戒;鲍永晚降,知事新之节。王奂诚在靡贰,迹允严科;张冲未达天心,守迷义运。致危之理异,为亡之事一也。

赞曰:王居北牧,子未克家。终成干纪,覆此胄华。张垒穷守,死如乱麻。为悟既晚,辩见方赊。

除青右_疑。

南齐书卷五〇
列传第三一

文二王

巴陵王昭秀　桂阳王昭粲

明七王

巴陵隐王宝义　江夏王宝玄
庐陵王宝源　鄱阳王宝寅
邵陵王宝攸　晋熙王宝嵩
桂阳王宝贞

　　文惠太子四男：安皇后生郁林王昭业，宫人许氏生海陵恭王昭文，陈氏生巴陵王昭秀，褚氏生桂阳王昭粲。

　　巴陵王昭秀字怀尚，太子第三子也。永明中，封曲江公，千五百户。十年，为宁朔将军、济阳太守。郁林即位，封临海郡王，二千户。隆昌元年，为使持节、都督荆雍益宁梁南北秦七州军事、西中郎将、荆州刺史。延兴元年，征为车骑将军，卫京师，以永嘉王昭粲代之。

明帝建武二年,通直常侍庾昙隆启曰:"周定洛邑,天子置畿内之民;汉都咸阳,三辅为社稷之卫。中晋南迁,事移威弛,近郡名邦。多有国食。宋武创业,依拟古典,神州部内,不复别封。而孝武末年,分树宠子,苟申私爱,有乖训准。隆昌之元,特开母弟之贵,窃谓非古。圣明御宇,礼旧为先,畿内限断,宜遵昔制,赐茅授土,一出外州。"诏付尚书详议。其冬,改封昭秀为巴陵王。永泰元年,见杀,年十六。

桂阳王昭粲,太子第四子也。郁林立,以皇弟封永嘉郡王,南徐州刺史。延兴元年,出为使持节、都督荆雍益宁梁南北秦七州军事、西中郎将、荆州刺史。明帝立,欲以闻喜公遥欣为荆州,转昭粲为右将军,中书令。建武二年,改封桂阳王。四年,迁太常,将军如故。永泰元年,见杀,年八岁。

明帝十一男:敬皇后生东昏侯宝卷、江夏王宝玄、鄱阳王宝寅、和帝,殷贵嫔生巴陵隐王宝义、晋熙王宝嵩,袁贵妃生庐陵王宝源,管淑妃生邵陵王宝攸,许淑媛生桂阳王宝贞。余皆早夭。

巴陵隐王宝义字智勇,明帝长子也,本名明基。建武元年,为持节、都督扬南徐州军事、前将军、扬州刺史。封晋安郡王,三千户。宝义少有废疾,不堪出人间,故止加除授,仍以始安王遥光代之。转宝义为右将军,领兵置佐,镇石头。二年,出为使持节、都督南徐州军事、镇北将军、南徐州刺史。东昏即位,进征北大将军、开府仪同三司,给仗。永元元年,给班剑二十人。始安王遥光诛,为都督扬南徐二州军事、骠骑大将军、扬州刺史,持节如故。东府被兵火,屋宇烧残,帝方营宫殿,不暇修葺,宝义镇西州。三年,进位司徒。和帝西台建,以为侍中、司空,使持节、都督、刺史如故。梁王定京邑,宣德太后令以宝义为太尉,领司徒。诏云:"不言之化,形于自远。"时人皆云此实录也。梁受禅,封谢沐县公,寻封巴陵郡王,奉齐后。天监中，薨。

江夏王宝玄字智深，明帝第三子也。建武元年，为征虏将军，领石头戍事，封江夏郡王。仍出为持节、都督郢司二州军事、西中郎将、郢州刺史。永泰元年，还为前将军，领石头戍事，未拜，东昏即位，进号镇军将军。永元元年，又进车骑将军，代晋安王宝义为使持节、都督南徐兖二州军事、南徐兖二州刺史，将军如故。

宝玄娶尚书令徐孝嗣女为妃，孝嗣被诛，离绝。少帝送少姬二人与之，宝玄恨望，密有异计。明年，崔慧景举兵，还至广陵，遣使奉宝玄为主。宝玄斩其使，因是发将吏防城。帝遣马军主戚平、外监黄林夫助镇京口。慧景将渡江，宝玄密与相应，杀司马孔矜、典签吕承绪及平、林夫，开门纳慧景。使长史沈佚之、谘议柳憕分部军众，乘八扛舆，手执绛麾幡，随慧景至京师，住东城，百姓多往投集。慧景败，收得朝野投宝玄及慧景军名，帝令烧之，曰："江夏尚尔，岂复可罪余人。"宝玄逃奔，数日乃出。帝召入后堂，以步鄣裹之，令群小数十人鸣鼓角驰绕其外，遣人谓宝玄曰："汝近围我亦如此。"少日乃杀之。

庐陵王宝源字智渊，明帝第五子也。建武元年，为北中郎将，镇琅邪城，封庐陵郡王。迁右将军，领石头戍事，仍出为使持节、都督南兖兖徐青冀五州军事、后将军、南兖州刺史。王敬则伏诛，徙宝源为都督会稽东阳临海永嘉新安五郡军事、会稽太守，将军如故。永元元年，进号安东将军。和帝即位，以为侍中、车骑将军、开府仪同三司，都督、太守如故，未拜，中兴二年，薨。

鄱阳王宝寅字智亮，明帝第六子也。建武初，封建安郡王。二年，为北中郎将，镇琅邪城。明年，出为持节、都督江州军事、南中郎将、江州刺史。东昏即位，为使持节、都督郢司二州军事、征虏将军、郢州刺史。寻进号前将军。永元二年，征为抚军，领石头戍事，未拜。

三年,为车骑将军、开府仪同三司,镇石头。

其秋,雍州刺史张欣泰等谋起事于新亭,杀台内诸主帅,事在《欣泰传》。难作之日,前南谯太守王灵秀奔往石头,率城内将吏见力,去车脚载宝鋆向台城,百姓数千人皆空手随后,京邑骚乱。宝鋆至杜姥宅,日已欲暗,城门闭,城上人射之,众弃宝鋆逃走。宝鋆逃亡三日,戎服诣草市尉,尉驰以启帝。帝迎宝鋆入宫问之,宝鋆涕泣称:"尔日不知何人逼使上车,仍将去,制不自由。"帝笑,乃复爵位。

和帝立,西台以宝鋆为使持节、都督南徐兖二州军事、卫将军、南徐州刺史。少帝以为使持节、都督荆益宁雍梁南北秦七州军事、荆州刺史,将军如故。宣德太后临朝,梁王为建安公,改封宝鋆为鄱阳王。中兴二年,谋反诛。

邵陵王宝攸字智宣,明帝第九子也。建武元年,封南平郡王。二年,改封。三年,为北中郎将,镇琅邪城。永元元年,为持节、都督南北徐南兖青冀五州军事、南兖州刺史,郎将如故。未拜,迁征虏将军,领石头戍事,丹杨尹,戍事如故。陈显达事平,出为持节、督江州军事、左将军、江州刺史。以本号还京师,授中将军、秘书监。中兴二年,谋反,宣德太后令赐死。

晋熙王宝嵩字智靖,明帝第十子也。永元二年,为冠军将军、丹杨尹。仍迁持节、都督南徐兖二州军事、南徐州刺史,将军如故。中兴元年,和帝以为中书令。明年,谋反伏诛。

桂阳王宝贞,明帝第十一子也。永元二年,为中护军、北中郎将,领石头戍事。中兴二年,谋反伏诛。

史臣曰:《春秋》书"郑伯克段于鄢",兄弟之恩离,君臣之义正。夫逆从有势,况亲兼一体,道穷数尽,或容触啄。而宝玄自寻干戈,欣受家难。曾不悟执柯所指,跗萼相从,以此而图万全,未知其仿佛也。

赞曰：文惠二王，于嗟夭殇。明子七国，终亦衰亡。

南齐书卷五一
列传第三二

裴叔业　　崔慧景　　张欣泰

　　裴叔业，河东闻喜人，晋冀州刺史徽后也。徽子游击将军黎，遇中朝乱，子孙没凉州，仕于张氏。黎玄孙先福，义熙末还南，至荥阳太守。叔业父祖晚渡，少便弓马，有武干。宋元徽末，累官为羽林监，太祖骠骑行参军。建元元年，除屯骑校尉。虏侵司、豫二州，以叔业为军主征讨，本官如故。

　　上初即位，群下各献谠言。二年，叔业上疏曰："成都沃壤，四塞为固，古称一人守隘，万夫趑趄。雍、齐乱于汉世，谯、李寇于晋代，成败之迹，事载前史。顷世以来。绥驭乖术，地惟形势，居之者异姓，国实武用，镇之者无兵，致寇掠充斥，赕税不断。宜遣帝子之尊，临抚巴蜀，总益、梁、南秦为三州刺史。率文武万人，先启嶓汉，分遣郡戍，皆配精力，搜荡山源，纠虔奸蠹。威令既行，民夷必服。"除宁朔将军，军主如故。永明四年，累至右军将军，东中郎谘议参军。

　　高宗为豫州，叔业为右军司马，加建威将军、军主，领陈留太守。七年，为王敬则征西司马，将军、军主如故。随府转骠骑。在寿春为佐数年。九年，为宁蛮长史、广平太守。雍州刺史王奂事难，叔业率部曲于城内起义。上以其有干用，仍留为晋安王征北谘议，领中兵，扶风太守，迁晋熙王冠军司马。延兴元年，加宁朔将军，司马如故。

　　叔业早与高宗接事，高宗辅政，厚任叔业以为心腹，使领军掩袭诸蕃镇,叔业尽心用命。建武二年,虏围徐州,叔业以军主隶右卫将军萧坦之救援。叔业攻虏淮栅外二城,克之,贼众赴水死甚众。除黄门侍郎。上以叔业有勋诚,封武昌县伯,五百户。仍为持节、督徐州军事、冠军将军、徐州刺史。

四年,虏主寇沔北,上令叔业援雍州。叔业启:"北人不乐远行,唯乐侵伐虏堺,则雍、司之贼,自然分张,无劳动民向远也。"上从之。叔业率军攻虹城,获男女四千余人。徙督豫州、辅国将军、豫州刺史,持节如故。

永泰元年,叔业领东海太守孙令终、新昌太守刘思效、马头太守李僧护等五万人围涡阳,虏南兖州所镇,去彭城百二十里。伪兖州刺史孟表固守拒战,叔业攻围之,积所斩级高五丈,以示城内。又遣军主萧瑰、成宝真分攻龙亢戍,即虏马头郡也。虏闭城自守。伪徐州刺史广陵王率二万人,骑五千匹,至龙亢,瑰等拒战不敌。叔业三万余人助之,数道攻虏。虏新至,营未立,于是大败。广陵王与数十骑走,官军追获其节。虏又遣伪将刘藻、高匆继至,叔业率军迎击破之,再战,斩首万级,获生口三千人,器仗驴马绢布千万计。虏主闻广陵王败,遣伪都督王肃、大将军杨大眼步骑十余万救涡阳,叔业见兵盛,夜委军遁走。明日,官军奔溃,虏追之,伤杀不可胜数,日暮乃止。叔业还保涡口,上遣使慰劳。

高宗崩,叔业还镇。少主即位,诛大臣,京师屡有变发。叔业登寿春城北望肥水,谓部下曰:"卿等欲富贵乎?我言富贵亦可办耳。"永元元年,徙督南兖兖徐青冀五州军事、南兖州刺史,将军、持节如故。叔业见时方乱,不乐居近蕃,朝廷疑其欲反,叔业亦遣使参察京师消息,于是异论转盛。叔业兄子植、飐并为直阁,殿内驱使,虑祸至,弃母奔寿阳,说叔业以朝廷必见掩袭。徐世檦等虑叔业外叛,遣其宗人中书舍人裴长穆宣旨,许停本任。叔业犹不自安,而植等说之不已。叔业忧惧,问计于梁王,梁王令遣家还都,自然无患。叔业乃遣子芬之等还质京师。明年,进号冠军将军。传叔业反者不已,芬之愈惧,复奔寿春。于是发诏讨叔业,遣护军将军崔慧景、征虏将军豫州刺史萧懿，督水陆众军西讨，顿军小岘。叔业病困，植请救魏虏，送芬之为质。叔业寻卒，虏遣大将军李丑、杨大眼二千余骑入寿春。初，虏主元宏建武二年至寿春，其下劝攻城，宏曰："不须攻，后当降也。"植等皆还洛阳。

崔慧景字君山，河东武城人也。祖构，奉朝请。父系之，州别驾。慧景初为官军子学生。宋泰始中，历位至员外郎，稍迁长水校尉，宁朔将军。太祖在淮阴，慧景与宗人祖思同时自结，太祖欲北渡广陵，使慧景具船于陶家后渚，事虽不遂，以此见亲。除前军。沈攸之事平，仍出为武陵王安西司马、河东太守，使防捍陕西。升明三年，豫章王为荆州，慧景留为镇西司马，兼谘议，太守如故。太祖受禅，封乐安县子，三百户。豫章王遣慧景奉表称庆还京师，太祖召见，加意劳接。转平西府司马、南郡内史。仍迁为南蛮长史，加辅国将军，内史如故。先是，蛮府置佐，资用甚轻，至是始重其选。

建元元年，虏动。豫章王遣慧景三千人顿方城，为司州声援。虏退，梁州贼李乌奴未平，以慧景为持节、都督梁南北秦沙四州军事、西戎校尉、梁南秦二州刺史，将军如故。敕荆州资给发道，配以实甲千人，步道从襄阳之镇。初，乌奴屡为官军所破，走氐中，乘间出，扰动梁、汉，据关城。遣使诣荆州请降，豫章王不许，遣中兵参军王图南率益州军从剑阁掩讨，大摧破之，乌奴还保武兴。慧景发汉中兵众，进顿白马，遣支军与图南腹背攻击，乌奴大败，遂奔于武兴。

世祖即位，进号冠军将军。在州蓄聚，多获珍货。永明三年，以本号还。迁黄门郎，领羽林监。明年，迁随王东中郎司马，加辅国将军。出为持节、督司州军事、冠军将军、司州刺史。母丧，诏起复本任。慧景每罢州，辄资献奉，动数百万，世祖以此嘉之。九年，以本号征还，转太子左率，加通直常侍。明年，迁右卫将军，加给事中。

是时，虏将南侵，上出慧景为持节、督豫州郢州之西阳司州之汝南二郡诸军事、冠军将军、豫州刺史。郁林即位，进号征虏将军。慧景以少主新立，密与虏交通，朝廷疑惧。高宗辅政，遣梁王至寿春安慰之，慧景遣密启送诚劝进，征还，为散骑常侍，左卫将军。建武二年，虏寇徐、豫，慧景以本官假节，向钟离，受王玄邈节度。寻加冠军将军。四年，迁度支尚书，领太子左率。

冬，虏主攻沔北五郡，假慧景节，率众二万，骑千匹，向襄阳，雍州众军并受节度。永泰元年，慧景至襄阳，五郡已没。加慧景平北将军，置佐史，分军助戍樊城。慧景顿涡口村，与太子中庶子梁王及军主前宁州刺史董仲民、刘山阳、裴飐、傅法宪等五千余人进行邓城。前参骑还，称虏军且至。须臾，望数万骑俱来，慧景据南门，梁王据北门，令诸军上城上。时慧景等蓐食轻行，皆有饥惧之色。军中北馆客三人，走投虏，具告之。虏伪都督中军大将军彭城王元勰，分遣伪武卫将军元蛒趣城东南，断慧景归路，伪司马孟斌向城东，伪右卫将军播正屯城北，交射城内。梁王欲出战，慧景曰："虏不夜围入城，待日暮自当去也。"既而虏众转盛，慧景于南门拔军，众军不相知，随后奔退。虏军从北门入，刘山阳与部曲数百人断后死战，虏遣铠马百余匹突取山阳，山阳使射手射之，三人倒马，手杀十余人，不能禁，且战且退。慧景南出过闹沟，军人蹈藉，桥皆断坏，虏军夹路射之，军主傅法宪见杀，赴沟死者相枕。山阳取袄杖填沟，乘之得免。虏主率大众追之，晡时，虏主至沔北，围军主刘山阳。山阳据城苦战，至暮，虏乃退。众军恐惧，其夕皆下船还襄阳。

东昏即位，改领右卫将军，平北、假节如故，未拜。永元元年，迁护军将军，寻加侍中。陈显达反，加慧景平南将军，都督众军事，屯中堂。时辅国将军徐世檦专势号令，慧景备员而已。帝即诛戮将相，旧臣皆尽，慧景自以年宿位重，转不自安。

明年，裴叔业以寿春降虏，改授慧景平西将军，假节、侍中、护军如故，率军水路征寿阳。军顿白下，将发，帝长围屏除出琅邪城送之。帝戎服坐城楼上，召慧景单骑进围内，无一人自随者。裁交数言，拜辞而去。慧景即得出，甚喜。子觉为直阁将军，慧景密与期：四月慧景至广陵，觉便出奔。

慧景过广陵数十里，召会诸军主曰："吾荷三帝厚恩，当顾托之

重。幼主昏狂,朝廷坏乱,危而不扶,责在今日。欲与诸君共建大功,
以安宗社,何如?"众皆响应。于是回军还广陵,司马崔恭祖守广陵
城,开门纳之。帝闻变,以征虏将军、右卫将军左兴盛假节,督京邑
水陆众军。慧景停二日,便收众济江,集京口。江夏王宝玄又为内
应,合二镇兵力,奉宝玄向京师,

　　台遣骁骑将军张佛护、直阁将军徐元称、屯骑校尉姚景珍、西
中郎参军徐景智、游荡主董伯珍、骑官桓灵福等据竹里为数城。宝
玄遣信谓佛护曰:"身自还朝,君何意苦相断遏?"佛护答曰:"小人
荷国重恩,使于此创立小戍。殿下还朝,但自直过,岂敢干断。"遂射
慧景军,因合战。慧景子觉及崔恭祖领前锋,皆伧楚善战;又轻行不
齎食,以数舫缘江载酒肉为军粮。每见台军城中烟火起,辄尽力攻
击,台军不复得食,以此饥困。元称等议欲降,佛护不许。十二日,
恭祖等复攻之,城陷,佛护单马走,追得斩首,徐元称降,余军主皆
死。慧景至临沂,令李玉之发桥断路,慧景收杀之。

　　台遣中领军王莹都督众军,据湖头筑垒,上带蒋山西岩,实甲
数万。慧景至查硎,竹塘人万副兒善射猎,能捕虏,投慧景曰:"今平
路皆为台军所断,不可议进,唯宜从蒋山龙尾上,出其不意耳。"慧
景从之,分遣千余人鱼贯缘山,自西岩夜下,鼓叫临城中。台军惊
恐,即时奔散。帝又遣右卫将军左兴盛率台内三万人,拒慧景于北
篱门,望风退走。慧景引军入乐游,恭祖率轻骑十余匹突进北掖门,
乃复出,宫门皆闭。慧景引众围之。于是东府、头石、白下、新亭诸
城皆溃。左兴盛走,不得入宫,逃淮渚获舫中,慧景擒杀之。宫中遣
兵出荡,不克。慧景烧兰台府署为战场,守卫尉萧畅屯南掖门处分
城内,随方应击,众心以此稍安。

　　慧景称宣德太后令,废帝为吴王。时巴陵王昭胄先逃民间,出
投慧景,慧景意更向之,故犹豫未知所立。竹里之捷,子觉与恭祖争
勋,慧景不能决。恭祖劝慧景射火箭烧北掖楼,慧景以大事垂定,后
若更造,费用功力,不从其计。性好谈义,兼解佛理,顿法轮寺,对客
高谈。恭祖深怀怨望。

先是，卫尉萧懿为征虏将军、豫州刺史，自历阳步道征寿阳。帝遣密使告之，懿率军主胡松、李居士等数千人自采石济岸，顿越城，举火，台城中鼓叫称庆。恭祖先劝慧景遣二千人断西岸军，令不得渡，慧景以城且夕降，外救自然应散。至是恭祖请击义师，又不许。乃遣子觉将精手数千人渡南岸。义师昧旦进战，数合，士皆致死，觉大败，赴淮死者二千余人，觉单马退，开桁阻淮。其夜，崔恭祖与骁将刘运诣城降，慧景众情离坏，乃将腹心数人潜去，欲北渡江，城北诸军不知，犹为拒战。城内出荡，杀数百人。义军渡北岸，慧景余众皆奔。慧景围城凡十二日，军旅散在京师，不为营垒。及走，众于道稍散，单马至蟹浦，为渔父所斩，以头内鳅鱼篮，檐送至京师。时年六十三。

追赠张佛护为司州刺史，左兴盛豫州刺史，并征虏将军，徐景智、桓灵福屯骑校尉，董伯珍员外郎，李玉之给事中，其余有差。

恭祖者，慧景宗人，骁果便马矟，气力绝人，频经军阵。讨王敬则，与左兴盛军客袁文旷争敬则首，诉明帝曰："恭祖秃马绛衫，手刺倒贼，故文旷得斩其首。以死易勋，而见枉夺。若失此勋，要当刺杀左兴盛。"帝以其勇，使谓兴盛曰："何容令恭祖与文旷争功。"遂封二百户。慧景平后，恭祖系尚方，少时杀之。

觉亡命为道人，见执伏法。临刑与妹书曰："舍逆旅，归其家，以为大乐，况得从先君游太清乎。古人有力扛周鼎，而有立锥之叹，以此言死，亦复何伤！平生素心，士大夫皆知之矣。既不得附骥尾，安得施名于后世，慕古竹帛之事，今皆亡矣。"慧景妻女亦颇知佛义。

觉弟偃，为始安内史，藏窜得免。和帝西台立，以为宁朔将军。中兴元年，诣公车门上书曰：

臣窃惟太祖、高宗之孝子忠臣，而昏主之贼臣乱子者，江夏王与陛下，先臣与镇军是也。臣闻尧舜之心，常以天下为忧，而不以位为乐。被子然之舜，垄亩之人，犹尚若此，况祖业之重，蒙国之切？江夏既行之于前，陛下又蹈之于后，虽成败异术，而所由同方也。

陛下初登至尊,与天合符。天下纤介之屈,尚望陛下申之,丝发之冤,尚望陛下理之。况先帝之子,陛下之兄,所行之道,即陛下所由哉?如此尚弗恤,其余何几哉?陛下德侔造化,仁育群生,虽在昆虫草木,有不得其所者,览而伤焉。而况乎友爱天至,孔怀之深。夫岂不怀,将以事割。此实左右不明,未之或详。惟陛下公听并观,以询之刍荛。群臣有以臣言为不可,乞使臣廷辩之。则天人之意塞,四海之疑释。必若不然,侥小民之无识耳。使其晓然知此,相聚而逃陛下,以责江夏之冤,朝廷将何以应之哉?若天听沛然回光,发恻怆之诏,而使东牟朱虚东褒仪父之节,则何戈之士,谁不尽死?愚戆之言,万一上合,事乞留中。

事寝不报。偃又上疏曰:

近冒陈江夏之冤,定承圣诏,已有褒赠,此臣狂疏之罪也。然臣所以谘问者,不得其实,罪在万没,无所复云。但愚心所恨,非敢以父子之亲,骨肉之间,而侥幸曲陛下之法,伤至公之义。诚不晓圣朝所以然之意。何则狂主虽狂,而实是天子,江夏虽贤,实是人臣,先臣奉人臣逆人君,以为不可申明诏,得矣;然未审陛下亦是人臣不?而镇军亦复奉人臣逆人君,今之严兵劲卒,方指于象魏者,其故何哉?臣所不死,苟存视息,非有他故,所以待皇运之开泰,申冤魂之枉屈。今皇运既已开泰矣,而死于社稷尽忠,反以为贼,臣何用此生陛下世矣。

臣闻王臣之节,竭智尽公,以奉其上。居股肱之任者,申理冤滞,荐达群贤。凡此众臣,夙兴夜寐,心不尝须臾之间而不在公。故万物无不得其理,而颂声作焉。臣谨案镇军将军臣颖胄,宗室之亲,股肱之重,身有伊、霍之功,荷陛下稷、旦之任。中领军臣讳,受帷幄之寄,副宰相之尊。皆所以栋梁朝廷,社稷之臣,天下所当,遑遑匪懈,尽忠竭诚,欲使万物得理,而颂声大兴者,岂复宜逾此哉?而同知先臣股肱江夏,匡济王室,天命未遂,王亡与亡,而不为陛下謍然一言。知而不言,是不忠之臣,不知而言，乃不智之臣，此而不知，将何所知？

如以江夏心异先臣，受制臣力，则江夏同致死毙，听可昏政淫刑，见残无道。然江夏之异，以何为明，孔、吕二人，谁以为戮。手御麾幡，言辄任公，同心共志，心若胶漆，而以为异，臣窃惑焉。如以先臣遣使，江夏斩之，则征东之驿，何为见戮？陛下斩征东之使，实诈山阳；江夏违先臣之请，实谋孔秤。天命有归，故事业不遂耳。夫唯圣人，乃知天命，守忠之臣，唯知尽死，安顾成败。诏称江夏遭时屯故，迹屈行令，内恕探情，无玷纯节。今□之旨，又何以处镇军哉？

臣所言毕矣，乞就汤镬。然臣虽万没，犹愿陛下必申先臣。何则？恻怆而申之，则天下伏；不恻怆而申之，天下之人北面而事陛下者，徒以力屈耳。先臣之忠，有识所知，南史之笔，千载可期，亦何待陛下屈申而为褒贬。然小臣惓惓之愚，为陛下计耳。臣之所言，非孝于父，实忠于君。唯陛下孰察，少留心焉。

臣频触宸严，而不彰露，所以每上封事者，非自为戆地，犹以《春秋》之义有隐讳之意也。臣虽浅薄，然今日之事，斩足断头，残身灭形，何所不能，为陛下耳。臣闻生人之死，肉人之骨，有识之士，未为多感。公听并观，申人之冤，秉德任公，理人之屈，则普天之人，争为之死。何则？理之所不可以已也。陛下若引臣冤，免臣兄之罪，收往失，发恻怆之诏，怀可报之意，则桀之犬实可吠尧，跖之客实可刺由，又何况由之犬，尧之客。臣非吝生，实为陛下重此名于天下。已成之基，可惜之宝，莫复是加。寝明寝昌，不可不循，寝微寝灭，不可不慎。惟陛下熟察，详择其衷。

若陛下犹以为疑，镇军未之允决，乞下征东共详可否，无以向隅之悲，而伤陛下满堂之乐。何则？陛下昏主之弟，江夏亦昏主之弟；镇军受遗托之恩，先臣亦荷顾命之重。情节无异，所为皆同，殊者唯以成败仰资圣朝耳。臣不胜愚忠，请使群臣廷辩者，臣乞专令一人，精赐本语。侥幸万一，天听昭然，则轲沉七族,离燔妻子,人以为难,臣岂不易。

诏报曰:"具卿冤切之怀。卿门首义,而旌德未彰,亦追以慨然,今当显加赠谥。"俄寻下狱死。

张欣泰字义亨,竟陵人也。父兴世,宋左卫将军。

欣泰少有志节,不以武业自居,好隶书,读子史。年十余,诣吏部尚书褚渊,渊问之曰:"张郎弓马多少?"欣泰答曰:"性怯畏马,无力牵弓。"渊甚异之。辟州主簿,历诸王府佐。元徽中,兴世在家,拥雍州还资,见钱三千万。苍梧王自领人劫之,一夜垂尽,兴世忧惧感病卒。欣泰兄欣华时任安成郡,欣泰悉封余财以待之。

建元初,历官宁朔将军,累除尚书都官郎。世祖与欣泰早经款遇,及即位,以为直阁将军,领禁旅。除豫章王太尉参军,出为安远护军、武陵内史。还复为直阁,步兵校尉,领羽林监。欣泰通涉雅俗,交结多是名素。下直辄游园池,著鹿皮冠,衲衣锡杖,挟素琴。有以启世祖者,世祖曰:"将家儿何敢作此举止!"后从车驾出新林,敕欣泰甲仗廉察,欣泰停仗,于松树下饮酒赋诗。制局监吕文度过见,启世祖。世祖大怒,遣出外,数日,意稍释,召还,谓之曰:"卿不乐为武职驱使,当处卿以清贯。"除正员郎。

永明八年,出为镇军中兵参军、南平内史。巴东王子响杀僚佐,上遣中庶子胡谐之西讨,使欣泰为副。欣泰谓谐之曰:"今太岁在西南,逆岁行军,兵家深忌,不可见战,战必见危。今段此行,胜既无名,负诚可耻。彼凶狡相聚,所以为其用者,或利赏逼威,无由自溃。若且顿军夏口,宣示祸福,可不战而禽也。"谐之不从,进屯江津,尹略等见杀。

事平,欣泰徙为随王子隆镇西中兵,改领河东内史。子隆深相爱纳,数与谈宴,州府职局,多使关领,意遇与谢朓相次。典签密以启闻,世祖怒,召还都。屏居家巷,置宅南冈下,面接松山。欣泰负弩射雉,恣情闲放。众伎杂艺,颇多闲解。

明帝即位,为领军长史,迁谘议参军。上书陈便宜二十条,其一条言宜毁废塔寺，帝并优诏报答。

建武二年，虏围钟离城。欣泰为军主，随崔慧景救援。欣泰移虏广陵侯曰："闻攻钟离，是子之深策，可无谬哉！兵法云：'城有所不攻，地有所不争。'岂不闻之乎？我国家舟舸百万，覆江横海，所以案甲于今不至，欲以边城疲魏士卒。我且千里运粮，行留俱弊，一时霖雨，川谷涌溢。然后乘帆渡海，百万齐进，子复奚以御之？乃令魏主以万乘之重，攻此小城，是何谓软？攻而不拔，谁之耻邪？假令能拔，子守之。我将连舟千里，舳舻相属，西过寿阳，东接沧海，仗不再请，粮不更取，士卒偃卧，起而接战，乃鱼鳖不通，飞鸟断绝，偏师淮左，其不能守，皎可知矣。如其不拔，吾将假法于魏之有司，以请子之过。若挫兵夷众，攻不卒下，驱士填隍，拔而不能守，则魏朝名士，其当别有深致乎，吾所未能量。昔魏之太武佛狸，倾一国之众，攻十雉之城，死亡太半，仅以身返。既智屈于金墉，亦虽拔而不守，皆算失所为，至今为笑。前鉴未远，已忘之乎？和门邑邑，戏载往意。"

虏既为徐州军所挫，更欲于邵阳洲筑城。慧景虑为大患，欣泰曰："虏所以筑城者，外示骄大，实惧我蹑其后耳。今若说之以彼此各愿罢兵，则其患自息。"慧景从之，遣欣泰至虏城下具述此意。及虏引退，而洲上余兵万人，求输五百匹马假道，慧景欲断路攻之，欣泰说慧景曰："归师勿遏，古人畏之。死地之兵，不可轻也。胜之既不足为武，败则徒丧前功。不如许之。"慧景乃听虏过。时领军萧坦之亦援钟离，还启明帝曰："邵阳洲有死贼万人，慧景、欣泰放而不取。"帝以此皆不加赏。

四年，出为永阳太守。永元初，还都。崔慧景围城，欣泰入城内，领军守备。事宁，除辅国将军、庐陵王安东司马。义师起，以欣泰为持节、督雍梁南北秦四州郢州之竟陵司州之随郡军事、雍州刺史，将军如故。时少帝昏乱，人情咸伺事隙。欣泰与弟前始安内史欣时密谋结太子右率胡松、前南谯太守王灵秀、直阁将军鸿选、含德主帅苟励、直后刘灵运等十余人，并同契会。

帝遣中书舍人冯元嗣监军救郢，茹法珍、梅虫儿及太子右率李居士、制局监杨明泰等十余人相送中兴堂。欣泰等使人怀刀于座斫元嗣，头坠果样中，又斫明泰，破其腹，虫儿伤刺数疮，手指皆坠。居士窬墙得出，茹法珍亦散走还台。灵秀仍往石头迎建安王宝夤，率文武数百，唱警跸，至杜姥宅。欣泰初闻事发，驰马入宫，冀法珍等在外，城内处分，必尽见委，表里相应，因行废立。既而法珍得反，处分闭门上仗，不配欣泰兵，鸿选在殿内亦不敢发。城外众寻散。少日事觉，诏收欣泰、胡松等，皆伏诛。

欣泰少时，有人相其当得三公，而年裁三十。后屋瓦堕，伤额，又问相者，云："无复公相，年寿更增，亦可得方伯耳。"死时，年四十六。

史臣曰：崔慧景宿将老臣，忧危昏运，回董御之威，举晋阳之甲，乘机用权，内袭少主，因乐乱之民，藉淮楚之剽，骁将授首，群帅委律，鼓鼙谯于宫寝，戈戟跱于城隍，陵埤负户，士衰气竭，屡发铜虎之兵，未有释位之援，势等易京，鱼烂待尽。征房将军投袂以先国急，束马旅师，横江竞济，风驱电扫，制胜转丸，越城之战，旗获蔽野。津舲之捷，献俘象魏，瞻尘望烽，穷垒重辟，戮带定襄，曾未及此。盛矣哉！桓文异世也。

赞曰：叔业外叛，淮肥失险。慧景倒戈，宫门昼掩。欣泰仓卒，霜刃不染。实起时昏，坚冰互渐。

南齐书卷五二
列传第三三

文　学

丘灵鞠　檀超　卞彬　丘巨源
王智深　陆厥　崔慰祖　王逡之
祖冲之　贾渊

丘灵鞠，吴兴乌程人也。祖系，秘书监。

灵鞠少好学，善属文。与上计，仕郡为吏。州辟从事，诣领军沈演之。演之曰："身昔为州职，诣领军谢晦，宾主坐处政如今日。卿将来或复如此也。"举秀才，为州主簿。累迁员外郎。

宋孝武殷贵妃亡，灵鞠献挽歌诗三首，云"云横广阶暗，霜深高殿寒"。帝摘句嗟赏。除新安王北中郎参军，出为乌程令，不得志。泰始初，坐东贼党锢数年。褚渊为吴兴，谓人曰："此郡才士，唯有丘灵鞠及沈勃耳。"乃启申之。明帝使著《大驾南讨纪论》。久之，除太尉参军，转安北记室，带扶风太守，不就。为尚书三公郎，建康令，转通直郎，兼中书郎。

升明中，迁正员郎，领本郡中正，兼中书郎如故。时方禅让，太祖使灵鞠参掌诏策。建元元年，转中书郎，中正如故，敕知东宫手笔，寻又掌知国史。明年，出为镇南长史、寻阳相，迁尚书左丞。世祖即位，转通直常侍，寻领东观祭酒。灵鞠曰："久居官不愿数迁，使我终身为祭酒，不恨也。”永明二年，领骁骑将军。灵鞠不乐武位，谓人曰："我应还东掘顾荣冢。江南地方数千里，士子风流，皆出此中。顾荣忽引诸伧渡，妨我辈途辙，死有余罪。"改正员常侍。

灵鞠好饮酒，臧否人物。在沈渊座，见王俭诗，渊曰："王令文章大进。"灵鞠曰："何如我未进？"此言达俭。灵鞠宋世文名甚盛，入齐颇减。蓬发弛纵，无形仪，不治家业。王俭谓人曰："丘公仕宦不进，才亦退矣。"迁长沙王车骑长史，太中大夫，卒。著《江左文章录序》，起太兴，讫元熙。文集行于世。

檀超字悦祖，高平金乡人也。祖弘，宋南琅邪太守。

超少好文学，放诞任气，解褐州西曹。尝与别驾萧惠开共事，不为之下。谓惠开曰："我与卿俱起一老姥，何足相夸？"萧太后，惠开之祖姑；长沙王道怜妃，超祖姑也。举秀才。孝建初，坐事徙梁州，板宣威府参军。孝武闻超有文章，敕还直东宫，除骠骑参军，宁蛮主簿，镇北谘议。超累佐藩职，不得志，转尚书度支郎，车骑功曹，桂阳内史。入为殿中郎，兼中书郎，零陵内史，征北、骠骑记室，国子博士，兼左丞。

超嗜酒，好言咏，举止和靡，自比晋郗超，为"高平二超"，谓人曰："犹觉我为优也。"太祖赏爱之，迁骁骑将军，常侍，司徒右长史。

建元二年，初置史官，以超与骠骑记室江淹掌史职。上表立条例，开元纪号，不取宋年。封爵各详本传，无假年表。立十志：《律历》、《礼乐》、《天文》、《五行》、《郊祀》、《刑法》、《艺文》，依班固，《朝会》、《舆服》依蔡邕、司马彪，《州郡》依徐爰，《百官》依范晔，合《州郡》。班固五星载《天文》，日蚀载《五行》，改日蚀入《天文志》。以建元为始。帝女体自皇宗，立传以备甥舅之重。又立《处士》、《列女传》。诏内外详议。左仆射王俭议："金粟之重，八政所先，食货通则国富民实，宜加编录，以崇务本。《朝会志》前史不书，蔡邕称先师胡广说《汉旧仪》，此乃伯喈一家之意，曲碎小仪，无烦录。宜立《食货》，省《朝会》。《洪范》九畴，一曰五行。五行之本，先乎水火之精，是为日月五行之宗也。今宜宪章前轨,无所改革。又立《帝女传》,亦非浅识所安。若有高德异行,自当载在《列女》,若止于常美,则仍旧不书。"诏:"日月灾隶《天文》,余如俭议。"超史功未就,卒官。江淹撰成之,犹不备也。

时豫章熊襄著《齐典》,上起十代。其序云:"《尚书·尧典》谓之《虞书》,则附所述,故通谓之齐,名为《河洛金匮》。"

卞彬字士蔚,济阴宛句人也。祖嗣之,中领军。父延之,有刚气,为上虞令。

彬才操不群,文多指刺。州辟西曹主簿,奉朝请,员外郎。宋元徽末,四贵辅政,彬谓太祖曰:"外间有童谣云:'可怜可念尸著服,孝子不在日代哭,列管暂鸣死灭族'。"尸著服。褚字边衣也,孝除子,以日代者,谓褚渊也。列管,萧也。彬退,太祖笑曰:"彬自作此。"齐台初建,彬又曰:"谁谓宋远,跂予望之。"太祖闻之,不加罪也。除右军参军。家贫,出为南康郡丞。

彬颇饮酒,摈弃形骸。作《蚤虱赋序》曰:"余居贫,布衣十年不制。一袍之缊,有生所托,资其寒暑,无与易之。为人多病,起居甚疏,萦寝败絮,不能自释。兼摄性懒惰,懒事皮肤,澡刷不谨,浣沐失时,四体氄氄,加以臭秽,故苇席蓬缨之间,蚤虱猥流。淫痒渭濩,无时恕肉,探揣搎撮,日不替手。虱有谚言,朝生暮孙。若吾之虱者,无汤沐之虑,经相吊之忧,宴聚乎久襟烂布之裳,服无改换,掐齿不能加,脱略缓懒,复不勤于捕讨,孙孙息息,三十五岁焉。"其略言皆实录也。

除南海王国郎中令,尚书比部郎,安吉令,车骑记室。彬性饮酒,以瓠壶瓢勺杬皮为肴,著帛冠,十二年不改易,以大瓠为火笼,什物多诸诡异。自称"卞田居",妇为"傅蚕室"。或谏曰:"卿都不持操,名器何由得升?"彬曰:"掷五木子,十掷辄鞬,岂复是掷子之拙。吾好掷,政极此耳。"永元中,为平越长史,绥建太守,卒官。

彬又目禽兽云:"羊性淫而狠,猪性卑而率,鹅性顽而傲,狗性险而出。"皆指斥贵势。其《虾蟆赋》云:"纡青拖紫,名为蛤鱼。"世谓比令仆也。又云:"科斗唯唯,群浮暗水。维朝继夕,聿役如鬼。"比令史谐事也。文章传于闾巷。

永明中,琅邪诸葛勖为国子生,作《云中赋》,赋祭酒以下,皆有形似之目。坐系东冶,作《东冶徒赋》,世祖见,赦之。又有陈郡袁皦,自重其文。谓人云:"我诗应须大材迮之,不尔飞去。"建武末,为诸暨令,被王敬则所杀。

丘巨源,兰陵兰陵人也。宋初土断属丹阳,后属兰陵。巨源少举丹阳郡孝廉,为宋孝武所知。大明五年,敕助徐爰撰国史。帝崩,江夏王义恭取掌书记。明帝即位,使参诏诰,引在左右。自南台御史为王景文镇军参军,宁丧还家。

元徽初,桂阳王休范在寻阳,以巨源有笔翰,遣船迎之,饷以钱物。巨源因太祖自启,敕板起巨源,使留京都。桂阳事起,使于中书省撰符檄,事平,除奉朝请。巨源望有封赏,既而不获,乃与尚书令袁粲书曰:

民信理推心,暗于量事,庶谓丹诚感达,赏报屡期;岂虞寂寥,忽焉三稔。议者必云笔记贱伎,非杀活所待;开劝小说,非否判所寄。然则先声后实,军国旧章,七德九功,将名当世。仰观天纬,则右将而左相,俯察人序,则西武而东文,固非胥祝之伦伍,巫匠之流匹矣。

去昔奇兵,变起呼吸,虽凶渠即剿,而人情更迷。茅恬开城,千龄出叛,当此之时,心膂胡、越,奉迎新亭者,士庶填路,投名朱雀者,愚智空闱,人惑而民不惑,人畏而民不畏,其一可论也。

临机新亭,独能抽刃斩贼者,唯有张敬兒;而中书省独能奋笔弗顾者,唯有丘巨源。文武相方,诚有优劣,就其死亡以决成败,当崩天之敌,抗不测之祸,请问海内,此胆何如?其二可论也。

又尔时颠沛，普唤文士，黄门、中书，靡不毕集，摛翰振藻，非为乏人，朝廷洪笔，何故假手凡贱？若以此贼强盛，胜负难测，群贤怯不染豪者，则民宜以勇获赏；若云羽檄之难，必须笔杰，群贤推能见委者，则民宜以才赐升，其三可论也。

窃见桂阳贼赏不赦之条凡二十五人，而李恒、钟爽同在此例，战败后出，罪并释然，而吴迈远族诛之。罚则操笔大祸，而操戈无害，论以赏科，则武人超越，而文人埋没，其四可论也。

且迈远置辞，无乃侵慢，民作符檄，肆言晋辱，放笔出手，即就齑粉。若使桂阳得志，民若不辗裂军门，则应腰斩都市，婴孩脯脍，伊可熟念，其五可论也。

往年戎旅，万有余甲，十分之中，九分冗隶，可谓众矣。攀龙附骥，翻焉云翔。至若民狂夫，可谓寡矣。徒关敕旨，空然泥沉。讵其荷敝尘末，皆是白起，操牍事始，必非鲁连邪？民偾，国算迅足，驰烽旆之机，帝择逸翰，赴尉罗之会。既能陵敌不殿，争先无负，宜其微赐存在，少沾饮酘。遂乃弃之沟间，如蜉如蚁，掷之言外，如土如灰。缧隶帖战，无拳无勇，并随资峻级矣。凡豫台内，不文不武，已坐拱清阶矣。抚骸如此，瞻例如彼，既非草木，何能弭声？

巨源竟不被申。

历佐诸王府，转羽林监。建元元年，为尚书主客郎，领军司马，越骑校尉。作武昌太守，拜竟，不乐江外行，世祖问之，巨源曰：“古人云：‘宁饮建业水，不食武昌鱼。’臣年已老，宁死于建业。”以为余杭令。

沈攸之事，太祖使巨源为尚书符荆州，巨源以此又望赏异，自此意常不满。高宗为吴兴，巨源作《秋胡诗》，有讥刺语，以事见杀。

王智深字云才，琅邪临沂人也。少从陈郡谢超宗学属文。好饮酒，拙涩乏风仪。宋建平王景素为南徐州，作《观法篇》，智深和之，见赏，辟为西曹书佐。贫无衣，未到职而景素败。后解褐为州祭酒。

太祖为镇军时,丘巨源荐之于太祖,板为府行参军,除豫章王国常侍,迁太学博士,豫章王大司马参军,兼记室。

世祖使太子家令沈约撰《宋书》,拟立《袁粲传》,以审世祖。世祖曰:"袁粲自是宋家忠臣。"约又多载孝明帝诸鄙渫事,上遣左右谓约曰:"孝武事迹不容顿尔。我昔经事宋明帝,卿可思讳恶之义。"于是多所省除。

又敕智深撰《宋纪》,召见芙蓉堂,赐衣服,给宅。智深告贫于豫章王,王曰:"须卿书成,当相论以禄。"书成三十卷,世祖后召见智深于璇明殿,令拜表奏上。表未奏而世祖崩。隆昌元年,敕索其书。智深迁为竟陵王司徒参军,坐事免。江夏王锋、衡阳王钧并善待之。

初,智深为司徒袁粲所接,及撰《宋纪》,意常依依。粲幼孤,祖母名其为愍孙,后慕荀粲,自改名,会稽贺乔讥之,智深于是著论。

家贫无人事,尝饿五日不得食,掘觅根食之。司空王僧虔及子志分其衣食。卒于家。

先是,陈郡袁炳,字叔明,有文学,亦为袁粲所知。著《晋书》未成,卒。

颍川庾铣,善属文,见赏豫章王,引至大司马记室参军,卒。

陆厥字韩卿,吴郡吴人,扬州别驾闲子也。厥少有风概,好属文,五言诗体甚新变。永明九年,诏百官举士,同郡司徒左西掾顾皓之表荐焉。州举秀才,王晏少傅主簿,迁后军行参军。

永明末,盛为文章。吴兴沈约、陈郡谢朓、琅邪王融以气类相推毂。汝南周颙善识声韵。约等文皆用宫商,以平上去入为四声,以此制韵,不可增减,世呼为"永明体"。沈约《宋书·谢灵运传》后又论宫商。厥与约书曰:

范詹事《自序》:"性别宫商,识清浊,特能适轻重,济艰难。古今文人,多不全了斯处,纵有会此者,不必从根本中来。"沈尚书亦云:"自灵均以来,此秘未睹。"或"暗与理合,匪由思至,张、蔡、曹、王,曾无先觉,潘、陆、颜、谢,去之弥远。"大旨钧使

"宫羽相变,低昂舛节。若前有浮声,则后须切响,一简之内,音韵尽殊,两句之中,轻重悉异。"辞既美矣,理又善焉。但观历代众贤,似不都暗此处,而云"此秘未睹。"近于诬乎。

案范云"不从根本中来",尚书云"匪由思至"。斯可谓揣情谬于玄黄,摛句差其音律也。范又云"时有会此者"。尚书云"或暗与理合"。则美咏清讴,有辞章调韵者,虽有差谬,亦有会合,推此以往,可得而言。夫思有合离,前哲同所不免,文有开塞,即事不得无之。子建所以好人讥弹,士衡所以遗恨终篇。既曰遗恨,非尽美之作,理可诋诃。君子执其诋诃,便谓合理为暗,岂如指其合理而寄诋诃为遗恨邪?

自魏文属论,深以清浊为言,刘桢奏书,大明体势之致,岨峿妥帖之谈,操末续颠之说,兴玄黄于律吕,比五色之相宜,苟此秘未睹,兹论为何所指邪?故愚谓前英已早识宫徵,但未屈曲指的,若今论所申。至于掩瑕藏疾,合少谬多,则临淄所云"人之著述,不能无病"者也。非知之而不改,谓不改则不知,斯曹、陆又称"竭情多悔,不可力强"者。今许以有病有悔为言,则必自知无悔无病之地,引其不了不合为暗,何独诬其一合一了之明乎?意者亦质文时异,古今好殊,将急在情物,而缓于章句。情物,文之所急,美恶犹且相半;章句,意之所缓,故合少而谬多。义兼于斯,必非不知明矣。

《长门》、《上林》,殆非一家之赋,《洛神》、《池雁》,便成二体之作。孟坚精正,《咏史》无亏于东主,平子恢富,《羽猎》不累于凭虚。王粲《初征》,他文未能称是;杨脩敏捷,《暑赋》弥日不献。率意寡尤,则事促乎一日;翳翳愈伏,而理赊于七步。一人之思,迟速天悬;一家之文,工拙壤隔。何独宫商律吕,必责其如一邪?论者乃可言未穷其致,不得言曾无先觉也。

约答曰:

宫商之声有五,文字之别累万。以累万之繁,配五声之约,高不低昂,非思力所举。又非止若斯而已也。十字之文,颠倒相配，字不过十，巧历已不能尽，何况复过于此者乎？灵均以来，未经用之于怀抱，固无从得其仿佛矣。若斯之妙，而圣人不尚邪？此盖曲折声韵之巧，无当于训义，非圣哲立言之所急也。是以子云譬之"雕虫篆刻"，云"壮夫不为"。

自古辞人，岂不知宫羽之殊，商徵之别。虽知五音之异，而其中参差变动，所昧实多，故鄙意所谓"此秘未睹"者也。以此而推，则知前世文士便未悟此处。

若以文章之音韵，同弦管之声曲，则美恶妍蚩，不得顿相乖反。譬由子野操曲，安得忽有阐缓失调之声，以《洛神》比陈思他赋，有似异手之作。故知天机启，则律吕自调；六情滞，则音律顿舛也。

士衡虽云"炳若缛锦"，宁有濯色江波，其中复有一片是卫文之服？此则陆生之言，即复不尽者矣。韵与不韵，复有精粗，输扁不能言，老夫亦不尽辨此。

永元元年，始安王遥光反，厥父闲被诛，厥坐系尚方，寻有赦令。厥恨父不及，感恸而卒，年二十八。文集行于世。

会稽虞炎，永明中以文学与沈约俱为文惠太子所还，意眄殊常。官至骠骑将军。

崔慰祖字悦宗，清河东武城人也。父庆绪，永明中，为梁州刺史。

慰祖解褐奉朝请。父丧不食盐，母曰："汝既无兄弟，又未有子胤。毁不灭性，政当不进肴羞耳，如何绝盐！吾今亦不食矣。"慰祖不得已从之。父梁州之资，家财千万，散与宗族，漆器题为日字，日字之器，流乎远近。料得父时假贯文疏，谓族子纮曰："彼有，自当见还。彼无，吾何言哉！"悉火焚之。

好学，聚书至万卷，邻里年少好事者来从假借，日数十帙，慰祖亲自取与，未常为辞。

为始安王抚军墨曹行参军，转刑狱，兼记室。遥光好棋，数召慰祖对戏,慰祖辄辞拙,非朔望不见也。建武中,诏举士,从兄慧景举慰祖及平原刘孝标,并硕学。帝欲试以百里,慰祖辞不就。

国子祭酒沈约、吏部郎谢朓尝于吏部省中宾友俱集,各问慰祖地理中所不悉十余事,慰祖口吃,无华辞,而酬据精悉,一座称服之。朓叹曰:"假使班、马复生,无以过此。"

慰祖卖宅四十五万,买者云:"宁有减不?"答曰:"诚惭韩伯休,何容二价。"买者又曰:"君但责四十六万,一万见与。"慰祖曰:"是即同君欺人,岂是我心乎!"

少与侍中江祀款,及祀贵,常来候之,而慰祖不往也。与丹阳丞刘沨素善,遥光据东府反,慰祖在城内。城未溃一日,沨谓之曰:"卿有老母,宜其出矣。"命门者出之。慰祖诣阙自首,系尚方,病卒。

慰祖著《海岱志》,起太公迄西晋人物,为四十卷,半未成。临卒,与从弟纬书云:"常欲更注迁、固二史,采《史》、《汉》所泥二百余事,在厨簏,可检写之,以存大意。《海岱志》良未周悉,可写数本,付护军诸从事人一通,及友人任昉、徐寅、刘洋、裴揆。"又令"以棺亲土,不须砖,勿设灵座"。时年三十五。

王逡之字宣约,琅邪临沂人也。父祖皆为郡守。

逡之少礼学博闻。起家江夏王国常侍,大司马行参军,章安令。累至始安内史,不之官。除山阳王骠骑参军,兼治书御史,安成国郎中,吴令。

升明末,右仆射王俭重儒术,逡之以著作郎兼尚书左丞,参定齐国仪礼。初,俭撰《古今丧服集记》,逡之难俭十一条。更撰《世行》五卷。转国子博士。国学久废,建元二年,逡之先上表立学,又兼著作,撰《永明起居注》。转通直常侍、骁骑将军,领博士、著作如故。出为宁朔将军、南康相,太中、光禄大夫,加侍中。逡之率素,衣裘不浣,机案尘黑,年老,手不释卷。建武二年,卒。

从弟珪之,有史学,撰《齐职仪》。永明九年,其子中军参军颢上启曰:"臣亡父故长水校尉珪之,藉素为基,依儒习性。以宋元徽二

年,被敕使纂集古设官历代分职,凡在坟策,必尽详究。是以等级掌
司,咸加编录,黜陟迁补,该研记,述章服之差,兼冠佩之饰。属值启
运,轨度惟新。故太宰臣渊奉宣敕旨,使速洗正。刊定未毕,臣私门
凶祸。不揆庸微,谨冒启上,凡五十卷。谓之《齐职仪》。仰希永升
天阁,长铭秘府。”诏付秘阁。

　　祖冲之字文远,范阳蓟人也。祖昌,宋大匠卿。父朔之,奉朝请。
　　冲之少稽古,有机思。宋孝武使直华林学省,赐宅宇车服。解
褐南徐州迎从事,公府参军。
　　宋元嘉中,用何承天所制历,比古十一家为密。冲之以为尚疏,
乃更造新法。上表曰:

　　　臣博访前坟,远稽昔典,五帝躔次,三王交分,《春秋》朔
气,《纪年》薄蚀,谈、迁载述,彪、固列志,魏世注历,晋代《起
居》,探异今古,观要华戎,书契以降,二千余稔,日月离会之
征,星度疏密之验,专功耽思,咸可得而言也。加以亲量圭尺,
躬察仪漏,目尽毫牦,心穷筹策,考课推移,又曲备其详矣。

　　　然而古历疏舛,类不精密,群民纠纷,莫审其会。寻何承天
所上,意存改革,而置法简略,今已乖远。以臣校之,三睹厥谬,
日月所在,差觉三度,二至晷景,几失一日,五星见伏,至差四
旬,留逆进退,或移两宿;分至失实,则节闰非正;宿度违天,则
伺察无准。臣生属圣辰,询逮在运,敢率愚瞽,更创新历。

　　　谨立改易之意有二,设法之情有三。改易者一:以旧法一
章,十九岁有七闰,闰数为多,经二百年辄差一日。节闰既移,
则应改法,历经屡迁,实由此条。今改章法三百九十一年有一
百四十四闰,令却合周、汉,则将来永用,无复差动。其二:以
《尧典》云“日短星昴,以正仲冬”。以此推之,唐世冬至日,在今
宿之左五十许度。伐之初,即秦历,冬至日在牵牛六度。汉武
改立《太初历》,冬至日在牛初。后汉四分法,冬至日在斗二十
二。晋世姜岌以月蚀检日,知冬至在斗十七。今参以中星,课

以蚀望，冬至之日，在斗十一。通而计之，未盈百载，所差二度。旧法并令冬至日有定处，天数既差，则七曜宿度，渐与舛讹。乖谬既著，辄应改易。仅合一时，莫能通远。迁革不已，又由此条。今令冬至所在岁岁微差，却检汉注，并皆审密，将来久用，无烦屡改。又设法者，其一：以子为辰首，位在正北，爻应初九升气之端，虚为北方列宿之中。元气肇初，宜在此次。前儒虞喜，备论其义。今历上元日度，发自虚一。其二：以日辰之号，甲子为先，历法设元，应在此岁。而黄帝以来，世代所用，凡十一历，上元之岁，莫值此名。今历上元岁在甲子。其三：以上元之岁，历中众条，并应以此为始。而《景初历》交会迟疾，元首有差。又承天法，日月五星，各自有元，交会迟疾，亦并置差，裁得朔气合而已，条序纷错，不及古意。今设法日月五纬交会迟疾，悉以上元岁首为始，群流共源，□□□□。

　　若夫测以定形，据以实效。悬象著明，尺表之验可推。动气幽微，寸管之候不忒。今臣所立，易以取信。但综核始终，大存缓密，革新变旧，有约有繁。用约之条，理不自惧，用繁之意，顾非谬然。何者？夫纪闰参差，数各有分，分之为体，非不细密，臣是用深惜毫厘，以全求妙之准，不辞积累，以成永定之制，非为思而莫知，悟而弗改也。若所上万一可采，伏愿颁宣群司，赐垂详究。

事奏，孝武令朝士善历者难之，不能屈。会帝崩，不施行。出为娄县令，谒者仆射。

　　初，宋武平关中，得姚兴指南车，有外形而无机巧，每行，使人于内转之。升明中，太祖辅政，使冲之追修古法。冲之改造铜机，圆转不穷，而司方如一，马钧以来未有也。时有北人索驭骥者，亦云能造指南车，太祖使与冲之各造，使于乐游苑对共校试，而颇有差僻，乃毁焚之。永明中，竟陵王子良好古，冲之造欹器献之。

　　文惠太子东宫，见冲之历法，启世祖施行，文惠寻薨，事又寝。转长水校尉，领本职。冲之造《安边论》，欲开屯田，广农殖。建武中，明帝使冲之巡行四方,兴造大业可以利百姓者,会连有事,事竟不行。

冲之解钟律,博塞当时独绝,莫能对者。以诸葛亮有木牛流马,乃造一器,不因风水,施机自运,不劳人力。又造千里船,于新亭江试之,日行百余里。于乐游苑造水碓磨,世祖亲自临视。又特善算。永元二年,冲之卒,年七十二。著《易》、《老》、《庄》义,释《论语》、《孝经》,注《九章》,造《缀述》数十篇。

贾渊字希镜,平阳襄陵人也。祖弼之,晋员外郎。父匪之,骠骑参军。

世传谱学。孝武世,青州人发古冢,铭云“青州世子,东海女郎”。帝问学士鲍照、徐爰、苏宝生,并不能悉。渊对曰:“此是司马越女,嫁苟晞儿。”检访果然,由是见遇。敕渊注《郭子》。

太始初,辟丹阳郡主簿,奉朝请,太学博士,安成王抚军行参军,出为丹徒令。升明中,太祖嘉渊世学,取为骠骑参军,武陵王国郎中令,补余姚令,未行,仍为义兴郡丞。永明初。转尚书外兵郎,历大司马、司徒府参军。竟陵王子良使渊撰《见客谱》。出为句容令。

先是,谱学未有名家,渊祖弼之广集百氏谱记,专心治业。晋太元中,朝廷给弼之令史书吏,撰定缮写,藏秘阁,乃迁左民曹。渊父及渊三世传学,凡十八州士族谱,合百帙七百余卷,该究精悉,当世莫比。永明中,卫军王俭抄次《百家谱》,与渊参怀撰定。

建武初,渊迁长水校尉。荒伧人王泰宝买袭琅邪谱,尚书令王晏以启高宗,渊坐被求,当极法,子栖长谢罪,稽颡流血,朝廷哀之,免渊罪。数年,始安王遥光板抚军谘议,不就,仍为北中郎参军。中兴元年,卒,年六十二。撰《氏族要状》及《人名书》,并行于世。

史臣曰:文章者,盖情性之风标,神明之律吕也。蕴思含毫,游心内运,放言落纸,气韵天成。莫不禀以生灵,迁乎爱嗜,机见殊门,赏悟纷杂。若子桓之品藻人才,仲治之区判文体,陆机辨于《文赋》,

李充论于《翰林》，张视摘句褒贬，颜延图写情兴，各任怀抱，共为权衡。属文之道，事出神思，感召无象，变化不穷。俱五声之音响，而出言异句；等万物之情状，而下笔殊形。吟咏规范，本之雅什，流分条散，各以言区。若陈思《代马》群章，王粲《飞鸾》诸制，四言之美，前超后绝。少卿离辞，五言才骨，难与争骛。桂林湘水，平子之华篇，飞馆玉池，魏文之丽篆，七言之作，非此谁先。卿、云巨丽，升堂冠冕，张、左恢廓，登高不继，赋贵披陈，未或加矣。显宗之述傅毅，简文之摛彦伯，分言制句，多得颂体。裴頠内侍，元规凤池，子章以来，章表之选。孙绰之碑，嗣伯喈之后，谢庄之诔，起安仁之尘，颜延《杨瓒》，自比《马督》，以多称贵，归庄为允。王褒《僮约》，束晰《发蒙》，滑稽之流，亦可奇玮。五言之制，独秀众品。习玩为理，事久则渎，在乎文章，弥患凡旧。若无新变，不能代雄。建安一体，《典论》短长互出；潘、陆齐名，机、岳之文永异。江左风味，盛道家之言，郭璞举其灵变，许询极其名理，仲文玄气，犹不尽除，谢混情新，得名未盛。颜、谢并起，乃各擅奇，休、鲍后出，咸亦摽世。朱蓝共妍，不相祖述。今之文章，作者虽众，总而为论，略有三体。一则启心闲绎，托辞华旷，虽存巧绮，终致迂回。宜登公宴，本凡准的。而疏慢阐缓，膏肓之病，典正可采，酷不入情。此体之源，出灵运而成也。次则缉事比类，非对不发，博物可嘉，职成拘制。或全借古语，用申今情，崎岖牵引，直为偶说。唯睹事例，顿失清采。此则傅咸五经，应璩指事，虽不全似，可以类从。次则发唱惊挺，操调险急，雕藻淫艳，倾炫心魂。亦犹五色之有红紫，八音之有郑、卫。斯鲍照之遗烈也。三体之外，请试妄谈。若夫委自天机，参之史传，应思徘来，勿先构聚。言尚易了，文憎过意，吐石含金，滋润婉切。杂以风谣，轻唇利吻，不雅不俗，浊中胸怀。轮扁斫轮，言之未尽，文人谈士，罕或兼工。非唯识有不周，道实相妨，谈家所习，理胜其辞，就此求文，终然殿夺。故兼之者鲜矣。

　　赞曰：学亚生知，多识前仁。文成笔下，芬藻丽春。

南齐书卷五三
列传第三四

良　政

傅琰　虞愿　刘怀慰　裴昭明
沈宪　李珪之　孔琇之

太祖承宋氏奢纵，风移百城，辅立幼主，思振民瘼。为政未期，擢山阴令傅琰为益州刺史。乃捐华反朴，恭己南面，导民以躬，意存勿扰。以山阴大邑，狱讼繁滋，建元三年，别置狱丞，与建康为比。永明继运，垂心治术。杖威善断，犹多漏网，长史犯法，封刃行诛。郡县居职，以三周为小满。水旱之灾，辄加赈恤。明帝自在布衣，晓达吏事，君临亿兆，专务刀笔，未尝枉法申恩，守宰以之肃震。永明之世，十许年中，百姓无鸡鸣犬吠之警，都邑之盛，士女富逸，歌声舞节，袨服华妆，桃花绿水之间，秋月春风之下，盖以百数。及建武之兴，虏难尒急，征役连岁，不遑启居，军国糜耗，从此衰矣。齐世善政著名表绩无几焉，位次迁升，非直止乎城邑。今取其清察有迹者，余则随以附焉。

傅琰字季珪，北地灵州人也。祖邵，员外郎。父僧祐，安东录事参军。

琰美姿仪，解褐宁蛮参军，本州主簿，宁蛮功曹。宋永光元年，补诸暨、武康令，广威将军，除尚书左民郎，又为武康令，将军如故。

除吴兴郡丞。

泰始六年,迁山阴令。山阴,东土大县,难为长官,僧祐在县有称,琰尤明察,又著名。其年,爵新亭侯。元徽初,迁尚书右丞。遭母丧,居南岸,邻家失火,延烧琰屋,琰抱柩不动,邻人竞来赴救,乃得俱全,琰股髀之间,已被烟焰。服阕,除邵陵王左军谘议,江夏王录事参军。

太祖辅政,以山阴狱讼烦积,复以琰为山阴令。卖针卖糖老姥争团丝,来诣琰,琰不辨核,缚团丝于柱鞭之,密视有铁屑,乃罚卖糖者。二野父争鸡,琰各问何以食,一人云"粟",一人云"豆",乃破鸡得粟,罪言豆者。县内称神明,无敢复为偷盗。琰父子并著奇绩,江左鲜有。世云"诸傅有《治县谱》,子孙相传,不以示人"。

升明二年,太祖擢为假节、督益宁二州军事、建威将军、益州刺史、宋宁太宁。建元元年,进号宁朔将军。四年,征骁骑将军,黄门郎。永明二年,迁建威将军、安陆王北中郎长史,改宁朔将军。明年,徙庐陵王安西长史、南郡内史,行荆州事。五年,卒。琰丧西还,有诏出临。

临淮刘玄明亦有吏能,为山阴令,大著名绩。琰子翔问,玄明曰:"我临去当告卿。"将别,谓之曰:"作县唯日食一升饭,而莫饮酒。"

虞愿字士恭,会稽余姚人也。祖赍,给事中,监利侯。父望之,早卒。赍中庭橘树冬熟,子孙竞来取之,愿年数岁,独不取,赍及家人皆异之。

元嘉末,为国子生,再迁湘东王国常侍,转浔阳王府墨曹参军。明帝立,以愿儒吏学涉,兼蓄国旧恩,意遇甚厚。除太常丞,尚书祠部郎,通直散骑侍郎,领五郡中正,祠部郎如故。帝性猜忌,体肥憎风,夏月常著皮小衣,拜左右二人为司风令史,风起方面,辄先启闻。星文灾变,不信太史,不听外奏,敕灵台知星二人给愿,常直内省,有异先启,以相检察。

帝以故宅起湘宫寺,费极奢侈。以孝武庄严刹七层,帝欲起十层,不可立,分为两刹,各五层。新安太守巢向之罢郡还,见帝,曰:"卿至湘宫寺未?我起此寺,是大功德。"愿在侧曰:"陛下起此寺,皆是百姓卖儿贴妇钱,佛若有知,当悲哭哀愍,罪高佛图,有何功德?"尚书令袁粲在坐,为之失色。帝乃怒,使人驱下殿,愿徐去无异容。以旧恩,少日中,已复召入。

帝好围棋,甚拙,去格七八道,物议共欺为第三品,与第一品王抗围棋,依品赌戏,抗每饶借之,曰:"皇帝飞棋,臣抗不能断。"帝终不觉,以为信然,好之愈笃。愿又曰:"尧以此教丹朱,非人主所宜好也。"虽数忤旨,而蒙赏赐,犹异余人。迁兼中书郎。

帝寝疾,愿常侍医药。帝素能食,尤好逐夷,以银钵盛蜜渍之,一食数钵。谓扬州刺史王景文曰:"此是奇味,卿颇足不?"景文曰:"臣凤好此物,贫素致之甚难。"帝甚悦。食逐夷积多,胸腹痞胀,气将绝,左右启饮数升酢酒,乃消。疾大困,一食汁滓犹至三升,水患积久,药不复效。大渐日,正坐,呼道人,合掌便绝。愿以侍疾久,转正员郎。

出为晋平太守,在郡不治生产。前政与民交关,质录其儿妇,愿遣人于道夺取将还。在郡立学堂教授。郡旧出髯蛇胆,可为药,有饷愿蛇者,愿不忍杀,放二十里外山中,一夜蛇还床下。复送四十里外山,经宿,复还故处。愿更令远,乃不复归,论者以为仁心所致也。海边有越王石,常隐云雾。相传云:"清廉太守乃得见。"愿往观视,清澈无隐蔽。后琅邪王秀之为郡,与朝士书曰:"此郡承虞公之后,善政犹存,遗风易遵,差得无事。"以母老解职,除后军将军。褚渊常诣愿,不在,见其眠床上积尘埃,有书数帙。渊叹曰:"虞晨之清,一至于此。"令人扫地拂床而去。

迁中书郎,领东观祭酒。兄季,为上虞令,卒。愿从省步还家,不待诏便归东。除骁骑将军,迁廷尉,祭酒如故。愿尝事宋明帝,齐初宋神主迁汝阴庙,愿拜辞流涕。建元元年,卒,年五十四。愿著《五经论问》,撰《会稽记》,文翰数十篇。

刘怀慰字彦泰，平原平原人也。祖奉伯，元嘉中，为冠军长史。父乘民，冀州刺史。

怀慰初为桂阳王征北板行参军。乘民死于义嘉事难，怀慰持丧，不食醯酱，冬月不絮衣。养孤弟妹，事寡叔母，皆有恩义。复除邵陵王南中郎参军，广德令，尚书驾部郎。怀慰宗从善明等，太祖心腹，怀慰亦豫焉。沈攸之有旧，令为书戒喻攸之，太祖省之称善。除步兵校尉。

齐国建，上欲置齐郡于京邑，议者以江右土沃，流民所归，乃治瓜步，以怀慰为辅国将军、齐郡太守。上谓怀慰曰：“齐邦是王业所基，吾方以为显任。经理之事，一以委卿。”又手敕曰：“有文事者，必有武备。今赐卿玉环刀一口。”怀慰至郡，修治城郭，安集居民，垦废田二百顷，决沉湖灌溉。不受礼谒，民有饷其新米一斛者，怀慰出所食麦饭示之，曰：“且食有余，幸不烦此。”因著《廉吏论》以达其意。太祖闻之，手敕褒赏。进督秦、沛二郡。妻子在都，赐米三百斛。兖州刺史柳世隆与怀慰书曰：“胶东渊化，颍川致美，以今方古，曾何足云。”在郡二年，迁正员郎，领青、冀二州中正。

怀慰本名闻慰，世祖即位，以与舅氏名同，敕改之。出监东阳郡，为吏民所安。还兼安陆王北中郎司马。永明九年，卒，年四十五。明帝即位，谓仆射徐孝嗣曰：“刘怀慰若在，朝廷不忧无清吏也。”怀慰与济阳江淹、陈郡袁彖善，亦著文翰。永明初，献《皇德论》云。

裴昭明，河东闻喜人，宋太中大夫松之孙也。父骃，南中郎参军
昭明少传儒史之业。泰始中，为太学博士。有司奏：“太子婚，纳征用玉璧虎皮，未详何所准据。”昭明议：“礼纳征，俪皮为庭实，鹿皮也。晋太子纳妃注‘以虎皮二’。太元中，公主纳征，虎豹皮各一。岂其谓婚礼不详。王公之差，故取虎豹文蔚以尊其事。虎豹虽文，而征礼所不言，熊罴虽古，而婚礼所不及，圭璋虽美，或为用各异。今宜准的经诰，凡诸僻谬，一皆详正。”于是有司参议，加圭璋，

豹熊罴皮各二。

元徽中，出为长沙郡丞，罢任，刺史王蕴谓之曰："卿清贫，必无还资。湘中人士有须一礼之命者，我不爱也。"昭明曰："下官忝为邦佐，不能光益上府，岂以鸿都之事仰累清风。"历祠部通直郎。

永明三年，使虏，世祖谓之曰："以卿有将命之才，使还，当以一郡相赏。"还为始安内史。郡民龚玄宣，云神人与其玉印玉板书，不须笔，吹纸便成字。自称"龚圣人"，以此惑众。前后郡守敬事之，昭明付狱治罪。及还，甚贫罄。世祖曰："裴昭明罢郡还，遂无宅。我不谙书，不知古人中谁比。"迁射声校尉。九年，复遣北使。

建武初，为王玄邈安北长史、广陵太守。明帝以其在事无所启奏，代还，责之，昭明曰："臣不欲竞执关楗故耳。"昭明历郡，皆有勤绩，常谓人曰："人生何事须聚蓄，一身之外，亦复何须？子孙若不才，我聚彼散。若能自立，则不如一经。"故终身不治产业。中兴二年，卒。

从祖弟颙，字彦齐。少有异操，泰始中，于总明观听讲，不让刘秉席，秉用为参军。升明末，为奉朝请。齐台建，世子裴妃须外戚谱，颙不与，遂分籍。太祖受禅，上表诽谤，挂冠去，伏诛。

沈宪字彦璋，吴兴武康人也。祖说道，巴西、梓潼二郡太守。父璞之，北中郎行参军。

宪初应州辟，为主簿。少有干局，历临首、余杭令，巴陵王府佐，带襄令，除驾部郎。宋明帝与宪棋，谓宪曰："卿，广州刺史才也。"补乌程令，甚著政绩。太守褚渊叹之曰："此人方员可施。"除通直郎，都水使者。长于吏事，居官有绩。除正员郎，补吴令，尚书左丞。

升明二年，西中郎将晃为豫州，太祖擢宪为晃长史、南梁太守，行州事。迁豫章王谘议，未拜，坐事免官。复除安成王冠军、武陵王征虏参军，迁少府卿。少府管掌市易，与民交关，有吏能者，皆更此职。迁王俭镇军长史。

武陵王晔为会稽，以宪为左军司马。太祖以山阴户众难治，欲分为两县。世祖启曰："县岂不可治，但用不得其人耳。"乃以宪带山阴令，政声大著。孔稚珪请假东归，谓人曰："沈令料事，特有天才。"加宁朔将军。王敬则为会稽，宪仍留为镇军长史，令如故。

迁为冠军长史，行南豫州事，晋安王后军长史、广陵太守。西阳王子明代为南兖州，宪仍留为冠军长史，太守如故，频行州、府事。永明八年，子明典签刘道济取府州五十人役自给，又役子明左右，及船仗赃私百万，为有司所奏，世祖怒，赐道济死。宪坐不纠，免官。寻复为长史、辅国将军，以疾去官。除散骑常侍，未拜，卒。当世称为良吏。

宪同郡丘仲起，先是为晋平郡，清廉自立。褚渊叹曰："见可欲心能不乱，此杨公所以遗子孙也。"仲起字子震，少为宪从伯领军寅之所知。宋元徽中，为太子领军长史。官至廷尉，卒。

李珪之字孔璋，江夏钟武人也。父祖皆为县令。

迁镇西中郎谘议，右军将军，兼都水使者。珪之历职称为清能，除游击将军，兼使者如故。转兼少府，卒。

先是四年，荥阳毛惠素为少府卿，吏才强而治事清刻。敕市铜官碧青一千二百斤供御画，用钱六十万。有谗惠素纳利者，世祖怒，敕尚书评贾，贵二十八万余，有司奏之，伏诛。死后，家徒四壁，上甚悔恨。

孔琇之，会稽山阴人也。祖季恭，光禄大夫。父灵运，著作郎。

琇之初为国子生，举孝廉。除卫军行参军，员外郎，尚书三公郎。出为乌程令，有吏能。还，迁通直郎，补吴令。有小儿十岁，偷刈邻家稻一束，琇之付狱治罪，或谏之，琇之曰："十岁便能为盗。长大何所不为？"县中皆震肃。

迁尚书左丞，又以职事知名。转前军将军，兼少府。迁骁骑将军，少府如故。出为宁朔将军、高宗冠军征虏长史、江夏内史。还为正员常侍，兼左民尚书，廷尉卿，出为临海太守。在任清约，罢郡还，献乾姜二十斤，世祖嫌少，及知琇之清，乃叹息。除武陵王前军长史，未拜，仍出为辅国将军，监吴兴郡，寻拜太守，治称清严。

　　高宗辅政，防制诸蕃，致密旨于上佐。隆昌元年，迁琇之为宁朔将军、晋熙王冠军长史，行郢州事，江夏内史。琇之辞，不许。未拜，卒。

　　史臣曰：琴瑟不调，必解而更张也。魏晋为吏，稍与汉乖，苛猛之风虽衰，而仁爱之情亦减。局以峻法，限以常条，以必世之仁未及宣理，而期月之望已求治术。先公后私，在己未易，割民奉国，于物非难，期之救过，所利苟免。且目见可欲，嗜好方流，贪以败官，取与违义，吏之不臧，罔非由此。擿奸辩伪，诚俟异识，垂名著绩，唯有廉平。今世之治民，未有出于此也。

　　赞曰：蒸蒸小民，吏职长亲。棼乱须理，恤隐归仁。枉直交瞀，宽猛代陈。伊何导物，贵在清身。

南齐书卷五四
列传第三五

高　逸

褚伯玉　明僧绍　顾欢　臧荣绪
何求　刘虬　庾易　宗测　杜京产
沈麟士　吴苞　徐伯珍

《易》有君子之道四焉,语默之谓也。故有入庙堂而不出,徇江湖而永归。隐避纷纭,情迹万品。若道义内足,希微两亡,藏景穷岩,蔽名愚谷,解桎梏于仁义,永形神于天壤,则名教之外,别有风猷。故尧封有非圣之人,孔门谬鸡黍之客。次则揭独性之高节,重去就之虚名。激竞违贪,与世为异。或虑全后悔,事归知殆;或道有不申,行岑山泽。咸皆用宇宙而成心,借风云以为戒。果志远道,未或非然。含贞养素,文以艺业。不然,与樵者之在山,何殊别哉?故樊英就征,不称李固之望;冯恢下节,见陋张华之语。期之尘外,庶以弘多。若今十余子者,仕不求闻,退不讥俗,全身幽履,服道儒门,斯逸民之轨操,故缀为《高逸篇》云尔。

褚伯玉字元璩,吴郡钱唐人也。高祖含,始平太守。父邈,征虏参军。

伯玉少有隐操,寡嗜欲。年十八,父为婚,妇入前门,伯玉从后门出。遂往剡，居瀑布山。性耐寒暑，时人比之王仲都。在山三十余年，隔绝人物。王僧达为吴郡，苦礼致之，伯玉不得已。停郡信宿，裁交数言而退。宁朔将军丘珍孙与僧达书曰："闻褚先生出居贵馆，此子灭景云栖，不事王侯，抗高木食，有年载矣。自非折节好贤，何以致之。昔文举栖冶城，安道入昌门，于兹而三焉。夫却粒之士，餐霞之人，乃可暂致，不宜久羁。君当思遂其高步，成其羽化。望其还策之日，暂纡清尘，亦愿助为譬说。"僧达答曰："褚先生从白云游旧矣。古之逸民，或留虑儿女，或使华阴成市，而此子索然，唯朋松石。介于孤峰绝岭者，积数十载。近故要其来此，冀慰日夜。比谈讨芝桂，借访荔萝，若已窥烟液，临沧洲矣。知君欲见之，辄当申譬。"

宋孝建二年，散骑常侍乐询行风俗，表荐伯玉，加征聘本州议曹从事，不就。太祖即位，手诏吴、会二郡，以礼迎遣，又辞疾。上不欲违其志，敕于剡白石山立太平馆居之。建元元年，卒，年八十六。常居一楼上，仍葬楼所。孔稚珪从其受道法，为于馆侧立碑。

明僧绍字承烈，平原鬲人也。祖玩，州治中。父略，给事中。

僧绍宋元嘉中再举秀才，明经有儒术。永光中，镇北府辟功曹，并不就。隐长广郡崂山，聚徒立学。淮北没房，乃南渡江。明帝泰始六年，征通直郎，不就。

升明中，太祖为太傅，教辟僧绍及顾欢、臧荣绪以旌币之礼，征为记室参军，不至。僧绍弟庆符，为青州，僧绍乏粮食，随庆符之郁洲，住弇榆山，栖云精舍，欣玩水石，竟不一入州城。建元元年冬，诏曰："朕侧席思士，载怀尘外。齐郡明僧绍摽志高栖，耽情坟素，幽贞之操，宜加贲饰。"征为正员外郎，称疾不就。其后与崔思祖书曰："明居士摽意可重，吾前旨竟未达邪？小凉欲有讲事，卿可至彼，具述吾意，令与庆符俱归。"又曰："不食周粟而食周薇，古犹发议，在今宁得息谈邪？聊以为笑。"

庆符罢任，僧绍随归，住江乘摄山。太祖谓庆符曰："卿兄高尚其事，亦尧之外臣。朕虽不相接，有时通梦。"遗僧绍竹根如意，笋箨冠。僧绍闻沙门释僧远风德，往候定林寺，太祖欲出寺见之。僧远问僧绍曰："天子若来，居士若为相对？"僧绍曰："山薮之人，政当凿坏以遁，若辞不获命，便当依戴公故事耳。"永明元年，世祖敕召僧绍，称疾不肯见。诏征国子博士，不就，卒。

子元琳，字仲璋，亦传家业。

僧绍长兄僧胤，能玄言。宋世为冀州刺史。弟僧皓，亦好学，宋孝武见之，迎颂其名，时人以为荣。泰始初，为青州刺史。

庆符，建元初，为黄门。

僧胤子惠照，元徽中，为太祖平南主簿，从拒桂阳，累至骠骑中兵，与荀伯玉对领直。建元元年，为巴州刺史，绥怀蛮蜑。上许为益州，未迁，卒。

顾欢字景怡，吴郡监官人也。祖赳，晋隆安末，避乱徙居。欢年六七岁书甲子，有简三篇，欢析计，遂知六甲。家贫，父使驱田中雀，欢作《黄雀赋》而归，雀食过半。父怒，欲挞之，见赋乃止。乡中有学舍，欢贫无以受业，于舍壁后倚听，无遗忘者。八岁，诵《孝经》、《诗》、《论》。及长，笃志好学。母年老，躬耕诵书，夜则燃糠自照。同郡顾颙之临县，见而异之，遣诸子与游，及孙宪之，并受经句。欢年二十余，更从豫章雷次宗谘玄、儒诸义。母亡，水浆不入口六十日，庐于墓次，遂隐遁不仕。于剡天台山开馆聚徒，受业者常近百人。欢早孤，每读《诗》至"哀哀父母"，辄执书恸泣，学者由是废《蓼莪篇》不复讲。

太祖辅政，悦欢风教，征为扬州主簿，遣中使迎欢。及践阼，乃至。欢称山谷臣顾欢上表曰："臣闻举网提纲，振裘持领，纲领既理，毛目自张。然则道德，纲也；物势，目也。上理其纲，则万机时序；下张其目，则庶官不旷。是以汤、武得势师道则祚延，秦、项忽道任势则身戮。夫天门开阖，自古有之。四气相新，缔裘代进。今火泽易位，三灵改宪，天树明德，对时育物，搜扬仄陋，野无伏言。是以穷谷愚夫，敢露偏管，谨删撰《老氏》，献《治纲》一卷。伏愿稽古百王，斟

酌时用,不以刍荛弃言,不以人微废道,则率土之赐也,微臣之幸
也。幸赐一疏,则上下交泰,虽不求民而民悦,不祈天而天应,应天
悦民,则皇基固矣。臣志尽幽深,无与荣势,自足云霞,不须禄养。陛
下既远见寻求,敢不尽言。言既尽矣,请从此退。”

是时,员外郎刘思效表陈谠言曰:“宋自大明以来,渐见凋弊,
征赋有增于往,天府尤贫于昔。兼军警屡兴,伤夷不复,戍役残丁,
储无半菽,小民嗷嗷,无乐生之色。贵势之流,货室之族,车服伎乐,
争相奢丽,亭池第宅,竞趣高华。至于山泽之人,不敢采饮其水草。
贫富相辉,捐源尚末。陛下宜发明诏,吐德音,布惠泽,禁邪伪,薄赋
敛,省徭役,绝奇丽之赂,塞郑、卫之倡,变历运之化,应质文之用,
不亦大哉! 又彭、汴有鸲鹆之巢,青丘为狐兔之窟,虐害逾纪,残暴
日滋。鬼泣旧泉,人悲故壤。童孺视编发而惭生,耆老看左衽而耻
没。陛下宜仰答天人引领之望,下吊惵黎倾首之勤,授钺卫、霍之
将,遗策萧、张之师,万道俱前,穷山荡谷。此即恒山不足指而倾,渤
海不足饮而竭,岂徒残冠尘灭而已哉!”

上诏曰:“朕夙旦惟寅,思弘治道,伫梦岩滨,垂精管库,旰食旧
怀,其勤至矣。吴郡顾欢、散骑郎刘思效,或至自丘园,或越在冗位,
并能献书金门,荐辞凤阙,辨章治体,有协朕心。今出其表,外可详
择所宜,以时敷奏。欢近已加旌贲,思效可付选铨序,以显谠言。”欢
东归,上赐麈尾、素琴。

永明元年,诏征欢为太学博士,同郡顾黯为散骑郎。黯字长孺,
有隐操,与欢俱不就征。欢晚节服食,不与人通。每旦出户,出鸟集
其掌取食。事黄老道,解阴阳书,为数术多效验。初元嘉末,出都寄
住东府,忽题柱云:“三十年二月二十一日。”因东归。后太初弑逆,
果是此年月。自知将终,赋诗言志云:“精气因天行,游魂随物化。”
克死日,卒于剡山,身体柔软,时年六十四。还葬旧墓,木连理出墓
侧,县令江山图表状。世祖诏欢诸子撰欢《文议》三十卷。

佛道二家,立教既异,学者互相非毁。欢著《夷夏论》曰:

　　夫辨是与非,宜据圣典。寻二教之源,故两摽经句。道经

云:"老子入关之天竺维卫国,国王夫人名曰净妙,老子因其昼寝,乘日精入净妙口中,后年四月八日夜半时,剖左腋而生,坠地即行七步,于是佛道兴焉。"此出《玄妙内篇》。佛经云:"释迦成佛,有尘劫之数。"出《法华·无量寿》。或"为国师道士,儒林之宗。"出《瑞应本起》。

欢论之曰:五帝、三皇,莫不有师。国师道士,无过老、庄,儒林之宗,孰出周、孔。若孔、老非佛,谁则当之。然二经所说,如合符契。道则佛也,佛则道也。其圣则符,其迹则反。或和光以明近,或曜灵以示远。道济天下,故无方而不入;智周万物,故无物而不为。其入不同,其为必异。各成其性,不易其事。是以端委搢绅,诸华之容;翦发旷衣,群夷之服。擎跽磬折,侯甸之恭;狐蹲狗踞,荒流之肃。棺殡椁葬,中夏之制;火焚水沉,西戎之俗。全形守礼,继善之教;毁貌易性,绝恶之学。岂伊同人,爰及异物。鸟王兽长,往往是佛,无穷世界,圣人代兴。或昭五典,或布三乘。在鸟而鸟鸣,在兽而兽吼,教华而华言,化夷而夷语耳。虽舟车均于致远,而有川陆之节,佛道齐乎达化,而有夷夏之别,若谓其致既均,其法可换者,而车可涉川,舟可行陆乎?今以中夏之性,效西戎之法,既不全同,又不全异。下育妻孥,上废宗礼。嗜欲之物,皆以礼伸;孝敬之典,独以法屈。悖礼犯顺,曾莫之觉。弱丧忘归,孰识其旧?且理之可贵者,道也;事之可贱者,俗也。舍华效夷,义将安取?若以道邪?道固符合矣。若以俗邪?俗则大乖矣。

屡见刻舷沙门,守株道士,交诤小大,互相弹射。或域道以为两,或混俗以为一。是牵异以为同,破同以为异。则乖争之由,淆乱之本也。寻圣道虽同,而法有左右。始乎无端,终乎无末。泥洹仙化,各是一术。佛号正真,道称正一。一归无死,真会无生。在名则反,在实则合。但无生之教赊,无死之化切。切法可以进谦弱,赊法可以退夸强。佛教文而博,道教质而精。精非粗人所信,博非精人所能。佛言华而引,道言实而抑。抑则

明者独进，引则昧者竞前。佛经繁而显，道经简而幽。幽则妙
门难见，显则正路易遵。此二法之辨也。

圣匠无心，方圆有体，器既殊用，教亦异施。佛是破恶之
方，道是兴善之术。兴善则自然为高，破恶则勇猛为贵。佛迹
光大，宜以礼物；道迹密微，利用为己。优劣之分，大略在兹。

夫蹲夷之仪，娄罗之辩，各出彼俗，自相矜解。犹虫谨鸟
聒，何足述效。

欢虽同二法，而意党道教。宋司徒袁粲托为道人通公驳之，其略曰：

白日停光，恒星隐照，诞降之应，事在老先，似非入关，方
炳斯瑞。

又老、庄、周、孔，有可存者，依日末光，凭释遗法，盗牛窃
善，反以成蠹，检究源流，终异吾党之为道耳。

西域之记，佛经之说，俗以膝行为礼，不慕蹲坐为恭，道以
三绕为虔，不尚踞傲为肃。岂专戎土，爰亦兹方。襄童谒帝，膝
行而进；赵王见周，三环而止。今佛法在华，乘者常安；戒善行
交，蹈者恒通。文王造周，大伯创吴，革化戎夷，不因旧俗。岂
若舟车，理无代用。佛法垂化，或因或革。清信之士，容衣不改；
息心之人，服貌必变。变本从道，不遵彼俗，教风自殊，无患其
乱。

孔、老、释迦，其人或同，观方设教，其道必异。孔、老治世
为本，释氏出世为宗。发轸既殊，其归亦异。符合之唱，自由臆
说。

又仙化以变形为上，泥洹以陶神为先。变形者白首还缁，
而未能无死；陶神者使尘惑日损，湛然常存。泥洹之道，无死之
作，乖诡若此，何谓其同？

欢答曰：

案道经之作，著自西周，佛经之来，始乎东汉，年逾八百，
代悬数十。若谓黄老虽久，而盗在释前，是吕尚盗陈恒之齐，刘
季窃王莽之汉也。

经云，戎气强犷，乃复略人颊车邪？又夷俗长踞，法与华异，翘左跂右，全是蹲踞。故周公禁之于前，仲尼戒之于后。又舟以济川，车以征陆，佛起于戎，岂非戎俗素恶邪？道出于华，岂非华风本善邪？今华风既变，恶同戎狄，佛来破之，民有以矣。佛道实贵，故戒业可遵；戎俗实贱，故言貌可弃。今诸华士女，民族弗革，而露首编踞，滥用夷礼，云于翦落之徒，全是胡人，国有旧风，法不可变。

又若观风流教，其道必异，佛非东华之道，道非西戎之法，鱼鸟异渊，永不相关，安得老、释二教，交行八表。今佛既东流，道亦西迈，故知世有精粗，教有文质。然则道教执本以领末，佛教救末以存本。请问所异，归在何许？若以翦落为异，则胥靡翦落矣。若以立像为异，则俗巫立像矣。此非所归，归在常住。常住之象，常道孰异？

神仙有死，权便之说。神仙是大化之总称，非穷妙之至名。至名无名，其有名者二十七品，仙变成真，真变成神，或谓之圣，各有九品，品极则入空寂，无为无名。若服食菇芝，延寿万亿，寿尽则死，药极则枯，此修考之士，非神仙之流也。

明僧绍《正二教论》以为"佛明其宗，老全其生。守生者蔽，明宗者通。今道家称长生不死，名补天曹，大乖老、庄立言本理。"文惠太子、竟陵王子良并好释法。吴兴孟景翼为道士，太子召入玄辅园。众僧大会，子良使景翼礼佛，景翼不肯，子良送《十地经》与之。景翼造《正一论》，大略曰："《宝积》云'佛以一音广说法'。老子云'圣人抱一以为天下式'。'一'之为妙，空玄绝于有景，神化赡于无穷，为万物而无为，处一数而无数，莫之能名，强号为一。在佛曰'实相'，在道曰'玄牝'。道之大象，即佛之法身。以不守之守守法身，以不执之执执大象。但物有八万四千行，说有八万四千法。法乃至于无数，行亦逮于无央。等级随缘，须导归一。归一曰回向，向正即无邪。邪观既遣，亿善日新。三五四六，随用而施。独立不改，绝学无忧。旷劫诸圣，共遵斯'一'。老、释未始尝分，迷者分之而未合。亿善遍修,修遍成圣,虽十号千称,终不能尽。终不能尽,岂可思议。"司徒从事中郎张融作《门律》云:"道之与佛,逗极无二。吾见道士与道人战儒墨,道人与道士狱是非。昔有鸿飞天首,积远难亮。越人以为凫,楚人以为乙,人自楚越,鸿常一耳。"以示太子仆周颙。颙难之曰:"虚无法性,其寂虽同,位寂之方,其旨则别。论所谓'逗极无二'者,为逗极于虚无,当无二于法性耶?足下所宗之本一物为鸿乙耳。驱驰佛道,无免二末。未知高鉴缘何识本,轻而宗之,其有旨乎?"往复文多不载。

欢口不辩,善于著笔。著《三名论》,甚工,钟会《四本》之流也。又注王弼《易》二《系》,学者传之。

始兴人卢度,亦有道术。少随张永北征,永败,虏追急,阻淮水不得过,度心誓曰:"若得免死,从今不复杀生。"须臾见两楯流来,接之得过。后隐居西昌三顾山,鸟兽随之。夜有鹿触其壁,度曰:"汝坏我壁。"鹿应声去。屋前有池养鱼,鱼次第来,取食乃去。逆知死年月,与亲友别。永明末,以寿终。

初,永明三年,征骠骑参军顾惠胤为司徒主簿。惠胤,宋镇军将军觊之弟子也,闲居养志,不应征辟。

臧荣绪,东莞莒人也,祖奉先,建陵令,父庸民,国子助教。

荣绪幼孤,躬自灌园,以供祭祀。母丧后,乃著《嫡寝论》,扫洒堂宇,置筵席,朔望辄拜席,甘珍未尝先食。纯笃好学,括东、西晋为一书,《纪》、《录》、《志》、《传》百一十卷。隐居京口教授。南徐州辟西曹,举秀才,不就。太祖为扬州,征荣绪为主簿,不到。司徒褚渊少时尝命驾寻之。建元中,启太祖曰:"荣绪,朱方隐者。昔臧质在宋,以国戚出牧彭岱,引为行佐,非其所好,谢疾求免。蓬庐守志,漏湿是安,灌蔬终老。与友关康之沉深典素,追古著书,撰《晋史》十帙,赞论虽无逸才,亦足弥纶一代。臣岁时往京口,早与之遇。近报其取书,始方送出,庶得备录渠阁,采异甄善。"上答曰:"公所道臧荣绪者,吾甚志之。其有史翰,欲令入天禄,甚佳。"

　　荣绪惇爱五经,谓人曰:"昔吕尚奉丹书,武王致齐降位,李、释教诫,并有礼敬之仪。"因甄明至道,乃著《拜五经序论》。常以宣尼生庚子日,陈五经拜之。自号"被褐先生"。又以饮酒乱德,言常为诫。永明六年,卒,年七十四。

　　初,荣绪与关康之俱隐在京口,世号为"二隐"。康之字伯愉,河东人。世居丹徒,以坟籍为务,四十年不出门。不应州府辟。宋太始中,征通直郎,不就。晚以母老家贫,求为岭南小县。性清约,独处一室,稀与妻子相见。不通宾客,弟子以业传受。尤善《左氏春秋》。太祖为领军,素好此学,送《春秋》五经,康之手自点定,并得论《礼记》十余条。上甚悦,宝爱之,遗诏以经本入玄宫。宋末卒。

　　何求字子有,庐江灊人也。祖尚之,宋司空。父铄,宜都太守。

　　元嘉末为宋文帝挽郎,解褐著作郎,中军、卫军行佐,太子舍人,平南参军,抚军主簿,太子洗马,丹阳、吴郡丞。清退无嗜欲。又除征北参军事,司徒主簿,太子中舍人。秦始中,妻亡,还吴葬旧墓。除中书郎,不拜。仍住吴,居波若寺,足不逾户,人莫见其面。明帝崩,出奔国哀。除为司空从事中郎,不就,乃除永嘉太守,求时寄住南涧寺,不肯诣台,乞于寺拜受,见许。一夜忽乘小船逃归吴,隐虎丘山,复除黄门郎,不就。永明四年,世祖以为太中大夫,又不就。七年,卒,年五十六。

　　初,求母王氏为父所害,求兄弟以此无官情。

　　求弟点,少不仕。宋世征为太子洗马,不就。隐居东离门卞望之墓侧。性率到,鲜狎人物。建元中,褚渊、王俭为宰相,点谓人曰:"我作《齐书》已竟,云'渊既世族,俭亦国华。不赖舅氏,遑恤外家'。"俭欲候之,知不可见,乃止。永明元年,征中书郎。豫章王命驾造门,点从后门逃去。竟陵王子良闻之,曰:"豫章王尚不屈,非吾所议。"遗点嵇叔夜酒杯、徐景山酒铛以通意。点常自得,遇酒便醉,交游宴乐不隔也。永元中,京师频有军寇,点欲结裳为裤,与崔慧景共论佛义,其语默之迹如此。

点弟胤，有儒术，亦怀隐遁之志。所居宅名为小山。隆昌中，为中书令，以皇后从叔见亲宠。明帝即位，胤卖园宅，将遂本志。建武四年，为散骑常侍、巴陵王师。闻吴兴太守谢朏致仕，虑后之，于是奉表不待报而去，隐会稽山。上大怒，令有司奏弹胤，然发优诏焉。永元二年，征散骑常侍，太常卿。

刘虬字灵预，南阳涅阳人也。旧族，徙居江陵。虬少而抗节好学，须得禄便隐。宋泰始中，仕至晋平王骠骑记室，当阳令。罢官归家，静处断谷，饵术及胡麻。

建元初，豫章王为荆州，教辟虬为别驾，与同郡宗测、新野庾易并遣书礼请，虬等各修笺答，而不应辟命。永明三年，刺史庐陵王子卿表虬及同郡宗测、宗尚之、庾易、刘昭五人，请加蒲车束帛之命。诏征为通直郎，不就。

竟陵王子良致书通意，虬答曰：“虬四节卧病，三时营灌，畅余阴于山泽，托暮情于鱼鸟，宁非唐、虞重恩？周、邵宏施？虬进不研机入玄，无洙泗稷馆之辩；退不凝心出累，非冢间树下之节。远泽既洒，仁规先著。谨收樵牧之嫌，敬加轼蛙之义。”

虬精信释氏，衣粗布衣，礼佛长齐。注《法华经》，自讲佛义。以江陵西沙洲去人远，乃徙居之。建武二年，诏征国子博士，不就。其冬，虬病，正昼有白云徘徊檐户之内，又有香气及磬声。其日，卒，年五十八。

刘昭与虬同宗，州辟祭酒从事，不就，隐居山中。

庾易字幼简，新野新野人也。徙居属江陵。祖玫，巴郡太守。父道骥，安西参军。

易志性恬隐，不交外物。建元元年，刺史豫章王辟为骠骑参军，不就。临川王映临州，独重易，上表荐之，饷麦百斛。易谓使人曰：“民樵采麋鹿之伍，终其解毛之衣，驰骋日月之车，得保自耕之禄，于大王之恩，亦已深矣。”辞不受。永明三年，诏征太子舍人，不就。

以文义自乐。安西长史袁彖钦其风，通书致遗。易以连理机竹翘书格报之。建武二年，诏复征为司徒主簿，不就，卒。

宗测字敬微，南阳人，宋征士炳孙也。世居江陵。测少静退，不乐人间。叹曰："家贫亲老，不择官而仕，先哲以为美谈，余窃有惑。诚不能潜感地金，冥致江鲤，但当用天道，分地利。孰能食人厚禄，忧人重事乎？"

州举秀才、主簿，不就。骠骑豫章王征为参军，测答府召云："何为谬伤海鸟，横斤山木？"母丧，身负土植松柏。豫章王复遣书请之，辟为参军，测答曰："性同鳞羽，爱止山壑，眷恋松筠，轻迷人路。纵宕岩流，有若狂者，忽不知老至，而今鬓已白，岂容课虚责有，限鱼慕鸟哉！"永明三年，诏征太子舍人，不就。

欲游名山，乃写祖炳所画《尚子平图》于壁上。测长子官在京师，知父此旨，便求禄还为南郡丞，付以家事。刺史安陆王子敬、长史刘寅以下皆赠送之，测无所受。赍《老子》《庄子》二书自随。子孙拜辞悲泣，测长啸不视，遂往庐山，止祖炳旧宅。

鱼复侯子响为江州，厚遣赠遗。测曰："少有狂疾，寻山采药，远来至此。量腹而进松术，度形而衣薜萝，淡然已足，岂容当此横施！"子响命驾造之，测避不见。后子响不告而来，奄至所住，测不得已，巾褐对之，竟不交言。子响不悦而退。尚书令王俭饷测蒲褥。

顷之，测送弟丧还西，仍留旧宅永业寺，绝宾友，唯与同志庾易、刘虬、宗人尚之等往来讲说。刺史随王子隆至镇，遣别驾宗哲致劳问，测笑曰："贵贱理隔，何以及此。"竟不答。建武二年，征为司徒主簿，不就，卒。

测善画，自图阮籍遇苏门于行障上，坐卧对之。又画永业佛影台，皆为妙作。颇好音律，善《易》、《老》，续皇甫谧《高士传》三卷。又尝游衡山七岭，著《衡山》、《庐山记》。

尚之字敬文，亦好山泽，与刘虬俱以骠骑记室不仕。宋末，刺史武陵王辟赞府，豫章王辟别驾，并不就。永明中，与刘虬同征为通直郎,和帝中兴初,又征为谘议,并不就。寿终。

杜京产字景齐,吴郡钱唐人,杜子恭玄孙也。祖运,为刘毅卫军参军。父道鞠,州从事,善弹棋。世传五斗米道,至京产及子栖。

京产少恬静,闭意荣宦。颇涉文义,专修黄老。会稽孔觊,清刚有峻节,一见而为款交。郡召主簿,州辟从事,称疾去。除奉朝请,不就。与同郡顾欢同契,始宁东山开舍授学。建元中,武陵王晔为会稽,太祖遣儒士刘瓛入东为晔讲说,京产请瓛至山舍讲书,倾资供待,子栖躬自屣履,为瓛生徒下食,其礼贤如此。孔稚珪、周颙、谢瀹并致书以通殷勤。

永明十年,稚珪及光禄大夫陆澄、祠部尚书虞悰、太子右率沈约、司徒右长史张融表荐京产曰:"窃见吴郡杜京产,洁静为心,谦虚成性,通和发于天挺,敏达表于自然。学遍玄、儒,博通史、子,流连文艺,沉吟道奥。泰始之朝,挂冠辞世,遁舍家业,隐于太平。葺宇穷岩,采芝幽涧,耦耕自足,薪歌有余。确尔不群,淡然寡欲,麻衣藿食,二十余载。虽古之志士,何以加之。谓宜释巾幽谷,结组登朝,则岩谷含欢,薜萝起抃矣。"不报。建武初,征员外散骑侍郎,京产曰:"庄生持钓,岂为白璧所回。"辞疾不就。年六十四,永元元年,卒。

会稽孔道征,守志业不仕,京产与之友善。

永明中,会稽钟山有人姓蔡,不知名。山中养鼠数十头,呼来即来,遣去便去。言语狂易,时谓之"谪仙"。不知所终。

沈麟士字云祯,吴兴武康人也。祖膺,晋太中大夫。

麟士少好学,家贫,织帘诵书,口手不息。宋元嘉末,文帝令尚书仆射何尚之抄撰五经,访举学士,县以麟士应选。尚之谓子偃曰:"山东故有奇士也。"少时,麟士称疾归乡,更不与人物通。养孤兄子,义著乡曲。

或劝麟士仕,答曰:"鱼县兽槛,天下一契,圣人玄悟,所以每履吉先。吾诚未能景行坐忘，何为不希企日损。"乃作《玄散赋》以绝世。太守孔山士辟，不应。宗人徐州刺史昙庆、侍中怀文、左率勃来候之，麟士未尝答也。隐居余不吴差山，讲经教授，从学者数十百人，各营屋宇，依止其侧。麟士重陆机《连珠》，每为诸生讲之。

征北张永为吴兴，请麟士入郡。麟士闻郡后堂有好山水，乃往停数月。永欲请为功曹，使人致意，麟士曰："明府德履冲素，留心山谷，民是以被褐负杖，忘其疲病。必欲饰浑浊以蛾眉，冠越客于文冕，走虽不敏，请附高节，有蹈东海而死尔。"永乃止。

升明末，太守王奂上表荐之，诏征为奉朝请，不就。永明六年，吏部郎沈渊、中书郎沈约又表荐麟士义行，曰："吴兴沈麟士，英风凤挺，峻节早树，贞粹禀于天然，综博生乎笃习。家世孤贫，藜藿不给，怀书而耕，白首无倦，挟琴采薪，行歌不辍。长兄早卒，孤侄数四，摄衽鞠稚，吞苦推甘。年逾七十，业行无改。元嘉以来，聘召仍叠，玉质逾洁，霜操日严。若使闻政王庭，服道槐掖，必能孚朝规于边鄙，播圣泽于荒垂。"诏又征为太学博士，建武二年，征著作郎，永元二年，征太子舍人，并不就。

麟士负薪汲水，并日而食，守操终老。笃学不倦，遭火，烧书数千卷，麟士年过八十，耳目犹聪，手以反故抄写，火下细书，复成二三千卷，满数十箧，时人以为养身静嘿之所致也。著《周易两系》、《庄子内篇训》，注《易经》、《礼记》、《春秋》、《尚书》、《论语》、《孝经》、《丧服》、《老子要略》数十卷。以杨王孙、皇甫谧深达生死，而终礼矫伪，乃自作终制。年八十六，卒。

同郡沈俨之，字士恭，徐州刺史昙庆子，亦不仕。征太子洗马，永明元年，征中书郎。三年，又诏征前南郡国常侍沈颙为著作郎，建武二年，征太子舍人，永元二年，征通直郎。颙字处默，宋领军寅之兄孙也。

吴苞字天盖，濮阳鄄城人也。儒学，善三《礼》及《老》、《庄》。宋泰始中，过江聚徒教学。冠黄葛巾，竹麈尾，蔬食二十余年。隆昌元年,诏曰:"处士濮阳吴苞,栖志穷谷,秉操贞固,沉情味古,白首弥厉。征太学博士。"不就。始安王遥光、右卫江祏于蒋山南为立馆,自刘瓛卒后,学者咸归之。以寿终。

鲁国孔嗣之,字敬伯。宋世与太祖俱为中书舍人,并非所好,自庐陵郡去官,隐居钟山,朝廷以为太中大夫。建武三年,卒。

徐伯珍,东阳太末人也。祖、父并郡掾史。

伯珍少孤贫,书竹叶及地学书。山水暴出,漂溺宅舍,村邻皆奔走,伯珍累床而止,读书不辍。叔父璠之与颜延之友善,还祛蒙山立精舍讲授,伯珍往从学,积十年,究寻经史,游学者多依之。太守琅邪王昙生、吴郡张淹并加礼辟,伯珍应召便退,如此者凡十二焉。征士沈俨造膝谈论,申以素交。吴郡顾欢摘出《尚书》滞义,伯珍训答甚有条理,儒者宗之。

好释氏、老庄,兼明道术,岁常旱,伯珍筮之,如期雨澍。举动有礼,过曲木之下,趋而避之。早丧妻,晚不复重娶,自比曾参。宅南九里有高山,班固谓之九岩山,后汉龙丘苌隐处也。山多龙须柏,望之五采,世呼为妇人岩。二年,伯珍移居之。门产生梓树,一年便合抱。馆东石壁夜忽有赤光洞照,俄尔而灭。白雀一双栖其户牖,论者以为隐德之感焉。永明二年,刺史豫章王辟议曹从事,不就。家甚贫窭,兄弟四人,皆白首相对,时人呼为"四皓"。建武四年,卒,年八十四。受业生凡千余人。

同郡楼幼瑜,亦儒学。著《礼捃遗》三十卷。官至给事中。

又同郡楼惠明,有道术。居金华山,禽兽毒螫者皆避之。宋明帝闻之,敕出住华林园,除奉朝请,固乞不受,求东归。永明三年,忽乘轻舟向临安县,众不知所以。寻而唐宇之贼破郡。文惠太子呼出住蒋山,又求归,见许。世祖敕为立馆。

史臣曰:顾欢论夷夏,优老而劣释。佛法者,理寂乎万古,迹兆乎中世,渊源浩博,无始无边,宇宙之所不知,数量之所不尽,盛乎哉！真大士之立言也。探机扣寂，有感必应，以大苞小，无细不容。若乃儒家之教，仁义礼乐，仁爱义宜，礼从乐和而已；今则慈悲为本，常乐为宗，施舍惟机，低举成敬。儒家之教，宪章祖述，引古证今，于学易悟；今树以前因，报以后果，业行交酬，连琐相袭。阴阳之教，占气步景，授民以时，知其利害；今则耳眼洞达，心智他通，身为奎井，岂俟甘石。法家之教，出自刑理，禁奸止邪，明用赏罚；今则十恶所坠，五及无间，刀树剑山，焦汤猛火，造受自贻，罔或差贰。墨家之教，遵上俭薄，磨踵灭顶，且犹非吝；今则肤同断瓠，目如井星，授子捐妻，在鹰庇鸽。从横之教，所贵权谋，天口连环，归乎适变；今则一音万解，无待户说，四辩三会，咸得吾师。杂家之教，兼有儒墨；今则五时所宣，于何不尽。农家之教，播植耕耘，善相五事，以艺九谷；今则郁单粳稻，已异阎浮，生天果报，自然饮食。道家之教，执一虚无，得性亡情，凝神勿扰；今则波若无照，万法皆空，岂有道之可名，宁余一之可得。道俗对校，真假将仇，释理奥藏，无往而不有也。能善用之，即真是俗。九流之设，用藉世教，刑名道墨，乖心异旨，儒者不学，无伤为儒；佛理玄旷，实智妙有，一物不知，不成圆圣。若夫神道应现之力，感会变化之奇，不可思议，难用言象。而诸张米道，符水先验，相传师法，祖自伯阳。世情去就，有此二学，僧尼道士，矛盾相非。非唯重道，兼亦殉利。详寻两教，理归一极。但迹有左右，故教成先后。广略为言，自生优劣。道本虚无，非由举至，绝圣弃智，已成有为。有为之无，终非道本。若使本末同无，曾何等级。佛则不然，具缚为种，转暗成明，梯愚入圣。途虽远而可践，业虽旷而有期。劝慕之道，物我无隔。而局情浅智，鲜能胜受。世途揆度，因果二门。鸡鸣为善，未必余庆；脍肉东陵，会无厄祸。身才高妙，郁滞而靡达；器思庸卤，富厚以终生。忠反见遗，诡乃获用。观此而论，近无罪福，而业有不定，著自经文，三报开宗，斯疑顿晓。史臣服膺释氏，深信冥缘，谓斯道之莫贵也。

　　赞曰：含贞抱朴，履道敦学。惟兹潜隐，弃鳞养角。

南齐书卷五五
列传第三六

孝　义

崔怀慎　　公孙僧远　　吴欣之
韩系伯　　孙淡　　华宝　　韩灵敏
封延伯　　吴达之　　王文殊　　朱谦之
萧叡明　　荣颐　　江泌　　杜栖　　陆绛

　　子曰："父子之道，天性也，君臣之义也。"人之含孝禀义，太生所同，淳薄因心，非俟学至。迟遇为用，不谢始庶之法，骄慢之性，多惭水菽之享。夫色养尽力，行义致身，甘心垅亩，不求闻达，斯即孟氏三乐之辞，仲由负米之叹也。通乎神明，理缘感召。情浇世薄，方表孝慈。故非内德者所以寄心，怀仁者所以摽物矣。理名韫节，鲜或昭著，纪夫事行，以列于篇。

　　崔怀慎，清河东武城人也。父邪利，鲁郡太守，宋元嘉中，没虏。怀慎与妻房氏笃爱，闻父陷没，即日遣妻，布衣蔬食，如居丧礼。邪利后仕虏中书，戒怀慎不许如此，怀慎得书更号泣。怀慎从叔模为荥阳太守，亦同没虏，模子虽居处改节，而不废婚宦。大明中，怀慎宗人冀州刺史元孙北使，虏问之曰："崔邪利、模并力屈归命，二家子侄，出处不同，义将安在？"元孙曰："王尊驱骥，王阳回车，欲令忠孝并弘,臣子两节。"泰始初,淮北陷没,界上流奔者,多有去就。怀慎因此入北。至桑乾,邪利时已卒,怀慎绝而后苏。载丧还青州,徒跣冰雪,土气寒酷,而手足不伤,时人以为孝感。丧毕,以弟在南,建元初,又逃归,而弟亦已亡。怀慎孤贫独立,宗党哀之,日敛给其升米。永明中,卒。

公孙僧远,会稽剡人也。治父丧至孝,事母及伯父谨节,年谷饥贵,僧远省餐减食,以供母、伯。弟亡,无以葬,身贩贴与邻里,供敛送之费。躬负土,手种松柏。兄姊未婚嫁,乃自卖为之成礼。名闻郡县。太祖即位,遣兼散骑常侍虞炎十二部使行天下,建元三年,表列僧远等二十三人,诏并表门闾,蠲租税。

吴欣之,晋陵利城人也。宋元嘉末,弟尉之为武进县戍,随王诞起义,太祖遣军主华钦讨之,吏民皆散,尉之独留,见执将死。欣之诣钦乞代弟命,辞泪哀切,兄弟皆见原。建元三年,有诏蠲表。

永明初,广陵民章起之二息犯罪争死,太守刘悛表以闻。

韩系伯,襄阳人也。事父母谨孝。襄阳土俗,邻居种桑树于界上为志,系伯以桑枝荫妨他地,迁堺上开数尺,邻畔随复侵之,系伯辄更改种。久之,邻人惭愧,还所侵地,躬往谢之。建元三年,蠲租税,表门闾,以寿终。

孙淡,太原人也。居长沙,事母孝,母疾,不眠食,以差为期。母哀之,后有疾,不使知也。豫章王领湘州,辟骠骑行参军。建元三年,蠲租税,表门闾。卒于家。

华宝,晋陵无锡人也。父豪,义熙末,戍长安,宝年八岁。临别,谓宝曰:"须我还,当为汝上头。"长安陷虏,豪殁。宝年至七十,不婚冠,或问之者,辄号恸弥日,不忍答也。

同郡薛天生,母遭艰菜食,天生亦菜食,母未免丧而死,天生终身不食鱼肉。与弟有恩义。

又同郡刘怀胤与弟怀则,年十岁遭父丧,不絮帛,不食盐菜。建元三年,并表门闾。

韩灵敏,会稽剡人也。早孤,与兄灵珍并有孝性,寻母又亡,家贫无以营凶。兄弟共种苽半亩,朝采苽子,暮已复生,以此遂办葬事。灵珍亡,无子,妻卓氏守节不嫁,虑家人夺其志,未尝告归,灵敏事之如母。

晋陵吴康之妻赵氏,父亡弟幼,值岁饥,母老病笃,赵诣乡里自卖,言辞哀苦,乡里怜之,人人分升米相救,遂得以免。嫁康之,少时夫亡,家欲更嫁,誓死不贰。

义兴蒋俊之妻黄氏,夫亡不重嫁,逼之,欲赴水自杀,乃止。建元三年,诏蠲租赋,表门闾。

永明元年,会稽永兴倪翼之母丁氏,少丧夫,性仁爱,遭年荒,分衣食以饴里中饥饿者,邻里求借,未尝违。同里陈穰父母死,孤单无亲戚,丁氏收养之,及长,为营婚娶。又同里王礼妻徐氏,荒年客死山阴,丁为买棺器,自往敛葬。元徽末,大雪,商旅断,村里比屋饥饿,丁自出盐米,计口分赋。同里左侨家露四丧,无以葬,丁为办家椁。有三调不登者,代为输送。丁长子妇王氏守寡执志不再醮。州郡上言,诏表门闾,蠲租税。

又广陵徐灵礼妻遭火救儿,与儿俱焚死。太守刘悛以闻。

又会稽人陈氏,有三女,无男。祖父母年八九十,老耄无所知,父笃癃病,母不安其室。值岁饥,三女相率于西湖采菱莼,更日至市货卖,未尝亏怠。乡里称为义门,多欲取为妇,长女自伤茕独,誓不肯行。祖父母寻相继卒,三女自营殡葬,为庵舍墓侧。

又永兴概中里王氏女,年五岁,得毒病,两目皆盲。性至孝,年二十,父母死,临尸一叫,眼皆血出,小妹娥舐其血,左目即开,时人称为孝感。县令何昙秀不以闻。

又诸暨东洿里屠氏女，父失明，母痼疾，亲戚相弃，乡里不容。女移父母远住纻罗，昼樵采，夜纺绩，以供养。父母俱卒，亲营殡葬，负土成坟。忽闻空中有声云：“汝至性可重，山神欲相驱使。汝可为人治病，必得大富。”女谓是妖魅，弗敢从，遂得病。积时，邻舍人有中溪蜮毒者，女试治之，自觉病便差，遂以巫道为人治疾，无不愈。家产日益，乡里多欲娶之，以无兄弟，誓守坟墓不肯嫁，为山贼劫杀。县令于琳之具言郡，太守王敬则不以闻。

建武三年，吴兴乘公济妻姚氏生二男，而公济及兄公愿、乾伯并卒，各有一子欣之、天保，姚养育之，卖田宅为娶妇，自与二男寄止邻家。明帝诏为其二子婚，表门闾，复徭役。

吴郡范法恂妻褚氏，亦勤苦执妇业。宋升明中，孙昙瓘谋反亡命，褚谓其子僧简曰：“孙越州先姑之姊子，与汝父亲则从母兄弟，交则义重古人。逃窜脱不免，汝宜收之。”昙瓘寻伏法，褚氏令僧简往敛葬。年七十余，永明中卒。僧简在都，闻病驰归，未至而褚已卒，将殡，举尸不起，寻而僧简至焉。

封延伯字仲琏，渤海人也。有学行，不与世人交，事寡嫂甚谨。州辟主簿，举秀才，不就。后乃仕。垣崇祖为豫州，启太祖用为长史，带梁郡太守。以疾自免，侨居东海，遂不至京师。三世同财，为北州所宗附。豫章王辟中兵，不就，卒。

建元三年，大使巡行天下，义兴陈玄子四世一百七十口同居。武陵郡邵荣兴、文献叔八世同居。东海徐生之、武陵范安祖、李圣伯、范道根五世同居。零陵谭弘宝、衡阳何弘、华阳阳黑头疏从四居同居，并共衣食。诏表门闾，蠲租税。又蜀郡王续祖、华阳郝道福并累世同爨。建武三年，明帝诏表门闾，蠲调役。

吴达之，义兴人也。姨亡无以葬，自卖为十夫客，以营冢椁。从祖弟敬伯夫妻荒年被略卖江北，达之有田十亩，货以赎之，与之同财共宅。郡命为主簿,固以让兄。又让世业旧田与族弟,亦不受弟,田遂闲废。建元三年,诏表门闾。

河南辛普明,侨居会稽,首少与兄共处一帐,兄亡,以帐施灵座,夏月多蚊,普明不以露寝见色。兄将葬,邻人嘉其义,赗助甚多,普明初受,后皆反之。赠者甚怪,普明曰:"本以兄墓不周,故不逆来意。今何忍亡者余物以为家财。"后遭母丧,几至毁灭。扬州刺史豫章王辟为义曹从事。年五十,卒。

又有何伯玙,弟幼玙,俱厉节操。养孤兄子,及长为婚,推家业尽与之。安贫枯槁,诲人不倦,乡里呼为人师。郡守下车,莫不修谒。永明十一年,伯玙卒。幼玙少好佛法,剪落长斋,持行精苦。梁初卒。兄弟年并八十余。

王文殊,吴兴故鄣人也。父没虏,文殊思慕泣血,蔬食山谷三十余年。太守谢瀹板为功曹,不就。永明十一年,太守孔琇之表曰:"文殊性挺五常,心符三教。以父没獯庭,抱终身之痛,专席恒居,衔罔极之恤。服纤缟以经年,饵蔬菽以俟命,婚义灭于天情,官序空于素抱。傥降甄异之恩,榜其闾里。"郁林诏榜门,改所居为"孝行里"。

朱谦之字处光,吴郡钱唐人也。父昭之,以学解称于乡里。谦之年数岁,所生母亡,昭之假葬田侧,为族人朱幼方燎火所焚。同产姊密语之,谦之虽小,便哀戚如持丧。年长不婚娶。永明中,手刃杀幼方,诣狱自系。县令申灵勖表上,别驾孔稚珪、兼记室刘琎、司徒左西掾张融笺与刺史豫章王曰:"礼开报仇之典,以申孝义之情;法断相杀之条,以表权时之制。谦之挥刃轩冕,既申私礼;系颈就死,又明公法。今仍杀之,则成当世罪人;宥而活之,即为盛朝孝子。杀一罪人,未足弘宪;活一孝子,实广风德。张绪、陆澄,是其乡旧,应具来由。融等与谦之并不相识,区区短见,深有恨然。"豫章王言之世祖,时吴郡太守王慈、太常张绪、尚书陆澄并表论其事,世祖嘉其义,虑相复报,乃遣谦之随曹虎西行。将发,幼方子恽于津阳门伺杀谦之,谦之之兄选之又刺杀恽,有司以闻。世祖曰:"此皆是义事,不可问。"悉赦之。吴兴沈颙闻而叹曰:"弟死于孝,兄殉于义。孝友之节,萃此一门。"选之字处林,有志节,著《辩相论》。幼时顾欢见而异之,以女妻焉。官至江夏正参军。

萧叡明,南兰陵人,领军将军谌从祖兄弟也。父孝孙,左军。叡明初仕员外殿中将军。少有至性,奉亲谨笃。母病躬祷,夕不假寐,及亡,不胜哀而卒。永明五年,世祖诏曰:"龙骧将军、安西中兵参军、松滋令萧睿明,爱敬淳深,色养尽礼,丧过乎哀,遂致毁灭。虽未达圣教,而一至可愍。宜加荣命,以矜善人。可赠中书郎。"

荣颐字文德,南阳涅阳人。世居南郡。少而言行和谨。仕为原府参军。父在郢州病亡,颐忽思父涕泣,因请假还,中路果得父凶问。颐便徒跣号咷,出陶家后渚,遇商人附载西上,水浆不入口数日。尝遇病,与母隔壁,忍痛不言,啮被至碎,恐母之哀己也。湘州刺史王僧虔引为主簿,以同僚非人,弃官去。吏部郎庾杲之尝往候,颐为设食,枯鱼菜菹而已。杲之曰:"我不能食此。"母闻之,自出常膳鱼羹数种。杲之曰:"卿过于茅季伟,我非郭林宗。"仕至郢州治中,卒。

弟预亦孝,父临亡,执其手以托郢州行事王奂,预悲国闷绝,吐血数升,遂发病。官至骠骑录事。隆昌末,预谓丹阳尹徐孝嗣曰:"外传藉藉,似有伊周之事,君蒙武帝殊常之恩,荷托付之重,恐不得同人此举。人笑褚公,至今齿冷。"孝嗣心甚纳之。建武中,为永世令,民怀其德。卒官。有一老妪行檐斛蔌若将诣市,闻预死。弃檐号泣。

雁门解仲恭,亦侨居南郡。家行敦睦,得纤豪财利,辄与兄弟平分。母病经时不差,入山采药,遇一老父语之曰:"得丁公藤,病立愈。此藤近在前山际高树垂下便是也。"忽然不见。仲恭如其言得之,治病,母即差。至今江陵人犹有识此藤者。

江泌字士清,济阳考城人也。父亮之,员外郎。泌少贫,昼日斫屩,夜读书,随月光握卷升屋。性行仁义,衣弊,虱饥死,乃复取置衣中。数日间,终身无复虱。母亡后,以生阙供养,遇鲑不忍食。食菜不食心,以其有生意也。

历仕南中郎行参军,所给募吏去役,得时病,莫有舍之者,吏扶杖投泌,泌亲自隐恤,吏死,泌为买棺。无僮役,兄弟共舆埋之。领国子助教。乘牵车至染乌头,见老翁步行,下车载之,躬自步去。世祖以为南康王子琳侍读。建武中,明帝害诸王后,泌忧念子琳,诣志公道人问其祸福。志公覆香炉灰示之,曰:"都尽,无所余。"及子琳被害,泌往哭之,泪尽,继之以血。亲视殡葬,乃去。时广汉王侍读严桓之亦哭王尽哀。

泌寻卒。泌族人兖州治中泌,黄门郎念子也,与泌同名。世谓泌为"孝江泌"以别之。

杜栖字孟山,吴郡钱唐人,征士京产子也。同郡张融与京产相友,每相造言论,栖常在侧。融指栖曰:"昔陈太丘之召元方,方之为劣。以今方古,古人何贵。"栖出京师,从儒士刘瓛受学。善清言,能弹琴饮酒,名儒贵游多敬待之。中书郎周颙与京产书曰:"贤子学业清摽,后来之秀。嗟爱之怀,岂知云已。所谓人之英彦,若己有之也。"刺史豫章王闻其名,辟议曹从事,仍转西曹佐。竟陵王子良数致礼接,国子祭酒何胤治礼,又重栖,以为学士,掌婚冠仪。

以父老归养,怡情垄亩。栖肥白长壮,及京产疾,旬日间便皮骨自支。京产亡,水浆不入口七日,晨夕不能哭,不食盐菜。每营买祭奠,身自看视,号泣不自持。朔望节岁,绝而复续,吐血数升。时何胤、谢朏并隐东山,遗书敦譬,诫以毁灭。至祥禫,暮梦见其父,恸哭而绝。初,胤兄点见栖叹曰:"卿风韵如此,虽获嘉誉,不永年矣。"卒时,年三十六。当世咸嗟惜焉。

建武二年,剡县有小儿,年八岁,与母俱得赤班病。母死,家人以小儿犹恶，不令其知。小儿疑之，问云："母尝数问我病，昨来觉声羸，今不复闻，何谓也？"因自投下床，匍匐至母尸侧，顿绝而死。乡邻告之县令宗善才，求表庐，事竟不行。

陆绛字魏卿，吴郡人也。父闲，字退业，有风概，与人交，不苟合。少为同郡张绪所知，仕至扬州别驾。明帝崩，闲谓所亲曰："宫车晏驾，百司将听于冢宰。主王地重才弱，必不能振，难将至矣。"乃感心疾，不得预州事。刺史始安王遥光反，事败，闲以纲佐被召至杜姥宅，尚书令徐孝嗣启闲不预逆谋，未及报，徐世摽令杀之。绛时随闲，抱闲颈乞代死，遂并见杀。

史臣曰：浇风一起，人伦毁薄，抑引之教徒闻，圭璋之璞罕就。若令事长移忠，傥非行举，姜桂辛酸，容迁本质。而旌闾变里，问饩存牢，不过鳏寡齐矜，力田等劝。其于扶奖名教，未为多也。

赞曰：孝为行首，义实因心。白华秉节，寒木齐心。

南齐书卷五六
列传第三七

幸臣

纪僧真　刘系宗　茹法亮　吕文显　吕文度

有天象,必有人事焉。幸臣一星,列于帝座。经礼立教,亦著近臣之服。亲幸之义,其来已久。爰自衰周,侯伯专命,桓、文霸主,至于战国,宠用近习,不乏于时矣。汉文幸郑通,虽钱遍天下,位止郎中。孝武韩嫣、霍去病,遂至侍中、大司马。迄于魏、晋,世任权重,才位稍爽,而信幸唯均。

中书之职,旧掌机务。汉元以令、仆用事,魏明以监、令专权,及在中朝,犹为重寄。陈准归任上司,荀勖恨于失职。《晋令》舍人位居九品,江左置通事郎,管司诏诰。其后郎还为侍郎,而舍人亦称通事。元帝用琅邪刘超,以谨慎居职。宋文世,秋当、周纠并出寒门。孝武以来,士庶杂选,如东海鲍照,以才学知名。又用鲁郡巢尚之,江夏王义恭以为非选。帝遣尚书二十余牒,宣敕论辩,义恭乃叹曰:"人主诚知人。"及明帝世,胡母颢、阮佃夫之徒,专为佞幸矣。

齐初亦用久劳,及以亲信关谳表启,发署诏敕。颇涉辞翰者,亦为诏文。侍郎之局,复见侵矣。建武世,诏命殆不关中书,专出舍人。省内舍人四人,所置四省,其下有主书令史,旧用武官,宋改文吏,人数无员,莫非左右要密。天下文簿板籍,入副其省,万机严秘,有如尚书外司。领武官,有制局监,内器仗兵役,亦用寒人被恩幸者。今立《幸臣篇》,以继前史之末云。

纪僧真,丹阳建康人也。僧真少随逐征西将军萧思话及子惠开,皆被赏遇。惠开性苛,僧真以微过见罚,既而委任如旧。及罢益州还都,不得志,僧真事之愈谨。惠开临终叹曰:"纪僧真方当富贵,我不见也。"乃以僧真托刘秉、周颙。初,惠开在益州,土反,被围危急,有道人谓之曰:"城围寻解。檀越贵门后方大兴,无忧外贼也。"惠开密谓僧真曰:"我子弟见在者,并无异才。政是讳耳。"僧真忆其言,乃请事太祖。随从在淮阴,以闲书题,令答远近书疏。自寒官历至太祖冠军府参军、主簿。僧真梦蒿艾生满江,惊而白之。太祖曰:"诗人采萧,萧即艾也。萧生断流,卿勿广言。"其见亲如此。

元徽初,从太祖顿新亭,拒桂阳贼。萧惠朗突入东门,僧真与左右共拒战。贼退,太祖命僧真领亲兵,游逻城中。事宁,除南台御史、太祖领军功曹。上将废立,谋之袁粲、褚渊,僧真启上曰:"今朝廷猖狂,人不自保,天下之望,不在袁、褚。明公岂得默己,坐受夷灭。存亡之机,仰希熟虑。"太祖纳之。

太祖欲度广陵起兵,僧真又启曰:"主上虽复狂衅,虐加万民,而累世皇基,犹固盘石。今百口北度,何必得俱。纵得广陵城,天子居深宫施号令,目明公为逆,何以避此? 如其不胜,则应北走胡中。窃谓此非万全策也。"上曰:"卿顾家,岂能逐我行耶。"僧真顿首称无贰。升明元年,除员外郎,带东武城令。寻除给事中、邵陵王参军。

太祖坐东府高楼,望石头城,僧真在侧。上曰:"诸将劝我诛袁、刘,我意不欲便尔。"及沈攸之事起,从太祖入朝堂。石头反夜,太祖遣众军掩讨。宫城中望石头火光及叫声甚盛,人怀不测。僧真谓众曰:"叫声不绝,之必官军所攻。火光起者,贼不容自烧其城,此必官军胜也。"寻而启石头平。上出顿新亭,使僧真领千人在帐内。初,上在领军府,令僧真学上手迹下名,至是报答书疏,皆付僧真,上观之,笑曰:"我下不复能别也。"初,上在淮阴治城,得一锡趺,大数尺,下有篆文,莫能识者。僧真曰:"何须辨此文字,此自大远之物,九锡之征也。"太祖曰:"卿勿妄言。"及上将拜齐公,已克日,有杨祖之谋于临轩作难。僧真更请上选吉辰,寻而祖之事觉。上曰:"无卿言,亦当致小狼狈,此亦何异呼洫之冰。"转齐国中书舍人。

建元初,带东燕令,封新阳县男,三百户。转羽林监,加建威将军,迁尚书主客郎,太尉中兵参军,令如故。复以本官兼中书舍人。太祖疾甚,令僧真典遗诏。永明元年,宁丧,起为建威将军,寻除南泰山太守,又为舍人,本官如故,领诸王第事。

僧真容貌言吐,雅有士风。世祖尝目送之,笑曰:"人何必计门户,纪僧真常贵人所不及。"诸权要中,最被眄遇。除越骑校尉,余官如故。出为建武将军、建康令。还除左右郎将,泰山太守。加先驱使。寻除前军将军。遭母丧,开冢得五色两头蛇。世祖崩,僧真号泣思慕。明帝以僧真历朝驱使,建武元年,除游击将军,兼司农,待之如旧。欲令僧真治郡,僧真启进其弟僧猛为镇蛮护军、晋熙太守。永泰元年,除司农卿。明帝崩,掌山陵事。出为庐陵长史,年五十五,卒。

宋世道人杨法持,与太祖有旧。元徽末,宣传密谋。升明中,以为僧正。建元初,罢道,为宁朔将军,封州陵县男,三百户。二年,虏围朐山,遣法持为主,领支军救援。永明四年,坐役使将客,夺其鲑禀,削封。卒。

刘系宗,丹阳人也。少便书画,为宋竟陵王诞子景粹侍书。诞举兵广陵,城内皆死,救沈广之敕系宗,以为东宫侍书。泰始中,为主书。以寒官累迁至勋品。元徽初,为奉朝请,兼中书通事舍人,员外郎。封始兴南亭侯,食邑三百七十户。带秣陵令。

太祖废苍梧,明日,呼正直舍人虞整,醉不能起,系宗欢喜奉命。太祖曰:"令天地重开,是卿尽力之日。"使写诸处分敕令,及四万书疏。使主书七人书吏二十人配之,事皆称旨。除羽林监,转步兵校尉。仍除龙骧将军,出为海盐令。太祖即位,除龙骧将军、建康令。永明元年，除宁朔将军，令如故。寻转右军将军、淮陵太守，兼中书通事舍人。母丧自解，起为宁朔将军，复本职。

四年，白贼唐宇之起，宿卫兵东讨，遣系宗随军尉劳，遍至遭贼郡县。百姓被驱逼者，悉无所问，还复民伍。系宗还，上曰："此段有征无战，以时平荡，百姓安帖，甚快也。"赐系宗钱帛。上欲修治白下城，难于动役。系宗启谪役东民丁随宇之为逆者，上从之。后车驾讲武，上履行白下城，曰："刘系宗为国家得此一城。"

永明中，房使书常令系宗题答，秘书书局皆隶之。再为少府，迁游击将军、鲁郡太守。郁林即位，除骁骑将军，仍除宁朔将军、宣城太守。系宗久在朝省，闲于职事。明帝曰："学士不堪治国，唯大读书耳。一刘系宗足持如此辈五百人。"其重吏事如此。建武二年，卒官，年元十七。

茹法亮，吴兴武康人也。宋大明世，出身为小史，历齐干扶。孝武末年，作酒法，鞭罚过度，校猎江右，选白衣左右百八十人，皆面首富室，从至南州，得鞭者过半。法亮忧惧，因缘启出家得为道人。明帝初，罢道，结事阮佃夫，用为兖州刺史孟吹阳典签。累至太祖冠军府行参军。元徽初，除殿中将军，为晋熙王郢州典签，除长兼殿中御史。

世祖镇盆城，须旧驱使人，法亮求留为上江州典签，除南台御史，带松滋令。法亮便辟解事，善于承奉，稍见委信。从还石头。建元初，度东宫主书。除奉朝请，补布宫通事舍人。世祖即位，仍为中书通事舍人。除员外郎，带南济阴太守。永明元年，除龙骧将军。明年，诏曰："茹法亮近在盆城，频使衔命，内宣朝旨，外慰三军。义勇齐奋，人百其气。险阻艰难，心力俱尽。宜沾茅土，以甄忠绩。"封望蔡县男，食邑三百户。转给事中，羽林监。七年，除临淮太守，转竟陵王司徒中兵参军。

巴东王子响于荆州杀僚佐，上遣军西上，使法亮宣旨慰劳，安抚子响。法亮至江津，子响呼法亮，法亮疑畏不肯往。又求见传诏，

法亮又不遣。故子响怒,遣兵破尹略军。事平,法亮至江陵,刑赏处
分,皆称敕断决。军还,上悔诛子响,法亮被责。少时,亲任如旧。

郁林即位,除步兵校尉。延兴元年,为前军将军。延昌殿为世
祖阴室,藏诸御服。二少帝并居西殿,高宗即位住东齐,开阴室出世
祖白纱帽、防身刀,法亮歔欷流涕。除游击将军。建武旧人鲜有存
者,法亮以主署文事,故不见疑,位任如故。永泰元年,王敬则事平,
法亮复受敕宣慰。出法亮为大司农,中书势利之职,法亮不乐去,固
辞不受,既而代人已致,法亮垂涕而出。年六十四,卒官。

吕文显,临海人也。初为宋孝武齐干直长。升明初,为太祖录
尚书省事,累位至殿中侍御史,羽林监,带兰陵丞、令,龙骧将军,秣
陵令。封刘阳县男。永明元年,除宁朔将军,中书通事舍人,本官如
故。

文显治事,以刻核被知。三年,带南清河太守。与茹法亮等迭
出入为舍人,并见亲幸。四方饷遗,岁各数百万,并造大宅,聚山开
池。五年,为建康令,转长水校尉,历带南泰山、南谯太守,寻为司徒
中兵参军,淮南太守,直舍人省。累迁左中郎将,南东莞太守,右军
将军。高宗辅政,以文显守少府,见任使。历建武、永元之世,尚书
右丞,少府卿,卒。

吕文度,会稽人。宋世为细作金银库吏,竹局匠。元徽中,为射
雉典事,随监莫脩宗上郢。世祖镇盆城,拒沈攸之,文度仍留伏事,
知军队杂役,以此见亲。从还都,为石头城监,仍度东宫。世祖即位,
为制局监,位至员外郎,带南濮阳太守。殿内军队及发遣外镇人,悉
关之,甚有要势。故世传越州尝缺,上觅一直事人往越州,文度启其
所知费延宗合旨,上即以为刺史。永明中,敕亲近不得辄有申荐,人
士免官,寒人鞭一百。

上性尊严,吕文显尝在殿侧咳声高,上使茹法亮训诘之,以为
不敬,故左右畏威承意,非所隶莫敢有言也。时茹法亮掌杂驱使簿,

及宣通密敕；吕文显掌谷帛事；其余舍人无别任。虎贲中郎将潘敞掌监功作。上使造禅灵寺新成，车驾临视，甚悦。敞喜，要吕文显私登寺南门楼，上知之，系敞上方，而出文显为南谯郡，久之乃复。

济阳江瞿昙、吴兴沈徽孚等，以士流舍人通事而已，无权利。徽孚粗有笔札。建武中文诏，多其辞也。官至黄门郎。

史臣曰：中世已来，宰御天下，万机碎密，不关外司。尚书八座五曹，各有恒任，系以九卿六府，事存副职。咸皆冠冕搢绅，任疏人贵，伏奏之务既寝，趋走之劳亦息。关宣所寄，属当有归，通驿内外，切自音旨。若夫环缨敛笏，俯仰晨昏，赡幄座而竦躬，位兰槛而高盻，探求恩色，习睹威颜，迁兰变鲍，久而弥信，因城社之固，执开壅之机。长主君世，振裘持领，赏罚事殷，能不逾漏，宫省咳唾，义必先知。故能窥盈缩于望景，获骊珠于龙睡。坐归声势，卧震都鄙。赇赂日积，苞苴岁通，富拟公侯，威行州郡。制局小司，专典兵力，云陛天居，亘设兰锜，羽林精卒，重屯广卫。至于元戎启辙，式候还麾，遮迾清道，神行案辔，督察来往，驰骛辇毂，驱役分部，亲承几案，领护所摄，示总成规。若征兵动众，大兴民役，行留之仪，请托在手，断割牢廪，卖弄文符，捕叛追亡，长戍远谪，军有千龄之寿，室无百年之鬼，害政伤民，于此为蠹。况乎主幼时昏，其为谗慝，亦何可胜纪也！

赞曰：恩泽而侯，亲幸为旧。便烦左右，既贵且富。

南齐书卷五七
列传第三八

魏　虏

　　魏虏,匈奴种也,姓托跋氏。晋永嘉六年,并州刺史刘琨为屠各胡刘聪所攻,索头猗卢遣子曰利孙将兵救琨于太原,猗卢入居代郡,亦谓鲜卑。被发左袵,故呼为索头。

　　猗卢孙什翼犍,字郁律旃,后还阴山为单于,领匈奴诸部。泰元元年,符坚遣伪并州刺史符洛代犍,破龙庭,禽犍还长安,为立宅,教犍书学。分其部党居云中等四郡,诸部主帅岁终入朝,并得见犍,差税诸部以给之。

　　坚败,子珪,字涉圭,随舅慕容垂据中山,还领其部,后稍强盛。隆安元年,珪破慕容宝于中山,遂有并州,僭称魏,年号天瑞。追谥犍烈祖文平皇帝。珪死,谥道武皇帝。子木末立,年号太常,死,谥明元皇帝。子焘,字佛狸,代立,年号太平真君。宋元嘉中,伪太子晃与大臣崔氏、寇氏不睦,崔、寇谮之。玄高道人有道术,晃使祈福七日七夜,佛狸梦其祖、父并怒,手刃向之曰:"汝何故信谗,欲害太子!"佛狸惊觉,下伪诏曰:"王者大业,纂承为重,储宫嗣绍,百王旧例。自今已往,事无巨细,必经太子,然后上闻。"晃后谋杀佛狸见杀。焘死,谥太武皇帝。立晃子浚,字乌雷直勤。年号和平。追谥晃景穆皇帝。浚死,谥文成皇帝。子引字万民立,年号天安。景和九年,伪太子宏生,改年为皇兴。

　　什翼珪始都平城,犹逐水草,无城郭,木末始土著居处。佛狸破梁州、黄龙，徙其居民，大筑郭邑。截平城西为宫城，四角起楼，女墙，门不施屋，城又无堑。南门外立二土门，内立庙，开四门，各随方色，凡五庙，一世一间，瓦屋。其西立太社。佛狸所居云母等三殿，又立重屋，居其上。饮食厨名"阿真厨"，在西，皇后可孙恒出此厨求食。初，姚兴以塞外虏赫连勃勃为安北将军，领五部胡，屯大城，姚泓败后，入长安。佛狸攻破勃勃子昌，娶勃勃女为皇后。义熙中，仇池公杨盛表云"索虏勃勃，匈奴正胤"是也。可孙昔妾媵之。殿西铠仗库屋四十余间。殿北丝绵布绢库土屋一十余间。伪太子宫在城东，亦开四门，瓦屋，四角起楼。妃妾住皆土屋。婢使千余人，织绫锦贩卖，酤酒，养猪羊，牧牛马，种菜逐利。太官八十余窖，窖四千斛，半谷半米。又有悬食瓦屋数十间，置尚方作铁及木。其袍衣，使宫内婢为。伪太子别有仓库。

其郭城绕宫城南，悉筑为坊，坊开巷。坊大者容四五百家，小者六七十家。每南坊搜检，以备奸巧。城西南去白登山七里，于山边别立父祖庙。城西有祠天坛，立四十九木人，长丈许，白帻、练裙、马尾被，立坛上，常以四月四日杀牛马祭祀，盛陈卤簿，边坛奔驰奏伎为乐。城西三里，刻石写五经及其国记，于邺取石虎文石屋基六十枚，皆长丈余，以充用。

国中呼内左右为"直真"，外左右为"乌矮真"，曹局文书吏为"比德真"，檐衣人为"朴大真"，带仗人为"胡洛真"，通事人为"乞万真"，守门人为"可薄真"，伪台乘驿贱人为"拂竹真"，诸州乘驿人为"咸真"，杀人者为"契害真"，为主出受辞人为"折溃真"，贵人作食人为"附真"。三公贵人，通谓之"羊真"。佛狸置三公、太宰、尚书令、仆射、侍中，与太子共决国事。殿中尚书知殿内兵马仓库，乐部尚书知伎乐及角史伍伯，驾部尚书知牛马驴骡，南部尚书知南边州郡，北部尚书知北边州郡。又有俟勤地何，比尚书；莫堤，比刺史；郁若，比二千石；受别官比诸侯。诸曹府有仓库，悉置比官，皆使通虏汉语，以为传驿。兰台置中丞御史，知城内事。又置九豆和官，宫城三里内民户籍不属诸军戍者，悉属之。

其车服,有大小辇,皆五层,下施四轮,三二百人牵之,四施纽索,备倾倒。辂车建龙旂,尚黑。妃后则施杂采幰,无幢络。太后出,则妇女著铠骑马近辇左右。虏主及后妃常行,乘银镂羊车,不施帷幔,皆偏坐垂脚辕中;在殿上,亦跂据。正殿施流苏帐,金博山,龙凤朱漆画屏风,织成幌。坐施氍毹褥。前施金香炉,琉璃钵,金碗,盛杂□食器。设客长盘一尺,御馔圆盘广一丈。为四轮车,元会日,六七十人牵上殿。蜡日逐除,岁尽,城门磔雄鸡,苇索桃梗,如汉仪。

自佛狸至万民,世增雕饰。正殿西筑土台,谓之白楼。万民禅位后,常游观其上。台南又有伺星楼。正殿西又有祠屋,琉璃为瓦。宫门稍覆以屋,犹不知为重楼,并没削泥采,画金刚力士。胡俗尚水,又规画黑龙相盘绕,以为厌胜。

泰始五年,万民禅位子宏,自称太上皇。宏立,号延兴元年。至六年,万民死,谥献文皇帝,改号为承明元年。是岁,元徽四年也。祖母冯氏,黄龙人,助治国事。初,佛狸母是汉人,为木末所杀,佛狸以乳母为太后。自此以来,太子立,辄诛其母。一云冯氏本江都人,佛狸元嘉二十七年南侵,略得冯氏,浚以为妾,独得全焉。明年丁巳岁,改号太和。

宋明帝末年,始与虏和好。元徽、升明之世,虏使岁通。建元元年,伪太和三年也,宏闻太祖受禅,其冬,发众遣丹阳王刘昶为太师,寇司、豫二州。明年,诏遣众军北讨。宏遣大将郁豆眷、段长命攻寿阳及钟离,为豫州刺史垣崇祖、右将军周盘龙、徐州刺史崔文仲等所破。

宏又遣伪南部尚书托跋等向司州,分兵出兖、青界,十万众围朐山。戍主玄元度婴城固守,青、冀二州刺史卢绍之遣子免领兵助之。城中无食,绍之出顿州南石头亭,隔海运粮柴供给城内。虏围断海道,缘岸攻城,会潮水大至,虏渰溺,元度出兵奋击,大破之。台遣军主崔灵建、杨法持、虏灵民万余人从淮入海,船舰至夜各举两火,虏众望见,谓是南军大至,一时奔退。

初,元度自云臂上有封侯志,宋世以示世祖,时世祖在东宫,书与元度曰："努力成臂上之相也。"虏退，上议加封爵，元度归功于绍之，绍之又让，故并见寝。上乃擢绍之为黄门郎。郁州呼石头亭为平虏亭。绍之字子绪，范阳人，自云卢谌玄孙。宋大明中，预攻广陵，勋上，绍之拔迹自投，上以为州治中，受心腹之任，官至光禄大夫。永明八年，卒。

三年，领军将军李安民、左军将军孙文显与虏军战于淮阳，大败之。初，虏寇至，缘淮驱略，江北居民犹惩佛狸时事，皆惊走，不可禁止。乃于梁山置二军，南置三军，慈姥置一军，洌州置二军，三山置二军，白沙洲置一军，蔡州置五军，长芦置三军，菰浦置二军，徐浦置一军，内外悉班阶赏，以示威刑。

伪昌黎王冯莎向司州，荒人桓天生说莎云："诸蛮皆响应。"莎至，蛮竟不动。莎大怒，于淮边猎而去。及寿春摧败，胸山不拔，虏主出定州，大治道路，声欲南行，不敢进。遣与伪梁郡王计曰："兵出彭、泗间，无复斗志，要当一两战得还归。"既于淮阳被破，一时奔走。青、徐间赴义民，先是或抄虏运车，更相杀掠，往往得南归者数千家。

上未遑外略，以虏既摧破，且欲示以威怀，遣后军参军车僧朗北使。虏问僧朗曰："齐辅宋日浅，何故便登天位？"僧朗曰："虞、夏登庸，亲当革禅；魏、晋匡弼，贻厥子孙。岂二圣促于天位，两贤谦虚以独善？时宜各异，岂得一揆？苟曰事宜，故屈己应物。"虏又问："齐主悉有何功业？"僧朗曰："主上圣性宽仁，天识弘远。少为宋文皇所器遇，入参禁旅。泰始之初，四方寇叛，东平刘子房、张淹，北讨薛索儿，兼掌军国，豫司顾命。宋桂阳、达平二王阻兵内侮，一麾殄灭。苍梧王反道败德，有过桀、纣，远遵伊、霍，行废立之事。袁粲、刘秉、沈攸之同恶相济，又秉旄杖钺，大定凶党。戮力佐时，四十余载，经纶夷险，十五六年，此功此德，可谓物无异议。"虏又问："南国无复齐土，何故封齐？"僧朗曰："营丘表海，实为大国。宋朝光启土宇，谓是吕尚先封。今淮海之间，自有青、齐，非无地也。"又问："苍梧何故遂加斩戮？"僧朗曰："苍梧暴虐，书契未闻，武王斩纣，悬之黄钺,共是所闻,何伤于义?"升明中,北使殷灵诞、苟昭先在虏,闻太祖登极,灵诞谓虏典客曰:"宋魏通好,忧患是同。宋今灭亡,魏不相救,何用和亲?"及虏寇豫州,灵诞因请为刘昶司马,不获。僧朗至北,虏置之灵诞下,僧朗立席言曰:"灵诞昔是宋使,今成齐民。实希魏主以礼见处。"灵诞交言,遂相忿詈,诮虏曰:"使臣不能立节本朝,诚自惭恨。"刘昶赂客解奉君于会刺杀僧朗,虏即收奉君诛之,殡敛僧郎,送丧随灵诞等南归,厚加赠赙。世祖践阼,昭先具以启闻,灵诞下狱死,赠僧朗散骑侍郎。

永明元年冬,遣骁骑将军刘缵、前军将军张谟使虏。明年冬,虏使李道固报聘,世祖于玄武湖水步军讲武,登龙舟引见之。自此岁使往来。疆场无事。

三年,初令邻、里、党各置一长,五家为邻,五邻为里,五里为党。四年,造户籍,分置州郡。雍州、凉州、秦州、沙州、泾州、华州、岐州、河州、西华州、宁州、陕州、洛州、荆州、郢州、北豫州、东荆州、南豫州、西兖州、东兖州、南徐州、东徐州、青州、齐州、济州二十五州在河南,湘州、怀州、秦州、东雍州、肆州、定州、瀛州、朔州、并州、冀州、幽州、子州、司州十三州在河北。凡分魏晋旧司、豫、青、兖、冀、并、幽、秦、雍、凉十州地,及宋所失淮北为三十八州矣。

明年,边人桓天生作乱,虏遣步骑万余人助之,至比阳,为征虏将军戴僧静等所破。荒人胡丘生起义悬瓠,为虏所击,战败南奔。伪安南将军辽东公、平南将军上谷公又攻舞阴,舞阴戍主辅国将军殷公愍拒破之。六年,虏又遣众助桓天生,与辅国将军曹虎战,大败于隔城。

至七年,遣使邢产、侯灵绍复通好。先是刘缵再使虏,太后冯氏悦而亲之。冯氏有计略,作《皇诰》十八篇,伪左仆射李思冲称史臣注解。是岁,冯氏死。八年,世祖还隔城所俘获二千余人。

佛狸已来,稍僭华典,胡风国俗,杂相揉乱。宏知谈义,解属文,轻果有远略。游河至比干墓,作《吊比干文》云:"脱非武发,封墓谁因?呜呼分土,胡不我臣!"宏以己巳岁立圆丘、方泽,置三夫人、九嫔。平城南有干水，出定襄塈，流入海，去城五十里，世号为索干都。土气寒凝，风砂恒起，六月雨雪。议迁都洛京。

九年，遣使李道固、蒋少游报使。少游有机巧，密令观京师宫殿楷式。清河崔元祖启世祖曰："少游，臣之外甥，特有公输之思。宋世陷虏，处以大匠之官。今为副使，必欲模范宫阙。岂可令毡乡之鄙，取象天宫？臣谓且留少游，令使主反命。"世祖以非和通意，不许。少游，安乐人。虏宫室制度，皆从其出。

初，佛狸讨及胡于长安，杀道人且尽。及元嘉南寇，获道人，以铁笼盛之。后佛狸感恶疾，自是敬畏佛教，立塔寺浮图。宏父弘禅位后，黄冠素服，持戒诵经，居石窟寺。宏太和三年，道人法秀与苟兒王阿辱瑰王等谋反，事觉，囚法秀，加以笼头铁锁，无故自解脱，虏穿其颈骨，使咒之曰："若复有神，当令穿肉不入。"遂穿而殉之，三日乃死。伪咸阳王复欲尽杀道人，太后冯氏不许。宏尤精信，粗涉义理，宫殿内立浮图。

宏既经古洛，是岁下伪诏尚书思慎曰："夫覆载垂化，必由四气运其功；曦曜望舒，亦须五星助其晖。仰惟圣母，睿识自天，业高旷古，将稽详典范，日新皇度。不图罪逆招祸，掩丁穷罚，追惟罔极，永无逮及。思遵先旨，敕造明堂之样。卿所制体含六合，事越中古，理圆义备，可轨之千载。信是应世之材，先固之器也。群臣瞻见模样，莫不金然欲速造，朕以寡昧，亦思造盛礼。卿可即于今岁停宫城之作，营建此构，兴皇代之奇制，远成先志，近副朕怀。"又诏公卿参定刑律。又诏罢腊前傩，唯年一傩。又诏："季冬朝贺，典无成文，以裤褶事非礼敬之谓，若置寒朝服，徒成烦浊，自今罢小岁贺，岁初一贺。"又诏："王爵非庶姓所僭，伯号是五等常秩。烈祖之胄，仍本王爵，其余王皆为公，转为侯，□侯即为伯，子男如旧。虽名易于本，而品不异昔。公第一品，侯第二品，伯第三品，子第四品，男第五品。"

十年，上遣司徒参军萧琛、范云北使。宏西郊，即前相天坛处也。宏与伪公卿从二十余骑戎服绕坛，宏一周，公卿七匝，谓之蹋坛。明日，复戎服登坛祠天，宏又绕三匝，公卿七匝，谓之绕天。以

绳相交络，纽木枝桥，覆以青缯，形制平圆，下容百人坐，谓之为
"伞"，一云"百子帐"也，于此下宴息。次祠庙及布政明堂，皆引朝廷
使人观视。每使至，宏亲相应接，申以言义。甚重齐人，常谓其臣下
曰："江南多好臣。"伪侍臣李元凯对曰："江南多好臣，岁一易主；江
北无好臣，而百年一主。"宏大惭，出元凯为雍州长史，俄召复职。

世祖初，治白下，谓人曰："我欲以此城为上顿处。"后于石头造
灵车三千乘，欲步道取彭城，形迹颇著。先是八年，北使颜幼明、刘
思敩反命，伪南部尚书李思冲曰："二国之和，义在庇民。如闻南朝
大造舟车，欲侵淮、泗，推心相期，何应如此？"幼明曰："主上方弘大
信于天下，不失臣妾。即与辑和，何容二三其德？疆场之言，差不足
信。且朝廷若必恭恕，使守在外，亦不近相淮渍。"思冲曰："我国之
强，经略淮东，何患不荡海东岳，政存于信誓耳。且和好既结，岂可
复有不信？昔华元、子反，战伐之际，尚能以诚相告，此意良慕也。"
幼明曰："卿未有子反之急，讵求登床之请？"

是后，宏亦欲南侵徐、豫，于淮、泗间大积马刍。十一年，遣露布
井上书，称当南寇。世祖发扬、徐州民丁，广设召募。北地人支酉，
聚数千人，于长安城北西山起义。遣使告梁州刺史阴智伯。秦州人
王度人起义应酉，攻获伪刺史刘藻，秦、雍间七州民皆响震，众至十
万，各自保壁，望朝廷救其兵。宏遣弟伪河南王干、尚书卢阳乌击
秦、雍义军，干大败。酉迎战，进至咸阳北浊谷，围伪司空长洛王缪
老生，合战，又大破之，老生走还长安。梁州刺史阴智伯遣军主席德
仁、张弘林等数千人应接酉等，进向长安，所至皆靡。

会世祖崩，宏闻关中危急，乃称闻丧退师。太和十七年八月，使
持节、安南大将军、都督徐青齐三州诸军事、南中郎将、徐州刺史、
广陵侯府长史、带淮阳太守鹿树生，移齐兖州府长史府："奉被行所
尚书符腾诏：'皇师雷举，摇斾南指，誓清江袄，志廓衡霭。以去月下
旬，济次河洛。会前使人邢峦等至，审知彼有大艾。以《春秋》之义，
闻丧寝伐。爰敕有司，辍銮止轫，休马华阳，戢戈嵩北。便肇经周制，
光宅中区，永皇基于无穷，恢盛业乎万祀。辰居重正，鸿化增新，四

海承休,莫不铭庆。'故以往示如律令。"并遣使吊国讳。遣伪大将杨大眼、张聪明等数万人攻酉,酉、广等并见杀。

隆昌元年,遣司徒参军刘敩、车骑参军沈宏报使至北。宏称字玄览。其夏,虏平北将军鲁直清率众降,以为督洛州军事,领平戎校尉、征虏将军、洛州刺史。是岁,宏徙都洛阳,改姓元氏。初,匈奴女名托跋,妻李陵,胡俗以母名为姓,故虏为李陵之后,虏甚讳之,有言其是陵后者,辄见杀,至是乃改姓焉。

宏闻高宗践阼非正,既新移都,兼欲大示威力,是冬,自率大众,分寇豫、徐、司、梁四州。遣伪荆州刺史薛真度、尚书郄祁阿婆出南阳,向沙堨,筑垒开沟,为南阳太守房伯玉、新野太守刘思忌所破。

建武二年春,高宗遣镇南将军王广之出司州,右仆射沈文季出豫州,左卫将军崔慧景出徐州。宏自率众至寿阳,军中有黑毡行殿,容二十人坐,輂边皆三郎曷刺真,槊多白真毦,铁骑为群,前后相接。步军皆乌盾槊,缀接以黑虾蟆幡。牛车及驴骆驼载军资妓女,三十许万人。不攻城,登八公山,赋诗而去。别围钟离城,徐州刺史萧惠休、辅国将军申希祖拒守,出兵奋击,宏众败,多赴淮死。乃分军据邵阳州,栅断水路,夹筑二城。右卫将军萧坦之遣军主裴叔业攻二城,拔之。惠休又募人出烧虏攻城车,虏力竭不能克。

王奂之诛,子肃奔虏,宏以为镇南将军、南豫州刺史。遣肃与刘昶号二十万众,围义阳。司州刺史萧诞拒战,虏筑围堑栅三重,烧居民净尽,并力攻城,城中负盾而立。王广之都督救援,虏遣三万余人逆攻太子右率萧季敞于下梁,季敞战不利。司州城内告急,王广之遣军主黄门侍郎梁王间道先进,与太子右率萧诔、辅国将军徐玄庆、荆州军主鲁休烈据贤首山,出虏不备。城内见援军至,萧诞遣长史王伯瑜及军主崔恭祖出攻虏珊,因风放火,梁王等众军自外击之,昶、肃弃围引退,追击破之。

辅国将军桓和出西阴平,伪鲁郡公郄城戍主带莫楼、伪东海太守江道僧设伏路侧,和与合战,大败之。青、徐民降者百余家。青、冀二州刺史王洪范遣军主崔延攻虏纪城，并拔之。宏先又遣伪尚书卢阳乌、华州刺史韦灵智攻赭阳城，北襄城太守成公期拒守。虏攻城百余日，设以钩冲，不舍昼夜，期所杀伤数千人。台又遣军主桓历生、蔡道贵救援，阳乌等退，官军追击破之。夏，虏又攻司州栎城二戍，戍主魏僧岷、朱僧起拒败之。

伪安南将军、梁州刺史魏郡王元英十万余人通斜谷，寇南郑。梁州刺史萧懿遣军主姜山安、赵超宗等数军万余人，分据角弩、白马、沮水拒战，大败。英进围南郑，土山冲车，昼夜不息。懿率东从兵二千余人固守拒战，随手摧却。英攻城自春至夏六十余日不下，死伤甚众，军中粮尽，捣麹为食，畜菜叶直千钱。懿先遣军主韩嵩等征獠，回军援州城，至黄牛川，为虏所破。懿遣氐人杨元秀还仇池，说氐起兵断虏运道，氐即举众攻破虏历城、羊兰、骆谷、仇池、平洛、苏勒六戍。伪尚书北梁州刺史辛黑末战死。英遣军副仇池公杨灵珍据泥公山，武兴城主杨集始遣弟集朗与归国氐杨馥之及义军主徐曜甫迎战于黄亘，大败奔归。时梁州土豪范凝、梁季群于家请英设会，伏兵欲杀英，事觉，英执季群杀之，凝窜走。英退保浊水，闻氐众盛，与杨灵珍复俱退入斜谷，会天大雨，军马含溃，截竹煮米，于马上持炬炊而食。英至下辨，灵珍弟婆罗阿卜珍反，袭击，英众散，射中英颊。伪陵江将军悦杨生领铁骑死战救之，得免。梁、汉平。武都太守杜灵瑗、奋武将军望法惜、宁朔将军望法泰、州治中皇甫耽并拒虏战死。追赠灵瑗、法惜羽林监，法泰积射将军。

时伪洛州刺史贾异寇甲口，为上洛太守李静所破。三年，虏又攻司州栎城，为戍主魏僧岷所拒破。秋，虏遣军袭涟口，东海太守郑延祉弃西城走，东城犹固守，台遣冠军将军、兖州刺史徐玄庆救援，虏引退，延祉伏罪。

初，伪太后冯氏兄昌黎王冯莎二女，大冯美而有疾，为尼，小冯为宏皇后，生伪太子询。后大冯疾差，宏纳为昭仪。宏初徙都，询意不乐，思归桑乾。宏制衣冠与之，询窃毁裂，解发为编服左衽。大冯有宠，日夜谗询。宏出邺城马射，询因是欲叛北归，密选宫中御马三千疋置河阴渚。皇后闻之，召执询，驰使告宏，宏徙询无鼻城，在河桥北二里，寻杀之，以庶人礼葬。立大冯为皇后，便立伪太子恪。是岁，伪太和二十年也。

伪征北将军、恒州刺史钜鹿公伏鹿孤贺鹿浑守桑乾，宏从叔平阳王安寿戍怀栅，在桑乾西北。浑非宏任用中国人，与伪定州刺史冯翊公目邻、安乐公托跋阿干儿谋立安寿，分据河北。期久不遂，安寿惧，告宏。杀浑等数百人，任安寿如故。

先是，伪荆州刺史薛真度、尚书郗祁阿婆为房伯玉所破，宏怒，以南阳小郡，誓取灭之。四年，自率军向雍州。宏先至南阳，房伯玉婴城拒守。宏从数万骑，罩黄伞，去城一里。遣伪中书舍人公孙云谓伯玉曰："我今荡一六合，与先后行异。先行冬去春还，不为停久。今誓不有所克，终不还北，停此或三五年。卿此城是我六龙之首，无容不先攻取。远一年，中不过百日，近不过一月，非为难殄。若不改迷，当斩卿首，枭之军门。阖城无贰，幸可改祸为福。但卿有三罪，今令卿知。卿先事武帝，蒙在左右，不能尽节前主，而尽节今主，此是一罪。前岁遣偏师薛真度暂来此，卿遂破伤，此是二罪。武帝之胤悉被诛戮，初无报效，而反为今主尽节，违天召理，此是三罪。不可容恕。听卿三思，勿令阖城受苦。"伯玉遣军副乐稚柔答曰："承欲见攻围，期于必克，卑微常人，得抗大威，真可谓获其死所。先蒙武帝徒采，赐预左右，犬马知恩，宁容无感。但隆昌、延兴，昏悖违常，圣明篡业，家国不殊。此则进不负心，退不愧幽。前岁薛真度导诱边氓，遂见陵突，既荷国恩，聊耳扑扫。回已而言，应略此责。"宏引军向城南寺前顿止，从东南角沟桥上过，伯玉先遣勇士数人着班衣虎头帽，从伏窦下忽出，宏人马惊退，杀数人，宏呼善射将原灵度射之，应弦而倒，宏乃过。宏时大举南寇，伪咸阳王元憘、彭城王元勰、常侍王元嵩、宝掌王元丽、广陵侯元燮、都督大将军刘昶、王肃、杨大眼、奚康生、长孙稚等三十六军，前后相继，众号百万。其诸王军朱色鼓，公侯绿色鼓，伯子男黑色鼓，立有鼙角，吹唇沸地。

宏留伪咸阳王憘围南阳，进向新野，新野太守刘思忌亦拒守。

台先遣军主、直阁将军胡松助北襄城太守成公期守赭阳城,军主鲍举助西汝南、北义阳二郡太守黄瑶起戍舞阴城。宏攻围新野城,战斗不息。遣人谓城中曰:"房伯玉已降,汝南为独自取糜碎?"思忌令人对曰:"城中兵食犹多,未暇从汝小房语也。"雍州刺史曹虎遣军至均口,不进。永泰元年,城陷,缚思忌,问之曰:"今欲降未?"思忌曰:"宁为南鬼,不为北臣。"乃死。赠冠军将军、梁州刺史。于是沔北大震,湖阳戍主蔡道福、赭阳城主成公期及军主胡松、舞阴城主黄瑶起及军主鲍举、从阳太守席谦并弃城走。房追军获瑶起,王肃募人脔食其肉。追赠冠军将军、兖州刺史。数日,房伯玉以城降。伯玉,清河人。既降,房以为龙骧将军,伯玉不肯受。高宗知其志,月给其子希哲钱五千,米二十斛。后伯玉就房求南边一郡,为冯翊太守,生子幼,便教其骑马,常欲南归。永元末,希哲入房,伯玉大怒曰:"我力屈至此,不能死节,犹望汝在本朝以报国恩。我若从心,亦欲间关求反。汝何为失计?"遂卒房中。

房得沔北五郡,宏自将二十万骑破太子率崔慧景等于邓城,进至樊城,临沔水而去。还洛阳,闻太尉陈显达经略五郡,围马圈,宏复率大众南攻,破显达而死。丧还,未至洛四百余里,称宏诏,征伪太子恪会鲁阳。恪至,褪以宏伪法服衣之,始发丧。至洛,乃宣布州郡,举哀制服,谥孝文皇帝。

是年,王肃为房制官品百司,皆如中国。凡九品,品各有二。肃初奔房,自说其家被诛事状,宏为之垂涕,以弟六妹伪彭城公主妻之,封肃平原郡公,为宅舍,以香涂壁,遂见信用。恪立,号景明元年,永元二年也。

豫州刺史裴叔业以寿春降房。先是,伪东徐州刺史沈陵率部曲降。陵,吴兴人,初以失志奔房,大见任用,宏既死,故南归,频授徐、越二州刺史。时王肃伪征南将军、豫州都督。朝廷既新失大镇,荒人往来,诈云肃欲归国。少帝诏以肃为使持节、侍中、都督豫徐司三州、右将军、豫州刺史,西丰公,邑二千户。

房既得淮南,其夏,遣伪冠军将军、南豫州刺史席法友,攻北新蔡、安丰二郡太守胡景略于建安城，死者万余人，百余日，朝廷无救，城陷，虏执景略以归。其冬，虏又遣将桓道福攻随郡太守崔士招，破之。

后伪咸阳王憘以恪年少，与氐杨集始、杨灵祐、乞佛马居及虏大将支虎、李伯尚等十余人，请会鸿池陂，因恪出北芒猎，袭杀之。憘犹豫不能发，欲更克日。马居说憘曰：“殿下若不至北芒，便可回师据洛城，闭四门。天子闻之，必走向河北走桑乾，仍断河桥，为河南天子。隔河而治，此时不可失也。”憘又不从。灵祐疑憘反已，即驰告恪。憘闻事败，欲走渡河，而天雨暗迷道，至孝义驿，恪已得洛城。遣弟度平王领数百骑先入宫，知无变，乃还。遣直卫三郎兵讨憘，执杀之。虏法，谋反者不得葬，弃尸北亡。王肃以执卒。

史臣曰：齐、虏分，江南为国历三代矣。华夏分崩，旧京幅裂，观衅阻兵，事兴东晋。二庾藉元舅之盛，自许专征，元规临邾城以覆师，稚恭至襄阳而反旆。褚衰以徐、兖劲卒，壹没于邹、鲁。殷浩驱杨、豫之众，大败于山桑。桓温弱冠雄姿，因平蜀之声势，步入咸关，野战洛、邺。既而鲜卑固于负海，羌、虏割有秦、代，自为敌国，情险势分，宋武乘机，故能以次而行诛灭。及魏虏兼并，河南失境，兵马土地，非复曩时。宋文虽得之知已，未能料敌，故师帅无功，每战必殪。泰始以边臣外叛，遂亡淮北，经略不振，乃议和亲。太祖创命，未及图远，戎尘先起，侵暴方牧，淮、豫克捷，青、海摧奔，以逸待劳，坐微百胜。自四州沦没，民恋本朝，国祚惟新，歌奉威德，提戈荷甲，人自为斗，深垒结防，想望南旗。天子习知边事，取乱而授兵律，若前师指日，远扫临、彭，而督将逗留，援接稽晓，向义之徒，倾巢尽室。既失事机，朝议北寝，偃武修文，更思后会。永明之世，据已成之策，职问往来，关禁宁静。疆场之民，并安堵而息窥觎，百姓附农桑而不失业者，亦由此而已也。夫荆棘所生，用武之弊，寇戎一犯，伤痍难复，岂非此之验乎？建武初运，獯雄南逼，豫、徐强镇，婴高城，蓄士卒，不敢与之校武。胡马蹈藉淮、肥，而常自战其地。梯冲之害,鼓掠所亡,建元以来,未之前有。兼以穹庐华徙,即礼旧都,雍、司北部,亲近许、洛,平涂数百,通驿车轨,汉世驰道,直抵章陵,镳案所骛,晨往暮返。虏怀兼弱之威,挟广地之计,强兵大众,亲自凌殄,旍鼓弥年,矢石不息。朝规懦屈,莫能救御,故南阳覆垒,新野颓隍,民户垦田,皆为狄保。虽分遣将卒,俱出淮南,未解汸北之危,已深涡阳之败。征赋内尽,民命外殚,比屋骚然,不聊生矣。夫休否之数,诚有天机,得失之迹,各归人事。岂不由将率相临,贪功昧赏,胜败之急,不相救让?号令不明,固中国之所短也。

　　赞曰:天立勃胡,窃有帝图。即安诸夏,建号称孤。齐民急病,并邑焚剡。

南齐书卷五八
列传第三九

蛮 东南夷

蛮，种类繁多，言语不一，咸依山谷，布荆、湘、雍、郢、司等五州界。宋世封西阳蛮梅虫生为高山侯，田治生为威山侯，梅加羊为扞山侯。太祖即位，有司奏蛮封应在解例，参议以："戎夷疏爵，理章列代；酋豪世袭，事炳前叶。今宸历改物，旧册枸降，而梅生等保落奉政，事须绳总，恩命升赞，有异常品。谓宜存名以训殊俗。"诏："特留。"以治生为辅国将军、虎贲中郎，转建宁郡太守，将军、侯如故。

建元二年，虏侵豫、司，蛮中传虏已近，又闻官尽发民丁，南襄城蛮秦远以郡县无备，寇潼阳，县令焦文度战死。司州蛮引虏攻平昌戍，戍主苟元宾击破之。秦远又出破临阻百方砦，杀略百余人。北上黄蛮文勉德寇汶阳，太守戴元孙孤城力弱，虑不自保，弃戍归江陵。荆州刺史豫章王遣中兵参军刘伾绪领千人讨勉德，至当阳，勉德请降，收其部落，使戍汶阳所治城子，令保持商旅，付其清通，远遂逃窜。

汶阳本临沮西界，二百里中，水陆迂狭，鱼贯而行，有数处不通骑，而水白，田甚肥腴。桓温时，割以为郡。西北接梁州新城，东北接南襄城，南接巴、巫二边，并山蛮凶盛，据险为寇贼。宋泰始以来，巴建蛮向宗头反，刺史沈攸之断其盐米，连讨不克。晋天兴三年，建平夷王向弘、向璝等诣台求拜除，尚书郎张亮议："夷貊不可假以军号。"元帝诏特以弘为折冲将军、当平乡侯，并亲晋王，赐以朝服。宗头其后也。太祖置巴州以威静之。

其武陵酉溪蛮田思飘寇抄，内史王文和讨之，引军深入，蛮自后断其粮。豫章王遣中兵参军庄明五百人将湘州镇兵合千人救之，思飘与文和拒战，中弩矢死，蛮众以城降。

永明初，向宗头与黔阳蛮田豆渠等五千人为寇，巴东太守王图南遣府司马刘僧寿等斩山开道，攻其砦，宗头夜烧砦退走。

三年，湘川蛮陈双、李答寇掠郡县，刺史吕安国讨之不克。四年，刺史柳世隆督众征讨，乃平。

五年，雍、司州蛮与虏通，助荒人桓天生为乱。

六年，除督护北遂安左郡太守田驷路为试守北遂安左郡太守，前宁朔将军田驴王为试守新平左郡太守，皆郢州蛮也。

九年，安隆内史王僧旭发民丁，遣宽城戍主万民和助八百丁村蛮伐千二百丁村蛮，为蛮所败，民和被伤，失马及器仗，有司奏免官。

西阳蛮田益宗，沈攸之时，以功劳得将领，遂为临川王防阁，叛投虏，虏以为东豫州刺史。建武三年，虏遣益宗攻司州龙城戍，为戍主朱僧起所破。

蛮俗衣布徒跣，或椎髻，或翦发。兵器以金银为饰，虎皮衣盾，便弩射，皆暴悍好寇贼焉。

东夷高丽国，西与魏虏接界。宋末，高丽王乐浪公高琏为使持节、散骑常侍、都督营平二州诸军事、车骑大将军、开府仪同三司。太祖建元元年，进号骠骑大将军。三年，遣使贡献，乘舶泛海，使驿常通，亦使魏虏，然强盛不受制。

虏置诸国使邸，齐使第一，高丽次之。永明七年，平南参军颜幼明、冗从仆射刘思敩使虏。虏元会，与高丽使相次。幼明谓伪主客郎裴叔令曰："我等衔命上华，来造卿国。所为抗敌，在乎一魏。自余外夷，理不得望我镳尘。况东夷小貊，臣属朝廷，今日乃敢与我躡踵。"思敩谓伪南部尚书李思冲曰："我圣朝处魏使，未尝与小国列，卿亦应知。"思冲曰:"实如此。但主副不得升殿耳。此间坐起甚高,足以相报。"思敩曰:"李道固昔使,正以衣寇致隔耳。魏国必缨冕而至,岂容见黜。"幼明又谓虏主曰:"二国相亚,唯齐与魏。边境小狄,敢蹑臣踪。"

高丽俗服穷裤,冠析风一梁,谓之帻。知读五经。使人在京师,中书郎王融戏之曰:"服之不衷,身之灾也。头上定是何物?"答曰:"此即古弁之遗像也。"

高琏年百余岁卒。隆昌元年,以高丽王乐浪公高云为使持节、散骑常侍、都督营平二州诸军事、征东大将军、高丽王、乐浪公。建武三年,原阙

报功劳勤,实存名烈。假行宁朔将军臣姐瑾等四人,振竭忠效,攘除国难,志勇果毅,等截名将,可谓捍城,固蕃社稷,论功料勤,宜在甄显。今依例辄假行职。伏愿恩愍,听除所假。宁朔将军、面中王姐瑾,历赞时务,武功并列,今假行冠军将军、都将军、都汉王。建威将军、八中侯余古,弱冠辅佐,忠效凤著,今假行宁朔将军、阿错王。建威将军余历,忠款有素,文武列显,今假行龙骧将军、迈卢王。广武将军余固,忠效时务,光宣国政,今假行建威将军、弗斯侯。"

牟大又表曰:"臣所遣行建威将军、广阳太守、兼长史臣高达,行建威将军、朝鲜太守、兼司马臣杨茂,行宣威将军、兼参军臣会迈等三人,志行清亮,忠款凤著。往太始中,比使宋朝,今任臣使,冒涉波险,寻其至效,宜在进爵,谨依先例,各假行职。且玄泽灵休,万里所企,况亲趾天庭,乃不蒙赖。伏愿天监特愍除正。达边效凤著,勤劳公务,今假行龙骧将军、带方太守。茂志行清壹,公务不废,今假行建威将军、广陵太守。万执志周密,屡致勤效,今假行广武将军、清河太守。"诏"可",并赐军号,除太守,为使持节、都督百济诸军事、镇东大将军。使兼谒者仆射孙副策命大袭亡祖父牟都为百济王。曰:"於戏!惟尔世袭忠勤,诚著遐表,沧路肃澄,要贡无替。式循彝典,用纂显命。往钦哉!其敬膺休业,可不慎欤!制诏行都督百济诸军事、镇东大将军、百济王牟大,今以大袭祖父牟都为百济

王,即位章绶等王铜虎竹符曰,其拜受,不亦休乎!"

是岁,魏虏又发骑数十万攻百济,入其界,牟大遣将沙法名、赞首流、解礼昆、木干那率众袭击虏军,大破之,建武二年,牟大遣使上表曰:"臣自昔受封,世被朝荣,忝荷节钺,克攘列辟。往姐瑾等并蒙光除,臣庶咸泰。去庚午年,猃狁弗悛,举兵深逼。臣遣沙法名等领军逆讨,宵袭霆击,匈梨张惶,崩若海荡。乘奔追斩,僵尸丹野。由是摧其锐气,鲸暴韬凶。今邦宇谧静,实名等之略,寻其功勋,宜在褒显。今假沙法名行征虏将军、迈罗王,赞首流为行安国将军、辟中王,解礼昆为行武威将军、弗中侯,木干那前有军功,又拔台舫,为行广威将军、面中侯。伏愿天恩特愍听除。"又表曰:"臣所遣行龙骧将军、乐浪太守、兼长史臣慕遗,行建武将军,城阳太守、兼司马臣王茂,兼参军、行振武将军、朝鲜太守臣张塞,行扬武将军陈明,在官忘私,唯公是务,见危授命,蹈难弗顾。今任臣使,冒涉波险,尽其至诚。实宜进爵,各假行署。伏愿圣朝特赐除正。"诏"可",并赐军号。

加罗国,三韩种也。建元元年,国王荷知使来献。诏曰:"量广始登,远夷洽化。加罗王荷知款关海外,奉贽东遐。可授辅国将军、本国王。"

倭国,在带方东南大海岛中,汉末以来,立女王。土俗已见前史。建元元年,进新除使持节、都督倭新罗任那加罗秦韩六国诸军事、安东大将军、倭王武号为镇东大将军。

南夷林邑国,在交州南,海行三千里,北连九德,秦时故林邑县也。汉末称王。晋太康五年,始贡献。宋永初元年,林邑王范杨迈初产,母梦人以金席藉之,光色奇丽。中国谓紫磨金,夷人谓之"杨迈",故以为名。杨迈死,子咄立,慕其父,复改名"杨迈"。

林邑有金山,金汁流出于浦。事尼乾道,铸金银人像,大十围。元嘉二十二年,交州刺史檀和之伐林邑,杨迈欲输金万斤,银十万斤,铜三十万斤,还日南地。大臣蒉僧达谏,不听。和之进兵破其北界犬戎区栗城，获金宝无算，毁其金人，得黄金数万斤，余物称是。和之后病死，见胡神为祟。孝建二年，始以林邑长史范龙跋为扬武将军。

杨迈子孙相传为王，未有位号。夷人范当根纯攻夺其国，篡立为王。永明九年，遣使贡献金簟等物。诏曰："林邑虫介在遐外，世服王化。当根纯乃诚款到，率其僚职，远绩克宣，良有可嘉。宜沾爵号，以弘休泽。可持节、都督缘海诸军事、安南将军、林邑王。"范杨迈子孙范诸农率种人攻当根纯，复得本国。十年，以诸农为持节、都督缘海诸军事、安南将军、林邑王。建威二年，进号镇南将军。永泰元年，诸农入朝，海中遭风溺死，以其子文款为假节、都督缘海军事、安南将军、林邑王。

晋建兴中，日南夷帅范稚奴文数商贾，见上国制度，教林邑王范逸起城池楼殿。王服天冠如佛冠，身被香缨络。国人凶悍，习山川，善斗。吹海蠡为角。人皆裸露，四时暄暖，无霜雪。贵女贱男，谓师君为婆罗门。群从相姻通，妇先遣聘求婿，女嫁者，迦蓝衣横幅合缝如井阑，首戴花宝。婆罗门牵婿与妇握手相付，咒愿吉利。居丧剪发，谓之孝。燔尸中野以为葬。远界有灵鹫鸟，知人将死，集其家食死人肉尽，飞去，乃取骨烧灰，投海中水葬。人色以黑为美，南方诸国皆然。区栗城建八尺表，日影度南八寸。

自林邑西南三千余里，至扶南。

扶南国，在日南之南大海西蛮中，广袤三千余里，有大江水西流入海。其先有女人为王，名柳叶。又有激国人混填，梦神赐弓一张，教乘舶入海。混填晨起于神庙树下得弓，即乘舶向扶南。柳叶见舶，率众欲御之。混填举弓遥射，贯船一面通中人。柳叶怖，遂降。混填娶以为妻。恶其裸露形体，乃叠布贯其首。遂治其国，子孙相传。

至王槃况死，国人立其大将范师蔓。蔓病，姊子旃慕立，杀蔓子金生。十余年，蔓少子长袭杀旃，以刀镵旃腹曰："汝昔杀我兄，今为父兄报汝。"旃大将范寻又杀长，国人立以为王，是吴、晋时也。晋、宋世，通职贡。

宋末，扶南王姓侨陈如，名阇耶跋摩，遣商货至广州。天竺道人那伽仙附载欲归国，遭风至林邑，掠其财物皆尽。那伽仙间道得达扶南，具说中国有圣主受命。

永明二年，名阇耶跋摩遣天竺道人释那伽仙上表，称："扶南国王臣侨陈如阇耶跋摩叩头启曰：天化抚育，感动灵祇，四气调适。伏愿圣主尊体起居康御，皇太子万福，六宫清休，诸王妃主内外朝臣普同和睦，邻境士庶万国归心，五谷丰熟，灾害不生，土清民泰，一切安稳。臣及人民，国土丰乐，四气调和，道俗济济，并蒙陛下光化所被，咸荷安泰。"又曰："臣前遣使赍杂物行广州货易，天竺道人释那伽仙于广州因附臣舶欲来扶南，海中风漂到林邑，国王夺臣货易，并那伽仙私财。具陈其从中国来此，仰序陛下圣德仁治，详议风化，佛法兴显，众僧殷集，法事日盛，王威严整，朝望国轨，慈愍苍生，八方六合，莫不归伏。如听其所说，则化邻诸天，非可为喻。臣闻之，下情踊悦，若暂奉见尊足，仰慕兹恩，泽流小国，天垂所感，率土之民，并得皆蒙恩祐。是以臣今遣此道人释那伽仙为使，上表问讯奉贡，微献呈臣等赤心，并别陈下情。但所献轻陋，愧惧唯深。伏愿天慈曲照，鉴其丹款，赐不垂责。"又曰："臣有奴名鸠酬罗，委臣兔走，别在余处，构结凶逆，遂破林邑，仍自立为王。永不恭从，违恩负义，叛主之衍，天不容载。伏寻林邑昔为檀和之所破，久已归化。天威所被，四海弥伏，而今鸠酬罗守执奴凶，自专很强。且林邑、扶南邻界相接，亲又是臣奴，犹尚逆去，朝廷遥远，岂复遵奉。此国属陛下，故谨具上启。伏闻林邑顷年表献简绝，便欲永隔朝廷，岂有师子坐而安大鼠。伏愿遣军将伐凶逆，臣亦自效微诚，助朝廷剪扑，使边海诸国，一时归伏。陛下若欲别立余人为彼王者，伏听敕旨。脱未欲灼然兴兵伐林邑者，伏愿特赐敕在所，随宜以少军助臣，乘天之威，殄灭小贼，伐恶从善。平荡之日，上表献金五婆罗。今轻此使送臣丹诚，表所陈启，不尽下情。谨附那伽仙并其伴口具启闻，伏愿愍所启。并献金镂龙玉坐像一躯,白檀像一躯,牙塔二躯,古贝二双,琉璃苏钲二口,玳瑁槟榔柈一枚。

那伽仙诣京师,言其国俗事摩醯首罗天神,神常降于摩耽山。土气恒暖,草木不落。其上书曰:“吉祥利世间,感摄于群生。所以其然者,天感化缘明。仙山名摩耽,吉树敷嘉荣。摩醯首罗天,依此降尊灵。国土悉蒙祐,人民皆安宁。由斯恩被故,是以臣归情。菩萨行忍慈,本迹起凡基。一发菩提心,二乘非所期。历生积功业,六度行大悲。勇猛超劫数,财命舍无遗。生死不为猒,六道化有缘。具修于十地,遗果度人天。功业既已定,行满登正觉。万善智圆备,惠日照尘俗。众生感缘应,随机授法药。佛化遍十方,无不蒙济擢。皇帝圣弘道,兴隆于三宝。垂心览万机,威恩振八表。国土及城邑,仁风化清皎。亦如释提洹,众天中最超。陛下临万民,四海共归心。圣慈流无疆,被臣小国深。”诏报曰:“具摩醯降灵,流施彼土,虽殊俗异化,遥深欣赞。知鸠酬罗于彼背叛,窃据林邑,聚凶肆掠,殊宜剪讨。彼虽介遹休,旧修蕃贡,自宋季多难,海译致壅,皇化惟新,习迷未革。朕方以文德来远人,未欲便兴干戈。王既款列忠到,远请军威,今诏交部随宜应接。伐叛柔服,实惟国典,勉立殊效,以副所期。那伽仙屡衔边译,颇悉中土阔狭,令其具宣。”上报以绛紫地黄碧绿纹绫各五匹。

扶南人黠惠知巧,攻略傍邑不宾之民为奴婢,货易金银采帛。大家男子截锦为横幅,女为贯头,贫者以布自蔽。锻金环镮银食器。伐木起屋,国王居重阁,以木栅为城。海边生大箬叶,长八九尺,编其叶以覆屋。人民亦为阁居。为船八九丈,广裁六七尺,头尾似鱼。国王行乘象,妇人亦能乘象。斗鸡及狺猪为乐。无牢狱,有讼者,则以金指环若鸡子投沸汤中,令探之,又烧锁令赤,着手上捧行七步,有罪者手皆焦烂,无罪者不伤。又令没水,直者入即不沉,不直者即沉也。有甘蔗、诸蔗、安石榴及橘,多槟榔,鸟兽如中国。人性善,不便战,常为林邑所侵击,不得与交州通,故其使罕至。

交州斗绝海岛，控带外国，故恃险数不宾。宋泰始初，刺史张牧卒，交趾人李长仁杀牧比来部曲，据交州叛，数年病死。从弟叔献嗣事，号令未行，遣使求刺史。宋朝以南海太守沈焕为交州刺史，以叔献为焕宁远司马、武平新昌二郡太守。叔献得朝命，人情服从，遂发兵守险不纳焕，焕停郁林病卒。太祖建元元年，仍以叔献为交州刺史，就安慰之。叔献受命，既而断割外国，贡献寡少。世祖欲讨之，永明□年，以司农刘楷为交州刺史，发南康、庐陵、始兴郡兵征交州。叔献闻之，遣使愿更申数年，献十二队纯银兜鍪及孔雀毦，世祖不许。叔献惧为楷所袭，间道自湘川还朝。

六年，以始兴太守房法乘代楷。法乘至镇，属疾不进事，专好读书。长史伏登之因此擅权，改易将吏，不令法乘知。录事房季文白之，法乘大怒，系登之于狱。十余日，登之厚赂法乘妹夫崔景叔得出，将部曲袭州执法乘，谓之曰：“使君既有疾，不宜劳。”囚之别室。法乘无事，复就登之求书读，登之曰：“使君静处犹恐动疾，岂可看书。”遂不与。乃启法乘心疾动，不任视事，世祖仍以登之为交州刺史。法乘还至岭而卒。

法乘，清河人。升明中，为太祖骠骑中兵，至左中郎将。性方简，身长八尺三寸，行出人上，常自俯屈。青州刺史明庆符亦长与法乘等。朝廷唯此二人。

史臣曰：书称“蛮夷猾夏”，盖总而为言矣。至于南夷杂种，分屿建国，四方珍怪，莫此为先，藏山隐海，瑰宝溢目。商舶远届，委输南州，故交、广富实，刓积王府。充斥之事差微，声教之道可被。若夫用德以怀远，其在此乎？

赞曰：司、雍分疆，荆及衡阳。参错州部，地有蛮方。东夷海外，碣石、扶桑。南域憬远，极泛溟沧。非要乃贡，并亦来王。

南齐书卷五九
列传第四○

芮芮虏　河南氐羌

芮芮虏，塞外杂胡也。编发左衽。晋世，什翼圭入塞内，后芮芮逐水草，尽有匈奴故庭，威服西域。土气早寒，所居为穹庐毡帐。刻木记事，不识文书。马畜丁肥，种众殷盛。常与魏虏为仇敌。

宋世，其国相希利垔解星算数术，通胡、汉语，常言南方当有姓名齐者，其人当兴。升明二年，太祖辅政，遣骁将军王洪轨使芮芮，克期共伐魏虏。建元元年八月，芮芮主发三十万骑南侵，去平城七百里，魏虏拒守不敢战，芮芮主于燕然山下纵猎而归。上初践阼，不遑出师。

二年、三年，芮芮主频遣使贡献貂皮杂物。与上书欲伐魏虏，谓上“足下”，自称“吾”。献师子皮裤褶，皮如虎皮，色白毛短。时有贾胡在蜀见之，云此非师子皮，乃扶拔皮也。国相邢基祇罗回奉表曰：

夫四象禀政，二仪改度，而万物生焉。斯盖亏盈迭袭，历数自然也。昔晋室将终，楚桓窃命，实赖宋武匡济之功，故能扶衰定倾，休否以泰。祚流九叶，而国嗣不继。今皇天降祸于上，宋室猜乱于下。臣虽荒远，粗窥图书，数难以来，星文改度，房心受变，虚危纳祉，宋灭齐昌，此其验也。水运遘屯，木德应运，子年垂刈，刘穆之记，岷岭有不荏之山，京房谶云“卯金十六，草肃应王”。历观图纬，休征非一，皆云庆钟萧氏，代宋者齐。会有使力法度及□此国使反，采访圣德，弥验天纵之姿。故能挟隆皇祚,光权定之业,翼亮天功,济悖主之难。树勋京师,威振海外。杖义之功,侔踪汤、武。冥绩既著,宝命因归,受终之历,归于有道。况夫帝无常族,有德必昌,时来之数,唯灵是与。陛下承乾启之机,因乘龙之运,计应符革祚,久已践极,荒裔倾戴,莫不引领。设未龙飞,不宜冲挹,上违天人之心,下乖黎庶之望。

　　皇芮承绪,肇自二仪,拓土载民,地越沧海,百代一族,大业天固。虽吴汉殊域,义同唇齿,方欲克期中原,龚行天罚。治兵缮甲,俟时大举。振霜戈于并、代,鸣和铃于秦、赵,扫殄凶丑,枭剪元恶。然后皇舆迁幸,光复中华,永敦邻好,侔踪齐、鲁。使四海有奉,苍生咸赖,荒余归仰,岂不盛哉!

　　永明元年,王洪轨还京师,经途三万余里。洪轨,齐郡临淄人,为太祖所亲信。建武中,为青、冀二州刺史。私占丁侵房界,奔败结气卒。

　　芮芮王求医工等物,世祖诏报曰:“知须医及织成锦工、指南车、漏刻,并非所爱。南方治疾,与北土不同。织成锦工,并女人,不堪涉远。指南车、漏刻,此虽有其器,工匠久不复存,不副为惧。”

　　自芮芮居匈奴故庭,十年,丁零胡又南攻芮芮,得其故地,芮芮稍南徙。魏虏主元宏以其侵逼,遣伪平元王驾鹿浑、龙骧将军杨延数十万骑伐芮芮,大寒雪,人马死者众。

　　先是,益州刺史刘悛遣使江景玄使丁零,宣国威德。道经鄯善、于阗,鄯善为丁零所破,人民散尽。于阗尤信佛法。丁零僭称天子,劳接景玄,使反命。

　　芮芮常由河南道而抵益州。

　　河南,匈奴种也。汉建武中,匈奴奴婢亡匿在凉州界杂种数千人,虏名奴婢为赀,一谓之“赀虏”。鲜卑慕容廆庶兄吐谷浑为氏土,在益州西北,亘数千里。其南界龙涸城,去成都千余里。大戍有四,一在清水川,一在赤水,一在浇河,一在吐屈真川,皆子弟所治。其王治慕驾川。多畜,逐水草,无城郭。后稍为宫屋,而人民犹以毡庐百子帐为行屋。地常风寒,人行平沙中,沙砾飞起,行迹皆灭。肥地则有雀鼠同穴,生黄紫花,瘦地辄有郁气,使人断气,牛马得之,疲汗不能行。

宋初始受爵命,至宋末,河南王吐谷浑拾寅为使持节、散骑常侍、都督西秦河沙三州诸军事、车骑大将军、开府仪同三司、领护羌校尉、西秦河二州刺史。建元元年,太祖即本官进号骠骑大将军。宋世遣武卫将军王世武使河南,是岁随拾寅使来献。诏答曰:“皇帝敬问使持节、散骑常侍、都督西秦河沙三州诸军事、车骑大将军、开府仪同三司、领护羌校尉、西秦河二州刺史、新除骠骑大将军、河南王:宝命革授,爰集朕躬,猥当大业,祗惕兼怀。夏中增感。王世武至,得元徽五年五月二十一日表,闻之湿热,想比平安。又卿乃诚遥著,保宁遐疆。今诏升徽号,以酬忠款。遣王世武衔命拜授。又仍使王世武等往芮芮,想即资遣,使得时达。又奏所上马等物悉至,今往别牒锦绛紫碧绿黄青等纹各十匹。”

拾寅子易度侯好星文,尝求星书,朝议不给。寅卒,三年,以河南王世子吐谷浑易度侯为使持节、都督西秦河沙三州诸军事、镇西将军、领护羌校尉、西秦河二州刺史、河南王。永明三年,诏曰:“易度侯守职西蕃,绥怀允缉,忠绩兼举,朕有嘉焉。可进号车骑大将军。”遣给事中丘冠先使河南道,并送芮芮使。至六年,乃还。得玉长三尺二寸,厚一尺一寸。

易度侯卒,八年,立其世子休留茂为使持节、督西秦河沙三州诸军事、镇西将军、领护羌校尉、西秦河二州刺史。复遣振武将军丘冠先拜授,并行吊礼。冠先至河南,休留茂逼令先拜,冠先厉色不肯,休留茂耻其国人,执冠先于绝岩上推堕深谷而死。冠先字道玄,吴兴人,晋吏部郎杰六世孙也。上初遣冠先,示尚书令王俭,俭答上曰:“此人不啻堪行。”乃再衔命。及死,世祖敕其子雄曰:“卿父受使河南,秉忠守死,不辱王命,我甚赏惜。丧尸绝域,不可复寻,于卿后宦途无妨,甚有高比。”赐钱十万,布三十匹。

氐杨氏，与苻氏同出略阳，汉世居仇池，地号百顷。建安中，有百顷氐王是也。晋世有杨茂搜，后转强盛，事见前史。仇池四方壁立，自然有楼橹却敌状，高并数丈。有二十二道可攀缘而升，东西二门，盘道可七里，上有冈阜泉源。氐于上平地立宫室果园仓库，无贵贱皆为板屋土墙，所治处名洛谷。

宋元嘉十九年，龙骧将军裴方明等伐氐，克仇池，后为魏虏所攻，失地。氐王杨难当从兄子文德聚众茄芦，宋世加以爵位。文德死，从弟僧嗣、文庆传代之。难当族弟广香先奔虏，元徽中，为虏攻杀文庆，以为阴平公、茄芦镇主。文庆从弟文弘为白水太守，屯武兴，朝议以为辅国将军、北秦州刺史、武都王、仇池公。

太祖即位，欲绥怀异俗，建元元年，诏曰：“昔绝国入赞，美称前册，殊俗内款，声流往记。伪虏茄芦镇主、阴平郡公杨广香，怨结同族，衅起亲党，当宋之世，遂举地降敌。茄芦失守，华阳暂惊。近单使先驰，宣扬皇威，广香等追其远世之诚，仰惟新之化，肉袒请附，复地千里，氐羌杂种，咸同归从。宜时领纳，厚加优恤。广香翻迷反正，可特量所授。部曲酋豪，随名酬赏。”以广香为督沙州诸军事、平羌校尉、沙州刺史。寻进号征虏将军。

梁州刺史范柏年被诛，其亲将李乌奴惧奔叛，文弘纳之。乌奴率亡命千余人攻梁州，为刺史王玄邈所破，复走还氐中。荆州刺史豫章王嶷遣兵讨乌奴，檄梁州能斩送乌奴首，赏本郡，乌奴田宅事业悉赐之。与广香书曰：

夫废兴无谬，逆顺有恒，古今共贯，贤愚同察。梁州刺史范柏年怀挟诡态，首鼠两端，既已被伐，盘桓稽命。遂潜遣李乌奴叛。杨文弘扇诱边疆荒杂。柏年今已枭禽，乌奴频被摧破，计其余烬，行自消夷。今遣参军行晋寿太守王道宝、参军事行北巴西新巴二郡太守任湜之、行宕渠太守王安会领锐卒三千，遄途风迈，浮川电掩。又命辅国将军三巴校尉明惠照、巴郡太守鲁休烈、南巴西太守柳弘称、益州刺史傅琰，并简徒竞骛，选甲

争驰。雍州水步，行次魏兴，并山东侨旧，会于南郑。或泛舟垫
江，或飞旃剑道，腹背飙腾，表里震击。

文弘容纳叛戾，专为渊薮，外侮皇威，内凌国族。君弈世忠
款，深识理顺，想即起义，应接大军，共为掎角，讨灭乌奴，克建
忠勤，茂立诚节。沈攸之资十年之积，权百旅之众，师出境而城
溃，兵未战而自屠，朝廷无遗镞之费，士民靡伤痍之弊。况蕞尔
小竖，方之篾如，其取歼殄，岂延漏刻。忝以寡昧，分陕司蕃，清
氛荡秽，谅惟任职。此府器械山积，戈旗林耸，士卒剽劲，蓄锐
权威，除难剿寇，岂俟征习！但以剪伐萌菌，弗劳洪斧，扑彼蚊
蚋，无假多力。皇上圣哲应期，恩泽广被，罪止首恶，余无所问。
赏罚之科，具写如别。

使道宝步出魏兴，分军溯垫江，俱会晋寿。太祖以文弘背叛，进广香
为持节、都督西秦州刺史。广香子北部镇将军郡事垦为征虏将军、
武都太守。以难当正胤杨后起为持节、宁朔将军、平羌校尉、北秦州
刺史、武都王，镇武兴，即文弘从兄子也。

三年，文弘归降，复以为征西将军、北秦州刺史。先是，广香病
死，氐众半奔文弘，半诣梁州刺史崔慧景。文弘遣从子后起进据白
水。白水居晋寿上流，西接涪界，东带益路，北连阴平、茄芦，为形胜
之地。晋寿太守杨公则启经略之宜，上答曰："文弘罪不可恕，事中
政应且加恩耳。卿若能袭破白水，必加厚赏。"

世祖即位，进后起号冠军将军。永明元年，以征虏将军垦为沙
州刺史、阴平王，将军如故。二年，八座奏，后起勒彰款塞，忠著边
城，进号征虏将军。四年，后起卒。诏曰："后起奄至殒逝，恻怆于怀。
绥御边服，宜详其选。行辅国将军、北秦州刺史、武都王杨集始，干
局沉亮，乃心忠款，必能绥境宁民，宣扬声教。可持节、辅国将军、北
秦州刺史、平羌校尉、武都王。"后起弟后明为龙骧将军、白水太守。
集始弟集朗为宁朔将军。五年，有司奏集始驱狐剪棘，仰化边服。母
以子贵，宜加荣宠。除集始母姜氏为太夫人，假银印。九年，八座奏，
杨炅嗣勤西牧，驰款内昭，宜增戎章，用辉遐外。进号前将军。

十年，集始反，率氐、蜀杂众寇汉川，梁州刺史阴智伯遣军主宁朔将军桓卢奴、梁季群、宋□、王士隆等千余人拒之，不利，退保白马。贼众万余人纵兵火攻其城珊，卢奴拒守死战。智伯又遣军主阴仲昌等马步数千人救援。至白马城东千溪桥，相去数里，集始等悉力攻之，官军内外奋击，集始大败，十八营一时溃走，杀获数千人。集始奔入虏界。

隆昌元年，以前将军杨炅为使持节、督沙州诸军事、平西将军、平羌校尉、沙州刺史。集始入武兴，以城降虏，氐人符幼孙起义攻之。

建武二年，氐、虏寇汉中。梁州刺史萧懿遣前氐王杨后起弟子元秀收合义兵，氐众响应，断虏运道。虏亦遣伪南梁州刺史仇池公杨灵珍据泥山以相拒格。元秀病死，符幼孙领其众。高宗诏曰："仇池公杨元秀，氐王苗胤，乃心忠勇，丑虏凶逼，血诚弥厉，宣播朝威，招诱戎种，万里齐契，响然归从。诚效显著，实有可嘉。不幸殒丧，凄怆于怀。夫死事加恩，《阳秋》明义。宜追覃荣典，以弘劝奖。赠仇池公。持归国。"

氐杨馥之聚义众屯沮水关，城白马北。集始遣弟集朗率兵迎拒州军于黄亘，战大败。集始走下辩，馥之据武兴。虏军寻退。馥之留弟昌之守武兴，自引兵据仇池。诏曰："氐王杨馥之，世纂忠义，率厉部曲，树绩边城，克殄奸丑。复内禀朝律，外抚戎荒，款心式昭，朕甚嘉之。以为持节、督北秦雍二州诸军事、辅国将军、平羌校尉、北秦州刺史、仇池公。"

沙州刺史杨炅进号安西将军。三年，炅死。以炅子崇祖为假节、督沙州军事、征虏将军、平羌校尉、沙州刺史、阴平王。

四年，伪南梁州刺史杨灵珍与二弟婆罗、阿卜珍率部曲三万余人举城归附，送母及子双健、阿皮于南郑为质。梁州刺史阴广宗遣中兵参军猷王思考率众救援，为虏所得，婆罗、阿卜珍战死。灵珍攻集始于武兴，杀其二弟集同、集众。集始穷急，请降。以灵珍为持节、督陇右军事、征虏将军、北梁州刺史、仇池公、武都王。永元二年，复以集始为使持节、督秦雍二州军事、辅国将军、平羌校尉、北秦州刺史。灵珍后为虏所杀。

自虏陷仇池以后，或得或失。宋以仇池为郡，故以氏封焉。

宕昌，羌种也。各有酋豪，领部众汧、陇间。宋末，宕昌王梁弥机为使持节、督河凉二州、安西将军、东羌校尉、河凉二州刺史、陇西公。建元元年，太祖进号镇西将军。又征虏将军、西凉州刺史羌王像舒彭，亦进为持节、平西将军。后叛降。永明元年，八座奏："前使持节、都督河凉二州军事、镇西将军、东羌校尉、河凉二州刺史、陇西公、宕昌王梁弥机，前使持节、平北将军、西凉州刺史、羌王像舒彭，并著勤西垂，宁安边境，可复先官爵。"诏又可以陇右都帅羌王刘洛羊为辅国将军。

机卒。三年，诏曰："行宕昌王梁弥颉，忠款内附，著绩西服，宜加爵命，式隆蕃屏。可使持节、督河凉二州诸军事、安西将军、东羌校尉、河凉二州刺史、陇西公、宕昌王。"颉卒。六年，以行宕昌王梁弥承为使持节、督河凉二州诸军事、安西将军、东羌校尉、河凉二州刺史、宕昌王。使求军仪及伎杂书，诏报曰："知须军仪等九种，并非所爱。但军器种甚多，致之未易。内伎不堪涉远。秘阁图书，例不外出。《五经集注》、《论》，今特敕赐王各一部。"俗重虎皮，以之送死，国中以为货。

史臣曰：氐、胡犷盛，乘运迭起，秦、赵僭差，相系覆灭，余类蠢蠢，被西疆而奄北际。芮芮地穷幽都，戎马天隔。氐杨密迩华、夷，分民接境，侵犯汉、漾，浸逼狼狐，疆场之心，窥望威德，梁部多难，于斯为梗。残羌遗种，□□肇昌，尽陇凭河，远通南驿，据国称蕃，并受职命。晋氏衰故，中朝沦覆，灭余四夷，庶雪戎祸，授以兵杖，升进军麾，后代因仍，贪广声教，绥外怀远，先名后实。贸易有无，世开边利，羽毛齿革，无损于我。若夫九种之事，有□□至于此也。

赞曰：芮芮、河南，同出胡种。称王僭帝，擅强专权。氐、羌孽余，散出河、陇。来宾往叛,放命承宗。